Rom und Karthago zwischen Krieg und Frieden

Europäische Hochschulschriften
Publications Universitaires Européennes
European University Studies

Reihe III
Geschichte und ihre Hilfswissenschaften

Série III Series III
Histoire, sciences auxiliaires de l'histoire
History and Allied Studies

Bd./Vol. 937

PETER LANG
Frankfurt am Main · Berlin · Bern · Bruxelles · New York · Oxford · Wien

Markus Gerhold

Rom und Karthago zwischen Krieg und Frieden

Rechtshistorische Untersuchungen zu den römisch-karthagischen Beziehungen zwischen 241 v. Chr. und 149 v. Chr.

PETER LANG
Europäischer Verlag der Wissenschaften

Die Deutsche Bibliothek - CIP-Einheitsaufnahme

Gerhold, Markus:

Rom und Karthago zwischen Krieg und Frieden : rechtshistorische Untersuchungen zu den römisch-karthagischen Beziehungen zwischen 241 v.Chr. und 149 v.Chr. / Markus Gerhold. - Frankfurt am Main ; Berlin ; Bern ; Bruxelles ; New York ; Oxford ; Wien : Lang, 2002
(Europäische Hochschulschriften : Reihe 3, Geschichte und ihre Hilfswissenschaften ; Bd. 937)
Zugl.: Wien, Univ., Diss., 2002
ISBN 3-631-39958-1

Gedruckt mit Unterstützung des Dissertationsfonds Wien

Gedruckt auf alterungsbeständigem,
säurefreiem Papier.

ISSN 0531-7320
ISBN 3-631-39958-1

Printed in Germany 1 2 3 4 5 7

www.peterlang.de

Inhaltsverzeichnis

Literaturverzeichnis 9

I.) Einleitung 28

1.) Allgemeines und Persönliches 28
2.) Überlegungen zum generellen Bestand und zum Normcharakter der internationalen Beziehungen in der Antike 28

II.) Die römisch-karthagischen Beziehungen zwischen 241 v.Chr. und 218 v.Chr. 31

1.) Der Friedensvertrag von 241 31
2.) Die Bestimmungen des Vertrages von 241 im einzelnen 36
(A) Allgemeines zur Quellenlage 36
(B) Deklarative Begründung von *amicitia* bzw. φιλία 38
(C) Die territorialen Bestimmungen 39
(D) Zur Kriegskostenentschädigung 42
(E) Zu den Sicherheitsgarantien 45
(F) Stellung von Geiseln? 51
(G) Zur Auslieferung der Kriegsgefangenen und der Überläufer 52
3.) Der Friedensvertrag von 241 und die Zusatznote von 237 57
4.) Exkurs: Karthago und die Situation in Nordafrika vor 218 58
5.) Der Verlust Sardiniens und Korsikas an Rom 70
6.) Spanien, Sagunt und der Ebro-Vertrag 73
(A) Fehlender Ratifikationsvorbehalt 78
(B) Feldherren- oder Staatsvertrag? 80
(C) Bilaterales Abkommen oder einseitiges Rechtsgeschäft 82
(D) Die Sagunt-Klausel 84

III.) Die römischen Beziehungen zu den numidischen Königen während des Zweiten Punischen Krieges 91

1.) Die ersten Kontakte zwischen Rom und Syphax (213 v.Chr.) 91
2.) Die völkerrechtlichen Beziehungen Roms zu Syphax bis 205 94
3.) Die völkerrechtlichen Beziehungen Roms zu Massinissa bis 205 100

IV.) Die Endphase des Zweiten Punischen Krieges 104

1.) Rom auf nordafrikanischem Boden 104
2.) Erster Waffenstillstandsvertrag und erste Friedensverhandlungen (Winter 204/203) 106
3.) Der römische Überfall auf die feindlichen Heereslager 107
4.) *Quidquid denique Syphacis fuit, praeda populi Romani est* 109
5.) Zweiter Waffenstillstandsvertrag und neuerliche Friedensverhandlungen (Winter 203/202) 111
(A) Livius 117
(B) Polybios 118
(C) Pap. Rylands III 491 (anonymer Historiker aus dem 2. Jhdt. v. Chr.) 119
(D) Appian 126
(E) Cassius Dio / Zonaras 127
(F) Eutrop 128
(G) Plutarch 128
(H) Diodor 128
6.) Die Haltung des römischen Senates hinsichtlich eines Friedensvertrages 129
7.) Abschluß und Inhalt des Friedensvertrages des Kriegswinters 203/202 141
(A) Zu den territorialen Bestimmungen 148
(B) Zum Vertragspunkt "Abzug des Mago" 153
(C) Zum Vertragspunkt "Verbot der Söldneranwerbung" 155
(D) Zu den Vertragspunkten "Auslieferung der Flotte" bzw. "Auslieferung der Kriegselefanten" 157
(E) Zur Kriegkostensentschädigung 158
(F) Zu den Vertragspunkten "Auslieferung der Kriegsgefangenen und Deserteure" bzw. "Stellung von Geiseln" 160
8.) Das Scheitern des Vertrages von 203/202 - Zum angeblichen punischen Bruch des Waffenstillstandsvertrages 160
(A) Plünderung einer römischen Versorgungsflotte 161
(B) Beurteilung der Reaktion Scipios auf die Kaperung der Versorgungsflotte 164

(C) Zum Unmut der karthagischen Ratsherren 165
(D) Der Angriff auf die römische Gesandtschaft 166
(E) Zur Historizität der beiden punischen Völkerrechtsbrüche 169
(F) Schuldhafter Vertragsbruch der Römer? 172
9.) Letzte Friedensbemühungen vor der Schlacht von Zama (Sommer/Herbst 202) 175

V.) DER FRIEDENSVERTRAG VON 202/201 179

1.) Hannibals Niederlage in der Schlacht von Zama/Naragara (Herbst 202) 179
2.) Krieg oder Frieden? 181
3.) Zum römischen Vorwurf der punischen Verletzung religiösen Rechts 183
4.) Die Quellen zu den Konditionen des Waffenstillstandsvertrages bzw. des endgültigen Friedensvertrages von 202/201 184
(A) Polybios 15,18,1-8 184
(B) Livius 30,37,1-6 185
(C) Appian, Lib. 54,234-238.259 186
(D) Cassius Dio 17,57,82 188
(E) Zonaras 9,14,11 188
5.) Abschluss eines Waffenstillstandsvertrages (Ende 202) 189
6.) Zum römischen Beschluss zugunsten einer friedlichen Lösung 194
7.) Zum innenpolitischen Hintergrund der Vertragsverhandlungen 199
8.) Zum Abschluss des Friedensvertrages 205
9.) Zu den einzelnen Konditionen des Friedensvertrages 207
(A) Zum Vertragspunkt "φιλία καὶ συμμαχία *(amicitia et societas)*" 208
(B) Zum Vertragspunkt "Innere Autonomie und Besatzungsfreiheit der Karthager" 210
(C) Zur "Besitzstandsgarantie" 211
(D) Zum Vertragspunkt "Rückgabe der Besitzungen Massinissas" 213
(E) Zum Vertragspunkt "Abschluss eines Vertrages mit Massinissa" 214
(F) Zum Vertragspunkt "Einschränkung der Möglichkeit einer punischen Kriegsführung" 216
(G) Zum Vertragspunkt "Verbot der Söldnerwerbung" bzw. "Verbot der Durchführung von Aushebungen" 220
(H) Zu den Vertragspunkten "Auslieferung der Flotte" bzw. "Auslieferung der Kriegselefanten" 222
(I) Zum Vertragspunkt "Abzug des Mago aus Ligurien" 224
(J) Zur Zahlung der Kriegskostenentschädigung 226
(K) Zum Vertragspunkt "Stellung von Geiseln" 234

(L) Zum Vertragspunkt "Auslieferung der Gefangenen, Deserteure und flüchtigen Sklaven" 248
(M) Zu den Durchführungsbestimmungen des Vertrages 251

VI.) Das völkerrechtliche Verhältnis zwischen Rom und Karthago bis zum Ausbruch des dritten Punischen Krieges 252

1.) Zu den Ereignissen unmittelbar nach Vertragsabschluss 252
2.) Zum Abschluss eines Vertrages zwischen Massinissa und Karthago 253
3.) Die Ereignisse des Frühjahres 200 256
4.) Die Reise der römischen Gesandtschaft nach Nordafrika (Sommer 200) 256
5.) Die römische Gesandtschaft nach Karthago des Jahres 195 271
6.) Die römische Gesandtschaft des Jahres 193 276
7.) Die Auslieferung der römischen Bürger L. Minucius Myrtilus und L. Manlius an Karthago (188 v.Chr.) 283
8.) Der punisch-numidische Gebietsstreit der Jahre 182-181 283
9.) Die römische Gesandtschaft nach Nordafrika des Jahres 174 286
10.) Der punisch-numidische Gebietsstreit der Jahres 172 287
11.) Der punisch-numidische Gebietsstreit des Jahres 161 290
12.) Der punisch-numidische Konflikt des Jahres 154/153 291
13.) Der punisch-numidische Konflikt des Jahres 153/152 293
14.) Der punisch-numidische Krieg des Jahres 151 299
15.) Die römische Kriegserklärung an Karthago 301
16.) ... *indignitate rei ad bellandum Carthaginienses compulerunt* (Liv. per. 49,9) 306
17.) Epilog: Polybios und die *deditio* Karthagos aus griechischer Sicht 308

LITERATURLISTE

BEMERKUNG ZU DEN ANTIKEN QUELLEN:

Sämtliche verwendete und zitierte Quellenstellen wurden von mir eingesehen und in der Arbeit nach Möglichkeit auch in der Übersetzung angeführt. Da für einige Autoren bereits exzellente zweisprachige Ausgaben (oder deutsche Übersetzungen) anerkannter Philologen existieren, habe ich mich darauf beschränkt, diese zu kontrollieren und (teilweise leicht adaptiert oder verbessert) auch zu zitieren.

Verwendet wurden folgende Übersetzungen:

LIVIUS	**J.FEIX/H.-J.HILLEN**, Livius. Römische Geschichte, Düsseldorf 1988-1997 (11 Bände; Reihe Tusculum)
POLYBIOS	**H.DREXLER**, Polybios. Gesamtausgabe in zwei Bänden, Zürich/Stuttgart 1961-1963
APPIAN	**O.VEH**, Appian von Alexandria, Römische Geschichte (2 Bde.), Stuttgart 1987-1989
CASSIUS DIO / ZONARAS	**O.VEH**, Cassius Dio. Römische Geschichte I, Zürich/München 1985
OROSIUS	**A.LIPPOLD**, Orosius. Historia adversus paganos (2 Bde.), Zürich/München 1985/1986

VERWENDETE LITERATUR / LITERATURABKÜRZUNGEN

ALBERT 1980	**S.ALBERT**, Bellum iustum. Die Theorie des "gerechten Krieges" und ihre praktische Bedeutung für die auswärtigen Auseinandersetzungen Roms in republikanischer Zeit, Kallmünz 1980 (Frankfurter Althistorische .Studien 10)
AMELING 1993	**W.AMELING**, Karthago: Studien zu Militär, Staat und Gesellschaft, München 1993
ASTIN 1956	**A.E.ASTIN**, Scipio Aemilianus and Cato Censorius, Latomus 15 (1956), 159-180
ASTIN 1967	**A.E.ASTIN**, Scipio Aemilianus, Oxford 1967
ASTIN 1978	**A.E.ASTIN**, Cato the Censor, Oxford 1978
ASTIN 1989	**A.E.ASTIN**, Roman Government and Politics, 200-134 B.C., CAH VIII (2nd Edition) 1989, 163-196
AVRAM 1999	**A.AVRAM**, Der Vertrag zwischen Rom und Kallatis. Ein Beitrag zum römischen Völkerrecht, Amsterdam 1999
AYMARD 1953	**A.AYMARD**, Les otages carthaginois à la fin de la deuxième guerre punique, Ann. Fac. Lettres Toulouse 1953, 43-63 (= **ID.**, Etudes d'Histoire Ancienne, Paris 1967, 436-450)

BADIAN 1958	**E.BADIAN**, Foreign Clientelae (264-70 B.C.), Oxford 1958
BAGNALL 1995	**N.BAGNALL**, Rom und Karthago. Der Kampf ums Mittelmeer, Berlin 1995.
BALDUS 1979a	**H.BALDUS**, Siga als königliche Münzstätte, in: **HORN/RÜGER 1979**, 185f.
BALDUS 1979b	**H.BALDUS**, Die Münzprägung der numidischen Königreiche, in: **HORN/RÜGER 1979**, 187-208
BALDUS 1991	**H.BALDUS**, Die Münzen der Numiderkönige Syphax und Vermina. Prägungen vom Ende des Zweiten Punischen Krieges (218/201 vChr), in: **H.NOESKE/H.SCHUBERT (Hgg.)**, Die Münze. Bild-Botschaft-Bedeutung. Festschrift für Maria R.-Alföldi, Frankfurt 1991, 26-34
BANDELLI 1974	**G.BANDELLI**, Sui rapporti politici tra Scipione Nasica e Scipione Africano 204 – 184 a.C., Quaderni di Storia Antica e di Epigrafica 1 (1974), 5-35
BARCELÓ 1989	**P.BARCELÓ**, Beobachtungen zur Entstehung der barkidischen Herrschaft in Hispanien, in: **DEVIJVER/LIPINSKI 1989**, 167-184
BARCELÓ 1996	**P.BARCELÓ**, Rom und Hispanien vor Ausbruch des 2. Punischen Krieges, Hermes 124 (1996), 45-57
BARCELÓ 1998	**P.BARCELÓ**, Hannibal, München 1998
BARZANÒ 1987	**A.BARZANÒ**, Il confine romano-cartaginese in Spagna dal 348 varr. al 218 a.C., in: **M.SORDI (Hg.)**, Il confine nel mondo classico (Pubblicazioni della Università Cattolica del Sacro Cuore – Scienze storiche 40), Milano 1987, 178-199
BECK 2000	**H.BECK**, Quintus Fabius Maximus – Musterkarriere ohne Zögern, in: **J.HÖLKESKAMP/E.STEIN-HÖLKESKAMP (Hgg.)**, Von Romulus zu Augustus.Große Gestalten der römischen Republik, München 2000, 79-91
BELLEN 1995	**H.BELLEN**, Grundzüge der römischen Geschichte, Darmstadt 1995 (2.Auflage)
BENDER 1901	**F.BENDER**, Antikes Völkerrecht (vornehmlich im Zeitalter des Polybios), Bonn 1901
BENDER 1997	**P.BENDER**, Rom, Karthago und die Kelten, Klio 79 (1997), 87-106
BENGTSON 1975	**H.BENGTSON**, Die Staatsverträge des Altertums. Band II: Die Verträge der griechisch-römischen Welt von 700 bis 338 v.Chr., München 1975 (2. Aufl.)
BENGTSON 1982	**H.BENGTSON**, Grundriß der römischen Geschichte, München 1982 (3.Auflage), HdA III,5
BERNHARDT 1975	**R.BERNHARDT**, Die Entwicklung römischer Amici et Socii zu Civitates Liberae in Spanien, Historia 24 (1975), 411-424
BERTHIER 1981	**A.BERTHIER**, La Numidie. Rome et le Maghreb, Paris 1981

BILLOWS 1989	**R.BILLOWS**, Legal Fiction and Political Reform at Rome in the Early Second Century B.C., Phoenix 43 (1989), 112-133
BLEICKEN 1975	**J.BLEICKEN**, Lex publica. Gesetz und Recht in der römischen Republik, Berlin/New York 1975
BONAMENTE 1975	**G. BONAMENTE**, Il metus Punicus e la decadenza di Roma in Sallustio, Agostino ed Orosio, GIF (1975), 137-169
BONNEFOND-COUDRY 1989	**M.BONNEFOND-COUDRY**, Le Senat de la Republique Romaine, Rom/Paris 1989
BRASSLOFF 1928	**E.BRASSLOFF**, Der römische Staat und seine Internationalen Beziehungen, Wien/Leipzig 1928
BRAUND 1984	**D.C.BRAUND**, Rome and the Friendly King. The Character of the Client Kingship, London 1984
BRAUND 1989	**D.C.BRAUND**, Function and dysfunction: personal patronage in Roman imperialism, in: **WALLACE-HADRILL 1989a**, 137-152
BRINGMANN 1977	**K.BRINGMANN**, Weltherrschaft und innere Krise Roms im Spiegel der Geschichtsschreibung des zweiten und ersten Jahrhunderts v.Chr., Antike und Abendland 23 (1977), 28-49
BRISCOE 1973	**J.BRISCOE**, A commentary on Livy, Books XXXI-XXXIII, Oxford 1973
BRISCOE 1981	**J.BRISCOE**, A commentary on Livy, Books XXXIV-XXXVI, Oxford 1981
BRISCOE 1989	**J.BRISCOE**, The Second Punic War, CAH VIII (2nd Edition), 1989, 44-80
BRUNT 1988a	**P.A.BRUNT**, Amicitia in the Roman Republic, in: **P.A.BRUNT**, The Fall of the Roman Republic and related Essays, Oxford 1988, 351-381
BRUNT 1988b	**P.A.BRUNT**, Clientela, in: **P.A.BRUNT**, The Fall of the Roman Republic and related Essays, Oxford 1988, 382-442
BURCK 1992	**E.BURCK**, Das Geschichtswerk des Titus Livius, Heidelberg 1992
BURIAN 1968	**J.BURIAN**, Afrika und Rom in der Zeit der Republik, in: **H.J.DIESNER (Hg.)**, Afrika und Rom in der Antike, Halle 1968, 27-52
BURIAN 1978	**J.BURIAN**, Ceterum autem censeo Carthaginem esse delendam, Klio 60 (1978), 169-175
CAMPS 1960	**G.CAMPS**, Aux origines de la Berberie: Massinissa ou les debuts de l'histoire, Libyca 8 (1960), 1-320
CANALI DE ROSSI 1997	**F.CANALI DE ROSSI**, Le ambascerie dal mondo greco a Roma in età repubblicana (=Studi pubblicati dall'istituto italiano per la Storia antica, fascicolo LXIII), Roma 1997
CAPOZZA 1966	**M.CAPOZZA**, Movimenti servili nel mondo romano in età repubblicana, Roma 1966

CARNEY 1958 — **T.F.CARNEY**, The Aims of the Roman Military and Foreign Policy in the last Quarter of the Third Century, PACA 1 (1958), 19-26

CASSON 1954 — **L.CASSON**, The Grain Trade of the Hellenistic World, TAPhA 85 (1954), 168-187

CATALANO 1965 — **P.CATALANO**, Linee del sistema sovranazionale romano, Torino 1965

CAVALLIN 1947 — **S.CAVALLIN**, Avant Zama. Tite-Live XXX 29-31, Eranos 25 (1947), 25-36

CAVEN 1980 — **B.CAVEN**, The Punic Wars, London 1980

CHARLES-PICARD 1966 — **G.CHARLES-PICARD**, L'administration territoriale de Carthage, in: Melanges d'archeologie et d'histoire offerts à André Piganiol, Vol. III, Paris 1966, 1257-1265

CHARLES-PICARD 1968 — **G.CHARLES-PICARD/C.CHARLES-PICARD**, The Life and Death of Carthago, London 1968

CIMMA 1976 — **M.R.CIMMA**, Reges socii et amici populi Romani, Milano 1976

COARELLI 2001 — **F.COARELLI**, Origo Sagunti. L'origine mitica di Sagunto e l'alleanza con Roma, in: **V.FROMENTIN/S.GOTTELAND (Hgg.)**, Origenes gentium, Paris 2001, 321-326

CORNELL/RANKOW/SABIN 1996 — **T.CORNELL/B.RANKOW/P.SABIN (Hgg.)**, The Second Punic War. A reappraisal, London 1996

CRAWFORD I/II-1974 — **M.H.CRAWFORD**, Roman Republican Coinage (2 vol.), Cambridge 1974

CYBICHOWSKI 1907 — **S.CYBICHOWSKI**, Das antike Völkerrecht. Zugleich ein Beitrag zur Konstruktion des modernen Völkerrechts, Breslau 1907

DAHLHEIM 1968 — **W.DAHLHEIM**, Struktur und Entwicklung des römischen Völkerrechts im 3. und 2. Jhdt. vChr., München 1968

DAHLHEIM 1977 — **W.DAHLHEIM**, Gewalt und Herrschaft. Das povinziale Herrschafts-system der römischen Republik; Berlin/New York 1977

DAVID 1946 — **M.DAVID**, The treaties between Rome and Carthage and their significance for our Knowledge of Roman International Law, in: "Symbolae ad ius et historiam antiquitatis pertinentes" (Miscellanea Owen), Leiden 1946, 231-250

DE LIBERO 1997 — **L. DE LIBERO**, "Ut eosdem quos populus Romanus amicos atque hostes habeant". Die Freund-Feind-Klausel in den Beziehungen Roms zu griechischen und italischen Staaten, Historia 46 (1997), 270-305

DEMANDT 1995 — **A.DEMANDT**, Antike Staatsformen. Eine vergleichende Verfassungs-geschichte der Alten Welt, Berlin 1995

DESANGES 1995 — **J.DESANGES**, Massinissa et Carthage entre la deuxième et la troisième guerre puniche. Un probleme de chronolgie. Actes du IIIe Congrès international des études phéniciennes et puniques 1, Tunis 1995, 352-358

DEVIJVER/LIPINSKI 1989 — **H.DEVIJVER/E.LIPINSKI (Hgg.)**, Studia Phoenicia X, The Punic Wars. Proceedings of the Conference held in Antwerp from the 23rd to the 26th of November 1988 in cooperation with the Department of History of the „Universiteit Antwerpen" (U.F.S.I.A.), Leuven 1989

DOREY 1956 — **T.DOREY**, The Debate on the Carthaginian peace Terms 203 B.C., Orpheus 3 (1956), 79-80

DOREY 1961 — **T.DOREY**, Massinissa, Syphax and Sophoniba, PACA 4 (1961), 1-2

DOREY/DUDLEY 1971 — **T.DOREY/D.R.DUDLEY**, Rome agaist Carthage, London 1971

DRUMMOND 1989 — **A.DRUMMOND**, Early Roman clientes, in: **WALLACE-HADRILL 1989a**, 89-115

EBEL 1991 — **C.EBEL**, Dum populus senatusque romanus vellet, Historia 40 (1991), 439-448

ECKSTEIN 1987 — **A.M.ECKSTEIN**, Senate and General. Individual Decision-Making and Roman Foreign Relations, 264-194 B.C., Berkeley 1987

ECKSTEIN 1995 — **A.M.ECKSTEIN**, Moral Vision in the Histories of Polybius, Berkeley/Los Angeles/London 1995

EDLUND 1966 — **J.EDLUND**, Before Zama. A comparison between Polybios' and Livius' Description of the meeting between Hannibal and Scipio, Eranos 44 (1966), 146-170

EDLUND 1977 — **I.E.M.EDLUND**, Invisible Bonds: Clients and Patrons through the Eyes of Polybios, Klio 59 (1977), 129-136

ELBERN 1990 — **S.ELBERN** , Geiseln in Rom, Athenaeum 78 (1990), 97-140.

EPSTEIN 1987 — **D.F.EPSTEIN**, Personal Enmity in Roman Politics 218-49 B.C., London/New York 1987

ERDKAMP 1995 — **P.ERDKAMP**, The Corn Supply of the Roman Armies during the third and second centuries B.C., Historia 44 (1995), 168-191

ERSKINE 1991 — **A.ERSKINE**, Hellenistic Monarchy and Roman Political Invective, Classical Quarterly 41 (1991), 106-120

EUCKEN 1968 — **H.C.EUCKEN**, Probleme der Vorgeschichte des Zweiten Punischen Krieges, Diss. Freiburg 1968

FEIG VISHNIA 1997 — **R. FEIG VISHNIA**, State, Society and Popular Leaders in Mid-Republican Rome 241-167 BC., London/New York 1996

FENTRESS 1991 — **E.FENTRESS**, Numidia and the Roman Army. Social, Military and Economic Aspects of the Frontier Zone, Oxford 1991 (BAR Int.Ser.53)

FITTSCHEN 1979 — **K.FITTSCHEN**, Bildnisse numidischer Könige, in: **HORN/RÜGER 1979**, 209-225

FLACH 1994 — **D.FLACH**, Die römisch-karthagischen Beziehungen bis zum Ausbruch des Ersten Punischen Krieges, in: **R.GÜNTHER/ S.REBENICH (Hgg.)**, E fontibus haurire. Beiträge zur römischen Geschichte und zu ihren

Hilfswissenschaften (FS Chantraine), Paderborn/München/ Wien/Zürich 1994, 33-44

FLURL 1969 — **W.FLURL**, Deditio in Fidem. Untersuchungen zu Livius und Polybios, Diss. München 1969

FRANK I-1959 — **T.FRANK (Hg.)**, An Economic Survey of Ancient Rome I: Rome and Italy of the Republic, New Jersey 1959 (2nd Ed.)

FRANK IV-1938 — **T.FRANK (Hg.)**, An Economic Survey of Ancient Rome IV. Africa. Syria. Greece. Asia Minor, Baltimore 1938

FUGMANN 2000 — **J.FUGMANN**, Hannibal als vir illustris. Zur Hannibal-Biographie in der Schrift De Viris illustribus urbis Romae, Museum Helveticum 57 (2000), 141-150

GELZER 1912 — **M.GELZER**, Die Nobilität der römischen Republik, Stuttgart 1983 (2.Aufl. = mit Ergänzungen und Korrekturen versehener Nachdruck der ersten Auflage von 1912)

GELZER 1931 — **M.GELZER**, Nasicas Widerspruch gegen die Zerstörung Karthagos, Philologus 68 (1931), 266-299 (=Kl.Schriften II, 39-72)

GELZER 1943 — **M.GELZER**, Der Rassengegensatz als geschichtlicher Faktor beim Ausbruch der römisch-karthagischen Kriege, in: **VOGT 1943**, 178-202

GEUS 1994 — **K.GEUS**, Prosopographie der literarisch bezeugten Karthager. Leuven 1994 (Orientalia Lovaniensia Analecta 59)

GIGANTE 1950 — **M.GIGANTE**, Una fonte antiromana sulle trattive romano-cartaginesi del 203 a.C. (Pap.Ryl. 491), Aegyptus 30 (1950), 77-92

GIRARDET 1992 — **K.M.GIRARDET**, Die Sicherheitsklauseln des Lutatiusvertrages (241 v.Chr.). Überlegungen zu ihrer Wiedergabe und Interpretation durch Polybios im Rahmen der Kriegsschuldfrage des Jahres 219/18 v.Chr., in: **C.W.MÜLLER/K.SIER/J.WERNER (Hgg.)**, Zum Umgang mit fremden Sprachen in der griechisch-römischen Antike, Stuttgart 1992, 97-113

GÖBL I/II 1978 — **R.GÖBL**, Antike Numismatik (2 Bde.), München 1978

GOMEZ 1994 — **J.GOMEZ DE CASO ZURIAGA**, El olvidado tratato del 239/8, sus fuentes y el numero de tratados punico-romanos. in: Polis. Revista de ideas y formas politicas de la antiguedad clásica 6 (1994), 93-141

GREEN 1990 — **P.GREEN**, From Alexander to Actium: The Hellenistic Age, Berkeley 1990

GREWE 1995 — **W.G.GREWE (Hg.)**, Fontes Historiae Iuris Gentium, Bd. I (1380 v.Chr. – 1493 n.Chr.), Berlin/New York 1995

GREWE 1988 — **W.G.GREWE**, Epochen der Völkerrechtsgeschichte, Baden-Baden 1988 (2.Aufl.)

GRZIWOTZ 1995 — **H.GRZIWOTZ**, "...tut nicht Unrecht den Fremden." Prolegomena zur Stellung des Fremden im Recht und zur Rezeption fremden Rechts, in: **CH.SCHUBERT/**

K.**Brodersen (Hgg.)**, Rom und der griechische Osten (FS H.H.Schmitt), Stuttgart 1995, 71-80

Gschnitzer 1966 — F.**Gschnitzer**, Die Stellung Karthagos nach dem Frieden von 201, Wiener Studien 79 (1966), 276-289

Gschnitzer 1993 — F.**Gschnitzer**, Phoinikisch-karthagisches Verfassungsdenken. In: K.**Raaflaub (Hg.)**, Anfänge politischen Denkens in der Antike. Die nahöstlichen Kulturen und die Griechen, Stuttgart 1993, 187-198

Gsell 1918-1929 — S.**Gsell**, Histoire ancienne de l'Afrique du Nord (8 Bde.), Paris 1918-1929

Gutsfeld 1989 — A.**Gutsfeld**, Römische Herrschaft und einheimischer Widerstand in Nordafrika: militärische Auseinandersetzungen Roms mit den Nomaden, Stuttgart 1989

Habel 1932 — P.**Habel**, Syphax, RE IV A (1932), 1472-1477

Hafner 1970 — A.**Hafner**, Das Bildnis des Massinissa, AA 85 (1970), 412-421

Hahn 1968 — I.**Hahn**, Die Politik der afrikanischen Klientelstaaten im Zeitraum der Bürgerkriege, in: H.J.**Diesner (Hg.)**, Afrika und Rom in der Antike, Halle 1968, 207-228

Hallward — B.L.**Hallward**, Scipio and Victory, CAH VIII (1st Ed.), 1939 [1954], 83-115

Händl-Sagawe 1995 — U.**Händl-Sagawe**, Der Beginn des 2. Punischen Krieges. Ein historisch-kritischer Kommentar zu Livius Buch 21, München 1995

Harris 1979 — W.V.**Harris**, War and Imperialism in Republican Rome, 327-70 B.C., Oxford 1979 [Reprint 1986]

Harris 1989 — W.V.**Harris**, Roman expansion in the west, CAH VIII (2nd Ed.) 1989, 107-162

Harter-Uibopuu 1998 — K.**Harter-Uibopuu**, Das zwischenstaatliche Schiedsverfahren im achäischen Koinon, Köln/Weimar/Wien 1998

Hausmaninger/Selb 1991 — H.**Hausmaninger**/W.**Selb**, Römisches Privatrecht, Wien/Köln/ Weimar 1991 (6.Aufl.)

Heck 1970 — E.**Heck**, Scipio am Scheideweg. Die Punica des Silius Italicus und Ciceros Schrift De re publica, Wiener Studien 4 (1970), 156-180

Heftner 1997 — H.**Heftner**, Der Aufstieg Roms.Vom Pyrrhoskrieg bis zum Fall von Karthago (280-146 v.Chr.), Regensburg 1997

Heinen 1972 — H.**Heinen**, Die politischen Beziehungen zwischen Rom und dem Ptolemäerreich von ihren Anfängen bis zum Tag von Eleusis (273-168 v.Chr.), ANRW I,1 (1972)

Hesselbarth 1889 — H.**Hesselbarth**, Historisch-kritische Untersuchungen zur dritten Dekade des Livius, Halle 1889, 50-75

Heucke 1998 — C.**Heucke**, Mit dem Unrecht leben. Die "zeitgenössische Verantwortung des Historikers" und die römische Politik gegenüber Karthago im Jahre 149 v.Chr., in: U.**Fellmeth**/H.**Sonnabend (Hgg.)**, Alte Geschichte:

Wege-Einsichten-Horizonte (FS E.Olshausen), Hildesheim/Zürich/ New York 1998, 85-97

HEUSS 1933 — **A.HEUSS**, Die völkerrechtlichen Grundlagen der römischen Außenpolitik in republikanischer Zeit, Leipzig 1933

HEUSS 1937 — **A.HEUSS**, Stadt und Herrscher des Hellenismus in ihren Staats- und völkerrechtlichen Beziehungen, Leipzig 1937

HEUSS 1943 — **A.HEUSS**, Die Gestaltung des römischen und karthagischen Staates bis zum Pyrrhos-Krieg, in: **VOGT 1943**, 83-138

HEUSS 1967 — **A.HEUSS**, Abschluß und Beurkundung des griechischen und römischen Staatsvertrages, Darmstadt 1967

HILLEN 1997 — **H.J.HILLEN (HG.)**, T.Livius – Römische Geschichte (Buch XXVII-XXX) lat. und dt. (Sammlung Tusculum), München/Zürich/ Düsseldorf 1997

HOFFMANN 1941 — **W.HOFFMANN**, Ein Papyrusfund zum Frieden von 203, Hermes 76 (1941), 270-282

HOFFMANN 1960 (1966) — **W.HOFFMANN**, Die römische Politik des 2.Jhdts. und das Ende Karthagos, Historia 9 (1960), 309-344; jetzt in: **R.KLEIN (Hg.)**, Das Staatsdenken der Römer, Darmstadt 1966, 178-230

HOFMANN 1959 — **H.HOFMANN**, Die socii reges, Das Altertum 5 (1959), 152-161

HORN/RÜGER 1979 — **H.G.HORN, C.B.RÜGER (Hgg.)**, Die Numider. Reiter und Könige nördlich der Sahara, Bonn 1979

HOYOS 1994 — **B.D.HOYOS**, Barcid "Proconsuls" and Punic Politics 237-218 B.C., RhM 137 (1994), 246-274

HOYOS 1998 — **B.D.HOYOS**, Unplanned Wars. The Origins of the First and Second Punic Wars, Berlin/New York 1998

HÜBNER 1869 — **E.HÜBNER**, Ein Decret des L.Aemilius Paulus, Hermes 3 (1869), 243-260 (vgl. auch **MOMMSEN 1869**)

HUSS 1983 — **W.HUSS**, Der karthagische Sufetat, in: **H.HEINEN/K.STROHEKER/G.WALSER (HGG.)**, Althistorische Studien – FS H.BENGTSON, Wiesbaden 1983, 24-43

HUSS 1985 — **W.HUSS**, Geschichte der Karthager, München 1985 (HdA 3,8) [Unter Berücksichtigung der 2.Auflage der 1994 erschienenen Sonderausgabe, die jedoch im Gegensatz zur HdA-Ausgabe von 1985 über keinen wissenschaftlichen Apparat verfügt.]

HUSS 1989 — **W.HUSS**, Der „Panafrikanische" Gedanke im zweiten römischen Krieg, in: **DEVIJVER/LIPINSKI 1989**, 185-191

ILLUBARE 1981 — **J.A.ILLUBARE**, Massinissa's Will, MusAfr 7 (1981), 72-91

JÄGER 1994 — **M.JÄGER**, Die Unverletzlichkeit der Gesandten zur Zeit der Römischen Republik, Diss. Hamburg 1994

JASHEMSKI 1950 — **W.F.JASHEMSKI**, The Origin and History of the Proconsular and Propraetorian Imperium to 27 B.C., Chicago 1950

KAHRSTEDT 1913	**(O.MELTZER)/U.KAHRSTEDT**, Geschichte der Karthager von 218-146, Berlin 1913 (= Band 3 der von Meltzer begonnenen Karthagergeschichte)
KASER 1971	**M.KASER**, Das römische Privatrecht, München 1971 (2.Aufl.) (HdA 3,3,1)
KASER 1993	**M.KASER**, Ius Gentium, Köln/Weimar/Wien 1993
KASER/HACKL 1996	**M.KASER/K.HACKL**, Das römische Zivilprozeßrecht, München 1996 (2. neu bearbeitete Auflage)
KIENAST 1968	**D.KIENAST**, Entstehung und Aufbau des römischen Reiches, ZSS 85 (1968), 330ff.
KIENAST 1979	**D.KIENAST**, Cato der Zensor, Darmstadt 1979 (2.Aufl.)
KLOSE 1972	**P.KLOSE**, Die völkerrechtliche Staatenwelt in der Zeit von 280-168 v.Chr., München 1972
KLOTZ 1936	**A.KLOTZ**, Appians Darstellung des Zweiten Punischen Krieges. Eine Voruntersuchung zur Quellenanalyse der 3.Dekade des Livius, Paderborn 1936
KLOTZ 1946	**A.KLOTZ**, Ein Polybiospapyros?, WJA 1 (1946), 153-154
KÖRTE 1941	**A.KÖRTE**, Ryl. Pap. 491: Geschichte des zweiten punischen Krieges, Archiv für Papyrusforschung 14 (1941), 129-131
KOTULA 1974	**T.KOTULA**, L'affaire des Emporia: problème d'histoire et de chronologie (Tite-Live, XXXIV 62; Polybe XXXI 21, Africana Bulletin 20 (1974), 47-61
KOTULA 1983/84	**T.KOTULA**, Hannibal-Suffet und seine vermeintlich demokratische Reform in Karthago, RSA 13-14 (1983/84), 87-101
KUNKEL/WITTMANN 1995	**W.KUNKEL/R.WITTMANN**, Staatsordnung und Staatspraxis der römischen Republik. Zweiter Abschnitt: Die Magistratur, München 1995 (HdA 10,3,2)
LASSERE 1977	**J.M.LASSERE**, Ubique populus. Peuplement et mouvements de population dans l'Afrique romaine de la chute de Carthage à la fin de la dynastie des Sévères (146 a.C. – 235 p.C.), Paris 1977
LAZENBY 1978	**J.F.LAZENBY**, Hannibal's War. A military history of the Second Punic War, Warminster 1978
LEHMANN 1974	**G.A.LEHMANN**, Polybios und die ältere und zeitgenössische griechische Geschichtsschreibung: einige Bemerkungen, in: "Polybe" (Entretiens sur l'Antiquité Classique, Tome 20), Vandœvres-Genève 1974, 145-205
LEIDL 1996	**C.LEIDL**, Appians Darstellung des 2.Punischen Krieges in Spanien, München 1996
LEPPER-MAINZER 1982	**G.LEPPER-MAINZER**, Die Darstellung des Feldherrn Scipio Africanus, Bochum 1982
LIMONIER 1999	**F.LIMONIER**, Rome et la destruction de Carthage: un crime gratuit?, Revue des Études Anciennes 101 (1999), 405-411
LINTOTT 1992	**A.LINTOTT**, Judicial Reform and Land Reform in the Roman Republic, Cambridge 1992

LIPPOLD 1963 — **A.LIPPOLD**, Consules: Untersuchungen zur Geschichte des römischen Konsulates von 264 bis 201 v.Chr., Bonn 1963

LÜBTOW 1984 — **U.LÜBTOW**, Recht und Rechtswissenschaft im Rom der Frühzeit (FS G.Radke), Münster 1984, 164-185

MAESTRO 2001 — **J.J.FERRER**, Patriotismo y negocios. Una vision de la clase dirigente romana en el periodo de las guerras punicas, in: **P.BARCELÓ/V.ROSENBERGER/V.DOTTERWEICH (Hgg.)**, Humanitas - Beiträge zur antiken Kulturgeschichte. (Festschrift G.Gottlieb), München 2001, 81-88

MALCOVATI 1975 — **E.MALCOVATI**, Sull' Orazione di Catone 'De Bello Carthaginiensi', Athenaeum 63 (1975), 205-211

MANTEL 1991 — **N.MANTEL**, Poeni foedifragi. Untersuchungen zur Darstellung römisch-karthagischer Verträge zwischen 241 und 201 vChr. durch die römische Historiographie, München 1991

MAROTI 1983 — **E.MAROTI**, On the causes of Carthage's destruction, Oikumene 4 (1983), 223-231

MEHL 1980 — **A.MEHL**, Δορίκτητος χώρα. Kritische Bemerkungen zum "Speererwerb" in Politik und Völkerrecht der Hellenistischen Epoche, Ancient Society 11 (1980), 173-212

MEIER-WELCKER 1979 — **H.MEIER-WELCKER**, Karthago, Syrakus und Rom. Zu Grundfragen von Frieden und Krieg, Göttingen 1979

MILLAR 1984 — **F.MILLAR**, The Political Character of the Classical Roman Republic 200-150 B.C., JRS 74 (1984), 1-19

MOMMSEN 1869 — **Th.MOMMSEN**, Bemerkungen zum Decret des Paulus, Hermes 3 (1869), 261-267 (vgl. auch **HÜBNER 1869**)

MOMMSEN 1887 — **Th.MOMMSEN**, Römisches Staatsrecht (Bd.III), Graz 1952 (unveränderter, photomechanischer Nachdruck der 3.Aufl. Leipzig 1887)

MORGAN 1990 — **M.G.MORGAN**, Politics, Religion and the Games in Rome 200-150 B.C., Philologus 134 (1990), 14-36

MOSCOVICH 1974 — **M.J.MOSCOVICH**, Hostage regulations in the Treaty of Zama, Historia 23 (1974), 417-427

NEUHAUSER 1958 — **W.NEUHAUSER**, Patronus und Orator, Innsbruck 1958 (Commentationes Aenipontanae 14)

NEUHOLD/HUMMER/SCHREUER 1997 — **H.NEUHOLD/W.HUMMER/C.SCHREUER**, Österreichisches Handbuch des Völkerrechts (Bd.1: Textteil, Bd.2: Materialienteil), Wien 1997 (3.Aufl.)

NISSEN 1870 — **H.NISSEN**, Commentatio de pace anno 201 a.Chr. Carthaginiensibus data, Rektoratsprogramm Marburg 1870

NÖRR 1989 — **D.NÖRR**, Aspekte des römischen Völkerrechts. Die Bronzetafel von Alcantara. München 1989

PALMER 1997 — **R.F.A.PALMER**, Rome and Carthage at Peace, Stuttgart 1997

PASSERINI 1936 — **A.PASSERINI**, Un episodio della battaglia di Zama, Athenaeum 24 (1936), 181-191

PHILIPPSON 1911 — **C.PHILIPPSON**, The International Law and Custom of the Ancient Greece and Rome, London 1911 [1979]

PINNA PARPAGLIA 1980 — **P.PINNA PARPAGLIA**, La carriera di Scipione nella guerra annibalica, Labeo 26 (1980), 344ff.

PREISER 1954 — **W.PREISER**, Zum Völkerrecht der vorklassischen Antike, Archiv des Völkerrechts 4 (1954), 257-288

PREISER 1962 — **W.PREISER**, Völkerrechtsgeschichte I, in: **K.STRUPP/ H.-J.SCHLOCHAUER (Hgg.)**, Wörterbuch des Völkerrechts, Berlin 1962 (2.Aufl.), 680ff.

PREISER 1964 — **W.PREISER**, Die Völkerrechtsgeschichte. Ihre Aufgaben und Methode, Wiesbaden 1964

PREISER 1978 — **W.PREISER**, Macht und Norm in der Völkerrechtsgeschichte, Baden-Baden 1978

R.-ALFÖLDI 1979 — **M.RADNOTI-ALFÖLDI**, Die Geschichte des numidischen Königreiches und seiner Nachfolger, in: **HORN/RÜGER 1979**, 43-74

RAINER 1997 — **J.M.RAINER**, Einführung in das römische Staatsrecht, Darmstadt 1997

RAKOB 1979 — **F.RAKOB**, Numidische Königsarchitektur in Nordafrika, in: **HORN/RÜGER 1979**, 119-171

RAVEN 1993 — **S.RAVEN**, Rome in Africa, London 1993 (3.Aufl.)

REYNIERS 1966 — **F.REYNIERS**, Rémarques sur la topographie de Carthage à l'epoque de la troisième guerre punique, "Melanges d'archeologie et d'histoire offerts à André Piganiol "Vol. III, Paris 1966

RICH 1977 — **J.W.RICH**, Declaring War in the Roman Republic in the Period of Transmarine Expansion (Collection Latomus 149), Brüssel 1976

RICH 1989 — **J.W.RICH**, Patronage and interstate relations in the Roman republic, in: **WALLACE-HADRILL 1989a**, 117-135

RICH 1996 — **J.W.RICH**, The Origins of the Second Punic War, in: **CORNELL/RANKOW/SABIN 1996**, 1-37

RIDLEY 1986 — **R.T.RIDLEY**, To be taken with a pinch of salt: the destruction of Carthage, CPh 81 (1986), 140-146

RITTER 1965 — **H.W.RITTER**, Diadem und Königsherrschaft, München/Berlin 1965

RITTER 1987 — **H.W.RITTER**, Rom und Numidien. Untersuchungen zur rechtlichen Stellung abhängiger Könige, Lüneburg 1987

ROBERTS 1938 — **C.H.ROBERTS**, Catalogue of the Greek and Latin Papyri in the John Rylands Library, Manchester 1938, III, 491: Fragment on the second Punic War, 114-117

ROSCHINSKI 1979a — **H.P.ROSCHINSKI**, Die punischen Inschriften, in: **HORN/RÜGER 1979**, 103-110

RÖSSLER 1979 — **O.RÖSSLER**, Die Numider – Herkunft, Schrift, Sprache, in: **HORN/RÜGER 1979**, 89-97

ROSSETTI 1960 — **S.ROSSETTI**, La Numidia e Cartagine fra la II e la III guerra punica, La parola del passato 15 (1960)

ROSTOVTZEFF 1922 — **M.I.ROSTOVTZEFF**, International Relations in the Ancient World, in: **E.A.WALSH**, The History and Nature of International Relations, New York 1922, 31ff.

ROSTOVTZEFF 1946 — **M.I.ROSTOVTZEFF**, Numidian horsemen on Canosa vases, AJA 50 (1946), 263-267

RUEBEL 1977/78 — **J.S.RUEBEL**, Cato and Scipio Africanus, CW 71 (1977/78), 161-173

RÜPKE 1990 — **J.RÜPKE**, Domi Militiae. Die religiöse Konstruktion des Krieges in Rom, Stuttgart 1990

SALLER 1989 — **R.SALLER**, Patronage and friendship in early Imperial Rome: drawing the distinction, in: **WALLACE-HADRILL 1989a**, 49-62

SANDS 1908 — **P.C.SANDS**, The Client Princes of the Roman Empire under the Republic, Cambridge 1908

SAUMAGNE 1931 — **CH.SAUMAGNE**, Les prétextes juridiques de la IIIe guerre punique, Rev. Hist. 167(1931), 225-253 bzw. 168 (1931), 1-4

SAUMAGNE 1966 — **CH.SAUMAGNE**, La Numidie et Rome, Paris 1966

SCARDIGLI 1991 — **B.SCARDIGLI**, I trattati romano-cartaginesi, Pisa 1991

SCHLAG 1968 — **U.SCHLAG**, Regnum in Senatu. Das Wirken römischer Staatsmänner von 200-191 v.Chr., Stuttgart 1968

SCHLEUSSNER 1978 — **B.SCHLEUSSNER**, Die Legaten der römischen Republik, München 1978 (Vestigia 26)

SCHMITT 1969 — **H.H.SCHMITT**, Die Staatsverträge des Altertums. Bd.III: Die Verträge der griechisch-römischen Welt von 338 bis 200 v.Chr, München 1969

SCHOLZ 1984 — **U.W.SCHOLZ**, Der Scipio des Ennius, Hermes 112 (1984), 183-199

SCHUR 1930 — **W.SCHUR**, Massinissa, RE 14/2 (1930), 2154-2165

SCHWARTE 1983 — **K.-H.SCHWARTE**, Der Ausbruch des Zweiten Punischen Krieges. Rechtsfrage und Überlieferung, Wiesbaden 1983

SCHWARTE 1993 — **K.-H.SCHWARTE**, Roms Griff nach Sardinien. Quellenkritisches zur Historizität der Darstellung des Polybios, in: **K.DIETZ/D.HENNIG/H.KALETSCH (Hgg.)**, Klassisches Altertum, Spätantike und frühes Christentum (FS A.Lippold), Würzburg 1993, 107-146

SCHWARTE 2000 — **K.-H.SCHWARTE**, Publius Cornelius Scipio Africanus der Ältere – Eroberer zwischen West und Ost, in: **J.HÖLKESKAMP/E.STEIN-HÖLKESKAMP (Hgg.)**, Von Romulus zu Augustus.Große Gestalten der römischen Republik, München 2000, 79-91

SCULLARD 1930 — **H.H.SCULLARD**, Scipio Africanus in the second Punic War, Cambridge 1930

SCULLARD 1960 — **H.H.SCULLARD**, Scipio Aemilianus and Roman Politics, JRS 50 (1960), 59-74

SCULLARD 1970 — **H.H,SCULLARD**, Scipio Africanus: Soldier and Politician, Ithaca/ New York 1970

SCULLARD 1973 — **H.H.SCULLARD**, Roman Politics 220-150 B.C., Oxford 1973 (2. Ed.)

SECKEL 1915 — **E.SECKEL**, Über Krieg und Recht in Rom, Berlin 1915

SEIBERT 1993a — **J.SEIBERT**, Hannibal, Darmstadt 1993

SEIBERT 1993b — **J.SEIBERT**, Forschungen zu Hannibal, Darmstadt 1993

SHATZMAN 1972 — **I.SHATZMAN**, The Roman General's authority over Booty, Historia 21 (1972), 177-205

SIMON 1962 — **H.SIMON**, Roms Kriege in Spanien, Frankfurt 1962

STEVENS 1988 — **S.T.STEVENS**, A legend of the destruction of Carthage, CPh 83 (1988), 39-41

SUMNER 1967 — **G.V.SUMNER**, Roman Policy in Spain before the Hannibalic War, Harvard Studies in Classical Philology 72 (1967), 205-246

SUMNER 1972 — **G.V.SUMNER**, Rome, Spain and the Outbreak of the Second Punic War: Some Clarifications, Latomus 31 (1972), 469-480

TÄUBLER 1913 — **E.TÄUBLER**, Imperium Romanum. Studien zur Entwicklungs-geschichte des römischen Reichs. Bd.I: Die Staatsverträge und Vertragsverhältnisse, Berlin 1913 (nur dieser Band erschienen)

TÄUBLER 1921 — **E.TÄUBLER**, Die Vorgeschichte des zweiten Punischen Krieges, Berlin 1921

TÄUBLER 1922 — **E.TÄUBLER**, Naeviana, Hermes 57 (1922), 156-160

THIEL 1946 — **J.H.THIEL**, Studies on the History of Roman Sea-Power in Republican Times, Amsterdam 1946

THOMPSON 1981 — **L.A.THOMPSON**, Carthage and the Massylien coup d'etat of 206 B.C., Historia 30 (1981), 120-126

TIMPE 1962 — **D.TIMPE**, Herrschaftsidee und Klientelstaatenpolitik in Sallusts Bellum Iugurthinum, Hermes 90 (1962), 334-375

TIMPE 1974 — **D.TIMPE**, Der römische Vertrag mit den Juden von 161 v.Chr., Chiron 4 (1974), 133-152

TOYNBEE 1965 — **A.J.TOYNBEE**, Hannibal's Legacy. The Hannibalic War's Effects on Roman Life. Bd.II: Rome and her Neighbours after Hannibal's Exit, London/New York/Toronto 1965

TRÄNKLE 1977 — **H.TRÄNKLE**, Livius und Polybios, Basel/Stuttgart 1977

TREU 1953 — **M.TREU**, Der Papyrus über die Friedensverhandlungen des Jahres 203 v.Chr. (Ryl. Pap. III 491), Aegyptus 33 (1953), 30-65

TRIMMEL 1950 — **G.TRIMMEL**, Die römische Vertragspolitik in der zweiten Hälfte des dritten Jahrhunderts v.Chr., Diss. phil. Graz 1950

UNGER 1882 — **G.F.UNGER**, Römisch-Punische Verträge, RhM 37 (1882), 153-205.

VISONA 1988 — **P.VISONA**, Passing the salt; on the destruction of Carthage, CPh 83 (1988), 41-42

VOGEL 1948 — **K.VOGEL**, Zur rechtlichen Behandlung der römischen Kriegsgewinne, ZSS 66 (1948), 394ff.

VOGEL-WEIDEMANN 1989 — **U.VOGEL-WEIDEMANN**, Carthago delenda est: Aitia and Prophasis, Acta Classica 32 (1989), 79-95

VOGT 1943 — **J.VOGT (Hg.)**, Rom und Karthago, Leipzig 1943

VOLKMANN 1990 — **H.VOLKMANN**, Die Massenversklavungen der Einwohner eroberter Städte in der hellenistisch-römischen Zeit, Stuttgart 1990 (2. von G.HORSMANN durchgesehene und erweiterte Auflage)

VOLLMER 1990 — **D.VOLLMER**, Symploke. Das Übergreifen der römischen Expansion auf den griechischen Osten. Untersuchungen zur römischen Außenpolitik am Ende des 3.Jhs. v.Chr., Stuttgart 1990

WALBANK I-1957, II-1967; III-1979 — **F.W.WALBANK**, A Historical Commentary on Polybius, Vol. I (Books I-VI), Oxford 1957; Vol. II (Books VII-XVIII), Oxford 1967; Vol. III (Books XIX-XL), Oxford 1979

WALBANK 1965 — **F.W.WALBANK**, Political Morality and the friends of Scipio, JRS 55 (1965), 1-16

WALDHERR 2000 — **G.H.WALDHERR**, "Punica Fides" – Das Bild der Karthager in Rom, Gymnasium 107 (2000), 193-222

WALLACE-HADRILL 1989a — **A.WALLACE-HADRILL (Hg.)**, Patronage in Ancient Society, London/New York 1989

WALLACE-HADRILL 1989b — **A.WALLACE-HADRILL**, Patronage in Roman society: from republic to empire, in: **WALLACE-HADRILL 1989a**, 63-87

WALSH 1965 — **P.G.WALSH**, Massinissa, JRS 55 (1965), 149-160

WARMINGTON 1970 — **B.H.WARMINGTON**, Carthage, London 1970

WATSON 1971 — **A.WATSON**, Roman private law around 200 B.C., Edinburgh 1971

WATSON 1993 — **A.WATSON**, International Law in Archaic Rome: War and Religion, Baltimore/London 1993

WELWEI 1963 — **K.-W.WELWEI**, Könige und Königtum im Urteil des Polybios, Köln 1963

WELWEI 1977 — **K.-W.WELWEI**, Die Belagerung Sagunts und die römische Passivität im Westen 219 v.Chr., Talanta 8/9 (1977), 156-173

WELWEI 1988 — **K.-W.WELWEI**, Unfreie im antiken Kriegsdienst. Dritter Teil: Rom, Stuttgart 1988

WELWEI 1989 — **K.-W.WELWEI**, Zum "metus Punicus" in Rom um 150 vChr, Hermes 117 (1989) Heft 3, 314-320

WIEACKER 1988 — **F,WIEACKER**, Römische Rechtsgeschichte. Erster Abschnitt: Einleitung, Quellenkunde, Frühzeit und Republik, München 1988 (HdA 10,3,1,1)

WILSDORF 1997 — **H.WILSDORF**, Punische und numidische Inschriften am Rande der Welt, in: **J.IRMSCHER (HG.)**, Die Literatur der Spätantike, Amsterdam 1997, 83-91

WINDBERG 1937 — **F.WINDBERG**, Numidia, RE 17/2 (1937), 1343-1397

WINKEL 1993	**L.C.WINKEL**, Einige Bemerkungen über ius naturale und ius gentium, in: **M.J.SCHERMAIER/Z.VEGH (Hg.)**, Ars boni et aequi. FS W.Waldstein, Stuttgart 1993, 443-449
WINTER 1952	**O.F.WINTER**, Klientelkönige im römischen und byzantinischen Reich, Jahrbuch der Österreich.-Byzantin. Gesellschaft 2 (1952), 35ff.
WOLFF 1991/92	**CH.WOLFF**, Untersuchungen zum römischen Vertragswesen anhand des römisch-illyrischen Friedens von 228 v.Chr., Dipl. Arb. München 1991/1992
WOLLNER 1987	**B.WOLLNER**, Die Kompetenzen der karthagischen Feldherren, Europ. Hochschulschriften 3, 340, Frankfurt/Bern 1987
YAVETZ 1974	**Z.YAVETZ**, Rome and Carthage. A gesture towards peace, HT 24 (1974), 874-877
ZANCAN 1935	**L.ZANCAN**, Le cause della terza guerra punica, Atti dell' Istituto Veneto di scienze 1935, VI, 529-601
ZIEGLER 1972	**K.H.ZIEGLER**, Das Völkerrecht der römischen Republik, ANRW I,2 (1972), 68-114
ZIEGLER 1985	**K.H.ZIEGLER**, Kriegsverträge im antiken römischen Recht, ZSS 102 (1985), 40-90
ZIEGLER 1989	**K.H.ZIEGLER**, Friedensverträge im römischen Altertum, Archiv des Völkerrechts 27 (1989), 45-61
ZIEGLER 1991	**K.H.ZIEGLER**, Deditio und fides im römischen Völkerrecht, ZSS 108(1991), 279-285
ZIEGLER 1992	**K.H.ZIEGLER**, Nochmals: zur fides im römischen Völkerrecht, ZSS 109 (1992), 482-485
ZIEGLER 1994	**K.H.ZIEGLER**, Völkerrechtsgeschichte, München 1994
ZIELINSKI 1880	**T.ZIELINSKI**, Die letzten Jahre des zweiten punischen Krieges, Leipzig 1880 [Aalen 1985]

I.) Einleitung

1.) Allgemeines und Persönliches

Die vorliegende Arbeit hatte ursprünglich die Untersuchung des römisch-karthagischen Friedensvertrages von 201 sowie die Analyse der daran anschließenden völkerrechtlichen Beziehungen zwischen Rom und Karthago bis zum Ausbruch zum Dritten Punischen Krieg zum Ziel. Schon bald zeigte es sich, daß eine Abhandlung über den Vertrag von 201 ohne eine nähere Befassung mit dem Friedensvertrag von 241 (samt Zusatznote von 237) sowie dem sogenannten Ebro-Vertrag die Darstellung wesentlicher Entwicklungslinien der römisch-punischen Beziehungen unterlassen hätte. Somit wurde auch der den Ersten Punischen Krieg beendende Friedensvertrag und die etwa zwei Jahrzehnte dauernde Zwischenkriegszeit zwischen dem Ende des Ersten und dem Ausbruch des Zweiten Punischen Krieges mit in die Arbeit aufgenommen, wenngleich die gescheiterten Friedensverhandlungen von 203/202 und der endgültige, im Jahr darauf abgeschlossene Friedensvertrag von 202/201 weiterhin das "Herzstück" der vorliegenden Untersuchung bilden.

Angesichts der immensen Fülle der seit vielen Jahrzehnten erscheinenden Literatur zu den Punischen Kriegen im allgemeinen sowie zu den Protagonisten der drei Kriege, zum Quellenmaterial und zu den unzähligen Forschungsproblemen im besonderen drängen sich – mit Recht – vor allem zwei Fragen auf: "*Quid novi*?" auf der einen sowie "*Cui bono*?" auf der anderen Seite.

Hinsichtlich der ersten Frage kann ich nur Barbara SCARDIGLI folgen: "*Questo studio non si propone di apportare novità spettacolari sul tema di rapporti romano-cartaginesi.*"[1] Trotz dieser zurückhaltenden Zielsetzung ist der italienischen Gelehrten jedoch offenbar ein Meilenstein in einem der traditionsreichsten Forschungsgebiete der Alten Geschichte und ihrer Nachbarwissenschaften gelungen. Kaum jemand, der auf mein Dissertationsthema nicht mit dem verwunderten Verweis auf ihre Abhandlung reagierte und die Frage folgen ließ, was ich denn noch zusätzlich referieren oder worin ich mich von ihrer Arbeit unterscheiden könnte. Dennoch denke ich, daß die vorliegende Untersuchung für sich selbst spricht. Ähnlich wie SCARDIGLI habe ich versucht, die antiken Quellen so umfassend wie nur möglich zu interpretieren, wobei ich aber in vielen Punkten zu abweichenden, teilweise sogar konträren Ansichten gekommen bin und mich bemüht habe, bei bestimmten festgefahrenen Fragestellungen neue Antworten zu finden.

Hinsichtlich der zweiten Frage – *Cui bono*? – sei vorangestellt, daß die vorliegende Untersuchung zwei bislang getrennt verlaufende Ausbildungszweige des Verfassers, nämlich einen juristischen sowie einen althistorischen, in einer wissenschaftlichen Arbeit vereinigt und sich dementsprechend an Juristen, Rechtshistoriker und Althistoriker wendet. Erfahrungsgemäß laufen interdisziplinäre Arbeiten nicht selten Gefahr, es keiner der beteiligten Fachdisziplinen recht zu machen. Ich halte mich jedoch – wie der von mir sehr geschätzte Berliner Althistoriker Alexander DEMANDT[2] – an Senecas Erkenntnis (ep. 108,28):

NON EST QUOD MIRERIS EX EADEM MATERIA SUIS QUEMQUE STUDIIS APTA COLLIGERE: IN EODEM PRATO BOS HERBAM QUAERIT, CANIS LEPOREM, CICONIA LACERTAM.

(Es ist kein Wunder, daß sich jeder aus demselben Stoffgebiet das für seine Studien Passende aussucht: Sucht doch auf derselben Wiese das Rind das Gras, der Hund den Hasen und der Storch die Eidechse.)

Zumindest möge aber die durch den jüngeren Plinius verbürgte Aussage des älteren Plinius eintreffen, wonach kein Buch so schlecht sei, daß es nicht in irgendeiner Hinsicht nützlich sein könnte (..."*nullum esse librum tam malum, ut non aliqua parte prodesset*"; Plin., ep. 3,5,10).

Wie bereits erwähnt, stellt diese Arbeit das (vorläufige) Endprodukt einer bislang achtjährigen Ausbildungsphase an zwei verschiedenen Fakultäten der Universität Wien dar. Ich möchte mich daher zunächst bei allen Professoren, Dozenten, Assistenten und Lektoren sowie auch dem sonstigen Personal der Rechtswissenschaftlichen und der Geisteswissenschaftlichen Fakultät der Alma Mater Rudolfina bedanken, bei denen ich zunächst das Diplomstudium der Rechtswissenschaften und der Alten Geschichte und Altertumskunde, in weiterer Folge die einschlägigen Doktoratsstudien absolvieren durfte.

Herzlicher Dank gebührt Herrn o. Univ.-Prof. Dr. Peter E. Pieler für die Übernahme der Betreuung der juristischen Aspekte dieser Dissertation, für seine sachkundigen Hinweise und Ratschläge sowie für die Möglichkeit, bei den von ihm und von Univ.-Prof. Dr. Nikolaus Benke geleiteten "Werkstattgesprächen" des Institutes für Römisches Recht und Antike Rechtsgeschichte über Probleme und Teilaspekte der Arbeit referieren zu können.

Für ihre umfassende Hilfe bei Literaturrecherchen, für ihre Hinweise und für ihre Unterstützung bei allen möglichen Problemen im weiteren Umfeld

[1] SCARDIGLI 1991, VII
[2] DEMANDT 1995, 7

bedanke ich mich bei Ass.-Prof. Mag. Dr. Wolfgang Hameter (Wien), Univ.-Ass. Mag. Dr. Kaja Harter-Uibopuu (Graz), Dr. Volker Losemann (Marburg), Mag. Dr. Gottfried Somek (Wien), Mag. Sven Tost (Wien), Mag. Franziska Beutler (Wien/Oxford) sowie Herrn Mag. Philipp Scheibelreiter (Wien). Ganz besonders zu danken habe ich Frau Mag. Dr. Veronika Scheibelreiter für ihre Hilfe, Geduld und Anteilnahme sowie meiner Mutter für ihre besondere Unterstützung während meines Universitätsstudiums.

Geduld, Anteilnahme und Entgegenkommen im überreichen Maß fand ich dankenswerterweise auch bei Frau Universitätsdirektorin Hofrat Dr. Gabriela Tröstl und Frau Oberrat Dr. Nicola Roehlich und bei meinen Arbeitskollegen an der Rechtsabteilung der Universität Wien.

Ich möchte mich weiters bei der Österreichischen Akademie der Wissenschaften bedanken, die das Gedeihen der Dissertation mit einem überaus großzügigen Doktorandenstipendium gefördert und mehrere kurzfristige Forschungsaufenthalte in München, Rom und Salzburg ermöglicht hat. Ein aufrichtiges Dankeschön auch an das Historische Institut beim Österreichischen Kulturinstitut in Rom, welches gemeinsam mit der Akademie der Wissenschaften einen zweimonatigen Forschungsaufenthalt in Rom finanziert hat, sowie an das Fakultätskollegium der Geisteswissenschaftlichen Fakultät der Universität Wien für die Gewährung eines Förderungsstipendiums für einen weiteren Forschungsaufenthalt in Rom. Es freut mich ganz besonders, daß gerade in Zeiten, in denen von höchster Stelle der Nutzen und damit die Existenz bestimmter Studienrichtungen insbesondere der Geisteswissenschaftlichen Fakultät in Frage gestellt wird, die Nachwuchsförderung und Forschungsfinanzierung die Wahrnehmung der österreichischen Verpflichtungen gegenüber der Europäischen Union ermöglicht, nämlich die Beachtung der gemeinsamen Geschichte und Kultur der Europäischen Staatengemeinschaft.

In tiefer Dankbarkeit möchte ich diese Arbeit Herrn Univ.-Prof. Dr. Ekkehard Weber widmen, der nicht nur die Betreuung der althistorischen Aspekte der vorliegenden Untersuchung übernommen hat, sondern weit darüber hinaus mir stets als geduldiger Lehrer – χρὴ γὰρ ἐπιθαυμάζειν τι τὸν διδάσκαλον (Aristophanes, Wolken 1147) –, aufmunternder Förderer und väterlicher Freund mit Rat und Tat zur Seite stand, steht und noch lange stehen möge. *Ad multos annos*!

2.) ÜBERLEGUNGEN ZUM GENERELLEN BESTAND UND ZUM NORMCHARAKTER DER INTERNATIONALEN BEZIEHUNGEN IN DER ANTIKE

Eine Beschäftigung mit zwischenstaatlichen Beziehungen in der antiken Welt steht vor dem Balanceakt zwischen einer historischen und einer völkerrechtlichen Analyse. Letztere setzt freilich voraus, daß die Existenz einer völkerrechtlichen Ordnung auch für die Zeit der Antike bejaht wird. Gerade die Frage nach dem generellen Bestand völkerrechtlicher Normen in der Antike ist in der Literatur jedoch durchwegs kontroversiell beantwortet worden.

Hinsichtlich der Forschungsgeschichte sei auf den exzellenten Abriß ZIEGLERS[3] verwiesen; ich möchte nur einige markante Aussagen herausgreifen: Nach DAHLHEIM[4], WIEACKER[5] oder NÖRR[6] wäre Völkerrecht im Sinne moderner Vorstellungen den Römern unbekannt gewesen, während hingegen PREISER[7] und ZIEGLER betonen, daß es wohl nicht mehr zweifelhaft sei, "daß die Antike und namentlich die römische Welt zu gewissen Zeiten internationale Rechtsbeziehungen gekannt haben, die ihrer Struktur nach nur unter den modernen Begriff des Völkerrechts passen"[8].

Daß diese Ansicht zutreffend ist, zeigt alleine schon ein Blick in den Artikel 38 des Statuts des Internationalen Gerichtshofes, wo als Primärquellen des Völkerrechts die Staatsverträge, das Völkergewohnheitsrecht und die allgemeinen Rechtsgrundsätze genannt werden.[9] Alle drei Völkerrechtsquellen

---

[3] ZIEGLER 1972, 68-82.

[4] DAHLHEIM 1968, 1 ("Ein Völkerrecht im Sinne moderner Vorstellungen war den Römern unbekannt."). Auf Seite 3 jedoch: "Ziel und Zweck der Untersuchung ist es demnach, neben den von E.Täubler und A.Heuss schon weitgehend dargestellten formalen Möglichkeiten des Völkerrechtes Inhalt, Anwendung und Wandlung der Rechtsnormen zu zeigen, mit denen Rom aus einem italienischen Stadtstaat unter vielen zur Herrin der Welt im 2.Jahrhundert v.Chr. wurde." bzw. als Titel des Kapitels III.2: "Umfang und Charakter der völkerrechtlichen Beziehungen der römischen Republik zu außeritalischen Staaten"

[5] WIEACKER 1988, 365 ("fehlende Völkerrechtsgemeinschaft")

[6] D.NÖRR, Imperium und Polis in der hohen Prinzipatszeit, München 1969 (2.Aufl.), 1. Seine mehr als zwei Jahrzehnte später erschienene Monographie über die Bronzetafel von Alcantara (= NÖRR 1989) betitelt NÖRR jedoch mit "Aspekte des römischen Völkerrechts".

[7] PREISER 1954, 259 ("Die Ansicht, nach der auch die klassische Antike ein Völkerrecht in unserem Sinne nicht gekannt habe, bedarf heute nicht mehr der eingehenden Widerlegung."). In demselben Artikel weist der Autor schließlich nach, daß selbst die vorklassische Antike völkerrechtliche Normen gekannt hat.

[8] ZIEGLER in seiner Rezension zu DAHLHEIM 1968 in: Gnomon 42 (1970), 700-706 (702)

[9] Der Artikel 38 des IGH-Statutes lautet: "(1) Der Gerichtshof, dessen Aufgabe es ist, die ihm unterbreiteten Streitfälle nach Völkerrecht zu entscheiden, wendet an: a) die internationalen Abkommen allgemeiner oder besonderer Natur, in denen von den im Streit befindlichen Staaten ausdrücklich anerkannte Normen aufgestellt sind; b) das internationale Gewohnheitsrecht als Ausdruck einer allgemeinen, als Recht anerkannten Übung; c) die von den zivilisierten Staaten anerkannten allgemeinen Rechtsgrundsätze; d) unter Vorbehalt der Bestimmung des Artikels 59

lassen sich bereits im Altertum nachweisen und waren eben auch in Rom anerkannt und unbestritten. Schon in den ersten Jahrzehnten des Bestehens der römischen Republik wurden mit anderen Völkerrechtssubjekten wie etwa den Latinerstädten (*foedus Cassianum*) oder eben auch Karthago Staatsverträge geschlossen, in denen Rom die (Völker-)Rechtssphäre und auch die Gleichrangigkeit des Vertragspartners anerkannte.[10] Durch die Entwicklung des *ius gentium*, welches vor allem auf allgemeinen Rechtsgrundsätzen – insbesondere der *bona fides* – beruhte,[11] wurde auch ausländischen Bürgern ein Zugang zur römischen Rechtsordnung gewährt. Mit dem neugeschaffenen Amt des *praetor peregrinus* betreute ab 242 ein eigener Magistrat den Rechtsverkehr römischer Bürger mit Ausländern unter Beachtung dieser allgemeinen Rechtsgrundsätze.

Doch nicht nur die Völkerrechtsquellen der modernen Völkerrechtswissenschaft lassen sich für die Zeit der Antike nachweisen; auch andere Institutionen, Grundbegriffe und Elemente des modernen Völkerrechtes hatten ihren Platz im Altertum, wo sie teilweise bereits eine Ausformung erhalten hatten, welche sich bis in die heutigen Zeiten nur noch unwesentlich geändert hat.[12] Zu Recht betont Ziegler, daß etwa der Grundsatz der Unverletzlichkeit der völkerrechtlichen Gesandten seit der römischen Antike zum "als solchen nie mehr angezweifelten Grundsatz"[13] wurde.[14] Dasselbe gilt weiters auch für das Kriegsrecht und die Lehre vom "*bellum iustum*".[15]

---

die gerichtlichen Entscheidungen und die Lehren der anerkanntesten Autoren der verschiedenen Völker als Hilfsmittel zur Feststellung der Rechtsnormen. (2) Durch diese Bestimmung wird die Befugnis des Gerichtshofes, mit Zustimmung der Parteien den Streitfall ex aequo et bono zu entscheiden, nicht beeinträchtigt."

[10] Die Anerkennung der ausländischen (Völker-)Rechtssphäre spiegelt sich auch im *ius civile* wieder: Ein Geldschuldner konnte nach dem Recht der XII-Tafeln entweder *trans Tiberim* ins Ausland verkauft oder getötet werden (III 5; = Aulus Gellius 20,1,47). Der Verkauf, welcher aus Gründen der Wirtschaftlichkeit wohl im Sinne des Gläubigers und daher die Regel gewesen sein wird, war mit dem Ausschluß aus dem römischen Rechtsverband und somit der Rechtsfähigkeit verbunden. Dasselbe galt für den Fall der Kriegsgefangenschaft: Ein römischer Kriegsgefangener wurde zum Sklaven des Kriegsgegners und verlor ebenfalls seine Rechtsfähigkeit nach römischem *ius civile*. Weiters wurde nach dem XII-Tafel-Recht mit dem Tode bestraft, wer "den Feind aufreizte", also den auswärtigen Rechtsfrieden gefährdete (IX 5 =D 48,4,3). Vgl. auch ZIEGLER 1972, 75f. sowie 101.

[11] Nach der berühmten Definition des Gaius wird *ius gentium* jenes Recht genannt, das die natürliche Vernunft für alle Menschen festsetzt und das bei allen Völkern gleichermaßen beachtet wird ("*quod vero naturalis ratio inter omnes homines constituit, id apud omnes populos peraeque custoditur*"; Gaius Inst 1,1). Zum *ius gentium* vgl. allgemein KASER 1993.

[12] Nach PREISER 1954 kannte selbst die vorklassische Antike eine völkerrechtliche Ordnung.

[13] ZIEGLER 1972, 100.

[14] Zum Gesandtenrecht vgl. etwa KASER 1993, 33-35 oder JÄGER 1994

[15] ZIEGLER 1972, 101-104. Vgl. weiters: H.HAUSMANINGER, Bellum iustum und iusta causa belli im älteren römischen Recht, Österr. Zeitschrift für Öffentliches Recht 11 (1961), 335-345; ALBERT 1980; KASER 1993, 28-32

Daß erst ab der neuzeitlichen Völkerrechtswissenschaft eine systematische Ordnung in ein seit alters her bestehendes Konglomerat aus Verträgen, Rechtsgrundsätzen und Rechtsgewohnheiten gebracht und eine moderne Terminologie geschaffen wurde, ändert nichts an der Existenz eben dieser Institutionen, wobei die Anwendung der heutigen Begriffe anläßlich einer Analyse der völkerrechtlichen Ordnung zur Zeit der Antike zumindest hilfreich, vielleicht sogar notwendig sein kann.

Kein Argument gegen die Möglichkeit einer völkerrechtlichen Betrachtung oder gegen die Anwendung moderner völkerrechtlicher Termini kann jedoch die im zweiten vorchristlichen Jahrhundert zunehmende militärisch-politische Dominanz Roms darstellen. Der Völkerrechtswissenschaftler NEUHOLD bemerkte zutreffend, daß das (moderne) Völkerrecht "die internationale politische Wirklichkeit in ganz besonderem, für manche in betrüblichem Maße widerspiegelt"[16]; eine Aussage, die nicht nur belegt, daß eine rein normative, von politischen und historischen Hintergründen gelöste Betrachtungsweise auch dem (modernen) Völkerrecht fremd ist, sondern ihre Gültigkeit selbstverständlich auch für das Zeitalter der römischen Expansion in den hellenistischen Osten bewahrt. Mag es daher auch richtig sein, daß Rom die militärisch-politische Dominanz in einer Weise ausgespielt hatte, die an Arroganz, Starrköpfigkeit und demütigender Willkür kaum noch zu überbieten war,[17] so ändert dies doch nichts an der Tatsache, daß man das eigene Handeln mit (völkerrechtlichen) Rechtspositionen zu stützen und zu rechtfertigen versuchte.

Gerade die "in betrüblichem Maße gespiegelte politische Wirklichkeit" erfordert freilich eine über die systematisch-völkerrechtliche Analyse und Terminologie hinausreichende historische Betrachtung der zwischenstaatlichen Beziehungen. Die auf dem Friedensvertrag von 201 v.Chr. beruhenden völkerrechtlichen Verpflichtungen Karthagos wurden von Rom im Zeitraum bis zum Ausbruch des Dritten Punischen Krieges unterschiedlich beurteilt und eingefordert, je nachdem, wie vorrangig die karthagische Frage angesichts der laufenden Auseinandersetzungen mit dem hellenistischen Osten gerade war.

---

[16] NEUHOLD/HUMMER/SCHREUER I-1997, 5

[17] Man denke nur an das rüpelhafte Auftreten des C. Popilius Laenas, der im Jahre 168 nach dem römischen Erfolg von Pydna im Auftrag des Senates gegen die Invasion Ägyptens durch Antiochos IV. intervenierte. Popilius verweigerte eine Begrüßung des Königs und forderte ihn zum sofortigen Rückzug aus Ägypten auf. Als der Seleukidenherrscher um Bedenkzeit bat, zog Popilius Laenas um den König einen Kreis und verwehrte ihm ein Verlassen des Kreises, bis Antiochos ihm eine Antwort gegeben und den sofortigen Abzug zugesichert hatte (diese Episode wurde von zahlreichen antiken Autoren überliefert, unter anderem: Pol. 29,27; Diod. 31,2; Liv. 45,12,1-6; Val. Max. 6,4,3).

II.) Die römisch-karthagischen Beziehungen zwischen 241 v.Chr. und 218 v.Chr.

Die Anfänge der römisch-karthagischen Beziehungen reichen bis in die Frühzeit der römischen Geschichte zurück. Hinsichtlich Historizität und Inhalt der ersten Verträge zwischen der nordafrikanischen Handelsmacht und der kleinen aufstrebenden mittelitalischen Stadt sei jedoch auf die einschlägige Literatur verwiesen;[18] an dieser Stelle soll nur ein kurzer Abriß der Jahrzehnte zwischen dem Ende des Ersten und dem Ausbruch des Zweiten Punischen Krieges erfolgen.

1.) DER FRIEDENSVERTRAG VON 241 V.CHR.[19]

Nachdem die Karthager im Frühjahr 241 eine schwere Niederlage in der Seeschlacht bei den Ägatischen Inseln bezogen hatten, entschlossen sie sich zur Aufnahme von Friedensverhandlungen und übertrugen Hamilkar Barkas, der die in Sizilien kämpfenden punischen Söldner kommandierte, die uneingeschränkte Vollmacht zum Abschluß eines Friedensvertrages (Pol. 1,62,3). Hamilkar schickte Gesandte zu C. Lutatius Catulus, dem römischen Prokonsul des Jahres 241, um über den Abschluß eines Waffenstillstandsvertrages bzw. eines Friedensvertrages zu verhandeln (Pol. 1,62,5: ὑπὲρ σπονδῶν καὶ διαλύσεων ἐξαπέστελλε πρεσβευτάς).[20]

C. Lutatius Catulus gewährte einen Waffenstillstandsvertrag, in welchem sich die Karthager zur Leistung einer (unbestimmten) Summe Geldes, zur Lieferung von Getreide und zur Stellung von Geiseln verpflichteten (Zon. 8,17,4: διὸ ἀνακωχὴν ἐποιήσαντο, καὶ χρήματα καὶ σῖτον καὶ ὁμήρους αὐτῷ δόντες).

Im zugleich abgeschlossenen Präliminarvertrag[21], welcher zwischen Rom und Karthago *amicitia* bzw. φιλία wiederherstellen sollte, verpflichtete sich

[18] Zuletzt: SCARDIGLI 1991 (mit exzellenter Aufarbeitung der Quellen und der Forschungsliteratur) und FLACH 1994

[19] TÄUBLER 1921, 106-117 und 188-190; SCHMITT 1969, 173-181 (Nr. 493); DAHLHEIM 1977, 19-28; HUSS 1985, 249-251; MANTEL 1991, 29-33; SCARDIGLI 1991, 205-243; J.F.LAZENBY, The First Punic War, London 1996, 157-159

[20] Auch Appian (Sik. 2,1) und Zonaras (8,17,4) unterscheiden zwischen dem Waffenstillstandsvertrag und dem Friedensvertrag.

[21] Nach Polybios war die Ratifikation durch das römische Volkes Voraussetzung für die Gültigkeit dieses Vertrages ("ἐὰν καί τῷ δήμῳ 'Ρωμαίων συνδοκῇ", Pol. 1,62,8). Eine

Karthago zur Räumung Siziliens, zur Zahlung einer Kriegskostenentschädigung in der Höhe von 2200 Euböischen Talenten in 20 Jahresraten, zur Rückstellung der römischen Kriegsgefangenen ohne Lösegeld und zur Wahrung des Friedens gegenüber Hieron, gegenüber seinem Königreich von Syrakus sowie gegenüber den Bundesgenossen von Syrakus (Pol. 1,62,7-9: συνέβη τέλος ἐπιθεῖναι τῇ διαφορᾷ τοιούτων τινῶν συνθηκῶν διαγραφεισῶν· ἐπὶ τοῖσδε φιλίαν εἶναι Καρχηδονίοις καὶ Ῥωμαίοις, ἐὰν καὶ τῷ δήμῳ τῶν Ῥωμαίων συνδοκῇ. ἐκχωρεῖν Σικελίας ἁπάσης Καρχηδονίους καὶ μὴ πολεμεῖν Ἱέρωνι μηδ' ἐπι φέρειν ὅπλα Συρακοσίοις μηδὲ τῶν Συρακοσίων συμμάχοις. ἀποδοῦναι Καρχηδονίους Ῥωμαίοις χωρὶς λύτρων ἅπαντας τοὺς αἰχμαλώτους. ἀργυρίου κατενεγκεῖν Καρχηδονίους Ῥωμαίοις ἐν ἔτεσιν εἴκοσι δισχίλια καὶ διακόσια τάλαντα Εὐβοϊκά). Zonaras überliefert für den Präliminarvertrag außer der Bedingung der Rückgabe der römischen Überläufer und Kriegsgefangenen ohne Lösegeld zusätzlich noch die karthagische Verpflichtung, die punischen Kriegsgefangenen von den Römern zurückzukaufen (Zon. 8,17,4: τὰ δὲ καὶ ὕστερον, καὶ τοὺς μὲν ἐκείνων αὐτομόλους καὶ αἰχμαλώτους προῖκα ἐκπέμψαι, τοὺς δ' ἑαυτῶν πρίασθαι). Zuletzt wurde noch die Vereinbarung getroffen, daß die Karthager jene sizilischen Geiseln, die sie in früheren Jahren erhalten hatten, an die sizilischen Städte (an Hieron?) zurückstellen mußten (Naevius frg. 49: *Sicilienses paciscit obsides ut reddant*).[22] Die von Lutatius geforderte Auslieferung der Waffen wurde von Hamilkar hingegen verweigert.[23]

Die römische Volksversammlung[24] nahm den Präliminarvertrag jedoch nicht an und schickte eine zehnköpfige Gesandtschaft[25] nach Sizilien, wo der

---

Ratifikation durch das karthagische Volk hatte sich bereits erübrigt, da der mit der Führung der Friedensgespräche beauftragte General Hamilkar eigens eine unbeschränkte Handlungsvollmacht erhalten hatte (Pol. 1,62,3: ἐπέτρεψαν ἐκείνῳ περὶ τῶν ὅλων. Nep. Ham. 1,3: *Karthaginienses...superati statuerunt belli facere finem eamque rem arbitrio permiserunt Hamilcaris.*). Vgl. dazu auch Pol. 3,21,3-4. Vgl. weiters Liv. 21,18,10 sowie Liv. 21,19,3: (...) *in Lutati foedere diserte additum esset ita id ratum fore, si populus censuisset.*

22 Zur Erörterung dieser Bestimmung siehe unten Seite 51.

23 Corn. Nep., Ham. 1,5; Diod. 24,13. Das Abliefern der Waffen wäre einer Kapitulation gleichgekommen (so auch SCARDIGLI 1991, 223: ... corrisponde alla deditio incondizionata) und war tatsächlich in der Regel auch eine römische Bedingung im Rahmen der *deditio* (vgl. dazu TÄUBLER 1913,20f.). Hasdrubal war im Felde unbesiegt geblieben; nur die Seeniederlage bei den Ägatischen Inseln und die allgemeine Kriegsmüdigkeit hatten zur Aufnahme von Friedensgesprächen geführt. Nach Nep., Ham. 1,3f., Pol. 3,9,7-9 und Liv. 21,1,4-2,2 (die berühmte Episode von Hannibals Schwur) plante Hasdrubal eine Wiederaufnahme der Feindseligkeiten, sobald sich Karthago von den Kriegsfolgen erholt haben würde.

24 Die Beantwortung der Frage, welche Volksversammlung für die Annahme bzw. – so wie in diesem Fall – für die Ablehnung eines Präliminarfriedensvertrages zuständig war, ist nicht einfach. Außer den *comitia centuriata* und den *comitia tributa* kommt noch das *concilium plebis* (welches wie die comitia tributa nach Tribus abstimmte) in Frage (meines Erachtens ungenau daher SCARDIGLI 1991,219: "La ratifica o il rifiuto di un accordo di pace potevano avvenire, a

Lutatiusvertrag in einigen Punkten zu Lasten der Karthager modifiziert wurde (Pol. 1,63,1-3):[26]

Die Kriegsentschädigung war nunmehr in zehn Jahresraten (statt zwanzig) zu begleichen; außerdem war eine zusätzliche Zahlung von weiteren 1000 Talente sofort fällig (Pol. 1,63,3: τόν τε γὰρ χρόνον τῶν φόρων ἐποίησαν ἥμισυν, χίλια τάλαντα προσθέντες). Zudem mußte Karthago nicht nur Sizilien, sondern alle Inseln zwischen Sizilien und Italien räumen (Pol. 1,63,3: τῶν τε νήσων ἐκχωρεῖν Καρχηδονίους προσεπέταξαν, ὅσαι μεταξὺ τῆς Ἰταλίας κεῖνται καὶ τῆς Σικελίας).

Die zweite, von Polybios an anderer Stelle (Pol. 3,27,1-6; dazu sogleich) überlieferte Neuerung betraf eine wechselseitige Garantie für die Sicherheit der Bundesgenossen des Vertragspartners sowie das Gebot der gegenseitigen Achtung des Hoheitsgebietes des Vertragspartners. Im Rahmen dieses Gebotes war es untersagt, im jeweils anderen Hoheitsgebiet Anordnungen zu treffen, staatliche Bauten zu errichten, Söldner anzuwerben oder diplomatische Beziehungen zu Bundesgenossen des Vertragspartners aufzunehmen.

Polybios wiederholt anläßlich der römischen Gesandtschaft, die im Jahre 218 nach der Eroberung Sagunts durch Hannibal nach Karthago reiste und die Auslieferung des jungen punischen Strategen forderte, die Reihe der römisch-karthagischen Staatsverträge und führt erneut den Friedensvertrag von 241 – diesmal in seiner endgültigen Form – an:

Pol. 3,27,1-6:
(1) Συντελεσθέντος τοίνυν τοῦ περὶ Σικελίας πολέμου ποιοῦνται συνθήκας ἄλλας, ἐν αἷς τὰ συνέχοντα τῶν ἐγγράπτων ἦν ταῦτα. (2) ἐκχωρεῖν Καρχηδονίους καὶ Σικελίας ἁπάσης καὶ τῶν νήσων ἁπασῶν τῶν κειμένων Ἰταλίας μεταξὺ καὶ Σικελίας (3) τὴν ἀσφάλειαν ὑπάρχειν

quanto pare, sia nei comizi tributi sia nei comizi centuriati..."). Die beiden Komitien waren Vesammlungen des Gesamtvolkes, das *concilium plebis* hingegen nur eine Versammlung der *plebs*. Die Quellenlage für die Zeit um das Jahr 200 nennt Abstimmungen nach Tribus, darunter in zwei (allerdings innenpolitisch sehr heiklen) Fällen eine Abstimmung im *concilium plebis* (vgl. dazu unten Anm. 363). In Frage kämen daher nur die *comitia tributa* und das ebenfalls nach Tribus abstimmende *concilium plebis*.

[25] In der Literatur wird die Leitung dieser Gesandtschaft des öfteren C. Lutatius Cerco, Konsul des Jahres 241 und Bruder des C. Lutatius Catulus zugeschrieben, jedoch ohne eindeutigen Quellenbeleg (meines Erachtens läßt sich Val. Max. 1,3,2 aufgrund seiner Unbestimmtheit nicht als Beweis heranziehen). Vgl. dazu SCARDIGLI 1991, 235 Anm. 18

[26] Es ist daher streng genommen unzutreffend, den Friedensvertrag von 241 als "Catulus-Vertrag" zu bezeichnen. Unrichtig somit etwa SCARDIGLI 1991, 205 ("Il trattato di Catulo"), aber auch der Großteil der sonstigen Literatur.

παρ' ἑκατέρων τοῖς ἑκατέρων συμμάχοις. (4) μηδετέρους ἐν ταῖς ἀλλήλων ἐπαρχίαις μηδὲν ἐπι"Ιτάττειν μηδ' οἰκοδομεῖν δημοσίᾳ μηδὲ ξενολογεῖν "μηδὲ προσλαμβάνειν εἰς φιλίαν τοὺς ἀλλήλων συμμάχους. (5) ἐξενεγκεῖν Καρχηδονίους ἐν ἔτεσιν δέκα δισχίλια καὶ διακόσια τάλαντα, παραυτίκα δὲ δοῦναι χίλια. (6) τοὺς αἰχμαλώτους χωρὶς λύτρων ἀποδοῦναι πάντας Καρχηδονίους τοῖς Ῥωμαίοις.

(1) Als nun der Krieg um Sizilien beendet war, schlossen sie einen neuen Vertrag, dessen Hauptbestimmungen folgende waren: (2) Die Karthager sollten Sizilien und alle Inseln zwischen Italien und Sizilien räumen. (3) Von beiden Seiten solle für die beiderseitigen Bundesgenossen Sicherheit bestehen. (4) Keiner von beiden solle im Hoheitsgebiet des anderen Anordnungen treffen, von Staat wegen bauen, Truppen anwerben oder die Bundesgenossen des anderen in seine Freundschaft aufnehmen. (5) Die Karthager sollten binnen zehn Jahren zweitausendzweihundert Talente, sogleich tausend bezahlen. (6) Sie sollten den Römern alle Kriegsgefangenen ohne Lösegeld zurückgeben.

Auch Appian (Sik. 2,1-4) unterscheidet wie Polybios zwischen einem Präliminarvertrag, welcher "günstigere Bestimmungen" (ἐπὶ βραχυτέροις)[27] enthalten hatte, und einem zuungunsten der Karthager verschärften endgültigen Friedensvertrag. Wie jedoch in weiterer Folge noch zu besprechen sein wird, vermengt Appian die Bestimmungen des Präliminarvertrages sowie des endgültigen Friedensvertrages.

(App., Sik. 2,1-4)

(1) (...) ᾔτουν ἀνοχὰς παρὰ τοῦ Λουτατίου καὶ λαβόντες ἐπρεσβεύοντο εἰς Ῥώμην περὶ διαλλαγῶν ἐπὶ βραχυτέροις συνέπεμπόν τε τοῖς πρέσβεσιν Ἀτίλιον Ῥῆγλον τὸν ὕπατον, αἰχμάλωτον ὄντα σφῶν, δεησόμενον τῆς πατρίδος ἐπὶ τοῖσδε συνθέσθαι. (...) (3) (...) αὐτοὶ δὲ τὴν εἰρήνην ἐπὶ πλέοσι συνέθεντο. (4) Καὶ ἦν, ἐφ' οἷς συνέθεντο, τὰ μὲν αἰχμάλωτα Ῥωμαίων καὶ τοὺς αὐτομόλους, ὅσοι παρὰ Καρχηδονίοις εἰσί, Ῥωμαίοις εὐθὺς ἀποδοῦναι καὶ Σικελίας Ῥωμαίοις ἀποστῆναι καὶ τῶν βραχυτέρων νήσων ὅσαι περὶ Σικελίαν, Συρακουσίοις δὲ ἢ Ἱέρωνι, τῷ Συρακουσῶν τυράννῳ, πολέμου Καρχηδονίους μὴ κατάρχειν μηδὲ ἐκ τῆς Ἰταλίας ξενολογεῖν, ποινὴν δὲ τοῦ πολέμου Ῥωμαίοις ἐνεγκεῖν τάλαντα Εὐβοϊκὰ δισχίλια ἐν ἔτεσιν εἴκοσι, τὸ μέρος ἑκάστου ἔτους ἐς Ῥώμην ἀναφέροντας. ἔχει δὲ τὸ Εὐβοϊκὸν τάλαντον Ἀλεξανδρείους δραχμὰς ἑπτακισχιλίας.

(1) (...) In dieser Not baten sie [scil. die Karthager] Lutatius um Waffenstillstand und schickten nachdem er ihn bewilligt hatte, eine Gesandtschaft nach Rom, um über einen Friedensschluß unter gewissen begrenzten Bedingungen zu verhandeln. Mit ihr zusammen schickten sie auch den Konsul Atilius Regulus, ihren Gefangenen, damit er seine Landsleute zur Einwilligung in diese Bedingungen

[27] Die Bestimmungen des Präliminarvertrages werden von Appian nicht angeführt. Der Komparativ "ἐπὶ βραχυτέροις" stellt meines Erachtens einen Vergleich zu den verschärften Bestimmungen des endgültigen Friedensvertrag an und bezieht sich nicht auf eventuelle Bemühungen der punischen Gesandtschaft, in Rom günstigere Bedingungen zu erlangen.

veranlasse. (...) (3) (...) Gleichwohl wurde der Friede unter günstigeren Bedingungen für die Römer geschlossen. (4) Die Bedingungen lauteten folgendermaßen: Sämtliche Gefangene und Überläufer, die sich in karthagischer Hand befinden, sind sofort an die Römer zurückzugeben, ferner Sizilien und die im Umkreis davon liegenden kleineren Inseln den Römern abzutreten.[28] Die Karthager dürfen keinen Krieg mit den Syrakusanern oder ihrem Tyrannen Hieron anfangen und auch keine Söldner in irgendeinem Teile Italiens anwerben. Schließlich müssen die Karthager als Kriegsentschädigung 2000 Euböiische Talente binnen 20 Jahren bezahlen, und zwar in Jahresraten, die jeweils in Rom zu entrichten sind – das Euböiische Talent hat den gleichen Wert wie 7000 Alexandrinische Drachmen.

Eine summarische Zusammenfassung bietet das Geschichtswerk des Orosius (hist. 4,11,1f.):

Oros., hist. 4,11,1f.

(1) (...) *Tunc Carthaginienses praecipiti festinatione ad Lutatium consulem ac deinde Romam mittunt: orant pacem, quam condicionibus ante propositis ilico consequuntur.* (2) *Condiciones autem erant, ut Sicilia Sardiniaque decederent proque inpensis bellicis puri argenti tria milia talentum Euboicorum aequis pensionibus per annos viginti penderent.*

(1) (...) Dann schickten die Karthager in überstürzter Hast Gesandte zu Konsul Lutatius und schließlich nach Rom. Sie baten um Frieden, den sie unter den zuvor festgelegten Bedingungen umgehend erhielten. (2) Die Konditionen lauteten folgendermaßen: Sie sollten Sizilien und Sardinien räumen und für die Kriegsschäden eine Entschädigung in Höhe von 3000 euböischen Talenten reinen Silbers zwanzig Jahre lang in gleich hohen Raten zahlen.

Die vierte ausführliche Quelle zu den Bestimmungen des römisch-karthagischen Friedensvertrages von 241 findet sich bei Zonaras (8,17,3-6), der jedoch wie Appian die Bestimmungen des Präliminarfriedensvertrages mit den Bestimmungen des endgültigen Friedensvertrages vermengt:

Zon. 8,17,3-6:

(3) οἱ Καρχηδόνιοι (...) πρέσβεις δὲ πρὸς εἰρήνην τῷ Κατύλῳ πεπόμφασι. καὶ τῷ πρὸς βουλῆς ἦν τὸν πόλεμον καταλύσασθαι, ὅτι ἐπ' ἐξόδῳ οὔσης αὐτῷ τῆς ἀρχῆς οὔτε δι' ὀλίγου ἐξαιρήσειν τὴν Καρχηδόνα ἤλπιζεν οὔτε τοῖς διαδόχοις τὴν δόξαν τῶν ἑαυτοῦ πόνων καταλιπεῖν ἤθελε. (4) διὸ ἀνακωχὴν ἐποιήσαντο, καὶ χρήματα καὶ σῖτον καὶ ὁμήρους αὐτῷ δόντες, ἵν' ἐς τὴν Ῥώμην πρεσβεύσωνται ἐπὶ τῷ τῆς Σικελίας τε αὐτοὺς πάσης ἐκστῆναι Ῥωμαίοις καὶ πάσας τὰς πέριξ νήσους ἐκλιπεῖν καὶ μήτε τῷ Ἱέρωνι πολεμεῖν καὶ χρήματα τὰ μὲν ἅμα τῷ σπείσασθαι δοῦναι, τὰ δὲ καὶ ὕστερον, καὶ τοὺς μὲν ἐκείνων αὐτομόλους καὶ αἰχμαλώτους προῖκα ἐκπέμψαι, τοὺς δ' ἑαυτῶν πρίασθαι. (5) Τοιαύτη μὲν οὖν ἡ σύμβασις ὡμολόγητο· μόνην γὰρ τὴν

[28] Daher ist die aus App., Sik. 2,4 gezogene These von Huss 1985, 250 Anm. 271, wonach die kleineren, in der Nähe Siziliens gelegenen Inseln an die Syrakosier "oder" Hieron kamen, meines Erachtens nicht zu erklären und als unrichtig zurückzuweisen.

τοῦ ζυγοῦ ἀτιμίαν ὁ Ἀμίλκας παρῃτήσατο. καὶ ὁ μὲν ταῦτα συνθέμενος καὶ τοὺς στρατιώτας ἐκ τῶν τειχῶν ἐξαγαγὼν ἀπέπλευσεν οἴκαδε πρὶν τοὺς ὅρκους ἐπενεχθῆναι, οἱ δ' ἐν τῇ Ῥώμῃ τήν τε νίκην διὰ βραχέος ἔμαθον καὶ ἐπήρθησαν ὡς παντάπασι κεκρατηκότες. (6) καὶ τῶν πρέσβεων ἐλθόντων οὐκέτι κατέχειν ἑαυτοὺς ἠδύναντο, καὶ τὴν Λιβύην ἔχειν ἅπασαν ἤλπιζον. διὸ οὐδὲ ταῖς τοῦ ὑπάτου ὁμολογίαις ἐνέμειναν, ἀλλὰ καὶ χρήματα αὐτοὺς πολλῷ πλείω τῶν ὑπεσχημένων ἐπράξαντο· καὶ ἀπηγόρευσαν σφίσι μήτε τὴν Ἰταλίαν μήτε τὴν ἔξω συμμαχίδα σφῶν μακραῖς ναυσὶ παραπλεῖν ἢ μισθοφόροις τισὶν ἀπ' αὐτῶν κεχρῆσθαι.

(3) Die Karthager (...) schickten eine Gesandtschaft zu Catulus, um Frieden zu schließen. Dem aber kam dieses Angebot ganz erwünscht, da seine Amtszeit bald zu Ende ging und er weder eine baldige Einnahme Karthagos erhoffen konnte noch seinen Nachfolgern den Ruhm der eigenen Mühen überlassen wollte. (4) So war es den Karthagern möglich, nachdem sie ihm Geld, Getreide und Geiseln gegeben hatten, einen Waffenstillstand zu erreichen und wegen eines Friedensschlusses Gesandte nach Rom zu schicken. Die Bedingungen lauteten dahin, daß sie sich ganz Sizilien zugunsten der Römer zurückziehen und alle umliegenden Inseln aufgeben sollten. Ferner sollten sie keinen Krieg mit Hieron führen und Kriegsentschädigung zahlen, den einen Teil davon noch im Laufe der Verhandlungen, den Rest später. Außerdem mußten die römischen Überläufer und Gefangenen ohne Lösegeld ausgeliefert, die eigenen aber zurückgekauft werden. (5) Unter solchen Bedingungen kam der Vertrag zustande; durch Bitten konnte Hamilkar einzig und allein nur die Schande abwenden, unter das Joch geschickt zu werden. Nachdem er aber die genannten Abmachungen getroffen hatte, ließ er seine Soldaten die Festungen räumen und fuhr, ehe noch das Abkommen eidlich bestätigt war, nach Hause ab. Das Volk in Rom aber hörte alsbald von dem Sieg und meinte in seinem Hochgefühl, nunmehr völlig Herr der Lage zu sein. (6) Als daher die Gesandten eintrafen, konnten sich die Leute nicht mehr länger zurückhalten und lebten in der Hoffnung, daß ihnen nun ganz Afrika gehöre. Deshalb wollte man sich nicht mit den Abmachungen des Konsuls zufriedengeben; man erpreßte vielmehr von den Gegnern eine wesentlich höhere Geldsumme als ursprünglich zugesagt und verbot ihnen außerdem, mit Kriegsschiffen an Italien und dem außerhalb davon gelegenen Gebiet der römischen Bundesgenossen vorüberzufahren oder Söldner von dort anzuwerben.

2.) Die Bestimmungen des Vertrages von 241 im einzelnen

(a) Allgemeines zur Quellenlage

Der Text des 241 zwischen Karthago und Rom abgeschlossene Friedensvertrages wurde – ebenso wie die Texte der früheren, vor Ausbruch des Ersten Punischen Krieges geschlossenen römisch-punischen Verträge[29] – schriftlich auf einer Bronzeplatte fixiert und im Aerarium der Aedilen auf dem

[29] Hinsichtlich Anzahl, Historizität bzw. Vertragsinhalt vgl. insbesondere SCARDIGLI 1991.

Kapitol in der Nähe des Iuppitertempels deponiert (Pol. 3,26,1f.).[30] Leider sind diese Originalfassungen der römisch-punischen Verträge verlorengegangen, sodaß wir auf die antike literarische Überlieferung angewiesen sind.

Hier ist an erster Stelle der achäische Historiker Polybios zu nennen, der nach der makedonischen Niederlage in der Schlacht von Pydna (168 v.Chr.) als Geisel nach Rom gekommen war und sich dort mehr als eineinhalb Jahrzehnte lang in der römischen Oberschicht – zuletzt als Freund der Scipionenfamilie – aufhielt. Laut eigener Aussage erhielt er Einblick in die römisch-punischen Verträge und zwar mit Hilfe von Sprachkundigen, die das archaische Latein, welches den römischen Zeitgenossen des Polybios beinahe unverständlich geworden war (Pol. 3,22,3), in eine zeitgemäße Sprache übertrugen,[31] sodaß der griechische Historiker in möglichst getreuer griechischer Übersetzung, wenngleich nur unter Angabe der wesentlichen Hauptpunkte die Vertragstexte wiedergeben konnte.[32] Der Vertragstext des Friedensvertrages von 241 wird von Polybios gleich zweimal überliefert, einmal anläßlich seiner Darstellung des Ersten Punischen Krieges (1,62,7-9) sowie das zweite Mal anläßlich seiner Übersicht über die Geschichte der römisch-punischen Verträge vor Ausbruch des Zweiten Punischen Krieges (3,27,1-6).

Durch den Verlust der zweiten Dekade (Bücher 11-20) des livianischen Geschichtswerkes ist auch die Überlieferung des etwa zur Zeitenwende schreibenden Historikers Livius zum römisch-punischen Friedensvertrag des Jahres 241 verlorengegangen. Erhalten sind lediglich einige Reflexionen auf frühere Ereignisse im 21. Buch sowie die lapidare Feststellung "*petentibus Carthaginiensibus pax data est*" einer antiken Inhaltsangabe zum 19. Buch (Liv., per.19).

Die drei nach Polybios umfangreichsten Darstellungen zum Friedensvertrag von 241 stammen von Appian (in der ersten Hälfte des zweiten nachchristlichen Jahrhunderts schreibender griechischer Historiker), Orosius (um 400 lebender

---

[30] Ein wichtiges Indiz für die Schriftlichkeit des Vertrages von 241 bietet Pol. 3,27,5: Der griechische Historiker schildert, daß die Karthager zum Beweis der Tatsache, daß die Saguntiner zum Zeitpunkt des Vertragsabschlusses von 241 keine Bundesgenossen Roms waren, den Vertrag mehrfach vorgelesen hätten (Pol. 3,21,5: Ζακανθαίους δὲ παρεδείκνυον οὐκ ὄντας τότε Ῥωμαίων συμμάχους καὶ παρανεγίνωσκον πρὸς τοῦτο πλεονάκις τὰς συνθήκας). Übersetzt man "παρανεγίνωσκον" mit "nebeneinander vorlesen" oder "vergleichen", so scheint Polybios die Existenz mehrerer Vertragsabschriften (zumindest eine Abschrift der Karthager und eine der Römer) zu bezeugen.

[31] Zum "doppelten Übersetzungsproblem, vom Altlatein ins zeitgenössische 'Neulatein' und von da ins Altgriechische" vgl. insbesondere GIRARDET 1992, 100-103.

[32] Zur polybianischen Einschränkung auf die "κεφάλαια" der römisch-punischen Verträge vgl. GIRARDET 1992, 101 Anm. 23

Zeitgenosse des Augustinus) sowie Zonaras (im 12. Jahrhundert lebender Epitomator des im frühen dritten nachchristlichen Jahrhunderts schreibenden Cassius Dio), sind jedoch – wie noch zu zeigen sein wird – mit Vorsicht zu benützen. Neben diesen vier einigermaßen ausführlichen Quellen – Polybios, Appian, Orosius und Zonaras – finden sich in der antiken Historiographie mehrere verstreute Notizen und Reflexionen, welche bereits von SCHMITT[33] und SCARDIGLI[34] systematisch kompiliert wurden, sodaß sie im folgenden nur noch bei den einzeln zu besprechenden Vertragsklauseln angeführt und kommentiert werden.

(B) DEKLARATIVE BEGRÜNDUNG VON *AMICITIA* BZW. ΦΙΛΊΑ

Nach Polybios (1,62,8)[35] sollte aufgrund des Friedensvertrages *amicitia* bzw. φιλία zwischen Rom und Karthago herrschen (φιλίαν εἶναι Καρχηδονίοις καὶ Ῥωμαίοις). Er überliefert diese Bestimmung lediglich im Rahmen des Präliminarvertrages, nicht jedoch anläßlich des endgültigen Friedensvertrages. Dennoch ist wohl unzweifelhaft, daß diese Bestimmung, die bereits in der Einleitung der früheren römisch-punischen Friedensverträge verwendet wurde (Pol. 3,22,4; 3,24,3) auch in den endgültigen Vertragstext Eingang gefunden hat.[36]

Mit *amicitia* bzw. φιλία ist – vereinfacht ausgedrückt – die Aufnahme (freundschaftlicher) diplomatischer Beziehungen angesprochen. Sie kommt prinzipiell vertragslos zustande,[37] wenngleich es in der römischen Republik üblich wurde, beim Abschluß von Friedensverträgen oder Allianzverträgen (*societas*) die *amicitia* gewissermaßen als Fundament der zukünftigen friedlichen Beziehungen bzw. der *societas* in den Friedens- bzw. in den Bündnisvertrag aufzunehmen. Dies führte dazu, daß in der modernen Forschung teilweise die irrige Auffassung vertreten wurde, daß auch *amicitia* nur in Vertragsform geschlossen werden könne.[38]

---

[33] SCHMITT 1969, 171-181 (Nr. 493)

[34] SCARDIGLI 1991, 205-243

[35] Es handelt sich um die einzige Quelle für die Begründung von amicitia bzw. φιλία, wenngleich Zonaras (8,17,7) wenigstens das Faktum der 241 eintretenden amicitia/φιλία überliefert (Σικελία μὲν οὖν οὕτως ὑπὸ Ῥωμαίων δεδούλωτο πλὴν τῆς ἀρχῆς τοῦ Ἱέρωνος, ἐκ δὲ τούτου πρὸς τοὺς Καρχηδονίους φιλία ἦν αὐτοῖς.).

[36] So auch GIRARDET 1992, 97 Anm 2

[37] Vgl. ZIEGLER 1972, 83f. sowie 87-89 (mit zahlreichen weiteren Literaturverweisen)

[38] TÄUBLER 1913, 47-62; CIMMA 1976, 27-32 und 83f.

Auch die im Friedensvertrag des Jahres 241 angeführte Einleitungsklausel "Zwischen Rom und Karthago soll *amicitia*/φιλία herrschen" (φιλίαν εἶναι Καρχηδονίοις καὶ Ῥωμαίοις) ist lediglich als deklarative Bestimmung zu erachten, die den durch die faktische Einhaltung der übrigen Vertragsbestimmungen konstitutiv begründeten Zustand des Friedens und damit verbunden der *amicitia* bzw. φιλία betonte.

(C) DIE TERRITORIALEN BESTIMMUNGEN

Nach Polybios sah der Präliminarvertrag zunächst nur die Räumung Siziliens seitens der Karthager vor (Pol. 1,62,8), während der endgültige Friedensvertrag die Karthager zusätzlich auch zur Räumung aller Inseln zwischen Italien und Sizilien verpflichtete (Pol. 1,63,3 und 3,27,2). Appian spricht von der Räumung Siziliens sowie von der Räumung der kleineren Inseln rund um Sizilien zugunsten der Römer (App., Sik. 2,4)[39], Zonaras von der Räumung Siziliens sowie aller Inseln rund um Sizilien (Zon. 8,17,4).

Darüber hinaus finden sich in der antiken Historiographie zahlreiche kleinere Notizen zu den territorialen Konsequenzen des Ersten Punischen Krieges bzw. des Friedensvertrages von 241. Nach zwei Livius-Belegen[40] führte der Erste Punische Krieg zur Abtretung von Sizilien und Sardinien, nach Ps.-Aurelius Victor[41] hatten die Karthager aufgrund des Friedensvertrages Sizilien, Sardinien, bestimmte Inseln zwischen Italien und Afrika zu räumen sowie den spanischen Gebieten nördlich des Ebro fernzubleiben, nach Eutrop[42] bestand eine Friedensvertragsklausel in der Abtretung Sardiniens, nach Orosius[43] hatten die Karthager gemäß den Bestimmungen des Friedensvertrages Sizilien und Sardinien zu räumen, nach Ampelius[44] führte der Erste Punische Krieg zur

---

[39] Daher ist die aus App., Sik. 2,4 gezogene These von HUSS 1985, 250 Anm. 271, wonach die kleineren, in der Nähe Siziliens gelegenen Inseln an die Syrakosier "oder" Hieron kamen, meines Erachtens nicht zu erklären und als unrichtig zurückzuweisen

[40] Liv. 21,40,5 (... *cum iis est vobis, milites, pugnandum, quos terra marique priore bello vicistis, a quibus stipendium per viginti annos exegistis, a quibus capta belli praemia Siciliam ac Sardiniam habetis.*) sowie Liv. 22,54,11 (... *cladem ad Aegates insulas Carthaginiensium proelio navali acceptam, qua fracti Sicilia ac Sardinia cessere, inde vectigales ac stipendiarios fieri se passi sunt,...*)

[41] Ps.-Aurelius Victor, de viris ill. 41,2 (... *pacem petentibus hac condicione concessit, ut Sicilia, Sardinia et ceteris insulis inter Italiam Africamque decederent, Hispania citra Hiberum abstinerent*).

[42] Eutr. 3,2,2 (...*Sardinienses qui ex condicione pacis Romanis parere debebant...*)

[43] Oros., hist. 4,11,2 (*Condiciones autem erant, ut Sicilia Sardiniaque decederent* ..)

[44] L. Ampelius, Liber mem. 46,2 (*Ceterum re vera praemium fuit Siciliae et Sardiniae possessio, fertilissimarum insularum*)

Erbeutung von Sizilien und Sardinien, während der Verfasser des Ineditum Vaticanum[45] den Erwerb Siziliens als wesentlichste römische Kriegsbeute sieht.

Mag man in den beiden Livius-Notizen noch eine zusammenfassende Betrachtung der Ereignisse vor Ausbruch des Zweiten Punischen Krieges sehen, so vermengen die übrigen kleineren Belegstellen doch zum größten Teil in mißverständlicher Weise die durch den Vertrag von 241 erzwungene Räumung Siziliens bzw. bestimmter Inseln im Bereich Siziliens mit der durch den Zusatzvertrag von 237 erzwungenen und an anderer Stelle zu besprechenden Räumung Sardiniens. Völlig als annalistische Fälschung von der Hand zu weisen ist die Aussage des anonymen (und irrig unter Aurelius Victor firmierenden) Verfassers des Kompendiums "*de viris illustribus*", der sogar die Kernbestimmung des Ebro-Vertrages dem Vertrag von 241 zuweist.[46]

Nicht unproblematisch ist jedoch auch die Divergenz der drei wichtigsten Quellen – Polybios, Appian und Zonaras – hinsichtlich der Abtretung bestimmter Inseln außer Sizilien. Nach Polybios und Appian, denen hier zu folgen ist, wurde diese Bestimmung erst in den endgültigen Friedensvertrag aufgenommen, Zonaras nimmt sie irrtümlicherweise bereits im Rahmen des Präliminarvertrages vorweg.[47] Auch in der Definition dieser Inseln unterscheiden sich die drei Autoren: Polybios nennt die "Inseln zwischen Italien und Sizilien" (Pol. 1,63,3; Pol. 3,27,2), Appian die "kleineren Inseln rund um Sizilien" (App., Sik. 2,4), Zonaras "alle um Sizilien liegenden Inseln". In der Literatur finden sich mehrere konkrete Vorschläge für die Lokalisierung dieser eher vagen antiken Angaben, insbesondere wurden die Ägatischen Inseln sowie die Liparische Inseln genannt.[48]

Zuletzt sei auf die einschlägige juristische Terminologie der territorialen Bestimmungen des Präliminarvertrages sowie des endgültigen Friedensvertrages von 241 verwiesen. Einige Quellen, insbesondere Polybios, verwenden den Begriff "Räumung" im Sinne einer einseitigen punischen Rückzugsverpflichtung, ohne damit die realpolitische Konsequenz dieses punischen Verzichts auf bestimmte Herrschaftsrechte – nämlich die Abtretung der Herrschaftsrechte an Rom – anzusprechen,[49] wenngleich natürlich die übrigen Quellen in ungenauer

[45] Ineditum Vaticanum (Absatz:) 4 (ed. H. ARNIM, Ineditum Vaticanum, Hermes 27 (1892), 118-130 [122]): Σικελίαν τε ἔσχον, περὶ ἧς ὁ ἀγών.

[46] Vgl. SCHMITT 1969, 179f.; MANTEL 1991, 38-40

[47] Vgl. SCARDIGLI 1991, 223

[48] Vgl. WALBANK I-1957, 335; HUSS 1985, 250 Anm. 270 oder SCARDIGLI 1991, 228f. (mit weiteren Literaturverweisen)

[49] Pol. 1,62,8 (ἐκχωρεῖν Σικελίας ἁπάσης); Pol. 1,63,3 (τῶν τε νήσων ἐκχωρεῖν); Pol. 3,27,2 (ἐκχωρεῖν Καρχηδονίους καὶ Σικελίας ἁπάσης καὶ τῶν νήσων ἁπασῶν τῶν

Weise die *de iure*-Bestimmung mit der *de facto*-Konsequenz dieser Bestimmung vermengen und von einer Abtretung oder Räumung zugunsten Roms ausgehen.[50]

Schon TÄUBLER[51] stellte fest, daß die römischen Vertragsterminologie der republikanischen Friedensverträge keine Zession der Hoheitsrechte des unterlegenen Kriegsgegner an die römische *res publica* kannte, sondern nur die Dereliktion der Hoheitsrechte durch den ehemaligen Feind, ohne daß Rom *ipso iure* in diese Rechte eintrat. Diese vertragliche Dereliktion wurde selbst dann – allerdings nur noch mit deklarativer Wirkung – dem Vertragspartner auferlegt, wenn es Rom gelungen war, die Gebiete, welche der ehemalige Kriegsgegner aufgeben sollte, bereits im Krieg besetzt und die feindliche Armee vertrieben zu haben.[52] Sofern jedoch der Feind noch über militärische Positionen in den zu räumenden Gebieten verfügte, hatte die vertragliche Dereliktion konstitutive Wirkung, wobei die geräumten Gebiete nach römischer Rechtsauffassung zunächst zur *res nullius* wurden.

Umgelegt auf die Situation des Jahres 241 bedeutet dies, daß die Karthager zunächst Sizilien sowie bestimmte Inseln bzw. Inselgruppen räumen mußten, ohne daß die Hoheitsrechte an diesen Gebieten *de iure* den Römern zufielen. DAHLHEIM[53] zog den richtigen Schluß: "Das künftige Schicksal Siziliens blieb offen, da der Vertrag sich auf den Verzicht Karthagos beschränkte und damit die Übernahme der Herrschaft durch Rom von einem Akt der Okkupation abhängig machte." Er nahm an, daß die römische Okkupation Siziliens (mit Ausnahme des Königreichs von Syrakus) "höchstwahrscheinlich sofort nach dem Abzug der karthagischen Truppen" erfolgte,[54] eine Vermutung, die von Zonaras (8,18,7)

κειμένων Ἰταλίας μεταξὺ καὶ Σικελίας); Nep., Ham. 1,5 (... *Sicilia decederent*...); Liv. 21,41,8 (...*decedens Sicilia*...); Oros. hist. 4,11,2 (...*ut Sicilia Sardiniaque decederent*...); Ps.-Aurelius Victor, de viris ill. 41,2 (*Sicilia .... et ceteris insulis inter Italiam Africamque decederent*)

[50] Insbesondere Appian (Sik. 2,4) oder Zonaras (8,17,4)

[51] TÄUBLER 1913, 15: "In Verträgen mit selbständigen Staaten begegnet nie der Ausdruck '*dare agros in dicionem*'; was aber noch mehr zu beachten ist: sogar die Vorstellung und der Ausdruck "abtreten" fehlt in ihnen, ist ersetzt durch Ausdrücke, in welchen nur das Zurücktreten von dem bezeichnetem Gebiete, das Zurückziehen der Herrschaftsrechte zum Ausdruck kommt." bzw. 72: "Es ist regelmäßig vermieden, von einer Landabtretung oder Übergabe, überhaupt von dem vermehrten römischen Besitzstande zu sprechen, vielmehr immer nur von der Grenze des verbleibenden gegnerischen Besitzstandes oder von der Grenze, über welche hinaus der Gegner seine Besatzungen und seine Herrschaftsrechte zurückzuziehen hatte."

[52] Dies zeigt sich etwa im (später gescheiterten) Vertragsentwurf des Jahres 203/202, als sich Karthago verpflichtete, Spanien sowie die Inseln zwischen Afrika und Italien zu räumen, obwohl die Karthager über keine militärischen Positionen in Spanien oder auf Inseln im Mittelmeerraum um Sizilien verfügten. Liv. 30,16,10-12: *Leges pacis se has dicere: (...); Hispania abstineant; insulis omnibus quae inter Italiam atque Africam sint decedant.*

[53] DAHLHEIM 1977, 27f.

[54] DAHLHEIM 1977, 28

sogar ausdrücklich bestätigt wird: "Quintus Lutatius aber wurde Konsul und begab sich nach Sizilien, wo er zusammen mit seinem Bruder Catulus die Verhältnisse auf der ganzen Insel ordnete und auch die Einwohner entwaffnete. Mit Ausnahme von Hierons Herrschaftsbereich war nun Sizilien den Römern unterworfen, und Freundschaft bestand seitdem zwischen ihnen und den Karthagern." (Κύιντος δὲ Λουτάτιος ὑπατεύσας ἀπῆλθεν ἐς Σικελίαν καὶ μετὰ τοῦ ἀδελφοῦ Κατύλου πάντα τὰ ἐκεῖ κατεστήσατο· καὶ τὰ ὅπλα τῶν ἐν αὐτῇ ἀφείλοντο. Σικελία μὲν οὖν οὕτως ὑπὸ Ῥωμαίων δεδούλωτο πλὴν τῆς ἀρχῆς τοῦ Ἱέρωνος, ἐκ δὲ τούτου πρὸς τοὺς Καρχηδονίους φιλία ἦν αὐτοῖς.)

(D) ZUR KRIEGSKOSTENENTSCHÄDIGUNG

Nach Polybios (Pol. 1,62,9) sah der Präliminarvertrag zunächst eine von den Karthagern zu zahlende Kriegskostenentschädigung in Höhe von 2200 euböischen Talenten[55] vor, zahlbar in zwanzig Jahresraten (somit 110 Talente jährlich), während im endgültigen Friedensvertrag die Anzahl der Annuitäten auf zehn halbiert (somit zehn Raten zu nunmehr 220 Talenten) und eine zusätzliche, sofort zu leistende Entschädigungssumme in Höhe von 1000 Talenten hinzugefügt wurde (Pol. 1,63,3), mit anderen Worten: "Die Karthager müssen in 10 Jahren 2200 Talente zahlen, sofort jedoch 1000" (Pol. 3,27,5: ἐξενεγκεῖν Καρχηδονίους ἐν ἔτεσιν δέκα δισχίλια καὶ διακόσια τάλαντα, παραυτίκα δὲ δοῦναι χίλια).

Appian überliefert für den endgültigen Vertrag eine Kriegskostenentschädigung in Höhe von 2000 (sic) euböischen Talenten, zahlbar in 20 Jahresraten, welche von den Karthagern nach Rom geliefert werden mußten (App., Sik. 2,4: ἐνεγκεῖν τάλαντα Εὐβοϊκὰ δισχίλια ἐν ἔτεσιν εἴκοσι, τὸ μέρος ἑκάστου ἔτους ἐς Ῥώμην ἀναφέροντας). Im Gegensatz zu Polybios fehlen somit die Halbierung der zwanzig Annuitäten auf zehn sowie die zusätzliche, sofort fällige Entschädigungszahlung von 1000 Talenten. Diese erste Abweichung Appians von der polybianischen Überlieferung ist auf eine Vermengung der Vertragsbestimmungen des Präliminarvertrages mit jenen des endgültigen Friedensvertrages zurückzuführen.[56] Hinsichtlich Appians Angabe von 2000 Talenten (statt 2200 plus 1000 wie bei Polybios) ging man in der Literatur teilweise von einem Irrtum bzw. Unachtsamkeit oder einer

---

[55] Diese Menge entspricht umgerechnet 57,631 Tonnen Silber.

[56] TÄUBLER 1913, 190 ("Appian aber gibt nicht nur die Präliminarien wieder, sondern, wie die Zusatzbestimmung über die Inseln zwischen Sizilien und Italien zeigt, eine Kombination aus den Bestimmungen der Präliminarien und des ratifizierten Vertrags."); SCHMITT 1969, 180

Kontamination aus,[57] ein anderer interessanter Lösungsvorschlag ist sogleich mit der Überlieferung des Orosius zu besprechen. Zu beachten ist schließlich noch die Angabe Appians, wonach die Karthager das Geld nach Rom liefern mußten (ἐς Ῥώμην ἀναφέροντας); die Zahlung der Kriegskostenentschädigung war somit eine Bringschuld der Karthager, welche das nicht unwesentliche Risiko des Transportweges nach Rom zu tragen hatten.

Nach Orosius hatten die Karthager insgesamt 3000 euböische Talente reinen Silbers in zwanzig gleich hohen Jahresraten zu bezahlen (Oros., hist. 4,11,2: *... proque inpensis bellicis puri argenti tria milia talentum Euboicorum aequis pensionibus per annos viginti penderent*). Ähnlich wie bei Appian fehlt somit auch bei Orosios die im endgültigen Friedensvertrag vorgenommene Halbierung des Zahlungszeitraumes von zwanzig auf zehn Jahre, wenngleich Orosius eine um 1000 Talente höhere Summe überliefert als Appian (2000 Talente) und somit die von Polybios angebene Erhöhung der Kriegskostenentschädigung zu berücksichtigen scheint, wenngleich er die gesamten 3000 Talente gleichmäßig auf die einzelnen Raten aufteilt, ohne von einer erhöhten ersten Zahlung zu berichten. Vergleicht man schließlich die polybianische Gesamthöhe der Kriegskostenentschädigung (3200 Talente) mit der Angabe des Orosius (3000 Talente), so fällt erneut jene Differenz von 200 Talenten auf, die – wie bereits zuvor erwähnt – auch zwischen Appian (2000 Talente) und der um die erste Abschlagszahlung verminderten polybianischen Restsumme von 2200 Talenten besteht. Auch hier ging man in der Literatur teilweise von einer Unachtsamkeit oder von einer Kontamination aus.[58] Möglicherweise läßt sich der Fehler jedoch anders erklären: Waren von den ursprünglichen 2200 Talenten, die Polybios für den Präliminarvertrag überliefert, 200 Talente sofort zu begleichen,[59] so betrug die offene Entschädigung nur noch 2000 Talente in 20 Jahresraten zu 100 Talenten, exakt jene Summe, die von Appian überliefert wird. An dieser Rechnung ändert sich auch dann nichts, wenn man zu den 200 sofort zu zahlenden Talenten noch die 1000 Talente des endgültigen Friedensvertrages hinzuzählt, da auch hier die restliche Entschädigung nur noch 2000 Talente beträgt.

---

[57] TÄUBLER 1913, 189 ("wohl nur ein Überlieferungsfehler"); SCHMITT 1969, 180; HUSS 1985, 251 ("fälschlicherweise"); eher vorsichtig SCARDIGLI 1991, 227 ("a prescindere dalla possibilità di un banale errore")

[58] SCHMITT 1969, 180; HUSS 1985, 251 ("fälschlicherweise"); auch hier eher vorsichtig SCARDIGLI 1991, 227 ("a prescindere dalla possibilità di un banale errore")

[59] Eine weitere Möglichkeit besteht darin, daß die sofort zu zahlenden 200 Talente eigentlich Teil des Waffenstillstandsvertrages gewesen sind.

Von Bedeutung ist schließlich noch die nur von Orosius wiedergegebene Qualitätsklausel, wonach dreitausend Talente "reinen Silbers" (*puri argenti tria milia talentum Euboicorum*) zu zahlen waren.

Diese Notiz vom "*argentum purum*" spielt insofern eine Rolle, als sich bei Aulus Gellius die Ausführungen des Juristen Publius Alfenus Varus zu einer einschlägigen Bestimmung eines – leider nicht näher bezeichneten – Friedensvertrages zwischen Rom und Karthago erhalten haben (Aul. Gellius 7(6),5,1-10): Angeblich soll dieser Vertrag die Bestimmung enthalten haben, daß die Karthager verpflichtet waren, dem römischen Volk jedes Jahr ein bestimmtes Gewicht an Silber bestimmter Qualität ("*certum pondus argenti puri puti*") zu entrichten. Laut Gellius habe der Jurist die Bezeichnung "argentum purum putum" als "sehr reines Silber" (*valde purum argentum*) übersetzt, doch meint Gellius, daß nach seiner Ansicht das Wort "putum" von "putare" im Sinne von "alles Überflüssige und nicht zu einer Sache Gehörende entfernen" abzuleiten sei, sodaß der Ausdruck "*argentum purum putum*" mit "durch Auswaschung oder Entschlackung gereinigtes Silber, befreit von jeglichen fremden Zusatzstoffen, gereinigt und gesäubert aufgrund der Entfernung von Verunreinigungen" zu übersetzen sei (*exputatum excoctumque omnique aliena materia carens omnibus ex eo vitiis detractis emaculatum et candefactum*). Wie eingangs erwähnt, bezieht sich Aulus Gellius auf keinen konkreten römisch-karthagischen Vertrag, sodaß prinzipiell auch der Vertrag von 241 in Frage käme. Meines Erachtens ist die von Publius Alfenus Varus erörterte Klausel jedoch – wie noch an anderer Stelle zu zeigen sein wird (siehe S. 232-233) – ein Bestandteil des Vertrages von 202/201.[60]

Zonaras überliefert keine absoluten Zahlen hinsichtlich der Kriegskostenentschädigung und hält zunächst nur fest, daß den Karthagern im Präliminarvertrag eine solche Entschädigung auferlegt wurde, wobei ein Teil sofort, der andere später zu zahlen war (Zon. 8,17,4). In weiterer Folge hätten die Römer jedoch eine "weitaus größere" (πολλῷ πλείω) Summe von den Karthagern gefordert (Zon. 8,17,6).

---

[60] Auch SCHMITT 1969, 302 bezieht - allerdings ohne jegliche Erörterung – die Aulus Gellius-Stelle auf den Vertrag von 202/201. Im Friedensvertrag zwischen Rom und Antichos III. (188 v.Chr.; "Friede von Apameia") wurde jedenfalls eine ähnliche Qualitätsklausel vereinbart: Die Kriegsentschädigung betrug 12.000 attische Talente "reinen Silbers" (*argenti probi*; Liv. 38,38,13) bzw. "besten Silbers" (ἀργυρίου ἀρίστου τάλαντα μύρια δισχίλια, Pol. 21,43,19). Sollte die "*argentum purum putum*"-Klausel tatsächlich Bestandteil des Vertrages von 202/201 gewesen sein, so könnte sie eventuell Ausfluß schlechter Erfahrungen aus der Zeit nach dem Ersten Punischen Krieg gewesen sein. So weisen punische Münzfunde aus der Zeit des unmittelbar an den Ersten Punischen Krieges anschließenden Libyschen Krieges eine erhebliche Qualitätsverschlechterung auf (vgl. Anm. 127 mit Literaturverweisen).

(E) ZU DEN SICHERHEITSGARANTIEN

Nach Polybios sollten die Karthager keinen Krieg gegen König Hieron von Syrakus, keinen Krieg gegen die Syrakusaner und auch keinen Krieg gegen die Bundesgenossen von Syrakus führen (Pol. 1,62,8: Καρχηδονίους καὶ μὴ πολεμεῖν Ἱέρωνι μηδ' ἐπι φέρειν ὅπλα Συρακοσίοις μηδὲ τῶν Συρακοσίων συμμάχοις). Diese Bestimmung wird von Polybios nur im Rahmen des Präliminarvertrages, nicht jedoch im Rahmen des endgültigen Vertrages wiedergegeben. Der endgültige Friedensvertrag sah laut Polybios im Gegensatz zu dieser einseitigen, nur Karthago betreffenden Verpflichtung schließlich eine umfassende Erweiterung zu einer wechselseitigen, sowohl Karthago als auch Rom verpflichtenden Sicherheitsgarantie vor. Auch Zonaras (8,17,4) überliefert die Sicherheitsgarantie zugunsten des Hieron bzw. von Syrakus (jedoch ohne Nennung der Bundesgenossen von Syrakus) als Bestandteil des Präliminarfriedens; des weiteren berichtet er gleichfalls von einer Erweiterung dieser Bestimmung im Rahmen des endgültigen Friedensvertrages, obwohl die neue Bestimmung gemäß Zonaras (im Unterschied zu Polybios) nur die Karthager betraf. Nach Appian (Sik. 2,4) war die "Hieron-Klausel" (allerdings ohne Nennung der Stadt Syrakus und ihrer Bundesgenossen) ebenso Bestandteil des endgültigen Friedensvertrages wie bestimmte Teile der von Polybios überlieferten erweiterten Klausel. Doch auch nach Appian soll die Erweiterung nur Karthago verpflichtet haben.

Der von Polybios, Appian und Zonaras angeführte König Hieron von Syrakus war zu Beginn des Ersten Punischen Krieges noch auf karthagischer Seite gestanden, ehe er unter dem Eindruck der Kampfkraft und Hartnäckigkeit der römischen Legionen bereits im zweiten Kriegsjahr (263) auf römische Seite umschwenkte, einen Separatfrieden mit Rom schloß und zum *amicus et socius* (φίλος καὶ σύμμαχος) Roms wurde (Pol. 1,16,9).[61] Angesichts des fortgeschrittenen Alters des Königs – zum Zeitpunkt des römisch-punischen Friedensvertrages war es noch nicht absehbar, daß der damals 66jährige

[61] Vgl. auch Diod. 23,4,1; Livius per. 16; Eutr. 2,19; Oros. hist. 4,7,3 und Zon. 8,9,11. HUSS 1985, 226 Anm. 56 bezweifelt das Zustandekommen einer *societas*. Vgl. jedoch die antiken Quellen, die Hilfeleistungen des Hieron im Laufe des Ersten Punischen Krieges bezeugen: Lebensmittel (Pol. 1,18,11; Zon. 8,10,3), Belagerungsgeschütze (Diod. 24,1,4) oder Schiffe (Zon. 8,14,7). Für die Begründung einer *societas* bereits im Jahr 263 trat auch DAHLHEIM 1968, 129f. ein (zu seiner Beurteilung der Hilfeleistungen vgl. etwa auf S. 130: "Die für die römische Kriegführung eminent wichtige Hilfe Hierons wird im Verlauf des ganzen Krieges nachhaltig durch die Versorgung der römischen Truppen geleistet, ja man darf in Einzelfällen behaupten, daß ohne Hierons Getreidesendungen die römischen Legionen von vorneherein auf verlorenem Posten gestanden hätten."). Vorsichtig stellt hingegen SCARDIGLI 1991, 226 die These auf, wonach Hieron erst im Jahr 241 φίλος καὶ σύμμαχος der Römer "a tutti gli effetti" geworden wäre.

Herrscher noch den Ausbruch des Zweiten Punischen Krieges erleben und erst im Jahr 215 mit 92 Jahren sterben würde – erklärt sich meines Erachtens auch die komplizierte Formulierung der den Karthagern auferlegten Sicherheitsgarantie des Präliminarfriedens, in der sowohl Hieron als auch Syrakus genannt werden (Pol. 1,62,8).

Der Präliminarfriede schützte jedoch nicht nur Hieron bzw. Syrakus, sondern auch die Bundesgenossen von Syrakus. Nach Diodor waren von den 67 Städten, die zu Beginn des Ersten Punischen Krieges unter der Herrschaft von Syrakus gestanden waren, nach Abschluß des im Jahre 263 abgeschlossenen Separatfriedens nur noch folgende sechs Städte verblieben: Akrai, Leontinoi, Megara, Heloros, Neeton und Tauromenion.[62]

Wie bereits erwähnt wurde im endgültigen Friedensvertrag die einseitige, nur Karthago betreffende Sicherheitsklausel zu einer umfassenden wechselseitigen, sowohl Karthago als auch Rom verpflichtenden Sicherheitsgarantie erweitert: "Von beiden Seiten solle für die beiderseitigen Bundesgenossen Sicherheit bestehen. Keiner von beiden solle im Hoheitsgebiet des anderen Anordnungen treffen, von Staats wegen bauen, Truppen anwerben oder die Bundesgenossen des anderen in seine Freundschaft aufnehmen." (Pol. 3,27,3f.: τὴν ἀσφάλειαν ὑπάρχειν παρ' ἑκατέρων τοῖς ἑκατέρων συμμάχοις. μηδετέρους ἐν ταῖς ἀλλήλων ἐπαρχίαις μηδὲν ἐπιτάττειν μηδ' οἰκοδομεῖν δημοσίᾳ μηδὲ ξενολογεῖν μηδὲ προσλαμβάνειν εἰς φιλίαν τοὺς ἀλλήλων συμμάχους). Appian kennt lediglich ein nur für die Karthager geltendes und auf Italien beschränktes Verbot der Söldneranwerbung (App., Sik. 2,4: μηδὲ ἐκ τῆς Ἰταλίας ξενολογεῖν), Zonaras hingegen ein ebenfalls nur Karthago betreffendes Verbot, "mit Kriegsschiffen an Italien und dem außerhalb davon gelegenen Gebiet der römischen Bundesgenossen vorüberzufahren oder Söldner von dort anzuwerben" (Zon. 8,17,6: καὶ ἀπηγόρευσαν σφίσι μήτε τὴν Ἰταλίαν μήτε τὴν ἔξω συμμαχίδα σφῶν μακραῖς ναυσὶ παραπλεῖν ἢ μισθοφόροις τισὶν ἀπ' αὐτῶν κεχρῆσθαι).

Analysiert man die von Polybios überlieferte Sicherheitsklausel des endgültigen Friedensvertrages genauer, so hat man zunächst zwischen zwei Bestandteilen zu unterscheiden: Der erste Komponente betraf die Sicherheit der Bundesgenossen der beiden Vertragspartner Rom und Karthago. Aus punischer Sicht bedeutete dies eine Erweiterung der ursprünglich auf Hieron bzw. Syrakus sowie deren Bundesgenossen beschränkten Sicherheitsgarantie auf alle *socii* Roms, somit alle italischen *socii*, Messina sowie jene sizilischen Städte, die im

---

[62] Diodor 23,4,1. Zu den Bundesgenossen von Syrakus vgl. auch SCARDIGLI 1991, 226

Ersten Punischen Krieg teils sich dediert hatten, teils erobert wurden.[63] Kein *socius* Roms, weder zum Zeitpunkt des Friedensvertrages von 241 noch zum Zeitpunkt des Ausbruchs des Zweiten Punischen Krieges (218), war jedenfalls – so die moderne herrschende Ansicht[64] entgegen der antiken Überlieferung[65] – die an der ostspanischen Mittelmeerküste gelegene Stadt Sagunt. Aus römischer Sicht bedeutete die Bestimmung "τὴν ἀσφάλειαν ὑπάρχειν παρ' ἑκατέρων τοῖς ἑκατέρων συμμάχοις" insoferne eine gravierende Änderung im Vergleich zum Präliminarfrieden, als sich nunmehr auch Rom zu einem bestimmten Verhalten verpflichtet hatte, nämlich zum Unterlassen jeglicher schädigenden Handlung gegenüber den *socii* Karthagos.[66]

Eine echte Neuerung gegenüber dem Präliminarfrieden stellt der zweite Teil der Sicherheitsklausel dar: Rom und Karthago verpflichteten sich zur wechselseitigen Achtung ihrer Souveränität auf dem jeweiligen Hoheitsgebiet; es durften innerhalb der ἐπαρχία des jeweiligen Vertragspartners keine Anordnungen getroffen, keine staatlichen Bauvorhaben durchgeführt, keine Truppenanwerbungen vorgenommen und mit keinen σύμμαχοι des Vertragspartners ein *amicitia*-Verhältnis hergestellt werden (Pol. 3,27,3f.).[67] Zusätzlich soll es laut Zonaras den Karthagern untersagt gewesen sein, mit

---

[63] Vgl. dazu insbesondere GIRARDET 1992, 103f.

[64] Auch nach Appian bestand zwischen Rom und Sagunt keine συμμαχία (App., Ib. 11,43: ὧν ἐς Ῥώμην ἀπαγγελθέντων, οἱ μὲν ἐκέλευον ἤδη συμμαχεῖν τοῖς Ζακανθαίοις, οἱ δ' ἐπεῖχον ἔτι, λέγοντες οὐ συμμάχους αὐτοὺς ἐν ταῖς συνθήκαις σφῶν, ἀλλ' αὐτονόμους καὶ ἐλευθέρους ἀναγεγράφθαι, ἐλευθέρους δὲ ἔτι καὶ τοὺς πολιορκουμένους εἶναι.); vgl. HUSS 1985, 290f. ("So scheinen die Saguntiner weder dediticii noch socii der Römer gewesen zu sein. Das zwischen Rom und Saguntum bestehende staatsrechtliche Verhältnis war vermutlich nur das Verhältnis der societas."); SCARDIGLI 1991, 274 ("... deve trattarsi di un' amicizia ... e certamente non di un' alleanza."); GIRARDET 1992, 111; vgl. auch BARCELÓ 1996, 56 Anm. 37

[65] Beispielsweise Pol. 3,15,8; Pol. 3,29,1-10 (passim); Liv. 21,6,4. Vgl. zu den antiken Quellen bzw. zur modernen Literatur auch SEIBERT 1993b, 127-129

[66] Nach GIRARDET 1992, 104 war unter dem Begriff der "σύμμαχοι" das politische Gebilde der punischen "ἐπαρχία", somit die nordafrikanischen Gebiete sowie Sardinien und Korsika, zu verstehen.

[67] Polybios 3,27,4 spricht von μηδὲ προσλαμβάνειν εἰς φιλίαν τοὺς ἀλλήλων συμμάχους ("die Bundesgenossen des jeweils anderen nicht in seine Freundschaft aufnehmen"). Damit ist nicht nur der Abschluß eines Bündnisses ausgeschlossen, sondern sogar der Bestand (einfacher) freundschaftlicher Beziehungen (ungenau daher SEIBERT 1993a, 11: "kein Bündnis abschließen"). Vgl. DAHLHEIM 1970, 27 ("In der Sache ist das Verbot der Aufnahme in die amicitia so umfassend wie möglich formuliert, so daß die unterbundenen Beziehungen von formlosen diplomatischen Kontakten bis zum Abschluß einer förmlichen Symmachie reichen."); korrekt GIRARDET 1992, 104 Anm. 36 ("Die zuletzt genannte Bestimmung macht deutlich, daß die vertragsschließenden Parteien ihren Bundesgenossen nicht nur militärische Allianzen, sondern sogar jeglichen diplomatischen Kontakt (φιλία) zur anderen Seite versagen.")

Kriegsschiffen an Italien und dem außerhalb davon gelegenen Gebiet der römischen Bundesgenossen vorüberzufahren (Zon. 8,17,6).[68]

DAHLHEIM kommentierte zu recht, daß der Friedensvertrag "seine ursprüngliche Aufgabe, dem Besiegten die zur Erlangen notwendigen Bedingungen zu diktieren, verlor und sich zu einer umfassenden zweiseitigen Regelung des römisch-karthagischen Verhältnisses weitete".[69]

Der erste Testfall der Sicherheitsklausel des Vertrages von 241 trat während des unmittelbar auf das Kriegsende folgenden Libyschen (oder Söldner-)Krieges der Karthager ein. Da Karthago gerade gegen jene nordafrikanischen Stämme, aus denen bis dahin das Rückgrat der punischen Armee rekrutiert wurde, sowie gegen die bisherigen Söldner, die ihren ausständigen Sold vergebens eingefordert hatten, Krieg führen mußte, war das vordringlichste Problem zu Beginn dieses Libyschen Krieges die Rekrutierung neuer Truppen und die Besorgung von Kriegsgütern. Nach Appian gestatteten die Römer den Karthagern "nur für diesen Krieg" (ἐς μόνον τόνδε τὸν πόλεμον), Nachschub aus Italien und Sizilien zu besorgen und Söldner aus Italien anzuwerben (App., Sik. 2,10: ἀγορὰν δὲ ἔκ τε Ἰταλίας καὶ Σικελίας ἐπάγεσθαι καὶ ξενολογεῖν ἐκ τῆς Ἰταλίας ἐς μόνον τόνδε τὸν πόλεμον ἐπέτρεψαν).[70] Nach Zonaras lieferten die Römer selbst Getreide an die Karthager und gestatteten ihnen, unter den römischen σύμμαχοι Söldner anzuwerben (Zon. 8,17,9: καὶ σῖτον ἔπεμψαν καὶ μισθοφόρους ἐκ τῆς οἰκείας συμμαχίδος αὐτοῖς ἐπαγαγέσθαι ἐπέτρεψαν). Nach Appian (Sik. 2,10) hatten die Karthager zunächst versucht, mit Rom eine συμμαχία abzuschließen, was von Rom jedoch indirekt abgelehnt wurde: Man schickte kein Heer, gestattete aber den Karthagern den Import von Versorgungsgütern aus Italien und Sizilien sowie die Rekrutierung von Söldnern aus Italien.[71] Ob die Erlaubnis, in Italien Söldneranwerbungen durchzuführen, auf eine punische Initiative oder auf ein eigenständiges römisches Anbot zurückging, läßt sich nicht

---

[68] Nach TÄUBLER 1913, 87 Anm. 1 ist diese Bestimmung einschränkend zu interpretieren. Nach SCHMITT 1969, 180 ist diese Klausel "wohl unhistorisch". Nach DAHLHEIM 1977, 26 handelte es sich um eine Bestimmung des Präliminarvertrages, die im endgültigen Friedensvertrag fehlte (S. 26 Anm. 29: "Das nach Zonaras festgelegte Operationsverbot für karthagische Kriegsschiffe ... konnte im Endvertrag fallengelassen werden, da hier die allgemeine Sicherheitsgarantie für die beiderseitigen Bundesgenossen dieselben Dienste tat."); ebenso SCARDIGLI 1991, 230 ("La clausola era probabilmente presente nella pace preliminare, mentre manca in quella definitiva, forse perché rientra nella garanzia generale die reciproca sicurezza.")

[69] DAHLHEIM 1977, 20

[70] Appian wiederholt die römische Erlaubnis der Söldneranwerbung in Italien in der Libyke und betont eigens, daß die Erlaubnis aufgrund des entsprechenden Verbots im Friedensvertrag erfolgen mußte (App., Lib. 5,18: καὶ αὐτοὺς οἱ Ῥωμαῖοι ξενολογεῖν ἐς μόνον τόνδε τὸν πόλεμον ἀπὸ τῆς Ἰταλίας ἐφῆκαν· ἀπείρητο γὰρ ἐν ταῖς σπονδαῖς καὶ τόδε).

[71] Zweifel an dieser Überlieferung bei HUSS 1985, 257

mehr feststellen. Jedenfalls war den beiden Vertragsparteien des Friedens von 241 bewußt, daß die Aushebung von Truppen in Italien prinzipiell gegen die einschlägige Sicherheitsklausel des Friedensvertrages verstieß und daher durch einen eigenen römischen Rechtsakt genehmigt werden mußte (App., Lib. 5,18). Die Karthager nutzten insbesondere die von Appian überlieferte Erlaubnis (Sik. 2,10), auf Sizilien Nachschub zu organisieren, wie Polybios (1,83,2-4) ausführlich bestätigt.

Der zweite Testfall der umfassenden Sicherheitsklausel des Vertrages von 241 zeigte sich während des Höhepunkts des Libyschen Krieges (um das Jahr 239). Italische Kaufleute hatten zu den nordafrikanischen Aufständischen eine Versorgungsflotte entsandt, welche von den Karthagern gekapert und nach Karthago abgeschleppt wurde (Pol. 1,83,7). Fünfhundert Italiker kamen in punische Gefangenschaft, wurden jedoch nach dem Erscheinen einer römischen Gesandtschaft auf gütlichem Wege freigelassen. Umgekehrt ließen die Römer die restlichen punischen Gefangenen des Ersten Punischen Krieges frei (vgl. dazu unten S.65) und gestatteten den Kaufleuten lediglich die Versorgung Karthagos, während die Versorgung der punischen Feinde untersagt wurde (Pol, 1,83,10: διὸ καὶ πρὸς μὲν τοὺς Καρχηδονίους ἐπέτρεψαν τοῖς ἐμπόροις ἐξαγαγεῖν αἰεὶ τὸ κατεπεῖγον, πρὸς δὲ τοὺς πολεμίους ἐκώλυσαν). Zudem wurden die beiden Deditionsanbote der Einwohner von Utica sowie derjenigen aufständischen Söldner, die die Kontrolle über Sardinien errungen hatten, von Rom abgelehnt (Pol. 1,83,11: μετὰ δὲ ταῦτα τῶν μὲν ἐν τῇ Σαρδόνι μισθοφόρων, καθ' ὃν καιρὸν ἀπὸ τῶν Καρχηδονίων ἀπέστησαν, ἐπισπωμένων αὐτοὺς ἐπὶ τὴν νῆσον οὐχ ὑπήκουσαν· τῶν δ' Ἰτυκαίων ἐγχειριζόντων σφᾶς, οὐ προσεδέξαντο, τηροῦντες τὰ κατὰ τὰς συνθήκας δίκαια). War schon die Versorgung der aufständischen σύμμαχοι Karthagos ein Verstoß gegen den Geist des Vertrages von 241 gewesen,[72] so wäre eine Annahme der beiden Deditionen endgültig ein Bruch dieses Vertrages von römischer Seite her gewesen, da die Römer auf diese Weise σύμμαχοι der Karthager in ihre *amicitia* bzw. *societas* aufgenommen und somit gegen jenen Teil der Sicherheitsgarantie verstoßen hätten, demzufolge es untersagt war "προσλαμβάνειν εἰς φιλίαν τοὺς ἀλλήλων συμμάχους" (Pol. 3,27,4). Zu Recht bezeichnet Polybios daher die römische Ablehnung der beiden Deditionsanbote als "Einhaltung der Vertragsbestimmungen" (Pol. 1,83,11: τηροῦντες τὰ κατὰ τὰς συνθήκας δίκαια).

Besondere Bedeutung erhielt die Sicherheitsklausel des Vertrages von 241 anläßlich der römisch-karthagischen Diskussionen um die Rechtsstellung

[72] So auch HUSS 1985, 263 Anm. 85

Sagunts vor Ausbruch des Zweiten Punischen Krieges. Nach Pol. 3,21,4f. betonten die Karthager im Jahre 219, daß man im Friedensvertrag von 241 zwar ausdrückliche Bestimmungen zur Sicherheit der beiderseitigen Bundesgenossen, jedoch nichts über Iberien finden könne; zudem seien die Saguntiner im Jahr 241 noch keine σύμμαχοι gewesen, was die Karthager durch mehrmaliges Vorlesen des Vertrages nachzuweisen glaubten (ἐν αἷς περὶ μὲν Ἰβηρίας οὐκ ἔφασαν ὑπάρχειν ἔγγραφον οὐδέν, περὶ δὲ τοῦ τοῖς ἑκατέρων συμμάχοις τὴν παρ' ἀμφοῖν ἀσφάλειαν εἶναι ῥητῶς κατατετάχθαι. Ζακανθαίους δὲ παρεδείκνυον οὐκ ὄντας τότε Ῥωμαίων συμμάχους καὶ παρανεγίνωσκον πρὸς τοῦτο πλεονάκις τὰς συνθήκας).[73] Die Römer entgegneten, daß der Vertrag zwar tatsächlich die Bestimmung enthalten habe, wonach beide Vertragspartner die Sicherheit der beiderseitigen Bundesgenossen wechselseitig zu garantieren hatten (Pol. 3,29,4: καὶ μὴν ἐν ταῖς περὶ Σικελίαν συνθήκαις ἦν ἔγγραπτον, καθάπερ κἀκεῖνοί φασιν, ὑπάρχειν τοῖς ἀμφοτέρων συμμάχοις τὴν παρ' ἑκατέρων ἀσφάλειαν), doch sei diese Klausel so zu interpretieren, daß nicht nur die damaligen, sondern auch alle zukünftigen Bundesgenossen von der Sicherheitsgarantie erfaßt wären (Pol. 3,29,5-8). Es sei für beide Vertragspartner wesentlicher Hauptgedanke gewesen, daß man sich von den beiderseitigen Bundesgenossen, die man zum damaligen Zeitpunkt gehabt hätte, fernhalten und nicht mit den Bundesgenossen des anderen eine συμμαχία abschließen sollte (Pol. 3,29,9: ἀλλ' ἦν ἀμφοτέρων τὸ συνέχον τῆς ἐννοίας τῆς ἐν ταῖς συνθήκαις τῶν μὲν ὑπαρχόντων ἀμφοτέροις τότε συμμάχων ἀφέξεσθαι καὶ κατὰ μηδένα τρόπον τοὺς ἑτέρους παρὰ τῶν ἑτέρων ἐπιδέξεσθαί τινας τούτων εἰς συμμαχίαν). Nicht auf die Bundesgenossen von 241, sondern nur auf die später hinzutretenden soll sich nach römischer Ansicht der zweite Teil der Sicherheitsgarantie (Unterlassen hoheitlicher Akte im Herrschafts- und Bundesgenossengebiet des jeweils anderen, keine Anwerbungen von Truppen)[74] bezogen haben (Pol. 3,29,10: περὶ δὲ τῶν μετὰ ταῦτα προσληφθησομένων αὐτὸ τοῦτο, μήτε ξενολογεῖν μήτ' ἐπιτάττειν μηδετέρους μηδὲν ἐν ταῖς ἀλλήλων ἐπαρχίαις καὶ συμμαχίαις, ὑπάρχειν τε τὴν ἀσφάλειαν πᾶσι τὴν παρ' ἀμφοῖν).[75] Dieser letzte Satz widerspricht jedoch zur Gänze dem in Pol. 3,29,9 vertretenen Gedanken, wonach für beide Vertragspartner der Hauptgedanke gewesen sei, sich von den beiderseitigen

---

[73] Pol. 3,21,5 ("παρανεγίνωσκον πρὸς τοῦτο πλεονάκις τὰς συνθήκας") bietet ein wichtiges Indiz für die Schriftlichkeit des Vertrages von 241). Übersetzt man "παρανεγίνωσκον" mit "nebeneinander vorlesen" oder "vergleichen", so scheint Polybios die Existenz mehrerer Vertragsabschriften (zumindest eine Abschrift der Karthager und eine der Römer) zu bezeugen.

[74] Polybios unterläßt hier die Anführung des in Pol. 3,27,3 angeführten Verbots der staatlichen Bautätigkeit im Hoheitsgebiet des anderen Vertragspartners.

[75] Nach GIRARDET 1992, 107 handelt es sich bei Pol. 3,29,7-10 um eine von Polybios selbst gestaltete Interpretation.

Bundesgenossen, die man zum damaligen Zeitpunkt (=241) gehabt hatte, fernzuhalten. Es erscheint daher kaum glaubwürdig, daß der zweite Teil der Sicherheitsgarantie sich nicht auf die Bundesgenossen zum Zeitpunkt des Jahres 241, sondern nur auf später hinzutretende *socii* erstreckt hätte.

(F) STELLUNG VON GEISELN?

Es ist mehr als auffällig, daß keine einzige Quelle eine punische Verpflichtung zur Stellung von Geiseln im Rahmen des Präliminarvertrages oder des endgültigen Vertrages bezeugt. Die von Zonaras erwähnte Geiselstellung bezieht sich lediglich auf den Waffenstillstandsvertrag (Zon. 8,17,4). Somit drängt sich naturgemäß die Frage auf, ob die Karthager nicht nur im Waffenstillstandsvertrag, sondern auch im endgültigen Friedensvertrag Geiseln zu stellen hatten. Da wir erstens nicht nur für den Vertrag von 241 selbst, sondern auch für die Zeit nach dem Friedensvertrag keine einzige Erwähnung über das Schicksal von Geiseln finden (ganz im Unterschied zu den Jahrzehnten nach dem Friedensvertrag von 202/201), und da zweitens für keinen einzigen Friedensvertrag zugunsten Roms in der Zeit *vor* 241 die Stellung von Geiseln bezeugt ist (beispielsweise auch nicht im mit Hieron II. geschlossenen Friedensvertrag des Jahres 263)[76], hat man meines Erachtens eher davon auszugehen, daß die Karthager aufgrund des endgültigen Friedensvertrages keine Geiseln zu stellen hatten.

Teilweise wurde in der modernen Literatur ein nicht leicht zu interpretierendes Naevius-Fragment ins Spiel gebracht: *Sicilienses paciscit obsides ut reddant* (Naevius frg. 49 *Morel*), welches etwa zu übersetzen ist mit "Er verpflichtete (die Karthager ?) vertraglich, daß sie die sizilischen Geiseln zurückstellten". In Verbindung mit Fragment 50 (*Morel*) "*id quoque paciscunt moenia sint quae Lutatium reconciliant, captivos plurimos*" ("auch vereinbarten sie vertraglich jenes: daß Leistungen [*moenia=munera*][77] erbracht werden sollen, welche Lutatius versöhnen, und daß die meisten Kriegsgefangenen [zurückgestellt werden sollen?]") ergibt sich eine Zuordnung in die Zeit des Friedensvertrages von 241. Aus dem Singular *paciscit* läßt sich schließen, daß eine einzige Person die Rückgabe der Geiseln anordnete, wobei nur Lutatius für diese Weisung in Frage kommt, sodaß wir uns noch in der Zeit des Waffenstillstandsvertrages oder des Prälininarvertrages befinden. Da aber die

---

[76] Zu den Bestimmungen dieses Vertrages vgl. etwa SCHMITT 1969, 137-140 (Nr. 479).

[77] Vgl. C.CICHORIUS, Die Fragmente historischen Inhalts aus Naevius' Bellum Punicum, in: C.CICHORIUS, Römische Studien, Leipzig/Berlin 1922, 24-58 [51 Anm 1]

Leistungen noch an den kommandierenden Feldherrn erbracht werden (Frg.50: *Lutatium reconciliant*), nicht jedoch in der Stadt Rom selbst, ist der Zeitraum auf den Waffenstillstandsvertrag selbst einzuschränken.[78] Lutatius hatte also im Rahmen des Waffenstillstandsvertrages zunächst angeordnet, daß sizilische Geiseln zurückzustellen waren, doch an wen? Es kann zunächst kein Zweifel bestehen, daß die Karthager als Vertragspartner auch Adressat der Weisung waren, wobei es jedoch keinen Sinn macht, in den Römern gleichzeitig die Empfänger der Geiseln zu sehen, da sie zu keiner Zeit den Karthagern Geiseln – egal ob römische oder sizilische – zu stellen hatten. Da es sich um *obsides Sicilienses* handelte, ist davon auszugehen, daß sie auch von sizilischen Städten gestellt worden waren.[79] Somit kann die Rückgabe wohl nur an solche sizilische Städte erfolgt sein, welche während des Ersten Punischen Krieges Geiseln an Karthago stellen mußten.

(G) Zur Auslieferung der Kriegsgefangenen und der Überläufer

Nach Polybios sahen der Präliminarvertrag sowie der endgültige Friedensvertrag die entschädigungslose Rückgabe aller Kriegsgefangenen an die Römer vor (Pol. 1,62,9: ἀποδοῦναι Καρχηδονίους Ῥωμαίοις χωρὶς λύτρων ἅπαντας τοὺς αἰχμαλώτους sowie Pol. 3,27,6: τοὺς αἰχμαλώτους χωρὶς λύτρων ἀποδοῦναι πάντας Καρχηδονίους τοῖς Ῥωμαίοις). Nach Appian wurde den Karthagern die sofortige Übergabe jener Kriegsgefangenen und Überläufer aufgetragen, die sich noch in punischer Hand befanden (App., Sik. 2,4: τὰ μὲν αἰχμάλωτα Ῥωμαίων καὶ τοὺς αὐτομόλους, ὅσοι παρὰ Καρχηδονίοις εἰσί, Ῥωμαίοις εὐθὺς ἀποδοῦναι). Nach Zonaras mußten die Karthager die Ausläufer und Kriegsgefangenen entschädigungslos an die Römer zurückgeben, während die eigenen Kriegsgefangenen zurückzukaufen waren (Zon. 8,17,4: καὶ τοὺς μὲν ἐκείνων αὐτομόλους καὶ αἰχμαλώτους προῖκα ἐκπέμψαι, τοὺς δ' ἑαυτῶν πρίασθαι.).

Als vierte Quelle ist ein Naevius-Fragment heranzuziehen (frg. 50 Morel: *id quoque paciscunt moenia sint quae Lutatium reconciliant, captivos plurimos*), das bereits im letzten Punkt "Stellung von Geiseln" erwähnt wurde. Setzt man "*moenia*" mit "*munera*" gleich,[80] so ergibt das Fragment etwa folgenden Inhalt: "Auch vereinbarten sie vertraglich jenes: daß Leistungen erbracht werden sollen,

[78] So auch TÄUBLER 1922, 158

[79] So bereits TÄUBLER 1922, 157 und ihm folgend F.ALTHEIM, Untersuchungen zur römischen Geschichte I, Frankfurt 1961, 111f. Nach SCHMITT 1969, 178 handelte es sich um Geiseln, welche Hieron II. früher den Karthagern gegeben hatte.

[80] Vgl. C.CICHORIUS, Die Fragmente historischen Inhalts aus Naevius' Bellum Punicum, in: C.CICHORIUS, Römische Studien, Leipzig/Berlin 1922, 24-58 [51 Anm 1]

welche Lutatius versöhnen, und daß die meisten Kriegsgefangenen [zurückgestellt werden sollen?]". Bereits TÄUBLER[81] zog aus diesem Sachverhalt, wonach die Leistungen direkt an den römischen Feldherrn erbracht werden mußten, den Schluß, daß es sich um eine Bestimmung des Waffenstillstandsvertrages (nicht jedoch des Präliminarvertrages oder des endgültigen Friedensvertrages) handeln mußte. Eine Teilbestimmung des Waffenstillstandsvertrages erfaßte auch die römischen Kriegsgefangenen, die sich in der Hand der Karthager befanden, wobei jedoch das vorliegende Fragment die zu "*captivos plurimos*" gehörende Verbalform nicht mehr überliefert. Auffällig ist jedenfalls, daß im Waffenstillstandsvertrag nicht alle Kriegsgefangenen (*captivos omnes*) erfaßt wurden, sondern lediglich die meisten (*captivos plurimos*). Dies läßt sich in zweifacher Weise interpretieren: Entweder im Sinne von "alle Gefangenen, die noch zurückgegeben werden können" oder im Sinne von "Rom erhält mit Abschluß des Waffenstillstandsvertrages den Großteil der Kriegsgefangenen zurück, aber nicht alle. Erst nach Abschluß des endgültigen Friedensvertrages werden auch die restlichen Gefangenen zurückgegeben."

Aus dem von Zonaras (8,17,4) bezeugten Rückkauf der punischen Kriegsgefangenen ist wohl nur ein Recht, jedoch keine Verpflichtung der Karthager abzuleiten.[82] Im Libyschen Krieg kam es zu einem Zwischenfall, als die Karthager insgesamt 500 italische Kaufleute, welche die rebellierenden Söldner bzw. die aufständische nordafrikanische Bevölkerung versorgen wollten, festnahmen (Pol. 1,83,7 bzw. 3,28,3). Nachdem es einer römischen Protestgesandtschaft gelungen war, die Kaufleute auf diplomatischem Wege frei zu bekommen, ließen umgekehrt die Römer all jene punischen Kriegsgefangenen unentgeltlich frei, die sich noch bei ihnen befanden (Pol. 1,83,8 bzw. 3,28,3). Die spätere Historiographie formte dies zu einem freiwilligen Geschenk Roms an die Karthager um: Nach Eutrop baten die Karthager die Römer um Erlaubnis, ihre Kriegsgefangenen freizukaufen, worauf der Senat beschloß, jene Gefangenen, die sich in staatlicher Gewahrsame befanden, ohne Ablöse den Karthagern zurückzugeben. Die an Private verkauften Gefangenen sollten gegen eine Entschädigungszahlung freigelassen werden, wobei diese Ablöse jedoch nicht von den Karthagern, sondern vom öffentlichen *fiscus* aufgebracht werden sollte (Eutr. 2,27,4f.: *Carthaginienses petiverunt ut redimi eos captivos liceret, quos ex Afris Romani tenebant. Senatus iussit sine pretio eos dari, qui in publica custodia essent; qui autem a privatis tenerentur, ut, pretio dominis reddito, Carthaginem redirent atque id pretium ex fisco magis quam a Carthaginiensibus solveretur*). Valerius Maximus

---

[81] TÄUBLER 1922, 158

[82] Anderer Meinung SCARDIGLI 1991, 224 (Cartaginesi sarebbero stati obbligati a comprare i loro prigioneri).

(5,1,1a) konkretisiert unter dem Kapitel "*de humanitate et clementia*" die Großzügigkeit des römischen Senates: 2743 Karthager seien *nulla pecunia accepta* zurückgegeben worden. Auch nach Zonaras hätten die Römer zur Zeit des Libyschen Krieges alle karthagischen Kriegsgefangenen ohne Ablöse freigelassen (Zon. 8,17,9).

Da wir von Polybios wissen, daß erstens im Jahr 256 über 20000 punische Kriegsgefangene nach Rom gebracht wurden (Pol. 1,29,7-10)[83] und daß alleine nach der letzten Schlacht des Ersten Punischen Krieges, der Seeschlacht bei den Ägatischen Inseln, über zehntausend Karthager in römische Kriegsgefangenschaft geraten waren (Pol. 1,61,8: οὐ γὰρ πολὺ τῶν μυρίων ἔλειπε σωμάτων τὰ ληφθέντα ζωγρίᾳ κατὰ τὸν κίνδυνον), können wir davon ausgehen, daß die Gesamtzahl aller während des über zwei Jahrzehnte langen Krieges gefangengenommenen Karthager deutlich über dreißigtausend lag. Vergleicht man diese Zahl mit der Angabe des Valerius Maximus, wonach 2743 Karthager zur Zeit des Libyschen Krieges freigelassen wurden (Val. Max. 5,1,1a), so läßt sich der Schluß ziehen, daß die Karthager schon zuvor den Großteil ihrer kriegsgefangenen Landsleute freigekauft hatten, was ihnen ja durch den Friedensvertrag ausdrücklich gestattet worden war (Zon. 8,17,4).

Hinsichtlich der Höhe der Ablöse, die die Karthager für jeden Kriegsgefangenen zu entrichten hatten, lassen sich zunächst nur Vermutungen anstellen. Wenn tatsächlich ein einheitliches Kopfgeld für jeden Gefangenen im Vertrag festgelegt worden war,[84] so mußte dieser Ablösebetrag zumindest jenem Preis entsprochen haben, zu dem die punischen Kriegsgefangenen in Rom bzw. Italien weiterverkauft worden waren. Wäre der Ablösebetrag unterhalb des Marktpreises für Kriegsgefangene festgelegt worden – wir wissen von Livius, daß der Ablösebetrag für Kriegsgefangene unterhalb des Marktwertes eines Sklaven lag –[85], so hätte dies die privaten Käufer zumindest um einen Teil ihrer Investitionen gebracht. In der antiken Historiographie finden sich mehrere Preisansätze zum Wert eines Sklaven oder Kriegsgefangenen zur Zeit der Punischen Kriege, wobei wir vor dem Problem stehen, daß gerade während des dritten vorchristlichen Jahrhunderts mehrere tiefgreifende Münzreformen

---

[83] Vgl. auch Eutr. 2,21,2 und Oros. 4,8,8 (27.000 Gefangene); übertrieben sind hingegen die Zahlen bei Ps.-Aur.Victor, de vir. ill. 40 (200.000 Gefangene)

[84] So offenbar SCARDIGLI 1991, 224 ("Una somma per il singulo prigionero è stata sempre fissata.")

[85] Nach der Schlacht von Cannae kaufte die römische *res publica* mit öffentlichen Geldern 8000 Sklaven und bewaffnete diese, obwohl es möglich gewesen wäre, die Kriegsgefangenen zu einem geringeren Preis zurückzukaufen (Liv. 23,57,11f.: *Octo milia iuvenum validorum ex servitiis, prius sciscitanes singulos, vellentne militare, empta publice armaverunt. Hic miles magis placuit, cum pretio minore redimendi captivos copia fieret.*). Vgl. dazu WELWEI 1988,5-18

durchgeführt wurden, sodaß die verschiedenen Preisangaben nur vorsichtig verglichen werden können.[86]

Die erste und wichtigste (da dasselbe Jahr betreffende), gleichzeitig aber problematischste Preisangabe ist aus einem Unterfall der Bestimmungen zum Rückkauf der punischen Kriegsgefangenen nach dem Ende des Ersten Punischen Krieges abzuleiten: Lutatius soll im Jahr 241 von den am Berg Eryx von den Römern eingeschlossenen punischen Soldaten die *deditio* verlangt haben, was jedoch strikt abgelehnt wurde (Corn. Nepos, Hamilk. 1,5; Diod. 24,13; vgl. dazu auch oben Anm.23). Nach Livius (21,41,6) wurde den Karthagern schließlich der Abzug für 18 Denare gestattet (*Carthaginienses..., quos ab Eryce duodevicenis denariis aestimatos emisistis*). Dieses geringe Lösegeld (lediglich 80 Gramm Silber, wenn man den Denar zu 4,5 Gramm nimmt) ist jedoch äußerst vorsichtig zu interpretieren, wie ein Vergleich mit den übrigen Preisangaben zeigt:
Im Jahr 254 hatten die Römer von den Einwohnern der Stadt Panormos (Palermo)[87], die sich dediert hatte, pro Kopf 2 Minen Silber (etwa 870 Gramm Silber) verlangt; 14000 Einwohner konnten sich mit insgesamt etwa 460 Talenten (über 12 Tonnen) Silber freikaufen, während die übrigen 13000 Einwohner in die Sklaverei verkauft wurden.[88]
Die nächste Preisangabe bieten uns Livius und Plutarch im Rahmen eines im Jahre 217 zwischen Q.Fabius Maximus und Hannibal abgeschlossenen Feldherrnvertrages, der den Austausch von Gefangenen regelte.[89] Es wurde vereinbart, daß jene Seite, die mehr Gefangene zurückerhielt, für die überzähligen Gefangenen zweieinhalb Pfund Silber (Liv. 22,23,7) bzw. 250 Drachmen Silber (Plut., Fab. Max. 7,5) zu zahlen hatte. Die zweieinhalb Pfund Silber entsprechen einem heutigen Gewicht von etwa 0,82 Kilo Silber, während die 250 Drachmen hingegen einem Gewicht von 1,09 Kilo entsprechen.[90]
Nach der Schlacht von Cannae verlangte Hannibal von den kriegsgefangenen Römern die Waffen und Pferde sowie für jeden gefangenen Römer 300 *quadrigati* (von SCARDIGLI jedoch mit *denarii* gleichgesetzt)[91], für jeden *socius*-Soldaten 200 *quadrigati* und für jeden Sklaven 100 *quadrigati* einforderte (Liv. 22,52,2: *Pacti, ut arma atque equos traderent, in capita Romana trecenis nummis quadrigatis, in socios ducenis, in servos centenis*), was bei einem Münzgewicht von etwa 6,5 Gramm Silber pro *quadrigatus* etwa zwei Kilo Silber für jeden Römer, 1,3 Kilo Silber für jeden *socius* und 0,65

---

86 Vgl. dazu R.GÖBL, Antike Numismatik I, München 1978, 70-74

87 SCARDIGLI 1991, 224 verwechselt die Eroberung von Panormos im Jahr 254 irrtümlich mit der Eroberung von Agrigent im Jahr 261, als ebenfalls mehr als 25000 Einwohner in römische Gefangenschaft gerieten (Pol. 1,19,15; Diod. 23,9,1).

88 Diod. 23,18,5; SCHMITT 1969, 155 (Nr. 484)

89 Vgl. SCHMITT 1969, 235f. (Nr. 521)

90 Vgl. FRANK I-1959, 101 Anm. 25: "Perhaps he [scil Plutarch] calculated the 2½ pounds of silver into the lighter coins of his own day."

91 SCARDIGLI 1991, 238 Anm 92. Ihre Gleichsetzung von "*quadrigati*" mit "*denarii*" steht im engen Zusammenhang mit der italienischen numismatischen Forschung, die mit Plin. nat. hist. 33,44 den Beginn der Denarprägung in das Jahr 269 datiert – im Gegensatz zur sonstigen jüngeren Literatur, die zum Großteil das Jahr 213 annimmt (vgl. CRAWFORD I-1974,29: "...the traditional date of 269, belief in which is incompatible with a critical scrutiny of the evidence." oder GÖBL I-1978, 74). Ausführlich zur frühen republikanischen Silberprägung vor der Einführung des Denars vgl. CRAWFORD I-1974, 35-46.

Kilo Silber für jeden Sklaven entspricht. Kurze Zeit danach ließ Hannibal alle kriegsgefangenen *socii* der Römer frei und verlangte von den gefangenen Sklaven sowie von den römischen Infanteristen weiterhin 100 sowie 300 *quadrigati*, während der Preis für die Kavalleristen auf 500 *quadrigati* (ca. 3,25 Kilo Silber) erhöht wurde (Liv. 22,58,4: *itaque redimendi se captivis copiam facere; pretium fore in capita equiti quingenos quadrigatos nummos, trecenos pediti, servo centenos. Quamquam aliquantum adiciebatur equitibus ad id pretium, quo pepigerant dedentes se, laeti tamen quamcumque condicionem paciscendi acceperunt.*). Polybios überliefert hingegen ein Lösegeld von 3 Minen Silber (etwa 1,3 Kilo Silber), ungeachtet des Standes des Gefangenen (Pol. 6,58,5).
Eine etwa gleich hohe Summe finden sich schließlich bei der Festsetzung des Lösegeldes für die Garnison von Casilinum, die sich Hannibal im Jahre 216 ergab: Nach Liv. 23,19,15 mußten 7 Unzen (etwa 190 Gramm) Gold bezahlt werden, was bei einem Umrechnungsmaßstab Gold zu Silber von 1:10 einem Gewicht von etwa 1,9 Kilo Silber entspricht.[92] Dies entspricht zudem in etwa jenem Lösegeld, das schließlich nach dem Ende des Zweiten Punischen Krieges für jene römischen Kriegsgefangenen bezahlt werden mußte,[93] die von Hannibal nach Griechenland in die Sklaverei verkauft worden waren: 500 Denare (Liv. 34,50,6 unter Berufung auf Polybios), was etwa 2 Kilo Silber pro Kopf entspricht.

Wie zuvor kurz erwähnt, wurde nach Livius (21,41,6) den am Berg Eryx eingeschlossenen Karthagern anläßlich des Abschlusses des Friedensvertrages der Abzug für 18 Denare gestattet (*Carthaginienses..., quos ab Eryce duodevicenis denariis aestimatos emisistis*). Diese Vereinbarung ist als eigenständiger Unterpunkt der Kriegsgefangenen-Klausel aufzufassen, da sich die eingeschlossenen und vom Nachschub abgeriegelten Karthager zwar in einer militärisch hoffnungslosen Situation befanden, jedoch eine Kapitulation und eine Auslieferung der Waffen verweigerten, sodaß sie *de iure* noch nicht dem Kriegsgefangenenstatus unterlagen. Die sehr niedrige Ablösesumme pro Kopf von 18 Denaren[94] lag daher konsequenterweise unter den zuvor besprochenen weitaus höheren Lösegeldbeträgen, die für Kriegsgefangene üblich waren. Denkbar ist jedoch auch ein Umrechnungsfehler des Livius oder seiner Quellen angesichts der zahlreichen Münzfußveränderungen im Laufe der Punischen Kriege.

---

[92] Dieser Umrechnungskurs von 1:10 findet sich beispielsweise im Friedensvertrag mit den Ätolern aus dem Jahr 189 v.Chr. (Pol. 21,32,8: τῶν δέκα μνῶν ἀργυρίου χρυσίου μνᾶν διδόντες, Liv. 38,11,8: ... *dum pro argenteis decem aureus unus valeret.*)

[93] Nach FRANK I-1959, 101 sei diese Summe "probably fairly high" gewesen, da die Römer in Griechenland als reich galten, übersieht jedoch, daß der Kaufpreis den Eigentümern der versklavten Kriegsgefangenen nicht von den Römern, sondern von den griechischen Städten (zumindest des Achäischen Bundes) zurückerstattet wurde (Liv. 34,50,3-7).

[94] Es ist fraglich, ob nicht eher 18 *quadrigati* zu zahlen waren.

3.) DER FRIEDENSVERTRAG VON 241 UND DIE ZUSATZNOTE VON 237

Bis zum Ausbruch des Zweiten Punischen Krieges bildete der Staatsvertrag von 241 die wichtigste Grundlage für die internationalen Beziehungen zwischen Rom und Karthago. 237 wurde an den Vertrag eine Zusatznote (ἐπισυνθήκη) mit dem Inhalt, die Karthager sollten Sardinien räumen und weitere zwölfhundert Talente entrichten (ἐκχωρεῖν Καρχηδονίους Σαρδόνος καὶ προσεξενεγκεῖν ἄλλα χίλια καὶ διακόσια τάλαντα, Pol. 3,27,8) angeschlossen. Diese Zusatznote des Jahres 237 wurde Bestandteil des Vertrages von 241 und bildete mit diesem eine Einheit, was in der antiken wie modernen Historiographie für einige Verwirrung sorgte.[95] Keine Zusatznote zum Vertrag von 241 bildete jedenfalls der "Ebro-Vertrag".

Am Ende des Ersten Punischen Krieges hatte Karthago die jahrhundertealten phoinikisch-punischen Siedlungen im Westen Siziliens und den fast ebenso alten Machtkampf gegen Syrakus um die Vorherrschaft auf der größten Insel des Mittelmeeres verloren. Doch nicht Syrakus, sondern Rom war in das entstandene Machtvakuum nachgerückt und war zur dominanten Macht im westlichen Mittelmeer geworden. Den Karthagern hingegen erwuchs aus dem verlorenen Krieg eine bedrohliche Situation: Die nordafrikanischen Völkerschaften, die das Rückgrat der punischen Söldnertruppen gebildet hatten, begannen ihre erworbenen Soldansprüche von den zuständigen karthagischen Institutionen einzufordern, doch diese mußten aus der insolventen Staatskasse nicht nur die Soldzahlungen, sondern auch die den Römern zu entrichtenden Kriegsentschädigungen bestreiten. Die angespannte finanzielle Situation hätte unter anderen Voraussetzungen und unter Einsatz aller Kräfte wahrscheinlich gelöst werden können,[96] doch hatten die Karthager es verabsäumt, in den vergangenen Jahrzehnten – ähnlich wie Rom in Italien – alle benachbarten Völker und Stämme Nordafrikas von der "Vorteilhaftigkeit einer karthagisch-libyschen Zusammenarbeit"[97] zu überzeugen und sie zu einer einheitlichen Politik unter punischer Suprematie zu bewegen.

---

[95] Teilweise wird der Gedanke vertreten, daß bereits der Friedenvertrag von 241 die Abtretung Sardiniens vorsah, teilweise wird der punische Verlust Sardiniens als faktische Folge des Ersten Punischen Krieges gesehen (vgl. etwa: Liv. 21,40,5; Liv. 21,41,14; Liv. 22,54,11; Eutr. 3,2,2; Oros.. 4,11,2; Ps.Aur.Vict. 41,2). Ungenau auch SEIBERT 1993b, 24, wonach die römische Geschichtsschreibung "eine kleine Änderung im Vertragstext von 241" vorgenommen hätte. Die Abtretung Sardiniens erfolgte zwar erst 237, war jedoch formell ein Anhang zum Vertrag von 241, sodaß keine Änderung des Vertragstextes von 241 vorgenommen wurde

[96] So auch HUSS 1985, 252

[97] HUSS 1985, 471. Vgl. DEMANDT 1995, 368 ("Fatal wurde es für Karthago, daß es das westlich angrenzende Numidien nicht eingliedern konnte."). Zum mangelnden "panafrikanischen Gedanken" im Sinne einer gemeinsamen Politik vgl. Huss 1989, 185f.

4.) EXKURS: KARTHAGO UND DIE SITUATION IN NORDAFRIKA VOR 218

Dieser – historisch an die bisher geschilderten Ereignisse teilweise anschließende –Exkurs soll in einem kurzen Überblick die Grundlagen und das Ausmaß der punischen Territorialherrschaft in Nordafrika sowie die Beziehungen Karthagos zu seinen numidischen Nachbarn darstellen. Das staatsrechtliche Territorium der "χώρα (τῶν Καρχηδονίων)"[98] bzw. des "ager Carthaginiensis"[99] wurde in die Bestimmungen des Friedensvertrages von 201 aufgenommen, jedoch in unscharfer Weise vom Hoheitsgebiet des numidischen Königs Massinissa abgegrenzt, was in weiterer Folge zu Konflikten zwischen Massinissa und Karthago auf der einen Seite, sowie Karthago und Rom auf der anderen Seite und schließlich zum Ausbruch des Dritten Punischen Krieges führte. Es erscheint daher unerläßlich, auf die territoriale Expansion Karthagos und die Ereignisse in Nordafrika in der Zeit zwischen Stadtgründung und Ausbruch des Zweiten Punischen Krieges in der gebotenen Kürze einzugehen.

Obwohl das kleine, von Tyros aus gegründete[100] Handelskontor Qrthdšt ("neue Stadt") spätestens im sechsten vorchristlichen Jahrhundert zur dominanten phoinikischen Polis des westlichen Mittelmeerraumes aufgestiegen war, war es den Karthagern – gerade wegen ihrer auf maritime Macht gerichteten Außenpolitik – nicht gelungen, das nordafrikanische Hinterland ihrer Stadt zu unterwerfen. Im Gegenteil: bis zum Jahre 480 mußte an die einheimischen Stämme Tributzahlungen für die Gründung der Stadt ("*stipendium urbis conditae*"[101]) entrichtet werden. Erst als sich Karthago nach dem Scheitern der maritimen Expansion und des sizilischen Feldzuges des Hamilkar infolge der Niederlage bei Himera (480) in die außenpolitische Isolation[102] begab, wurde das Augenmerk auf Nordafrika, konkret auf die unmittelbar an Karthago anschließenden Gebiete, gelenkt[103] und konnten nach kriegerischen

---

[98] So von Polybios (1,65,4; 1,17,1) und Appian (Lib. 68,306) bezeichnet.

[99] Liv. 28,4,5

[100] Die Gründung des Karthagos dürfte wohl in der zweiten Hälfte des neunten vorchristlichen Jahrhunderts erfolgt sein. Die antiken Quellen nennen die Jahre 1215 (Philistos; FGrHist 556 F 47) sowie (etwas glaubwürdiger) 821 (Menandros von Ephesos; FGrHist 783 F 1) und 814/12 (Timaios FGrHist 566 F 60 sowie Velleius Paterculus 1,12,5: Karthago wurde 666 Jahre nach seiner Gründung im Jahre 146 zerstört). Die frühesten archäologischen Zeugnisse reichen in das frühe achte Jahrhundert zurück. Vgl. zur Gründung auch HUSS 1985, 39-43. Bereits im siebenten Jahrhundert hatte Karthago selbst Kolonien gegründet und sich als ernstzunehmender politischer Faktor im westlichen Mittelmeer etabliert.

[101] Iustin 19,2,4

[102] HUSS 1985, 107

[103] Obwohl es Karthago bis zum Jahr 480 nicht gelungen war, die Verpflichtung zum Bodenzins gegenüber den unmittelbar benachbarten Stämmen abzuschütteln oder dieses Hinterland gar zu unterwerfen, konnten dennoch an der gesamten nordafrikanischen Küste vom Atlantik bis zur Großen Syrte einige punische Kolonien gegründet werden. Diese – zum Großteil als Handelskontore gegründeten – Siedlungen erleichterten den punischen Handelsverkehr im östlichen Mittelmeer und ermöglichten zumindest in indirekter Weise eine kulturelle und

Auseinandersetzungen mit den direkten Nachbarn die Tributzahlungen eingestellt werden. Als die Karthager ab 410 wieder verstärkt auf Sizilien intervenierten, wurden in die Reihen ihres Söldnerheeres bereits zahlreiche Nordafrikaner aufgenommen, die sich jedoch nicht immer als zuverlässig erwiesen und in militärisch heiklen Situationen den Aufstand probten.[104] Um ausreichend Söldner ausheben zu können, wurden mit einzelnen nordafrikanischen Stammesfürsten aus Mauretanien, Numidien und aus bis zur Kyrenaika reichenden Gebieten Bündnisse abgeschlossen.[105]

Dennoch blieb Nordafrika ein Unruheherd. Als sich ein karthagisches Expeditionskorps im Jahre 310 anschickte, auch die westliche Hälfte Siziliens zu erobern, und nach mehreren Erfolgen schließlich mit der Belagerung von Syrakus begann, setzte der syrakosische Tyrann Agathokles in einer überraschenden Aktion mit einem kleinen Expeditionsheer nach Afrika über, bezwang die punischen Truppen, welche zum Schutz der Stadt zurückgeblieben und ihm entgegengeeilt waren, und bedrängte nun Karthago selbst. Seiner tollkühnen und verwegenen Strategie hatte Agathokles die Erwartung zugrundegelegt, daß der Haß gegen die karthagische Herrschaft (τὸ πρὸς Καρχηδονίους μῖσος)[106] die nordafrikanischen Städte auf seine Seite bringen würde. Der Plan ging nur eingeschränkt auf, da der syrakosische Tyrann zwar von vielen libyschen Städten, welche teilweise sogar mit Karthago verbündet gewesen waren, mit Getreide und Geld unterstützt wurde,[107] jedoch diese Hilfeleistungen nicht selten mit Gewaltandrohung erzwingen mußte. Zudem verfolgten einige libyschen Stammesfürsten ihre eigenen Interessen und wechselten wieder zurück auf die karthagische Seite.[108] Die Karthager versuchten ihrerseits mit Waffengewalt ihre ehemaligen nordafrikanischen Verbündeten zurückzugewinnen oder neue zu gewinnen.[109] Die Stimmung schlug endgültig zu

---

politische Beeinflussung des nordafrikanischen Hinterlandes. Vgl. dazu näher HUSS 1985, 57-74 (insbesondere 70-74).

[104] So kam es in den Auseinandersetzungen mit Syrakus zumindest einmal zu einer großen Revolte der nordafrikanischen Soldaten (Diod. 15,73,1), die zwar allesamt einen Sold bezogen, doch offenbar eher zwangsweise ausgehoben als freiwillig angeworben wurden.

[105] Diod. 13,80,3: μετεπέμποντο δὲ καὶ παρὰ τῶν συμμαχούντων αὐτοῖς ἐθνῶν καὶ βασιλέων στρατιώτας Μαυρουσίους καὶ Νομάδας καί τινας τῶν οἰκούντων τὰ πρὸς τὴν Κυρήνην κεκλιμένα μέρη.

[106] Diod. 20,17,1 und Diod. 20,55,4 (μισῶν διαφερόντως τοὺς Καρχηδονίους)

[107] Iustin 22,6,12 und 22,7,3. Unrichtig wohl HEUSS 1943, 93 ("Sowohl bei der afrikanischen Expedition des Agathokles wie bei der des Regulus regten sich nirgends Abfallgelüste.").

[108] So etwa der libysche Stammesfürst Ailymas (Diod. 20,17,1 und 20,18,3). Wie oben erwähnt, stellten die libyschen Dynasten nicht selten ihre Interessen über Bündnis- und Prinzipientreue. Dies ändert nichts an der grundsätzlichen antipunischen Stimmung unter der nordafrikanischen Stämmen. Anders Huss 1985, 190 Anm 102.

[109] Nach Diodor 20,38,2 führte Karthago im (unbekannten) Gebiet des numidischen Stammes der Ζούφωνες Vergeltungsaktionen durch und erneuerte alte Bündnisse, die in älterer Zeit mit einigen nunmehr rebellischen numidischen Stämmen abgeschlossen worden waren.

Ungunsten der Westgriechen um, als Agathokles in Nordafrika zu plündern anfing,[110] um seine – zum Teil libyschen und numidischen – Söldner weiter bezahlen zu können. Nachdem er die Aussichtslosigkeit seiner Lage erkannt und bei Nacht und Nebel Afrika verlassen hatte, verfolgte Karthago gegenüber den zurückgelassenen Soldaten eine von *clementia* geprägte Politik der Milde.[111]

Etwa ein halbes Jahrhundert nach dem Abzug des Agathokles wiederholten sich die Ereignisse, als im Ersten Punischen Krieg der Konsul M. Atilius Regulus in Nordafrika landete (im Jahr 256).[112] Erneut erhoben sich die numidischen Stämme gegen Karthago und "richteten mehr Schaden an als die Römer" (Pol. 1,31,2).[113] Es erscheint unwahrscheinlich, daß die Römer diesen Faktor nicht berücksichtigten, wie dies teilweise in der Forschung behauptet wird.[114] Appian erwähnt eindeutig, daß 200 numidische Städte aus Feindschaft gegen Karthago auf die Seite des Regulus getreten waren (Lib. 3,11). Ein über Plutarch[115] erhaltenes Fragment aus dem Geschichtswerk des – uns ansonsten unbekannten – Hesianax (FGrHist 763) belegt hingegen, daß einige numidische Fürsten offenbar weiterhin die karthagische Sache vertraten.[116] Ähnlich wie Agathokles scheiterte

---

[110] Vgl. HUSS 1985, 197f.

[111] Die Söldner des Agathokles, welche zum Schluß größtenteils aus nordafrikanischen Gebieten rekrutiert worden waren, hatten die Wahl zwischen einer Eingliederung in die punische Armee mit üblichen Soldkonditionen oder der Gewährung des freien Abzugs nach Solunt, einer punischen Siedlung in Ostsizilien. Nach HUSS 1985, 201 wollte Karthago durch diese Großzügigkeit eine Rückkehr der Soldaten in den Truppenverband des Agathokles verhindern. Darüber hinaus wird jedoch wohl berücksichtigt worden sein, daß nach wie vor ein Großteil der Soldaten des Agathokles afrikanischer Nationalität war. Durch die milde Haltung wurden somit neue Aufstände oder Unruhen innerhalb des Heeres oder bei den nordafrikanischen Stämmen verhindert. Wer mit seiner Eingliederung in das karthagische Heer nicht einverstanden war, konnte nach Sizilien abziehen und war daher als potentieller Unruhefaktor ausgeschaltet.

[112] Zur Kriegsführung des Regulus in Nordafrika vgl. M.H.FANTAR, Régulus en Afrique, in: DEVIJVER/LIPINSKI 1989, 75-84

[113] Unrichtig daher wohl HEUSS 1943, 93 ("Sowohl bei der afrikanischen Expedition des Agathokles wie bei der des Regulus regten sich nirgends Abfallgelüste."). Es ist anzunehmen, daß sich auch libyphoinikische Städte am Aufstand beteiligt hatten. Nach Appian (Lib. 3,11) traten 200 Städte "aus Feindschaft gegen Karthago" auf die Seite des Regulus. Eine Liviusnotiz (Liv. 28,43,17), wonach "dem unglücklichen Feldherrn (scil. Regulus) die Häfen Afrikas offengestanden wären", blieb bislang in der Forschung unbeachtet.

[114] Zweifel auch bei HUSS 1985, 235 Anm. 132.

[115] Plut., parall. min. 23b (p 311 CD)

[116] Hesianax überliefert, daß Calpurnius Crassus eine militärische Aktion gegen den numidischen Stamm der Massylier ("εἰς Μεσόλους", gemeint wohl: "εἰς Μασσύλους") unternommen hatte. Er geriet in Gefangenschaft und sollte Kronos geopfert werden. Die Tochter des numidischen Königs verliebte sich indes in den Römer, rettete ihn und verschaffte ihm durch Verrat den Sieg über ihren Vater. Nichtsdestoweniger wurde sie von Crassus verlassen, worauf sie Selbstmord beging. Nach HUSS 1985, 235 Anm. 132 verdient die Erzählung wenig Vertrauen. Meines Erachtens liegt der für uns interessante Kern der Geschichte jedoch in der militärischen Aktion gegen die Massyler, die an der Grenze zum karthagischen Staatsterritorium lebten und mit Karthago freundschaftlich verbunden waren, sodaß ein Verbleib auf der Seite der Punier nicht überraschend wäre.

Regulus am überraschend zähen Widerstand der Karthager, die angesichts der bedrohlichen Lage zunächst sogar Friedensverhandlungen aufgenommen hatten, jedoch die überaus harten Bedingungen des (nunmehrigen) Prokonsuls nicht akzeptieren konnten.[117] Die Römer verloren die Entscheidungsschlacht, M. Atilius Regulus geriet in punische Kriegsgefangenschaft.[118]

Nach der Niederlage der Römer führten die Karthager bei den rebellierenden Nordafrikanern eine Strafexpedition durch. Ihr Feldherr Hamilkar wurde mit einem Heer nach Numidien und Mauretanien entsandt, wo er grausam diejenigen Stämme verfolgte, die mit Regulus kooperiert hatten. Die Überlebenden dieser Vergeltungsmaßnahmen wurden zur Zahlung von 1.000 Talenten Silber und 20.000 Rindern verpflichtet, die Stammesfürsten ausnahmslos ans Kreuz geschlagen.[119]

Um das Jahr 247 oder knapp danach eroberte Hanno die Stadt Hekatontapylos[120], das numidische Theveste.[121] (Diod. 24,10,2). Die Erstürmung der Stadt erforderte den Einsatz bedeutender Kräfte,[122] doch der Aufwand hatte

---

[117] SCHMITT 1969, 153-155 (Nr. 483); Diod. 23,12. Nach Cassius Dio (11,43,22) verlangte Regulus die Räumung Siziliens und Sardiniens, den Rückkauf der in Rom internierten punischen Kriegsgefangenen, die entschädigungslose Freilassung der römischen Gefangenen, den Ersatz der gesamten Kriegskosten, eine jährliche Tributpflicht, eine Einschränkung der außenpolitischen Souveränität (Kriegsführung und Friedensschlüsse nur mit römischer Einwilligung möglich) sowie eine Reduktion der Kriegsflotte auf ein einziges Schiff. Vgl. auch Pol. 1,31; Diod. 23,12; Liv. per. 18 sowie Eutrop 2,21,4.

[118] Um das weitere Schicksal des Regulus ranken sich mehrere ausgeschmückte Erzählungen – nach WALBANK I-1957, 92-94 und HUSS 1985, 241 als Legenden anzusehen – , denen zufolge der kriegsgefangene Prokonsul – bzw. nach römischer Rechtsauffassung nunmehrige Sklave – im Jahr 250 nach Rom entsandt wurde, um für Karthago günstige Friedensbedingungen bzw. einen Gefangenenaustausch zu erreichen. In Rom riet er jedoch von den karthagischen Vorschlägen ab und kehrte, da er es den Karthagern eidlich zugesichert hatte, nach Afrika zurück, wo er langsam zu Tode gefoltert wurde. Nach Appian (Sik. 2,1-3) geschah dies anläßlich der Vertragsverhandlungen des Jahres 241. Während wir bei Polybios keine Erwähnung derartiger Ereignisse finden, ist die Regulus-Legende in überraschend vielen anderen Quellen überliefert (Cic.off. 3,99-101; Cic. Pis. 43; Liv. per. 18; Val. Max. 1,1,14 sowie 9,2, ext. 1; Flor. epit 1,18,23; App. Lib. 4,15; App. Sik. 2,1-3; Cass. Dio 11,43,26f.; Eutrop 2,25; Ps.Aur.Vict., vir. ill.40; Oros. hist. 4,10,1; Suda s.v. ʽΡήγουλος , Zon. 8,15). Dank einer Notiz des Aulus Gellius (7,4,1) können wir als früheste Belegstelle für die Reguluslegende das Geschichtswerk des C. Sempronius Tuditanus (Konsul des Jahres 129 v.Chr.) fixieren. Vgl. auch H.KORNHARDT, Regulus und die Cannaegefangenen, Hermes 82 (1954), 85-123 sowie E.R.MIX, Marcus Atilius Regulus, Exemplum historicum, Den Haag/Paris 1970.

[119] Oros., hist. 4,9,9. Wie ausgedehnt diese Vergeltungsmaßnahmen durchgeführt wurden, zeigt die zumindest teilweise eingeschränkte punische Kriegsführung auf Sizilien. Vgl. HUSS 1985, 237f.

[120] Nach Polybios (1,73,1) "ʽΕκατοντάπυλος", nach Diodor (4,18,1 und 24,10,2) "ʽΕκατόμπυλος".

[121] Zweifel an der Identifikation von Hekatontapylos mit Theveste äußert FENTRESS 1979, 32f.

[122] Polybios betont die Leistung des Hanno bei der Unterwerfung der Stadt; diesem Erfolg verdanke Hanno seine Ernennung zum Feldherrn im Söldnerkrieg (Pol. 1,73,1). Auch aus der

sich gelohnt: Mit der Einnahme Thevestes schob Karthago seine nordafrikanische Grenze tief in das von numidischen Stämmen bewohnte Landesinnere hinein und konnte nun durch überaus rigorose kriegswirtschaftliche Maßnahmen einen Teil der anfallenden Kriegskosten von der einheimischen Bevölkerung abpressen. Der Landbevölkerung wurde die Hälfte der Ernte abgenommen, den Städten doppelter Tribut auferlegt (Pol. 1,72). Die punischen Statthalter, die unter einem gewissen Erwartungsdruck ihrer Heimatstadt standen, gingen rücksichtslos gegen etwaige zahlungsunwillige Stämme vor, sodaß die Stimmung zunehmend radikaler wurde.

Die Ausbeutung Nordafrikas konnte die Niederlage Karthagos im Ersten Punischen Krieg jedoch nicht vermeiden. Mit dem Verlust Siziliens und der Zahlung der sofort fällig gewesenen Kriegsentschädigungsrate von 1000 Talenten geriet Karthago in eine finanzielle Krise.[123] Doch nicht nur die Zahlungsverpflichtungen gegenüber Rom mußten erfüllt werden, auch die Söldner, die das Gros des karthagischen Heeres bildeten, warteten ungeduldig auf ihr Geld. Der neue punische Stratege Gisgo, der Hasdrubal abgelöst hatte, schickte die auf Sizilien stationierten Söldner nur in kleinen Abteilungen und in größeren Zeitabständen nach Karthago, wo sie ihren Sold erhalten und aus dem Kriegsdienst entlassen werden sollten. Durch diese kluge Vorgangsweise sollten die punischen Behörden Zeit gewinnen, um die entsprechenden Summen auftreiben zu können.[124]

Die zuständigen staatlichen Stellen hofften jedoch, mit den Söldnern über eine Reduktion des geschuldeten Soldes verhandeln zu können und quartierten die Ankömmlinge innerhalb der Stadt ein. Die durch die Verzögerungen und Vertröstungen erbosten Söldner begannen ihrem Unmut freien Lauf zu lassen und sorgten durch die steigende Anzahl von Straftaten für Unruhe unter den karthagischen Bürgern. Jetzt erst sahen die Karthager ihren Fehler ein, zahlten

---

Bemerkung des Diodor, daß die Eroberung der Stadt nur mit "δυνάμεσιν ἀξιολόγοις καὶ στρατεγοῖς ἀγαθοῖς" gelungen wäre (Diod. 4,18,1), und aus der Größe der Stadt – sie mußte später 3000 Geiseln stellen (vgl. WALBANK I-1957, 137f.) und wurde "die Stadt mit den 100 Toren" genannt –, läßt sich ableiten, daß die Eroberung Thevestes großen Aufwand erforderte.

[123] Schenkt man Eutrop (2,27,5) Glauben, so wollte die Staatskasse zunächst auch die punischen Kriegsgefangenen, die sich in Rom in privater Kriegsgefangenschaft befunden hatten, auslösen, doch hätte der römische *fiscus* in generöser Weise die Zahlungen an die Privaten übernommen Die in öffentlicher Kriegsgefangenschaft gehaltenen Soldaten durften ohne Lösegeld nach Afrika zurückkehren. Nach Liv. 21,41,6 mußten für den Abzug der in der Stadt Eryx stationierten punischen Soldaten 18 Denare pro Kopf bezahlt werden. Die Lage dieser von den Römern belagerten Söldner war in der Schlußphase des Krieges prekär geworden.

[124] Zu Recht geht HUSS 1985, 252 davon aus, daß bei Anspannung aller Kräfte eine Lösung der Finanzkrise möglich gewesen wäre. Das kluge Vorgehen des Gisgo, dem allerdings durch den schlechten Zustand der punischen Flotte vielleicht auch keine andere Wahl blieb, zeigt, daß sich zumindest einige Größen des karthagischen Staates Gedanken um die Zukunft machten.

jedem Söldner ein Goldstück zur Befriedigung der notwendigsten Bedürfnisse und veranlaßten eine Umquartierung des Heeres nach Sikka, einer etwa 170 Kilometer südwestlich Karthagos im Landesinneren gelegenen Stadt. Dies änderte jedoch nichts an den Insolvenzproblemen der punischen Staatskasse: Nachdem Karthago seiner staatsvertraglichen Verpflichtung der Räumung Siziliens[125] nachgekommen war und das ganze Söldnerheer von Lilybaion nach Karthago bzw. in weiterer Folge nach Sikka verlegt hatte, sahen sich die zuständigen Finanzbehörden gezwungen, die Vergleichsgespräche hinsichtlich einer Soldreduktion aufzunehmen. Die Verhandlungen scheiterten jedoch einerseits an den Sprach- und Verständigungsproblemen,[126] andererseits an der mangelnden Gesprächsbereitschaft der Söldner, die sofort nach Karthago aufbrachen und knappe 20 Kilometer vor der Stadt bei Tunis ein Lager aufschlugen. Diese Drohung wirkte: Gisgo, der die Räumung Siziliens überwacht und dabei seine Führungsqualitäten bewiesen hatte, wurde mit einem großen Teil der ausständigen Soldgelder[127] zu den aufgebrachten Soldaten entsandt.

Bei der Auszahlung, die nach Volksstämmen erfolgte, kam es jedoch zu schweren Tumulten. Die Libyer hegten den Verdacht, nicht oder nicht rechtzeitig ihren Sold zu erhalten, überwältigten die karthagische Delegation und plünderten die Kassen. Schon zuvor hatten sie befürchtet, daß die Karthager nach einer etwaigen Entspannung der Situation und nach Abzug der Angehörigen der anderen Volksstämme an der nordafrikanischen Bevölkerung ein Exempel statuieren würden. Jetzt, nach Eskalation der Lage, mußten die Libyer erst recht mit einer punischen Strafexpedition rechnen, sodaß sie in die Offensive gingen

---

[125] Die Quellen sind sich einig, daß das Ende des Ersten Punischen Krieges durch den Zusammenbruch der karthagischen Marine und damit auch der Versorgung der punischen Landtruppen auf Sizilien bedingt war. Es ist vorstellbar, daß Rom auf eine rasche Räumung der Insel (vor allem der wichtigen strategischen Positionen) drängte, da die Militärpräsenz Karthagos weiterhin einen nicht zu unterschätzenden Machtfaktor im Osten Siziliens darstellte. Jede Verzögerung der Räumung mußte in den Augen Roms die Gefahr steigen lassen, daß die punische Flotte wieder instandgesetzt und der Krieg fortgeführt werden würde.

[126] Polybios (1,67) schildert eindrucksvoll, welche organisatorischen Probleme (Dolmetscher etc.) ein *exercitus mixtus* – das karthagische Heer bestand aus libyschen, iberischen, keltischen, ligurischen, und griechischen Söldnern – darstellen kann.

[127] Die Darstellung des Polybios (1,69) läßt vermuten, daß wohl nicht der gesamte Rückstand beglichen wurde. Zum einen gab es Divergenzen hinsichtlich der Höhe des ausständigen Soldes, zum anderen dürfte die Auszahlung nach Volksstämmen erneut aus Gründen des Zeitgewinnes vorgenommen worden sein. Die – im Vergleich zu älteren punischen Prägungen – schlechtere Qualität der ausgezahlten Münzen ist für die finanzielle Notlage Karthagos bezeichnend. Zur punischen Prägung im allgemeinen bzw. den deutlich mit Silber legierten Goldmünzen im besonderen vgl. H.R.BALDUS, Zwei Deutungsvorschläge zur punischen Goldprägung im mittleren 3.Jh. v.Chr., Chiron 18 (1988), 176-179 sowie I.A.CARRADICE/S.LANIECE, The Libyan War and coinage: a new hoard and the evidence of metal analysis, NC 148 (1988), 33-52; Vgl. auch W.HUSS, Die Libyer Mathos und Zorzas und der Kelte Antaritos als Prägeherrn, Schweizer Münzblätter 150 (1988), 30-33 sowie E.ACQUARO, Les Émissions du "Soulèvement Libyen" – Types, Ethnies et Roles Politiques, in: DIVIJVER/LIPINSKI 1989, 137-144

und sämtliche Städte Nordafrikas zur Revolte aufriefen. Nur wenige Monate nach dem Ende des großen Krieges gegen Rom stand Karthago im "Libyschen Krieg"[128] beinahe wehrlos einem Gegner gegenüber, der bislang das Rückgrat der eigenen Söldnertruppen gebildet hatte und nun die Existenz der Stadt bedrohte.

Der Angst der libyschen Söldner vor einer zu erwartenden punischen Racheaktion war nicht unbegründet und durch die schlechten nachbarschaftlichen Beziehungen bedingt. Zu Recht betont Huss, daß es Karthago über all die Jahrhunderte nicht gelungen war, "die Libyer von der Vorteilhaftigkeit einer karthagisch-libyschen Zusammenarbeit zu überzeugen".[129] Nicht zuletzt die Ausbeutung Nordafrikas während des Ersten Punischen Krieges führte dazu, daß die unterworfenen libyschen bzw. numidischen Städte und Stämme "keiner Aufforderung zum Abfall, sondern nur einer Botschaft bedurften" (Pol. 1,72,4).

Während des Libyschen Krieges (241-237) behandelten die Karthager die Aufständischen zunächst großmütig, indem sie allen Kriegsgefangenen eine Wiedereingliederung in die punische Armee anboten und denjenigen, die dieses Angebot ablehnten, freien Abzug gewährten. Die Gegenseite beschloß jedoch, allen gefangenen Karthagern die Hände abzuhacken, Nasen und Ohren abzuschneiden oder sie sonstwie zu verstümmeln" (Pol. 1,80,13 –1,81,4). "Und diesen Beschluß befolgten sie denn auch in der Folgezeit auf das gewissenhafteste" (Pol. 1,81,4), worauf umgekehrt die Karthager die libyschen Gefangenen von ihren Kriegselefanten zertrampeln ließen.

Trotz des unversöhnlichen Hasses, der zwischen den Kriegsparteien herrschte, wechselte der Numiderfürst Naravas von der Seite der Aufständischen zu den Karthagern über;[130] nach Polybios hätten bereits seine Vorfahren gute Beziehungen zu den Puniern gepflegt, er selbst wäre durch die zu Hamilkar gehegte Verehrung auf die karthagische Seite gezogen worden (Pol. 1,78,1). Nach Pol. 1,78,7 schlossen Hamilkar und Naravas, der mit 2000 Reitern das punische Heer verstärkte und dafür die Tochter des Hamilkar zur Frau erhielt, einen Freundschaftsvertrag.

Es spricht viel dafür, in Naravas einen Fürsten der (ost-)numidischen Volksgruppe der Massyler zu sehen. Während der Afrikainvasion des Regulus

[128] Vgl. Pol. 1,13,3 bzw. 1,70,7 ("Söldner- oder Libyscher Krieg") sowie Liv. 21,1,4 ("*bellum Africum*")

[129] HUSS 1985, 471. Vgl. DEMANDT 1995, 368 ("Fatal wurde es für Karthago, daß es das westlich angrenzende Numidien nicht eingliedern konnte."). Zum mangelnden "panafrikanischen Gedanken" im Sinne einer gemeinsamen Politik vgl. HUSS 1989, 185f.

[130] Zu den numismatischen Quellen vgl. H.R.BALDUS, Naravas und seine Reiter, Deutscher Numismatikertag – München 1981, München 1983, 9-19

kämpften die Massyler auf der Seite der Karthager gegen die Römer und die anderen nordafrikanischen Städte, die gegen die punische Herrschaft zu revoltieren begonnen hatten (siehe oben Anm. 116). Daran dürften die in Pol. 1,78,1 erwähnten freundschaftlichen Beziehungen zwischen den Vorfahren des Naravas und Karthago erinnern. Ein weiteres Indiz liegt in der hohen Wahrscheinlichkeit eines Verwandtschaftsverhältnisses[131] zwischen Naravas und dem massylischen Fürsten Gaia, dem Vater Massinissas. Auch in der weiteren Folge waren die Beziehungen zwischen den ostnumidischen Massylern und Karthago exzellent; ein weiterer Bruder des Gaia namens Oezalkes hatte ebenfalls eine Barkidentochter geheiratet (Liv. 29,29,12) und der berühmte Sohn des Gaia, Massinissa, war – ausgerechnet ! – in Karthago aufgewachsen und erzogen worden (App. Lib. 10,37; 37,155f. sowie 79,368), wo er zudem mit Sophoniba, der Tochter Hasdrubals, verlobt wurde (Diod. 27,7; App., Ib. 7,37; App., Lib. 2,10; Zon. 9,11).

Trotz des Seitenwechsels des Naravas verschlechterte sich die Lage Karthagos zunehmend. Dazu kamen diplomatische Konflikte mit Rom, da italische Kaufleute die Aufständischen mit Nachschub versorgten und auf diese Weise einträgliche Geschäfte machten, worauf die Punier eine größere Anzahl an italischen Handelsschiffen kaperten, etwa 500 Händler festnahmen und in Karthago internierten (Pol. 1,83,7). Erst nach römischem Protest wurden die festgehaltenen Kaufleute im Austausch gegen die restlichen punischen Kriegsgefangenen, die sich noch in Rom befanden, wieder nach Italien zurückgeschickt.[132] Ein eigener Vertrag – wie dies von GOMEZ[133] vorgeschlagen wurde – wurde wohl kaum abgeschlossen. Die Römer versuchten in weiterer Folge, eine neutrale Position[134] einzunehmen: die italischen Kaufleute wurden angewiesen, nur mit den Karthagern, nicht jedoch mit den aufständischen

[131] Die Feststellung eines solchen Verwandtschaftsverhältnisses ist abhängig von der punischen Schreibweise des Naravas (Ναραύας = NRWT), da ein NRWT in einer punischen Inschrift als Sohn von Massinissas Großvater ZLLSN genannt wird. Vgl. dazu CAMPS 1960, 266f., G.CHARLES-PICARD, Die Territorialverwaltung Karthagos, in: W.HUSS (Hg.), Karthago, Darmstadt 1992, 291f.; BERTHIER 1981, 34 , HUSS 1985, 260 Anm. 65 und HUSS 1989, 190. BARCELÓ 1998, 13f. bzw. 29 sowie GEUS 1994, 267 (=Stammtafel II) nehmen das Verwandtschaftsverhältnis ohne nähere Erörterung als gegeben an.

[132] Mit der Freilassung der punischen Kriegsgefangenen – in der römischen Literatur als *exemplum humanitatis et clementiae* (Val.Max. 5,1,1a) gefeiert – nahm Rom zumindest eine Teilschuld an der Affäre auf sich (so auch HUSS 1985, 263 Anm 85). Die Karthager waren innen- wie außenpolitisch nicht in der Lage, Forderungen zu stellen, sodaß die Initiative zum Gefangenenaustausch wohl von Rom ausging. PALMER 1997, 29f meinte, daß die Kaufleute nicht Italiker gewesen, sondern lediglich "von Italien" (ἐξ 'Ιταλίας, Pol. 1,83,7) gekommen wären, meines Erachtens eine übertriebene Genauigkeit. Angesichts der scharfen römischen Protestnote anläßlich des punischen Vorgehens gegen die Händler ist es doch höchst zweifelhaft, daß an diesem Zwischenfall keine italischen Kaufleute beteiligt gewesen wären.

[133] GOMEZ 1994

[134] Hieron von Syrakus vertrat hingegen eine Politik des Gleichgewichts der Mittelmeermächte und unterstützte die Karthager nach Kräften, um zu verhindern, daß Rom nach einem eventuellen Untergang Karthagos allzu mächtig werden und so auch die Unabhängigkeit seines eigenen Reiches bedrohen würde (Pol. 1,83,2-4).

Libyern Handel zu treiben. Weiters wurde die *deditio* der punischen Stadt Utica, die von den Rebellen belagert und eingenommen worden war, abgelehnt und das Angebot der auf Sardinien meuternden Söldner, die Römer sollten sich der Insel bemächtigen, nicht wahrgenommen.[135]

Die Aufständischen begannen mit der Belagerung Karthagos, mußten jedoch ihr Unternehmen abbrechen und sich zurückziehen. Mit wechselndem Erfolg gelang es den Karthagern in mehreren Gefechten, die Aufständischen in ihrer Streitkraft zunehmend zu schwächen und sie schließlich in einer Entscheidungsschlacht vollends zu besiegen. Nach Cornelius Nepos unterwarf Hamilkar alle abgefallenen Städte neuerlich der karthagischen Oberhoheit und erweiterte das punische Herrschaftsgebiets in Nordafrika, wo nun der Eindruck eines langjährigen Friedenszustandes herrschte: *Omnia oppida abalienata, in his Uticam atque Hipponem, valentissima totius Africae, restituit patriae, Neque eo fuit contentus, sed etiam finis imperii propagavit, tota Africa tantum otium reddidit, ut nullum in ea bellum videretur multis annis fuisse* (Nep., Ham. 2,4-5).[136]

Wie Hamilkar diesen Friedenszustand erreichte, läßt eine knappe Notiz bei Diodor (26,23) erahnen, wonach sich die Karthager nach erfolgreicher Beendigung des Libyschen Krieges am numidischen Stamm der Mikataner, welche offenbar am Söldnerkrieg aktiv beteiligt waren,[137] rächten. Die Punier schlugen alle, derer sie habhaft wurden, selbst Frauen und Kinder, ans Kreuz, worauf die Nachkommen zu den erbittertsten Feinden Karthagos wurden.

Die neugewonnenen afrikanischen Gebiete erweckten jedoch nur kurze Zeit lang den Schein eines solchen langjährigen Friedenszustandes. Kaum hatten Hamilkar und das punische Heer etwa im Frühjahr 237 Karthago verlassen, um in Spanien neue Territorien als Ersatz für die schwerwiegenden Gebietsverluste zu unterwerfen, brach bei numidischen Stämmen ein Aufstand aus. Hamilkar schickte seinen Schwiegersohn Hasdrubal nach Nordafrika zurück, um die

---

[135] Ob die *deditio* vor (so HUSS 1985, 263 Anm. 86) oder nach (so WALBANK I-1957, 146 oder HARRIS 1979, 191) der Einnahme der Stadt durch die Aufständischen erfolgte, geht aus Polybios nicht hervor. Sowohl die punischen Einwohner als auch die libyschen Eroberer hätten von römischer Hilfe profitiert. Die Nichtannahme der Dedition entsprach genauso wie die Nichtbesetzung Sardiniens im übrigen den Vertragsbestimmungen des Friedensvertrages von 241, wonach beide Seiten das jeweilige Hoheitsgebiet des Vertragspartners zu achten hätten. Nach Appian (Lib. 5,18 bzw. Sik. 2,10.) hätten die Römer den Karthagern sogar gestattet – ausdrücklich entgegen den einschlägigen Bestimmungen des Friedensvertrages von 241 –, in Italien Söldner für den Libyschen Krieg anzuwerben (vgl. auch Zon. 8,17,9).

[136] Nach Diodor (25,10,1) erweiterte Hamilkar das karthagische Machtgebiet sogar "εἰς τὰς Ἡρακλείους στήλας", doch ist diese Notiz auf die späteren barkidischen Tätigkeiten in Spanien und wohl kaum auf die westlichen Gebiete Nordafrikas (Westnumidien, Mauretanien) zu beziehen.

[137] Diodor spricht ausdrücklich von einer Racheaktion ("τιμωρησάμενοι").

Revolte niederzuwerfen. Unter Anwendung einer List[138] gelangte Hasdrubal in numidisches Gebiet und bekämpfte die Aufständischen. Achttausend Numider wurden getötet, weitere zweitausend gefangen genommen; die Überlebenden wurden unterworfen und mußten Tribut entrichten (Diod. 25,10,3).

Mit dieser Expedition des Hasdrubal dürfte die Unterwerfung der unruhigen Stämme Numidiens und Libyens endgültig gewesen sein, da aus der nachfolgenden Zeitperiode keine weiteren Aufstände oder Revolten überliefert sind. Ein gewisses Mißtrauen blieb jedoch bestehen: So verlegte Hannibal knapp vor Ausbruch des Zweiten Punischen Krieges das Gros seiner nordafrikanischen Söldnertruppen, zu denen Polybios – gestützt auf das Truppenverzeichnis des Hannibal vom Tempel der Hera Lacinia [139]– 11800 libysche Infanteristen und 1800 numidische Reiter zählt (Pol. 3,33,15), nach Spanien, während umgekehrt iberische Truppen auf nordafrikanischem Boden stationiert wurden. Durch diese Maßnahmen sollte verhindert werden, daß potentielle einheimische Revolten sich auf Truppenkontingente desselben Volkes oder Stammes stützen hätten können.

Zusammenfassend läßt sich für das karthagische Staatsterritorium und die Situation in Nordafrika um das Jahr 218 folgendes feststellen: Die Karthager hatten seit dem Ersten Punischen Krieg die Grenzen ihres Hoheitsgebietes zunehmend landeinwärts geschoben und mit der Eroberung Thevestes, einer etwa 250 Kilometer südwestlich Karthagos gelegenen Stadt, den äußersten Punkt ihrer Ausdehnung erreicht. Das unterworfene Gebiet wurde jedoch lediglich als Truppenreservoir ausgenutzt und als Lieferant wichtiger Rohstoffe und Wirtschaftsgüter ausgebeutet. Gerade der Verlust Siziliens und in weiterer Folge Sardiniens hatte dazu geführt, daß die Karthager den Großteil ihrer staatlichen Aufwendungen mit den Einkünften aus den nordafrikanischen Gebieten bestreiten mußten. In keiner Weise hatten sie es jedoch verstanden, wie Huss zu Recht betont, selbst die verbündeten Stammesfürsten "von der Vorteilhaftigkeit einer (...) Zusammenarbeit zu überzeugen".[140] Wiederholt mußten Aufstände und Rebellionen niedergeworfen und mit rigiden Strafexpeditionen beantwortet werden. Aufgrund der Uneinigkeit der numidischen und libyschen Stammesfürsten, die sich zu keinem Zeitpunkt zu einer gemeinsamen Politik

---

[138] Nach Frontin (strat. 4,7,18) gab Hasdrubal vor, Elefanten einfangen und den Numidern dafür eine Entschädigung entrichten zu wollen. Statt zu zahlen, fiel er jedoch über die Numider her und unterwarf sie.

[139] Pol. 3,33,18 und 3,56,4; Liv. 28,46,16. Zur zweisprachigen Stele, die Hannibal im Jahre 205 im Tempel der Hera Lacinia aufstellen ließ, um seine Taten für die Nachwelt zu überliefern, siehe SEIBERT 1993a, 416 sowie SEIBERT 1993b, 245 (mit ausführlichen Literaturverweisen).

[140] HUSS 1985, 471. Ähnlich DEMANDT 1995, 368: "Fatal wurde es für Karthago, daß es das westlich angrenzende Numidien nicht eingliedern konnte".

durchringen konnten, war es für Karthago jedoch ein leichtes, die nordafrikanischen Völkerschaften gegeneinander auszuspielen.[141]

Was die territorialen Grenzen Karthagos zu den libyschen und numidischen Nachbarn betrifft, so lassen sich diese nur anhand jener Städte verfolgen, die sich in karthagischer Hand befanden. Angeblich kennzeichneten die Karthager die Grenze zu Numidien mit Grenzgräben ("φοινικίδες τάφροι"), deren genauer Verlauf allerdings unbekannt ist. Größtenteils wird die Existenz der Phoinikischen Gräben angesichts der dürftigen Quellenlage – nur zwei antike Belege (Eumachos v. Neapel und Appian) sind bekannt – angezweifelt.[142] Unabhängig von der Existenz eines Grenzgrabens ist jedoch der Begriff "Grenze" in Frage zu stellen: Das punische Interesse bezog sich vor allem auf die wenigen Städte, da man dort gesichert Handel und mit kleinen Garnisonen die einheimische Bevölkerung innerhalb der Stadtmauern überwachen konnte. Im Hinterland dieser Städte – selbst wenn diese noch innerhalb der "Grenzen" lagen – war die karthagische Administrationstätigkeit stark eingeschränkt und durch die Wanderungen der Nomaden, welche sich bei ihrer Suche nach neuen Weideplätzen wohl kaum um Grenzlinien oder Gebietshoheiten gekümmert haben, auch erschwert. Daher erscheint es vielleicht eher angebracht von punischen "Interessensgebieten" in Nordafrika zu sprechen, innerhalb derer karthagische Aktivitäten, gerichtet auf Kontrolle und Verwaltung, feststellbar sind, obwohl im modernen Völkerrecht gerade bei dünn bevölkerten oder nicht besiedelten Gebieten keine hohen Anforderungen an die Gebietshoheit gestellt werden, sodaß man auch diese karthagischen "Interessensgebiete" als unter punischer Souveränität stehend betrachten könnte.[143]

---

[141] Vgl. BURIAN 1968, 43 sowie ECKSTEIN 1987, 235: "For their part, Punic government seem to have attempted consistently to play off one Numidian group against the other in the interests of Carthaginian security."

[142] Zu den "Phoinikischen Gräben" siehe Eumachos v. Neapel: FGrHist 178 Frg. 2 sowie App., Lib. 54,236. Vgl. außerdem KAHRSTEDT 1913, 591 Anm.1; GSELL II-1918, 101-103; WINDBERG 1937, 1383; GSCHNITZER 1966, 286f. (insbes. Anm. 24); WALBANK II-1967, 466f. und 469f.; LAZENBY 1978, 228f.; HUSS 1985, 469f.

[143] An dieser Stelle sei in der gebotene Kürze auf das moderne Völkerrecht verwiesen: Hier wird an erster Stelle der Grundsatz, daß der Verlauf von Grenzen durch Grenzverträge vereinbart wird, angewendet. Wenn jedoch keine Grenzverträge geschlossen wurden oder diese mangelhaft sind, "werden die Grenzen durch den unbestrittenen Besitzstand bestimmt (Grundsatz der Effektivität)." So entschied der Richter Max Huber im "Palmas-Fall" am 4.4.1928: (=American Journal of International Law 22 [1928], 877) "If...non conventional line of sufficient topographical precision exists or if there are gaps in the frontiers otherwise established, or if a conventional line leaves room for doubt...the actual continuous and peaceful display of state funcions is in case of dispute the sound and natural criterium of territorial souvereignty." (Zitate und Beispiel nach A.VERDROSS, Völkerrecht, Wien 1959 [4.Aufl.], 208; vgl. auch NEUHOLD/HUMMER/SCHREUER II-1997, 145f. [D87]). Hinsichtlich der Gebietssouveränität sprach der Ständige Internationale Gerichtshof am 5.4.1933 im "Ostgrönlandfall" aus: "Bei der Prüfung der Gründe der Entscheidungen in Sachen, die die Gebietshoheit betrafen, muß

Die "Demarkationslinie", welche diese punischen Interessensgebiete von Numidien und Libyen trennte, hatte ihren Eckpfeiler bei der um 247 eroberten Stadt Theveste. Von dort zog die westliche "Grenze" an Madaura vorbei, durchquerte das obere Bagradas-Tal ("Große Felder", noch punisch) und erreichte bei Hippo Regius das Mittelmeer. Die südliche Grenze verband in etwa Theveste mit Thenae an der Kleinen Syrte (vgl. etwa die Karte bei WINDBERG 1937, 1385f.].

Karthago beherrschte somit am Vorabend des Zweiten Punischen Krieges insgesamt etwa 45.000 Quadratkilometer des südwestlich der Stadt anschließenden Hinterlandes, ein Gebiet, das von Polybios (1,65,4; 1,71,1) bzw. Appian (Lib. 68,306) als "χώρα" (τῶν Καρχηδονίων) und von Livius (28,4,5) als "*ager Carthaginiensis*" bezeichnet wurde.

Natürlich müssen auch die außerhalb dieses "Kerngebietes" gelegenen phoinikisch-punischen Kolonien zum karthagischen Staatsgebiet zugeordnet werden. Dazu gehören zunächst die großen Faktoreien im Gebiet der Kleinen Syrte, die schon in der Antike als Emporia (ἐμπόρια, "Handelsplätze"[144])bezeichnet wurden, wie etwa Sabratha, Oea und Leptis Magna, sowie die weiter ostwärts in der Großen Syrte gelegenen Kontore bis zur Ortschaft *Arae Philaenorum* (Φιλαίνων βωμοί), die den äußersten Rand des östlichen punischen Einflußbereiches bildete.[145] Auch westlich Karthagos findet sich – bis zur marokkanischen Atlantikküste ! – eine große Anzahl an phoinikisch-punischen Küstenorten[146], von denen aus mit dem nordafrikanischen Hinterland Handel getrieben wurde. Von einem territorial zusammenhängenden punischen Staatsterritorium kann man jedoch westlich von Hippo Regius nicht mehr sprechen; die phoinikisch-punischen Siedlungen bildeten kleine Enklaven

---

festgestellt werden, daß das Gericht in zahlreichen Fällen hinsichtlich der tatsächlichen Ausübung der Souveränität sehr geringe Anforderungen gestellt hat, vorausgesetzt, daß der andere Staat nicht einen besser begründeten Anspruch geltend machen konnte. Das trifft besonders auf Ansprüche auf die Souveränität in dünn bevölkerten oder nicht besiedelten Gebieten zu." (Zitat nach NEUHOLD/HUMMER/SCHREUER II-1997, 94f. [D 44]).

[144] Vgl. etwa Pol. 1,82,6 oder 3,23,2.

[145] Vgl. Strab. 17,3,20; Theophrast, lapid. 18,34; Pol. 3,39,2 sowie 10,40,7 und Sall., Iug. 19,3 Der Sage nach hatte sich dort ein karthagisches Brüderpaar dort lebendig begraben lassen, um den punischen Gebietsanspruch zu bekräftigen (Sall. Iug. 79; Pomp. Mela 1,38). In der römischen Zeit bildete Arae Philaenorum die Grenze zwischen den römischen Provinzen Africa und Cyrenaica (Ptol. 4,3,14 und Pomp. Mela 1,38). Ob um das Jahr 220 die Siedlungen östlich von Leptis Magna noch zum punischen Einflußbereich gehörten, ist fraglich. Zumindest zur Zeit des Ptolemaios I. bildete nicht der Ort Φιλαίνων βωμοί, sondern das etwa 200 Kilometer weiter westlich liegende Euphrantas Pyrgos die Grenze zwischen der punischen und der ptolemäischen Machtsphäre (Strab. 17,3,20). Vgl. HUSS 1985, 172f. und G.HÖLBL, Geschichte des Ptolemäerreiches, Darmstadt 1994, 19. Zu den *Philaenorum arae* siehe auch G.ABITINO, Le are dei Fileni, Rivista Geograf. Italiana 86 (1979), 54-72.

[146] Zu diesen vgl. HUSS 1985, 70-73

im Gebiet jener maurischen und numidischen Fürstendynastien, die es vermochten, auch nach dem Libyschen Krieg eine von Karthago unabhängige Politik zu verfolgen.

5.) DER VERLUST SARDINIENS UND KORSIKAS AN ROM

Der Erweiterung und Konsolidierung der punischen Herrschaft in Nordafrika folgte jedoch unmittelbar ein herber Rückschlag: der Verlust Sardiniens und (in weiterer Folge) Korsikas an Rom, wo man beschlossen hatte, dem bereits monatelang zurückliegenden Aufruf der punischen Söldner, die sich dem Aufstand ihrer nordafrikanischen Kameraden angeschlossen und die Römer zur Besetzung Sardiniens ermuntert hatten, nachzukommen.[147]

Zunächst kam es in Karthago und Rom zu einem Wettrüsten um die Eroberung Sardiniens, das nach Vertreibung der aufständischen punischen Söldner durch die einheimische Bevölkerung gewissermaßen "herrenlos" war.[148] Die Römer erachteten die punischen Maßnahmen als gegen Rom gerichtet und beschlossen den Krieg gegen Karthago (Pol. 1,88,10: ... οἱ Ῥωμαῖοι πόλεμον ἐψηφίσαντο πρὸς τοὺς Καρχηδονίους, φάσκοντες αὐτοὺς οὐκ ἐπὶ Σαρδονίους, ἀλλ' ἐπὶ σφᾶς ποιεῖσθαι τὴν παρασκευήν)[149] nach der "*rerum repetitio*" bzw. "*clarigatio*".[150]

---

[147] Die Aufforderung dieser Söldner, Rom möge doch Sardinien besetzen, war von den Römern zunächst zurückgewiesen worden (Pol. 1,83,11). Wahrscheinlich erfolgte der Aufruf, nachdem die rebellierenden Söldner, welche zunächst ganz Sardinien kontrolliert hatten, von den einheimischen Sarden nach Italien vertrieben worden waren (Pol. 1,79,1-5). Ob die Römer mit diesen Söldnern – die nach ihrer Flucht nach Italien weder über eine (zumindest partielle) Völkerrechtssubjektivität noch über eine faktische Machtposition verfügten – eine Symmachie schloß, wie dies HUSS 1985, 266 vermutet, ist jedoch höchst fraglich.

[148] Diese Tatsache verkennt HUSS 1985, 266 Anm. 110, wenn er annimmt, daß sich "die karthagischen Rüstungen gegen die rebellierenden Söldner und erst in zweiter Linie gegen die alteingesessenen Sarden" gerichtet hätten. Daher ist Täublers Argument, wonach "die Besetzung herrenlosen Landes als bequemer Rechtssatz zur Verschleierung des Rechts" (TÄUBLER 1921, 21) gedient haben mag, durchaus beachtenswert (dagegen HUSS 1985, 266 Anm. 111).

[149] Vgl. auch Pol. 3,10,1 (ἀπαγγελλεῖν πόλεμον) bzw. 3,27,7 (Ῥωμαῖοι Καρχηδονίοις πόλεμον ἐξενέγκαντες ἕως 3.27.8 δόγματος ἐπισυνθήκας ἐποιήσαντο).

[150] "*Rerum repetitio*" nach Liv. 1,32,6 (*legatus ... ad fines eorum venit, unde res repetuntur*) sowie Varro, ling. Lat. 5,86 (*ex his mittebantur, ante quam conciperetur, qui res repeterent*). "*Clarigatio*" nach Plin., nat. hist. 22,3,5 (*...ac semper e legatis, cum ad hostes clarigatum-que mitterentur, id est res raptas clare repetitum, unus utique verbenarius vocabatur.*) sowie Serv., Aen. 9,52 ("*... et haec clarigatio dicebatur a claritate vocis ...*") bzw. 10,14 ("*Res rapuisse licebit clarigationem exercere*")

Eine rechtskonforme römische Kriegserklärung vollzog sich in sechs Stufen (*caerimonia bellica*[151]): 1. Zunächst wurde der *pater patratus* zum gegnerischen Staat entsandt, um dort die Rücknahme feindlicher Akte bzw. Entschädigung zu fordern (*rerum repetitio, clarigatio*). 2. Beim gegnerischen Volk angekommen, beschwor der *pater patratus* die Rechtmäßigkeit der römischen Forderung ("*testatio*") und räumte eine Frist von 30 Tagen zur Erfüllung der römischen Forderung ein.[152] 3. Wurden die römischen Forderungen nicht erfüllt, folgte die Kriegsankündigung ("*denuntiatio*") des *pater patratus*.4. Nach der Rückkehr des *pater patratus* wurde über die Angelegenheit zunächst im Senat abgestimmt. Wenn die Mehrheit dem Antrag auf Kriegserklärung folgte, galt der Krieg als beschlossen. 5. Anschließend entschieden die *comitia centuriata* über die Kriegserklärung. 6. Fiel der Beschluß positiv aus, wurde sodann der Krieg erklärt ("*indictio*"), indem der *pater patratus* vor drei Zeugen eine Lanze ins Feindesland (oder auf ein symbolisch zu Feindesland erklärtes Stück Land) schleuderte.

Offenbar war es nur bis zum Beschluß, noch nicht jedoch zur eigentlichen Kriegserklärung gekommen.[153] Zuvor verzichteten die Karthager in einer ἐπισυνθήκη (Pol. 3,27,7) zum Friedensvertrag von 241 sofort auf Sardinien und verpflichteten sich zur Zahlung von 1200 Talenten.[154] Nach Polybios erfolgte das römische Vorgehen "wider alles Recht in Ausnutzung ihrer (sc. der Karthager) Notlage" (παρὰ πάντα τὰ δίκαια διὰ τὸν καιρὸν, Pol. 3,28,2). Nochmals sei jedoch darauf hingewiesen, daß Karthago für die Dauer des Libyschen Kriegs – laut Pol. 1,88,15 drei Jahre und vier Monate – keine Kontrolle über Sardinien ausgeübt hatte. Der Hinweis von Täubler, wonach "die Besetzung herrenlosen Landes als bequemer Rechtssatz zur Verschleierung des Rechts" gedient haben mag (vgl. Anm. 148), ist daher durchaus zu beachten.

Spätestens im Frühling des Jahres 237[155] war Sardinien römische Beute in einem Krieg geworden, der von Rom zwar beschlossen (Pol.3,10,1 sowie

---

[151] Liv. 1,32,5

[152] Livius (1,32,9) spricht zwar von einer Frist von 33 Tagen, an anderer Stelle (1,22,5) von 30 Tagen. Auch nach Dionysios von Halikarnassos beträgt 30 Tage, und zwar in der Form, daß nach den ersten zehn Tagen die römischen Forderungen ein zweites Mal und nach weiteren zehn Tagen ein drittes Mal gestellt wurden; nach weiteren 10 Tagen war die Frist schließlich zu Ende (Dion. v. Hal., 2,72,8). Vgl. auch die in KASER/HACKL 1996, 111 Anm. 2 zitierte Literatur. Zudem entsprechen die 30 Tage Frist, wie bereits in der Literatur festgestellt wurde (vgl. etwa ALBERT 1980, 14 Anm 18 oder WATSON 1993, 24-30) der *legis actio per condictionem*, bei der "ein neuer, für die Richtereinsetzung bestimmter Verhandlungstermin vor dem Prätor auf den 30. Tag förmlich angesagt wird" (KASER/HACKL 1996,111).

[153] So auch TÄUBLER 1921, 22f. Vgl. auch WALBANK I-1957, 313

[154] Pol. 1,88,12 sowie 3,27,8; Liv. 21,40,5 sowie 21,41,14 und 22,54,11; Eutrop 3,2,2; Ps.-Aur.Vict., de viris ill. 41,2 und Orosius 4,11,2. Nach App. 5,22 erfolgte die Besetzung Sardiniens als Reaktion auf die Internierung – nach Appian sogar Ermordung – der italischen Kaufleute im Libyschen Krieg (ähnlich Zon.8,18,3).

[155] Hamilkar und sein Heer verließen knappe vier Jahre nach dem Ende des Ersten Punischen Krieges (*post primum Punicum bellum vix quadrienni requies*; Flor. 1,22,1) – also etwa im Frühjahr 237 – Karthago Richtung Spanien. Da diese iberische Expedition – wie HUSS 1985,

Pol. 3,27,7), von den Karthagern jedoch im letzten Moment abgewendet worden war.

Kurz nach der römischen Besetzung Sardiniens verlor Karthago auch die – für sie etwas weniger bedeutende – Insel Korsika an Rom. Zonaras überliefert, daß der Konsul des Jahres 236, C. Licinius Varus eine sonst nicht näher bekannte Person namens M. Claudius Clineas mit einer Streitmacht nach Korsika entsandt hätte, wo dieser Verhandlungen mit den Einheimischen aufnahm und mit ihnen einen Friedensvertrag schloß, ohne dazu bevollmächtigt gewesen zu sein (Zon. 8,18,7; Val. Max. 6,3,3; Cass. Dio frg. 12,45; Ammian. 14,11,32). Der Konsul Licinius Varus akzeptierte diesen Vertrag jedoch nicht und nahm den Kampf gegen die Korsen bis zu deren vollständigen Unterwerfung wieder auf. Rom verfuhr mit Claudius Clineas wie üblich: Zunächst wurde den Korsen seine Auslieferung angeboten, um die Schuld am Vertragsbruch zu sühnen Nachdem die Auslieferung von den Korsen jedoch abgelehnt worden war, wurde M. Claudius Clineas in die Verbannung geschickt (Cass.Dio frg. 12,45).

Mit der Annexion Sardiniens und Korsikas hatten sich die Römer jedoch weitere Probleme eingehandelt, da die einheimischen Völkerschaften gegen die neue Herrschaft rebellierten, wofür Rom wiederum Karthago verantwortlich machte und weitere Geldzahlungen forderte.[156] Inwieweit hier die Überlieferung, die im wesentlichen auf Cassius Dio und seinen Epitomator Zonaras beruht, vertrauenswürdig erscheint, ist allerdings umstritten.[157]

---

267 zu Recht betont – wohl erst nach dem Verlust Sardiniens in Angriff genommen wurde, ist der punisch-römische Konflikt um Sardinien noch im Jahre 238 anzusetzen, wobei der punische Verzicht spätestens in das Frühjahr 237, jedoch eher etwas früher (eventuell Winter 238/37) datiert werden muß. Vgl. auch Vell.Pat. 2,38,2: *Sardinia inter primum et secundum bellum Punicum ductu T.Manlii consulis certum recepit imperi iugum.* Zur Chronologie vgl. auch SCARDIGLI 1991, 234f.

[156] Nach Cassius Dio (12,46,1) und Zonaras (8,18,9) sind die neuerlichen römischen Geldforderungen in das Jahr 235 und 234 zu datieren.

[157] Die Berichte des Cassius Dio und Zonaras von den römisch-punischen Streitigkeiten im Rahmen der Annexion Sardiniens werden in der modernen Literatur generell bezweifelt. Vgl. HUSS 1985, 267 ("Die Nachrichten halten jedoch einer kritischen Nachprüfung nicht stand.") mit weiteren Literaturverweisen. Anderer Meinung hingegen SEIBERT 1993a, 34f (unter Berufung auf Cato, orig. frg. 4,84: *Deinde duoetvicesimo anno post dimissum bellum, quod quattuor et viginti annos fuit, Karthaginiensis sextum de foedere decessere.*). Zu diesem Cato-Fragment vgl. auch TÄUBLER 1921, 39f. Ausführlich MANTEL 1991, 35-46.

6.) Spanien, Sagunt und der Ebro-Vertrag[158]

Im Jahr 237 begann die systematische Unterwerfung der iberischen Halbinsel, wo binnen weniger Jahre ein Territorium beachtlicher Größe unter karthagische Oberhoheit kam. Im Gegensatz zu früher[159] beschränkten sich die Punier nicht mehr auf vereinzelte Handelskontore und den Handel mit den Einheimischen, sondern sie führten als Ausgleich für den Verlust Siziliens, Sardiniens und Korsikas eine regelrechte "Provinzialisierung" des an Rohstoffen ungemein reichen Landes durch.[160]

Die punischen Erfolge blieben nicht unbemerkt.[161] Im Jahre 231 trafen mehrere römische Gesandtschaften in Spanien ein, um sich ein Bild von den Unternehmungen des Hamilkar zu machen ("ἐπὶ κατασκοπῇ").[162] Was sie dort zu sehen bekamen, mußte jedoch alarmierend wirken: Der ehemalige Kriegsgegner, der nach zwei aufreibenden Kriegen am Boden schien und sich gegen die Annexion Sardiniens und Korsikas nicht mehr zur Wehr setzen konnte, hatte die bekannt wehrhaften und kriegerischen iberischen Stämme in wenigen Jahren unterworfen, unermeßliche Beute requiriert und die Grenzen sukzessive Richtung Norden geschoben, wo mit den keltischen Stämmen diesseits, vor allem jedoch jenseits der Pyrenäen andere, von Rom nicht minder gefürchtete Feinde lebten.

---

[158] TÄUBLER 1921, 48-62; SCHMITT 1969, 201-207 (Nr. 503); HUSS 1985, 277f. sowie 288-293; MANTEL 1991, 69-104; SCARDIGLI 1991, 245-296; SEIBERT 1993a, 45-47; SEIBERT 1993b, 121-135; HÄNDL-SAGAWE 1995, 119-122 (et passim); HOYOS 1998, 151-195

[159] Die frühesten wirtschaftlichen Kontakte Karthagos zum iberischen Raum reichen in das 7.Jhdt. v.Chr. zurück.

[160] Wichtigster Bestandteil dieses materiellen Reichtums waren vor allem die Silber- und Kupferminen im Südosten Spaniens (vgl. Pol. 34,9,8-11 = Strabo 3,2,10; Plin., nat. hist. 33, 96f.). Allgemein zum Reichtum Spaniens vgl. etwa Pol. 34,8,4-10. Siehe weiters: J.M.BLAZQUEZ, Die Metallgewinnung in den Bergwerken der Iberischen Halbinsel in Barkidischer Zeit, in: DEVIJVER/LIPINSKI 1989, 157-166. Vgl. weiters zur Entstehung der barkidischen Herrschaft in Spanien: P.BARCELÓ 1989, 167-184

[161] In der modernen Literatur wird wiederholt behauptet, daß das verbündete Massilia die Römer auf die punische Expansion in Iberien aufmerksam gemacht hätte (vgl. HUSS 1985, 277: "Es scheint, als hätten die Massalioten...in Rom nachhaltig auf die Veränderung der politischen Verhältnisse in Spanien hingewiesen.") Vgl. auch SUMNER 1967, 211. Diese Ansicht läßt sich durch keine einzige antike Quelle belegen, wenngleich sie auch nicht völlig von der Hand zu weisen ist.

[162] Diese Gesandtschaften sind nur durch Cassius Dio (frg. 12,48) überliefert und sind in ihrer Historizität teilweise umstritten. Zweifel bei RICH 1996, 2 ("The authencity of the story is uncertain.") und BADIAN 1958, 48 ("Whether the notice is trustworthy, we do not know."). Gegen die Historizität EUCKEN 1968, 4 und MANTEL 1991, 70 ("Die Nachricht ist sicherlich zurückzuweisen"); für die Historizität HUSS 1985, 273 ("Es besteht kein zwingender Grund, an der Historizität ... zu zweifeln.") und SEIBERT 1993a, 37 Anm. 54. Weitere Litereratur bei SCARDIGLI 1991, 283 Anm. 53 und 54.

Hamilkar gab vor, mit den neugewonnenen Reichtümern lediglich die finanziellen Verpflichtungen gegenüber Rom erfüllen zu wollen. Stimmt die – aufgrund einer Textergänzung umstrittene[163] – Datierung der römischen Gesandtschaft auf 231, so war in diesem Jahr die letzte Rate der Kriegsentschädigung des Friedensvertrages von 241 fällig. Es liegt auf der Hand, daß in diesem Fall die Behauptung des Hasdrubal, wonach der neue punische Reichtum zur Befriedigung der finanziellen Forderungen Roms herangezogen werden würde, befremdend gewesen wäre: Wenn im Jahr 231 die letzte Rate beglichen wurde und ab dem Jahr 230 tatsächlich keine Reparationszahlungen mehr zu leisten gewesen wären, so hätte man im Jahr 231 die punischen Expansionsbestrebungen und neuen Reichtümer wohl kaum mit Zahlungsverpflichtungen gegenüber Rom begründet. Die römische Gesandtschaft muß jedoch nicht unbedingt auf einen früheren Zeitpunkt als 231 datiert werden. Es bietet sich eher die Lösung an, daß jene Reparationszahlungen (in der Höhe von 1200 Talenten), die den Karthagern im Jahr 238 nach der römischen Annexion Sardiniens auferlegt worden waren, von Rom in weiteren fünf Jahresraten (zahlbar in den Jahren 230-226) eingehoben wurden.[164]

Im Winter 229/28 fiel der erfolgreiche punische Feldherr Hamilkar einem iberischen Hinterhalt[165] zum Opfer; sein Nachfolger als Stratege Iberiens und Libyens wurde sein Schwiegersohn Hasdrubal, der die karthagischen Positionen in Spanien festigen und ausbauen konnte. Die Römer hatten unterdessen ihre

---

[163] Vgl. SEIBERT 1993a, 37 Anm 54

[164] Ähnlich SEIBERT 1993, 37 Anm. 55. Nach Liv. 21,40,5 mußten die Karthager nach dem Ersten Punischen Krieg insgesamt 20 Jahre lang Reparationszahlungen entrichten; dasselbe bestätigen Orosius (4,11,2) und Appian (Sik. 2,4) Dies bedeutet, daß entweder die nach dem Krieg um Sardinien im Jahre 238 verhängte Kriegsentschädigung in der Höhe von 1200 Talenten auf zehn Jahre (zahlbar in den Jahren 230-221) verteilt wurde, oder – meines Erachtens die wahrscheinlichere Lösung – daß der Überlieferung des Cassius Dio (frg. 12,46,1), wonach die Karthager im Jahre 235 noch ein weiteres Mal zu Zahlungen herangezogen wurden, Glauben zu schenken ist, sodaß sich folgendes Gesamtbild ergibt: Die Karthager hatten sich 241 im Friedensvertrag nach dem Ersten Punischen Krieg zu zehn jährlich zu entrichtenden Reparationszahlungen in der Höhe von je 220 Talenten verpflichtet. Diese Annuitäten waren jeweils in den Jahren 240 bis 231 fällig. Bereits im Jahr 238 wurde den Karthagern eine erneute Kriegsentschädigung (für einen Krieg, der zwar de iure erklärt, de facto jedoch nie geführt worden war) in der Höhe von 1200 Talenten aufgebürdet. Die Summe war wohl ebenfalls in Jahresraten zu begleichen, welche ab dem Jahr 230 fällig waren. Geht man davon aus, daß die Höhe der einzelnen Raten in etwa gleich blieb, so wird man fünf Annuitäten zu je 240 Talenten annehmen (zahlbar vom Jahr 230 bis in das Jahr 226). 235 wurde von Rom eine erneute punische Zahlungspflicht abgepreßt, wobei die Entschädigung wiederum in fünf Jahresraten – zahlbar in den Jahren 225 bis 221 – zu begleichen war. Die Höhe dieser letzten Entschädigungspflicht ist von Cassius Dio zwar nicht überliefert, doch dürfte sie ähnlich hoch angesetzt worden sein, wie nach dem ersten Konflikt um Sardinien (vgl. SEIBERT 1993a, 35 Anm. 47: "Die Höhe des neuen Tributs ist nicht bekannt, sie dürfte aber die bereits bekannte Höhe (1200 Talente) betragen haben.").

[165] Näheres bei SEIBERT 1993a, 38f.

Aufmerksamkeit auf die Gebiete dies- und jenseits der nördlichen Adria gelenkt. In einem zügig geführten Krieg wurden die illyrischen Seeräuber bezwungen und eine Reihe griechischer Städte an der illyrischen Küste römischem Protektorat unterstellt (229/28). Anschließend rüstete man in Oberitalien, wo im Gebiet des *ager Gallicus* (an der Adriaküste zwischen Ariminum und Ancona) bereits im Jahre 232 römische Bürger angesiedelt worden waren,[166] gegen die zunehmende Gefährdung der neuen coloniae durch einströmende Gallierstämme aus der *Gallia transalpina*.

Spätestens jetzt mußte man in Rom die potentielle Gefahr einer Koalition zwischen den unaufhaltsam Richtung Pyrenäen und Südfrankreich strebenden Karthager und den keltischen Stämmen im Gebiet der (späteren) *Gallia Narbonensis* erkannt haben.[167] Es wurde etwa im Jahr 226 [168] eine römische Gesandtschaft zu Hasdrubal geschickt, um eine unmittelbare Kontaktaufnahme zwischen den Karthagern und den gallischen Stämmen durch die Festlegung einer Expansionsgrenze zu verhindern. Im Gegensatz zum herrischen Auftreten der römischen Diplomaten vergangener Jahre war das Verhalten dieser Gesandtschaft durchwegs freundschaftlich und entgegenkommend (...πραΰναντες τὸν 'Ασδρούβαν..., Pol. 2,13,6). Mit Hasdrubal wurde der berühmte Ebrovertrag geschlossen, dessen Inhalt in der antiken wie modernen Literatur unterschiedlich interpretiert wurde.[169]

Polybios überliefert einen einzigen Vertragspunkt: Die Karthager (und nur diese) sollten den Ebro nicht in kriegerischer Absicht überschreiten (Pol. 2,13,7 und 3,27,9: τὸν δὲ καλούμενον Ἴβηρα ποταμὸν οὐκ ἔδει Καρχηδονίους ἐπὶ πολέμῳ διαβαίνειν).

Nach Livius galt die Ebro-Grenze sowohl für die Karthager als auch für die Römer; die südlich des Ebro gelegene Stadt Sagunt solle jedoch frei von

[166] Pol. 2,21,7; nach Cic. Cato 11 erfolgte die Ansiedlung erst 228.

[167] Dagegen BENDER 1997, 89 ("Verschiedentlich wird angenommen, Rom habe mit dem Verbot der Ebroüberschreitung die Karthager von den Kelten trennen wollen, also einen Zug zu verhindern versucht, wie ihn Hannibal später unternahm. Die Geschichte des Jahres 218 lehrt jedoch, daß man einen solchen Zug gar nicht für möglich gehalten hat und daher auch nicht befürchtet haben kann."

[168] Zur unsicheren Datierung vgl. Seibert 1993a, 44 Anm. 33

[169] Eng verbunden mit der Frage nach den Bestimmungen des Ebrovertrages ist einerseits das Problem der Kriegsschuld am Ausbruch des Hannibal-Krieges, andererseits die Frage nach der Existenz und dem Inhalt des römischen Imperialismus. Die Zahl der modernen Arbeiten läßt sich in den genannten Punkten kaum noch überblicken (vgl. alleine die bei SEIBERT 1993b, 117-120 angeführte Literatur).

karthagischer Herrschaft sein; diese Bestimmungen wurden als Zusatz dem Friedensvertrag von 241 beigefügt:[170]

(Liv. 21,2,7) *Cum hoc Hasdrubale, quia mirae artis in sollicitundis gentibus imperioque suo iungendis fuerat, foedus renoverat populus Romanus, ut finis utriusque imperii esset annis Hiberus Saguntinisque mediis inter imperia duorum populorum libertas servaretur.*
Weil Hasdrubal die wunderbare Kunst verstand, Völker anzulocken und an seinen Machteinfluß zu fesseln, hatte das römische Volk mit ihm den Vertrag mit der Bestimmung erneuert, der Ebro solle die Grenze zwischen den beiden Einflußbereichen sein und den Saguntinern, die zwischen den Grenzen beider Völker wohnten, solle die Freiheit belassen werden.

Appian läßt in seiner 'Ιβερική die Ebro-Grenze für beide Völker gelten sowie die Stadt Sagunt frei bleiben und fügt ebenfalls diese Bestimmungen dem Friedensvertrag von 241 bei (App., Ib. 7,26f.). Etwas knapper und näher an Polybios orientiert stellt Appian den Ebro-Vertrag in der 'Αννιβαϊκή dar: Die Karthager (und nur sie) dürfen den Ebro nicht überschreiten, wobei diese Bestimmung in den Vertrag von 241 schriftlich aufgenommen wurde (App., Ann. 2,6).

(App., Ib. 7,26f.) καὶ ἡ σύγκλητος οὐκ ἐθέλουσα τὰ Καρχηδονίων ἐπαίρεσθαι πρέσβεις ἐς Καρχηδόνα ἔπεμπε. καὶ συνέβησαν ἀμφότεροι ὅρον εἶναι Καρχηδονίοις τῆς ἀρχῆς τῆς ἐν Ἰβηρίᾳ τὸν Ἴβηρα ποταμὸν καὶ μήτε Ῥωμαίους τοῖς πέραν τοῦδε τοῦ ποταμοῦ πόλεμον ἐκφέρειν, Καρχηδονίων ὑπηκόοις οὖσι, μήτε Καρχηδονίους ἐπὶ πολέμῳ τὸν Ἴβηρα διαβαίνειν, Ζακανθαίους δὲ καὶ τοὺς ἄλλους ἐν Ἰβηρίᾳ Ἕλληνας αὐτονόμους καὶ ἐλευθέρους εἶναι. καὶ τάδε ταῖς συνθήκαις ταῖς Ῥωμαίων καὶ Καρχηδονίων προσεγράφη.

(App., Ib. 11,43) ὧν ἐς Ῥώμην ἀπαγγελθέντων, οἱ μὲν ἐκέλευον ἤδη συμμαχεῖν τοῖς Ζακανθαίοις, οἱ δ' ἐπεῖχον ἔτι, λέγοντες οὐ συμμάχους αὐτοὺς ἐν ταῖς συνθήκαις σφῶν, ἀλλ' αὐτονόμους καὶ ἐλευθέρους ἀναγεγράφθαι, ἐλευθέρους δὲ ἔτι καὶ τοὺς πολιορκουμέ νους εἶναι. καὶ ἐκράτησεν ἡ γνώμη.

(App., Ann. 2,6) Ζακανθαῖοι δὲ καὶ ὅσοι ἄλλοι Ἕλληνες ἐν Ἰβηρίᾳ, καταφεύγουσιν ἐπὶ Ῥωμαίους, καὶ γίγνεται Καρχηδονίοις ὅρος Ἰβηρίας, μὴ διαβαίνειν τὸν Ἴβηρα ποταμόν· καὶ τόδε ταῖς Ῥωμαίων καὶ Καρχηδονίων σπονδαῖς ἐνεγράφη.

[170] Ähnlich äußert sich Livius in 34,13,7: *Patres nostri, cum in Hispania Carthaginiensium et imperatores et exercitus essent, ipsi nullum in ea militem haberent, tamen addi hoc in foedere voluerunt, ut imperii sui Hiberus fluvius esset finis.* (Unsere Väter haben, als in Spanien karthagische Feldherren und Heere waren, sie selbst aber keinen Soldaten dort hatten, doch gewollt, daß bei dem Vertrag hinzugefügt wurde, der Ebro solle die Grenze ihres Machtbereiches sein.). Daß Sagunt trotz der Ebro-Grenze dem punischen Machtbereich entzogen bleiben sollte, findet sich bei Livius noch in 21,10,5 sowie 21,18,9 und 21,44,6.

(App., Ib. 7,26f.) Der Senat, der nur ungern das Anwachsen der karthagischen Macht sah, ließ daraufhin eine Gesandtschaft nach Karthago abgehen, und beide Parteien kamen überein, daß für die Karthager der Iber die Grenze ihres Herrschaftsbereiches in Iberien bilden solle und daß weder die Römer über diesen Fluß hinaus die karthagischen Untertanen bekriegen noch die Karthager in kriegerischer Absicht das Gewässer überschreiten dürften. Den Saguntinern und den übrigen Griechen in Iberien aber wurden Freiheit und Selbständigkeit zugesichert. Diese Bestimmungen wurden den Verträgen zwischen Rom und Karthago als Ergänzung beigefügt.
(App., Ib. 11,43) Als man in Rom davon (sc. Belagerung Sagunts durch Hannibal) hörte, trat ein Teil der Bürgerschaft dafür ein, den Saguntinern nunmehr Bundeshilfe zu leisten, während die anderen noch zuwarten wollten und erklärten, die Saguntiner seien in dem Vertrag nicht als Bundesgenossen, sondern nur als frei und selbständig bezeichnet, und frei sei ein Volk auch, wenn es belagert werde. Diese letztere Meinung gewann die Oberhand.
(App., Ann. 2,6.) Aber die Saguntiner, und was sonst an Griechen in Iberien wohnte, suchten Zuflucht bei den Römern, und für die Karthager wurde in Iberien eine gewisse Grenze festgelegt; danach durften sie den Ebro nicht überschreiten, und diese Bestimmung wurde in den Vertrag zwischen Römern und Karthagern schriftlich aufgenommen.

Nach Florus wurde der Stadt Sagunt in einem "gemeinsamen Vertrag" (also zwischen Römern und Karthagern) Freiheit zugesichert (Florus 1,22,4: ... *quam in libertatem communi foedere* ...); von einer Ebro-Grenze ist hingegen nicht die Rede. Ähnlich sieht die Überlieferung bei Zonaras (8,21,3f.) aus, wonach die "in der Nähe des Flusses Ebro wohnenden" Saguntiner vom römisch-karthagischen (Ebro-)Vertrag ausgenommen wurden (οὗτοι γὰρ οὐ πόρρω τοῦ ποταμοῦ οἰκοῦντες τοῦ Ἴβηρος, ἄνω τῆς θαλάσσης βραχύ, τοῖς Ῥωμαίοις προσέκειντο, κἀκεῖνοι καὶ ἐτίμων αὐτοὺς καὶ ἐν ταῖς πρὸς τοὺς Καρχηδονίους συνθήκαις ἐξαιρέτους ἐπεποιήκεσαν).

Nach Ps.-Aur.Vict., de vir.ill. 41,2 wurde die Ebro-Klausel bereits im Jahr 241 in den Friedensvertrag desselben Jahres aufgenommen:

Pacem petentibus hac condicione concessit, ut Sicilia, Sardinia et ceteris insulis inter Italiam Africamque decederent, Hispania citra Hiberum abstinerent.
Er (sc. Quintus Lutatius Catulus) gewährte den um Frieden bittenden (sc. Karthagern) diesen unter der Bedingung, daß jene Sizilien, Sardinien und die übrigen Inseln zwischen Italien und Afrika räumten und den spanischen Gebieten jenseits des Ebro fernblieben.

Zumindest diese zuletzt angeführte Überlieferung läßt sich zurückweisen, da Iberien zu diesem frühen Zeitpunkt noch nicht im Blickwinkel Karthagos oder Roms lag. Wahrscheinlich liegt jedoch eine Ungenauigkeit des (unbekannten) Autors vor, da die römische Annexion Siziliens (und wohl auch Sardiniens) als ἐπισυνθήκη zum Friedensvertrag von 241 aufgenommen und legitimiert wurde (Pol. 3,27,7). Dasselbe überliefern einige Quellen auch hinsichtlich des Ebro-Vertrages, wie dies etwa bei Livius (21,2,7: *foedus renoverat*) oder Appian (Ann. 2,6; Ib. 7,26f.) der Fall ist.

Für uns von besonderem Interesse sind die völkervertragsrechtlichen Probleme, die mit der Form, dem Abschluß und auch dem Inhalt des Ebro-Vertrages verbunden waren und bereits in der Antike offenbar Interpretationsprobleme bereitet haben. Dies betrifft erstens das Problem einer offenbar fehlenden Existenz einer Ratifikationsklausel und der daraus folgenden Frage nach der Art des Vertrages, zweitens das Problem, ob der Ebro-Vertrag ein einseitiger rechtsgeschäftlicher Akt[171] Karthagos war oder ob ein echter (bilateraler) Vertrag geschlossen wurde, in dem sich nicht nur Karthago, sondern auch Rom zu einem bestimmten Verhalten verpflichtete,[172] und drittens die Streitfrage der Interpretation des Vertragsinhaltes, konkret die Frage nach dem Bestehen einer Ausnahmebestimmung für Sagunt.

(A) Fehlender Ratifikationsvorbehalt:

Nach Polybios wurde der Ebro-Vertrag "mit Hasdrubal" (Pol. 3,21,1 und 3,27,9: πρὸς᾽ Ἀσδρούβαν) geschlossen, wobei einige Zeit später, als im Frühjahr 218 eine römische Gesandtschaft in Karthago die Auslieferung Hannibals wegen der Verletzung des Ebro-Vertrages forderte, die karthagischen Ratsherren vorgaben, daß der mit Hasdrubal geschlossene Vertrag für sie unverbindlich (οὐδὲν οὔσας) sei, da er in Karthago nicht ratifiziert worden wäre (Pol. 3,21,1). Sieht man sich die punische Argumentation genauer an, so dürfte der Ebro-Vertrag eine solche Ratifikationsklausel erst gar nicht enthalten haben. Die karthagischen Ratsherren berufen sich nämlich darauf, daß der Lutatius-Vertrag von 241 in seiner ursprünglichen Fassung vom römischen Volk auch nicht ratifiziert worden wäre, obwohl sich der römische Feldherr an seine eigenen Bestimmungen gehalten habe. Daher sei der Ebro-Vertrag für sie ebenso wenig verbindlich, wie der ursprüngliche Lutatius-Vertrag es für die Römer gewesen wäre.

---

[171] In diesem Fall würde kein echter völkerrechtlicher Vertrag vorliegen.

[172] Die Frage, ob dieser Vertrag "eigenständig" war (so zumindest Polybios) oder als Zusatz zum Friedensvertrag von 241 vereinbart wurde (so Livius und Appian), ist hingegen von keiner besonderen Relevanz, da dies weder an der Gültigkeit, noch am Vertragsinhalt etwas ändert. Anderer Meinung hingegen TÄUBLER 1913, 95, der davon ausgeht, daß der karthagische Rat nicht an den alleine von Hasdrubal geschlossenen Vertrag gebunden war.
Die Überlieferung des Ps.-Aur.Vict., de vir. ill. 41,2, wonach die Ebro-Bestimmung überhaupt bereits im Jahr 241 festgelegt wurde, ist jedenfalls zurückzuweisen.

Diese – auf einem unzulässigen Analogieschluß beruhende –[173] Verteidigungslinie wäre jedoch nicht notwendig gewesen, wenn der Ebro-Vertrag tatsächlich einen Ratifikationsvorbehalt gehabt hätte.[174] In diesem Fall hätten die punischen Ratsherren nur die Existenz eines solchen Vorbehalts und die Nichtannahme durch den karthagischen Rat nachweisen müssen. Die Karthager dürften sich jedoch der Schwäche ihrer Argumentation bewußt gewesen sein, da sie sich in weiterer Folge auf die Bestimmungen des (endgültigen) Friedensvertrages von 241 konzentrierten, um sich gegen die römischen Vorwürfe zu verteidigen.

HUSS betonte in Analogie zum Bündnisvertrag zwischen Hannibal und Philipp V., daß sich in der Umgebung des Hasdrubal Mitglieder des karthagischen Senates befunden hätten, "die für eine Ratifizierung des Vertrages Sorge getragen haben".[175] Dieser Analogieschluß erscheint mir jedoch aus zwei Gründen unzulässig: Die Situation des Hasdrubal und diejenige Hannibals sind doch zu verschieden, um sie vergleichen zu können. Unter Hannibal befanden sich die Karthager mit Rom im offiziellen Kriegszustand, wobei nach den triumphalen Erfolgen der ersten Kriegsjahre der punische "Endsieg" nur noch eine Frage der Zeit schien. Vielleicht rechnete Hannibal auch bereits mit der baldigen Aufnahme von Friedensverhandlungen. Die Anwesenheit der Ratsherren im Stab des Strategen erscheint somit weitaus erforderlicher als dies unter Hasdrubal der Fall war, da damals das römische Ansinnen der Festlegung einer Grenze für die Karthager wohl etwas unvermutet kam. Der zweite Aspekt betrifft die Lernfähigkeit des karthagischen Senats: Wie auch immer die Streitfrage nach der Notwendigkeit einer Ratifikationsklausel gemäß dem punischen Staatsrecht zu beurteilen war: Die römisch-karthagischen Streitigkeiten um Sagunt, welche ja letztlich zum Krieg geführt hatten, waren für den karthagischen Senat wohl Anlaß genug, die Handlungen des jeweiligen Strategen – im konkreten Fall also Hannibals – etwas genauer zu kontrollieren.[176]

---

[173] Lutatius hatte in den Präliminarvertrag von 241 eine Ratifikationsklausel einbauen lassen. Die Nichtannahme bzw. teilweise Änderung der von ihm mit Hasdrubal vereinbarten Vertragspunkte durch die römische Volksversammlung war daher entgegen der Meinung der punischen Ratsherren völlig gerechtfertigt.

[174] Laut Pol. 3,29,3 vertrat die römische Gesandtschaft auch den Standpunkt, daß der Ebro-Vertrag keinen Ratifikationsvorbehalt auf punischer Seite beinhaltet hätte.

[175] HUSS 1985, 291f. Anm. 49. Vgl. auch WOLLNER 1987, 104f. ("Es bleibt zunächst festzuhalten, daß der Ebrovertrag wohl nicht ohne Einverständnis bzw. Duldung der karthagischen Regierung geschlossen wurde. (...) Es läßt sich zusammenfassend sagen, daß Hasdrubal den Vertrag – höchstwahrscheinlich mit Einverständnis der Regierung und mit Ratifizierung durch Mitglieder des Senats – mit der römischen Kommission abschloß.

[176] Umgekehrt ist es freilich auch denkbar, daß Hannibal die Fehler Hasdrubals vermeiden und den punischen Senat verstärkt in seine außenpolitischen Aktionen einbinden wollte, um denkbare staatsrechtliche Konflikte zu vermeiden.. Hinsichtlich der "Lernfähigkeit" sei ein zweites Beispiel genannt: Im Vertrag von 215 hatten Hannibal und Philipp V. exakt zwischen

Zusammengefaßt bedeutet dies, daß man im Stab des Hasdrubal wohl keine karthagische Ratsherren annehmen darf, welche in weiterer Folge für eine Ratifikation gesorgt hätten. Eine Ratifikation war im "Ebro-Vertrag" weder vorgesehen noch wurde sie durchgeführt.

(B) Feldherren- oder Staatsvertrag?

Polybios (3,21,1 und 3,27,9) sowie Livius (21,2,7) überliefern, daß der Vertrag zwischen Rom und Hasdrubal geschlossen worden sei, während die übrigen Quellen die Karthager und nicht Hasdrubal als Vertragspartei anführen. Eine eventuelle Ungenauigkeit des Polybios und des Livius läßt sich im Gegensatz zu den späteren Quellen wohl ausschließen: Polybios schildert, wie bereits mehrmals erwähnt, daß die Karthager sich nicht durch den Vertrag gebunden fühlten, da dieser eben ohne ihre Zustimmung durch Hasdrubal geschlossen worden sei. Der Wortlaut des Polybios läßt sogar die Möglichkeit offen, daß die römische "Vereinbarung mit Hasdrubal" (πρὸς 'Ασδρούβαν ἐν 'Ιβηρίᾳ ... διομολογήσεις, Pol. 3,27,9) in Karthago unbekannt geblieben ist,[177] wenngleich dies etwas unwahrscheinlich erscheint. Doch selbst wenn die Karthager über das Handeln ihres Strategen in Spanien Bescheid wußten, so erfolgte dennoch – wie unter (a) gezeigt wurde – keine Ratifikation des Ebro-Vertrages.

Wenn nun der Ebro-Vertrag keine Ratifikationsklausel beinhaltet hatte, wie ist dann der Vertrag als solcher einzuordnen? Handelte es sich um einen sogenannten Feldherrenvertrag, der nur den punischen Feldherrn band und daher auch keiner Ratifikation durch Karthago bedurfte, schloß Hasdrubal den Vertrag im Auftrag des karthagischen Senates oder reichten seine Kompetenzen so weit, daß ein durch ihn geschlossener Vertrag auch ohne Ratifikation seine Heimatstadt binden konnte und daher als Staatsvertrag zu gelten hat?

Die Variante, wonach Hasdrubal im Auftrag des punischen Senats gehandelt hätte, entspräche als solche zwar der Situation von 241, als Hamilkar besondere Vollmacht übertragen erhielt und mit den Friedensverhandlungen beauftragt wurde, läßt sich aber aufgrund der historischen Situation wohl

---

bestehenden und zukünftigen Bundesgenossen differenziert. Es liegt auf der Hand, daß Hannibal die nur drei Jahre alte römisch-punische Interpretationsstreitfrage, ob der Vertrag von 241 auch zukünftige Bundesgenossen mitumfasse, noch genau in Erinnerung hatte und im Bündnisvertrag von 215 nun auch diesen Punkt exakt ausformulierte.

[177] Dagegen HUSS 1985, 291f. Anm. 49. Vgl. auch SEIBERT 1993b, 132f. Anm. 74 (mit weiteren Literaturverweisen).

ausschließen. Die Initiative zum Ebro-Vertrag kam von seiten der Römer, die unter Handlungsdruck standen und verhindern wollten, daß während ihres kurz bevorstehenden Krieges gegen die keltischen Stämme Norditaliens punische Truppenverbände aus Spanien nach Südfrankreich oder Norditalien eindringen. Sie erwarteten von Hasdrubal eine schnelle Antwort auf ihr Ansinnen, sodaß eine Rücksprache Hasdrubals in Karthago (und auch die Ratifikation des Feldherrenvertrages) eher unwahrscheinlich scheint. Wäre eine solche Rücksprache oder in weiterer Folge eine Ratifikation erfolgt, so würde dies der polybianischen Überlieferung der römisch-punischen Interpretationsstreitigkeiten widersprechen, da es in diesem Fall für die Römer ein Leichtes gewesen wäre, die Kenntnisnahme oder sogar die Ratifikation durch den punischen Senat nachzuweisen.

Somit bleiben nur noch zwei Lösungsmöglichkeiten: entweder ist der Ebro-Vertrag als Feldherrenvertrag Hasdrubals anzusehen oder als römisch-punischer Staatsvertrag, soferne es im Kompetenzbereich eines punischen Strategen lag, daß ein durch ihn geschlossener Vertrag auch ohne Ratifikation seine Heimatstadt binden konnte.

Die moderne Literatur hat sich zum Großteil für die erste Lösung entschlossen, sieht also den Ebro-Vertrag als Feldherrenvertrag (teilweise auch "Militärkonvention"[178]) an, der in Karthago nicht mehr ratifiziert werden mußte, jedoch nur Hasdrubal, nicht jedoch seine Nachfolger oder Karthago selbst band.[179] Tatsächlich finden wir in der Überlieferung ähnlich gelagerte Fälle, in denen punische Feldherren Friedens- oder Bündnisverträge abschlossen, ohne diese in Karthago ratifizieren zu lassen.[180]

---

[178] Dieser (moderne) Begriff ist insoferne irreführend, als in der modernen Völkerrechtswissenschaft unter "Konvention" ein mulitilateraler, also zwischen mehreren Staaten geschlossener Vertrag zur Festsetzung allgemeiner Rechtsregeln verstanden wird (O.KIMMINICH, Einführung in das Völkerrecht, Tübingen/Basel 1997, 214).

[179] Vgl. die bei SEIBERT 1993b, 122 Anm. 15 genannte Literatur. Vgl. auch AMELING 1993, 106. Zur Identifikation des Ebrovertrages als (aus punischer Sicht:) "Berit" (oder 'alat) vgl. AMELING 1993, 106. Vgl. auch J.BEGRICH, Berit, Zeitschrift für die alttestamentliche Wissenschaft 60 (1944), 1-10; E.J.BICKERMAN, Hannibal's Covenant, AJPh 53 (1952), 1-23, [jetzt in: E.J.BICKERMAN, Religion and Poltics in the Hellenistic and Roman Periods, Como 1985 (Biblioteca di Athenaeum), 375-397]; E.J.BICKERMAN, An oath of Hannibal, TAPA 75 (1944), 87-102, [jetzt in: E.J.BICKERMAN, Religion and Poltics in the Hellenistic and Roman Periods, Como 1985 (Biblioteca di Athenaeum), 257-272]; M.WEINFELD, Berit, Theologisches Wörterbuch zum Alten Testament 1 (1973), 781ff.

[180] So wurde etwa der im Jahre 405 zwischen Himilko und Dionysios geschlossene Friedensvertrag (=BENGTSON 1975, Nr. 210) offenbar nicht in Karthago ratifiziert, obwohl der siegreiche punische Stratege durch den Vertrag sogar in die inneren staatsrechtlichen Verhältnisse von Syrakus eingriff, indem er die Herrschaftsform der Tyrannis und als Herrscher seinen Vertragspartner Dionysios festlegte (siehe auch HUSS 1985, 123). Auch der 374/373 geschlossene Friedensvertrag (=BENGTSON 1975, Nr. 261) zwischen Himilko (nicht ident mit

(C) Bilaterales Abkommen oder einseitiges Rechtsgeschäft[181]

Folgt man der polybianischen Überlieferung, so enthielt der Ebro-Vertrag nur eine einzige Bestimmung, nämlich die karthagische Verpflichtung, den Ebro nicht in kriegerischer Absicht zu überschreiten. Ein römisches Zugeständnis etwa der Form, daß die Ebro-Grenze[182] auch umgekehrt für die Römer gelten solle, wird nicht erwähnt. Eine solche Ausformulierung dieses Vertragspunktes, nämlich die beiderseitige Anerkennung der Ebro-Grenze, überliefern hingegen Livius (21,2,7) und Appian (Ib. 7,26f.).

Die polybianische Variante, wonach lediglich Hasdrubal zu einem bestimmten Verhalten verpflichtet wurde, während hingegen die Römer keine adäquate Gegenleistung schuldeten, verwundert auf den ersten Blick. Schließlich waren es die Römer, die das Gespräch mit Hasdrubal gesucht und angesichts des bevorstehenden Keltenkrieges in weiterer Folge von der punischen Zurückhaltung profitiert hatten. Ein Teil der Literatur folgt daher der nachpolybianischen Überlieferung und nimmt an, daß der Ebro als beiderseitige Grenze fixiert wurde.[183] Zumindest wird darauf hingewiesen, daß Hasdrubal selbst nach der polybianischen Überlieferung zumindest faktische "Handlungsfreiheit"[184] in den Gebieten südlich des Ebro erhalten hätte (vgl. jedoch unten Anm. 182).

Ist es jedoch nicht denkbar, daß die Römer ihre rüde Gangart der vergangenen Jahre beibehalten hatten, als ihre Delegation mit Hasdrubal verhandelte? Polybios (2,13,6) meint zwar, daß Rom Hasdrubal zunächst mit

---

dem zuvor Genannten) und Dionysios wurde nicht ratifiziert. Als drittes Beispiel kann der Bündnisvertrag zwischen Hannibal und Philipp V. genannt werden (= SCHMITT 1969, Nr. 528).

[181] SCARDIGLI 1991, 271, SEIBERT 1993b, 123 und andere treffen die unrichtige Unterscheidung zwischen uni- und bilateralem Abkommen. Da es ein unilaterales Abkommen juristisch nicht geben kann, ist zu unterscheiden zwischen einem selbständigen einseitigen Rechtsgeschäft (welches nur Karthago, nicht jedoch Rom zu einer Leistung verpflichtet) und einem echten bilateralen völkerrechtlichen Vertrag, bei dem sich beide Vertragspartner zu einer Leistung und einer Gegenleistung verpflichten. Zur modernen Forschung, die in der Frage, ob ein einseitiges Rechtsgeschäft oder ein bilateraler Vertrag vorliegt, durchwegs geteilter Meinung ist, vgl. SCARDIGLI 1991, 289 Anm. 233.

[182] Streng genommen ist jedoch bei Polybios von einer "Grenzziehung" keine Rede. Hasdrubal verpflichtete sich lediglich, den Ebro nicht in kriegerischer Absicht zu überschreiten. Mit Hilfe diplomatischer Mittel, wie sie sowohl von Hamilkar als auch von Hasdrubal und Hannibal angewendet worden waren (vgl. unten Anm. 201) , hätte eine Erweiterung des karthagischen Einflußbereiches über den Ebro hinaus genauso erfolgreich stattfinden können wie mit Waffengewalt, ohne daß von punischer Seite aus gegen die Bestimmungen des Ebro-Vertrages verstoßen worden wäre.

[183] Literatur bei SCARDIGLI 1991, 289 Anm 233 sowie SEIBERT 1993b, 123 Anm. 21. Zuletzt trat LEIDL 1996, 131 für ein echtes bilaterales Abkommen ein.

[184] So ALBERT 1980, 95 und MANTEL 1991, 70.

Samthandschuhen anfassen wollte, stellt allerdings diese Vorgangsweise als Alternative zur geplanten römischen Kriegserklärung an Karthago (Pol. 2,13,5) dar, da die Römer zuvor noch gegen die drohende Keltengefahr einschreiten wollten. Somit bestand die sanfte Behandlung des Hasdrubal (πραΰναντες τὸν 'Ασδρούβαν) lediglich darin, den Karthagern nicht sofort den Krieg zu erklären. Daher ist nicht auszuschließen, daß die römischen Gesandten ähnlich wie in den Jahren zuvor eine einseitige punische Verpflichtung erzwingen konnten, ohne selbst eine adäquate Gegenleistung anzubieten. Hasdrubal konnte nach der Abreise der römischen Gesandtschaft froh sein, daß die Römer – trotz des offensichtlichen neuen punischen Wohlstandes – keine neuen Geldforderungen[185] gestellt hatten. Hätte er den römischen Wunsch verweigert, so wäre eine neuerliche Eskalation der Lage, ähnlich wie ein Jahrzehnt zuvor anläßlich der Sardinienkrise, wohl unausweichlich gewesen.

Auch wenn nun die Ebro-Grenze als Ergebnis der Verhandlungen zwischen Hasdrubal und der römischen Gesandtschaft zu werten ist, so ist die Bezeichnung "Vertrag" unrichtig, da der Verpflichtung Hasdrubals, den Ebro nicht in kriegerischer Absicht zu überschreiten, keine adäquate Gegenleistung Roms gegenüberstand. Das moderne Völkerrecht hat für jene Erklärungen, die einem oder mehreren anderen Staaten gegenüber abgegeben werden, und in denen sich ein Staat zu einem bestimmten Verhalten verpflichtet, die Bezeichnung "Versprechen" eingeführt und sie unter die einseitigen Rechtsgeschäfte eingeordnet.[186] Diese Bezeichnung scheint mir auch für die Rechtshandlung des Hasdrubal geeignet zu sein.

Von Bedeutung ist in diesem Zusammenhang auch, daß die einseitige Erklärung Hasdrubals nicht Bestandteil (in Form einer ἐπισυνθήκη) des Vertrages von 241 wurde. Nach Polybios (3,27,7) wurde lediglich die Abtretung Sardiniens als ἐπισυνθήκη zum Vertrag von 241 aufgenommen, während er deutlich diesen Vertrag (samt der ἐπισυνθήκη betrefffend Sardinien) von der "Abmachung" mit Hasdrubal trennt (Pol. 3,27,9).

---

[185] Nach E.BADIAN, Two Polybian Treaties, in: Miscellanea in onore di E.Manni I, Rom 1979, 161-169 hätte die römische Gegenleistung für den Verzicht Hasdrubals darin bestanden, die noch ausstehenden punischen Zahlungspflichten zu kürzen. Dem widerspricht – sofern man von einer zeitlichen Einschränkung und nicht von einer Reduktion der Raten ihrer Höhe nach ausgeht – eine Livius-Notiz (21,40,5), wonach die Karthager zwanzig Jahre lang – also zumindest bis in das Jahr 220 – Reparationszahlungen zu leisten hatten.

[186] Vgl. NEUHOLD/HUMMER/SCHREUER I-1997, 101

(D) Die Sagunt-Klausel

Das für die antike wie moderne Historiographie wichtigste Problem ist die Frage nach der Existenz einer Ausnahmebestimmung für Sagunt im Ebro-Vertrag. Während gemäß der polybianischen Überlieferung den Karthagern lediglich der Übergang über den Ebro in kriegerischer Absicht untersagt wurde, betonen die nachpolybianischen Historiker, daß für das südlich des Ebro gelegene Sagunt "Freiheit" vereinbart wurde (zB Liv. 21,2,7: *Saguntinisque ... libertas serveretur*). Die Belagerung und Eroberung Sagunts durch Hannibal um das Jahr 219 stelle daher einen Vertragsbruch dar, sodaß die Karthager alleine die Kriegsschuld am Zweiten Punischen Krieg zu tragen hätten.

Sieht man sich die einschlägigen Notizen des Polybios hinsichtlich des Ebro-Vertrages an, so fällt auf, daß der griechische Historiker erstens nur einen einzigen Vertragspunkt überliefert – nämlich das die Karthager betreffende Verbot, den Ebro in kriegerischer Absicht zu überschreiten – und zweitens schon vor den Nennung dieses Vertragspunktes betont, daß im Vertrag "kein Wort vom übrigen Iberien stand" (ἐν αἷς τὴν μὲν ἄλλην Ἰβηρίαν παρεσιώπων, Pol. 2,13,7 sowie 3,21,4). Folgt man dieser Überlieferung, so kann die Eroberung Sagunts durch Hannibal daher nicht mehr nach dem Ebro-Vertrag beurteilt werden. Dennoch bezeichnet Polybios die Einnahme Sagunts aus römischer Sicht als punischen Vertragsbruch (ταύτης δὲ παρεσπονδημένης, Pol. 3,21,7; ähnlich unter 15,17,3), was sich jedoch auf den Friedensvertrag des Jahres 241 bezieht, wie man bei näherer Betrachtung der von Polybios überlieferten Kontroverse zwischen den punischen Ratsherren und der römischen Gesandtschaft (3,20,6-3,21,8 sowie 3,29,1-10) feststellen kann.

Wie unter (a) angesprochen, wechselten die karthagischen Ratsherren in der Diskussion des Jahres 218 ihre Argumentationslinie und verwiesen auf die Bestimmungen des Friedensvertrages von 241, wo vereinbart worden war, daß "von beiden Seiten (sc. Rom und Karthago) für die beiderseitigen Bundesgenossen Sicherheit bestehen solle" (τὴν ἀσφάλειαν ὑπάρχειν παρ' ἑκατέρων τοῖς ἑκατέρων συμμάχοις, Pol.3,27,3). Nach ihrer Ansicht wäre die Stadt Sagunt zum damaligen Zeitpunkt kein Bundesgenosse der Römer gewesen, sodaß Hannibals Eroberung von Sagunt nicht als Vertragsbruch zu betrachten sei. Offenbar unterstrich der exakte Wortlaut des alten Friedensvertrages diese Rechtsbehauptung, denn die Karthager lasen der römischen Delegation die einschlägigen Passagen des Vertrages mehrmals vor (Pol. 3,21,5).

Ob sich nun aus Pol. 3,21,4, wonach der Vertrag von 241 "hinsichtlich der Sicherheit, die er den beiderseitigen Bundesgenossen verbürge, ausdrückliche Bestimmungen enthalte" (περὶ δὲ τοῦ τοῖς ἑκατέρων συμμάχοις τὴν παρ' ἀμφοῖν ἀσφάλειαν εἶναι ῥητῶς κατατετάχθαι), herauslesen läßt, daß diesem Vertrag eine Liste mit den Bundesgenossen beider Vertragspartner beigefügt worden war,[187] ist mehr als fraglich.[188] Eine solche Aufzählung der Bundesgenossen konnte nur taxativ und wohl kaum demonstrativ erfolgt sein. Daher ist die römische Argumentation (bei Pol. 3,29,6), wonach die im Jahr 241 vertraglich festgelegte Sicherheit der Bundesgenossen auch die in weiterer Zukunft aufzunehmenden *socii* umfassen würde, nur dann sinnvoll und verständlich, wenn eine dem Friedensvertrag von 241 beigefügte Liste der jeweiligen Bundesgenossen nicht existiert hatte.

Daher versuchten sowohl die karthagische als auch die römische Seite, den einschlägigen Passus im Vertrag von 241 – "Von beiden Seiten solle für die beiderseitigen Bundesgenossen Sicherheit bestehen" (τὴν ἀσφάλειαν ὑπάρχειν παρ' ἑκατέρων τοῖς ἑκατέρων συμμάχοις) – zu ihren Gunsten auszulegen. Aus punischer Sicht betraf dieser Vertragspunkt nur die socii des Jahres 241, aus römischer Sicht hingegen auch alle nach 241 aufgenommen Bundesgenossen (und somit auch Sagunt). Im Vertrag selbst gab es jedoch keine Unterscheidung zwischen bestehenden und zukünftigen Bundesgenossen.[189] Zwar interpretierten die Römer – laut Polybios (3,29,9f.) – den Vertrag von 241 dahingehend, daß der Grundgedanke ("ἔννοια") des Vertrages sehr wohl zwischen bestehenden und zukünftigen *socii* unterschied, doch ist diese Auffassung kaum zutreffend: Daß die Sicherheitsgarantie der Vertragspartner von 241 sich nur (sic!) auf die später (also nach 241) aufgenommenen Bundesgenossen bezogen hätte, wie dies laut Pol. 3,29,10 seitens der Römer behauptet wurde,[190] ist geradezu absurd, da es nicht vorstellbar ist, daß gerade die zum Zeitpunkt des Vertragsabschlusses bestehenden Bundesgenossen von einer solchen Sicherheitsgarantie ausgenommen gewesen sein sollten. Im Gegenteil: Es galt gerade die während

---

[187] So etwa HUSS 1985, 292; DAHLHEIM 1968, 268f.; DAHLHEIM 1977, 25; WALBANK I-1957, 336

[188] Vgl. SCHMITT 1969, 180 ("Aus Polyb. III 21,5 ist nicht mit Sicherheit zu erschließen, daß dem Vertrag eine Liste der beiderseitigen Bundesgenossen beigegeben war.") oder SCHWARTE 1983, 46f. ("Indes ist eine solche Liste in römischen Verträgen sonst nirgends vorhanden und selbst für den hier vorliegenden Fall nur ein Postulat.")

[189] Hannibal hatte aus diesen römisch-punischen Kontroversen über die Unterscheidung zwischen bestehenden und zukünftigen Bundesgenossen gelernt: Im Vertrag von 215 mit Philipp V. erfolgte eine Differenzierung in ausdrücklicher Weise (Pol. 7,9,5).

[190] Laut Pol. (3,29,9f.) war Grundgedanke des Vertrages, daß man sich von den *bestehenden* Bundesgenossen des anderen Vertragspartners fernhalten und diese nicht in das eigene Bündnissystem aufnehmen solle. Nur auf die *später (also nach 241) aufgenommenen* Bundesgenossen bezog sich erstens das Verbot, Söldneranwerbungen vorzunehmen oder Anordnungen zu geben, und zweitens das Gebot, diesen ihre Sicherheit zu garantieren.

des Ersten Punischen Krieges gewonnenen sizilischen Bundesgenossen vor einem punischem Zugriff zu schützen.[191]

Zusammengefaßt ergibt sich hinsichtlich der polybianischen Überlieferung folgendes Bild: Die Karthager verpflichteten sich im Ebro-Vertrag, den Ebro nicht in kriegerischer Absicht zu überschreiten. Eine Sonderstellung oder Sicherheitsgarantie für Sagunt wurde hingegen nicht vereinbart, da nur der Ebro, nicht hingegen das übrige Iberien (Pol. 2,13,7 sowie 3,21,4) Vertragsgegenstand war. Somit war die Eroberung Sagunts durch Hannibal keine Verletzung des Ebro-Vertrages.

Aus der bereits mehrmals erwähnten ausdrücklichen Bemerkung des Polybios, wonach nur der Ebro, nicht hingegen das restliche Iberien, im Vertrag mit Hasdrubal erwähnt worden sei, läßt sich wohl zu Recht ableiten, daß in Rom spätestens zur Zeit der Entstehung des polybianischen Geschichtswerkes (also um 150 v.Chr.), wahrscheinlich jedoch schon viel früher, die Auffassung herrschte, daß der Ebro-Vertrag auch eine ausdrückliche Bestimmung hinsichtlich Sagunt enthielt. Diesen Standpunkt vertreten bei Polybios auch die römischen Gesandten, die in Karthago heftig gegen das punische Vorgehen protestierten und die Auslieferung Hannibals forderten.

Mit Livius beginnt nun die Reihe derjenigen Historiker, die diese römische Interpretation des Ebro-Vertrages in die Überlieferung des Vertragstextes übernehmen und neben dem Verbot des kriegerischen Übergangs über den Ebro auch die Existenz der "Sagunt-Klausel" (Ausnahme der Stadt Sagunt vom Geltungsbereich des Vertrages) tradieren. Neben Livius (21,2,7; 21,10,5; 21,18,9; 21,44,6), Appian (Ib. 7,27, Ib. 11,43), Florus (1,22,3f.) und Zonaras (8,21,4) findet sich die Sagunt-Klausel auch beim Geographen Strabon (3,4,6).

Die wesentlichste Voraussetzung für die Annahme der Existenz einer Sagunt-Klausel im Ebro-Vertrag ist jedoch das Bestehen von diplomatischen Beziehungen zwischen Sagunt und Rom, wo man ansonsten kaum Interesse an der Aufnahme der spanischen Stadt in den Ebro-Vertrag gezeigt hätte. Nach Polybios bestehe "kein Zweifel, daß sich die Saguntiner schon mehrere Jahre vor

---

[191] So auch DAHLHEIM 1977, 24. Zudem betont auch Polybios selbst, daß für beide Vertragspartner der wesentlicher Hauptgedanke gewesen sei, daß man sich von den beiderseitigen Bundesgenossen, die man zum damaligen Zeitpunkt (=241) gehabt hätte, fernhalten und nicht mit den Bundesgenossen des anderen eine συμμαχία abschließen sollte (Pol. 3,29,9: ἀλλ᾽ ἦν ἀμφοτέρων τὸ συνέχον τῆς ἐννοίας τῆς ἐν ταῖς συνθήκαις τῶν μὲν ὑπαρχόντων ἀμφοτέροις τότε συμμάχων ἀφέξεσθαι καὶ κατὰ μηδένα τρόπον τοὺς ἑτέρους παρὰ τῶν ἑτέρων ἐπιδέξεσθαί τινας τούτων εἰς συμμαχίαν).

der Zeit Hannibals in ein Treueverhältnis (πίστις)[192] zu Rom begeben hatten" (Pol. 3,30,1) und leitet die Existenz dieses Treue- und Schutzverhältnisses daraus ab, daß die Saguntiner nach dem Ausbrechen innenpolitischer Zwistigkeiten die Römer und nicht die in der Nähe weilenden Karthager als Schiedsrichter angerufen hätten.[193] Ob eine solche *deditio in fidem* tatsächlich stattgefunden hatte, ist jedoch zu bezweifeln, da die Römer die immerhin acht Monate währende Belagerung wohl kaum ohne Hilfeleistung zur Kenntnis genommen und ihre Schutzpflicht verletzt hätten.[194] Dieses Argument gilt umso mehr, wenn man den Bezeichnungen der Saguntiner als σύμμαχοι[195] oder *socii*[196] Glauben schenken will.[197] Zu Recht betont hier die Forschung, daß es hier geradezu Pflicht der Römer gewesen wäre, Sagunt gegen Hannibal zu unterstützen.[198] Somit bleibt als letzte denkmögliche Variante das Bestehen eines *amicitia*-Verhältnisses, das formfrei geschlossen werden konnte und nicht mehr und nicht weniger als die Existenz freundschaftlicher Beziehungen zwischen Rom und Sagunt zum Ausdruck bringen würde. Dies würde auch die ausbleibende Hilfeleistung Roms während der Belagerung Sagunts durch Hannibal erklären und hätte zudem noch ein gewisses Minimum einer argumentativen Basis für die römische Intervention in Spanien geboten.[199]

---

[192] Auch in 3,15,5 spricht Polybios von πίστις.

[193] Diese ausdrückliche Schlußfolgerung des Polybios läßt sich nicht bestreiten, auch wenn sie als "nicht stringent" (HUSS 1985, 290) zu bezeichnen ist. Ob nun die *deditio in fidem* vor oder nach der schiedsrichterlichen Tätigkeit, von welcher Polybios auch an anderer Stelle (3,15,7) berichtet, der Römer erfolgt ist, kann man wohl als irrelavanten Streitpunkt beurteilen, denn das Problem liegt vielmehr in der Argumentation selbst: Warum konnte Polybios keine exakte Datierung des Beginns der römisch-saguntinischen Beziehungen wiedergeben – dies sollte in der Tat kein Problem für ihn dargestellt haben (so auch SEIBERT 1993b, 127 Anm 42) –, und warum führt er die nebulose römische Schiedsrichtertätigkeit ins Treffen? Eine präzise Angabe von Zeit, Inhalt und Entwicklung der römisch-saguntinischen Beziehungen wäre weitaus gewandter und richtiger am Platz gewesen. Vgl. BADIAN 1958, 51 ("There would have been no need for the obscure indirect argument from the σημεῖον of the Saguntine appeal for Roman arbitration, if there had been an engraved treaty to point to. And Polybios had looked up the documents bearing on Rome's relations with Carthage.")

[194] Auch ALBERT 1980, 96f. betont die Untätigkeit Roms während der Belagerung Sagunts und zieht daraus auf S. 98 den Schluß, daß kein Bündnis zwischen Rom und Sagunt bestand.

[195] So Pol. 3,15,8; 3,21,4f. und 3,29,7.

[196] Liv. 21,10,6 und 21,19,4f. und 28,39,1.

[197] Nach Appian (Ib. 11,43) bestand kein Rechtsverhältnis zwischen Rom und Sagunt (ὧν ἐς Ῥώμην ἀπαγγελθέντων, οἱ μὲν ἐκέλευον ἤδη συμμαχεῖν τοῖς Ζακανθαίοις, οἱ δ' ἐπεῖχον ἔτι, λέγοντες οὐ συμμάχους αὐτοὺς ἐν ταῖς συνθήκαις σφῶν, ἀλλ' αὐτονόμους καὶ ἐλευθέρους ἀναγεγράφθαι, ἐλευθέρους δὲ ἔτι καὶ τοὺς πολιορκουμέ44 νους εἶναι).

[198] Vgl. etwa SEIBERT 1993b, 128: "Wenn die Saguntiner *socii* waren, gab es keine Diskussionsmöglichkeit. Es war das Recht, sogar die Pflicht der Römer, sich für einen socius gegenüber Karthago einzusetzen." Vgl. auch HOYOS 1998, 176 ("A formal alliance is improbable.")

[199] SEIBERT 1993b, 129; Vgl. auch HÄNDL-SAGAWE 1995, 58

Zusammengefaßt läßt sich somit feststellen, daß nicht nur die Historizität der Sagunt-Klausel bestritten werden muß, sondern auch das Bestehen einer *societas* zwischen Rom und Sagunt. Polybios hatte zwar erkannt, daß im Ebro-Vertrag "kein Wort vom übrigen Iberien stand" (ἐν αἷς τὴν μὲν ἄλλην Ἰβηρίαν παρεσιώπων, Pol. 2,13,7 sowie 3,21,4), zugleich aber versucht, aus dem Angriff auf den vermeintlichen römischen *socius* Sagunt "wenigstens" eine Verletzung des Vertrages von 241 und somit eine *causa belli* (des Zweiten Punischen Krieges) abzuleiten. Offenbar galt aber in Rom in den Jahren 170/150 bereits der offizielle Standpunkt, daß die Sagunt-Klausel ein Bestandteil des Ebro-Vertrages und Hannibals Angriff auf Sagunt eine Verletzung desselben Vertrages war, da sich sonst die polybianische Aussage, im Ebrovertrag wäre "kein Wort vom übrigen Iberien gestanden", kaum erklären ließe. Die post-polybianische Historiographie ist diesem offiziellen römischen Standpunkt der Historizität der Sagunt-Klausel gefolgt, ohne auf den polybianischen Versuch, den Angriff als Verletzung des Vertrages von 241 (Angriff auf einen *socius*) zu interpretieren, näher einzugehen. Da aber die Historizität sowohl der Sagunt-Klausel als auch der *societas* zwischen Sagunt und Rom als nicht erwiesen erachtet werden können, wurden in der modernen Literatur in den letzten Jahren mehrere Versuche unternommen, eine punische Vertragsverletzung auf andere Weise nachzuweisen.

Der Hauptansatz dieser Überlegungen basiert auf dem Versuch, den Fluß Ebro bzw. Ἴβηρ nicht mit dem heutigen Ebro zu identifizieren, sondern mit anderen, vor allem südlich Sagunts gelegenen Flüssen.[200] Diese Hypothesen werden zum einen durch die Vermutung gestützt, daß der punische Herrschaftsbereich sich nicht allzu weit nach Norden erstreckt hatte, sodaß der heutige Ebro eine zu nördliche Grenze fixiere,[201] zum anderen durch einige

---

[200] Zu diesen Ansätzen vgl. HUSS 1985, 288 Anm. 27 und SEIBERT 1993b, 129f. (jeweils mit weiteren Literaturverweisen). Zuletzt VOLLMER 1990, 123 ("Aber welcher Fluß ist in dem Vertrag mit Iber gemeint? Aus der Liviusstelle geht zweifelsfrei hervor, daß die dort berichteten Ereignisse am Segura zu lokalisieren sind."), BARCELÓ 1996, 53 ("Alle erhaltenen literarischen Berichte (Polybios, Livius und Appian) gehen von einem Fluß südlich Sagunts aus."), HEFTNER 1997, 197 ("Diese Lösung [scil. der Ebro ist mit einem südlich Sagunts liegenden Fluß zu identifizieren] hat in der Tat viel Wahrscheinlichkeit für sich") und BARCELÓ 1998, 27-29 ("Aller Wahrscheinlichkeit nach war es der heutige Segura.").

[201] Hier wird jedoch übersehen, daß ein wichtiges Instrument der punischen Expansion (sowohl unter Hamilkar, als auch unter Hasdrubal und Hannibal) die Diplomatie und der Abschluß von Bündnisverträgen war. Sowohl Hasdrubal (Diod. 25,12) als auch Hannibal (Liv. 24,41,7 sowie Sil.It. 3,97 bzw. 4,775) heirateten spanische Fürstentöchter, wobei Hasdrubal bereits mit einer Tochter des Hamilkar verheiratet und diese Ehe noch aufrecht war. Zu Hasdrubals Regierungsstil in Spanien vgl. auch Liv. 21,3,5: *Is plura consilio quam vi gerens, hospitiis magis regulorum conciliandisque per amicitiam principum novis gentibus quam bello aut armis rem Carthaginiensem auxit.* (Mehr Überlegung als Gewalt bestimmte sein Handeln. Gastfreundschaft verband ihn mit den Fürsten, mit dem Wohlwollen des Adels gewann er sich

Verwirrung stiftende Notizen der antiken Historiographie. Hier ist an erster Stelle Appian zu nennen, der Sagunt nördlich des Ebro lokalisiert ("zwischen den Pyrenäen und dem Fluß Ebro", App., Ib. 7,25: Ζακανθαῖοι δέ, ἄποικοι Ζακυνθίων, ἐν μέσῳ τῆς τε Πυρήνης καὶ τοῦ ποταμοῦ τοῦ῎Ιβηρος ὄντες).[202] Unter Umständen könnten auch zwei Polybios-Stellen (3,15,5 sowie 3,30,3) für eine Lokalisierung Sagunts nördlich des Ebro dienen. Polybios berichtet hier, daß römische Gesandte im Jahre 220/219 Hannibal aufgefordert hatten, sich von Sagunt fernzuhalten und "entsprechend der mit Hasrubal geschlossenen Vereinbarung den Ebro nicht zu überschreiten" (τὸν ῎Ιβηρα ποταμὸν μὴ διαβαίνειν κατὰ τὰς ἐπ' 'Ασδρούβου γενομένας ὁμολογίας, Pol. 3,15,5), und setzt in der zweiten Stelle (Pol. 3,30,3) die Zerstörung Sagunts mit der Verletzung des Ebro-Vertrages gleich. Läßt zumindest noch die erste Stelle die Variante offen, daß die Römer zwischen einem Angriff auf Sagunt und der Überschreitung des Ebro unterschieden hatten, also Hannibal vor der Durchführung zweier verschiedener militärischer Aktionen gewarnt haben, so schließt die zweite Stelle eine solche Interpretation in eindeutiger Weise aus:[203] Hannibal verletzte durch den Angriff auf Sagunt den Ebro-Vertrag, welcher nach Polybios ja lediglich das Verbot, den Ebro in kriegerischer Weise zu überschreiten, umfaßte. Dadurch nimmt Polybios eine indirekte Lokalisierung des Ebro südlich von Sagunt vor.[204]

Indessen findet sich bei Polybios selbst eine bislang eher unbeachtet[205] gebliebene dritte topographische Notiz (Pol. 3,14,9) in seinem Bericht über die Erfolge des jungen Hannibal in Spanien (Pol. 3,13,5-3,14,10): Nach Übernahme des Kommandos untenahm Hannibal zuerst einen Feldzug gegen die Olkaden (wohnhaft in Zentralspanien am Fluß Tagos), ein Jahr später gegen die Vakkäer (wohnhaft am Fluß Durius bzw. Duero zwischen den Städten Salamanca und Numantia) und die Karpesier (wohnhaft am Fluß Tagos).[206] Nach Hannibals Erfolg am Fluß Tagos gegen den Stamm der Karpesier, "wagte es diesseits des Ebro keiner mehr so leicht, ihnen (sc. den Soldaten Hannibals) die Stirn zu bieten, außer den Saguntinern" (οὐδεὶς ἔτι τῶν ἐντὸς ῎Ιβηρος ποταμοῦ ῥᾳδίως πρὸς αὐτοὺς ἀντοφθαλμεῖν ἐτόλμα πλὴν Ζακανθαίων, Pol. 3,14,9). Nun liegt der in Zentralspanien entspringende und im Atlantik mündende Tagos (der heutige Tejo) auf etwa demselben geographischen

---

immer mehr Völker. Er vergrößerte das karthagische Reich mehr auf diese Weise als durch Waffen und Krieg.). Vgl. auch App., Ib. 6,24.

202 Vgl. auch App., Ann. 3,10 (...παρὰ τὰς σπονδὰς τὸν῎Ιβηρα διαβῆναι καὶ παρεσκεύαζέ τινας ἐς πρόφασιν κατηγορεῖν Ζακανθαίων)

203 So mit Recht auch HUSS 1985, 288 Anm.26 und BARCELÓ 1998, 28 ("Der Wortlaut dieser Äußerung ist aufschlußreich, weil daraus ersichtlich wird, daß Hannibal, bevor er Sagunt angriff, den Fluß der Hasdrubal-Vereinbarung (Iber) überschreiten mußte.")

204 Vgl. dazu auch SCARDIGLI 1991, 278f.; SCHWARTE 1983, 39f. nannte diese Lokalisierung einen "belanglosen geographischen Schnitzer".

205 Vgl. jedoch zuletzt RICH 1996,10 Anm. 37

206 Zu Hannibals Feldzügen in Zentralspanien vgl. näher WALBANK I-1957, 316-319; VOLLMER 1990, 126f. sowie SEIBERT 1993a, 51-54

Breitengrad wie Sagunt, in Zentralspanien sogar etwas nördlicher. Der wie der Tagus in den Atlantik mündende Durius (Duero) verläuft noch nördlicher und befindet sich etwa auf demselben Breitengrad wie der Ebro. Mit anderen Worten: Die militärischen Operationen Hannibals in Zentralspanien erreichten einen Breitengrad, der jenem des Ebro entspricht und der etwa 200 Kilometer nördlich von Sagunt liegt. Somit läßt sich die Aussage des Polybios, wonach " es diesseits des Ebro keiner mehr so leicht wagte, den Karthagern die Stirn zu bieten, außer den Saguntinern" (Pol. 3,14,9), nur so deuten, daß der polybianische Ἴβηρ nördlich von Sagunt lag und dem heutigen Ebro entspricht. Im übrigen schildert Polybios (3,97,5f.) für das Jahr 217, daß die Römer von Norden kommend den Ebro überschritten hätten und anschließend nach Sagunt gezogen seien. Auch diese Notiz beweist, daß der Ἴβηρ des Polybios nördlich von Sagunt zu lokalisieren ist.[207]

Setzt man den antiken Ἴβηρ jedoch mit einem südlich Sagunts gelegenen Fluß gleich, so erübrigt sich jede weitere Diskussion um die Existenz der Sagunt-Klausel: Hannibal hätte den Ἴβηρ ἐπὶ πολέμῳ überschritten und bereits durch diese kriegerische Handlung den Ebro-Vertrag verletzt. Dies widerspricht jedoch der übrigen polybianischen Überlieferung, wonach im Jahre 218 die Römer und die Karthager über den (ehemaligen) völkerrechtlichen Status der zu diesem Zeitpunkt bereits zerstörten spanischen Stadt und über die Rechtmäßigkeit der karthagischen Belagerung Sagunts debattierten. Eine solche Diskussion wäre in sinnwidriger Weise geführt worden, wenn Sagunt tatsächlich nördlich des Ebro gelegen und Hannibal bereits durch die Überquerung dieses Flusses den Ebro-Vertrag verletzt hätte.

Somit entpuppt sich die "Sagunt-Klausel" in einer zusammenfassenden Betrachtung als Versuch der nachpolybianischen Historiographie, den Karthagern durch die Eroberung Sagunts die Kriegsschuld am nachfolgenden Zweiten Punischen Krieg in die Schuhe zu schieben, wobei die fälschlicherweise vorgenommene Verknüpfung zwischen Ebro-"Vertrag" und Sagunt ganz offensichtlich bereits zu Zeiten des Polybios bestand, da letzterer eindeutig betont, daß nur der Ebro, nicht jedoch das übrige Spanien von der Verpflichtung des Hasdrubal erfaßt wurde (Pol. 2,13,7 sowie 3,21,4).

Nicht die Karthager, sondern umgekehrt die Römer muß der Vorwurf treffen, gegen die Bestimmungen, zumindest jedoch gegen den Geist des Vertrages von 241 gehandelt zu haben, indem sie sich (wenngleich von Sagunt gebeten) als Schiedsrichter in die Angelegenheiten Sagunts einmischten und damit Anordnungen im punischen Machtbereich trafen, entgegen der Bestimmung des Vertrages von 241, wonach die Vertragspartner Anordnungen

---

[207] Daher ist meines Erachtens die Aussage, daß der Ebro für Polybios südlich Sagunts lag (so etwa BAGNALL 1995, 189; BARCELÓ 1996,53; HEFTNER 1997, 197 und BARCELÓ 1998, 28), unrichtig.

im Machtbereich des jeweils anderen Vertragspartners zu unterlassen hätten (Pol. 3,27,4).[208]

III.) Die römischen Beziehungen zu den numidischen Königen während des Zweiten Punischen Krieges

1.) Die ersten Kontakte zwischen Rom und Syphax (213 v.Chr.)

Die teils vernichtenden Niederlagen, die Hannibal in den Anfangsjahren des Zweiten Punischen Krieges den Römern zugefügt hatte (Schlacht am Ticinus, Schlacht an der Trebia, Schlacht am Trasimener See und vor allem die Schlacht bei Cannae[209]), beruhten nicht nur auf der überragenden Taktik des genialen punischen Strategen, sondern auch und vor allem auf der überlegenen Kavallerie, die zum Großteil durch numidische Stämme gestellt worden war.[210] Erst nach der Katastrophe von Cannae (216 v.Chr.) war es Rom gelungen, – nicht zuletzt durch die abwartende Defensivstrategie des Quintus Fabius Maximus – die militärische Lage in Italien zu stabilisieren. Bis 203 saß Hannibal in Italien fest, ohne Rom ernsthaft gefährden zu können.[211] Die eigentliche Vorentscheidung des Krieges fiel außerhalb Italiens, nämlich in Spanien und Afrika.

Bereits zu Beginn des Krieges waren römische Truppen unter dem Kommando der Brüder Publius und Gnaeus Cornelius Scipio in Nordspanien einmarschiert, wo sie jedoch von jenen Truppen, die Hannibal unter dem Kommando seines Bruders Hasdrubal in Iberien zurückgelassen hatte, in arge

---

[208] So auch ALBERT 1980, 100-102. Vgl. SCHWARTE 1983, 47 ("Ein römisches Recht zur Intervention in Sagunt hätte somit allenfalls bestanden, wenn Sagunt bereits 241 mit Rom verbündet war. War dies jedoch nicht der Fall, dann war die irgendwann danach zwischen Rom und Sagunt hergestellte besondere Beziehung ein vertragswidriges ἐπιτάττειν im Bereich der karthagischen ἐπαρχία und somit ein von den Römern zu verantwortender Bruch des Friedensvertrages von 241.")

[209] Vgl. SEIBERT 1993a, 195 ("Die römische Armee war vernichtet, ein Großteil ihrer Führung gefallen"), HUSS 1985, 332 ("Am Abend der Schlacht von Cannae existierte auf italischem Boden kein römisches Heer mehr").

[210] Schon im Ersten Punischen Krieg hatten die Römer die Kampfkraft und Überlegenheit der numidischen Reiter kennengelernt (Pol. 1,19,2-4 anläßlich der römischen Belagerung von Agrigent 262 v.Chr.).

[211] Lediglich im Jahre 207 geriet Leben in den italischen Stellungskrieg, nachdem es Hasdrubal, dem Bruder Hannibals gelungen war, mit einem Heer aus Spanien kommend die Alpen zu übersteigen und mit kräftiger keltischer Unterstützung in Norditalien einzufallen.

Bedrängnis gebracht wurden.[212] Eine spürbare Erleichterung der Lage erfolgte erst 215 v.Chr., als in Numidien ein Aufstand ausbrach und Hasdrubal den Großteil der in Spanien stationierten Truppen nach Afrika verlegen mußte (App. Ib. 15,58f.). Dieser Aufstand weitete sich zu einem nordafrikanischen Krieg aus, an dem sich auch Syphax, der Fürst der Masaesyler, eines westnumidischen und an Mauretanien angrenzenden Stammes,[213] beteiligte. Publius und Gnaeus Cornelius Scipio bewiesen Weitblick, als sie im Jahre 213 – der afrikanische Aufstand war noch immer im Gange – drei Gesandte zu Syphax schickten. Jede Schwächung Karthagos bedeutete für Rom zum damaligen Zeitpunkt einen immensen Vorteil; zudem waren die nordwestafrikanischen Gebiete von wichtiger strategischer Bedeutung, da der römische Kriegsplan vorerst die Vertreibung der punischen Truppen in Spanien und anschließend das Übersetzen nach Nordafrika mit Kriegsführung auf afrikanischem Boden vorsah. Angesichts der Wichtigkeit der diplomatischen Mission verwundert es zunächst, daß die Scipionen lediglich drei Zenturionen zu Syphax entsandten. Dies läßt sich jedoch aufgrund der gegebenen Umstände leicht erklären: Die Römer verfügten in Spanien nur noch über ein angeschlagenes Heer und waren gezwungen, die dezimierten Legionen durch Anwerbung keltischer Söldner (Liv. 24,48,8 bzw. 25,32,2) wieder aufzufüllen. Die Entsendung dreier Militärtribunen oder Legaten hätte die obere Kommandoebene zu sehr geschwächt, während drei Zenturionen, deren Positionen durch erfahrene Soldaten unterer Ränge nachbesetzt werden können konnten, leichter entbehrt wurden. Da die drei Offiziere (bzw. zunächst nur einer von ihnen, namens Q. Statorius) in weiterer Folge die militärische Schulung der Truppen des Syphax übernahmen, ist es gut vorstellbar, daß dies bereits von Anfang an ein Teil ihrer Aufgabe gewesen war.[214] Die Mission selbst verlief erfolgreich: in Siga, der Hauptstadt des Syphax, wurde mit dem westnumidischen Fürsten *amicitia* begründet und *societas* in Form eines durch den Feldherren zu bestätigenden Vorvertrages geschlossen (Liv. 24,48,2f.).[215]

---

[212] Näher SEIBERT 1993a, 178-181, 220-223 sowie 250-252. Mit Recht kritisiert Seibert den livianischen Widerspruch zwischen den angeblichen römischen Erfolgen und der dringenden Bitte der Oberbefehlshaber um sofortige Unterstützung (Geld, Kleidung und Getreide), da ansonsten Spanien wieder verlassen werden müßte (Liv. 23,48,4f.). Die Lage dürfte sich dramatisch zugespitzt haben, da die Römer sogar keltische Söldner – und zwar zum selben Sold, wie ihn die Karthager zahlten – anwerben mußten (Liv. 24,48,8 sowie 25,32,3).

[213] Liv. 28,17,5: *Masaesulii, gens adfinis Mauris, in regionem Hispaniae maxime qua sita Nova Carthago est spectant* (Die Masaesyler, eine an die Mauren angrenzende Völkerschaft, schauen vor allem auf die Gegend Spaniens, wo Neukarthago liegt.). Zur Lage vgl. auch Strabon 17,829 oder Plin., nat.hist. 5,19.

[214] Nach SEIBERT 1993a, 284 Anm. 81 ist es vorstellbar, daß die Scipionen durch den Einsatz rangniedriger Personen das eventuelle Scheiteren der Mission herunterspielen wollten.

[215] Zwar überliefert Livius (24,48,2f.), daß die drei Zenturionen selbst den Bündnisvertrag abschließen sollten (*Ad eum* [sc. Syphax] *centuriones tres legatos miserunt, qui cum eo amicitiam societatemque facerent...*), doch liegt auf der Hand, daß die Zenturionen als einfache Offiziere ohne Imperium keine Kompetenz zum Vertragsabschluß hatten und daher lediglich

Der Zenturio Q. Statorius[216] blieb sogleich als "Militärberater" bei Syphax, um mit der militärischen Ausbildung der masaesylischen Truppen zu beginnen, während eine dreiköpfige masaesylische Gesandtschaft mit den anderen beiden Zenturionen zu den Scipionen reiste *ad accipiendam fidem ab imperatoribus Romanis* (Liv. 24,48,9).

Die neue Situation in Afrika veranlaßte die Karthager, ihre Kontakte zu dem ostnumidischen Stamm der Massyler zu intensivieren. Sie schickten Gesandte zum massylischen Fürsten Gaia[217], der durch die Karthager vor dem Bündnis zwischen seinem westnumidischen Nachbarn Syphax und den Römern gewarnt wurde: Syphax wolle durch dieses Bündnis gegenüber den Königen und Völkern Afrikas an Macht gewinnen; es sei daher für die Ostnumider zweckmäßig, mit Karthago ein Bündnis zu schließen (Liv. 24,49,2f.). Gaias junger Sohn Massinissa, der in Karthago erzogen worden war,[218] vertrat ebenfalls diese Ansicht.[219] Tatsächlich schlossen sich die Massyler in weiterer Folge den Karthagern an und entsandten ein Heer, das in einer Entscheidungsschlacht die durch die Römer geschulten Truppen des Syphax überwinden konnte (Liv. 24,49,4).[220] Syphax mußte sich in den äußersten Westen Afrikas (*prope Oceanum*)

---

einen Vorvertrag vereinbaren konnten, der letztlich von einem Imperiumsträger angenommen werden mußte. Tatsächlich überliefert Livius in weiterer Folge, daß die beiden Scipionen die Vereinbarungen zwischen den drei römischen Offizieren und Syphax erst billigen mußten (*imperatores...comprobassent factum*). Zu diesem Zweck schickte Syphax seinerseits eine Gesandtschaft nach Nordspanien *ad accipiendam fidem ab imperatoribus Romanis*. Erst jetzt aufgrund der *probatio* durch einen Imperiumsträger wurde der Vorvertrag zu einem Bündnisvertrag. Ungenau daher etwa RITTER 1987, 36-38. ("Die Heerführer [...] schickten drei Centurionen als Gesandte, die *amicita et societas* schließen [...] .sollten. [...] Immerhin schickte Syphax mit den beiden Centurionen , die nach Spanien zurückkehrten, drei numidische Gesandte [...] Syphax kam es also auf Bekräftigung der Absprachen durch das Wort der römischen Feldherren an."). Zwar ist aus dem Jahr 206 der Abschluß von Deditionsverträgen durch einen Legaten überliefert (Liv. 28,22,1 und 28,23,5), doch erfolgte hier der Abschluß wohl im Auftrag und im Namen des Imperiumsträgers (so auch TÄUBLER 1913, 134 Anm.2).

[216] Aus Liv. 30,28,3 herauslesen zu wollen, daß der römische Zenturio Q.Statorius auch in der Endphase des 2. Punischen Krieges (204/203) die Heere des Syphax ausbildete und somit de facto auf der Seite Karthagos stand (so HUSS 1985, 406 Anm. 10), geht wohl zu weit.

[217] Der Name des ostnumidischen Fürsten wurde in den livianischen Handschriften in der verderbte Form "Gala" überliefert, während die griechischen Inschriften zu Ehren Massinissas durchwegs den Vatersnamen "Gaia" verwenden.

[218] App., Lib. 10,37; 37,155f. sowie 79,368

[219] Livius gibt das Alter Massinissas, der hier zum ersten Mal genannt wird, im Jahre 213 mit 17 Jahren an. Ähnlich wie beim Namen seines Vaters Gaia ("Gala" statt "Gaia"; vgl. oben Anm. 217) liegt auch hier eine verderbte livianische Überlieferung vor, da Massinissa, der um das Jahr 240 geboren wurde, bereits 27 Jahre alt war (so auch WALBANK III-1979, 676). Unrichtig daher HABEL 1932, 1472; HUSS 1985, 361; unrichtig wohl auch R.-ALFÖLDI 1979,47 ("junger, ehrgeiziger Sohn") und SEIBERT 1993a, 284 ("junger Sohn"). Die Ereignisse des Jahres 213 werden von SCHUR 1930 nicht erwähnt.

[220] In dieser Entscheidungsschlacht fanden nach Livius (24,49,4) 30 000 Soldaten des Syphax den Tod. Kurz zuvor hatten sie jedoch in einer anderen Schlacht den Sieg errungen, den Livius

zurückziehen, wo er bei den Mauren ein neues Heer aufstellte, um mit diesem nach Spanien – wohl zu den Scipionen – überzusetzen. Dieser Plan wurde jedoch durch Massinissa vereitelt, der ohne karthagische Unterstützung gegen Syphax Krieg führte (Liv. 24,49,6).[221]

In weiterer Folge schlossen die Karthager mit Syphax Frieden, worauf Hasdrubal mit einem verstärkten Heer nach Spanien zurückkehren konnte (App., Ib. 16,60).[222] Man kann daher davon ausgehen, daß der zwei Jahre andauernde nordafrikanische Aufstand endgültig niedergeschlagen worden war, während hingegen in Spanien die alte bedrohliche Situation wiederhergestellt war und sich die Scipionen erneut den kampfkräftigen, zahlenmäßig verstärkten Truppen des Hasdrubal gegenüber sahen. Somit war das erste Kapitel der Zusammenarbeit zwischen den Römern und den Syphax beendet.

2.) Die völkerrechtlichen Beziehungen Roms zu Syphax bis 205

211 erlitten die Römer in Spanien zwei verheerende Niederlagen, wobei beide Scipionen auf dem Schlachtfeld ihr Leben ließen und die – angeblich – in den Jahren zuvor gewonnenen Gebiete südlich des Ebro wieder geräumt werden mußten. Im folgenden Jahr, etwa im Spätsommer 210,[223] schickte Syphax, der nach dem Tod der römischen Feldherren nun seine unmittelbaren Ansprechpartner verloren hatte, Gesandte nach Rom (Liv. 27,4,5-10). Er berichtete von seinen erfolgreichen Kämpfen gegen die Karthager und wollte "gleichsam von der Quelle" (*ab ipso velut fonte*) die *amicitia* zu Rom erneuern. Seine Schilderungen bezogen sich noch auf die alten Auseinandersetzungen des

auf die umfangreiche Ausbildungstätigkeit des Q.Statorius zurückführt (24,48,12). Diese Notiz ist zwar mit Vorsicht zu genießen, jedoch nicht unbedingt als Erfindung (so SEIBERT 1993a, 284 Anm. 82) abzutun. Wenn der 215 ausgebrochene nordafrikanische Aufstand auch im Jahr 213 noch im Gange war, so kann man auch dem ungeübten westnumidischen Heer des Syphax durchaus Schlagkraft und die Möglichkeit eines oder mehrerer Siege über karthagische Truppen zubilligen. Dies gilt natürlich erst recht, nachdem die Infanterieausbildung durch einen erfahrenen römischen Offizier übernommen worden war.

[221] Nicht zu Unrecht nimmt SEIBERT 1993a, 284 Anm. 84 an, daß die Rolle des Massinissa ex post von Livius verherrlicht wurde.

[222] Die Tatsache, daß Hasdrubal erst nach dem Friedensschluß mit Syphax nach Spanien zurückkehrte, deutet darauf hin, daß er wohl auch an den letzten Aktionen gegen Syphax beteiligt war (vgl. zuvor Anm. 221). Schenkt man Livius (28,17,6) sowie Zonaras (9,10,1) Glauben, so wurde zwischen Syphax und Karthago ein Bündnis geschlossen.

[223] Liv. 27,4,1 ("*iam aetas in exitu erat*") in Verbindung mit 27,4,5 ("*eo fere tempore*")

Jahres 213, als er zunächst zwar Teilerfolge erringen konnte, letztlich sich aber geschlagen geben mußte.[224]

Der Senat bestätigte die *amicitia* zwischen Rom und Syphax und schickte drei Gesandte[225] an den masaesylischen Hof. Als äußeres Zeichen der Freundschaft wurde dem numidischen König eine Reihe an Geschenken übermittelt: eine purpurne Toga, eine purpurne Tunika, ein Sessel aus Elfenbein und eine aus fünf Pfund Gold hergestellte Opferschale (Liv. 27,4,9). Auffällig ist die Symbolik dieser Geschenke, welche die königliche Stellung des Syphax unterstreichen: die Toga ist das Zeichen des römischen Bürgers, die gänzlich mit Purpur versehene Kleidung galt als königlich, die *sella curulis* war der Amtssitz der hohen Magistrate und die goldene *patera* das Kultgerät des Priesters. Zu beachten ist vor allem, daß die Insignien der obersten zivilen (*sella curulis*) und der religiösen (*patera*) Gewalt vereint sind, so wie dies noch in der Königszeit der Fall war, weshalb mit den Geschenken wohl eine Anerkennung der königlichen Stellung des Syphax verbunden war.[226] Nach dem Besuch bei Syphax reiste die dreiköpfige römische Gesandtschaft auch zu den übrigen Fürsten (*reguli*) Nordafrikas, welche jeweils eine purpurgesäumte Toga und eine drei Pfund schwere goldene *patera* erhielten. Die Abstufung zwischen der königlichen Stellung des Syphax und den übrigen *reguli* Nordafrikas ist offensichtlich, denn die Fürsten erhalten keine sella curulis und "nur" purpurgesäumte statt zur Gänze purpurne Togen sowie etwas leichtere Opferschalen (Liv. 27,4,10).[227]

Festzuhalten ist, daß sich zum Zeitpunkt des Jahres 210 die Beziehungen zwischen Rom und Syphax auf das (Weiter-)Bestehen der *amicitia* beschränkten. Ein Bündnis (*societas*), wie noch einige Jahre zuvor, wurde hingegen nicht geschlossen. Die militärische Lage im Westen hatte sich für die Römer katastrophal entwickelt, doch bevor nicht die punischen Heere aus Spanien

---

[224] Hingegen geht HUSS 1985, 379 von einer Wiederaufnahme der Kämpfe durch Syphax im Jahre 210 aus und vermutet eine Unterstützung durch die Mikataner, welche nach dem Ende des Libyschen Krieges von einer punischen Strafexpedition schwer getroffen worden waren und so zu den "erbittertsten Feinden Karthagos" wurden (Diod. 26,23).

[225] Diese drei Gesandten sind zwar von Livius (27,4,7) namentlich überliefert worden (L.Genucius, P.Poetolius, P.Popilius), doch sind sie ansonsten unbekannte Persönlichkeiten.

[226] Etwas anderer Meinung RITTER 1987, 38 ("Diese Gaben scheinen Insigniencharakter zu haben, können aber doch nicht Anerkennung als König und schon gar nicht Investitur bedeuten.")

[227] Die diplomatischen Kontakte des Jahres 210 beschränkten sich nicht nur auf Numidien. Eine weitere römische Gesandtschaft reiste in diesem Jahr zu Ptolemaios IV. nach Ägypten, offiziell, um die seit 273 bestehende *amicitia* zwischen Rom und den Ptolemäern zu erneuern (*ad commemorandum renovandamque amicitiam*, Liv. 27,4,10), vermutlich jedoch, um Getreide für das unter den kriegsbedingten Versorgungsengpässen leidende Italien einzukaufen, wie dies lediglich Polybios (9,11a,1.4) – allerdings ohne exakte Datierung – überliefert. Vgl. SEIBERT 1993a, 329f. oder ERDKAMP 1995, 172

vertrieben worden waren, konnte an eine Kriegsführung auf afrikanischem Boden nicht gedacht werden, sodaß vorerst nur die *amicitia* zwischen Rom und Syphax bekräftigt, jedoch keine *societas* geschlossen wurde. Zur selben Zeit, also im Jahre 210, wurde der erst 25jährige[228] Publius Cornelius Scipio von den Zenturiatskomitien[229] als neuer Kommandant für den spanischen Kriegsschauplatz bestimmt (Liv. 26,18,4-11), wobei er ein *imperium proconsulare*[230] erhielt und zwar als *homo privatus*, da er zu diesem Zeitpunkt kein öffentliches Amt innehatte. Zudem hatte er in seinem noch jungen *cursus honorum* lediglich die Aedilität (im Jahre 213) bekleidet, jedoch noch kein mit *imperium* verbundenes Amt.[231] In einer Reihe aufsehenerregender Erfolge gelang es dem jungen Scipio die vermeintlich übermächtigen karthagischen Truppen, die Hannibal zur Rückendeckung in Spanien stationiert hatte, zu bezwingen und bis zum Jahre 205 die wichtigsten punischen Städte und Stützpunkte in Spanien zu erobern.

---

[228] Hinsichtlich des exakten Alters Scipios im Jahre 210 herrschen in der antiken wie modernen Literatur Divergenzen. Vgl. Liv. 26,18,7; App. Ib. 18,68 (jeweils 25 Jahre) sowie Pol. 10,6,20 (26 Jahre). Vgl. weiters SEIBERT 1993a, 327 Anm. 11 sowie LEIDL 1996, 181 Anm. 432.

[229] Vgl. dazu FEIG VISHNIA 1997, 67

[230] Zur Kompetenzenverteilung zwischen Scipio und Silanus vgl. SEIBERT 1993b, 268. Nach FEIG VISHNIA 1997, 67 war Silanus lediglich Proprätor gewesen.

[231] Sein Onkel Gnaeus Cornelius Scipio hatte im Jahre 218 zwar ebenfalls als *homo privatus* ein prokonsularisches Imperium erhalten, doch war dieser immerhin Konsul (des Jahres 222) gewesen und hatte in den Kriegen gegen die Kelten einige Kriegserfahrung sammeln können. Streng genommen dennoch unrichtig: LEIDL 1996, 184 (Publius Cornelius Scipio als erster *privatus cum imperio* in der Geschichte der römischen Magistratur). In der modernen Literatur wurde diskutiert, ob Cn. Cornelius Scipio wirklich Inhaber eines *imperium* war. Eindeutig kann dies zunächst nur für seinen Bruder Publius Cornelius Scipio festgestellt werden. Dieser war Konsul des Jahres 218 gewesen und hatte als Amtsbereich Spanien erhalten. 217 wurde sein *imperium* prorogiert (Liv. 22,22,1). Sein älterer Bruder Gnaeus war 222 Konsul gewesen und hatte erfolgreich gegen die Kelten gekämpft. Die Quellen bezeichnen ihn einerseits als "*imperator*" (Liv. 24,48,5; 24,48,8f.; 24,49,7), andererseits als Legaten (πρεσβευτής App., Ib. 14,54) oder als "Unterfeldherrn" (ὑποστρατηγοῦντα) seines Bruders Publius. Nach T.R.S.BROUGHTON, The Magistrates of the Roman Republic (Vol.I), New York 1951, 241 Anm. 11 war Gnaeus Legat seines jüngeren Bruders Publius – also ohne selbst ein *imperium* innezuhaben – gewesen, nach W.F.JASHEMSKI, The Origins and History of the Proconsular and the Propraetorian Imperium to 27 B.C., Chicago 1950, 6f. sowie G.V.SUMNER, Proconsuls and *provinciae* in Spain, 218/17 B.C.-196/5 B.C., Arethusa 3 (1970), 85-102 (86) und ECKSTEIN 1987, 199 Anm. 46 hatte Gnaeus ein selbständiges *imperium proconsulare* inne. Nach R.C.KNAPP, Aspects of the Roman Experience in Iberia 206-100 B.C., Valladolid 1977, R.DEVELIN, The Roman Command Structure and Spain, Klio 62 (1980), 355-367 (358-360) und LEIDL 1996,163 war Gnaeus Träger eines *imperium propraetore* gewesen. Geht man von der Schilderung des Livius aus, wonach Gnaeus im Jahre 218 von seinem Bruder nach Nordspanien geschickt worden war, wo er gegen die einheimischen Stämme Krieg führte und mit diesen Friedens- und Bündnisverträge schloß (Liv. 21,60,1-4), so dürfte er tatsächlich zumindest ein *imperium propraetore* innegehabt haben. Vgl. jedoch auch SEIBERT 1993a, 99 ("... der formal die Stellung eines Legaten innehatte") und SEIBERT 1993b, 267f.

Bereits im Spätsommer des Jahres 206, als der endgültige Sieg der Römer über die karthagischen Truppenverbände in Spanien nur noch eine Frage der Zeit war, knüpfte Scipio erneut an die bestehende *amicitia* mit Syphax an. Er schickte seinen Stabsoffizier und persönlichen Vertrauten Gaius Laelius mit Geschenken[232] zum masaesylischen König, welcher sich inzwischen mit Karthago verbündet hatte (Liv. 28,17,6: *foedus ea tempestate regi cum Carthaginiensibus erat*).[233] Dieser Bündnisvertrag zwischen Karthago und Syphax widersprach durchaus nicht der bestehenden *amicitia* zwischen Syphax und Rom, zumal der massaesylische König noch nicht aktiv auf punischer Seite in den Krieg zwischen Rom und Karthago eingetreten war. Die Gesandtschaft des Laelius diente daher zunächst einmal der Bekräftigung der bestehenden *amicitia*; erst in weiterer Folge sollte ein Seitenwechsel des numidischen Königs veranlaßt und ein Bündnis geschlossen werden.[234]

---

[232] Nach App., Ib. 29,115 erwiderte Syphax die Geschenke der Römer.

[233] Ähnlich Zon. 9,10,1 ("ἔνσπονδος γὰρ τοῖς Καρχηδονίοις ἐγένετο"). Syphax hatte nach seiner Niederlage im Jahre 213 mit den Karthagern Frieden geschlossen (App., Ib. 16,60), doch wird in der Forschung bezweifelt, daß zwischen Karthago und Syphax auch ein Bündnisvertrag bestand (vgl. HUSS 1985, 398 Anm. 220). Es sind jedoch zwei Indizien für die Existenz eines westnumidisch-punischen Bündnisses überliefert: Als im Jahre 206 der punische Feldherr Mago einen letzten Versuch unternahm, in Spanien offensiv gegen die siegreichen Römer vorzugehen, wurden unter anderem *ex Africa ora* Truppen *trans fretum* nach Spanien verschifft (Liv. 28,23,7). Wenngleich man lediglich vermuten kann, daß hier auch masaesylische Soldaten des Syphax beteiligt waren (so HUSS 1985, 399 Anm. 223), so läßt sich vor allem der westliche Verladeplatz als Indiz dafür verwenden, daß das Verhältnis zwischen Karthago und dem westnumidischen König Syphax über das Bestehen eines bloßen Friedensvertrages hinausreichte. Das zweite Indiz läßt sich hingegen dem Frontwechsel des ostnumidischen Prinzen Massinissa entnehmen (Liv. 29,29,6-33,10): Als dieser im Jahre 206 Spanien verließ, wo er auf punischer Seite gekämpft hatte, war er den Karthagern, die sich in den ostnumidischen Thronfolgestreitigkeiten auf die Seite seiner Gegner gestellt hatten, bereits feindlich gesinnt. Massinissa betrat Afrika im äußersten Westen und erbat sich vom maurischen König Baga eine 4000 Mann starke Begleiteskorte für den Weg nach Hause. Dieser Begleitschutz, dessen er nur während des Marsches durch das westnumidische Reich des Sypax benötigte, da er die Soldaten an der Grenze zu seiner Heimat wieder zurückschickte (Liv. 29,29,4), wäre – jedenfalls in dieser Stärke ! – nicht notwendig gewesen, wenn Syphax nicht mit Karthago verbündet gewesen wäre. Wahrscheinlich wurde dieses Bündnis mit Hauptaugenmerk auf die Unterdrückung etwaiger nordafrikanischer Aufstände oder auf Konsolidierung der punischen Herrschaft über die nordafrikanischen Gebiete geschlossen. Dies traf jedenfalls auf jenes Bündnis zu, das Syphax spätestens im Winter 205/204 mit den Karthagern geschlossen hatte und das durch die Hochzeit zwischen Syphax und Sophoniba besiegelt worden war (Liv. 29,23,8-10).

[234] Daher irrt Livius in seiner Terminologie (28,17,8), wenn er von "*amicitiam Romanorum accipere*", also von einer Neubegründung der *amicitia* spricht (unrichtig auch Ps.-Aur. Vict, de vir. ill. 49,10f.: *amicitiam cum Syphace... coniunxit*, richtig hingegen App., Ib. 29,115 "Erinnerung an die alte Freundschaft": καὶ τῶν Σκιπιώνων ὑπόμνησιν τῆς ἐς αὑτὸν Σύφακα φιλίας). Der Kontext dieser Liviusstelle zeigt jedoch, daß es den Römern darum ging, den mit den Karthagern verbündeten Syphax zum Vertragsbruch zu bewegen und ein Treueverhältnis (*fides*), also einen Bündnisvertrag, zwischen Syphax und Rom herzustellen. Dies versteht sich von selbst, da die Römer ab 206 wieder eine Kriegsführung auf afrikanischem

Syphax erklärte zwar seine prinzipielle Bereitschaft zum Abschluß einer *societas*, verlangte jedoch die persönliche Anwesenheit des römischen Feldherrn (... *coram duce Romano*; Liv. 28,17,8).[235] Diese – prinzipiell nicht notwendige[236] – Vorsicht war verständlich, denn der Bündnisvertrag des Jahres 213 hatte ihm größtenteils nur Nachteile gebracht. Die beiden römischen Feldherrn konnten damals nur mit Mühe ihre Positionen in Spanien halten, sodaß sich der römische Beitrag zur *societas* auf die Entsendung von Militärberatern sowie auf die Instruktion und den Drill der westnumidischen Infanterie beschränkte. In weiterer Folge wurde jedoch sowohl das Heer des Syphax in Nordafrika geschlagen, als auch die in Spanien stationierte römische Armee, wobei die beiden römischen Feldherren, welche Syphax nie zur Gesicht bekommen hatte, ihr Leben verloren. Die Bekräftigung der *amicitia* im Jahre 210 geschah auf seine eigene Initiative, wobei jedoch auch die Geschenke des Senates ihn nicht davon abhalten konnten, ein Bündnis mit den Karthagern einzugehen. Die Situation des Jahres 206 war daher eine völlig andere als jene des Jahres 213, als sich Syphax bei Erscheinen der römischen Gesandtschaft bereits im Kriegszustand mit Karthago befunden hatte, während er nun mit den Karthagern verbündet war. Seine Bitte nach dem persönlichen Erscheinen des römischen Feldherrn brachte Syphax zwei Vorteile: Kam Scipio diesem Wunsche nach, so war dies ein Zeichen für die Ernsthaftigkeit des römischen Anliegens. Darüber hinaus gewann der numidische König Zeit, eine Neuorientierung seiner zukünftigen Politik zu überlegen.[237]

Tatsächlich kam Scipio, dem freies Geleit zugesagt worden war (Liv. 28,17,9), persönlich zu Syphax nach Siga, wo er überraschenderweise auf den

---

Boden ins Auge fassen konnten, sodaß die Mission des Laelius einzig und allein den Zweck gehabt hatte, ein Bündnis (*societas*) zwischen Syphax und Rom zu erreichen.

[235] Bei Livius verschmelzen – wie zuvor in Anm. 234 angedeutet – die Bekräftigung der bestehenden *amicitia* und der Abschluß einer neuerlichen *societas*. Zur Bekräftigung der *amicitia* genügte der Geschenkeaustausch zwischen Syphax und Laelius (App., Ib. 29,115), während die verlangte persönliche Anwesenheit des römischen Feldherrn nur für den Abschluß der *societas* erforderlich war.

[236] Im Jahre 213 wurde das Bündnis nicht mit den drei von den Scipionen entsandten Zenturionen, sondern direkt mit den beiden römischen Oberbefehlshabern selbst abgeschlossen (Liv. 24,48,13: *ad accipiendam fidem ab imperatoribus Romanis*). Ebenso hätte Syphax auch jetzt im Jahre 206 mit Laelius einen Präliminarvertrag abschließen können, der in weiterer Folge von Publius Cornelius Scipio zu bestätigen gewesen wäre. Es stand dem westnumidischen König natürlich frei, auch die Vorverhandlungen mit dem römischen Feldherrn zu führen. Vgl. SEIBERT 1993a, 404: "Er (sc. Syphax) war sich seiner Bedeutung im Machtkampf Karthagos mit den Römern bewußt und ließ sich nicht mehr wie früher mit zweitrangigen Gesandten abspeisen."

[237] So mit Recht RITTER 1987, 39f.

karthagischen Feldherrn Hasdrubal traf.[238] Die römische Historiographie war sich über den Verlauf des Treffens der drei Feldherren einig: Zunächst hätte Scipio mit seinem Charme und seiner Liebenswürdigkeit nicht nur Syphax, sondern sogar Hasdrubal höchst beeindruckt (Pol. 11,24a,4; Liv. 28,18,7f.; App., Ib. 30,119), in weiterer Folge wäre zwischen Scipio und Syphax ein *foedus* abgeschlossen worden (Liv. 28,18,8; App., Ib. 30,118; App., Lib. 10,38 sowie 27,114; Sil. Ital. 16,274).[239] Zu Recht nimmt die moderne Forschung jedoch an, daß das Treffen ergebnislos verlief, und daß die römische Geschichtsschreibung den Versuch unternahm, die spätere harte Behandlung des Syphax mit dem Bruch eines *foedus* zu erklären.[240] Tatsächlich zeigen die weiteren Ereignisse in Nordafrika, daß der westnumidische König die enge Zusammenarbeit mit Karthago beibehielt.[241] Das Verhältnis der *amicitia* zwischen Rom und Syphax blieb jedoch dessenungeachtet bestehen.

Spätestens im Winter 205/204 wurde das zwischen Syphax und Karthago bestehende Bündnis erneuert, wobei Syphax die karthagische Prinzessin Sophoniba, welche ursprünglich zunächst mit Massinissa verlobt gewesen war, zur Frau nahm.[242] Die beiden Bündnispartner vereinbarten zwar eidlich,

---

[238] Die Historizität dieser Dreier-Konferenz zwischen Syphax, Scipio und Hasdrubal ist umstritten. Vgl. etwa HUSS 1985, 398 ("Es kam zu jener berühmten Dreierbegegnung, an deren Historizität man fast zweifeln möchte."). Hingegen sprachen sich SEIBERT 1993a, 405 Anm. 24 (mit weiteren Literaturverweisen) und (indirekt) RITTER 1987, 39f. für die Glaubwürdigkeit der Überlieferung aus. Tatsächlich erscheint es plausibel, das gleichzeitige Eintreffen der gegnerischen Feldherren weder als Zufall noch als historiographische Verfälschung zu betrachten, da es wohl Syphax selbst war, der das gemeinsame Treffen arrangierte und so dafür sorgte, daß er parallele Gespräche führen und die Lage sondieren konnte. Aus seiner damaligen Sicht hätte eine falsche Entscheidung zwischen einer *societas* mit Rom oder der Beibehaltung seines Bündnisses mit Karthago fatale Konsequenzen für seine Großreichspläne gehabt (was schließlich auch der Fall war).

[239] Eine weitere Belegstelle findet sich etwas später bei Livius: Kurz vor der römischen Landung in Nordafrika beschwört Scipio in einem Brief seinen Gastfreund Syphax, weder die menschlichen, aus *hospitium* und *societas* erwachsenden Obliegenheiten, noch die religiösen, aufgrund des beschworenen Vertrages entstandenen Pflichten zu verletzen (Liv. 29,24,3).

[240] SEIBERT 1993a, 405 Anm. 23; RITTER 1987, 40f.; SCULLARD 1970, 97 sowie HABEL 1932, 1474. Hingegen folgt R.-ALFÖLDI 1979, 48 der römischen Geschichtsschreibung.

[241] Wie schon weiter oben erwähnt (siehe Anm. 233), verschiffte Mago aus Westnumidien Truppen nach Spanien. Zudem benötigte der ostnumidische Prinz Massinissa, der seit 206 den Karthagern feindlich gesinnt war, bei seiner Reise von Mauretanien aus durch des Gebiet des Syphax eine 4000 Mann starke Begleiteskorte. Vgl. auch die bei HUSS 1985, 398 Anm. 224 angeführten Belegstellen.

[242] Angeblich gaben die Karthager das junge Mädchen dem Syphax ohne Wissen ihres Vaters Hasdrubal, Sohn des Gisgo, zur Frau (nach App., Ib. 37,150 sowie Lib. 10,39), eine kaum glaubwürdige Überlieferung (so auch SEIBERT 1993a, 430). Zu Unrecht wird jedoch das Verlöbnis zwischen Massinissa und Sophoniba (überliefert durch App., Ib. 7,37; App., Lib. 2,10; Zon. 9,11; Diod. 27,7) in der Forschung bezweifelt: SCHUR 1930, 2155 ("sagenhafte Berichte"), HUSS 1985, 400 Anm. 236 ("kaum glaubwürdig") und R.-ALFÖLDI 1979, 48 ("romantische Verklärung"), skeptisch SEIBERT 1993b, 307 ("vielleicht zuerst dem Massinissa als Frau versprochen"). Für die Richtigkeit der Überlieferung treten DOREY 1961 und

dieselben Freunde und Feinde zu haben (Liv. 29,23,5: "*Et inter aliam gratulationem, ut publicam quoque foedus privato adiceretur, societas inter populum Carthaginiensem regemque, data ultro citroque fide eosdem amicos inimicosque habituros, iure iurando adfirmatur.*"), doch beschränkte sich die Heeresfolgepflicht des Syphax lediglich auf Kriege, welche auf afrikanischem Boden geführt wurden (Liv. 29,23,8-10). In der Forschung wurde die Meinung vertreten, daß selbst dieses Bündnis mit Karthago die zwischen Syphax und Rom bestehende *amicitia* nicht verletzte,[243] eine Ansicht, die meines Erachtens zurückzuweisen ist. Auch wenn sich der Bündnisfall auf die Kriegsführung in Afrika beschränkte, so widersprach die "Freund-Feind-Klausel" innerhalb des masaesylisch-punischen Vertrages eindeutig der *amicitia* zwischen Syphax und Rom. Als Syphax seinen Gastfreund Scipio vor einem Übersetzen nach Afrika warnte, da er sonst gegen Rom die Waffen erheben müßte (Liv. 29,23,10), so geschah dies weniger aus Sorge um das (Weiter)Bestehen der *amicitia* mit Rom, sondern mit der Befürchtung, bei Eintreten des Bündnisfalles auf der Seite der Verlierer zu stehen. Auch hätte sein nach der Landung der römischen Truppen erfolgte Vermittlungsversuch zwischen den Kriegsparteien mit dem nicht unvernünftigen[244] Vorschlag der Beibehaltung des status quo (verbunden mit der Räumung Italiens durch Karthago bzw. Räumung Nordafrikas durch die Römer) bedeutet, daß Syphax sein um die massylischen Gebiete des Massinissa vergrößertes Reich behalten hätte können, weshalb diese diplomatischen Bemühungen nicht aufgrund der *amicitia* mit Rom, sondern aus reinem Eigennutz erfolgten.

3.) Die völkerrechtlichen Beziehungen Roms zu Massinissa bis 205

Nachdem die Römer im Jahre 213 mit Syphax eine *amicitia* begründet hatten und eine *societas* eingegangen waren, wandten sich die Karthager – wie weiter oben bereits erwähnt – an den Rivalen des Syphax, an den ostnumidischen

---

THOMPSON 1981, 125 Anm. 42 ein. Gerade die engen Beziehungen zwischen Karthago und dem massylischen Königshaus sprechen für die Historizität dieser Verlobung (vgl. THOMPSON 1981, 125 Anm. 42: "There is no good reason for rejecting the statement, that the girl had earlier been betrothed to Massinissa. It was a normal Carthaginian practice to cement alliances with Numidian princes by dynastic marriages; and between 213 and 206 Masinissa, as the commander of the Massylian contingent in the Punic army, was an obvious candidate for such a marriage: his position as a royal prince was very similar to that of Naravas in 241.")

[243] Etwa RITTER 1987, 41 ("Eine reine amicitia mit Rom mußte durch den Vertrag mit Karthago nicht unbedingt beendet sein.") oder SEIBERT 1993a, 430 Anm. 30 ("Die amicitia des Syphax mit Rom wurde durch sein Bündnis mit Karthago nicht aufgehoben.")

[244] So auch HUSS 1985, 409

König Gaia und schlossen mit diesem ein Bündnis gegen den westnumidischen Herrscher. Gaia kämpfte gemeinsam mit seinem Sohn Massinissa erfolgreich an der Seite des punischen Feldherren Hasdrubal[245] gegen die masaesylischen Truppen, welche durch den römischen Zenturio Quintus Statorius gedrillt worden waren. Syphax verlor die Entscheidungsschlacht, zog sich in den äußersten Westen Nordafrikas zurück und schloß mit Karthago Frieden. In weiterer Folge verstärkte ein ostnumidisches Reiterdetachement unter dem Kommando Massinissas (App., Lib. 10,37) das nach Spanien zurückgekehrte punische Heer erheblich und war schließlich im Jahre 211 sogar der entscheidende Faktor für die beiden katastrophalen römischen Niederlagen in Spanien und den Tod der beiden kommandierenden Scipionen.

Als sich das Schlachtenglück ab dem Jahr 209 wieder zugunsten der Römer zu wenden begann, verblieb Massinissa dennoch auf der Seite der Karthager, die ihn und seine Kavallerie für Sondereinsätze (Liv. 27,20,8) verwendeten.[246] Im Jahre 207 starb Massinissas Vater Gaia, wobei gemäß der in Numidien üblichen agnatischen Erbfolge nicht der älteste Sohn, also Massinissa, sondern der älteste männliche Blutsverwandte die Thronfolge antrat, in diesem Fall Oezalkes, ein Bruder des Verstorbenen. Doch auch Oezalkes verstarb sehr früh, ebenso der ältere seiner beiden Söhne namens Kapussa, der zum Opfer einer Palastintrige wurde. Der Anstifter dieser Revolte, Mazaetullus, ernannte den jüngeren Bruder des Kapussa, ein Kind namens Lakumazes, zum neuen König und sich selbst zum Vormund. Um seine Stellung zu festigen, heiratete Mazaetullus die Witwe des Oezalkes, eine Nichte Hannibals, schloß ein Bündnis mit Karthago und

---

245 Hasdrubal wurde im Jahre 215 eigens aus Spanien zur Niederschlagung eines im selben Jahre ausgebrochenen nordafrikanischen Aufstandes nach Afrika zurückbeordert. Selbstverständlich stand der Oberbefehl über das punisch-ostnumidische Heer ihm zu und nicht Gaia oder gar Massinissa, dessen Rolle von Livius (24,49,4-6) erheblich übertrieben wird. Vgl. SEIBERT 1993a, 284f. Anm. 84.

246 In der Schlacht von Baecula (208) war ein junger numidischer Prinz namens Massiva in römische Kriegsgefangenschaft geraten (Liv. 27,19,8-12). Von den Gefangenen wurden zwar die iberischen Söldner – offenbar aus diplomatischen Zwecken – in die Freiheit entlassen, doch obwohl die afrikanischen Söldner in die Sklaverei verkauft wurden, gab Scipio dem numidischen Prinz ebenfalls die Freiheit zurück und beschenkte ihn mit einem Goldring, einer Tunika mit breitem Purpurstreifen, einen spanischen Mantel mit goldener Fibel und ein gezäumtes Pferd (Liv. 27,19,12). Diese Episode ist lediglich durch Livius sowie Valerius Maximus (5,1,7) überliefert, während ausgerechnet der scipionennahe Polybios, der zudem ausdrücklich von der Freilassung der iberischen Söldner berichtet (Pol. 10,40), diese humane Geste des Scipio verschweigt. Angesichts der reichen Geschenke, die zwar an die bisherigen römischen Präsente für die afrikanischen Könige erinnern, jedoch im Widerspruch zur unbedeutenden Stellung des jugendlichen (*puer adultus*) Massiva stehen, ist daher an der Historizität dieser Episode zu zweifeln. Anderer Ansicht etwa RITTER 1987, 43 (Die Geschenke sollten Massiva "einem Angehörigen der römischen berittenen adeligen Jugend gleichstellen", wobei sie dem Rang des Beschenkten entsprachen).

erneuerte mit Syphax ein bestehendes *hospitium* (Liv. 29,29,13).[247] Somit konnten die Karthager im Jahre 206 Karthager die beiden wichtigsten numidischen Stämme, die westnumidischen Masaesylier und die ostnumidischen Massylier, zu ihren Verbündeten zählen. Dieser "panafrikanische"[248] Zusammenschluß garantierte zwar eine gewisse Stabilität im nordafrikanischen Raum, doch reduzierte er die Chancen Massinissas, seine Thronfolgeansprüche wahren zu können, beträchtlich.[249] Massinissa nahm daher mit dem römischen Propraetor Marcus Iunius Silanus Geheimgespräche, auf und schickte zunächst drei Boten in das römische Lager (Liv. 28,16,11f. sowie 28,35,1-13).[250] Ähnlich wie Syphax verlangte auch der massylische Prinz eine Unterredung mit Scipio unter vier Augen. Scipio behielt zwei der drei numidischen Boten als Geiseln im Lager und traf sich mit Massinissa.[251]

Faktisch hatte Massinissa zum Zeitpunkt des Treffens nichts zu bieten: Weder war er nach dem Tod seines Vaters der anerkannte Herrscher seines Stammes, noch konnte er den Römern große Truppenverbände zur Verfügung stellen. Es ist daher die Überlieferung, wonach zwischen Massinissa und Scipio ein Bündnis geschlossen wurde (Liv. 28,35,12: *fides data acceptaque*; Sil. Ital. 16,168: *foedus*; App., Lib. 10,40: συνετίθετο, App., Ib. 37,149f.: συμμαχία, Ps.-Aur. Vict., de vir. ill. 49,10f.: *societas*), zurückzuweisen.[252] Als Ergebnis der Gespräche kann lediglich die Begründung von *amicitia* angesehen werden (Liv. 30,14,4: *ad iungendum mecum amicitiam*; Liv. 31,11,14: *ex hoste amicum factum*; Sall., Iug. 5,4: *in amicitiam receptus a P. Scipione*; Sall., Iug. 14,5: *amicitiam*

---

[247] Es ist daher mit Livius (29,29,8) anzunehmen, daß Mazaetullus dem höheren Adel des massylischen Stammes angehörte.

[248] Zum "panafrikanischen" Gedanken vgl. HUSS 1989 und HUSS 1985, 406 Anm. 11.

[249] Livius (29,29,8) betont die Rechtmäßigkeit der Herrschaft des Kapussa, der somit älter gewesen war als Massinissa. Spätestens nach der Ermordung Capussas wäre jedoch Massinissa thronfolgeberechtigt gewesen, sodaß die Bevorzugung des kleinen Knaben Lakumazes in rechtswidriger Weise erfolgte. Da Massinissa aber in Spanien kämpfte, standen die Chancen für Intrigen und Revolten innerhalb des masylischen Adels besonders gut.

[250] Über Ursachen und Anlaß des Seitenwechsels Massinissas läßt sich nur spekulieren. Daß zum Zeitpunkt seines Übertritts (206 v.Chr.) der endgültige Sieg der Römer über die punischen Heeresverbände in Spanien nur noch eine Frage der Zeit war, mußte für ihn als Kommandanten der numidischen Kavallerieeinheiten offensichtlich gewesen sein. Schon in den Monaten zuvor hatten mehrere spanische Fürsten – vor allem Edeko, der Fürst der Edetaner, sowie Indibilis und Mandonius, die beiden Fürsten der Ilergeten, auf römische Aufforderung hin und unter Eindruck der bemerkenswerten Erfolge des jungen Scipio ihre Bündnisse mit Karthago gebrochen. Bezeichnend für die Stimmung unter den spanischen Stämmen und Fürsten zugunsten Roms ist die Ausrufung Scipios zum König (Pol. 10,40,2-9; Liv. 27,19,3-6).

[251] Die Historizität dieses Treffens ist wiederholt in Frage gestellt worden (zuletzt WALSH 1965, 150 Anm. 13: "The alleged interview with Scipio may have been invented for ist characterizing purpose."). Für die Historizität hingegen SCULLARD 1970, 104. Meines Erachtens sind die Zweifel unberechtigt, da Scipio gerade auf die Pflege der diplomatischen Beziehungen größten Wert legte.

[252] So auch SEIBERT 1993a, 408, RITTER 1987, 44 und DAHLHEIM 1968, 231f.

instituit; Eutrop 3,22,2: *Massinissa ... qui amicitiam cum Scipione fecerat*).[253] Ähnlich wie Syphax in den Jahren zuvor erhielt auch Massinissa reiche Geschenke als äußeres Zeichen der Freundschaft: einen Kriegsmantel (*chlamys*), einen Reitersattel (*stratum*), eine goldene *patera* und einen Helm mit Helmbusch (*galea comans*).[254]

Kurz nach der Unterredung mit Scipio verließ Massinissa Spanien, um seinen Thronanspruch gegen Lakumazes und dessen Vormund Mazaetullus zu wahren.[255] Zwar gelang es ihm zunächst, Lakumazes zu vertreiben, doch schließlich verlor er eine Entscheidungsschlacht gegen die Truppenverbände des Syphax und der Karthager, die jegliche neuerliche Unruhe unter den nordafrikanischen Stämmen vermeiden wollten. Massinissa konnte entkommen und führte in weiterer Folge einen Partisanenkrieg gegen Syphax und Karthago, wobei aufgrund der wiederholten Plünderungen und Raubzüge ein hohes Kopfgeld auf ihn ausgesetzt wurde (Liv. 29,32,1: "*si caput Masinissae rettulisset aut vivum*").[256] Nach einer neuerlichen Niederlage gegen Syphax, der nun einen großen Teil des massylischen Stammesgebietes seinem Reich einverleiben konnte, zog sich Massinissa in die Gebiete der Kleinen Syrte zurück und wartete die Landung der römischen Truppen ab.

---

[253] Nach RITTER 1987, 44f. wurde nicht einmal *amicitia* begründet, was jedoch angesichts der Fahnenflucht Massinissas unwahrscheinlich ist.

[254] Sil. It. 16, 163-167

[255] Die Ereignisse in Nordafrika nach Massinissas Rückkehr beschreibt Livius in einem längeren Exkurs (Liv. 29,29,6-33,10). Ausführlich zu den Thronfolgekämpfen: THOMPSON 1981. Vgl. auch ECKSTEIN 1987 ,237-240.

[256] Zu Recht spricht HUSS von einem Dasein Massinissas als "Räuberhauptmann" (HUSS 1985, 406).

IV. Die Endphase des Zweiten Punischen Krieges

1.) ROM AUF NORDAFRIKANISCHEM BODEN

Die militärischen Erfolge des jungen Scipio in Spanien schlugen sich in seiner Wahl zum Konsul des Jahres 205 nieder, doch scheiterte sein Plan einer Invasion Afrikas am Widerstand des Senates, der größtenteils eine vorsichtige und abwartende Strategie befürwortete.[257] Eine kurze Erkundungs- und Plünderungsfahrt durch Scipios Adjutanten Laelius blieb im Jahr 205 die einzige römische Aktion auf afrikanischem Boden.[258] Erst im folgenden Jahr erhielt Scipio – sein *imperium* war inzwischen prorogiert worden – den ausdrücklichen Auftrag zur Kriegsführung in Nordafrika, obwohl Hannibal nach wie vor in Süditalien festsaß und eine zumindest theoretische Bedrohung darstellte.

Kurz vor der Überfahrt erreichten Gesandte des Syphax den römischen Feldherrn in Syrakus und warnten ihn vor einer Kriegsführung auf afrikanischem Boden. Syphax sei durch seine Heirat mit der karthagischen Prinzessin Sophoniba endgültig auf karthagische Seite übergeschwenkt und müsse im Falle einer römischen Landung in Afrika auf karthagischer Seite gegen die Römer kämpfen.[259]

Scipio ließ sich davon nicht beirren und setzte im Spätsommer 204 nach Nordafrika über. Unverzüglich erschien der ostnumidische Prinz Massinissa, der in den Monaten zuvor als "Räuberhauptmann"[260] tätig gewesen war, mit einigen wenigen numidischen Reitern[261] im römischen Lager, was jedoch angesichts der Tatsache, daß nun Syphax mit beträchtlichen Streitkräften auf karthagischer Seite in den Krieg eintrat, zunächst nur symbolhaften Charakter hatte. Doch schon nach kurzer Zeit erwiesen sich Massinissa und seine Reiterei als unverzichtbarer Bestandteil der römischen Armee, als in der Reiterschlacht beim "Turm des Agathokles" (πύργος 'Αγαθοκλέους; App., Lib. 14,56) in der unmittelbaren Nähe von Utika die karthagische Kavallerie unter Hanno vernichtend geschlagen

[257] Näheres bei SEIBERT 1993a, 413-416

[258] Zwar hatte es bereits in den Kriegsjahren zuvor mehrere römische Unternehmungen auf afrikanischem Boden gegeben, doch waren diese Aktionen lediglich auf Plünderungen ausgerichtet gewesen.

[259] Liv. 29,23,6-10

[260] HUSS 1985, 406

[261] Polybios (21,21,2) gibt "wenige Reiter" (μετά τινων ἱππέων) als Begleitung Massinissas an. Livius (29,29,4) verweist selbst auf die unsichere Quellenlage: einige Quellen würden von 200, die meisten jedoch von 2000 Reitern sprechen. HUSS 1985, 407 geht zu Recht von der geringeren Anzahl aus. Vgl. WALBANK III-1979, 113f.

wurde.[262] In weiterer Folge begann Scipio mit der Belagerung von Utika, brach jedoch dieses Unternehmen ab, als die numerisch überlegene karthagisch-masaesylische Armee unter Hasdrubal und Syphax anrückte, und zog sich in sein eilig errichtetes Winterlager zurück.

Zu Beginn des Jahres 203 kam es in Rom zu einem weiteren staatsrechtlichen Novum. Scipios *imperium* wurde erneut prorogiert, ein Vorgang, der gegen Ende dieses Krieges zwar bereits politischer Alltag[263] geworden war, doch sich in einem Punkt wesentlich von der üblichen republikanischen Staatspraxis unterschied: *P.Scipioni non temporis, sed rei gerendae fine, donec debellatum in Africa foret, prorogatum imperium est* (Liv. 30,1,10). Man sah also von einer festen zeitlichen Determinierung ab und band die Dauer der Verlängerung an die Erfüllung der Aufgabe, die mit dem Abschluß des Krieges in Afrika umrissen wurde. Diese Form der zeitlichen Bindung war dem römischen Staatsrecht nicht unbekannt, kam jedoch lediglich bei der Diktatur zur Anwendung.

> Die Amtsdauer der Diktatur richtete sich primär nach dem Anlaß bzw. der Aufgabe, welche der Diktatur zugrunde lag. War diese Aufgabe erfüllt, so mußte der Diktator abdanken. Die Abdikationspflicht bei Zweckerfüllung der Diktatur war die primäre Beschränkung der Amtsdauer. Lediglich sekundär galt eine Maximaldauer von 6 Monaten, die keineswegs ausgeschöpft werden mußte und auch nicht durfte, soferne die Zweckerfüllung bereits zuvor erreicht war.[264] Gerade bei den eng umrissenen Aufgabenbereichen – zB bei der Diktatur *feriarum Latinarum causa* oder *comitiorum habendorum causa* – verblieb der Diktator lediglich einige wenige Tage im Amt.
> Nun wandte man im Jahr 203 bei Scipio ein ähnliches Prinzip an: Die Dauer der Prorogation wurde an die Erfüllung der Aufgabe (erfolgreicher Abschluß des Krieges in Afrika) gebunden. Auffällig ist die fehlende zeitliche Höchstdauer, sodaß es nicht verwundert, daß es in den beiden folgenden Jahren zu kleineren Verfassungskrisen kam, da die jeweiligen neugewählten Konsuln unter Erwartung eines leicht zu erringenden Sieges als Amtsbereich Afrika forderten (Liv. 30,27,1-5 sowie 30,40,7-16).

---

[262] Liv. 29,34,8-17; App., Lib. 14,56-60, Cass. Dio 17,57,65 und Zon. 9,12,4f. Nach Appian und Zonaras wurde der karthagische General Hanno gefangengenommen und in weiterer Folge gegen Massinissas Mutter ausgetauscht, die in Karthago nach Massinissas Übertritt inhaftiert worden war.

[263] Allein zu Beginn des Jahres 203 wurden neun *imperia* verlängert (vgl. die Liste bei JASHEMSKI 1950, 110).

[264] Leider findet sich in der Literatur immer wieder die Behauptung, wonach ein Diktator stets 6 Monate (und keinen Tag mehr oder weniger) in Amt und Würden gewesen wäre. Vgl. zuletzt C.GIZEWSKI, Dictator, Der neue Pauly III, 535f. Zurecht verweisen KUNKEL/WITTMANN 1995, 672 Anm. 37 darauf, daß vor allem die Diktatoren der frühen Republik danach trachteten, möglichst rasch ihre Aufgaben zu erfüllen, um so in weiterer Folge die Amtsdauer in Tagen, nicht Monaten angeben zu können.

2.) ERSTER WAFFENSTILLSTANDSVERTRAG UND ERSTE FRIEDENSVERHANDLUNGEN (WINTER 204/203)

Das römische Expeditionskorps unter Scipio war indessen in Nordafrika in eine prekäre Situation geraten, da Hasdrubal und Syphax mit ihren beiden Heeren die Bewegungsfreiheit der Römer erheblich einschränkten. Angesichts der zahlenmäßigen Überlegenheit der Feinde war sogar ein Scheitern der römischen Invasion zu befürchten. Scipio bemühte sich weiterhin, Syphax auf römische Seite zu ziehen, und schickte wiederholt Gesandtschaften in das Lager des masaesylischen Fürsten.[265] Dieser befürwortete eine friedliche Lösung auf der Grundlage, daß die Karthager Italien und die Römer Libyen räumen sollten, wobei für die restlichen Gebiete der status quo gelten, Spanien also an Rom fallen solle.[266] Nach anfänglicher Ablehnung dieses Friedenskonzeptes täuschten die Römer Interesse vor, begannen jedoch während der Verhandlungen, die im Lager des Syphax stattfanden, das Lagerinnere auszuspionieren, um bei günstiger Gelegenheit zuschlagen zu können. Zur Führung der Friedensverhandlungen wurden zwischen Scipio auf der einen Seite sowie Syphax und Hasdrubal auf der anderen Seite ein Waffenstillstandsabkommen (*indutiae*) abgeschlossen, wie dies indirekt bei Polybios und Livius überliefert wird.[267]

---

[265] Polybios (14,1,1-4) und Livius (30,3,4-7) lassen die Initiative eindeutig von Scipio ausgehen, während Appian (Lib. 17,69) und Cassius Dio (17,57,72; bzw. Zonaras 9,12,7) lediglich das – auch von Polybios und Livius überlieferte – Interesse des Syphax am Zustandekommen einer Friedenslösung betonen. Livius (30,3,6) erwähnt, daß nach seinen Quellen – namentlich Valerius Antias – Syphax persönlich ins Lager der Römer gekommen sei.

[266] Pol. 14,1,9; Liv. 30,3,5; App., Lib. 17,70; Cass. Dio 17,57,72; Zon. 9,12,7. Zu Recht betont HUSS 1985, 409, daß dieses Friedenskonzept als vernünftig zu betrachten ist. Die militärische Lage Scipios war im Kriegswinter 204/203 prekär geworden, zumal der römische Senat weitere Unterstützungen und Hilfslieferungen unterlassen hatte. Ein möglicher Erfolg der römischen Invasionstruppen war daher mehr als ungewiß. Zu betonen ist jedoch, daß das Friedenskonzept des Syphax vor allem einen großen Gewinner gehabt hätte: Syphax selbst. Der masaesylische Fürst hätte bei einem vorzeitigen Friedensschluß zwischen Rom und Karthago seine beträchtlichen Gebietsgewinne auf Kosten Massinissas behalten können. Es ist daher durchaus vorstellbar, daß Massinissa bei Scipio heftig gegen dieses Konzept opponiert hatte.

[267] Nach Polybios (14,2,11-14) ließ Scipio seinen Feinden die Nachricht zukommen, daß sein Kriegsrat für die Fortsetzung des Krieges gestimmt habe, "um nicht als treubrüchig dazustehen, wenn er noch während laufender Friedensverhandlungen eine feindliche Handlung vornähme" (... χάριν τοῦ μὴ δόξαι παρασπονδεῖν, ἐὰν ἔτι μενούσης τῆς ὑπὲρ τῶν διαλύσεων ἐπικηρυκείας πρὸς ἀλλήλους πράξῃ τι τῶν πολεμικῶν ἔργων.) Es wird also ausdrücklich zwischen der Waffenruhe und der Fortsetzung der Feindseligkeiten unterschieden. Ähnliches wie Polybios überliefert auch Livius (30,4,8-10), wobei ausdrücklich von der Aufhebung des Waffenstillstandes (*ita tollit* [sc. Scipio] *indutias*) gesprochen wird. Gegen die Annahme des Abschlusses eines Waffenstillstandsvertrages spricht sich HUSS 1985, 409, Anm. 41 aus, ohne jedoch die zuvor zitierte Polybios-Stelle anzuführen. ZIEGLER 1985 behandelt diese *indutiae* des Winters 204/203 in seinem (ansonsten guten) Aufsatz leider nicht.

Vor allem durch Polybios werden die römischen Umtriebe ausführlich überliefert (Pol. 14,1-5): Die (Schein-)Verhandlungen zwischen Scipio und Syphax[268] hinsichtlich einer Friedenslösung zogen sich über den gesamten Winter 204/203, bis Scipio seine Erkundungen über die beiden feindlichen Lager – insbesondere jenes des Syphax – abgeschlossen hatte. Der römische Feldherr ließ bei Syphax nachfragen, ob das ausverhandelte Friedenskonzept[269] auch von den Karthagern angenommen werden würde,[270] doch nachdem der numidische Fürst Gesandte mit einer positiven Antwort zu Scipio geschickt hatte, ließ der Römer ausrichten, daß zwar auch er mit der Friedenslösung einverstanden sei und den Frieden wolle, jedoch habe sein Kriegsrat für die Fortsetzung des Krieges gestimmt. Mit dieser Botschaft beendete Scipio offiziell den Waffenstillstand des Winters 204/203.

3.) Der römische Überfall auf die feindlichen Heereslager

Der Abbruch der Friedensverhandlungen durch die Römer kam überraschend für Syphax und Hasdrubal, die nun als neues Kriegsziel die schnelle Vernichtung der zahlenmäßig unterlegenen römischen Invasionsarmee festlegten. Doch noch bevor sie Vorbereitungen treffen konnten, begann Scipio seinen längst ausgearbeiteten Plan in die Tat umzusetzen.[271] Zu nächtlicher Stunde griffen Laelius und Massinissa mit einem Teil des Heeres das Lager des Syphax an, welches während der Friedensverhandlungen von den Römern ausreichend ausspioniert worden war. Das Lager wurde in Brand gesetzt, die vor dem Feuer fliehenden numidischen Soldaten wurden – soferne sie entkommen konnten – an den Lagerausgängen niedergemetzelt. Die Flammen und das Getöse im benachbarten numidischen Lager alarmierten die Karthager, die lediglich an

[268] Offensichtlich wurden die Karthager unter Hasdrubal nicht in die Verhandlungen eingebunden (nach Pol. 14,2,8 wurde Hasdrubal erst nach dem Abschluß der Gespräche zwischen Scipio und Syphax vom Stand der Verhandlungen informiert). Es ist jedoch nicht vorstellbar, daß Hasdrubal von diesen Verhandlungen nichts wußte und diese nicht billigte.

[269] Der endgültige zwischen Scipio und Syphax ausverhandelte Friedensvorschlag dürfte den ursprünglichen Vorstellungen des Syphax – Rückzug des Scipio aus Afrika, Rückzug des Hannibal aus Italien, Rom behält Spanien sowie weiterhin Sizilien (mit Syrakus) und Sardinien – recht nahe gekommen sein. Etwas mißverständlich hingegen SEIBERT 1993a, 438 Anm. 18 ("Die Annahme [scil. des Friedensvorschlages] hätte den Gebietszustand des Jahres 241/237 bedeutet."), da dies zwar für Karthago zutrifft, nicht jedoch für die Römer, die über den status quo des Jahres 241/237 hinausreichend Spanien und Syrakus gewonnen hätten.

[270] Livius (30,4,6) überliefert, daß Hasdrubal Rücksprache mit Karthago hielt.

[271] Polybios (14,4f.), Livius (30,5f.) und Appian (Lib. 21,85-23,97) bringen eine ausführliche Darstellung des römischen Überfalls auf die beiden feindlichen Lager. Auch der römische Militärschriftsteller Frontin nahm die Vorbereitung und Durchführung der Kriegslist Scipios in seine "Strategemata" auf (1,1,3; 1,2,1; 2,5;29).

einen zufälligen Brand glaubten und unbewaffnet zu Hilfe eilen wollten, jedoch vor ihrem eigenen Lager bereits von Scipio und der anderen Hälfte des römischen Heeres empfangen wurden. In weiterer Folge drangen die Römer in das karthagische Lager ein und setzten auch dieses in Brand. "*Quos non oppresserat ignis, ferro absumpti binaque castra clade una deleta.*", faßt Livius (30,6,6) den nächtlichen Feuerüberfall lapidar zusammen.[272] Lediglich die beiden Heeresführer Syphax und Hasdrubal konnten sich mit einigen wenigen Reitern und Infanteristen retten.

Scipio hatte somit über Nacht beide gegnerischen Heere vernichtet und einen Großteil der feindlichen Waffen, Ausrüstung und Kriegskasse erbeuten können.[273] "Ich glaube mich daher berechtigt zu dem Urteil, daß unter all den vielen glänzenden Taten Scipios dies die großartigste und kühnste gewesen ist.", bewertet Polybios Scipios στρατήγημα (Pol. 14,5,15: "ἦ καὶ πολλῶν καὶ καλῶν διειργασμένων Σκιπίωνι κάλλιστον εἶναί μοι δοκεῖ τοῦτο τοὔργον καὶ παραβολώτατον τῶν ἐκείνῳ πεπραγμένων.") Tatsächlich erscheint diese Kriegslist eines nächtlichen Überfalls in einer *ex post*- Betrachtung als grundlegender Erfolg auf dem Weg zum endgültigen Sieg über Karthago, doch entsprach sie in ihrer Rücksichtslosigkeit auch dem Völkerrechtsempfinden der Antike? Nicht zu Unrecht geht SEIBERT davon aus, daß die römische Geschichtsschreibung ein ähnliches Vorgehen der Karthager als Betrug und Hinterlist verurteilt hätte.[274]

---

[272] Die Brutalität des Überfalls zeigt sich in den von Polybios überlieferten Schreckensszenen: "Die Lagerstraßen waren vollgestopft mit Pferden, Zugtieren und Menschen, halbtot oder schon ganz verbrannt, die übrigen kopflos und in panischer Angst (...) Die übrigen Myriaden von Menschen, Pferden und Mauleseln kamen elend und jammervoll im Feuer um, schmachvoll und schimpflich durch Feindeshand einige, die ohne Waffen, ja ohne Kleider dem Feuer zu entrinnen versuchten und in dieser Verfassung niedergehauen wurden. Überhaupt war die ganze Stätte angefüllt von Wehklagen, wildem Geschrei, Todesangst, wüstem Lärm, dazu dem Wüten des Feuers und einer alles verzehrenden Glut." (Pol. 14,5,7-12).

[273] Zur reichen Beute vgl. App., Lib. 23,95

[274] SEIBERT 1993a, 440. Nachdem die Karthager nach der Niederlage auf den "Großen Feldern" und der Gefangenenahme des Syphax gegen Ende des Jahres 203 mit Scipio einen Waffenstillstandsvertrag mit 45-tägiger Waffenruhe geschlossen und mit Friedensverhandlungen begonnen hatten, nutzten sie die Zeit, um Hannibal aus Süditalien und Mago aus Ligurien samit ihren Heeren zurückzurufen, ein Verhalten, das in der römischen Historiographie zumindest indirekt als "*fraus Punica*" gegeißelt wurde (Pol. 15,1,10; Liv. 30,29,5, 30,30,27 bzw. 30,31,1; vgl. auch Eutr. 3,22,1: "*Hannibale veniente ad Africam pax turbata est.*")

4.) *QUIDQUID DENIQUE SYPHACIS FUIT, PRAEDA POPULI ROMANI EST*

Die Karthager befanden sich nach der nächtlichen Katastrophe plötzlich in der Defensive. Statt Scipio in seinem Winterlager einzuschließen und zu belagern, mußten sie ihre letzten Reserven mobilisieren und Bittgesandtschaften an Syphax, der in seine Heimat zurückkehren wollte, zwecks Aufrechterhaltung der Allianz absenden. Tatsächlich verblieb der masaesylische König auf der punischen Seite und stieß mit frischen Kräften zu den Karthagern, deren Söldner auf den "Großen Feldern" (Μεγάλα πεδία) entlang des Flusses Bagradas Quartier bezogen hatten. Scipio, der inzwischen mit der Belagerung von Utica begonnen hatte, eilte sofort mit dem Großteil des römischen Heeres flußaufwärts den Feinden entgegen. Im ersten offenen Aufeinandertreffen römischer und karthagischer Verbände seit Scipios Landung in Afrika erlitt das schlecht ausgerüstete und unerfahrene punisch-masaesylische Heer eine empfindliche Niederlage.

Nach der Feldschlacht teilte Scipio sein Heer: er selbst blieb mit den schwerbewaffneten Infanteristen auf dem Gebiet des *ager Carthaginiensis* zurück, während die Kavallerie und die Leichtbewaffneten[275] unter dem Kommando des Laelius und des Massinissa die Verfolgung des Syphax, der in seine Heimat geflohen war, aufnahmen.[276] Im alten ostnumidischen Reich der Massyler, das in den Wirren nach dem Tode Gaias, des Vaters Massinissas, in die Einflußsphäre des Syphax geraten war, konnten die masaesylischen Truppen aus den Städten erfolgreich vertrieben werden. Lediglich die alte massylische Königsstadt Cirta, die zur Hauptstadt des numidischen Großreiches des Syphax geworden war, blieb zunächst in der Hand der feindlichen Besatzungstruppen. Erst als Syphax – er hatte in seinem Stammreich neue Truppen ausgehoben – in einer weiteren Feldschlacht besiegt und gefangengenommen werden konnte, ergab sich auch die Hauptstadt. Im Königspalast kam es in weiterer Folge zu den berühmten sagenumwobenen Szenen um die Ehefrau des Syphax, die Karthagerprinzessin Sophoniba: Massinissa, der in jungen Jahren mit Sophoniba verlobt gewesen war, heiratete auf der Stelle die Frau seines bezwungenen Rivalen, um ihr die römische Kriegsgefangenschaft zu ersparen. Laelius ließ sich trotz seiner Empörung über die voreilige Heirat überreden, die Entscheidung hinsichtlich des

---

[275] Nach App., Lib.26, 105 schickte Scipio ein Drittel seiner Streitmacht mit Laelius und Massinissa mit.

[276] Nach App., Lib. 26, 105 hatte Laelius den Oberbefehl inne. Dies mag selbstverständlich erscheinen, doch wäre an eine Verfolgung des Syphax ohne die guten Landeskenntnisse Massinissas nicht zu denken gewesen. Gerade der lange Exkurs des Livius (29,29,6-33,10) über das Schicksal Massinissas in den Jahren 206 und 205 zeigt, wie wichtig die Landeskunde bei Flucht und Verfolgung war und wie sehr Massinissa mit möglichen Fluchtwegen vertraut war. Zudem fanden die römisch-massylischen Operationen zunächst in der alten Heimat Massinissas statt

weiteren Schicksals Sophonibas Scipio zu überlassen, und nahm – *adiuvante Massinissa* – die restlichen Städte Numidiens in Besitz (Liv. 30,12,22). Nach der Eroberung Numidiens kehrten Massinissa und Laelius mit dem gefangenen Syphax zu Scipio und der römischen Hauptstreitmacht zurück. Scipio verlangte von Massinissa die Auslieferung der jungen Königin, da sie als Teil der römischen Kriegsbeute (*praeda populi Romani*) anzusehen sei; eine Entscheidung über ihr Schicksal könnten nur der Senat und das Volk von Rom treffen (Liv. 30,14,9-11). Massinissa ließ jedoch seiner Frau Gift zukommen, um sie vor einer Auslieferung in die Hände der Römer zu bewahren. Durch ihren Selbstmord konnte er sein Versprechen halten, sie vor römischem Zugriff zu schützen, ohne Scipio zu brüskieren.

Zum Ausgleich für den persönlichen Verlust ernannte Scipio Massinissa vor dem versammelten Heer zum König und bedachte ihn mit reichen Geschenken von hohem Symbolwert (Liv. 30,15,11: *Ibi Massinissam primum regem apellatum eximiisque ornatum laudibus aurea corona, aurea patera, sella curuli et scipione eburneo, toga picta et palmata tunica donat*).[277] Diese eigenmächtige Königsproklamation[278] mußte jedoch noch vom römischen Senat bestätigt werden: Scipio schickte Laelius sowie Gesandte des Massinissa nach Rom, wo die jüngsten Erfolge in Afrika vermeldet wurden. Der Senat bestätigte die Königsproklamation (Liv. 30,17,12: *Scipionem recte atque ordine videri fecisse, quod eum regem apellaverit*) und beschloß ebenfalls reiche Geschenke für den neuen ostnumidischen König. Massinissa erhielt zwei purpurne Feldherrnmäntel mit goldenen Fibeln, latus clavus-Tuniken, zwei Pferde mit Brustschmuck, zwei Reiterrüstungen mit Panzerung sowie Zelte und militärische Ausrüstungsgegenstände (Liv. 30,17,13: *Munera quoque, quae legati ferrent regi, decreverunt, sagula purpurea duo cum fibulis aureis singulis et lato clavo tunicis, equos duo phaleros, bina equestria arma cum loricis et tabernacula militaremque supellectilem*)[279] und wurde somit aufgrund der "betonten Zweizahl als Inhaber der ungeteilten konsularischen Gewalt apostrophiert".[280]

Der gefangengenommene und von Laelius nach Rom überführte westnumidische König Syphax wurde laut Livius (30,45,3-5) zunächst ins

---

[277] Vgl. dazu RITTER 1987, 50

[278] Vgl. BRAUND 1984, 24; RITTER 1987, 51f. und SEIBERT 1993a, 444 Anm. 40

[279] Vgl. auch App., Lib. 32,137 (wo jedoch die Geschenke Scipios mit jenen des Senates vermengt werden)

[280] RITTER 1987, 52. Vgl. auch Liv. 30,17,13 (... *qualem praeberi consuli mos esset.*). Mit Recht hat BRAUND 1984, 28 angenommen, daß durch die Überreichung der zivilen wie militärischen Attribute zweier Konsuln ein Rückgriff auf die alte römische Königszeit getätigt, andererseits aber auch eine zeitgenössische Komponente ins Spiel gebracht wurde, da Massinissa die Ausstattung der republikanischen Oberbeamten erhielt (Zweifel gegen diese Ansicht bei RITTER 1987, 52).

Staatsgefängnis nach Alba Fucens[281] und in weiterer Folge nach Tibur gebracht, wo er schließlich noch vor dem Triumphzug des Scipio starb (vgl. auch App., Lib. 28,121). Nach Polybios (16,23,6)[282], Silius Italicus (17,629f.), Valerius Maximus (6,2,3) und Tacitus (ann. 12,38,1) wurde Syphax jedoch in Scipios Triumphzug der römischen Bevölkerung vorgeführt. Nach seinem Tod erhielt Syphax ein Begräbnis auf Staatskosten, ein *exemplum humanitatis et clementiae* (Val. Max. 5,1,1c; Liv. 30,45,4; Zon. 9,13,7).

5.) Zweiter Waffenstillstandsvertrag und neuerliche Friedensverhandlungen (Winter 203/202)

Die Nachricht von der Niederlage ihres Verbündeten Syphax führte zu einem Umdenken im karthagischen Rat. Trotz eines kleineren Seesieges über die römische Flotte, bei dem die Karthager sechzig feindliche Lastschiffe in ihren Besitz bringen konnten, wurde die "Präsidiale" (*sanctius consilium*)[283] des karthagischen Rates, die dreißig angesehensten Ratsherren, zu Scipio entsandt, um einen Waffenstillstandsvertrag auszuhandeln und erneut Friedensgespräche zu führen.[284]

Der römische Prokonsul teilte den karthagischen Gesandten seine Friedenskonditionen (Liv. 30,16,10-12) mit. Wenn diese im karthagischen Rat binnen drei Tagen akzeptiert werden würden, könne ein Waffenstillstandsvertrag abgeschlossen werden (Liv. 30,16,13).[285] Im einzelnen überliefert Livius folgende Forderungen Scipios:

---

[281] Später auch Ort der Internierung des makedonischen Königs Perseus (Liv. 45,42,4).

[282] Auf diese Stelle verweist Liv. 30,45,5-7.

[283] Liv. 30,16,3 (Nach Livius hatte diese 30köpfige "Elite" innerhalb des 300 Ratsherren zählenden Senates generell *maxima ... ad ipsum senatum regendum vis*). Vgl. dazu HUSS 1985, 462f.

[284] Nach Pol. 15,1,6 hätten sich die karthagischen Gesandten vor Scipio und seinem Kriegsrat auf den Boden geworfen, den Römern die Füße geküßt und sich selbst des Vertragsbruchs bezichtigt.

[285] Es wird in der modernen Forschung diskutiert, ob Scipio selbst die Friedenskonditionen bestimmte (so etwa ECKSTEIN 1987, 249f.) oder ob sie bereits in Rom festgelegt worden waren (so etwa SEIBERT 1993a, 446 Anm. 53). Meines Erachtens ist eher der ersten Meinung zu folgen: Die territorialen Friedensauflagen ergaben sich beinahe von selbst; als Selbstverständlichkeit sind auch der Rückzug der punischen Heere aus Italien und Gallien, die Zahlung einer Kriegsentschädigung, die lösegeldfreie Auslieferung der Gefangenen und Überläufer sowie die Auslieferung eines Großteils der Flotte anzusehen. Scipio konnte diese Eckpunkte eines möglichen Friedensvertrages risikolos nennen, ohne den eigentlichen Friedensverhandlungen in Rom vorzugreifen (vgl. ECKSTEIN 1987, 250: "Scipio must have believed that his specific terms corresponded (again, in a general way) with the sort of peace that a majority of the patres would find acceptable."). Unabhängig davon wurden die

Liv. 30,16,10-12:
Leges pacis se has dicere: captivos et perfugas et fugitivos restituant; exercitus ex Italia et Gallia deducant; Hispania abstineant; insulis omnibus quae inter Italiam atque Africam sint decedant; naves longas praeter viginti omnes tradant, tritici quingenta, hordei trecenta milia modium. Pecuniae summam quantam imperaverit parum convenit; alibi quinque milia talentum, alibi quinque milia pondo argenti, alibi duplex stipendium militibus imperatum invenio.

1. Auslieferung der Gefangenen, der Überläufer sowie der entlaufenen Sklaven
2. Abzug der punischen Heere aus Italien und Ligurien
3. Die Aufgabe Spaniens sowie aller Inseln, die zwischen Sizilien und Italien liegen
4. Auslieferung der punischen Kriegsflotte (bis auf 20 Kriegsschiffe)
5. Lieferung von 500.000 Scheffel Weizen und 300.000 Scheffel Gerste[286]
6. Zahlung einer Kriegsentschädigung[287]

Anläßlich der Kriegsentschädigung referiert Livius kurz über die divergierenden Angaben seiner Quellen: ein Autor gebe 5.000 Talente Kriegskostenentschädigung an, ein zweiter 5.000 Pfund Silber, ein dritter

Konditionen zunächst unverbindlich festgelegt und unterlagen der Bestätigung durch den Senat und das Volk von Rom, sodaß sie in weiterer Folge abgeändert worden konnten. Leider fehlt uns gerade in diesen Punkten der hier verlorengegangene Bericht des Polybios. Wir erfahren jedoch bei ihm etwas später (Pol. 15,4,8), daß der Senat und das Volk von Rom "bereitwillig den von ihm mit den Karthagern abgeschlossenen Friedensvertrag angenommen hatten und alle seine Wünsche zu erfüllen bereit waren". ("προθύμως ἥ τε σύγκλητος ὅ τε δῆμος ἀποδέξαιντο τὰς γενομένας δι᾽ αὐτοῦ συνθήκας πρὸς τοὺς Καρχηδονίους καὶ διότι πρὸς πᾶν τὸ παρακαλούμενον ἑτοίμως ἔχοιεν."). Dies ist wohl als Indiz dafür zu werten, daß die Konditionen von Scipio und nicht zuvor in Rom festgelegt worden waren. Ein ähnliches Indiz findet sich in der Unterredung zwischen Scipio und Hannibal kurz vor der Schlacht bei Zama (Pol. 15,6-8): Scipio habe auf Bitte der Karthager einen schriftlichen Vertrag geschlossen sowie anschließend Gesandte mit dem Vertrag nach Rom geschickt und zwar mit der Rechtfertigung, daß ihm die Bedingungen angemessen erscheinen, während karthagische Gesandte um die Bewilligung des Vereinbarten baten ("....ἡμεῖς μὲν ὁμολογοῦντες εὐδοκεῖν τοῖς γεγραμμένοις, Καρχηδόνιοι δὲ δεόμενοι τούτων τυχεῖν", Pol. 15,8,8).

[286] Dieser Vertragspunkt ist dem Waffenstillstandsvertrag zuzurechnen (siehe unten Anm. 293). So auch TÄUBLER 1913, 34f.

[287] Bereits Livius verfügte hinsichtlich der Höhe der Kriegskostenentschädigung über divergierende Quellen (Liv. 30,16,12), wobei jedoch seine Angabe "doppelter Sold für die römischen Soldaten" ebenso wie die Verpflichtung zur Getreidelieferung (Liv. 30,16,11; vgl. auch App., Lib. 31,131) nicht als Vertragspunkte des noch zu schließenden Friedensvertrages sondern als Konditionen des Waffenstillstands zu betrachten sind. Nach Eutrop betrug die Höhe der Zahlung des doppelten Soldes insgesamt dreißtausend Pfund Silber (Eutr. 3,21,1). Der zweiten Angabe des Livius (5.000 Pfund) liegt entweder eine verderbte livianische Textüberlieferung oder ein Fehler in den livianischen Vorlagen zugrunde, da 5.000 Pfund auf lediglich etwa 60 Talente umzurechnen sind, sodaß dies eine viel zu niedrig angesetzte Kriegskostenentschädigung bedeuten würde. Korrekt müßte es meiner Ansicht nach statt "*quinque milia pondo*" hingegen "*quingenta milia pondo*" (500.000 Pfund bzw. etwa 6.200 Talente) lauten, eine Summe, die übrigens bei Eutrop (3,21,3) für den ausgehandelten Vertrag überliefert wird

doppelten Sold für die Soldaten. Dies läßt mich auf ein Problem zu sprechen kommen, das offenbar sowohl in der antiken als auch in der modernen Literatur für Verwirrung sorgte, nämlich die Tatsache, daß die hier bei Livius angegebenen "Vertrags"bestimmungen eben keine echten Vertragspunkte, sondern lediglich unverbindliche Angaben Scipios darüber waren, welche Bestimmungen in einem noch abzuschließenden Friedensvertrag zu erwarten gewesen wären. Aus rechtlicher Sicht bedeutet dies, daß die Angaben Scipios nicht (!) als Präliminarvertrag betrachtet werden dürfen. Tatsächlich wurde in weiterer Folge nach einigen Streitigkeiten im römischen Senat – worüber noch zu sprechen sein wird – zwischen Rom und Karthago ein Friedensvertrag geschlossen, der von Scipio im Auftrag des Senates ausverhandelt wurde. Natürlich lehnten sich die Bestimmungen dieses Vertrages an die älteren unverbindlichen Auskünfte des Scipio zwar an, entsprachen ihnen jedoch nicht zur Gänze, sodaß wir streng zwischen einem Vertragsvorschlag bzw. "Ur-Entwurf" (kein Präliminarvertrag!) auf der einen Seite und dem tatsächlichen Friedensvertrag (der allerdings aufgrund angeblicher punischer Völkerrechtsverletzungen nicht zur Ausführung kam) auf der anderen Seite unterscheiden müssen. Gerade hier stehen wir jedoch vor dem Problem, daß lediglich Livius besagten "Ur-Entwurf" überliefert, nicht jedoch die endgültigen Bestimmungen des tatsächlich später ausgehandelten Vertrages, und daß umgekehrt alle anderen Quellen nur die endgültige Fassung kennen, nicht jedoch den Vertragsvorschlag ("Ur-Entwurf"). Die Ausführungen des Livius zu den drei verschiedenen Quellenüberlieferungen hinsichtlich einer Kriegskostenentschädigung deuten bereits an, daß schon in der Antike keine Unterscheidung zwischen dem Vertragsvorschlag Scipios und der endgültigen Fassung getroffen wurde: Die Angabe "5.000 Talente Kriegskostenentschädigung" gehört zur endgültigen Fassung, die Angabe "doppelter Sold" hingegen indirekt zum Vertragsvorschlag ("Ur-Entwurf"), da man die Zahlung doppelten Soldes dem Waffenstillstandsvertrag, welcher eben zeitgleich mit diesem ersten Entwurf entstanden ist, zurechnen muß.

Leider wurde nicht nur in der antiken, sondern auch in der modernen Literatur der Fehler begangen, den ursprünglichen Vertragsentwurf mit der endgültigen Vertragsfassung zu vermengen oder überhaupt die Entwicklungsgeschichte dieses Vertrgaes zu negieren. So führen beinahe alle Standardwerke die livianischen Bestimmungen des ursprünglichen Vertragsentwurfes in unrichtiger Weise als Bestimmungen der tatsächlichen Endfassung an oder verstehen den livianischen "Vertragsentwurf" in ebenso unrichtiger Weise als Präliminarvertrag.[288] Eine differenzierte, allerdings letztlich

[288] SCHMITT 1969, 307 (erkennt zwar korrekt, daß ein Friedensvorschlag Scipios vorliegt, setzt aber irrigerweise einen Vertragsvorschlag mit einem Präliminarvertrag gleich); HUSS 1985,

ebenfalls unrichtige Sichtweise ist hingegen bei TÄUBLERs allgemeinem Kapitel zur Gliederung der völkerrechtlichen Verträge zu finden:[289] Nach Täubler enthält der Vertragsvorschlag "eine zunächst unverbindliche Einigung der Kriegführenden über die Friedenssatzungen, die erst an den maßgeblichen Stellen zu Ende beraten und endgültig festgelegt werden sollen". Da "der Waffenstillstand erst auf Grund und nach Annahme des Vertragsvorschlags geschlossen wird, (...) bekommt der Vorschlag Charakter und Wirkungs eines Vertrags: beide zusammen bilden den Präliminarvertrag". TÄUBLERs Ansicht ist lediglich in einem Punkt vollinhaltlich Recht zu geben: Selbstverständlich bildete der Vertragsvorschlag die Grundlage eines Waffenstillstandes, da jeder der beiden Kriegsgegner den jeweiligen innerstaatlichen Gremien eine Entscheidungsgrundlage für die Frage, ob überhaupt weiterhin Friedensverhandlungen geführt werden sollten, sowie eine Verhandlungsbasis für diese weiteren Verhandlungen bieten mußte. Doch auch nach dem Abschluß eines Waffenstillstandes blieb der Vertragsvorschlag völlig unverbindlich, wie noch am Beispiel der römisch-punischen Friedensverhandlungen nach dem Abschluß des Waffenstillstandsvertrages zu zeigen sein wird. TÄUBLERs Ansicht, wonach der Vertragsvorschlag "durch die Verbindung mit dem Waffenstillstand insofern Vertragsgeltung bekommen hat, als die Nichtbeachtung seiner Bestimmungen den unter ihrer Voraussetzung geschlossenen Waffenstillstand aufhebt, selbst wenn er auf bestimmte Frist geschlossen ist",[290] ist jedoch schon aus rein logischen Überlegungen zurückzuweisen: Denn auf unseren Waffenstillstandvertrag umgelegt, würde dies bedeuten, daß der Waffenstillstand dann aufgehoben worden wäre, wenn sich die Karthager nicht Scipios Vertragsvorschlag gehalten hätten, also beispielsweise nicht ihre Flotte oder die römischen Kriegsgefangenen ausgeliefert hätten oder die Kriegsentschädigung nicht gezahlt hätten. Generell würde sich so die Frage stellen, warum dann noch ein (endgültiger) Vertragsabschluß notwendig gewesen wäre, wenn ein Kriegsgegner bereits aufgrund des Vertragsvorschlages jenen rechtlichen und faktischen Zustand hergestellt hätte, der eigentlich erst von einem endgültigen Friedensvertrag zu regeln gewesen wäre.

Daß Scipio tatsächlich nur unverbindliche Angaben hinsichtlich der zu erwartenden Bestimmungen eines noch zu schließenden Friedensvertrages machte, sodaß eben lediglich nur ein Vertragsvorschlag und kein Präliminarvertrag vorlag, zeigen die weiteren Ereignisse. Scipio gab den Karthagern hinsichtlich seiner Forderungen drei Tage Bedenkzeit: Wenn ihnen

---

412f.; SCARDIGLI 1991, 309. SEIBERT 1993a, 447 spricht zwar (mit Recht) ausdrücklich davon, daß die eigentlichen Verhandlungen erst in Rom geführt werden sollen, geht jedoch offenbar ebenfalls von einem Präliminarvertrag aus.

[289] TÄUBLER 1913, 37

[290] TÄUBLER 1913, 37f.

diese Punkte annehmbar erschienen, so sollten sie mit ihm einen Waffenstillstandsvertrag schließen und Gesandte nach Rom schicken ("*Si placuerit, mecum indutias facite, Romam ad senatum mittite legatos.*"; Liv. 30,16,13). Der karthagische Rat akzeptierte die Forderungen Scipios und entsandte zwei Delegationen, nämlich eine zu Scipio, um den Waffenstillstandsvertrag zu schließen, und die andere nach Rom, um Frieden zu erbitten (*...Carthaginienses...legatos alios ad Scipionem, ut indutias facerent, alios Romam ad pacem petendam mittunt...*; Liv. 30,16,14f.). Livius betont also, daß zwischen den Karthagern und Scipio lediglich ein Waffenstillstandsvertrag zustandekam, während hinsichtlich des eigentlichen Friedensvertrages die Verhandlungen zunächst nach Rom verlagert wurden.[291]

Der Waffenstillstandsvertrag wurde mit einer Befristung auf 45 Tage geschlossen,[292] in denen die Karthager die Bezahlung und die Versorgung des römischen Heeres übernehmen mußten.[293] Zugleich reisten karthagische Delegierte in Begleitung des Legaten Q.Fulvius Gillo nach Rom, wo sie außerhalb der Stadt in der *villa publica* einquartiert wurden, da sie Rom nicht betreten durften (Liv. 30,21,12; App., Lib. 31,131).[294] Im Tempel der Bellona – also *extra pomerium* –[295] fand eine Senatssitzung statt, zu der auch die karthagischen Gesandten vorgeladen wurden.[296] Diese wälzten die Kriegsschuld

---

[291] Wie später gezeigt wird, beauftragte der Senat in weiterer Folge Scipio mit der Führung der Friedensverhandlungen. Polybios überliefert, daß der endgültige Vertrag von Scipio und den Karthagern in Schriftform geschlossen und anschließend im römischen Senat ratifiziert wurde (Pol. 15,8,7f.). Diese Nachricht kann sich aber eben nur auf den endgültigen Vertrag beziehen, da nach Livius der ursprüngliche "Vertragsentwurf" von Scipio diktiert und somit weder ausgehandelt noch in Schriftform fixiert worden war.

[292] Eutrop 3,21,2

[293] Zur Zahlung des Soldes bzw. zur Versorgung des römischen Heeres vgl. zuvor Anm. 287. Diese beiden für einen Waffenstillstandsvertrag typischen Bedingungen lassen sich bei Livius (vor allem in Verbindung mit Appian, Lib. 31,131) meines Erachtens eindeutig für den Waffenstillstand des Winters 203/202 nachweisen; von "vermutlicher Analogie zu 201" (so MANTEL 1991, 105) kann keine Rede sein. Nach Cass.Dio 17,57,74 bzw. Zon. 9,13,8 wurden anläßlich der Unterzeichnung des Waffenstillstandsvertrages sämtliche Kriegsgefangene seitens der Karthager an die Römer zurückgegeben (von SEIBERT 1993a, 447 Anm. 56 zurückgewiesen). Etwas glaubwürdiger ist die Version bei Livius, wonach die nach Rom reisende karthagische Gesandtschaft einige Gefangene, Überläufer und entlaufene Sklaven mitführte (Liv. 30,16,15).

[294] Zur Beherbergung von Staatsgästen vgl. D.HENNIG, Die Beherbergung von Staatsgästen in der hellenistischen Polis, Chiron 27 (1997), 355-368 (für die römische Epoche siehe insbesondere 363-368). Vgl. auch MOMMSEN 1887, 1151-1157.

[295] Der Tempel der Bellona – im Jahr 296 aufgrund eines Gelübdes des Appius Claudius Caecus während des Krieges gegen die verbündeten Samniten und Etrusker errichtet (CIL 1^2 p. 192 sowie Liv. 10,19,17) – befand sich im äußersten Süden des Marsfeldes (in unmittelbarer Nachbarschaft des später errichten Marcellustheaters).

[296] Nach Cassius Dio bzw. Zonaras forderten die Römer noch vor Beginn der Friedensverhandlungen den Abzug der Heere Magos und Hannibals aus Italien (Cass.Dio 17,57,74; Zon. 9,13,8). Erst nach der Räumung Italiens durch die beiden Feldherren seien die

auf Hannibal ab und baten um den status quo des Friedensvertrages von 241/237, der nach ihrer Ansicht seitens des karthagischen Volkes unverletzt geblieben sei und den sie wiederherstellen wollten (Liv. 30,22,1-6).[297] Die römischen Senatoren empörten sich über das junge Alter der Gesandten, die sich aufgrund ihrer Jugend nicht einmal an jenen Frieden erinnern könnten, um dessen Erneuerung sie bitten sollten,[298] schickten die Karthager aus dem Verhandlungssaal und begannen mit einer internen Diskussion (Liv. 30,23). Ein Teil des Senates sprach sich für die Beiziehung zumindest eines der beiden abwesenden Konsuln aus, ein anderer Teil befürwortete die Einbeziehung Scipios in die Vertragsverhandlungen, während eine dritte Gruppe unter der Führung des zweifachen Konsulars M. Valerius Laevinius für die Fortsetzung des Krieges eintrat. Zudem warnten Laelius und Fulvius Gillo, die ja als Angehörige des römischen Expeditionsheeres in Afrika ausreichend mit der Sachlage vertraut waren, vor einem punischen Täuschungsmanöver (Rückzug der

---

Friedensgespräche in Rom aufgenommen worden. Diese Nachricht ist als unglaubwürdig zu betrachten (für die Historizität hingegen SEIBERT 1993a, 448). Einerseits ist auf die Widersprüche bei Zonaras 9,13,8 (die Römer fordern, daß die Heere abziehen sollen) und 9,14,1 ("Das Volk von Rom bedauerte es, Hannibals Abfahrt nicht verhindert zu haben...") hinzuweisen, auf der anderen Seite hatte das römische Expeditionsheer unter Scipio gerade die Rückkehr der beiden punischen Heere aus Italien nach Afrika zu fürchten. Vgl. auch Liv. 30,21,1f. (Die Feldherren seien vom Senat beauftragt worden, den Abzug der Heere Hannibals und Magos zu verhindern; nach deren Abzug sei man beunruhigt über die Tatsache gewesen, daß sich die ganze Last des Krieges auf ein Heer und einen Feldherren – Scipio – verlagert hatte.)

[297] Dies widerspricht natürlich der Tatsache, daß die Karthager und Scipio bereits zu Beginn des Waffenstillstandsvertrages bestimmte Konditionen vereinbart hatten, die dem noch zu schließenden Friedensvertrag zugrundeliegen sollten. Wenn man nicht annimmt, daß die karthagische Bitte um Wiederherstellung des status quo von 241/237 lediglich einen Versuch darstellt, etwas günstigere Konditionen zu erreichen, so muß man wohl die gesamte "Posse" (ZIELINSKI 1880, 45) als annalistische Fälschung betrachten.

[298] Die Römer geißelten die Auswahl junger Gesandter wohl zu Unrecht als "*fraus Punica*": Immerhin lag der Friedensschluß von 241 knappe vier Jahrzehnte zurück; auch im römischen Senat, der im Laufe des Zweiten Punischen Kriegs die erheblich gelichteten Reihen mit Neuaufnahmen auffüllen mußte, wird es nicht mehr viele Senatoren gegeben haben, die sich an den alten Frieden erinnern konnten (so auch SEIBERT 1993a, 453 Anm. 89). Vgl. auch ZIELINSKI 1880, 45 ("Daß diese Posse sich tatsächlich im römischen Senate abgespielt habe, ist zwar nicht gerade wahrscheinlich, aber immerhin möglich."). In Betracht zu ziehen ist jedoch auch die Möglichkeit einer annalistischen Fälschung (vgl. zuvor Anm. 297). Livius wiederholt anläßlich des Dialoges zwischen Hannibal und Scipio, daß der Senat nicht zuletzt aufgrund der geringen Würde der punischen Gesandtschaft einen Friedensschluß abgelehnt hätte (Liv. 30,30,28).
Völlig im Gegensatz zu dieser Gesandtschaft sollen die Karthager ein Jahr später (im Winter 202/201) die an Alter und Würde *longe primi civitatis* zu den Friedensverhandlungen nach Rom entsandt haben, worauf laut Livius jeder Senator erkannt hätte, daß sich die Karthager ernsthaft um Frieden bemühen würden (*tum pro se quisque dicere vere de pace agi*; Liv. 30,42,11).

punischen Heere Magos und Hannibals aus Italien nach Afrika, Fortsetzung des Krieges).[299]

Spätestens an dieser Stelle läßt sich feststellen, daß der einzige Verhandlungspunkt dieser Senatssitzung die grundlegende Frage war, ob überhaupt mit den Karthagern Friede geschlossen werden sollte oder nicht. Eine Diskussion des von Scipio unverbindlich ausgehandelten Vertragsvorschlages oder gar eine Ratifikation eines von Scipio verbindlich festgelegten Vertragstextes stand überhaupt nicht zur Debatte, sodaß TÄUBLERs These, wonach Vertragsvorschlag und Waffenstillstandsvertrag zusammen einen Präliminarvertrag bilden (siehe dazu oben Seite 114), nicht mehr haltbar ist.

Bis zu diesem Zeitpunkt (Abschluß eines Waffenstillstandsvertrages zwischen Scipio und den Karthagern; Streitigkeiten im römischen Senat hinsichtlich des weiteren Vorgehens) läßt sich eine größtenteils einheitliche sowie ausführliche Überlieferung finden;[300] innerhalb der restlichen Laufzeit des Waffenstillstandes sind jedoch mehrere, teils krasse Widersprüche innerhalb der Quellen aufzuklären. Es lohnt sich daher, zunächst die Darstellungen der einzelnen Autoren zu vergleichen.

(A) LIVIUS

Verfolgt man die Schilderung der Senatssitzung bei Livius weiter, so erfährt man, daß sich der Senat für den Antrag des Valerius Laevinius – Fortsetzung des Krieges – entscheidet und daß die punischen Gesandten "*pace infecta ac prope sine responso*" entlassen werden (Liv. 30,23,8).[301] In weiterer Folge berichtet Livius

---

[299] Auch App., Lib. 31,133 überliefert Differenzen innerhalb des römischen Senates (eine Gruppe gegen, die andere Gruppe für den Abschluß eines Friedensvertrages).

[300] Allerdings fehlt gerade der polybianische Bericht, der für den Zeitraum des Waffenstillstandsvertrages eine Lücke aufweist – angesichts der Streitfragen hinsichtlich der in Rom gefaßten Beschlüsse sowie der Verletzung des Waffenstillstandsvertrages durch die Karthager ein höchst bedauernswerter Verlust! Das 15. Buch beginnt erst mit dem Faktum des bereits erfolgten Völkerrechtsbruch seitens der Karthager.

[301] Livius wiederholt anläßlich des Dialoges zwischen Hannibal und Scipio, daß der Senat einen Friedensschluß abgelehnt hätte (und zwar aufgrund der geringen Würde der punischen Gesandtschaft; Liv. 30,30,28). Es läßt sich jedoch auch bei Livius ein Indiz dafür finden, daß trotz dieses Senatsbeschlusses in weiterer Folge eine Entscheidung zugunsten des Friedens gefallen war: Zu Beginn des Jahres 202 wird der Konsul Ti. Claudius Nero, der nach einigen Streitigkeiten als Amtsbereich Afrika (wenngleich mit bestimmten Einschränkungen; siehe unten S. 138-140) erhalten hatte, in Rom zurückgehalten, da der Senat beschlossen hatte, daß die Entscheidung, zu welchen Bedingungen der Friedensvertrag gewährt werde, eher bei Scipio als bei Claudius Nero liegen solle (..."*patres de pace P. Scipionis potius arbitrium esse, quibus legibus daretur, quam consulis censuerant.*"; Liv. 30,38,7).

von der punischen Verletzung des Waffenstillstandsvertrages (Kaperung der römischen Versorgungsschiffe bzw. Angriff auf eine römische Delegation; Liv. 30,24,5-8) und der Rückkehr der punischen Gesandten aus Rom (Liv. 30,24,9f.). Zunächst kommt es zu einem Treffen mit Scipio, der erklärt, den punischen Gesandten trotz der völkerrechtswidrigen Aktionen Karthagos nichts antun zu wollen. Anschließend wird die punische Delegation nach Karthago entlassen und Scipio bereitet sich auf die Fortsetzung des Krieges vor.

(B) POLYBIOS

Bei Polybios ist leider der Bericht vom Abschluß des Waffenstillstandsvertrages sowie von den Verhandlungen in Rom am Ende des 14. Buches verlorengegangen. Das 15. Buch beginnt mit dem Faktum der bereits erfolgten Kaperung römischer Versorgungsschiffe, wogegen Scipio durch eine Delegation in Karthago Protest erhebt und dort zugleich mitteilen läßt, daß das römische Volk den Friedensvertrag bestätigt habe, wie ihm schriftlich aus Rom gemeldet worden wäre (Pol. 15,1,3f. "ἅμα δὲ καὶ δηλώσοντας ὅτι κεκύρωκε τὰς συνθήκας ὁ δῆμος τῶν Ῥωμαίων· ἄρτι γὰρ ἧκε τῷ Ποπλίῳ γράμματα διασαφοῦντα περὶ τῶν προειρημένων."). Vor dem karthagischen Rat erwähnt die römische Delegation die Vorkommnisse um die Kaperung der Versorgungsschiffe jedoch nicht ausdrücklich,[302] sondern beschwert sich über den punischen Bruch der Eide und Verträge (Pol. 15,1,10 ... ἀθετεῖν δὲ τολμῶσι τοὺς ὅρκους καὶ τὰς συνθήκας.") und verspottet die Hoffnung der Karthager auf den zurückgekehrten Hannibal. Die punischen Ratsherren, erbittert über die harten Bestimmungen des Friedensvertrages,[303] schicken die römischen Gesandten schließlich ohne Antwort weg. In weiterer Folge schildert auch Polybios den Angriff auf die römische Delegation – und zwar um einiges

---

[302] Offenbar war die Herausgabe der Versorgungsschiffe und der erbeuteten Vorräte dennoch ein Thema, da Polybios etwas später berichtet, daß die Mehrheit des karthagischen Rates auch nach der Ansprache der römischen Gesandtschaft nicht bereit war, die gekaperten Schiffe und die auf ihnen erbeuteten Vorräte wieder herauszugeben (Pol. 15,2,2).

[303] Geht man von der livianischen Version aus, wonach die grundlegenden Bestimmungen bereits zwischen Scipio und den Karthagern (unverbindlich) festgelegt worden waren, so ist die Verbitterung der punischen Ratsherren unverständlich, da diese Konditionen bereits bekannt waren. Meines Erachtens ist nicht anzunehmen, daß die Vertragsbestimmungen in Rom verschärft worden waren (so jedoch SEIBERT 1993a, 457 Anm. 110), da zu diesem Zeitpunkt in Rom erst der Beschluß gefaßt worden war, daß überhaupt ein Friedensvertrag mit den Karthagern zustandekommen sollte (siehe dazu unten S. 129-140). Als wahrscheinlichste Lösung bietet sich an, daß Scipio nach der punischen Plünderung der römischen Versorgungsflotte entweder Schadenersatz für dieses rechtswidrige Vorgehen verlangte oder selbst etwas verschärfte Bedingungen festlegte.

ausführlicher als Livius – , wobei Scipio das völkerrechtliche Vergehen der Karthager zum Anlaß nimmt, die Feindseligkeiten gegen die punischen Städte wieder aufzunehmen (Pol. 15,4,1-4). In dieser Phase kehrt nun die punische Gesandtschaft mit den römischen Legaten Laelius und Fulvius Gillo aus Rom zurück. Die römischen Gesandten berichten Scipio, daß "der Senat und das Volk bereitwillig den von ihm mit den Karthagern abgeschlossenen Friedensvertrag angenommen hatten und alle seine Wünsche zu erfüllen bereit waren" (Pol. 15,4,8 "προθύμως ἥ τε σύγκλητος ὅ τε δῆμος ἀποδέξαιντο τὰς γενομένας δι' αὐτοῦ συνθήκας πρὸς τοὺς Καρχηδονίους καὶ διότι πρὸς πᾶν τὸ παρακαλούμενον ἑτοίμως ἔχοιεν."). Scipio entläßt die punischen Gesandten unversehrt, da er den völkerrechtlichen Grundsatz der Unverletzlichkeit der Gesandten wahren will (Pol. 15,4,9f.), und fährt mit seinen militärischen Aktionen gegen die punischen Städte fort. Etwas später – während der Unterredung zwischen Hannibal und Scipio kurz vor der Schlacht bei Zama – rekapituliert Polybios in knapper Form die Ereignisse (Pol. 15,8,7-9): Scipio habe auf Bitten der Karthager einen schriftlichen Vertrag geschlossen und zwar mit bestimmten territorialen und sonstigen (Pol. 15,8,7 in Verbindung mit 15,7,8) Bedingungen. Anschließend habe er ebenso wie die Karthager Gesandte an Senat und Volk von Rom geschickt, er mit der (rechtfertigenden) Äußerung, das Vereinbarte erscheine ihm angemessen, die Karthager hingegen mit der Bitte um Ratifikation des Vertrages, worauf der Senat ebenso wie das Volk zugestimmt hätte. Doch habe Karthago durch den Treuebruch den Vertrag zunichte gemacht.

(C) PAP. RYLANDS III 491 (ANONYMER HISTORIKER AUS DEM 2. JHDT. V. CHR.)[304]

Eine einzigartige Quelle bietet ein fragmentarisch erhaltener Papyrus aus der Sammlung Rylands zu einem uns ansonsten unbekannten Geschichtswerk aus der Mitte des zweiten vorchristlichen Jahrhunderts[305], dessen Qualität aufgrund des vorliegenden Fragmentes mit "Streben nach Kürze" bzw. "inhaltlich strengste Sachlichkeit"[306] definiert werden kann.

---

[304] Lit.: ROBERTS 1938, Nr. 491 (Taf. V), KÖRTE 1941, HOFFMANN 1941, KLOTZ 1946, GIGANTE 1950, TREU 1953, LEHMANN 1974, 174f. 182-188. 196-200; HILLEN 1997, 608f. 733-736

[305] Die Datierung wird insbesondere durch ein Verzeichnis auf der Rückseite gestützt, welches aufgrund paläographischer wie inhaltlicher Überlegungen (vgl. dazu insbesondere ROBERTS 1938 sowie KÖRTE 1941) etwa in die Zeit 150 bis 130 zu datieren ist.

[306] HOFFMANN 1941, 277. Vgl. auch TREU 1953, 31 ("Die fast anspruchslos zu nennende und schlichte Berichtsform..."). Nicht zu Unrecht kritisch jedoch MANTEL 1991, 112 ("Vielfach hat man versucht, den Stil des Verfassers zu charakterisieren, und kam stets zu dem Ergebnis, daß er knapp, geradlinig, nüchtern sei, meinte sogar Objektivität festzustellen, jedoch der Text ist so

Col. 2

.....]δεναι̣ [..] τ̣α̣δ[.
...πε]μψάμενοι τοῖς
πρεσβ]ε̣υταῖς ἔδω-
καν το]ὺς ὅρκους καὶ
ἔλυσ]α̣ν ἤδη τὴν
αἰχμα]λ̣ωσίαν τῶν
ἐχθρῶν] ἀκηκοότες
......] ν̣ [......
...εὐ]πειθεστε̣-
ρ....] τ̣[ο]ὺς παρο̣χε-
....]τας περὶ τῶν
ὁρκίων] ἐξαπέστει-
λαν σ]ὺν τοῖς ἀπὸ
τῆς Καρ]χηδόνος καὶ
πα]ρ' αὐτῶν τοὺς ἀποί-
σοντας τὰ ὅρκια καὶ
ληψομένους παρ' αὐ-
τῶν. οἱ μὲν οὖν ἀπὸ
῾Ρώμης κατῆραν εἰς
τὴν τοῦ Σκιπίωνος
πόλιν [οἱ] δ̣ε Φοίνι-
κες ὡς ἧκον εἰς τὴν
Καρχηδο̣να καὶ τὰ
Διωικημε̣ν̣α [π]ε̣ρὶ
τῆς ει̣ρήν̣η̣ς [ἤγγει-
λαν]..............
....
....
....
....
..]ν̣[....]ωτακ.[....

Col. 3

θ[.....
......
β̣ε̣[......
τῶν̣ [......
ε̣ξ̣[......
πρὸς αὐτο[ὺς ἀθε-
τοῦντε[ς τοὺς ὅρ-
κους, ἀπέστειλαν
φέροντας ἀντ̣[ὶ τῆς
εἰρήνης τὸν πό[λε-
μον. Το̣ύτο̣[υ μὲν οὖ-
ν ἀγγελθέντ[ος
ἀμφοτέροις [τοῖς
στρα̣[τοπέδοις...
μὲν[......
δυ[.....
χ[.....

(Text und Ergänzungen nach HILLEN 1997, 608)

Eine genaue Übersetzung kann aufgrund des fragmentarischen Zustandes des aus dem Fayum oder Oxyrhynchus stammenden Papyrus nicht erfolgen.[307]

lückenhaft, daß aus dem Stil des Autors schwerlich sachliche Aufschlüsse gewonnen werden können. Knappheit ist das einzige, was mit Sicherheit zutrifft.")

[307] HILLEN 1997, 608f. übersetzte drei größere Textpassagen folgendermaßen:

(Textpassage 1) ... sie schickten..., leisteten den Gesandten die Eide und ließen schon die gefangenen Feinde frei. Da sie hörten, daß die...

(Textpassage 2) ... nachgiebiger ... wegen der Eide ... schickten sie zusammen mit den Karthagern auch ihrerseits Leute, die die Eide überbringen und sie von jenen entgegennehmen

Von drei Kolumnen (zu etwa 30 Zeilen) ist die erste zum Großteil verlorengegangen, die zweite bietet 25 erhaltenen Zeilen, die dritte 9 erhaltene Zeilen sowie einige weitere Kleinstfragmente. Sinngemäß läßt sich jedoch folgender Inhalt rekonstruieren:

- Zunächst schickt eine der beiden Kriegsparteien [entweder die Römer oder die Karthager] etwas oder jemanden, leistet gegenüber den Gesandten der anderen Kriegspartei Eide und läßt sogleich die Kriegsgefangenen frei.
- Eine Partei [gemeint wohl die Römer in Afrika] empfängt eine Nachricht, wonach jemand hinsichtlich der Eide (des Friedensvertrages) leichter zu überreden war, und entsendet gemeinsam mit Gesandten aus Karthago auch eigene Leute, um die Eide zu überbringen und entgegenzunehmen.
- Die Gesandten von Rom landen in der "Stadt des Scipio" [gemeint: Castra Cornelia, des Heereslager Scipios]
- Die Karthager kommen nach Karthago und referieren über das hinsichtlich des Friedens Vereinbarte. [Jetzt setzt eine etwa zehnzeilige Lücke ein]
- Eine Kriegspartei kündigt schließlich gegenüber der anderen die beschwörten Abmachungen auf und schickt gleichzeitig diejenigen zurück, "die (in weiterer Folge)[308] statt des Friedens Krieg bringen".
- Die beiden Heere werden über das Geschehene informiert.

Der fragmetarisch erhaltene Papyrus birgt zweierlei Probleme: Erstens kann nur ein Teil der Ergänzungen aufgrund des Textzusammenhanges als gesichert gelten,[309] und zweitens stellt sich in fast jedem Satz die Frage nach dem Subjekt bzw. nach der handelnden Kriegspartei. Dies beginnt bereits im ersten Satzfragment, wo die in der dritten Person Plural angeführte Kriegspartei etwas oder jemanden "schickt" (πεμψάμενοι), "Eide schwört" (ἔδωκαν τοὺς ὅρκους) und (Kriegsgefangene) "freiläßt" (ἔλυσαν). Direkt aus dem Text ist keineswegs ersichtlich, ob die Karthager oder die Römer die genannten Handlungen vorgenommen haben, sowie ob als Ort der Handlung Rom, Karthago oder das römische Heereslager des Scipio (Castra Cornelia) gelten muß. Im nächsten Satzfragment – zu dem ich mit TREU[310] bereits das Partizip ἀκηκοότες zähle – stellt sich erstens die Frage, wer (eine Botschaft) "hört" (ἀκηκοότες) oder

---

sollten. Jetzt trafen die Römer in der Stadt Scipios ein. Als aber die Phöniker nach Karthago kamen und berichteten, was bezüglich des Friedens vereinbart worden war,...
(Textpassage 3) ... Indem sie (die Karthager) ihnen (den Römern) gegenüber die beschworenen Abmachungen aufkündigten, schickten sie sie zurück, die statt das Friedens Krieg brachten. Als dies beiden Heeren gemeldet wurde,...]

[308] Die Zeitenabfolge ergibt sich durch die Verwendung des Präsenspartizips "φέροντας": Eine Kriegspartei kündigt die beschworenen Verträge auf und schickt die Gesandten der anderen Kriegspartei zurück, die somit "statt des Friedens den Krieg bringen".

[309] Zu den unterschiedlich vorgeschlagenen Textergänzungen vgl. die unter Anm. 304 angeführte Literatur.

[310] TREU 1953, 42

(Gesandte) "schickt" (ἐξαπέστειλαν), sowie die Frage nach der Richtung des "Schickens" (von Rom nach Afrika oder umgekehrt). Der dritte und vierte Satz sind hinsichtlich des handelnden Subjekts und des Ortes der Handlung eindeutig zu interpretieren, während des letzte Satzfragment (in der dritten Kolumne) zumindest das Subjekt offenläßt: Entgegen der bisher vertretenen Meinung in der Literatur ist es keineswegs eindeutig, daß unter der Personengruppe, welche (a) den Friedensvertrag aufkündigte und (b) die Leute, die den Krieg statt des Friedens brachten, wegschickte, die Karthager zu verstehen sind. Zumindest denkmöglich muß auch die Variante sein, daß die Kündigung (aus welchen Motiven auch immer) von den Römern vorgenommen wurde.

Welche Vorschläge zur Rekonstruktion des Textzusammenhanges im allgemeinen finden sich in der bisherigen Literatur? Nach ROBERTS zeigt sich ein Situationsbild "that an embassy has been sent from Carthage to Rome and that, as a result of this, some prisoners or hostages are released (?), definite proposals for a treaty are made, and the Carthaginian embassy returns together with a Roman delegation in order that the necessary assurances may be given by both sides. The negotiations appear to have been on the point of being successful, when the bad reception of the terms at Carthage (...) put an end to them."[311] Nach HOFFMANN[312] spielt der erste Satz in Rom: Die Karthager entsenden eine Gesandtschaft nach Rom, wo die Römer den punischen Gesandten Eide leisten und punische Kriegsgefangene freilassen, da sie (die Römer) gehört hatten, daß dies eine Durchsetzung einer friedlichen Lösung in Karthago erleichtern würde. Der Papyrus endet nach seiner Ansicht damit, daß die Karthager die beschworenen Abmachungen negierten und die römischen Abgesandten wegschickten. Nach GIGANTE[313] spielt der erste Satz im Lager des Scipio, wo die Karthager gegenüber die römischen Gesandten die Eide leisten und die römischen Kriegsgefangenen ausliefern. Als schließlich die Karthager vernommen hatten, welche Konditionen Scipio für einen Friedensvertrag festgelegt hatte, schicken sie Gesandte nach Rom, um die Eide zu leisten und entgegenzunehmen. Schließlich schicken die Römer Gesandte zu den Karthagern, welche den Vertrag "mit Füßen getreten" (calpestrare) hatten. Nach TREU[314] spielt der erste Satz in Karthago: Die Karthager leisten den römischen Unterhändlern Scipios die Eide hinsichtlich des Präliminarvertrages und lassen römische Kriegsgefangene frei. Schließlich hört man in Rom, daß man in Karthago gegenüber einer friedlichen Lösung nachgiebiger geworden ist und schickten eine römische Gesandtschaft gemeinsam mit punischen Gesandten nach Karthago, um dort die Eide zu überbringen und entgegenzunehmen. Schließlich wird der Friede von den Karthagern aufgekündigt,

---

311 ROBERTS 1938, 114f.
312 HOFFMANN 1941 passim
313 GIGANTE 1950, passim
314 TREU 1953 passim

sodaß die Römer statt des Friedens den Krieg mit heimbringen. Nach MANTEL[315] erscheint es "recht plausibel", daß erste Satz in Rom spielt und daß die Römer den bereits ratifizierten Friedensvertrag beeiden und karthagische Kriegsgefangene freilassen. Es sei aber auch "denkbar", daß die Karthager den Waffenstillstandsvertrag beeiden. Nach LEHMANN[316] führt der Beginn des Papyrus nach Karthago, wo der Eidschwur auf den Präliminarvertrag geleistet wird und wo die Karthager römische Kriegsgefangene freilassen.

Meines Erachtens ist am ehesten den Ergänzungs- und Interpretationsvorschlägen von TREU zu folgen, wenngleich ich die eine oder andere Abweichung anregen möchte.

Wie bereits erwähnt, ist der erste Satz wortwörtlich folgendermaßen zu übersetzen: "...schickend (?) leisteten sie den Gesandten die Eide und lösten die Kriegsgefangenschaft der Feinde." Das handelnde Subjekt zu den Verbalformen πεμψάμενοι, ἔδωκαν und ἔλυσα̣ν ist ident, wobei die Frage nach der handelnden Kriegspartei am ehesten mit Hilfe der Wendung "sie lösten die Kriegsgefangenschaft der Feinde" zu beantworten ist. Nach Livius (30,16,15) übergaben die Karthager den Römern anläßlich des Waffenstillstandsvertrages einige römische Kriegsgefangene, Überläufer und entflohene Sklaven. Auch Cassius Dio (17,57,74) und Zonaras (9,13,8) bestätigen die Freilassung der römischen Gefangenen anläßlich des Waffenstillstandsvertrages. Als handelndes Subjekt des ersten Satzes kommen somit eher die Karthager als die Römer in Frage. Damit scheidet zugleich Rom als Ort der Handlung des ersten Satzes aus, da die "Gesandten" des ersten Satzes Angehörige der anderen Kriegspartei sind und da es kaum zutrifft, daß die Karthager in Rom römischen Gesandten Eide geleistet hätten.

> Wie bereits erwähnt, nahm HOFFMANN an, daß Rom der Ort der Handlung war, wo die Römer die feindlichen Kriegsgefangenen freigelassen hätten, "da die Römer gehört hätten, daß den Phönikern Leute, die etwas hinsichtlich der Verträge gewährten, willkommener sein würden."[317] Gegen diese These spricht meines Erachtens vor allem die negative Stimmung im Senat hinsichtlich einer friedlichen Lösung. Wie noch ausführlich erörtert werden wird, brachte Scipio im Laufe des Kriegswinters 203/202 mit Mühe seinen Wunsch nach einer friedlichen Lösung durch, nachdem sich der Senat im Herbst 203 noch für eine Fortsetzung des Krieges ausgesprochen hatte. Unter diesem Aspekt scheint es meiner Ansicht nach ausgeschlossen, daß der römische Senat im Herbst 203 freiwillig eine Geste des guten Willens setzte, obwohl er gegen eine friedliche Lösung eingestellt war.

---

[315] MANTEL 1991, 112-117
[316] LEHMANN 1974, 196
[317] HOFFMANN 1941, 272-276

Der Ort der Handlung des ersten Satzes liegt also in Afrika, wobei das römische Heerlager ausscheidet, wie bereits Treu und Hillen mit Recht (gegen die Ansicht Gigantes) vermerkt haben, da die Karthager in diesem Fall vor Scipio persönlich und nicht vor Gesandten die Eide geleistet hätten. Somit können sich die Ereignisse des ersten Satzes nur in Karthago abgespielt haben, was sich durchaus mit der sonstigen antiken Überlieferung deckt. Livius, Appian, Cassius Dio und Zonaras trennen strikt zwischen einem Waffenstillstandsvertrag, welchen Scipio mit den Karthagern schloß, und den Verhandlungen über einen Friedensvertrag, welche ausdrücklich in Rom vor dem Senat stattfinden sollten (vgl. etwa Liv. 30,16,13*: Si placuerit, mecum indutias facite, Romam ad senatum mittete legatos.*). Ergänzt man somit das Partizip ".....]μψάμενοι" zu "πεμψάμενοι" so könnte der erste Satz in freier Übersetzung etwa folgenden Inhalt gehabt haben: "Gesandte nach Rom schickend leisteten die Karthager den Abgesandten Scipios die Eide für einen Waffenstillstand und ließen die feindlichen Kriegsgefangenen frei."

Weitaus schwieriger ist der folgende Satz zu ergänzen und zu interpretieren. Als Grundgerüst des Satzes müssen das Partizip "ἀκηκοότες" sowie der als gesichert geltende Komparativ "[εὐ]πειθέστẹ[ρους]" oder "[εὐ]πειθέστẹ[ρον]"[318] herangezogen worden. Eine Personengruppe hatte also vernommen, daß jemand "leichter zu überreden war". Die moderne Literatur ging bis dato davon aus, daß es die Römer waren, "die gehört hatten, daß sie (die Karthager) leichter zu überreden waren". Diese Ansicht erschien aufgrund des Textzusammenhanges des Papyrus als gesichert, da das handelnde Subjekt, das "gehört hatte", zugleich auch "gemeinsam mit jenen Leuten aus Karthago eigene Leute schickte, um Eide zu leisten und entgegenzunehmen". Da das handelnde Subjekt des Hauptsatzes eindeutig die Römer sind, müssen mit dem Partizip "ἀκηκοότες" ebenfalls die Römer bezeichnet sein. Bis hierher ist der modernen Literatur selbstverständlich mit Recht zu folgen. Im folgenden ging man bis dato davon aus, daß doch nur die Karthager mit den "leichter zu überreden seienden" Personen gemeint sein können, da diese "leichter zu überredenden" Personen ja nicht ident mit dem handelnden Subjekt, nämlich den Römern, sind. Diese Ansicht übersieht jedoch, daß die Römer nicht als Einheit auftraten. Ganz im Gegenteil: man hat streng zwischen dem Invasionsheer unter dem Kommando Scipios und dem Senat Roms zu unterscheiden. Wie im nächsten Kapitel noch zu zeigen sein wird, verfolgte Scipio seine eigenen Ziele, die den Interessen der römischen Senatsmehrheit im allgemeinen bzw. den Plänen der beiden designierten Konsuln des nächsten Jahres im speziellen deutlich entgegenstanden. Scipio wollte den Krieg unter seiner Führung beendet wissen

[318] Von "εὐπειθής" ("leicht zu überreden", "leicht gehorchend")

und drängte auf eine friedliche Lösung, während sich die Senatsmehrheit zunächst für eine Fortsetzung des Krieges aussprach, wobei sich natürlich insbesondere die beiden designierten Konsuln des kommenden Amtsjahres 202 einen leicht zu erringenden Erfolg über Karthago erhofften. Erst der Tod des altehrwürdigen Q. Fabius Maximus Cunctator, eines entschiedenen Gegners des jungen Scipio, brachte die Wende zugunsten einer friedlichen Lösung.

Es sei jedoch an dieser Stelle vorweggenommen, daß der soeben geschilderte Ablauf der Ereignisse in Rom erst mühsam aus den Angaben des Livius rekonstruiert werden muß und sich in manchen Teilen auf unsichere Indizien stützt. Sollte diese Chronologie jedoch zutreffen, so wird sie vom Papyrus in geradezu perfekter Weise untermauert, wenn man die von TREU vorgeschlagene Textergänzung in der Zeile 8 minimal abändert:

TREU[319] ergänzte folgendermaßen:

7 .....]. ἀκηκοότες
δ' οἱ ἐν' Ῥώμ]η̣[ι γενομέ-
νους εὐ]πειθεστέ̣-
10 ρους..] τ̣[ο]ὺς παρ̣ε̣ξε-
λέγξαν]τας περὶ τῶν
ὁρκίων]

(Etwa zu übersetzen mit:)
Als die Römer ("die in Rom") hörten, daß diejenigen, die sich bisher hinsichtlich eines Vertragsabschlusses ablehnend verhalten hatten, leichter zu überreden wären, etc.

Ändert man den Beginn der Zeile 8 in "τοὺς ἐν ' Ῥώμ]η̣[ι" um und sieht man im handelnden Subjekt der Zeilen 12-18 nicht die Stadtrömer sondern Scipio und sein Expeditionskorps, so erhält man folgenden Sinn: "Als die in Nordafrika stehenden Römer hörten, daß diejenigen in Rom ("τοὺς ἐν ' Ῥώμ]η̣[ι"), die sich bisher hinsichtlich eines Vertragsabschlusses ablehnend verhalten hatten, nunmehr leichter zu überreden wären, schickten sie gemeinsam mit den Leuten aus Karthago auch eigene Leute nach Rom, die die Eide leisten und entgegennehmen sollten". Gemeint ist natürlich, daß die eigenen Leute (die Leute des Scipio) lediglich zur Begleitung und Überwachung der punischen Gesandtschaft nach Rom mitführen und nicht selbst Eide zu leisten hatten. Daß Scipio die punischen Gesandtschaften durch einen Legaten begleiten ließ, zeigt sich gerade anläßlich der Friedensverhandlungen während des Winters 203/202: "*Q. Fulvius Gillo, legatus Scipionis, Carthaginienses Romam adduxit*" (Liv. 30,21,12). Auch anläßlich der (endgültigen) Friedensverhandlungen nach der Schlacht von Zama/Naragara schickte Scipio gemeinsam mit der punischen Delegation drei Vertrauensleute nach Rom: *Cum legatis Carthaginiensibus Romam missi L. Veturius Philo et M. Marcius Ralla et L. Scipio imperatoris frater* (Liv. 30,37,4).[320]

---

[319] TREU 1953, 46

[320] Vgl. dazu auch App., Lib. 56, 245; sowie Lib. 60,262 und 64,288)

Wie schon erwähnt, entspräche eine solche Textrekonstruktion – welche hier naturgemäß aber nur hypothetisch erfolgen kann – jenen Ereignissen in Nordafrika und Rom, welche meines Erachtens (dazu unten S. 129-140) aufgrund der livianischen Überlieferung nachvollzogen werden können: Zugleich mit dem Abschluß eines Waffenstillstandes entsenden die Karthager für Friedensverhandlungen eine Gesandtschaft nach Rom, wo aber zunächst der Beschluß auf Fortsetzung des Kriege gefällt wird. Während des Winters 203/202 ändert sich jedoch die Stimmung in Rom zugunsten der von Scipio vehement verfochtenen friedlichen Lösung. Hier setzt nun der zweite Satz des Papyrus ein: Als Scipio und die Römer in Nordafrika die Nachricht vernehmen, daß der Senat in Rom "leichter zu überreden" wäre, entsendet Scipio gemeinsam mit einer punischen Delegation einige Legaten nach Rom, um dort die Eide leisten und entgegennehmen zu lassen.

Satz 3 des Papyrus ist vollständig erhalten und birgt auch keine Probleme: Die römischen Gesandten landen bei der "Stadt Scipios" (gemeint wohl das römische Heereslager Castra Cornelia). Nach Satz 4 kommen die punischen Gesandten direkt nach Karthago und referieren über die Vereinbarungen, die hinsichtlich eines Friedensvertrages getroffen wurden.

Hier setzt im Papyrus nun eine größere, etwa zehn Zeilen umfassende Lücke ein, bis schließlich in der dritten Kolumne des Papyrus wieder ein größeres Textfragment mit folgendem Inhalt erhalten ist: "Gegenüber den anderen die beschworenen Verträge aufkündigend, schickten sie diejenigen weg, die (bei ihrer Rückkehr) statt des Friedens Krieg bringen[321]. Als dies den beiden Heeren vermeldet wurde....". Welche der beiden Kriegsparteien sich hinter dem handelnden Subjekt verbirgt, ist eigentlich offen, doch hat sich die moderne Literatur mit guten Gründen einstimmig dafür entschieden, daß als handelndes Subjekt die Karthager zu erachten wären.

(D) APPIAN

Eine eigene Variante findet sich bei Appian (Lib. 31,130-35,150): Scipio gewährt zunächst den Karthagern einen Waffenstillstandsvertrag ("Σκιπίων μὲν οὖν αὐτοῖς ἀνοχάς τε ἔδωκεν", App., Lib. 31,131) und läßt eine punische Delegation nach Rom schicken. Innerhalb des römischen Senates bildeten sich

[321] Im Text wird ein Präsenspartizip verwendet (φέροντας). Das "Bringen des Krieges statt das Friedens" steht somit auf der selben Zeitstufe wie das Wegschicken. Der Satz ist also so zu verstehen, daß die Gesandten, die weggeschickt werden, bei ihrer Rückkehr statt des Friedens den Krieg bringen.

zwei Meinungen; eine Gruppe tritt für, die andere gegen den Abschluß eines Friedensvertrages ein (Lib. 31,132f.). Ohne zu einem Beschluß zu kommen, entsendet der Senat ein senatorisches *consilium* nach Afrika, wo Scipio mit diesem gemeinsam entscheiden soll (Lib. 32,134). Scipio schließt mit den Karthagern einen Friedensvertrag, der jedoch noch in Karthago und Rom ratifiziert werden muß. Karthagische Gesandte holen die Eidesleistung der römischen Konsuln in Rom ein, während römische Gesandte nach Karthago reisen (Lib. 32,135-136). Vor der Rückkehr ihrer Gesandten aus Rom plündert das punische Volk eine römische Versorgungsflotte, die aufgrund eines Unwetters nach Karthago verschlagen wurde, und bedroht eine Protestgesandtschaft Scipios, wobei einige Mitglieder der Delegation verwundet oder sogar getötet werden (Lib. 34,143-146). Daraufhin werden die punischen Gesandten, die sich noch in Rom aufhielten, des Landes verwiesen, landen jedoch in Afrika aufgrund eines Sturmes beim römischen Lager. Scipio läßt sie unbehelligt abziehen und nimmt die Kriegshandlungen wieder auf.

(E) CASSIUS DIO / ZONARAS

Nur knapp äußern sich Cassius Dio (17,57,74f.) bzw. Zonaras (9,13,8): Der Abschluß eines Waffenstillstandsvertrages zwischen den Karthagern und Scipio wird von beiden nicht ausdrücklich überliefert; lediglich die Zahlung einer Geldsumme an Scipio und die Rückgabe sämtlicher Kriegsgefangenen wird erwähnt. Im römischen Senat geraten die Senatoren hinsichtlich der Friedensfrage in Streit, stimmen jedoch schließlich für den Abschluß eines Friedensvertrages und zwar unter den von Scipio festgelegten Bedingungen. Inzwischen greifen die Karthager Scipio zu Wasser und zu Lande[322] an und unternehmen einen Anschlag auf die Protestgesandtschaft Scipios, wobei sich die Gesandten nur durch Glück heil in das römische Lager zurückretten können. Daher weigert sich Scipio, den Friedensvertrag zu vollziehen, obwohl eine Gesandtschaft aus Rom den Friedensvertrag für die Karthager bringt.[323]

---

[322] Ein punischer Angriff auf die Römer zu Lande wird nur von Cassius Dio bzw. Zonaras erwähnt. Meines Erachtens bezieht sich diese Notiz auf den numidischen Feldzug des Hannibal nach seiner Rückkehr aus Italien (dazu App., Lib. 33,139-141 sowie Zon. 9,13,10; vgl. auch Zon. 9,14,2). Mit dem Angriff zu Wasser ist wohl die Kaperung der römischen Versorgungsflotte gemeint.

[323] Aus der Sicht des Cassius Dio (bzw. Zonaras) wurden die Vertragspunkte offenbar erst in Rom ausgehandelt und mußten nach Abschluß der Verhandlungen erst in Karthago ratifiziert werden. Diese Vorgangsweise widerspricht den Darstellungen in den übrigen Quellen.

(F) EUTROP

Nach Eutrop (3,21,1-3,22,2) bitten karthagische Gesandte Scipio um Frieden und werden von ihm nach Rom geschickt. Auf Anraten Scipios[324] entschließt sich der Senat zum Frieden, wobei Scipio die Konditionen festlegt. Inzwischen wird der Waffenstillstand durch die Rückkehr Hannibals und durch mehrfache punische Feindseligkeiten in Afrika gebrochen. Die nach Afrika zurückkehrenden punischen Gesandten werden von den Römern gefangengenommen, von Scipio jedoch freigelassen.

(G) PLUTARCH

Ein anonymer Autor, dessen Kompilation "Βασιλέων ἀποφθέγματα καὶ στρατηγῶν" in Plutarchs Werkverzeichnis aufgenommen wurde, bringt ebenfalls eine kurze Notiz zu den Ereignissen im Winter 203/202: Nach der Feuerkatastrophe schließen die Karthager mit Scipio einen Friedensvertrag,[325] den sie jedoch nach der Rückkehr Hannibals wieder bereuen, da sie sich nun wieder sicher fühlen. Über diese Haltung der Karthager verärgert, erklärt Scipio, daß er sich nun nicht mehr an den Vertrag gebunden fühle, außer die Kriegsentschädigung würde um weitere fünftausend Talente erhöht werden (Ps.-Plut., Apophth. Scip. 5 p. 196 CD).

(H) DIODOR

Diodor (27,11f.) überliefert zunächst nur das Faktum eines abgeschlossenen Friedensvertrages. Dieser sei entgegen den Anordnungen des punischen Senates durch die hungrige Stadtbevölkerung verletzt worden, indem römische Versorgungsschiffe angegriffen und die Nachschubsgüter gekapert worden seien. Die von Scipio geschickten Boten wären beinahe getötet worden, konnten jedoch durch besonnene Karthager gerettet werden. Selbst den darauffolgenden Angriff des punischen Flottenadmirals auf die Schiffe der Gesandten hätte die römische Delegation unbeschadet überstanden. Als umgekehrt punische Gesandte auf ihrem Heimweg von Rom nach Karthago durch einen Sturm ins römische Lager verschlagen wurden, verzichtete hingegen Scipio auf einen Racheakt und entließ sie unbehelligt.

---

[324] Der Wortlaut bei Eutrop – *ex arbitrio Scipionis* ("aufgrund des Schiedsspruches Scipios") – deutet ebenfalls auf Meinungsdifferenzen (pro/kontra Friedensschluß) innerhalb des römischen Senates hin.

[325] Als Friedenskonditionen werden lediglich die Auslieferung der Elephanten sowie der Kriegsschiffe und die Zahlung einer Kriegsentschädigung (in unbestimmter Höhe) genannt.

6.) Die Haltung des römischen Senates hinsichtlich eines Friedensvertrages

Der Großteil der angeführten Quellen überliefert das Vorliegen von Meinungsverschiedenheiten innerhalb des römischen Senates hinsichtlich der Frage, ob mit den Karthagern ein Friedensvertrag geschlossen werden solle oder nicht. Vor allem Livius (30,23,1-8) geht ausführlich auf die einzelnen Standpunkte ein (siehe zuvor Seite 116). Die Senatsdebatte[326] wird gemäß Livius (30,23,8) mit dem Beschluß beendet, die punischen Gesandten des Landes zu verweisen und mit der Kriegsführung fortzusetzen, worauf die Karthager "ohne Friedensvertrag und beinahe ohne Antwort" (*pace infecta ac prope sine responso*) entlassen werden.

Dieser livianische Senatsbeschluß steht im krassen Widerspruch zu den übrigen Quellen, wonach der römische Senat für den Frieden stimmte bzw. der Friedensvertrag in Rom ratifiziert wurde.[327] Gemäß Polybios (15,1,3f.) erhält Scipio nach der erfolgten Kaperung der römischen Versorgungsflotte durch die Karthager zunächst die schriftliche Nachricht, daß das römische Volk den Friedensvertrag bestätigt habe ("κεκύρωκε τὰς συνθήκας ὁ δῆμος τῶν Ῥωμαίων"); in weiterer Folge – und zwar nach der punischen Attacke auf die römische Gesandtschaft – treffen auch die Gesandten aus Rom ein und berichten, daß der Senat und das Volk den Friedensvertrag angenommen hätten. Ist nun der livianische Senatsbeschluß auf eine annalistische Fälschung zurückzuführen, wie dies ein Großteil der Forschung annimmt, oder läßt er sich mit Polybios und den übrigen Quellen vereinbaren?[328]

Bereits im letzten Jahrhundert unternahm ZIELINSKI[329] den Versuch die Ereignisse in Rom zu rekonstruieren. Zunächst betonte er zu Recht, daß "Scipio eine starke Gegenpartei im Senate hatte und daß er auf einen starken Anhang im

---

[326] Zu Recht geht etwa SEIBERT 1993, 453 Anm. 90 davon aus, daß es zumindest eine, wenn nicht sogar mehrere Senatsdebatten gegeben hat.

[327] Livius wiederholt anläßlich des Dialoges zwischen Hannibal und Scipio, daß der Senat einen Friedensschluß abgelehnt hätte (und zwar aufgrund der geringen Würde der punischen Gesandtschaft; Liv. 30,30,28). Es läßt sich jedoch auch bei Livius ein Indiz dafür finden, daß trotz dieses Senatsbeschlusses in weiterer Folge eine Entscheidung zugunsten des Friedens gefallen war: Zu Beginn des Jahres 202 wird der Konsul Ti. Claudius Nero, der nach einigen Streitigkeiten als Amtsbereich Afrika (wenngleich mit bestimmten Einschränkungen; siehe unten S. 138-140) erhalten hatte, in Rom zurückgehalten, da der Senat beschlossen hatte, daß die Entscheidung, zu welchen Bedingungen der Friedensvertrag gewährt werde, eher bei Scipio als bei Claudius Nero liegen solle (..."*patres de pace P. Scipionis potius arbitrium esse, quibus legibus daretur, quam consulis censuerant.*"; Liv. 30,38,7).

[328] Vgl. SEIBERT 1993a, 454 Anm 94 ("Dieser Senatsbeschluß, den Liv. 30,23,5ff. überliefert und der vielfach als unglaubwürdig angesehen wird, verdient durchaus Vertrauen.")

[329] ZIELINSKI 1880, 44-68

Volke rechnen durfte",[330] wenngleich sich dies nicht nur im staatsrechtlichen Konflikt um die Verteilung der Amtsbereiche des Jahres 205 v.Chr. zeigt:[331] So weigerte sich der Senat, Scipio nach seinen Erfolgen in Iberien einen Triumphzug zu gewähren,[332] gewährte weiters nur unzureichende Truppen und Geldmittel für die Kriegsführung Scipios in Afrika[333] und versuchte schließlich die "Pleminiusaffäre" gegen Scipio hochzuspielen sowie das *imperium* des nunmehrigen Prokonsuls zu abrogieren.[334]

---

[330] ZIELINSKI 1880, 49

[331] Scipio wurde zwar nach seinen aufsehenerregenden Erfolgen in Iberien vom Volk mit ungeheurer Begeisterung (*ingenti favore*; Liv. 28,38,6) für das Jahr 205 zum Konsul gewählt – angeblich wies die Wahl die höchste Wahlbeteiligung während des Krieges auf, wobei die Leute "*non suffragandi modo, sed etiam spectandi causa P.Scipionis*" nach Rom gekommen waren (Liv. 28,38,8) – , erhielt jedoch vom Senat wider Erwarten nicht Afrika, sondern Sizilien als Amtsbereich zugeteilt. Als Scipio offen erklärte, er würde seinen Plan einer Kriegsführung in Afrika notfalls mit Hilfe des Volkes durchsetzen, wenn der Senat sich dagegenstelle (Liv. 28,40,1f. vgl. auch Liv. 28,45,2), fragte der ehemalige Konsul Q. Fulvius Flaccus im Senat nach einer hitzigen Debatte, ob Scipio sich der Entscheidung des Senates beuge oder ob er einen Antrag an die Volksversammlung stelle. Auf die ausweichende Antwort Scipios hin, er werde tun, was im Interesse des Staates liege (Liv. 28,45,3), bat Fulvius die Volkstribunen um Unterstützung. Tatsächlich stellten sich diese hinter Fulvius und erklärten, sie würden einen Antrag an das Volk nicht zulassen (Liv. 28,45,7).

[332] Zwar deckte sich die Begründung dieses Senatsbeschlusses, wonach lediglich ein *magistratus cum imperio*, nicht hingegen ein *homo privatus cum imperio* einen Triumph feiern dürfe (Cass. Dio 17,57,56; vgl. auch Liv. 28,38,4), durchaus mit den Prinzipien des republikanischen Staatsrechts, doch ist SEIBERT 1993a, 410 Anm. 51, wonach "mancher Senator hier eine willkommene Gelegenheit gesehen haben dürfte, dem jungen Mann, der so selbstbewußt seine Erfolge vorgetragen hatte, zu zeigen, daß die Bäume nicht in den Himmel wachsen", Recht zu geben. Vgl. auch Val. Max. 2,8,5 (*Quin etiam ius, de quo loquor, sic custoditum est, ut P. Scipioni ob reciperatas Hispanias, M. Marcello ob captas Syracusas triumphus non decerneretur, quod ad eas res gerendas sine ullo erant missi magistratu*). Nach App., Ib. 38,156 (καὶ Σκιπίων μὲν θαυμαζόμενος ἐθριάμβευεν) durfte Scipio einen Triumph feiern (aus Pol. 11,33,7 läßt sich dies meines Erachtens entgegen SEIBERT 1993a, 410 Anm. 51 nicht herauslesen), doch dürfte dieser Irrtum Appians auf den prunkvollen Einzug Scipios in die Stadt zurückzuführen sein (zutreffend spricht SEIBERT 1993a, 410 von einem "Quasi-Triumph").

[333] Vgl. nur Zon. 9,11,6: "οὔτε δὲ στράτευμα ἀξιόλογον οὔτε πρὸς τριήρεις ἀνάλωμα ἔλαβε, διὰ τὰς ἀριστείας φθονούμενος· μόλις δὲ καὶ τὰ πάνυ ἀναγκαῖα παρέσχον αὐτῷ." ("Doch stellte man ihm weder ein nennenswertes Heer noch Mittel für Dreiruderer zur Verfügung, alles eine Folge des Neides, welchen seine Heldentaten erregten. Kaum, daß man ihn auch nur mit den allernötigsten Dingen versah."). Vgl. auch Plut., Fab.Max. 25,3

[334] Im Jahr 205 v.Chr. wurde Lokroi Epizephyroi von Scipio erobert, obwohl dieser lediglich Sizilien als Amtsbereich innehatte. Unter dem neuen Stadtkommandanten, Scipios *legatus pro praetore* Q. Pleminius, kam es zu Übergriffen gegen die Bevölkerung und zu unkontrollierten Plünderungszügen, jedoch auch zu handfesten Auseinandersetzungen innerhalb der römischen Besatzung (Liv. 29,8,1-9,11; vgl auch Liv. 29,18,10). Obwohl Scipio seinen Legaten in einem Militärverfahren ausdrücklich von jeder Schuld freisprach, entsandte der römische Senat im Jahr 204 v.Chr. aufgrund der Beschwerde der Einwohner von Lokroi eine Kommission, die den Einwohnern Schadenersatz zuerkannte, worauf diese auf eine Klage gegen Scipio verzichteten. Die Kommission untersuchte in weiterer Folge die Gerüchte über Scipios angeblich unrömischen Lebenswandel und über den schlechten Zustand seiner Armee, erstellte jedoch

In weiterer Folge nimmt Zielinski an, daß der Senat eher zu einer Fortsetzung des Krieges geneigt war; vor allem die Kandidaten der Konsulwahlen für das Jahr 202 hätten die Hoffnung gehegt, die Lorbeeren eines Sieges über Karthago einzuheimsen. Hingegen sei das Volk angesichts der jahrelangen Kriegslasten für ein sofortiges Ende der Auseinandersetzung mit Karthago gewesen und hätte den Wunsch gehabt, daß "der Ruhm des Sieges seinem Liebling ungeteilt beschieden werde, dem gottbegnadeten Feldherrn".[335] Daher hätte das Volk, obwohl der Senat in einer ersten Sitzung den Friedensvertrag mit Karthago verworfen hatte, in einer von den Volkstribunen einberufenen Volksversammlung dennoch für den Frieden gestimmt, worauf der Senat in einer weiteren Sitzung aus diesem Plebiszit ein *senatus consultum* machte.[336] Somit sei auch die polybianische Überlieferung, wonach zunächst lediglich das Volk (Pol. 15,1,3f.) und erst danach sowohl der Senat als auch der Volk für einen Friedensvertrag gestimmt hätten (Pol. 15,4,8), verständlich.[337]

Tatsächlich nennt Polybios in den beiden angeführten Belegstellen zunächst lediglich das römische Volk (15,1,3) und erst darauf sowohl Volk als auch Senat (15,4,8), doch meine ich, daß bei der ersten Polybiosstelle lediglich eine leichte Ungenauigkeit ("ὁ δῆμος" statt besser "ἥ τε σύγκλητος ὅ τε δῆμος") des Autors festzustellen ist, sodaß es meines Erachtens problematisch ist, diese beiden Polybiosnotizen als Ausgangspunkt für die These heranzuziehen, daß sich ein Plebiszit zugunsten eines Friedens zwischen Rom und Karthago über einen konträren Senatsbeschluß hinwegsetzte.

(1) Polybios spricht von der *Ratifikation* des (bereits vollständig ausgehandelten) Vertrages ("κεκύρωκε[338] τὰς συνθήκας ὁ δῆμος τῶν Ῥωμαίων.", Pol. 15,1,3 bzw. "προθύμως ἥ τε σύγκλητος ὅ τε δῆμος ἀποδέξαιντο τὰς γενομένας δι' αὐτοῦ συνθήκας πρὸς τοὺς Καρχηδονίους", Pol. 15,4,8), nicht jedoch von einem Beschluß, mit den Karthagern einen (noch auszuhandelnden!) Vertrag einzugehen. Mit anderen Worten: die beiden angeführten Belege führen uns in das Endstadium der Vertragsverhandlungen und daher in die ersten zwei, drei Monate des Jahres

---

einen positiven Bericht, sodaß der Senat Scipios imperium beließ. Letztlich kostete die Pleminiusaffäre Scipio beinahe die gesamte Kriegssaison 204. Ausführlich zur Affäre TOYNBEE 1965, 613-627, SEIBERT 1993a, 425f. (mit Quellen- und Literaturzitaten) und FEIG VISHNIA 1997, 77f. Vgl. schließlich auch Lippold 1963, 61f.201f.

[335] ZIELINSKI 1880, 50

[336] ZIELINSKI 1880, 51

[337] Vgl. etwa ZIELINSKI 1880, 48 ("Wenn wir die Worte betonen – und das müssen wir, weil sie sonst widersinnig wären – so ergibt sich aus ihnen, daß zunächst das römische Volk, und erst nach ihm der Senat den Vorschlag Scipio's gebilligt hätte..."). Vgl. dazu auch SEIBERT 1993a, 454 Anm. 95.

[338] Daß Polybios "κυρόω" in der Bedeutung "ratifizieren" verwendet, zeigt sich am besten anläßlich des Lutatius-Vertrages von 241: "Der unter Lutatius im ersten Krieg um Sizilien abgeschlossene Friedensvertrag ...sei , obwohl von Lutatius bereits vollzogen, dann doch vom römischen Volk nicht ratifiziert worden ("ἀκύρους ποιῆσαι"), weil er ohne dessen Einwilligung zustande gekommen sei. (Pol. 3,21,2)". Weitere Beispiele: Pol. 6,14,11 ("κύρια ποιῶν") oder 6,15,9 ("τὰς διαλύσεις καὶ συνθήκας ἀκύρους καὶ κυρίας ποιῶν")

202, nicht jedoch in den Herbst 203, als es in Rom noch um die Frage ging, ob denn überhaupt ein Friedensvertrag geschlossen werden solle.[339] Lediglich in dieser Frage jedoch vertrat der Senat zunächst den Standpunkt der Fortsetzung des Krieges und somit eine andere Meinung als das Volk von Rom. Als in weiterer Folge – aus welchen Gründen auch immer – dennoch ein Friedensvertrag ausgehandelt wurde, so wurde dieser sowohl vom Volk als auch vom Senat ratifiziert, wie Polybios an anderer Stelle auch bestätigt ("ἐπείσθη τὸ συνέδριον τούτοις, ὁ δὲ δῆμος συγκατήνεσε.", Pol. 15,8,9). Somit hätte Polybios korrekterweise in 15,1,3 auch den römischen Senat mitanführen müssen.

(2) Ähnliche Ungenauigkeiten finden sich bei Polybios anläßlich des Vertrages von 241, wenn er meint, daß der Vertrag vom römischen Volk nicht ratifiziert worden sei, weil er ohne Einverständnis des Volkes geschlossen worden sei (Pol. 3,21,2)[340], oder auch anläßlich des sogenannten Ebrovertrages ("...es fehle die Klausel wie bei dem Vertrag mit Lutatius, er solle gültig sein, wenn ihn auch das römische Volk gutheiße.", Pol. 3,29,3).[341] Natürlich war auch das Einverständnis des römischen Senates Voraussetzung für eine rechtskonforme Ratifikation eines völkerrechtlichen Vertrages; die lateinische Form dieser Suspensivklausel – "*dum populus senatusque vellet*" – findet sich auch in zwei inschriftlich überlieferten "Deklarationen" aus Spanien, einerseits im berühmten Dekret des L. Aemilius Paullus aus dem Jahr 189 v.Chr.,[342] andererseits in einer erst seit einigen Jahren bekannten Verfügung aus dem Jahr 104 v.Chr.[343] Somit läßt sich bei zwei weiteren Polybiosstellen eine Ungenauigkeit des Historikers nachweisen: auch hier wird der Senat versehentlich nicht genannt; Polybios führt in verallgemeinender Form lediglich das römische Volk ("ὅ δῆμος") an. Daß Polybios der korrekte staatsrechtliche Ratifikationsmodus bekannt war, zeigt etwa der Friedensvertrag zwischen Rom und den Ätolern (des Jahres 189 v.Chr.): "Der Vertrag wurde vom Senat gutgeheißen und vom Volk bestätigt" (Δόξαντος δὲ τῷ συνεδρίῳ, καὶ τοῦ δήμου συνεπιψηφίσαντος..., Pol. 21,32,1)

[339] Tatsächlich wird noch zu zeigen sein, daß der angebliche punische Waffenstillstandsbruch (Kaperung einer Versorgungsflotte, Angriff auf eine römische Gesandtschaft), der das historische Umfeld der beiden angeführten Polybiosbelege bildet, etwa in den März oder April 202 zu datieren ist.

[340] Pol. 3,21,2: Τὰς γὰρ ἐπὶ Λυτατίου γενομένας συνθήκας ἐν τῷ πολέμῳ τῷ περὶ Σικελίας, ταύτας ἔφασαν ἤδη συνωμολογημένας ὑπὸ Λυτατίου μετὰ ταῦτα τὸν δῆμον τῶν Ῥωμαίων ἀκύρους ποιῆσαι διὰ τὸ χωρὶς τῆς αὐτοῦ γενέσθαι γνώμης.

[341] Pol. 3,29,3: Οὐ γὰρ προσέκειτο, καθάπερ ἐπὶ τοῦ Λυτατίου, κυρίας εἶναι ταύτας, ἐὰν καὶ τῷ δήμῳ δόξῃ τῶν Ῥωμαίων.

[342] CIL I^2 614 = CIL II 5041 = ILLPR² 514 = ILS 15 = FIRA I 51. Zu dieser Inschrift siehe auch L.SCHUMACHER, Römische Inschriften, Stuttgart 1988, 86f. (Nr. II/16); A.E.GORDON, Illustrated Introduction to Latin Epigraphy. Berkeley 1983, 82f. (Nr. 7); R.WACHTER, Altlateinische Inschriften, Bern/Frankfurt/New York/Paris 1987, 287f. sowie E.H.WARMINGTON, Remains of Old Latin. Archaic Inscriptions, Cambridge/London 1940, 254f. (Nr. 25). Vgl. weiters HÜBNER 1869 sowie MOMMSEN 1869

[343] AE 1984, 495. Erstpublikation: R.LÓPEZ MELERO / J.SALAS MARTIN / J.L.SÁNCHEZ ABAL / S.GARCIA JIMÉNEZ, El bronce de Alcántara. Una deditio del 104 a.C., Gerion 2 (1984), 265-323. Eine ausführliche Behandlung dieser Inschrift mit weiteren Literaturverweisen findet sich

Obwohl daher Zielinskis Lösungsvorschlag, der zum Großteil von der modernen Forschung akzeptiert wurde,[344] nicht mit den beiden genannten Polybiosstellen untermauert werden kann, so scheint er nichtsdestoweniger inhaltlich schlüssig und zutreffend zu sein. Somit möchte auch ich mich ihm im Ergebnis anschließen, zuvor jedoch Zielinskis Überlegungen anhand einiger Quellenbelege überprüfen.

(1) Nach Livius kümmerten sich alle neugewählten oder prorogierten Konsuln und Prätoren des Jahres 203, vor allem jene mit Amtsbereichen in Iberien, Sizilien, Sardinien oder im Flottenwesen, um Afrika, "als wäre es ihnen durch das Los zugefallen" (Liv. 30,3,1).
(2) Nach dem Abzug Hannibals aus Bruttium nach Afrika setzte der Konsul Cn. Servilius Caepio, der als Amtsbereich eben Bruttium innehatte, nach Sizilien über und wollte schließlich Hannibal nach Afrika folgen (Liv. 30,24,1-4).[345] Daraufhin beschloß der Senat den Konsul zurückzurufen und beauftragte damit

---

bei NÖRR 1989. Vgl. weiters dazu ZIEGLER 1991 (= Rezension von NÖRR 1989) und ZIEGLER 1992.

[344] Vgl. nur SEIBERT 1993a, 454 Anm. 95 (mit weiteren Literaturverweisen). Bedenklich erscheint mir jedoch bei SEIBERT die Methode, einerseits den exakten Wortlaut der beiden zuvor angeführten Polybiosstellen (15,1,3 bzw. 15,4,8) für die These, wonach sich ein Plebiszit zugunsten eines Friedensschlusses mit Karthago über einen konträren Senatsbeschluß hinweggesetzt hatte, heranzuziehen (SEIBERT 1993a, 454 Anm. 95), andererseits an anderer Stelle die Wortwahl des Polybios zu kritisieren: "Die von Polybios gewählten Formulierungen sind sehr allgemein gehalten..." (SEIBERT 1993a, 457 Anm. 109). Nach BAGNALL 1995, 361 "dominierten die Scipio feindlich gesinnten Gruppierungen; zu einer direkten Ablehnung des Friedensbedingungen mochten sie sich jedoch trotzdem nicht so ohne weiteres entschließen."

[345] Zunächst ist darauf hinzuweisen, daß die Heereskommandanten des Jahres 203 vom Senat den strikten Auftrag erhalten hatten, den Abzug der Heeres Magos (Ligurien) und Hannibals (Bruttium) nach Afrika zu verhindern; zudem sei man beunruhigt gewesen, daß nach dem erfolgreichen Abzug der beiden punischen Heere nunmehr ein einziges Heer – die afrikanische Expeditiosarmee unter Scipio – die Last des Krieges zu tragen hatte (Liv. 30,21,1f.). Servilius Caepio konnte sich somit auf die drohende Notlage Scipios berufen. Als Präzedenzfall boten sich die Ereignisse des Jahres 207 an, als der Konsul C. Claudius Nero seinen Amtsbereich Lukanien bzw. Bruttium verließ, um seinem Amtskollegen M. Livius Salinator, der im Norden Italiens eine Invasion Hasdrubals verhindern sollte, mit einer Heeresabteilung zu Hilfe zu eilen. Nach Liv. 27,43,6 glaubte Claudius, "die Lage des Staates sei nicht so, daß jeder mit den üblichen Maßnahmen innerhalb der Grenzen seines Aufgabenbereiches mit seinen Heeren gegen den Feind, den der Senat ihm bestimmt habe, Krieg führen dürfe; man müsse etwas Unvorhergesehenes, Unerwartetes wagen..." ("*non id tempus esse rei rei publicae, quo consiliis ordinariis provinciae suae quisque finibus per exercitus suos cum hoste destinato ab senatu bellum gereret – audendum aliquid improvisum, inopinatum*"). Es zeigt sich jedoch in der Staatspraxis der folgenden Jahrzehnte, daß ein Verlassen des Amtsbereiches vom Senat nicht geduldet wurde: Im Jahr 205 hatte Scipio, der als konsularischen Amtsbereich Sizilien erhalten hatte, Lokroi angegriffen, obwohl die Stadt im unmittelbaren Amtsbereich seines Amtskollegen P. Licinius Crassus lag. Daraufhin trat Q.Fabius Maximus im Senat für die Abrogation des *imperium* Scipios ein, da dieser "*iniussu senatus de provincia decessisset*" (Liv. 29,19,6). Weitere Beispiele bei KUNKEL/WITTMANN 1995, 307. Zudem konnte ein ungerechtfertigtes Verlassen des Amtsbereiches auch zum Verlust des Triumphrecht führen (Belege bei KUNKEL/WITTMANN 1995, 308 Anm. 46). Siehe auch KUNKEL/WITTMANN 1995, 310 Anm. 48.

einen der Praetoren[346]. Als dieser mitteilte, der (naturgemäß höherrangige) Konsul werde sich wohl wenig um den Brief eines Praetoren kümmern,[347] wurde P. Sulpicius Galba zum Diktator bestellt, sodaß er kraft seines höheren Amtes ("*pro iure maioris imperii*") den Konsul zurückrufen konnte. Zwar wurde diese kleine Verfassungskrise aufgrund der Tatsache, daß die Fasti lediglich eine Diktatur *comitiorum habendorum caussa*, also zur Abhaltung von Wahlen,[348] verzeichnen, in ihrer Historizität größtenteils bezweifelt,[349] meines Erachtens jedoch zu Unrecht.[350]

(3) In Plutarchs Biographie des Fabius Maximus erfahren wir einiges über den innenpolitischen Hintergrund der letzten Jahre des Zweiten Punischen Krieges (Plut., Fab.Max. 25f.): Nach seiner Rückkehr aus Spanien hatte Scipio wie noch kein Feldherr vor ihm die Zuneigung und Verehrung des römischen Volkes errungen und wurde daher zum Konsul gewählt. Gegen seinen Plan einer Invasion Afrikas opponierte Fabius erfolgreich im Senat, was ihm jedoch beim Volk die Nachrede des Neides eintrug. Zudem widersetzte sich Fabius im Senat gegen jegliche Unterstützung des Expeditionskorps und versuchte sogar die privaten Bemühungen seines Widersachers zu unterbinden. Als die Nachricht von den außerordentlichen Erfolgen Scipios nach Rom kam, verlangte Fabius die Ablöse Scipios durch einen neuen Feldherrn, um nicht das Glück eines einzigen allzu sehr herauszufordern. Dadurch "stieß er mit dem

---

[346] Beauftragt wurde eventuell P. Vilius, der auf Sizilien, wo Servilius seine Überfahrt nach Afrika vorbereitete, amtierte. Andere Vorschläge: M.Pomponius, Kommandant der sizilischen Flotte (so Seibert 1993a, 451 Anm. 79) und *praetor urbanus* P. Aelius Paetus, (so KUNKEL /WITTMANN 1995, 222 Anm. 422 sowie HILLEN 1997, 715).

[347] Die Frage, warum nicht der zweite Konsul mit der Aufgabe der Rückrufung des Cn. Servilius Caepio beauftragt wurde, erübrigt sich wohl angesichts der Tatsache, daß Amtskollege des Caepio ebenfalls ein (allerdings patrizischer) Angehöriger der Familie der Servilii, nämlich C. Servilius Geminus, war.

[348] An anderer Stelle auch bei Livius als Wahldiktatur bezeugt (Liv. 30,26,12).

[349] HUSS 1985, 413 Anm. 76 ("Dieser Bericht ist äußerst suspekt."). Skeptisch KUNKEL/WITTMANN 1995, 222 Anm. 422 sowie auf den Seiten 668 bzw. 692. Für die Historizität lediglich SCULLARD 1930, 224 und (mit Vorbehalt) auch SEIBERT 1993a, 451f. Anm. 79 (mit weiterer Literatur).

[350] Nach Livius erfüllten der Diktator P. Sulpicius Galba und sein *magister equitum* M. Servilius Geminus – Sulpicius Galba nahm bei der Ernennung seines *magister equitum* wohl Rücksicht auf die Familie der beiden amtierenden Konsuln – im Laufe des Jahres 203 gleich drei Aufgaben: erstens die Rückberufung des Cn. Servilius Caepio (Liv. 30,24,3), zweitens die Untersuchung der Treuebrüche italischer Städte (Liv.30,24,4) – dies war gerade nach Hannibals Abzug eine besonders wichtige und dringliche Mission (vgl. zu den Folgen App., Ann. 61,252f. sowie Aul.Gellius 10,3,19) – und drittens die Durchführung der Wahlen für das Jahr 202 (Liv. 30,26,12). Daß nur die dritte Funktion (*comitiorum habendorum caussa*) Aufnahme in die Fasti fand, erklärt sich von selbst: Weder die Rückberufung eines renitenten Konsuls noch die Untersuchungstätigkeiten bei abtrünnigen italischen Städten zählen zu den Ruhmesblättern der römischen Staatspraxis bzw. Geschichte. Unabhängig von der staatsrechtlichen Seite ist jedoch auf den historischen Hintergrund zu verweisen: Die Kriegsführung auf afrikanischem Boden war im Jahr 203 angesichts der guten Erfolgschancen für jeden Magistrat erstrebenswert (so mit Recht auch SEIBERT 1993a, 451f. Anm. 79 (a.E.); Cn. Servilius Caepio durfte als amtierender Konsul durchwegs hoffen, in die Annalen als derjenige Magistrat einzugehen, der erfolgreich den Zweiten Punischen Krieg beenden konnte, da nach römischem Staatsrecht die prorogierten Magistrate (in diesem Fall Scipio) im selben Amtsbereich den ordentlichen Magistraten gleichen Ranges (Sevilius Caepio als amtierender Konsul) nachgeordnet waren (vgl. KUNKEL/WITTMANN 1995, 16).

Ruf eines übel gesinnten oder verleumderischen Mannes viele vor den Kopf." (οὕτω προσέκρουσεν ἤδη πολλοῖς, ὡς δύσκολος ἀνὴρ καὶ βάσκανος, Plut., Fab. Max. 26,3). Selbst nach dem Abzug Hannibals untergrub Fabius mit seinen Warnungen die Zuversicht des römischen Volkes.

(4) Wenige Wochen nach der Entscheidung für die Annahme des Friedensvertrages wurden zu Beginn des Jahres 202 die Amtsbereiche für die neuen Konsuln verlost. Sowohl M. Servilius Geminus als auch Ti. Claudius Nero forderten die Aufnahme Afrikas in die Auslosung der Provinzen,[351] doch blockierte Q. Caecilius Metellus, ehemaliger Konsul des Jahres 206, diesen Antrag. Indes gestattete der Senat den beiden neugewählten Konsuln mit den Volkstribunen über eine Rogation an die Volksversammlung, wer nach dem Willen des Volkes in Afrika Krieg führen solle, zu verhandeln. Doch obwohl sich die Tributkomitien einstimmig für Scipio aussprachen, ließ der Senat schließlich doch die Auslosung des Amtsbereiches Afrika zu. Das Los entschied für Ti. Claudius Nero, der vom Senat den Auftrag erhielt, mit einer Flotte nach Afrika zu übersetzen, wo er dieselbe Amtsgewalt wie Scipio innehaben solle (Liv. 30,27,1-5).[352]

(5) An versteckter Stelle – nämlich nach der Schilderung der Schlacht bei Zama und den erneuten Friedensverhandlungen am Ende des Jahres 202 – findet sich bei Livius ein Rückgriff auf die Ereignisse zu Beginn des Beginn des Jahres 202 bzw. auf die Aktivitäten des Ti. Claudius Nero (Liv. 30,38,5-39,3). Wir erfahren, daß sich in Rom bei der ersten Kunde von der Wiederaufnahme der Feindseligkeiten (= Bruch des Waffenstillstandes des Winters 203/202) durch die Karthager Unruhe breitgemacht hatte, und daß Claudius Nero angewiesen wurde, rasch nach Afrika überzusetzen. Zuvor hatte sich der Konsul Zeit gelassen, da seine Anwesenheit in Afrika nicht notwendig gewesen war – Scipio sollte nach Ansicht des Senates die alleinige Entscheidungsbefugnis hinsichtlich der Gestaltung des Friedensvertrages haben. Als Claudius Nero endlich Rom verließ, geriet er in heftige Unwetter und mußte nach einer wahren Odyssee (zunächst Richtung Norden über Cosa und Populonium zur Insel Elba, anschließend nach Korsika und Sardinien) mit seiner schwer angeschlagenen Flotte den Hafen Carales im Süden anlaufen, wo er schließlich das restliche Amtsjahr aufgrund der Reparaturen untätig verbringen mußte.

Wie lassen sich nun die angeführten Quellenstellen in unsere Überlegungen integrieren? Zunächst erhellt vor allem Plutarch den innenpolitischen Hintergrund der letzten Jahre des Zweiten Punischen Krieges. Die außerordentlichen Erfolge Scipios in Spanien führen zu dessen beinahe grenzenloser Verehrung und Beliebtheit beim Volke, hingegen diametral entgegengesetzt zu Neid und Mißgunst innerhalb der Senates, der unter der

[351] Scipios *imperium* mußte für das Jahr 202 nicht verlängert werden, da der Senat bereits zu Beginn des Jahres 203 Scipios Amtsgewalt zeitlich auf die restliche Dauer der Krieges in Afrika ausgedehnt hatte (vgl. dazu oben S.105).

[352] Dies widersprach dem geltenden römischem Staatsrecht, wonach die prorogierten Magistrate (in diesem Fall Scipio) im selben Amtsbereich den ordentlichen Magistraten gleichen Ranges (Ti. Claudius Nero als amtierender Konsul) nachgeordnet waren (vgl. KUNKEL/WITTMANN 1995, 16).

Führung des *senatus princeps*[353] Q. Fabius Maximus Roms erfolgreichsten Feldherrn der letzten Jahre mit allen Mitteln zu behindern trachtete. Zusammen mit den früher angeführten Belegen (oben Seite 129) bestätigt sich Zielinskis Gesamtbild der "starken Gegenpartei im Senat" bzw. des "starken Anhangs im Volke".[354] Weiters zeigen die wiederholten Bemühungen verschiedener Magistrate, in Scipios Amtsbereich zu intervenieren oder diesen sogar zu erhalten, daß Scipio hinsichtlich der Beendigung des Krieges unter Zeitdruck stand. Er wäre als prorogierter Magistrat jedem ordentlichen Magistrat mit zumindest konsularischem Imperium nachgeordnet gewesen. Diese staatsrechtliche Grundregel konnte in weiterer Folge (während des Jahres 202) von Scipios Gefolgsleuten im Senat nur mit Mühe abgeschwächt werden, indem der neugewählte Konsul Ti. Claudius Nero lediglich mit gleichrangigem imperium ("*parique imperio*") nach Afrika entsandt wurde.[355]

Der Abschluß eines Friedensvertrages bot Scipio gegen Endes des Jahres 203 die Gelegenheit, den Krieg als alleiniger[356] Inhaber eines konsularischen *imperium* auf afrikanischem Boden rechtzeitig vor Beginn des nächsten Amtsjahres zu beenden, doch noch war nicht absehbar, welche Haltung der Senat einnehmen würde. Erst nach der ersten Sitzung, die mit dem Beschluß endete, keinen Friedensvertrag zu schließen und mit der Kriegsführung fortzufahren (Liv. 30,23,5-8),[357] mußte Scipio sein Ziel mit einer drastischen Maßnahme anvisieren, einem Plebiszit gegen den Willen des Senates.[358] Bekanntlich hatte die *lex Hortensia* im Jahr 287 die Grundlage dafür geschaffen, daß ein Plebiszit nach tribunizischer Rogation auch ohne Zustimmung des Senates (*sine auctoritate senatus*) Gesetzeskraft erhielt.[359] Seit 232 lassen sich in den Quellen die ersten

---

[353] Zwar zeichnet Plutarch namentlich nur von Fabius Maximus ein schlechtes Bild, doch liegt es auf der Hand, daß es innerhalb des Senates einer Mehrheit bedurfte, um entsprechende Anträge durchzubringen.

[354] ZIELINSKI 1880, 49

[355] Nach Zon. 9,14,2 befürchtete Scipio dennoch, daß der nach Afrika eilende Claudius Nero ihm den Siegesruhm entreißen würde.

[356] Zwar wurde Scipios *imperium* bereits zu Beginn des Jahres 203 auf die restliche Dauer der Kriegshandlungen in Afrika ausgedehnt, sodaß der Feldherr sich seiner Befehlsgewalt auch für das Jahr 202 sicher sein konnte, doch drohte für das Jahr 202 die Entsendung eines ordentlichen Magistrats mit konsularischem *imperium*, welchem Scipio nachgeordnet gewesen wäre.

[357] Es sei jedoch daran erinnert, daß die Quellen eindeutig Meinungsdifferenzen innerhalb des Senates belegen. Zumindest ein Teil des Senates vertrat Scipios Position, wonach ein Friedensvertrag mit Karthago geschlossen werden solle, wenngleich diese Ansicht zunächst eine Minderheitsmeinung blieb.

[358] Allgemein zu den Plebisziten gegen den Willen des Senates: KUNKEL/WITTMANN 1995, 611-614

[359] Vgl. Gaius inst. 1,2,4 (*Sed et plebi scita lege Hortensia lata non minus valere quam leges coeperunt.*) Vgl. auch KUNKEL/WITTMANN 1995, 611 ("Die lex Hortensia machte die Verbindlichkeit von Plebisziten von der Zustimmung des Senats unabhängig und schuf damit

Präzedenzfälle einer Anwendung der *lex Hortensia* nachweisen,[360] und auch Scipio selbst hatte bereits zu Beginn seiner Amtszeit als Konsul gedroht, seinen Kriegsplan, nämlich eine Invasion Afrikas, mit Hilfe des Volkes durchsetzen, wenn sich der Senat widersetze (Liv. 28,40,1f. vgl. auch Liv. 28,45,2). Zwar stellten sich damals die Volkstribunen noch auf die Seite des Senates, indem sie erklärten, sie würden einen Antrag an das Volk nicht zulassen (Liv. 28,45,7), doch mochten sie damals vielleicht durch den drohenden hohen Blutzoll einer allzu wagemutigen Invasion abgeschreckt gewesen sein. Knappe drei Jahre später hatte sich die Situation in ihr Gegenteil verkehrt: Durch die Annahme des Friedensvertrages konnte ein Schlußstrich unter den verlustreichsten Krieg Roms gezogen werden.

Daß gegen Ende des Jahres 203 in Rom der Beschluß – und zwar von Senat und Volk – gefaßt wurde, mit Karthago einen Friedensvertrag zu schließen, darf aufgrund der Quellen (abgesehen von Liv. 30,23,8)[361] gesichert gelten: Polybios, der unbekannte Historiker des Pap. Rylands III Nr. 491, Appian, Cassius Dio (bzw. sein Epitomator Zonaras) und Eutrop stimmen wie erwähnt in diesem Punkt in eindeutiger Weise überein. Selbst bei Livius läßt sich an versteckter Stelle der Nachweis finden, daß es zu einem Friedensbeschluß gekommen sein muß (siehe zuvor Anm. 361). Somit fehlt zwischen der vorläufigen Ablehnung des Friedensvertrages und seiner tatsächlichen Annahme ein einziges Glied in unserer Indizienkette: eine tribunizische Rogation *sine auctoritate senatus*, betrieben durch einen Scipio nahestehenden Volkstribun.[362]

Die weiteren Ereignisse lassen sich anhand der bisher besprochenen Quellen weitestgehend rekonstruieren: Zunächst beschloß das *concilium plebis*, mit Karthago Frieden zu schließen.[363] Obwohl dieses Plebiszit aufgrund der *lex*

---

ein selbständiges tribunizisches Rogationsrecht."); unrichtig jedenfalls DEMANDT 1995, 392 ("... doch brauchten die plebis scita die Zustimmung des Senates").

[360] Dazu näher KUNKEL/WITTMANN 1995, 611-614

[361] Wie bereits erwähnt, findet sich jedoch auch bei Livius – wenngleich an etwas abgelegener Stelle – ein Beleg dafür, daß in Rom ein Beschluß zugunsten eines Friedensvertrages gefaßt worden sein muß: Er schildert, daß der gewählte Konsul Claudius Nero zu Beginn des Jahres 202 vom Senat von einer Überfahrt nach Afrika abgehalten wurde, da der Senat der Meinung gewesen sei, daß eher Scipio als der Konsul mit den Karthagern Friedensvertragsverhandlungen führen solle (Liv. 30,38,7).

[362] SEIBERT 1993a, 454f. Anm. 95 schlug mit guten Argumenten Cn. Baebius Tamphilus vor: Ein Mitglied der Familie der Baebier – L.Baebius – befand sich als Legat im Lager Scipios; ein weiteres Mitglied dieser Familie – Q. Baebius – trat im Jahr 200 offen gegen den Kriegsbeschluß des Senats gegen König Philipp V. von Makedonien auf: der Senat reihe auf Kosten des Volkes Krieg an Krieg (Liv. 31,6,4).

[363] Zwar war die Entscheidung über eine eventuelle Kriegserklärung des Zenturiatskomitien vorbehalten, doch genügte für einen Friedensbeschluß auch ein Plebiszit des *concilium plebis* (so auch KUNKEL/WITTMANN 1995, 598 Anm. 141; vorsichtig jedoch SCHLEUSSNER 1978, 28 Anm. 65). Dies zeigte sich (allerdings mit umgekehrten Vorzeichen) etwa im Jahr 201

Hortensia auch *sine auctoritate senatus* allgemeine Gesetzeskraft hatte, entschloß sich der Senat in einer weiteren Sitzung, den Volksbeschluß nachträglich zu billigen. Zugleich beschloß der Senat, Scipio zwar freie Hand bei der Ausgestaltung des Friedensvertrages zu lassen,[364] jedoch zu seiner Unterstützung ein senatorisches *consilium* nach Afrika zu entsenden (App., Lib. 32,134). Zu Beginn des nächsten Jahres reduzierte der Senat die Anzahl der Legionen von zwanzig auf sechzehn (Liv. 30,27,10 iVm 30,2,7) und halbierte die Anzahl jener Kriegsschiffe, die vor der Küste Siziliens patrouillierte, von vierzig auf zwanzig bzw. die Stärke der bewaffneten Marinesoldaten von 2500 auf 1000 (Liv. 30,27,8f.. iVm 30,2,1-3). Dieser Beschluß ist keineswegs "unverständlich"[365], sondern erklärt sich aufgrund der Tatsache, daß aus Sicht der Römer der Zweite Punische Krieg vor seinem unmittelbaren Ende stand.[366] Dennoch bemühten sich die beiden neugewählten Konsuln des Jahres 202 – M. Servilius Geminus und Ti. Claudius Nero – um die Aufnahme Afrikas unter die auszulosenden Provinzen, wahrscheinlich auf Betreiben des greisen Q. Fabius Maximus, der trotz der Erfolge Scipios in Afrika dessen sofortige Ablöse durch einen neuen Feldherrn forderte (Plut., Fab. Max. 26,3).[367] Der Senat scheute

---

(endgültiges Ende des Zweiten Punischen Krieges) oder im Jahr 196 (Ende des Zweiten Makedonischen Krieges). Im Jahr 201 ersuchte der Senat gegen den Willen des amtierenden Konsuls Cn. Cornelius Lentulus die Volkstribunen um ein Plebiszit hinsichtlich eines Friedensschlusses. Trotz seiner konsularischen Interzession gegen den entsprechenden Senatsbeschluß holten die Volkstribunen M'. Acilius Glabrio und Q. Minucius Thermus beim *concilium plebis* ein Plebiszit ein, wonach der Krieg mit Karthago beendet sein und Scipio den Frieden aushandeln solle (Liv. 30,43,2f.). Ähnlich das Plebiszit des Jahres 196 (Pol. 18,42,1-4; Liv. 33,25,4-7): Obwohl sich der Senat zum Frieden entschlossen und Flamininus mit der Festlegung der Konditionen beauftragt hatte, versuchten die neugewählten Konsuln des Jahres 196 – vor allem M. Claudius Marcellus – unter Behauptung makedonischer Hinterlist einen Friedensschluß zu vereiteln, worauf die Volkstribunen im *concilium plebis* ihren Antrag, zwischen Rom und König Philipp solle Frieden herrschen, durchbrachten. Kritisch zu diesen beiden Plebisziten jedoch TÄUBLER 1913, 127f. Livius überliefert für den Ersten Makedonischen Krieg einen Friedensbeschluß durch die *tribus* (Liv. 29,12,15: *Romam mitterentur legati, ut populus in has condiciones pacem iuberent. Iusserunt omnes tribus.*), wobei entweder die comitia tributa (und somit das Gesamtvolk) oder das nach Tribus abstimmende *concilium plebis* (und somit nur die *plebs*) gemeint sein könnte.

[364] Dies ergibt sich in eindeutiger Weise aus Pol. 15,4,8 bzw. 15,8,7; Liv. 30,38,7; App., Lib. 32, 134; Cass. Dio 17,57,74 (a.E.) und Eutrop 3,22,2.

[365] So SEIBERT 1993a, 462 hinsichtlich der fehlenden Verstärkungen für Afrika. Der Senat beschloß zudem, Scipio mit Nachschubsgütern zu versorgen und schickte im Frühjahr 202 zwei Versorgungsflotten nach Afrika. Zwar datiert Livius (30,24,5-12) die Überfahrt dieser beiden Flotten – eine von ihnen erlitt Schiffbruch und wurde von den Karthagern geplündert – noch in den Herbst 203, doch ist dieses Datum – wie noch zu zeigen sein wird – eben in das Frühjahr 202 zu verschieben.

[366] So auch ZIELINSKI 1880, 51 ("Sie hatten sich auf den bevorstehenden Frieden eingerichtet.")

[367] Livius datiert zwar den Tod des Fabius Maximus bereits in das Jahr 203 (Liv. 30,26,7-10), während wir bei Plutarch lediglich die Nachricht finden, daß Fabius etwa jener Zeit, als Hannibal Italien verließ, erkrankte und starb (27,2). Die (dramaturgisch perfekte) Synchronisation von Hannibals Abzug und Fabius' Erkrankung bzw. Tod erweist sich bei Plutarch jedoch nicht nur bei wortwörtlicher Betrachtung (περὶ ὃν χρόνον' Αννίβας ἀπῆρεν ἐξ

jedoch eine Entscheidung zugunsten der beiden Konsuln und wies diese an, mit den Volkstribunen über eine Rogation hinsichtlich der Frage, wer in Afrika Krieg führen solle, zu verhandeln.[368] Obwohl sich das *concilium plebis* einstimmig für Scipio entschied (Liv. 30,27,3), beschloß der Senat dennoch die Auslosung der *provincia Africa*, wobei das Los auf Tib. Claudius Nero fiel.

Der plötzliche Gesinnungswandel des römischen Senates mag auf den ersten Blick verwundern, doch schränkte der Senat den Aufgabenbereich des Konsuls Claudius Nero erheblich ein: er sollte mit einer Flotte von 50 Fünfruderern, nach Afrika übersetzen und als Feldherr die gleiche Befehlsgewalt wie Scipio haben (..., *ut quinquaginta navium classem, omnes quinqueremes, in Africam traiceret parique imperio cum P.Scipione imperator esset*; Liv. 30,27,5). Aus dieser kurzen Notiz läßt sich freilich noch keine Einschränkung des Amtsbereiches, sondern lediglich die Außerkraftsetzung des Grundsatzes, wonach prorogierte Magistrate den ordentlichen Magistraten gleichen Ranges nachgeordnet waren, herauslesen.[369] Wir erfahren jedoch an anderer Stelle bei Livius, daß Claudius Nero zu Beginn des Amtsjahres 202 in Rom zurückgehalten wurde, da der Senat beschlossen hatte, daß die Entscheidung, zu welchen Bedingungen der Friedensvertrag gewährt werde, eher bei Scipio als beim Konsul Claudius Nero liegen solle (..."*patres de pace P. Scipionis potius arbitrium esse, quibus legibus daretur, quam consulis censuerant.*"; Liv. 30,38,7). Erst bei der Nachricht vom (angeblichen) punischen Bruch des Waffenstillstandes wurde Claudius Nero angewiesen, rasch mit der Flotte nach Afrika überzusetzen.[370] Daraus läßt sich zunächst die Feststellung treffen, daß

'Ιταλίας) als ungenau. Zuvor berichtet er nämlich, daß Fabius nach den Jubelmeldungen aus Afrika (Gefangennahme des Syphax, Vernichtung zweier feindlicher Militärlager, punische Aufforderungen an Hannibal zur Rückkehr) die Rückbeorderung Scipios und seine Ablöse durch einen neuen Feldherrn forderte, da man sich nicht zu sehr auf das Glück eines einzigen verlassen dürfe, und daß er auch nach Hannibals Abzug er mit seinen Kassandrareden beim römischen Volk Angst und Schrecken verbreitete (26,3f.). Da Hannibal Italien etwa im Spätherbst des Jahres 203 verließ, ist es durchwegs möglich, daß Fabius noch die ersten Wochen des Jahres 202 erleben konnte. Nach Plutarchs Worten verlangte Fabius nicht nur die Rückbeorderung Scipios, sondern auch die Entsendung eines neuen Feldherrn ("πέμπεσθαι Σκιπίωνι διάδοχον"); zu Recht geht ZIELINSKI 1880, 64 davon aus, daß sich als einzige offizielle Gelegenheit für die Entsendung eines neuen Feldherrn die Senatssitzung anläßlich der Verteilung der Amtsbereiche zu Beginn des Jahres 202 bot.

[368] Aufgrund der Selbständigkeit des tribunizischen Rogationsrechtes mußten die Konsuln mit den Volkstribunen zunächst über die Frage verhandeln, ob überhaupt eine Rogation durchgeführt werden sollte (siehe auch KUNKEL/WITTMANN 1995, 618f.).

[369] Dennoch scheinen KUNKEL/WITTMANN 1995, 618f. ihren (jedenfalls richtigen) Schluß, wonach zwischen Senat, Volkstribunen und Tiberius Claudius eine Kompromißlösung gefunden wurde, lediglich aus der angeführten Liviusstelle (30,27,5) abzuleiten.

[370] Als Claudius Nero endlich Rom verließ, geriet er in heftige Unwetter und mußte nach einer wahren Odyssee (zunächst Richtung Norden über Cosa und Populonium zur Insel Elba, anschließend nach Korsika und Sardinien) mit seiner schwer angeschlagenen Flotte den Hafen Carales im Süden anlaufen, wo er schließlich das restliche Amtsjahr aufgrund der Reparaturen untätig verbringen mußte. Zu Beginn des nächsten Jahres mußte er schließlich als Privatmann

in den ersten Wochen des Amtsjahres 202 in Afrika Karthago zwecks der Ausgestaltung der Friedensvertragsbestimmungen verhandelt wurde, wobei Claudius seitens des Senates von der Mitwirkung ausgeschlossen wurde. Zudem bietet sich die Vermutung an, daß die Zuteilung des Amtsbereiches Afrika an Claudius lediglich unter der Voraussetzung der Wiederaufnahme der Kriegshandlungen erfolgte. Diese These läßt sich erheblich durch die Ereignisse zu Beginn des nächsten Jahres (201) stützen, als erneut einer der beiden neugewählten Konsuln, nämlich Cn. Cornelius Lentulus, Afrika als Amtsbereich für sich forderte (Liv. 30,40,7-16). Über den Verlauf der erneut ausbrechenden Streitigkeiten berichtet Livius weitaus ausführlicher als über jene im Jahr zuvor: Die Volkstribunen brachten vor, daß Cornelius Lentulus etwas probiere, was bereits der Konsul des Vorjahres vergeblich versucht habe (!), da damals sämtliche *tribus* sich für Scipio entschieden hätten. In weiterer Folge entschloß sich der Senat zu folgender Lösung: Cornelius Lentulus erhielt die Flotte mit dem Auftrag, nach Sizilien zu fahren. Käme in weiterer Folge der Frieden mit Karthago nicht zustande, so solle der Konsul auf dem Meer Krieg führen, Scipio hingegen mit unveränderter Befehlsgewalt (*eodem quo adhuc iure imperii*) zu Lande. Wenn der Friede jedoch zustande käme und die Tributkomitien anordneten, daß Scipio den Frieden gewähren und die Heere zurück nach Rom führen solle (was schließlich auch geschah; Liv. 30,43,3f.), so dürfe Cornelius Lentulus nicht von Sizilien nach Afrika übersetzen.
Es liegt auf der Hand, die Existenz zumindest ähnlicher Anordnungen des Senates auch bereits für die ersten Wochen des Jahres 202 anzunehmen, zudem sie sich gut in die (eher spärlichen) livianischen Nachrichten zu diesem Jahr einfügen: Auch Tiberius Nero hatte eine Flotte erhalten und mußte sich in eine Warteposition[371] begeben, auch er war trotz seines Konsulats hinsichtlich der damaligen Friedensverhandlungen dem prorogierten Magistrat Scipio nachgeordnet bzw. außerhalb der Friedensverhandlungen nur gleichgestellt. Durch die erhebliche Beschneidung der *provincia* des Tiberius Nero entkräftet sich somit die knappe Nachricht des Livius, der Senat habe trotz eines gegenteiligen Plebiszites eine Auslosung der Provinz Afrika zugelassen, von selbst: Der amtierende Konsul erhielt zwar Afrika als Amtsbereich, jedoch in erheblich eingeschränkter Weise.[372]

---

mit der Flotte nach Rom zurückkehren (Liv. 30,39,1-3). Zur Irrfahrt des Claudius Nero vgl. auch HUSS 1985, 415f.

[371] T.A.DOREY, Orpheus 1 (1954), 78 nahm an, das Ziel des Nero sei von Anfang an Sardinien, nicht Afrika gewesen. Anhand der oben vorgenommenen Beweisführung bietet sich jedoch auch die Vermutung an, daß Neros Ziel ursprünglich Sizilien war.

[372] Meines Erachtens daher unrichtig: SEIBERT 1993a, 455 ("Dieses Mal setzten sich die Senatoren über den Beschluß des Volkes einfach hinweg.")

7.) ABSCHLUSS UND INHALT DES FRIEDENSVERTRAGES DES KRIEGSWINTERS 203/202

Nachdem auch der römische Senat seinen Widerstand gegen das Zustandekommen einer friedlichen Lösung aufgegeben und die Einleitung von Friedensverhandlungen beschlossen hatte, wurde Scipio mit der Führung dieser Verhandlungen beauftragt[373] und zu seiner Unterstützung ein senatorisches *consilium* nach Nordafrika entsandt.

Die Entsendung eines senatorischen Konsiliums zur Unterstützung Scipios wird zwar lediglich von Appian (Lib. 32,134) überliefert, entsprach jedoch völlig dem Grundsatz des römischen Staatsrecht, daß bei Friedensverhandlungen eine Senatskommission den kommandierenden Magistrat zu unterstützen hatte.[374] Dies ist bereits für den römisch-karthagischen Friedensvertrag des Jahres 241 bezeugt, als das römische Volk den ursprünglichen, vom Konsul Lutatius Catulus ausgehandelten Vertrag verwarf und ein zehnköpfiges Gremium nach Sizilien entsandte (Pol. 1,63,1), wobei hier KUNKEL/WITTMANN 1995, 303 – abgesehen von der falschen Datierung (242 statt richtig 241) – Recht zu geben ist, wonach die Kommission wohl nicht vom Volk, sondern vom Senat geschickt worden war. Auch beim römisch-karthagischen Friedensvertrag von 202/201 wurde ein zehnköpfige Senatskommission zur Beratung des kommandierenden Magistrats Scipio nach Afrika entsandt (Liv. 30,43,4). Weitere Beispiele bei KUNKEL/WITTMANN 1995, 303f. und SCHLEUSSNER 1978, 27-94; zusätzlich sei auf Liv. 37,55,4 hingewiesen (der Senat schickt im Jahr 189 *more maiorum* eine zehnköpfige Kommission nach Kleinasien).
Nach Appian entsandte der Senat die Kommission aufgrund seiner Unschlüssigkeit, ob prinzipiell ein Friedensvertrag mit Karthago zu schließen sei, nach Afrika, wo Scipio mit diesem Konsilium entscheiden und ausführen solle, was ihm vorteilhaft erschien. (ἐφ' οἷς ἀποροῦσα ἡ βουλὴ συμβούλους ἔπεμψε τῷ Σκιπίωνι, μεθ' ὧν ἔμελλε κρινεῖν τε καὶ πράξειν, ὅ τι δοκιμάσειεν συνοίσειν, App., Lib. 32,134). Der erste Teil dieser Nachricht ist natürlich widersinnig, da es ja gerade Scipio war, der Frieden wollte, sodaß dem Senat selbstverständlich die Position Scipios – nicht zuletzt durch dessen Legaten Laelius und Fulvius, die nach Rom geschickt worden waren – bekannt gewesen sein mußte. Für die Senatsdiskussion, ob grundsätzlich ein Friedensvertrag zu schließen sei, war somit die Entsendung eines Konsiliums nach Afrika selbstredend nicht notwendig (unrichtig in diesem Sinne daher Seibert 1993a, 454). Sinnvoll und staatsrechtlich gleichsam obligat (siehe dazu oben) war die Tätigkeit eines solches Konsiliums allerdings bei der Ausarbeitung des eigentlichen Friedensvertrages, was wiederum die

---

[373] Daß Scipio bei der Führung der Friedensverhandlungen prinzipiell freie Hand hatte, belegen die Quellen in eindeutiger Weise: Pol. 15,4,8 bzw. 15,8,7; Liv. 30,38,7; App., Lib. 32, 134; Cass. Dio 17,57,74 (a.E.) und Eutrop 3,22,2. Die Belege, die KUNKEL/WITTMANN 1995, 303f. für ihre prinzipielle These, wonach der kommandierende Magistrat an die Entscheidungen des senatorischen Konsiliums gebunden gewesen wäre, anführen, beziehen sich lediglich auf die Zeit nach dem Zweiten Punischen Krieg.

[374] Vgl. allgemein SCHLEUSSNER 1978, 27-94

Existenz eines prinzipiellen Beschlusses zugunsten einer friedlichen Lösung voraussetzt. Wir können somit folgenden Ereignisablauf rekonstruieren:
(1) Unschlüssigkeit innerhalb des Senates hinsichtlich der Frage, ob ein Friede geschlossen oder der Krieg fortgesetzt werden solle;
(2) es kommt letztlich zum Beschluß zugunsten des Friedens (auf welche Weise dieser Beschluß zustande kam, läßt sich lediglich aufgrund der übrigen Quellen mühsam rekonstruieren; siehe dazu oben Seite 129-140);
(3) der Senat beauftragt Scipio mit der Ausarbeitung des Friedensvertrages und läßt ihm dabei freie Hand (vgl. unten Anm. 373);
(4) Entsendung eines Senatskonsiliums nach Afrika zur Unterstützung Scipios

Grundlage der Verhandlungen zwischen Scipio und Karthago waren wohl jene Bestimmungen, die einige Wochen zuvor von Scipio in zunächst unverbindlicher Weise anläßlich des Waffenstillstandsvertrages den Karthagern vorgeschlagen worden waren. Die Bedingungen dieses ersten "Ur-Entwurfs" eines künftig zu schließenden Friedensvertrages waren nach Livius (30,16,10-12) die Rückstellung der Gefangenen, der Überläufer und der entlaufenen Sklaven, der Rückzug der punischen Heere aus Italien und Gallien, die Aufgabe Spaniens sowie aller Inseln zwischen Italien und Afrika, die Auslieferung der Kriegsflotte bis auf zwanzig Schiffe, die Lieferung bestimmter Getreidemengen[375] und die Zahlung einer Kriegsentschädigung.

Wie schon weiter oben gezeigt wurde (S.111-113), wird dieser unverbindliche "Ur-Entwurf" lediglich von Livius überliefert. Leider kennt Livius die Bestimmungen des endgültigen Vertrages nicht, da er irrigerweise annimmt, daß auf Senatsbeschluß gar kein Friedensvertrag geschlossen wurde. Hingegen überliefern zwar alle anderen Quellen übereinstimmend sowohl den Abschluß eines Friedensvertrages als auch zum Teil den Inhalt dieses Vertrages, kennen jedoch nicht den ursprünglichen Vertragsentwurf, der von Scipio unverbindlicherweise den Karthagern vorgeschlagen wurde.

Seitdem Scipio den Karthagern diese grundsätzlichen Bedingungen eines noch zu schließenden Friedensvertrages diktiert hatte, war jedoch bereits einiges geschehen: Hannibal hatte auf Befehl des punischen Rates Italien verlassen und war nach Afrika zurückgekehrt (Spätherbst 203). Nach Livius hätte er dadurch sowohl den Waffenstillstand als auch die Chance auf einen endgültigen Friedensvertrag gefährdet ("*adventu suo turbaverat et pactas indutias et spem foederum*"; Liv. 30,29,5; vgl. auch Liv. 30,31,1), doch paßt diese Behauptung nicht in die livianische Überlieferung, wonach Scipio in den ersten Wochen des Jahres 202 im Auftrag des Senates einen Friedensvertrag mit Karthago aushandelte (Liv. 30,38,7). Wir können daher von der Tatsache ausgehen, daß die Rückkehr Hannibals zwar gewiß das Sicherheitsgefühl der Karthager

[375] Wie bereits erwähnt, gehört dieser Vertragspunkt in Wirklichkeit zum gleichzeitig geschlossenen Waffenstillstandsvertrag und bezieht sich auf die Versorgung des römischen Heeres mit Getreide und Soldzahlungen für die Dauer des Waffenstillstandes.

steigerte – mit seinem Heer als "Rückversicherung" konnten sie auch mit höherem Selbstbewußtsein in die Verhandlungen mit Scipio gehen –[376], doch nicht *ipso iure* mit einem Bruch des Waffenstillstandsvertrages gleichzusetzen war. Dies entspricht auch der Darstellung des Polybios, wonach der Bruch des Waffenstillstandes aufgrund der punischen Plünderung einer römischen Versorgungsflotte und aufgrund des Angriffs auf eine römische Gesandtschaft erfolgt war, nicht jedoch aufgrund der Rückkehr Hannibals (vgl. Pol. 15,3,1).

Trotz des geschlossenen Waffenstillstandsvertrages bemühten sich sowohl die Römer als auch die Karthager um die Verbesserung ihrer Ausgangsposition für den Fall, daß die Friedensverhandlungen scheitern sollten. Scipio sorgte für ausreichenden Nachschub, obwohl sein Heer wie erwähnt aufgrund des Waffenstillstandsvertrages von den Karthagern versorgt werden mußte, indem er zwei große römische Versorgungsflotten nach Afrika übersetzen ließ,[377] während die Karthager im iberischen, ligurischen und griechisch-makedonischen Raum Söldner anwarben.[378] Es wurde sogar weiterhin Krieg geführt, da Massinissa

[376] Die römische Historiographie legte später dieses erhöhte punische Selbstvertrauen dahingehend aus, daß die Karthager stets einen Bruch des Waffenstillstandes und eine Fortsetzung des Krieges beabsichtigt hätten (zB Pol. 15,1,9f.).

[377] SEIBERT 1993a, 456 Anm. 104 kritisiert dieses Verhalten Scipios. Als einzige Rechtfertigung für die umfangreichen Nachschubsmaßnahmen seitens der Römer bietet sich die allgemeine wirtschaftliche Notlage der Karthager, die während des Kriegswinters 203/202 nicht nur ihre eigene Bevölkerung, sondern auch das im Herbst 203 aus Italien zurückgekehrte Heer Hannibals sowie aufgrund des Waffenstillstandsvertrages auch die Invasionsarmee Scipios versorgen mußten. Vgl. dazu unten die Ausführungen auf S. 172.

[378] Vgl. dazu SEIBERT 1993a, 463. Livius berichtet, daß eine Gesandtschaft aus Sagunt gegen Ende des Jahres 203 nach Rom gekommen war und einige gefangengenommene Karthager mitgebracht hatte, die bei der Anwerbung von Söldnern aufgegriffen worden waren (Liv. 30,21,3-5). Weiters berichtet er, daß König Philipp V. 4000 makedonische Soldaten nach Karthago entsandt hatte (Liv. 30,26,3), was jedoch von der Forschung als annalistische Fälschung zur Schaffung eines Vorwandes für den zweiten Krieg gegen König Philipp beurteilt wird (vgl. HUSS 1985, 418 mit weiteren Quellen- und Literaturangaben sowie SEIBERT 1993a, 463). Meines Erachtens ist jedoch die Anwerbung von Söldnern gerade im griechischen Raum höchst wahrscheinlich: Bereits im Jahr 256 hatte Karthago in beinahe derselben Situation (das römische Heer des Atilius Regulus stand bereits vor der Stadt) griechische Söldner angeworben und mit diesen eine Kriegswende herbeiführen können. Zudem erschiene es verwunderlich, wenn die Karthager während des Waffenstillstandsvertrages zwar das Risiko auf sich genommen hätten, in Spanien, das bereits in römischer Hand war, Söldner anzuwerben, nicht jedoch in Griechenland, wo die Chancen, unentdeckt vorzugehen, weitaus höher waren. Vgl. auch SEIBERT 1993a, 463 Anm. 11 ("Es wäre höchst verwunderlich, wenn in den Jahren 203/202 keine Söldner auf dem griechischen Markt zur Verfügung gestanden hätten."). Zur Bedeutung des hellenistischen Militärwesens für Karthago siehe auch HUSS 1985, 477. Daß in der Schlacht von Zama makedonische Söldner mitkämpften, wird von Liv. 30,33,5 (vgl. auch Liv. 30,42,4 sowie 34,22,8 sowie 45,22,6), Frontin, strat. 2,3,16 und Sil. Ital. 17,418-421 bezeugt. BRISCOE 1973, 55 trat zwar für die Existenz makedonischer Söldner in der Armee Hannibals ein, verneinte aber, daß sie von König Philipp geschickt worden wären. Meines Erachtens zurückzuweisen ist jedenfalls die Aussage von AMELING 1993, 220 ("Während des zweiten Punischen Krieges gab es keine griechischen Söldner mehr im karthagischen Heer.").

nach dem Sieg über Syphax und nach Abschluß des Waffenstillstandsvertrages "mit eigenen Truppen, dazu zehn Abteilungen römischer Reiter und Fußtruppen und Gesandten" aufgebrochen war, "um nicht nur sein väterliches Reich zurückzugewinnen, sondern auch mit Unterstützung der Römer das des Syphax dazuzuerobern" ("ὁ γὰρ Μασαννάσας ἅμα τῷ γενέσθαι τὰς συνθήκας, καθάπερ εἴρηται πρότερον, εὐθέως ἀφώρμησε μετὰ τῆς ἰδίας δυνάμεως, προσλαβὼν δέκα σημαίας Ῥωμαϊκὰς ἱππέων καὶ πεζῶν καὶ πρεσβευτὰς παρὰ τοῦ στρατηγοῦ, χάριν τοῦ μὴ μόνον τὴν πατρῴαν ἀρχὴν ἀπολαβεῖν, ἀλλὰ καὶ τὴν τοῦ Σόφακος προσκατακτήσασθαι διὰ τῆς Ῥωμαίων ἐπικουρίας· ὃ καὶ συνέβη γενέσθαι." Pol. 15,4,4).

Diese römische Beteiligung an der Eroberung des (west)numidischen Reiches bot gleich drei Vorteile: zum einen konnte bei einer raschen Eroberung des Syphax-Reiches, das jetzt in der Hand seines Sohnes Vermina war, ein Truppennachschub aus diesen Gebieten nach Karthago unterbunden werden, zum anderen bedeutete die Herrschaft eines bewiesenermaßen romtreuen Herrschers gerade innerhalb der politisch instabilen numidischen Territorien eine wesentliche Verbesserung der militärischen Lage. Der dritte Vorteil lag durch den Abschluß des Waffenstillstandsvertrages auf der Hand: Da nun ein Friede absehbar war, und zwar mit der Grundlage, daß Karthago auf die nordafrikanischen Besitzungen eingeschränkt werden würde, konnte mit der Errichtung eines geeinten, starken und vor allem romtreuen numidischen Reiches ein wichtiger Gegenpol für zukünftige innerafrikanische Expansionsbestrebungen Karthagos geschaffen werden. Je schneller Massinissa mit römischer Hilfe auch Westnumidien erobern konnte, desto eher konnten diese drei Überlegungen verwirklicht werden. Doch nicht nur die gebotene Eile, sondern auch politisches Kalkül verbarg sich hinter der römischen Unterstützung. Wie schon bei der Eroberung Ostnumidiens konnte auch jetzt die Rechtsbehauptung aufgestellt werden, daß die unterworfenen westnumidischen Territorien "*praeda populi Romani*" und somit römisches Eigentum seien.

Doch nicht nur die Römer spielten während des Waffenstillstandes mit falschen Karten. Auch Hannibal hatte sofort nach seiner Rückkehr begonnen, Getreidevorräte anzulegen, Pferde anzukaufen und Bündnisse mit numidischen Fürsten zu schließen (Pol. 15,3,5-7; App., Lib. 33,139). Gemeinsam mit Vermina, dem Sohn des gefangengenommenen Syphax,[379] gelang es ihm sogar,

[379] Nach Zonaras 9,13,7 wurde Vermina gemeinsam mit seinem Vater Syphax gefangengenommen und nach Rom gebracht, wo er im Besitz seines väterlichen Königreiches bestätigt wurde. Dies widerspricht jedoch der livianischen Überlieferung, wonach er noch kurz vor Ende des Zweiten Punischen Krieges auf punischer Seite kämpfte, *saturnalibus primis* (somit am 17. Dezember 202) *levi certamine* (die letzte Schlacht des Zweiten Punischen Krieges!) geschlagen wurde und sich nach Westnumidien zurückziehen mußte (Liv. 30,36,7-8).

numidische Städte Massinissas zu gewinnen "und zwar auf gütlichem Wege oder durch Gewalt" (Πόλεις τε Μασσανάσσου τὰς μὲν ὑπήγετο, τὰς δ' ἐβιάζετο. App., Lib. 33,141). Nach Zonaras (9,13,10) "fiel Hannibal in Massinissas Land ein, verwüstete es und traf Vorbereitungen zum Kampf gegen die Römer" ("'Αννίβας ... ἐς τὴν Μασινίσσου χώραν ἐνέβαλε καὶ ἐκάκου αὐτὴν καὶ τοῖς 'Ρωμαίοις μαχέσασθαι ἡτοιμάζετο.").[380] Nach Zon. 9,14,2 habe Hannibal sogar Massinissa besiegen können.

Trotz der militärischen Aktivitäten auf beiden Seiten wurde bis in die ersten Wochen des Jahres 202 hinsichtlich der Ausgestaltung eines Friedensvertrages verhandelt.[381] Die Quellen überliefern lediglich das Endergebnis, nicht jedoch die Vertragsverhandlungen als solche, doch werden wir später vor allem anhand der bei Appian angeführten Bestimmungen rekonstruieren können, daß die aktuellen Ereignisse während des Waffenstillstandes Einfluß auf den ausgehandelten Friedensvertrag hatten.

Zunächst jedoch zu den einzelnen Vertragskonditionen, die außer von Appian nur noch von Polybios, Eutrop sowie in einer fälschlicherweise Plutarch zugeschriebenen Apophthegmensammlung (hier jedoch höchst oberflächlich) überliefert werden. Polybios referiert in seiner Darstellung des Gespräches zwischen Scipio und Hannibal vor der Schlacht bei Zama die Vertragspunkte des kurz zuvor gescheiterten Friedensvertrages in folgender Weise: Zunächst richtete Hannibal an Scipio ein neues Vertragsanbot mit dem Inhalt, daß Sizilien, Sardinien und Iberien sowie die Inseln zwischen Italien und Nordafrika den Römern zufallen sollen (Pol. 15,7,8).

> (Pol. 15,7,8:) Πάντα περὶ ὧν πρότερον ἠμφισβητήσαμεν, 'Ρωμαίων ὑπάρχειν-ταῦτα δ' ἦν Σικελία, Σαδρώ, τὰ κατὰ τὴν 'Ιβηρίαν-καὶ μηδέποτε Καρχηδονίους 'Ρωμαίοις ὑπὲρ τούτων ἀντᾶραι πόλεμον· ὁμοίως δὲ καὶ τὰς ἄλλας νήσους, ὅσαι μεταξὺ κεῖνται τῆς 'Ιταλίας καὶ Λιβύης, 'Ρωμαίων ὑπάρχειν.
> Alles, was wir uns bisher streitig gemacht haben, soll den Römern gehören, das heißt Sizilien, Sardinien, das Iberische Reich; niemals mehr sollen die Karthager

---

Etwa im Frühsommer 200 erscheint eine von ihm geschickte Gesandtschaft in Rom, um vom Senat *amicitia et societas* sowie den Königstitel zu erbitten (Liv. 31,11,14).

380 SEIBERT 1993a, 464 Anm. 13 bezweifelt diese Angabe, jedoch ohne guten Grund. Das Heer des Massinissa stand in Westnumidien, das römische Heer hingegen in punischem Territorium. Ostnumidien blieb hingegen ungeschützt, sodaß gerade dort militärische Aktivitäten ohne größeres Risiko durchgeführt werden konnten.

381 Wie bereits gezeigt wurde (S.138-140), wurde Tiberius Nero, der neugewählte Konsul des Jahres 202 in Rom zurückgehalten, da der Senat die Friedensverhandlungen lieber von Scipio, als vom Konsul führen ließ (Liv. 30,38,7). Zudem wurde zu Beginn des Jahres 202 die Anzahl der Legionen und der Kriegsschiffe reduziert, ein Zeichen, daß man im römischen Senat bereits ernsthaft mit dem endgültigen Ende des Krieges rechnete.

mit den Römern deswegen einen Krieg beginnen. Ebenso sollen auch die anderen Inseln, die zwischen Italien und Libyen liegen, den Römern zufallen.

Die Antwort des römischen Feldherrn:

(Pol. 15,8,7f.:) ἡττηθέντων καὶ δεηθέντων τῶν παρὰ σοῦ πολιτῶν ἐθέμεθα συνθήκας ἐγγράπτους, ἐν αἷς ἦν πρὸς τοῖς ὑπὸ σοῦ νῦν προτεινομένοις τοὺς αἰχμαλώτους ἀποδοῦναι χωρὶς λύτρων Καρχηδονίους, τῶν πλοίων παραχωρῆσαι τῶν καταφράκτων, πεντακισχίλια τάλαντα προσενεγκεῖν, ὅμηρα δοῦναι περὶ τούτων. ταῦτ' ἦν ἃ συνεθέμεθα πρὸς ἀλλήλους.
Nach eurer Niederlage haben wir auf die Bitte deiner Mitbürger einen schriftlichen Vertrag geschlossen, der außer dem, was du jetzt anbietest, folgende Bedingungen enthielt: Die Karthager sollten die Kriegsgefangenen ohne Lösegeld zurückgeben, ihre Kriegsschiffe ausliefern, fünftausend Talente zahlen und für die Erfüllung dieser Bedingungen durch Geiseln Bürgschaft leisten. Das waren unsere Vereinbarungen.

Eine sehr eigenständige Variante fidet sich bei Appian:

(App., Lib. 32,135) ὁ δὲ ἐς τὴν εἰρήνην τοῖς Καρχηδονίοις ἐπὶ τοῖσδε συνέβη· Μάγωνα μὲν ἀποπλεῖν ἐκ Λιγύων αὐτίκα καὶ τοῦ λοιποῦ Καρχηδονίους μὴ ξενολογεῖν μηδὲ ναῦς ἔχειν μακρὰς πλείους τριάκοντα μηδὲ πολυπραγμονεῖν τι πέραν ὧν ἔχουσιν ἐντὸς τῶν λεγομένων Φοινικίδων τάφρων, ἀποδοῦναι δὲ Ῥωμαίοις, ὅσους αἰχμαλώτους αὐτῶν ἔχουσι καὶ αὐτομόλους, ἀργυρίου τε αὐτοῖς τάλαντα χίλια καὶ ἑξακόσια ἐσενεγκεῖν ἐν χρόνῳ, ἔχειν δὲ Μασσανάσσην Μασσυλίους τε καὶ τῆς Σύφακος ἀρχῆς, ὅσα δύναιτο.
Und er [sc. Scipio] ging mit den Karthagern einen Friedensvertrag unter folgenden Bedingungen ein: Mago solle sofort Ligurien räumen, und die Karthager dürften künftighin keine Söldner mehr anwerben. Sie sollten höchstens über 30 Kriegsschiffe verfügen und sich auf das Gebiet innerhalb der Phoinikischen Gräben beschränken. Den Römern aber müßten sie sämtliche Gefangene und Überläufer, die sie von ihnen hätten, ausliefern und 1600 Silbertalente binnen eines bestimmten Zeitraums bezahlen. Was schließlich Massinissa angehe, so solle er über die Massyler und über alles Land gebieten, was er von Syphax' Herrschaft in Besitz nehmen könne.

Eutrop überliefert als Vertragskonditionen lediglich die Einschränkung der punischen Kriegsflotte auf dreißig Schiffe, die Zahlung von 500.000 Pfund Silber als Kriegskostenentschädigung sowie die Auslieferung der Kriegsgefangenen und der Deserteure:

(Eutr. 3,21,3:) *Senatus ex arbitrio Scipionis pacem iussit cum Carthaginiensibus fieri. Scipio his condicionibus dedit: ne amplius quam triginta naves haberent, ut quingenta milia pondo argenti darent, captivos et perfugas redderent.*

Nur sehr oberflächlich faßt der anonyme Verfasser der "Βασιλέων ἀποφθέγματα καὶ στρατηγῶν" – den Inhalt des Friedensvertrages von 203/202 zusammen:

(Ps.-Plut., Apophth. Scip. 5 p 196 C:) (...) οἱ δὲ Καρχηδόνιοι πέμψαντες ἐποιοῦντο συνθήκας, τά τε θηρία καὶ τὰς ναῦς καὶ τὰ χρήματα δώσειν ὁμολογήσαντες, (...)
Die Karthager schickten (Gesandte) und schlossen einen Friedensvertrag, indem sie zusicherten, die Elefanten und die Schiffe auszuliefern sowie eine Kriegsentschädigung zu zahlen.

Im Überblick ergeben sich somit aus den Angaben bei Polybios, Appian, Eutrop und Ps.-Plutarch folgende Vertragspunkte:

(1) Sizilien, Sardinien, Spanien sowie die Inseln zwischen Italien und Nordafrika sollen den Römern zufallen (Pol. 15,7,8)[382]
(2) Beschränkung des punischen Territoriums auf das Gebiet innerhalb der "Phoinikischen Gräben" (App., Lib. 32,135)
(3) Massinissa dürfe über die Massyler sowie über jenes Land herrschen, das er von Syphax Herrschaft in Besitz nehmen könne (App., Lib. 32,135)
(4) Räumung Liguriens durch Magos Söldnerheer (App., Lib.32,135)
(5) Verbot der Söldneranwerbung (App., Lib. 32,135)
(6) Reduktion der Kriegsflotte (Pol. 15,8,7, Ps.-Plut., Apophth. Scip. 5 p 196 C) und zwar auf 30 Kriegsschiffe (App., Lib. 32,135; Eutr. 3,21,3)
(7) Auslieferung der Kriegselefanten (nur Ps.-Plut., Apophth. Scip. 5 p 196 C)
(8) Auslieferung der Kriegsgefangenen und der Deserteure (Pol. 15,8,7; App., Lib. 32,135; Eutr. 3,21,3)
(9) Zahlung einer Kriegsentschädigung (alle vier Quellen) und zwar in der Höhe von 5.000 Talenten (Pol. 15,8,7) oder 500.000 Pfund[383] (Eutr. 3,21,3) oder 1.600 Talenten (App., Lib. 32,135)
(10) Stellung von Geiseln (Pol. 15,8,7)

[382] Wie weiter unten (S.148-151) gezeigt wird, beinhaltete der Vertrag in seinem exakten Wortlaut jedoch keine Abtretungsbestimmungen ("Rom soll erhalten"), sondern einseitige Räumungs- und Prohibitivklauseln ("Karthago soll ... räumen" bzw. "Karthago soll sich von ... fernhalten").

[383] 500.000 Pfund Silber entsprechen in einer groben Umrechnung etwa 6.200 (attischen) Talenten. Nach SCHMITT 1969, 303 könnte ein Näherungswert Eutrops vorliegen.

Zur Wiederholung seien nochmals die Punkte des livianischen "Ur-Entwurfs" angeführt:

Liv. 30,16,10-12:
Leges pacis se has dicere: captivos et perfugas et fugitivos restituant; exercitus ex Italia et Gallia deducant; Hispania abstineant; insulis omnibus quae inter Italiam atque Africam sint decedant; naves longas praeter viginti omnes tradant, tritici quingenta, hordei trecenta milia modium. Pecuniae summam quantam imperaverit parum convenit; alibi quinque milia talentum, alibi quinque milia pondo argenti, alibi duplex stipendium militibus imperatum invenio.

(1) Auslieferung der Gefangenen, der Überläufer sowie der entlaufenen Sklaven
(2) Abzug der punischen Heere aus Italien und Ligurien
(3) Die Aufgabe Spaniens sowie aller Inseln, die zwischen Sizilien und Italien liegen
(4) Auslieferung der punischen Kriegsflotte (bis auf 20 Kriegsschiffe)
Der Vertragspunkt (5) "Lieferung von 500.000 Scheffel Weizen und 300.000 Scheffel Gerste" ist dem Waffenstillstandsvertrag zuzurechnen.
(6) Zahlung einer Kriegsentschädigung[384]

Vergleicht man nun den livianischen "Ur-Entwurf" mit den von Polybios, Appian, Eutrop und Ps.-Plutarch überlieferten zehn endgültigen Vertragspunkten, so finden sich doch einige Veränderungen und Anpassungen, die in weiterer Folge kurz besprochen werden sollen.

(A) Zu den territorialen Bestimmungen

Nach dem livianischen Ur-Entwurf mußte Karthago Spanien sowie alle Inseln zwischen Sizilien und Italien aufgeben. Dies war die logische Hauptkonsequenz des Krieges: Mit dem Verzicht auf Spanien, wo die Römer nach jahrelangen schweren und verlustreichen Kämpfen erst im Jahr 206 die

[384] Bereits Livius verfügte hinsichtlich der Höhe der Kriegskostenentschädigung über divergierende Quellen (Liv. 30,16,12), wobei jedoch seine Angabe "doppelter Sold für die römischen Soldaten" ebenso wie die Verpflichtung zur Getreidelieferung (Liv. 30,16,11; vgl. auch App., Lib. 31,131) nicht als Vertragspunkte des noch zu schließenden Friedensvertrages sondern als Konditionen des Waffenstillstands zu betrachten sind. Nach Eutrop betrug die Höhe der Zahlung des doppelten Soldes insgesamt dreißtausend Pfund Silber (Eutr. 3,21,1): Wie meine auf Seite 191-193 nachvollziehbaren Berechnungen ergeben haben, betrug der Finanzierungsbedarf für die gesamte römische Invasionsarmee insgesamt pro Jahr rund 580 Talente Silber (etwa 15,1 Tonnen Silber).

letzten punischen Truppen bezwingen und vertreiben konnten,[385] verloren die Karthager ihre letzten außerafrikanischen Besitzungen und zugleich ihre einzigen territorialen Gewinne aus der Zeit zwischen Erstem und Zweitem Punischen Krieg.

Unter den vier Quellen zur endgültigen Vertragsfassung wird der Verlust Spaniens zwar nur von Polybios ausdrücklich[386] überliefert, doch können wir diese Klausel als selbstverständlichen Bestandteil des Friedensvertrages von 203/202 auffassen.

Zusätzlich verloren die Karthager im Vertragsentwurf "alle Inseln zwischen Sizilien und Italien" (Liv. 30,16,10), im endgültigen Vertrag "Sizilien, Sardinien sowie die Inseln zwischen Italien und Nordafrika" (Pol. 15,7,8). Zwar hatten die Karthager Sizilien und Sardinien bereits im Friedensvertrag von 241/237 an die Römer abtreten müssen, doch war vor allem Sizilien ein heftig umkämpfter Kriegsschauplatz des Zweiten Punischen Krieges gewesen.[387] Zudem hatten die Römer erst mit der Eroberung von Syrakus, das unter König Hieron II. seit dem Ersten Punischen Krieg unabhängig geblieben, nach seinem Tod jedoch auf punische Seite getreten war, ganz Sizilien in ihre Hand bekommen. Mit den "Inseln zwischen Italien und Nordafrika" wurden verschiedentlich die Balearen, Pityusa, Malta, Menix, Kerkina, Cossyra und Lopadusa vorgeschlagen.[388]

Beachtenswert ist der Wortlaut des livianischen Vertragsentwurfes: Livius spricht hier von der Aufgabe Spaniens ("von Spanien fernbleiben": *Hispania abstineant*) bzw. der Räumung der Inseln zwischen Italien und Afrika (*insulis omnibus quae inter Italiam atque Africam sint decedant*), während Polybios in der Unterredung zwischen Hannibal und Scipio dem punischen Feldherrn die Aussage in den Mund legt, daß Sizilien, Sardinien, Spanien bzw. die Inseln zwischen Italien und Libyen "den Römern zufallen sollen" (Ῥωμαίων ὑπάρχειν, Pol. 15,7,8). Auf den ersten Blick könnte vermutet nun werden, daß der Vertragsentwurf einseitige Prohibitiv- bzw. Räumungsbestimmungen zu Lasten der Karthager (*Hispania abstineant* bzw. *insulis ... decedant*) enthielt, der endgültige

[385] Für die endgültige Unterwerfung der einheimischen keltiberischen Stämme benötigten die Römer noch Jahrzehnte. Erst unter Augustus war die Eroberung Spaniens vollständig abgeschlossen.
[386] Der Verlust Spaniens wird bei Appian lediglich indirekt bestätigt, indem er überliefert, daß sich die Karthager auf das (nordafrikanische) Gebiet innerhalb der Phoinikischen Gräbern beschränken mußten (App., Lib. 32, 135).
[387] Auch auf Sardinien wurde – wenngleich nur kurzfristig – gekämpft. Im Jahr 215 rebellierten die Sarden – unterstützt von punischen Truppen und einer punischen Flotte – gegen die Römer, die diesen Aufstand jedoch niederschlagen und einen Teil des punischen Heeres gefangennehmen konnten. Vgl. dazu SEIBERT 1993a, 230 sowie 247f.
[388] Vgl. etwa HILLEN 1997, 711

Friedensvertrag hingegen die realpolitische Folge der punischen Rückzugsverpflichtung zu Gunsten der Römer ("Rom erhält...." Ῥωμαίων ὑπάρχειν). Man muß jedoch beachten, daß Polybios in 15,7,8 eben nur ein neuerliches Vertragsanbot des Hannibal überliefert – der zuvor ausgehandelte Vertrag kam nicht zur Anwendung –, nicht hingegen den Wortlaut des alten Vertrages. Polybios bestätigt lediglich in 15,8,7, daß dieses Vertragsanbot inhaltlich bereits dem alten Vertrag entsprach. Somit bietet allein Livius Vertragsterminologie, allerdings nur in Bezug auf den "Ur-Entwurf" eines zum damaligen Zeitpunkt noch auszuhandelnden Vertrages. Da wir nun wissen, daß die territorialen Bestimmungen des Ur-Entwurfes betreffend Spanien sowie bestimmter Inseln im westlichen Mittelmeerraum Bestandteil des tatsächlich ausgehandelten Vertrages wurden, besteht kein Grund zu zweifeln, daß auch die Terminologie der einseitigen Prohibitiv- bzw. Räumungsklauseln beibehalten wurde.

Diese Annahme läßt sich nachhaltig durch einen Vergleich mit anderen römischen Friedensverträgen stützen:[389] Bereits der erste Friedensvertrag mit Karthago (241/237) beinhaltete die Bestimmung "Die Karthager sollen ganz Sizilien räumen" (ἐκχωρεῖν Σικελίας ἁπάσης Καρχηδονίους, Pol. 1,62,8) bzw "Die Karthager sollen ganz Sizilien sowie alle Inseln zwischen Italien und Sizilien räumen." (ἐκχωρεῖν Καρχηδονίους καὶ Σικελίας ἁπάσης καὶ τῶν νήσων ἁπασῶν τῶν κειμένων Ἰταλίας μεταξὺ καὶ Σικελίας, Pol. 3,27,2).[390] Auch der Friedensvertrag mit Teuta (228 v.Chr.) sah eine einseitige Räumungsklausel vor: "(Teuta) solle ganz Illyrien mit Ausnahme weniger Plätze räumen" (πάσης τ' ἀναχωρήσειν τῆς Ἰλλυρίδος πλὴν ὀλίγων τόπων, Pol. 2,12,3). Auch der Friedensvertrag mit Philipp II. nach dem Zweiten Makedonischen Krieg sah Räumungsbestimmungen vor, wenngleich Polybios und Livius die Räumung mit der Übergabe an Rom verknüpfen (Pol. 18,44; Liv. 33,30,2f.: ... *quae earum* [*Graecorum civitates*] *sub dicione Philippi fuissent, praesidia ex iis Philippus deduceret vacuasque traderet Romanis ante Istmiorum tempus*,...). Als viertes Beispiel[391] sei der Vertrag mit Antiochos (188 v.Chr.) genannt: "Antiochos soll alle Städte, Länder, Dörfer und Festungen nördlich des Tauros und westlich des Halys und von dem Tal an, das den Tauros durchschneidet, bis zum Kamm, dort wo er gegen Lykaonien abfällt,

[389] Vgl. TÄUBLER 1913, 15: "In Verträgen mit selbständigen Staaten begegnet nie der Ausdruck '*dare agros in dicionem*'; was aber noch mehr zu beachten ist: sogar die Vorstellung und der Ausdruck "abtreten" fehlt in ihnen, ist ersetzt durch Ausdrücke, in welchen nur das Zurücktreten von dem bezeichnetem Gebiete, das Zurückziehen der Herrschaftsrechte zum Ausdruck kommt." bzw. 72: "Es ist regelmäßig vermieden, von einer Landabtretung oder Übergabe, überhaupt von dem vermehrten römischen Besitzstande zu sprechen, vielmehr immer nur von der Grenze des verbleibenden gegnerischen Besitzstandes oder von der Grenze, über welche hinaus der Gegner seine Besatzungen und seine Herrschaftsrechte zurückzuziehen hatte."

[390] Ähnlich auch Zon. 8,17,4: τῆς Σικελίας τε αὐτοὺς πάσης ἐκστῆναι Ῥωμαίοις καὶ πάσας τὰς πέριξ νήσους ἐκλιπεῖν. Zonaras vermengt jedoch die Vertragsterminologie ("Karthago muß räumen") mit der realpolitischen Folge dieser Bestimmung (Räumung erfolgt zugunsten der Römer).

[391] Alle drei Beispiele nach TÄUBLER 1913, 72 Anm. 3

räumen." (*Excedito urbibus, agris, vicis, castellis cis Taurum montem usque ad Halyn amnem et ab ea valle usque ad iuga Tauri, qua in Lyconiam vergit*; Liv. 38,38,4).[392]

Die dritte territoriale Regelung – neben Spanien und den Inseln im westlichen Mittelmeer – betraf nordafrikanisches Gebiet und wird lediglich von Appian überliefert: Massinissa dürfe über die Massyler sowie über jenes Land herrschen, das er von Syphax Herrschaft in Besitz nehmen könne (ἔχειν δὲ Μασσανάσσην Μασσυλίους τε καὶ τῆς Σύφακος ἀρχῆς, ὅσα δύναιτο, App., Lib. 32,135).

Gleichzeitig spricht Appian davon, daß sich die Karthager auf das Gebiet innerhalb der "Phoinikischen Gräben"[393] beschränken sollen, wobei er auf diese Weise einerseits indirekt den punischen Verzicht auf Spanien und die Inseln im westlichen Mittelmeerraum bestätigt, andererseits eine fixe Grenze zwischen massylischem und punischem Territorium festlegen und somit die (Teil-)Klausel "Massinissa dürfe über die Massyler herrschen" ergänzen läßt.

Diese Klausel wurde von einem Großteil der modernen Forschung in Frage gestellt,[394] meines Erachtens jedoch zu Unrecht. Wie wir bereits weiter oben (Seite 109-111) gesehen haben, beteiligten sich die Römer nach Abschluß des Waffenstillstandes mit einer ansehnlichen Streitmacht an den militärischen Operationen des Massinissa im westnumidischen Raum (also im Stammreich des Syphax). Trotz offenbar beträchtlicher[395] Erfolge (Pol. 15,4,4 a.E.; vgl. auch 15,5,13) dieser römisch-numidischen Zusammenarbeit konnte Hannibal inzwischen ungestört in Ostnumidien (somit im Stammreich des Massinissa) gemeinsam mit Vermina, dem Sohn des gefangengenommenen Syphax,[396]

---

[392] Bei Polybios (21,45,5) ist nur der Anfang "ἐκχωρείτω δὲ πόλεων καὶ χώρας ..." erhalten geblieben.

[393] Die Existenz dieser "Phoinikischen Gräben" (φοινικίδες τάφροι) wird nur durch wenige antike Quellen belegt (zB Eumachos v. Neapel= FGrHist 178 F.2; App., Lib. 32,135 sowie 54,236; einen Graben erwähnt auch Plin. nat.hist. V 25) und daher teilweise bezweifelt. Zu diesem Problem vgl. HUSS 1985, 421f. Anm. 151 sowie 469f. (jeweils mit Nennung weiterer Literatur).

[394] So etwa SEIBERT 1993a, 455 Anm. 97 ("Massinissa dürfte in dem Vertrag nicht eingeschlossen gewesen sein. Seine Ansprüche berührten die Karthager nicht direkt und erforderten nicht ihre Zustimmung."), SCHMITT 1969, 303 ("Mindestens der zweite Teil [=Anerkennung der Ansprüche Massinissas auf das Reich des Syphax] dieser Bedingung dürfte nicht Inhalt des Friedens zwischen Rom und Karthago gewesen sein.")

[395] Auch HUSS 1985, 415 spricht von "beachtlichen Erfolgen".

[396] Nach Zonaras 9,13,7 wurde Vermina gemeinsam mit seinem Vater Syphax gefangengenommen und nach Rom gebracht, wo er im Besitz seines väterlichen Königreiches bestätigt wurde. Dies widerspricht jedoch der livianischen Überlieferung, wonach er noch kurz vor Ende des Zweiten Punischen Krieges auf punischer Seite kämpfte, *saturnalibus primis* (somit am 17. Dezember 202) *levi certamine* (die letzte Schlacht des Zweiten Punischen Krieges!) geschlagen wurde und sich nach Westnumidien zurückziehen mußte (Liv. 30,36,7-8).

einzelne numidische Städte Massinissas gewinnen "und zwar auf gütlichem Wege oder durch Gewalt" (Πόλεις τε Μασσανάσσου τὰς μὲν ὑπήγετο, τὰς δ' ἐβιάζετο, App., Lib. 33,141). Ähnliches überliefert Zonaras (9,13,10) "Hannibal fiel in Massinissas Land ein, verwüstete es und traf Vorbereitungen zum Kampf gegen die Römer" ('Αννίβας...ἐς τὴν Μασινίσσου χώραν ἐνέβαλε καὶ ἐκάκου αὐτὴν καὶ τοῖς Ῥωμαίοις μαχέσασθαι ἡτοιμάζετο.).[397] Mit anderen Worten: Massinissa gewann mit römischer Hilfe einige Städte im westnumidischen Reich des Syphax, verlor jedoch umgekehrt einige Städte aus seiner ostnumidischen Heimat an Hannibal. Zwar behauptet Polybios, daß Massinissa das westnumidische Reich des Syphax zur Gänze erobern konnte (15,4,4 a.E. bzw. 15,5,13), doch ist diese Nachricht mit Sicherheit übertrieben, da Vermina nach der Schlacht von Zama in Westnumidien in äußerst kurzer Zeit ein beträchtliches Heer aufstellen konnte (Liv. 30,36,7f.).[398] Somit dürfen wir in Numidien für die Zeit des Waffenstillstandes von einer militärischen Patt-Situation, wahrscheinlich mit leichten Vorteilen zugunsten Massinissas, ausgehen.

Von Bedeutung war jedoch, daß noch einige Wochen zuvor die Römer gegenüber Massinissa betont hatten, daß die zurückeroberten ostnumidischen Städte zur "*praeda populi Romani*" zu zählen seien. Angesichts der römischen Beteiligung am Feldzug in Westnumidien konnte zum damaligen Zeitpunkt kaum gezweifelt werden, daß Scipio nach der Rückkehr Massinissas ähnliches für das Stammreich des Syphax feststellen würde. Somit wurden durch die Kämpfe in Numidien – trotz des Waffenstillstandes – erhebliche römische Interessen berührt, sodaß es geradezu unvorstellbar ist, daß Scipio dies nicht in den Verhandlungen mit den Karthagern berücksichtigt hätte.[399] Ironischerweise hatte Hannibal ja zudem einige von eben jenen ostnumidischen Städten erobern können, die von Scipio zuerst als "*praeda populi Romani*" beansprucht, jedoch anschließend an Massinissa übereignet worden waren. Wäre diese Situation im Friedensvertrag unberücksichtigt geblieben, so hätte dies eine Vermehrung des

---

Etwa im Frühsommer 200 erscheint eine von ihm geschickte Gesandtschaft in Rom, um vom Senat *amicitia et societas* sowie den Königstitel zu erbitten (Liv. 31,11,14).

[397] Zonaras datiert den numidischen Feldzug Hannibals jedoch auf die Zeit nach dem Bruch des Waffenstillstandes. SEIBERT 1993a, 464 Anm. 13 bezweifelt diese Aktivitäten Hannibals, jedoch ohne guten Grund. Das Heer des Massinissa stand in Westnumidien, das römische Heer hingegen in punischem Territorium. Ostnumidien blieb indessen ungeschützt, sodaß gerade dort militärische Aktivitäten ohne größeres Risiko durchgeführt werden konnten.

[398] Vgl. SEIBERT 1993a, 464 Anm. 13: "Die völlige Unterwerfung des Vermina ist aber ausgeschlossen, da er später mit einem starken Heer zur Unterstützung der Karthager herbeieilte, allerdings zu spät."

[399] Meines Erachtens unrichtig daher etwa SEIBERT 1993a, 455 Anm. 97 ("Massinissa dürfte in dem Vertrag nicht eingeschlossen gewesen sein. Seine Ansprüche berührten die Karthager nicht direkt und erforderten nicht ihre Zustimmung.")

punischen Territoriums in Nordafrika und somit die Gefahr weiterer innerafrikanischer Expansionsbestrebungen der Karthager zur Folge gehabt. Umgekehrt bedeutete die Bildung eines homogenen ostnumidischen Reiches und einer klaren Grenze zu punischem Territorium eine deutliche Einschränkung solcher Pläne. Die Voraussetzung dafür war jedoch die Rückgabe jener ostnumidischen Städte, die von Hannibal zur Zeit des Waffenstillstandes erobert werden konnten.

Diesen Überlegungen entspricht nun die Klausel Appians, wonach "Massinissa über die Massyler gebieten solle sowie über alles Land, was er von Syphax' Herrschaft in Besitz nehmen könne" (ἔχειν δὲ Μασσανάσσην Μασσυλίους τε καὶ τῆς Σύφακος ἀρχῆς, ὅσα δύναιτο, App., Lib. 32,135), in eindrucksvoller Weise: Durch die Anerkennung der Ansprüche Massinissas auf das massylische Reich aufgrund des ersten Teiles dieser Bestimmung waren die Karthager zum Rückzug aus jenen ostnumidischen (massylischen) Städten verpflichtet, die während des Waffenstillstandes von Hannibal erobert worden waren. Dieser Rückzug sollte für klare Grenzverhältnisse zwischen den unmittelbaren Nachbarn Karthago und Massinissa sorgen, sodaß eine punische Expansion nach Westen unmöglich wurde. Der zweite Teil der Klausel berücksichtigte die aktuellen Eroberungen des Massinissa (mit römischer Hilfe) im Reich des Syphax, wobei die Einschränkung "ὅσα δύναιτο" durch die Tatsache begründet war, daß zum Zeitpunkt der Vertragsverhandlungen noch nicht bekannt sein konnte, wie erfolgreich der numidisch-römische Feldzug in Westnumidien verlief und wieviele Städte erobert werden konnten.

(B) Zum Vertragspunkt "Abzug des Mago"

Der livianische Ur-Entwurf sah den Abzug Hannibals aus Süditalien und den Abzug Magos aus Ligurien ("*Gallia*") vor. Der entsprechende, nur bei Appian überlieferte Passus der endgültigen Vertragsausarbeitung beinhaltete nur noch den Abzug Magos, da Hannibal in der Zwischenzeit bereits aus Bruttium nach Nordafrika zurückgekehrt war.

Nach Polybios hatte der punische Rat nach der Niederlage auf den Großen Feldern im Frühsommer 203 beschlossen, Hannibal gewissermaßen als letzte Hoffnung aus Italien nach Afrika zurückzuholen (Pol. 14,9,8). Von einer Rückbeorderung Magos – Hannibals jüngstem Bruder –, der sich seit 205 mit einem beträchtlichen Söldnerheer in einer Warteposition in Ligurien befand und eine Invasion Italiens vorbereitete,[400] wird bei Polybios jedoch nichts erwähnt. Hingegen überliefert Livius, daß auch Mago im Herbst 203 zurückbeordert wurde, jedoch auf der Rückfahrt nach Afrika an einer Verwundung, die er knapp zuvor in einer Schlacht gegen den Konsul C. Servilius erlitten hatte, gestorben sei (Liv. 30,19,2-5). Nach Cassius Dio (17,57,74) und Zonaras (9,13,8) verließen Hannibal und Mago gleichzeitig Italien, wobei nach Zonaras Mago von den Karthagern wieder zurück nach Italien geschickt wurde (Zon. 9,13,10). Auch zwei Cornelius Nepos-Notizen sprechen dafür, daß Mago weit über das Jahr 203 hinaus am Leben geblieben und nicht auf der Rückreise nach Italien (Herbst 203) gestorben war.[401] Zuletzt finden sich bei Appian gleich vier Belege dafür, daß sich Mago von 203/202 bis 201 in Ligurien aufhielt.[402]

Wir können somit den livianischen Bericht, wonach Mago im Herbst 203 auf der Rückfahrt nach Afrika an einer Verwundung gestorben sei, als unhistorisch zurückweisen.[403] Mago befand sich im Winter 203/202 heil in Ligurien und bereitete weiterhin seine Invasion Italiens vor,[404] während hingegen sein Bruder Hannibal Italien verlassen hatte und nun auf dem afrikanischen Kriegsschauplatz mitmischte.

Folgerichtig überliefert nun Appian die Vertragsbestimmung, daß Mago aus Ligurien zurückbeordert werden müsse, während Hannibal im Vergleich zum (livianischen) "Ur-Entwurf" nicht mehr erwähnt wird, da er ja in der Zwischenzeit bereits nach Afrika zurückgekehrt war.

---

[400] Näheres zu Mago in den Kriegsjahren 205-203 bei SEIBERT 1993a, 418f., 427f. sowie 448f. Vgl. auch GEUS 1994, 185-187

[401] Nach Nep., Hann. 7,1-4 führten Hannibal und sein Bruder Mago auch nach dem Ende des Zweiten Punischen Krieges militärische Operationen in Nordafrika (vielleicht gegen Numider) durch, wurden jedoch vom karthagischen Rat, der vom römischen Senat unter Druck gesetzt worden war, zurückbeordert (200 v.Chr.). Schließlich sei Mago im Jahr 193 gestorben (Nep., Hann. 8,1f.).

[402] Im Friedensvertrag des Winters 203/202 wurde die Rückbeorderung Magos vereinbart (App., Lib. 32,135); im Herbst 202 erhielt Mago, der in Ligurien ein Söldnerheer aufstellte, den Befehl, entweder in Italien einzufallen oder mit seinen Söldnern nach Afrika zurückzukehren (App., Lib. 49,211); im Friedensvertrag des Winters 202/201 wurde erneut die Rückbeorderung Magos aus Ligurien und zwar binnen 60 Tagen vereinbart (App., Lib. 54, 235). Vgl. schließlich auch App., Lib. 59, 260.

[403] Ein Großteil der Forschung folgt dennoch dem Bericht des Livius und datiert den Tod des Mago in das Jahr 203; vgl. HUSS 1985, 413 und GEUS 1994, 186f. ("Dieser glaubwürdigen Tradition [scil. des Livius] widersprechen annalistische Berichte. (...) Diese Berichte sind ohne Ausnahme wertlos.). Zweifel bei SEIBERT 1993a, 448f. Anm. 63 ("Ob Mago auf der Rückreise seiner Verwundung erlegen ist oder heil in Afrika ankam, ist nicht mit Sicherheit zu entscheiden.")

[404] Fraglich ist jedoch, ob Mago wirklich zunächst nach Afrika zurückgekehrt und anschließend wieder nach Italien geschickt worden war (so Zon. 9,13,10), oder ob er nicht die ganze Zeit über in Ligurien geblieben war.

(C) ZUM VERTRAGSPUNKT "VERBOT DER SÖLDNERANWERBUNG"

Auffällig an diesem von Appian überlieferten Vertragspunkt ist zunächst, daß er im (livianischen) Ur-Entwurf nicht enthalten ist, also prinzipiell eine Verschlechterung für die Karthager darstellt. Vergleicht man zudem diese Bestimmung mit der entsprechenden Vorschrift des Vertrages von 202/201 in der Version Appians, so läßt sich feststellen, daß dort nur noch vom Verbot der Söldneranwerbung bei den Ligurern und bei den Kelten die Rede ist (App., Lib. 54,236). Mit anderen Worten: auf den ersten Blick scheint die vertragliche Position Karthagos im Vertrag von 203/202 – trotz der folgenden Niederlage in der Schlacht bei Zama – schlechter zu sein als jene im Vertrag von 202/201, da der erste Vertrag die Söldneranwerbung prinzipiell verbietet, während der zweite Vertrag dieses Verbot nur auf die Kelten und Ligurer einschränkt.

Daß bei den Friedensverhandlungen während des Waffenstillstandes im Winter 203/202 der Vertragspunkt des Verbotes der Söldneranwerbung in den Friedensvertrag aufgenommen wurde, obwohl er im Ur-Entwurf zunächst nicht vorgesehen war, liegt auf der Hand. Die Römer hatten – wie bereits weiter oben geschildert wurde (siehe oben Anm. 378) – über Umwege erfahren, daß die Karthager trotz des aufrechten Waffenstillstandsvertrages in Spanien und im griechisch-makedonischen Raum trotz der ungünstigen militärischen Situation erfolgreich Söldner angeworben und ihre Heere verstärkt hatten. Spätestens jetzt war offensichtlich, daß die Grundlage des punischen Militärwesens in den starken Söldnerkontingenten zu sehen war,[405] sodaß selbst eine starke Einschränkung des punischen Territoriums nicht die Gefahr zukünftiger Aufrüstungsbestrebungen bannen konnte; dies konnte lediglich durch das Verbot der Söldnerwerbung gesichert werden.[406] Obwohl außer Appian niemand ein Verbot der Söldnerwerbungen für den Friedensvertrag von 203/202 überliefert,[407] dürfen wir somit aufgrund dieser Überlegungen die Existenz dieser Klausel als gesichert annehmen.

Etwas problematischer ist jedoch die Erklärung, warum im Vertrag von 203/202 die Söldnerwerbung prinzipiell untersagt wurde, während sich die entsprechende Bestimmung des Vertrages von 202/201 lediglich auf die Kelten und Ligurer bezieht (App., Lib. 54,236). SEIBERT vermutete, daß das Verbot der Söldnerwerbung auch im Vertrag von 203/202 eingeschränkt war – nämlich auf

---

[405] Zum punischen Militärwesen vgl. das entsprechende Kapitel bei HUSS 1985, 475-480.

[406] Zu Recht meint SEIBERT 1993a, 455 Anm. 99: "Wenn die Römer vor einem erneuten karthagischen Angriff sicher sein wollten, so stellte ... das Verbot der Söldnerwerbung eine logische Konsequenz zur Auslieferung der Kriegsflotte dar."

[407] Auch für das Verbot der Söldnerwerbung im Friedensvertrag von 202/201 ist Appian (App., Lib. 54,236) – neben Cassius Dio (17,57,82) – die einzige Quelle.

das Gebiet der Ligurer – und daß dieses Verbot im Vertrag von 202/201 zusätzlich das Gebiet der Kelten umfaßte.[408] Nach SCHMITT könnte Appian die beiden Verträge verwechselt haben,[409] eine Ansicht, die durch Cassius Dio gestützt wird, der innerhalb des Vertrages von 202/201 keine Einschränkung des Verbots der Söldnerwerbung überliefert (Cass. Dio 17,57,82). HUSS äußerte hingegen die Vermutung, daß sich das Verbot im Vertrag von 202/201 vielleicht auf die Gebiete aller Völker bezog, die unter der Herrschaft der Römer standen.[410] Nachdem jedoch gerade die Gebiete der Kelten und Ligurer im Jahr 202/201 alles andere als unter römischer Herrschaft standen, scheint mir diese Ansicht nicht zutreffend zu sein.

Unbeachtet blieb in der Forschung jedenfalls die Tatsache, daß die Römer im Vertrag von 202/201 – im Gegensatz zum Vertrag von 203/202 – bereits *de iure* die Möglichkeit der Kriegsführung erheblich einschränkten (siehe dazu Seite 216-219). Das Verbot der Söldnerwerbung von 202/201 konnte daher für die Karthager nur noch von sekundärer Bedeutung sein, während dasselbe Verbot ein Jahr zuvor einen beträchtlichen *de facto*-Eingriff in zukünftige punische Militäroperationen darstellte. Insofern war ein uneingeschränktes Verbot der Söldnerwerbung im Vertrag von 203/202 weitaus wichtiger als ein gleichlautender Passus im Vertrag von 202/201.

Meiner Ansicht nach erfolgte jedoch auch im Vertrag von 202/201 ein uneingeschränktes Verbot der Söldnerwerbung, wobei den Karthagern zusätzlich – gewissermaßen als Unterpunkt – ein ausdrückliches Verbot der Söldnerwerbung im Gebiet der Kelten und Ligurer auferlegt wurde, da dort zu diesem Zeitpunkt nach wie vor starke militärische Aktivitäten unter karthagischem Oberbefehl (Mago) stattfanden.

Denkbar ist auch die Variante, wonach das Verbot der Söldnerwerbung im Gebiet der Kelten und Ligurer Bestandteil des nach der karthagischen Niederlage bei Zama (Naragara) geschlossenen Waffenstillstandsvertrages war und von Appian versehentlich als Bestandteil des endgültigen Friedensvertrages überliefert wurde.[411]

---

[408] SEIBERT 1993a, 455 Anm. 99. An anderer Stelle ist er jedoch der Ansicht, daß ein unbegrenztes Verbot im Vertrag von 202/201 "wahrscheinlicher sei" (SEIBERT 1993a, 474 Anm. 63).

[409] SCHMITT 1969, 303.

[410] HUSS 1985, 422 Anm. 158

[411] Für diese Denkvariante spricht die Tatsache, daß Appian (Lib. 54, 234-238) innerhalb seiner Angaben zum endgültigen Friedensvertrag auch andere Bestandteile des Waffenstillstandsvertrages (zB Herausgabe der gekaperten römischen Flotte bzw. Leistung von Schadenersatz) überliefert.

(D) Zu den Vertragspunkten "Auslieferung der Flotte" bzw. "Auslieferung der Kriegselefanten"[412]

Der Vertragsvorschlag Scipios sah eine Reduktion der Kriegsflotte auf 20 Schiffe vor (Liv. 30,16,11) und wurde bei den Vertragsverhandlungen prinzipiell übernommen – die Reduktion der Kriegsflotte wird von allen vier Quellen (Pol. 15,8,7; Ps.-Plut., Apophth. Scip. 5 p 196 C; App., Lib. 32,135; Eutr. 3,21,3) bestätigt, wenngleich den Karthagern schließlich eine Flotte von 30 Kriegsschiffen (App., Lib. 32,135; Eutr. 3,21,3) zugestanden wurde.[413]

Die Auslieferung der Kriegsflotte ergänzte die zuvor besprochene Bestimmung des Verbots der Söldneranwerbung und sollte den Karthagern zukünftige Expansionsbestrebungen oder gar Kriege erschweren, wenngleich die punische Flotte im Zweiten Punischen Krieg der römischen deutlich unterlegen gewesen war und eine weitaus geringere Bedeutung als im Ersten Punischen Krieg innegehabt hatte.[414]

Lediglich von Ps.-Plutarch, Apophth. Scip. 5 p 196 C wird der Vertragspunkt der Auslieferung der Kriegselefanten überliefert. Die Intention dieser Stelle ist jedoch nicht die detailgetreue Überlieferung der Vertragsbestimmungen, sondern die Aussage, daß die Karthager den Abschluß des Vertrages aufgrund der Rückkehr Hannibals – dieser befand sich in Wahrheit jedoch bereits zu Beginn der Vertragsverhandlungen wieder auf afrikanischem Boden – bereut hatten und von Scipio wegen dieser Haltung und vor allem der Rückbeorderung Hannibals angeblich mit einer Erhöhung der Kriegsentschädigung um gleich 5.000 Talente (Verdoppelung der ursprünglichen Summe) "bestraft" wurden.

> Eine Erhöhung der ursprünglichen Kriegskostenentschädigung stand zwar kurzfristig tatsächlich im Raum, jedoch nicht aufgrund der Rückkehr

[412] Zur geschichtlichen Entwicklung der Auslieferung von Flotte und Elefanten vgl. TÄUBLER 1913, 80f. sowie 429f.

[413] Die antike Historiographie überliefert lediglich die Reduktion der Flotte, ohne eine Beschränkung auf einen bestimmten Schiffstyp (Triere, Tetrere, Pentere) zu nennen. Eine solche Beschränkung wurde schließlich im (endgültigen) Friedensvertrag von 202/201 vorgenommen: Nach Polybios, Livius, Cassius Dio und Zonaras sollten den Karthagern 10 Trieren verbleiben (Appian verwendet keine nähere Schiffstypenbezeichnung, sondern spricht nur von 10 Kriegsschiffen). Da das Rückgrat der punischen Flotte zur Zeit der Punischen Kriege die größeren Penteren waren (vgl. HUSS 1985, 479), wurde mit der Beschränkung auf den Schiffstyp der Triere auch ein zweiter, wenngleich lediglich symbolischer Eingriff in die punische Flotte vorgenommen. Zur Schiffstypenverteilung innerhalb der punischen Flotte vgl. den Hinweis bei HUSS 1985, 479 auf die von Hannibal vorgenommene Detachierung eines punischen Flottenverbandes im Jahr 218 (50 Penteren, zwei Tetreren und fünf Trieren).

[414] Vgl. THIEL 1946, 183-199

Hannibals, sondern als Schadenersatz für die (angebliche) Kaperung einer römischen Versorgungsflotte während des Waffenstillstandes.

Man sieht also, daß der anonyme Verfasser der Apophthegmata Scipionis eine eher oberflächliche Kenntnis der historischen Ereignisse aufzuweisen hat. Da der Vertragspunkt "Auslieferung der Elefanten", den er für den Vertrag des Jahres 203/202 angibt, von allen Quellen für den Vertrag des Jahres 202/201 überliefert wird, ist anzunehmen, daß hier eine Verwechslung der beiden Verträge vorliegt.[415]

(E) ZUR KRIEGKOSTENSENTSCHÄDIGUNG

Bereits der Vertragsvorschlag Scipios sah eine Kriegsentschädigung vor, über deren exakte Höhe Livius in seinen Vorlagen widersprüchliche Angaben vorgefunden hat, wie er berichtet (vgl. oben Anm. 287): "An der einen Stelle finde ich, es seien 5.000 Talente gefordert worden, an einer anderen 5.000 Pfund Silber, an einer dritten der doppelte Sold für die Soldaten." (*...alibi quinque milia talentum, alibi quinque milia pondo argenti, alibi duplex stipendium militibus imperatum invenio*; Liv. 30,16,12). Die letzte Angabe (doppelter Sold) läßt sich aufgrund einer Verwechslung des Waffenstillstandsvertrages und des "Ur-Entwurfes" des (noch auszuhandelnden) Friedensvertrages erklären, da die Karthager aufgrund des Waffenstillstandsvertrages die Bezahlung des römischen Heeres übernehmen mußten und zwar eben in doppelter Höhe. Der zweiten Angabe (5.000 Pfund) liegt entweder eine verderbte livianische Textüberlieferung oder ein Fehler in den livianischen Vorlagen zugrunde, da 5.000 Pfund auf lediglich etwa 60 Talente umzurechnen sind, sodaß dies eine viel zu niedrig angesetzte Kriegskostenentschädigung bedeuten würde. Korrekt müßte es meiner Ansicht nach statt "*quinque milia pondo*" hingegen "*quingenta milia pondo*" (500.000 Pfund bzw. etwa 6.200 Talente) lauten, eine Summe, die übrigens bei Eutrop (3,21,3) für den ausgehandelten Vertrag überliefert wird.

Selbstverständlich wurde auch im ausgehandelten Vertrag eine Kriegsentschädigung festgelegt, wie die Quellen (Pol. 15,8,7; App., Lib. 32,135; Eutr. 3,21,3; Ps.-Plut., Apophth. Scip. 5 p 196 C) übereinstimmend berichten, wenngleich auch hier unterschiedliche Angaben vorliegen: 5.000 Talente (Pol. 15,8,7), 500.000 Pfund (Eutr. 3,21,3) sowie 1.600 Talente (App., Lib. 32,135). Die 500.000 Pfund Silber bei Eutrop entsprechen in einer groben Umrechnung etwa 6.200 (attischen) Talenten. Nach SCHMITT[416] könnte ein Näherungswert

[415] So auch SCHMITT 1969, 303 und SEIBERT 1993a, 455 Anm. 98
[416] SCHMITT 1969, 303

(500.000 statt umgerechnet etwa 400.000 Pfund) vorliegen; im übrigen dürfte diese Summe – wie soeben besprochen – auf jene Vorlagen des Livius zurückzuführen sein, die "*quinque milia pondo*" (5.000 Pfund; Liv. 30,16,12) statt wohl richtig "*quingenta milia pondo*" (500.000 Pfund) überliefern.

Die Angabe des Appian – 1.600 Talente (App., Lib. 32,135) – weicht in ihrer Höhe hingegen erheblich von den Angaben des Polybios und des Eutrop nach unten hin ab. Selbst die nach dem Ersten Punischen Krieg von den Karthagern entrichtete Kriegsentschädigung (1000 Talente sofort sowie weitere 2200 Talente in 10 Jahresraten sowie weitere 1200 Talente aufgrund der ἐπισυνθήκη des Jahres 237, insgesamt also 4.400 Talente) war fast dreimal so hoch gewesen. Der in der Literatur teilweise aufkommenden Meinung, wonach die von Appian genannte Summe zunächst von Scipio ausgehandelt, in weiterer Folge in Rom jedoch auf 5.000 Talente erhöht worden sei,[417] kann ich aus zwei Gründen nicht folgen: Erstens überliefern die Quellen eindeutig, daß der Senat den Wünschen Scipios nachgekommen war und seinen (noch dazu gemeinsam mit einem senatorischen *consilium*) ausgehandelten Vertrag ratifiziert hatte,[418] und zweitens ist es nur schwer vorstellbar, daß die Entschädigung nach etwa eineinhalb Jahrzehnten Mehrfrontenkrieg mit mehreren schweren, ja teilweise sogar katastrophalen römischen Niederlagen selbst ursprünglich von Scipio tatsächlich so niedrig angesetzt worden wäre.

Dennoch ist die von Appian genannte Summe nicht voreilig als "Mißverständnis"[419] oder als "unerklärbar"[420] zurückzuweisen, da sie sich meines Erachtens nicht als Gesamtsumme, sondern als erste, sofort zu zahlende Tranche deuten läßt, zumal der Wortlaut bei Appian ("ἐν χρόνῳ")[421] für eine vereinbarte Ratenzahlung spricht. Geht man von zehn Raten (so viele waren aufgrund des Vertrages von 241 zu entrichten gewesen) und von einer Gesamtsumme von 5.000 Talenten aus, wie sie bei Polybios überliefert wird, so würden 10 Raten zu je 340 Talenten fehlen. Vergleicht man nun diese Beträge mit den aufgrund des

---

417 Etwa SEIBERT 1993a, 455 Anm. 100

418 Pol. 15,4,8 bzw. 15,8,7; Liv. 30,38,7; App., Lib. 32, 134; Cass. Dio 17,57,74 (a.E.) und Eutrop 3,22,2.

419 SEIBERT 1993a, 455 Anm. 100 ("Die unterschiedlichen Zahlenangaben könnten auf mangelhafter Umrechnung, Mißverständnis, aber auch Wiedergabe unterschiedlicher Verhandlungsstadien beruhen."). Da die 1600 Talente Appians deutlich unter den 5000 Talenten des Polybios bzw. 500.000 Pfund (etwa 6.200 Talente) des Eutrop liegen, kann wohl kaum "mangelhafte Umrechnung" vorliegen. Eine schlampige Umrechnung könnte jedoch zugegebenermaßen zwischen den Gewichtseinheiten des Polybios (Talente) und des Eutrop (Pfund) vorliegen (so etwa SCHMITT 1969, 303: "Näherungswert").

420 SCHMITT 1969, 304

421 Denselben Ausdruck verwendet Appian auch anläßlich des Vertrages von 241/237, als bekanntlich eine Rate sofort und zehn weitere Jahresraten zu zahlen gewesen waren (App., Lib. 2,9).

Friedensvertrages von 241 zu zahlenden Geldsummen, so wurden sowohl der sofort zahlbare Teilbetrag als auch die restlichen Beträge um einen beinahe identen Faktor angehoben: Statt 1.000 Talenten waren nunmehr 1.600 Talente sofort zahlbar (also das 1,6-fache) und die Höhe der zehn einzelnen Raten betrug statt 220 Talenten jetzt 340 Talente (also etwa das 1,55-fache). Eine ähnliches Zahlenspiel liegt vor, wenn man annimmt, daß Scipio die Höhe der zehn Raten des Friedensvertrages von 241 verdoppelt hätte (statt 220 nunmehr 440 Talente): Diesfalls wären 1.600 Talente sofort sowie 10 Raten zu 440 Talenten, somit insgesamt 6.000 Talente zu zahlen gewesen, wobei dieser Endbetrag der von Eutrop überlieferten Summe (500.000 Pfund, etwa 6.200 Talente) bereits sehr nahe kommt. Dennoch bleiben beide Gedankengänge letztlich nur Vermutungen, die sich aufgrund der augenscheinlich bereits in der Antike[422] schlechten Quellenlage nicht beweisen lassen.

(F) Zu den Vertragspunkten "Auslieferung der Kriegsgefangenen und Deserteure" bzw. "Stellung von Geiseln"

Beide Vertragspunkte sind typische Nebenbestimmungen eines Friedensvertrages und an dieser Stelle nicht von größerer Bedeutung, da der Vertrag von 203/202 letztlich nicht zustandekam. Nach Livius (30,16,15) übergaben die Karthager den Römern bereits anläßlich des Waffenstillstandsvertrages einige römische Kriegsgefangene, Überläufer und entflohene Sklaven. Auch Cassius Dio (17,57,74) und Zonaras (9,13,8) bestätigen die Freilassung der römischen Gefangenen anläßlich des Waffenstillstandsvertrages.

8.) Das Scheitern des Vertrages von 203/202 - Zum angeblichen punischen Bruch des Waffenstillstands-vertrages

In den vorangegangenen Ausführungen wurde bereits kurz angesprochen bzw. nachgewiesen, daß sich die Verhandlungen zwischen Scipio und den Karthagern hinsichtlich der endgültigen Ausgestaltung des Friedensvertrages zumindest bis in die ersten Wochen des Jahres 202 hineinzogen.[423] Im römischen

[422] So jedenfalls Liv. 30,16,12

[423] Die ursprüngliche Dauer des Waffenstillstandes war – schenkt man Eutrops Angabe Glauben – auf 45 Tage beschränkt (Eutr. 3,21,2). Da der Abschluß des Waffenstillstandes etwa in den

Senat rechnete man zu Jahresbeginn bereits ernsthaft mit dem endgültigen Ende des Krieges, wie die vorgenommene Reduktion der Legionenanzahl und der Flottenstärke zeigt. Doch obwohl alles auf den Abschluß eines den Krieg beendenden Friedensvertrages hindeutete, wurden etwa im Frühsommer die Kampfhandlungen zwischen den Kriegsparteien wieder aufgenommen. Die Geschichtsschreibung des Siegers wälzte die Schuld auf den Kriegsgegner ab und wußte von mehrfachen punischen Verletzungen des Waffenstillstandsvertrages bzw. allgemeiner Prinzipien des Völkerrechts zu berichten. Die sprichwörtliche *fides Punica* bzw. *perfidia* der *Poeni foedifragi* habe einmal mehr eine friedliche Verständigung der beiden Völker verhindert. Hat die römische Historiographie recht, oder wurde der Mantel der Legende über die tatsächlichen Ereignisse gebreitet?

(A) PLÜNDERUNG EINER RÖMISCHEN VERSORGUNGSFLOTTE

Nach Abschluß des Waffenstillstandsvertrages im Herbst 203 geriet eine römische Versorgungsflotte, bestehend aus 200 Lastschiffen und dreißig Kriegsschiffen[424] (Liv. 30,24,6) vor der nordafrikanischen Küste in Seenot. Während die Kriegsschiffe sich in Sicherheit bringen konnten, wurde ein Teil der Lastschiffe zu der Insel Aegimurus (etwa 45 km nordöstlich von Karthago), der andere nach Calidae Aquae abgetrieben und anschließend von den Schiffsbesatzungen verlassen (Liv. 30,24,7-9). Obwohl einige Karthager vor einer Verletzung des Waffenstillstandsvertrages oder einer Beeinträchtigung der laufenden Friedensverhandlungen warnten, beschloß ein punisches *concilium paene senatus populique permixtum* auf Druck des Volkes von Karthago, die herrenlosen Schiffe[425] nach Karthago zu schleppen (Liv. 30,24,10-12).

Oktober 203 zu datieren ist, wurde die Dauer zumindest einmal verlängert. Zur Chronologie des Winters 203/202 vgl. ZIELINSKI 1880, 59-68

[424] Kommandant der Flotte war nach Liv. 30,24,6 der Proprätor Cn. Octavius, der im Jahr 203 mit vierzig Kriegsschiffen die Küste Sardiniens schützen mußte (Liv. 30,2,4). Angesichts des Waffenstillstandes konnte der Schutz Sardiniens zugunsten der Bewachung der Nachschubtransporte vernachlässigt werden, doch ist SEIBERT 1993a, 456 Anm. 104 Recht zu geben: "Scipio nutzte also die Zeit des Waffenstillstandes aus, um seine Position zu verbessern." Die Versorgungsflotte des Octavius war nicht die einzige, die Afrika anlief; bereits zuvor war von P. Lentulus, Prätor auf Sardinien, ein aus 100 Lastschiffen und 20 Kriegsschiffen bestehender Schiffsverband nach Afrika entsandt worden (Liv. 30,24,5).

[425] Wie erwähnt konnten sich die Kriegsschiffe in Sicherheit bringen. Unrichtig daher MANTEL 1991, 107 (Einholung der Last- und Kriegsschiffe). Auch Pol. 15,1,1 erwähnt lediglich die Kaperung von Lastschiffen.

Nach Diodor hätte das hungrige Volk die römischen Schiffe attackiert und das Ladegut gekapert, obwohl der punische Rat vor einer Verletzung des Waffenstillstandsvertrages gewarnt habe (Diod., 27,11).

Eine minimal abgeänderte Variante findet sich bei Appian (Lib. 34, 134): Entgegen den Drohungen und Warnungen des punischen Rates vor einem Bruch des Waffenstillstandsvertrages habe das niedere Volk der Karthager eine römische Versorgungsflotte, die nach Karthago verschlagen worden war, geplündert und die Besatzung in Fesseln gelegt.

In den übrigen Quellen ist von einer Versorgungsflotte keine Rede mehr. Nach Cassius Dio (17,57,74) bzw. Zonaras (9,13,9) hätten die Karthager Scipio zu Wasser und zu Lande angegriffen. Der polybianische Bericht ist leider verloren gegangen; das 15. Buch setzt mit dem Faktum der bereits gekaperten[426] Flotte ein.

Kehren wir zu Livius und seiner Nachricht zurück, wonach die Schiffsbesatzung die Lastschiffe – mehr oder weniger freiwillig, jedenfalls aber bereits vor der Ankunft der Karthager – aufgegeben hätte (*desertae fuga nautarum ... onerariae*; Liv. 30,24,12).[427] Hier drängt sich zunächst die Frage auf, ob das punische Vorgehen – nämlich die Aneignung einiger (offenbar) herrenloser Schiffe – auch nach römischem Rechtsempfinden überhaupt als rechtswidrig eingestuft werden kann.

> Zwar kannte die Antike kein Kriegsrecht im modernen völkerrechtlichen Sinne, doch bietet hier eine analoge Anwendung des römischen Privatrechts auf den vorliegenden Sachverhalt einen Einblick in das römische Rechtsempfinden: Nach klassischem römischen Recht konnte derjenige, der sich einer herrenlosen (*res nullius*) oder einer derelinquierten (*res derelictae*) Sache bemächtigte, durch (bloße) Aneignung (*occupatio*) Eigentum an dieser Sache erwerben. Die Rechtsquellen gestatten einerseits die *occupatio* einer herrenlosen Sache unter

---

426 Ob der polybianische Wortlaut wirklich an einen gezielten punischen Angriff auf die römische Versorgungsflotte denken läßt, wie dies SEIBERT 1993a, 456 Anm. 105 annimmt, sei dahingestellt. Polybios spricht lediglich davon, daß die Karthager erbeutete römische Lastschiffe abgeschleppt hätten (λαβόντων αἰχμαλώτους τὰς φορτηγοὺς νῆας τῶν Ῥωμαίων, Pol. 15,1,1).

427 Nach dem römischen Sieg bei Zama verpflichteten sich die Karthager, die im Winter 203/202 erbeuteten Schiffe samt Ladung zurückzustellen, wobei Livius berichtet, daß sich die Nachforschungen schwierig gestalteten, da nur noch die Schiffe, jedoch keine Frachtgüter mehr vorhanden waren, und daß Nachforschungen nach den Schiffsbesatzungen betrieben wurden ("*placuit ... homines utique inquiri*", Liv. 30,37,11). Offenbar waren die römischen Seeleute, die aufgrund des Unwetters ihre Schiffe verlassen hatten, zwar auf das afrikanische Festland (oder auf kleinere vorgelagerte Inseln) verschlagen worden, ohne jedoch in punische Kriegsgefangenschaft zu geraten (so jedoch App., Lib. 34,143 bzw. 37,156). Wäre letzteres der Fall gewesen, so wäre auch ihre Rückstellung von Scipio gefordert worden.

anderem auch hinsichtlich einer Sache aus der Kriegsbeute (*res hostiles*),[428] lassen jedoch andererseits die *occupatio* hinsichtlich derelinquierter Sachen, die aufgrund höherer Gewalt preisgegeben wurden, nicht zu.[429]. Von besonderer Bedeutung sind für uns aber die Bestimmungen, wonach "auch an römischem Gut, das in Feindeshand fällt, das Eigentum verlorengeht", wenngleich das Eigentumsrecht "an bestimmten kriegswichtigen Sachen" im Falle der Zurückeroberung im Rahmen des *postliminium* wieder auflebt.[430] Nach Festus (p. 218 M. "*postliminium*": ... *equi et muli et navis eadem ratio est post liminium receptum is quae servi* ...) und Cicero (*topica* 8,38: *Postliminio redeunt haec, homo, navis, mulus clitellarius, equus, equa, quae frenos recipere solet.*) ging das Eigentumsrecht auch an Schiffen im Falle der Eroberung durch den Feind verloren bzw. lebte im Falle der Rückeroberung im Rahmen des *postliminium* wieder auf. Geradezu einschlägig ist die Entscheidung des Juristen Marcellus (D 45,15,2): "*Navibus longis atque onerariis propter belli usum postliminium est, non piscatoris aut si quas actuarias voluptatis causa paraverunt*".

Faktum ist jedoch, daß Scipio die Plünderung der Versorgungsschiffe als rechtswidriges Vorgehen der Karthager einstufte (Pol. 15,1,1f.; Liv. 30,25,1f.). Nach Polybios sei dieser Bruch der Eide und Verträge (παραβεβηκέναι τοὺς ὅρκους καὶ τὰς συνθήκας) gleichbedeutend mit der Wiederaufnahme des Krieges gewesen (...καὶ πάλιν ἐξ ἄλλης ἀρχῆς ἐγείρεσθαι τὸν πόλεμον, Pol. 15,1,2); anders jedoch Appian: "Scipio hielt es nach Abschluß des Vertrages für unangebracht, den Krieg von neuem zu beginnen, vielmehr verlangte er nur wie von Freunden, die Unrecht begangen hätten, Wiedergutmachung des Schadens." (Σκιπίων μὲν οὖν οὐκ ἠξίου πολέμου κατάρχειν μετὰ σπονδάς, ἀλλ' ᾔτει δίκας ὡς φίλους ἁμαρτόντας, App., Lib. 34,144). Tatsächlich ist dieser Nachricht Appians mehr Vertrauen zu schenken, da Scipio in weiterer Folge eine Gesandtschaft[431] nach Karthago schickt, um einerseits gegen die Verletzung des Waffenstillstandsvertrages zu protestieren und um andererseits dem karthagischen Rat mitzuteilen, daß das römische Volk den Friedensvertrag bestätigt habe (Pol. 15,1,3f.). Zumindest diese Mitteilung wäre als widersinnig anzusehen, wenn bereits die Plünderung der Versorgungsschiffe zur Wiederaufnahme der Feindseligkeiten geführt hätte, wie dies Polybios (15,1,2) meint. Auch die weiteren Vorkommnisse sprechen für die Annahme, daß Scipio zunächst eine friedliche Lösung für den Rechtsstreit um die Versorgungsschiffe bevorzugt hatte: Nach der Ansprache der römischen Gesandten vor dem punischen Rat – die Gesandten hatten in einem beinahe beleidigenden Tonfall die

---

[428] Gaius 2,69: *Ea quoque, quae ex hostibus capiuntur, naturali ratione nostra fiunt.* D 41,1,5,7: *Item, quae ex hostibus capiuntur, iure gentium statim capientium fiunt.*

[429] Inst. 2,1,48

[430] KASER 1971, 426

[431] Die drei Mitglieder dieser Gesandtschaft sind namentlich überliefert: L.Sergius, L.Baebius und L.Fabius (Pol. 15,1,3; Liv. 30,25,2).

Rückkehr Hannibals bespottet[432] – weigerte sich die Mehrheit der punischen Ratsherren, die gekaperten Schiffe und die erbeuteten Vorräte wieder herauszugeben, wie Polybios ausdrücklich überliefert (Pol. 15,2,2). Auch wenn er zuvor in der Rede der römischen Gesandten die Versorgungsschiffe mit keinem Wort erwähnt, so muß also dennoch von den Römern die Forderung nach Rückgabe der geplünderten Güter oder nach Schadenersatz vorgebracht worden sein.[433]

(B) BEURTEILUNG DER REAKTION SCIPIOS AUF DIE KAPERUNG DER VERSORGUNGSFLOTTE

Die Reaktion Scipios entsprach der Bedeutung dieser Angelegenheit: Er "hielt es nach Abschluß des Vertrages für unangebracht, den Krieg von neuem zu beginnen, vielmehr verlangte er nur wie von Freunden, die Unrecht begangen hätten, Wiedergutmachung des Schadens" (Σκιπίων μὲν οὖν οὐκ ἠξίου πολέμου κατάρχειν μετὰ σπονδάς, ἀλλ᾽ ᾖτει δίκας ὡς φίλους ἁμαρτόντας, App., Lib. 34, 144). Auch nach dem Wiederaufflammen der Kämpfe stand die Möglichkeit im Raum, Frieden auf der Basis des 203/202 ausgehandelten Vertrages zu schließen, wenn die Karthager die Schiffe und deren Ladung herausgegeben bzw. Schadenersatz geleistet hätten (Liv. 30,31,9; App., Lib. 37, 156).[434] Konsequenterweise verlangte Scipio nach seinem Sieg gegen Hannibal in der Schlacht von Zama neuerlich die Herausgabe dieser Schiffe bzw. die Zahlung eines Schadenersatzes, wobei die Erfüllung dieser römischen Forderung Grundvoraussetzung für den Abschluß eines Waffenstillstandsvertrages und der Führung von neuerlichen Friedensverhandlungen war (Pol. 15,18,3; Liv. 30,37,6; App., Lib. 54, 234).[435]

---

[432] Der rüde Tonfall der römischen Gesandten – Polybios spricht ironisch von "freimütiger Rede" (παρρησία; 15,2,2) wurde zu Recht von SEIBERT 1993a, 457 Anm. 108 verurteilt: "Wenn Scipio wirklich nur lautere Absichten gehabt und wie unter Freunden, die Unrecht begangen hätten, eine Wiedergutmachung des Schadens verlangt hätte, dann hätten seine Gesandten nicht so auftreten dürfen, wie es von Polybios ausführlich beschrieben wird. Wer so redete, wünschte keine Aussöhnung."

[433] Meines Erachtens daher unrichtig SEIBERT 1993a, 457 Anm. 108 ("Der angebliche Anlaß ihrer Intervention – die Wegnahme gestrandeter Schiffe – wurde überhaupt nicht berührt.")

[434] Polybios spricht von der Möglichkeit eines neuerlichen Vertragsabschlusses, wenn zum alten Vertragsinhalt "eine noch härtere Bedingung" hinzugefügt werden würde (ἐν οἷς βαρυτέρου μέν τινος προσεπιταχθέντος δυνατὸν ἀνενεγκεῖν τῷ δήμῳ περὶ διαλύσεω, Pol. 15,8,13).

[435] Polybios und Appian führen die Rückstellung der Versorgungsflotte (bzw. die Leistung von Schadenersatz) irrigerweise als Vertragspunkt des eigentlichen Friedensvertrages an.

Insgesamt zeigt das römische Verhalten in diesem Punkt, daß Scipio den Zwischenfall richtig einstufte: als einen aus römischer Sicht zwar völkerrechtswidrigen Akt, der jedoch aus Gründen der Verhältnismäßigkeit nicht mit Vergeltungsmaßnahmen seitens der Römer beantwortet werden dürfe. Durch die Entsendung einer Protestgesandtschaft, die die Forderung nach Rückstellung der Beute bzw. nach Schadenersatz mit dem sanften Druck verband, daß die Römer bei Nichterfüllung dieser Forderung den bereits ratifizierten Friedensvertrag aufkündigen würden, entspricht die Haltungsweise Scipios selbst den Anforderungen des modernen Völkerrechts, wonach ein durch eine völkerrechtswidrige Handlung geschädigter Staat bei seiner Reaktion das Prinzip der Verhältnismäßigkeit (Verbot des Repressalienexzesses) beachten muß. Die Drohung, den bereits ratifizierten Friedensvertrag wieder aufzukündigen, stellt nach moderner Terminologie eine Retorsion dar, also einen unfreundlichen Akt, der den anderen (schädigenden) Staat zwar nicht in seinen Rechten verletzt – wie dies etwa bei einer tatsächlich erfolgten Aufkündigung des Vertrages der Fall gewesen wäre (Eingriff in bestehende Vertragsverhältnisse) –, ihn jedoch veranlassen soll, "sein Verhalten zu ändern und den von ihm verursachten Schaden wieder gutzumachen"[436].

(C) Zum Unmut der karthagischen Ratsherren

Die Mitglieder des punischen Rates waren einerseits über den rüden Tonfall der römischen Gesandtschaft empört, andererseits "ertrugen sie nur mit Mühe die Auflagen in den Vertragsbestimmungen" (...βαρέως μὲν ἔφερον τὰς ἐν ταῖς συνθήκαις ἐπιταγάς, Pol. 15,2,2). In der Literatur wurde vermutet, daß der römische Senat anläßlich der Ratifikation einige Vertragsklauseln zu Lasten der Karthager verschärft und insbesondere eine Erhöhung der Kriegskostenentschädigung vorgenommen hatte,[437] doch widersprechen die antiken Quellen dieser Ansicht eindeutig: Der Senat sei den Wünschen Scipios nachgekommen und habe seinen (noch dazu gemeinsam mit einem senatorischen *consilium*) ausgehandelten Vertrag ratifiziert.[438] Somit läßt sich der – von Appian (Lib. 39,163) ausdrücklich bestätigte – Zorn der punischen Ratsherren über die Höhe der Entschädigungssumme nur auf andere Weise erklären. Zunächst ist festzuhalten, daß die Quellen nichts von einer Erhöhung der Kriegskostenentschädigung wissen. Bedurfte es jedoch überhaupt einer

---

[436] O.Kimminich, Einführung in das Völkerrecht, Tübingen/Basel 1997 (6.Aufl.), 496
[437] Seibert 1993a, 457
[438] Pol. 15,4,8 bzw. 15,8,7; Liv. 30,38,7; App., Lib. 32, 134; Cass. Dio 17,57,74 (a.E.) und Eutrop 3,22,2.

Erhöhung, um Ärger unter den Karthagern hervorzurufen? Angesichts der beträchtlichen territorialen Verluste und der damit verbundenen Schmälerung zukünftiger Einnahmenquellen mußte der von Scipio geforderte Betrag in der Höhe von zumindest 5.000 Talenten für heftige Diskussionen im karthagischen Rat gesorgt haben. Nach dem Ersten Punischen Krieg hatten die Karthager insgesamt zwar nicht viel weniger (3.200 sowie weitere 1.200 Talente aufgrund der ἐπισυνθήκη des Jahres 237, zusammen also 4.400 Talente) gezahlt, allerdings konnten die Raten nicht zuletzt aufgrund der neuerworbenen spanischen Berkwerke ohne größere finanziellen Kraftakte beglichen werden. Durch den Verlust dieser wichtigsten Einnahmequelle waren die Möglichkeiten, nunmehr 5.000 Talente ohne drastische finanzielle Anspannungen zu zahlen, erheblich eingeschränkt. Es verwundert daher nicht, daß Hannibal einige Wochen nach dem Scheitern des Vertrages von 203/202 an Scipio appellierte, sich mit den territorialen Gewinnen zufriedenzugeben, auf die Zahlung einer Kriegsentschädigung zu verzichten und auf dieser Basis den gescheiterten Vertrag in Kraft zu setzen (App., Lib. 39, 163).

Der Unmut der punischen Ratsherren – selbst wenn der Großteil von ihnen im punischen Rat dem ausgehandelten Vertragstext und somit auch der Verpflichtung zu Reparationszahlungen zugestimmt hatte – bleibt jedoch verständlich. Auch ohne weitere Erhöhung stellte die mit Scipio ausgehandelte Kriegsentschädigung eine ausreichend harte Vertragsbestimmung dar.

(D) DER ANGRIFF AUF DIE RÖMISCHE GESANDTSCHAFT

Nach Polybios (15,2,4) wurden die römischen Gesandten, die zuvor die Rückgabe der geplünderten Güter oder Schadenersatz gefordert hatten, ohne Antwort zurückgeschickt, da die Karthager in der Hoffnung auf Hannibal eine Fortsetzung des Krieges provozieren wollten. Angeblich sei folgender Plan beschlossen worden: Das Schiff der römischen Diplomaten sollte von zwei punischen Trieren eskortiert, jedoch von diesen knapp vor dem römischen Lager verlassen und von bereits lauernden Schiffen angegriffen und versenkt werden. Tatsächlich sei, so Polybios, die römische Pentere nicht weit vom römischen Lager entfernt von drei punischen Trieren angegriffen worden, doch sei es den Römern gelungen, sich solange erfolgreich gegen die feindlichen Ramm- und Enterversuche zur Wehr zu setzen, bis ihnen andere römische Schiffe zu Hilfe kommen konnten. Doch sei ein Großteil der Besatzung des Schiffes getötet worden, während die Gesandten wie durch ein Wunder überlebt hätten (Pol. 15,2,15).

Nach Diodor (27,12) seien die römischen Gesandten vom punischen Mob beinahe getötet worden. Einige besonnene Karthager hätten sie gerade noch retten können und mit einer Schiffseskorte fliehen lassen. Auf Druck des Volkes habe jedoch der punische Flottenadmiral die Schiffe der römischen Gesandten angegriffen, doch konnten diese sich auch aus dieser Situation retten.

Livius (30,25,1-8) berichtet ähnlich: Die römischen Gesandten seien in Karthago von der aufgebrachten Menge beinahe mißhandelt worden; lediglich durch das Eingreifen punischer Beamter konnte eine Gewalttat verhindert werden. Auf Ersuchen der um ihr Leben besorgten Römer – bei Polybios noch aufgrund der Initiative des punischen Rates – sei ihnen für ihre Rückfahrt eine Eskorte von zwei Triremen beigegeben worden. Knapp vor dem römischen Lager hätten drei Tetreren (bei Polybios noch Trieren) die römische Pentere angegriffen, doch sei es den sich heldenhaft verteidigenden Römern gelungen, ihr Schiff in der Nähe des römischen Lagers an den Strand zu setzen.

Auch nach Appian (Lib. 34,144-146) seien die römischen Gesandten beinahe vom karthagischen Volk mißhandelt worden. Hanno der Große[439] und Hasdrubal Eriphos[440] hätten das Schlimmste verhindern können und die Römer unter dem Schutz zweier Trieren fortbringen lassen. Auf hoher See seien die römischen Schiffe jedoch angegriffen worden, wobei "einige Mitglieder der Gesandtschaft durch Pfeilschüsse den Tod fanden" (τῶν πρέσβεών τινες ἐκ τοξευμάτων ἀπέθανον). Im letzten Moment wäre den Gesandten im Hafen des römischen Lagers die Flucht gelungen, während gleichzeitig ihr Schiff geentert worden sei.

Nach Cassius Dio (17,57,75) bzw. Zonaras (9,13,9) hätten die Karthager die Römer zu Wasser und zu Lande angegriffen. Auch die aus diesem Grund entsandte römische Protestgesandtschaft sei von den Karthagern attackiert worden, doch habe ein zufällig aufkommender Wind die römischen Gesandten vor dem Schlimmsten bewahrt.

Aus Sicht der römischen Historiographie war der Angriff auf die römische Gesandtschaft – nach der Kaperung der Versorgungsflotte – die zweite völkerrechtswidrige Handlung der Karthager und letzlich der ausschlaggebende Umstand für die Weigerung Scipios, den bereits in Rom ratifizierten Vertrag zur Anwendung zu bringen. Trotz aller Einigkeit der Quellen sind jedoch bei näherer Betrachtung erhebliche Zweifel an der Historizität dieses Zwischenfalls

[439] GEUS 1994, 116-118 s.v. Hanno (18)

angebracht. Zunächst stellt sich die Frage nach dem Motiv der Karthager, da die Attacke auf die römische Gesandtschaft für sie keinerlei Vorteile brachte. Denn wenn die Mehrheit des karthagischen Rates für die Fortsetzung des Krieges eingetreten war – so wie dies Polybios (15,2,2) andeutet –, so hätte eine knappe diplomatische Notiz an die römische Gesandtschaft genügt. Soferne die Karthager jedoch tatsächlich ein Attentat auf die Römer beabsichtigt hatten, hätte die Ermordung oder – besonders provokativ – die Verstümmelung der römischen Gesandten noch innerhalb der Mauern Karthagos ebenso zum gewünschten "Erfolg" geführt. Durch den Angriff in Sichtweite des römischen Lagers riskierte man schließlich das Entkommen der Gesandten, wie dies aus der Sicht der römischen Historiographie ja auch der Fall war. Nun könnte zu Recht eingewandt werden, daß das Attentat vielleicht nur von einigen wenigen karthagischen Ratsherren beschlossen worden war[441] und aus diesem Grund erst auf hoher See erfolgte, doch stellt sich hier die Frage, warum dann die offizielle punische Begleiteskorte das römische Gesandtschaftsschiff nicht verteidigt hatte. Selbst wenn man annimmt, daß die Eskorte bestochen worden war oder – aus welchem Grund auch immer –die Römer einfach nicht beschützen wollte, so erscheint es doch umgekehrt merkwürdig, daß diese beiden Trieren nicht den Angriff der drei anderen karthagischen Schiffe unterstützten, sondern einfach wegfuhren.

Widersprüche finden sich in der antiken Geschichtsschreibung jedenfalls hinsichtlich des Erfolges des punischen Attentates. Nach Polybios wurde der Großteil der Schiffsbesatzung getötet, während die Gesandten unversehrt blieben (Pol. 15,2,15), nach Livius (30,25,5-8) gelang dem Schiff durch seine Schnelligkeit die Flucht (ähnlich Cassius Dio bzw. Zonaras: erfolgreiche Flucht aufgrund eines zufällig aufkommenden Windes[442]), nach Appian (Lib. 34,146) wurden "einige" Gesandte der Gesandtschaft ("τῶν πρέσβεών τινες") getötet und die übrigen verwundet (obwohl die römische Delegation nur drei Mitglieder hatte).[443] Seltsam erscheint weiters die Behauptung, daß das römische Schiff einerseits aufgrund seiner Schnelligkeit den Rammversuchen der langsameren punischen Schiffe entkommen, andererseits von eben diesen langsamen Schiffen umkreist und beschossen werden konnte (so Polybios). Besonders absurd erscheint es in diesem Zusammenhang, daß die karthagischen Schiffe das

---

440 GEUS 1994, 150 s.v. Hasdrubal (12). Beide – Hanno und Hadrubal – hatten nach der punischen Niederlage bei Zama/Naragara (202) die punische Friedensgesandtschaft zu Scipio geleitet (App., Lib. 49,213).

441 So jedenfalls App., Lib. 34, 145

442 Hier stellt sich jedenfalls die Frage, warum der Wind nur das römische Schiff, nicht hingegen die karthagischen Schiffe vorantrieb.

443 Mit derselben Kritik SEIBERT 1993a, 458f. Anm. 115

römische Gesandtschaftsschiff angeblich erst im Hafen (!) des römischen Lagers gekapert hätten (so App., Lib. 34, 146).

(E) ZUR HISTORIZITÄT DER BEIDEN PUNISCHEN VÖLKERRECHTSBRÜCHE

Von den beiden behaupteten punischen Völkerrechtsverletzungen – Kaperung einer römischen Versorgungsflotte sowie Angriff auf die Protestgesandtschaft – scheint zumindest der erste Vorfall, der Überfall auf die Schiffe, historisch zu sein. Die römische Historiographie überliefert, daß auch nach der Aufkündigung des ausgehandelten Vertrages durch die Römer die Möglichkeit bestand einen neuen Vertrag auf Basis des alten abzuschließen, wenn sich die Karthager zusätzlich zur Rückstellung der erbeuteten Schiffe (samt Ladung) oder zur Leistung von Schadenersatz verpflichtet hätten (Liv. 30,31,9; App., Lib. 37, 156).[444] Zwar behauptet Polybios zunächst, daß der punische Bruch der Eide und Verträge (παραβεβηκέναι τοὺς ὅρκους καὶ τὰς συνθήκας) gleichbedeutend mit der Wiederaufnahme des Krieges gewesen sei (...καὶ πάλιν ἐξ ἄλλης ἀρχῆς ἐγείρεσθαι τὸν πόλεμον, Pol. 15,1,2), doch schildert er in weiterer Folge, daß Scipio eine Gesandtschaft nach Karthago schickte, um einerseits gegen die Verletzung des Waffenstillstandsvertrages zu protestieren und um andererseits dem karthagischen Rat mitzuteilen, daß das römische Volk den Friedensvertrag bestätigt habe (Pol. 15,1,3f.). Zumindest diese Kundmachung wäre jedoch als widersinnig anzusehen, wenn bereits die Plünderung der Versorgungsschiffe zur Wiederaufnahme der Feindseligkeiten geführt hätte, wie dies Polybios (15,1,2) zunächst meint. Somit nahm Scipio die Kaperung der römischen Versorgungsflotte keineswegs zum Anlaß, den Waffenstillstandsvertrag aufzukündigen und mit den Kriegshandlungen fortzufahren. Es ist der bereits mehrfach zitierten Appian-Stelle Glauben zu schenken, wonach "Scipio es nach Abschluß des Vertrages für unangebracht hielt, den Krieg von neuem zu beginnen. Vielmehr verlangte er nur wie von Freunden, die Unrecht begangen hätten, Wiedergutmachung des Schadens." (Σκιπίων μὲν οὖν οὐκ ἠξίου πολέμου κατάρχειν μετὰ σπονδάς, ἀλλ᾽ ᾔτει δίκας ὡς φίλους ἁμαρτόντας, App., Lib. 34,144). Diese Reaktion war der Bedeutung des Zwischenfalls angemessen und nicht überzogen, wie dies etwa bei sofortiger Kündigung des Waffenstillstandsvertrages und des soeben ratifizierten Friedensvertrages der Fall gewesen wäre. Somit verliert das mögliche Argument, die römische Historiographie könnte den Überfall auf die römische Flotte erfunden haben, um die Fortsetzung des Krieges durch die Römer zu rechtfertigen, stark an Gewicht. Auch wird keineswegs die nachsichtige Haltung Scipios als Beispiel römischen Großmuts verherrlicht, wie dies etwa bei der Rückkehr der punischen Gesandten[445] oder bei der "Spionage-Episode"[446] der Fall ist.

Als letztes, allerdings nicht zur Gänze überzeugendes Argument für die Historizität der Kaperung der römischen Versorgungsflotte lassen sich jene bereits zuvor angeführten Quellenstellen heranziehen, wonach auch nach der Aufkündigung des ausgehandelten Vertrages seitens der Römer Schadenersatz für die gekaperten Schiffe verlangt (Liv. 30,31,9; App., Lib. 37,156; Eutr. 3,22,2) und im Vorfeld der Friedensverhandlungen für den endgültigen Friedensvertrag (202/201) von den Karthagern auch geleistet wurde (Pol. 15,18,3; Liv. 30,37,6; App., Lib. 54,234).[447]

Somit läßt sich angesichts dieser Überlegungen die Historizität des ersten karthagischen Völkerrechtsbruchs mit großer, jedoch nicht mit an Sicherheit grenzender Wahrscheinlichkeit bejahen.

Hingegen muß der zweite angebliche Völkerrechtsbruch – die Attacke auf die römische Beschwerdegesandtschaft – meines Erachtens als unhistorisch zurückgewiesen werden. Zunächst ist auf die zahlreichen Widersprüche, die bereits weiter oben besprochen wurden, zu verweisen: Weder erscheint die Durchführung des Überfalls, so wie er in der antiken Historiographie überliefert wird, schlüssig und plausibel, noch läßt sich eine überzeugende Antwort auf die Frage "*Cui bono*?" finden. Dafür nützt die römische Geschichtsschreibung – im Gegensatz zur ersten Episode ! – in tendenziöser Weise die Möglichkeit, die nachsichtige und großmütige Haltung Scipios bei der Rückkehr der punischen Gesandten aus Rom als grandioses *exemplum* der überlegenen römischen Geisteshaltung zu verherrlichen: es solle keine Rache für den vorherigen

---

[444] Polybios spricht von der Möglichkeit eines neuerlichen Vertragsabschlusses, wenn zum alten Vertragsinhalt "eine noch härtere Bedingung" hinzugefügt werden würde (ἐν οἷς βαρυτέρου μέν τινος προσεπιταχθέντος δυνατὸν ἀνενεγκεῖν τῷ δήμῳ περὶ διαλύσεως. Pol. 15,8,13).

[445] Die aus Rom zurückgekehrten punischen Gesandten werden in das Lager Scipios verschlagen. Dieser nimmt jedoch keine Rache für den (angeblichen) punischen Übergriff auf die römische Gesandtschaft, sondern läßt sie unversehrt nach Karthago zurückkehren (so Pol. 15,4,4; Liv. 30,25,9; App., Lib. 35,148).

[446] Drei punische Spione, die für Hannibal das römische Lager auskundschaften sollten, werden von den Römern ergriffen. Scipio läßt sie jedoch nicht hinrichten, sondern durch das Lager führen, wo ihnen alles gezeigt wird, und mit Verpflegung zurück zu Hannibal schicken (Pol. 15,5,4-7; Liv. 30,29,2f.; App., Lib. 39,162; Eutr. 3,22,2; Val.Max. 3,7,1c; Polyainos 8,16,8; Zon. 9,14,4).

[447] Polybios und Appian führen die Rückstellung der Versorgungsflotte (bzw. die Leistung von Schadenersatz) irrigerweise als Vertragspunkt des eigentlichen Friedensvertrages an.

punischen Übergriff an der römischen Gesandtschaft geübt werden und nichts vorfallen, was "*institutis populi Romani nec suis moribus indignum*" (Liv. 30,25,10) sei. Nicht, was den Karthagern gebühre, sondern was zu tun sich für Römer gezieme (οὐχ οὕτως τί δέον παθεῖν Καρχηδονίους, ὡς τί δέον ἦν πρᾶξαι Ῥωμαίους, Pol. 15,4,10) solle geschehen. Durch seinen Großmut ("καλοκἀγαθία") hätte Scipio die gottlose und unvernünftige Haltung ("ἄνοιαν") der Karthager übertroffen (Pol. 15,4,12). Unmittelbar an diese Episode anschließend überliefert die römische Historiographie ein zweites glänzendes *exemplum* römischer Geistesgröße durch Scipio: Als im römischen Lager drei punische Spione aufgegriffen werden, läßt der römische Feldherr diese nicht hinrichten, sondern durch das Lager führen, wo ihnen alles offen gezeigt wird, und anschließend mit Wegzehrung zu Hannibal zurückkehren (Pol. 15,5,4-7; Liv. 30,29,2f.; App., Lib. 39,162; Eutr. 3,22,2; Val.Max. 3,7,1c; Polyainos 8,16,8; Zon. 9,14,4) .

Zu Recht sprechen etwa HUSS oder SEIBERT von "von einem römischen Standpunkt aus geschriebenen, suspekten Berichten"[448] bzw. "blühender Phantasie"[449] der römischen Geschichtsschreiber oder "Legenden"[450]. Nach dem Bericht des Papyrus Rylands III 491 col. II Z. 21ff. kehrten die aus Rom kommenden punischen Gesandten direkt nach Karthago zurück. Von einem Übergriff auf römische Gesandte ist ebensowenig die Rede wie von der großzügigen Haltung Scipios.

Wie bereits ausführlich besprochen wurde (vgl. oben S.119-126), findet sich im Pap. Ryl. III 491 nur eine äußerst knappe Zusammenfassung der Ereignisse des Winters 203/202. In den Zeilen 18 bis 26 wird geschildert, daß die römische Delegation in das römische Heereslager in Nordafrika ("Stadt des Scipio" bzw. Castra Cornelia) zurückkehrte, während die punische Delegation direkt nach Karthago reiste und dort über das Verhandlungsergebnis referierte. Nach etwa 10 Zeilen Lücke setzt in Zeile 37 der Bericht wieder ein: Eine Vertragspartei kündigt gegenüber der anderen die Verträge auf und entläßt die Gesandten der anderen Vertragspartei, welche nun statt mit Frieden mit Krieg nach Hause zurückkehren. Nach Polybios (15,4,5-9) und Livius (30,25,9f.) kehrte die punische Delegation nicht unmittelbar nach Karthago zurück, sondern kam gemeinsam mit der römischen Gesandtschaft zuerst in Scipios Lager. Hier überliefern nun beide Autoren ein typisches *exemplum* römischer Geisteshaltung: Trotz des doppelten Bruches des Waffenstillstandes und trotz der bevorstehenden Wiederaufnahme der Kampfhandlungen entläßt Scipio die

---

448 HUSS 1985, 414f. Anm. 90

449 SEIBERT 1993a, 458 (zum Angriff auf die römische Gesandtschaft)

450 SEIBERT 1993a, 465 (zur Ergreifung der Spione)

punischen Gesandten nach Karthago.[451] Es zeigt sich also, daß der Papyrus auf die Darstellung zumindest dieser Episode verzichtet. Auch die ausführlichen Berichte der sonstigen Quellen über den (angeblichen) punischen Bruch des Waffenstillstandes können – wenn überhaupt – höchstens als Faktum in der zehnzeiligen Lücke des Papyrus wiedergegeben worden sein.

(F) Schuldhafter Vertragsbruch der Römer?

Teilweise wird die Ansicht vertreten, daß Scipio sein Interesse am Zustandekommen eines Friedensvertrages lediglich vorgetäuscht habe. Von Anfang an hätte er nur Zeit gewinnen wollen und eine Fortsetzung des Krieges geplant. Durch die angeblichen Verstöße gegen den Waffenstillstandsvertrag seitens der Karthager konnte die alleinige Schuld an der Wiederaufnahme der Kampfhandlungen auf Karthago geschoben werden.[452]

Es läßt sich in der Tat feststellen, daß Scipio zumindest teilweise Handlungen setzte, die mit dem Waffenstillstandsvertrag scheinbar schwer in Einklang zu bringen waren. Zunächst ist auf das Faktum hinzuweisen, daß eine beträchtliche Versorgungsflotte von den Karthagern gekapert wurde. Nun hatten sich die Karthager im Herbst 203 im Waffenstillstandsvertrag – wie im hellenistischen Vertragsbrauch bei Waffenstillstandsverträgen allgemein üblich – zur Versorgung des römischen Heeres mit Getreide und sogar zur Bezahlung des doppelten Soldes verpflichtet. Selbst wenn der im Herbst 203 geschlossene Waffenstillstandsvertrag ursprünglich auf 45 Tage befristet war (Eutr. 3,21,2), so mußte dieser mindestens einmal verlängert worden sein, da sich die Friedensverhandlungen bis tief in das Frühjahr 202 verzögerten. Warum war es daher notwendig, für umfangreichen Nachschub zu sorgen?[453] Als einzige Rechtfertigung bietet sich die schlechte Versorgungslage der Karthager an, die außer ihrer eigenen Bevölkerung auch noch das im Spätherbst 203 zurückgekehrte Heer Hannibals sowie nach Abschluß des Waffenstillstandsvertrages die römische Invasionsarmee versorgen mußten.[454]

---

[451] Vgl. Treu 1953, 49: "Die *fides* und *clementia* Scipios, der die karthagischen Gesandten ungehindert ziehen läßt, kann sich so aufs Beste abheben von den heimtückischen Art der Punier und deren Überfall auf Scipios Gesandte."

[452] Etwa Seibert 1993a, 459f.

[453] Zu beachten ist, daß zumindest zwei römische Versogungsflotten nach Nordafrika übersetzten (Liv. 30,24,5) und daß nur eine dieser beiden von den Karthagern aufgebracht wurde. Vgl. Seibert 1993a, 456 Anm. 104: "Wenn er [scil. Scipio] wirklich vom Abschluß des Friedensvertrages überzeugt gewesen wäre, wären diese gewaltigen Rüstungen nicht mehr nötig gewesen."

[454] Nach App., Lib. 50,215-220 waren "die allgemeine Notlage sowie der Hunger" der Bevölkerung Karthagos dies auch die offizielle punische Rechtfertigung für das Aufbringen der

Die wirtschaftlichen Kräfte der Karthager waren am Ende des Kriegswinters 203/202 erschöpft, die innenpolitische Situation Karthagos angespannt. Vielleicht wollte, ja mußte Scipio zu Beginn des Frühjahres (=Beginn der Schiffahrtssaison) auch im eigenen Interesse die Versorgung seines eigenen Heeres sicherstellen und zugleich die Gefahr eines gegen die römischen Eindringlinge gerichteten punischen Volksaufstandes dämmen.

Die zweite Handlung, die trotz aufrechtem Waffenstillstandsvertrag und laufender Friedensverhandlungen an der ehrlichen Gesinnung Scipios zunächst zweifeln lassen könnte, ist die bereits besprochene (S.109-111) römische Beteiligung an den militärischen Operationen Massinissas, der nach der Gefangennahme des Syphax und nach Abschluß des Waffenstillstandsvertrages aufgebrochen war, um zunächst sein väterliches (ostnumidisches) Reich vollständig[455] zurückzuerobern und schließlich zusätzlich die westnumidischen Gebiete des Syphax zu gewinnen.

Der zwischen Scipio und Karthago abgeschlossene Waffenstillstandsvertrag konnte eine Einstellung der Kampfhandlungen eben nur zwischen diesen beiden Parteien begründen. Die dritte Kriegsmacht – das westnumidische Reich des Syphax – war im übrigen mit der Niederlage und Gefangennahme des Syphax aus römischer Sicht zur Kriegsbeute des römischen Volkes geworden (Liv. 30,14,9f.: *Syphax populi Romani auspiciis victus captusque est. Itaque ipse, coniunx, regnum, ager, oppida, homines, qui incolunt, quidquid denique Syphacis fuit, praeda populi Romani est.*). Somit kann die römische Beteiligung am westnumidischen Feldzug des Massinissa aus völkerrechtlicher Sicht keineswegs als (römischer) Bruch des römisch-karthagischen Waffenstillstandsvertrages beurteilen werden, sondern nur als Wahrung des kriegsrechtlichen Beuterechts. Das hier offenkundige Prinzip des grundsätzlichen Fortbestehens des Kriegsrechts trotz vorübergehender Einstellung der Kampfhandlungen aufgrund eines Waffenstillstandsvertrages wurde im 2. Jhdt. n.Chr. von Aulus Gellius (1,25,4) in die Definition "*Neque pax est indutiae – bellum enim manet, pugna cessat*" ["Der Waffenstillstand ist kein Frieden. Denn der Krieg bleibt, der Kampf ruht."] gekleidet. Daher wäre ein völkerrechtswidriges Verhalten der Römer selbst dann ausgeschlossen gewesen, wenn in den Waffenstillstandsvertrag auch die *socii* der

---

römischen Versorgungsflotte. Vgl. zur schlechten wirtschaftlichen Situation weiters Nep., Hann. 6,2 (*exhaustis iam patriae facultatibus*)

[455] Bereits vor der Gefangennahme des Syphax konnte Massinissa mit erheblicher römischer Unterstützung – Scipio hatte ein Drittel seines Heeres abkommandiert und den Oberbefehl über dieses Unternehmen an Laelius übertragen (App., Lib. 26,105) – große Teile seines väterlichen Reiches zurückgewinnen.

beiden (Haupt)Kriegsmächte aufgenommen worden wären,[456] da der punische *socius* Syphax samt seinem Reich zuvor eben bereits zur römischen Kriegsbeute geworden war.

Nach Polybios (15,4,4) nahm Massinissa zehn "Fähnlein" (σημαία) römischer Reiter sowie Fußsoldaten und Gesandte auf seinen westnumidischen Feldzug mit (προσλαβὼν δέκα σημαίας Ῥωμαϊκὰς ἱππέων καὶ πεζῶν καὶ πρεσβευτάς). Nun ergibt sich aus Pol. 15,9,7[457] und anderen Polybios-Zitaten (beispielsweise 6,24,4f.[458] 6,29,3f.; 6,29,9; 15,15,7; 18,24,10; 18,26,2; 18,32,11), daß der griechische Historiker die Bezeichnung "σημαία" in der Regel auf die taktische Einheit des *manipulus* (Stärke: ca. 200 Infanteristen) anwendet, wenngleich "σημαία" wortwörtlich ins Lateinische übertragen "*vexillum*" (abgeleitet vom Feldzeichen: "Fähnlein") bedeuten würde. Unrichtig ist jedenfalls die Verknüpfung der Bezeichnung "σημαία"/*manipulus* statt korrekterweise "ἴλη"/*turma*" (vgl. etwa Pol. 6,25,1) mit der römischen Kavallerie, sodaß wir die Stelle wohl in dem Sinne zu verstehen haben, daß Scipio Kavallerie und Infanterie im Gesamtausmaß von 2000 Mann entsandt hatte. Dies bedeutet, daß sich Scipio während des Waffenstillstandes mit einer sehr kleinen, eben nur etwa zweitausend Mann starken Truppe am Feldzug des Massinissa beteiligte, während er noch vor Abschluß des Waffenstillstandsvertrages seinem numidischen Verbündeten gleich ein Drittel (App., Lib. 26,105) seines Heeres zur Verfügung gestellt hatte. Es wäre jedoch verkehrt, daraus schließen zu wollen, daß Scipio nach dem Abschluß des Waffenstillstandsvertrages mit Karthago sein Heer für einen eventuellen Überraschungsschlag bereithalten wollte. Gerade die Polybios-Notiz, wonach der römische Feldherr nach der Aufkündigung des Friedensvertrages Boten an Massinissa schickte und ihn

---

[456] Daß dies nicht der Fall war, zeigt sich an Hannibals Kriegsführung gegen einige ostnumidische Städte Massinissas während des weiterhin aufrechten Waffenstillstandsvertrages (App., Lib. 33,141).

[457] Πλὴν ὁ μὲν Πόπλιος ἔθηκε τὰς τάξεις τῶν ἰδίων δυνάμεων τὸν τρόπον τοῦτον. πρῶτον μὲν τοὺς ἀστάτους καὶ τὰς τούτων σημαίας ἐν διαστήμασιν, ἐπὶ δὲ τούτοις τοὺς πρίγκιπας, τιθεὶς τὰς σπείρας οὐ κατὰ τὸ τῶν πρώτων σημαιῶν διάστημα, καθάπερ ἔθος ἐστὶ τοῖς Ῥωμαίοις, ἀλλὰ καταλλήλους ἐν ἀποστάσει διὰ τὸ πλῆθος τῶν παρὰ τοῖς ἐναντίοις ἐλεφάντων· τελευταίους δ' ἐπέστησε τοὺς τριαρίους. [Publius nun ordnete sein Heer in folgender Weise zur Schlacht. In die erste Linie stellte er die Manipeln der *hastati* mit Zwischenräumen, dahinter die *principes*, und zwar ihre Manipeln nicht hinter die Zwischenräume zwischen den vordersten Manipeln, wie es sonst bei den Römern üblich ist, sondern in einigem Abstand genau auf Vordermann, in Rücksicht auf die Menge der Elefanten auf der Gegenseite. In der hintersten Linie standen die Triarier.]

[458] Τῶν δὲ γροσφομάχων τοὺς ἐπιβάλλοντας κατὰ τὸ πλῆθος ἴσους ἐπὶ πάντα τὰ μέρη διένειμαν. Καὶ τὸ μὲν μέρος ἕκαστον ἐκάλεσαν καὶ τάγμα καὶ σπεῖραν καὶ σημαίαν, τοὺς δ' ἡγεμόνας κεντυρίωνας καὶ ταξιάρχους. οὗτοι δὲ καθ' ἑκάστην. [Die *velites* verteilen sie nach ihrer Zahl gleichmäßig auf alle dreißig Abteilungen. Und die einzelne Abteilung nennen sie entweder "τάγμα", "σπεῖρα" oder "σημαία"]

aufforderte, möglichst rasch mit einem möglichst großen Heer zu ihm zurückzukehren (Pol. 15,4,3), zeigt, wie überraschend auch für Scipio das Scheitern einer friedlichen Lösung gekommen war. Hätte er von Anfang an ein falsches Spiel gespielt und sein Interesse an einem Friedensvertrag nur vorgetäuscht, so hätte er seinen wichtigsten Verbündeten nicht in die weitentfernten westnumidischen Territorien des Syphax ziehen lassen und so auf die schlagkräftige Kavallerie Massinissas verzichtet.

Zusammenfassend kann somit festgestellt werden, daß Scipio auch zu Beginn des Jahres 202 ernsthaftes Interesse am Zustandekommen einer friedlichen Lösung hatte. Dieses Interesse war auch innenpolitisch bedingt: Wie bereits erörtert wurde (oben S. 135-140), harrte in Rom der neugewählte Konsul des Jahres 202, Ti. Claudius Nero, in den Startlöchern, da er zunächst gegen den Widerstand des Volkes Afrika als *provincia* zugesprochen bekommen hatte, jedoch auf Anordnung des Senates während der Friedensverhandlungen in Rom verbleiben mußte und erst bei einer eventuellen Wiederaufnahme der Kämpfe nach Afrika übersetzen durfte (Liv. 30,38,7). Auch wenn Claudius Nero in Afrika staatsrechtlich lediglich *parique imperio*[459] (Liv. 30,27,5) agieren durfte, lief Scipio somit Gefahr, bei Scheitern der friedlichen Lösung einen unerwünschten Konkurrenten zu erhalten.[460]

Wie sehr auch der römische Senat bzw. die römischen Obermagistrate von der Wiederaufnahme der Kämpfe überrascht wurden, zeigt die Tatsache, daß der Konsul Ti. Claudius Nero seinen Auftrag, sofort nach Afrika überzusetzen, erst mit Verspätung wahrnehmen konnte, da er sich zuvor bei der Ausrüstung seiner Flotte Zeit gelassen und den Ausgang der Friedensverhandlungen abgewartet hatte (Liv. 30,38,6f.).

9.) Letzte Friedensbemühungen vor der Schlacht von Zama (Sommer/Herbst 202)

Wie bereits mehrfach erwähnt, bestand auch nach der Aufkündigung des Waffenstillstandsvertrages und der Nichtannahme des in Rom bereits ratifizierten Friedensvertrages seitens der Karthager die Möglichkeit, auf der Basis des dieses alten Vertragstextes einen neuen Vertrag abzuschließen, soferne sich die

[459] Wie bereits mehrfach erwähnt, galt bei den Römern ansonsten das staatsrechtliche Prinzip, daß ein prorogierter Magistrat sich innerhalb derselben *provincia* einem ebenfalls anwesenden ordentlichen Magistrat gleichen Ranges unterordnen mußte (Kunkel/Wittmann 1995, 16).

[460] Tatsächlich überliefert Zonaras (9,14,2), daß Scipio sofort nach der Aufkündigung des Waffenstillstandsvertrages "aus Furcht, Nero möchte eilends herbeikommen und den Ruhm seiner Mühen für sich einheimsen" die Kampfhandlungen gegen Hannibal eröffnet hatte.

Karthager zusätzlich zur Rückstellung der erbeuteten Versorgungsschiffe samt Schiffsladung verpflichtet hätten. Am weitesten gehen Appian und Eutrop, die sogar den Abschluß eines neuerlichen Waffenstillstandsvertrages zwischen Hannibal und Scipio überliefern: Nach Appian hätte zunächst der karthagische Rat – beschämt durch Scipios großmütiges Verhalten – der Volksversammlung geraten, den Römern Schadenersatz für die von den Karthagern verschuldeten Vergehen anzubieten und Scipio um die Annahme des ausgehandelten Vertrages zu bitten (App., Lib. 35,149). Das Volk habe jedoch von Hannibal die Fortsetzung des Krieges verlangt. Als dieser nach einigen kleineren Gefechten gegen die Römer in eine militärisch prekäre Situation geriet, hätte Massinissa auf Hannibals Bitten hin zwischen den Streitparteien vermittelt, worauf ein neuerliches Abkommen zustandegekommen sei und zwar unter der Bedingung einer Schadenersatzleistung für die gekaperte Versorgungsflotte sowie der zusätzlichen Zahlung einer Pönale in der Höhe von 1000 Talenten (App., Lib. 37,156). Außerdem sei neuerlich ein Waffenstillstandsvertrag abgeschlossen worden (App., Lib. 37,157). Das über die Aristokratie im allgemeinen und über Hannibal im speziellen empörte karthagische Volk habe jedoch Hannibal gezwungen, den Waffenstillstand aufzukündigen und den Krieg erneut aufzunehmen (App., Lib. 39,161).

Ähnlichen Inhalt hat die kurze Notiz bei Eutrop: Hannibal habe nach mehreren kleineren Niederlagen Scipio persönlich – also ohne Vermittlung Massinissas, wie dies bei Appian überliefert wird – um ein neues Abkommen ersucht, das schließlich auch zustandegekommen sei. Zusätzlich zu den alten Konditionen sei aufgrund der jüngsten punischen Vergehen eine Pönale in der Höhe von 100.000 Pfund Silber (in etwa 1250 Talente) auferlegt worden. Die Karthager seien jedoch mit diesen Bestimmungen nicht einverstanden gewesen und hätten Hannibal zur Fortsetzung des Krieges aufgefordert (Eutr. 3,22,2).

Im Gegensatz zu Appian und Eutrop überliefert die übrige Historiographie lediglich Bemühungen seitens Hannibals, zu einer friedlichen Lösung zu kommen. Nach Polybios sei es zu einer persönlichen Unterredung zwischen Hannibal und Scipio gekommen, wobei der karthagische Feldherr die Abtretung Spaniens, Siziliens, Sardiniens sowie sämtlicher Inseln zwischen Italien und Libyen anbot (Pol. 15,7,8). Scipio entgegnete empört, daß dies bereits Inhalt des zuvor ausgehandelten Vertrages gewesen sei und daß die Karthager noch weitere Verpflichtungen auf sich genommen hätten (Pol. 15,8,7f.). Aufgrund der punischen Treuebrüche müsse jedoch dem alten Vertrag eine weitere, noch härtere Bedingung hinzugefügt werden, wenn eine friedliche Lösung wieder möglich sein solle; umgekehrt sei es hingegen undenkbar, aus dem alten Vertragstext karthagische Verpflichtungen zu streichen (Pol. 15,8,13).

Ähnlich Livius: Hannibal bietet die Abtretung Siziliens, Sardiniens, Spaniens und aller Inseln zwischen Afrika und Italien an (Liv. 30,30,25f.). Scipio kontert, daß diese Gebiete bereits in römischer Hand seien und daß Hannibal einige punische Verpflichtungen aus dem alten Vertrag gewissermaßen unter den Tisch fallen lassen würde (Liv. 30,31,1-3). Es sei jedoch nur dann eine friedliche Lösung möglich, wenn dem alten Vertrag eine Schadenersatzbestimmung[461] aufgrund der punischen Völkerrechtsbrüche hinzugefügt werden würde (Liv. 30,31,9).

Auch Appian schildert eine Unterredung zwischen Hannibal und Scipio: Nachdem Hannibal unter dem Druck des punischen Volkes den zweiten (sic! siehe oben!) Waffenstillstandsvertrag aufgekündigt hatte, erklärte er gegenüber Scipio, daß die im alten Vertrag geregelte Höhe der Entschädigungssumme für Empörung in Karthago gesorgt hätte (App., Lib. 39, 163; vgl. dazu oben Seite 165-166). Würden die Römer sich mit den territorialen Gewinnen begnügen und auf die Kriegsentschädigung verzichten, könne ein Friedensvertrag abgeschlossen werden. Diese Forderung wurde jedoch von Scipio kategorisch abgelehnt (App., Lib. 39,164).

Nach Cornelius Nepos (Hann. 6,1f.) sei Hannibals Bitte um einen neuerlichen Frieden lediglich eine taktische Finte gewesen, da die Ressourcen Karthagos erschöpft gewesen wären (*exhaustis iam patriae facultatibus*) und Hannibal gehofft hätte, später unter günstigeren Umständen mit dem Krieg fortsetzen zu können. Die Unterredung zwischen den beiden Feldherren sei jedoch ergebnislos verlaufen (*condiciones non convenerunt*).

Nach Orosius 4,19,1-3 sei Hannibal sofort nach seiner Landung in Leptis nach Karthago marschiert und habe das Gespräch mit Scipio gesucht. Nach dem Scheitern der Friedensverhandlungen sei es schließlich zur Schlacht gekommen (*infecto pacis negotio proelium consertum est*).

Ein lediglich retardierendes Moment stellt die Unterredung zwischen Hannibal und Scipio bei Florus (1,22,58f.) dar: Die beiden erfolgreichsten Feldherren treffen vor der großen entscheidenden Schlacht noch einmal persönlich zusammen. Da jedoch keine Übereinkunft erzielt werden kann, muß das Schwert entscheiden.

Nach den Ausführungen des fälschlicherweiser unter Plutarchs Namen firmierenden anonymen Autors (Ps.-Plut., Apophth. Scip. 5 p. 196 CD) hätten die Karthager den mit Scipio abgeschlossenen Friedensvertrag aufgrund der

---

[461] Livius nennt keine genaue Höhe des zu zahlenden Schadenersatzes.

Rückkehr Hannibals nach Afrika wieder bereut. Über diese Haltung der Karthager verärgert, erklärte Scipio, daß er sich nun nicht mehr an den Vertrag gebunden fühle, außer die Kriegsentschädigung würde um weitere fünftausend Talente erhöht werden.

Der Quellenwert dieser Notiz ist eher gering einzustufen. Die Karthager werden von Scipio lediglich für ihren Hochmut, nicht jedoch für ein bestimmtes völkerrechtswidriges Vergehen bestraft. Auch die Erhöhung (und zugleich Verdoppelung!) der ursprünglichen Kriegsentschädigung steht in keinem Zusammenhang mit einem konkreten römischen Schaden und ist als reine Vergeltung bzw. Bestrafung der charakterlosen *Poeni foedifragi* motiviert.

Eher knapp überliefert Zonaras (9,14,4), daß Hannibal unter Vermittlung Massinissas Scipio um einen erneuten Friedensvertrag, zumindest jedoch um Gewährung eines neuerlichen Waffenstillstandes bat. Es sei in weiterer Folge zu einer Unterredung zwischen Scipio und Hannibal gekommen, doch sei sie ergebnislos geblieben.

Übereinstimmend berichten die Quellen also von einem letzten punischen Versuch, doch noch zu einer friedlichen Lösung zu gelangen. Die Standpunkte beider Seiten wurden jedoch kompromißlos vorgetragen: Die Karthager strebten eine Kürzung der im alten Vertrag auferlegten Kriegsentschädigung oder sogar deren komplette Streichung an, zusätzlich vielleicht auch eine Milderung der übrigen Konditionen (Auslieferung der Flotte, Söldnerwerbeverbot, etc.). Jedenfalls erklärten sie sich nur zur Abtretung Spaniens, Siziliens, Sardiniens und aller sonstigen Inseln im westlichen Mittelmeerraum bereit. Umgekehrt weigerte sich Scipio, einem für die Karthager günstigeren Vertrag die Zustimmung zu erteilen, da eine solches Entgegenkommen mit einer Belohnung für das vertragsbrüchige Verhalten der Karthager gleichzusetzen sei. Grundlage für einen neuen Vertrag könne daher nur der alte Vertragstext sein, dem eine zusätzliche Bestimmung hinsichtlich der Leistung von Schadenersatz – offenbar in der Höhe von etwa 1000 Talenten (nach App., Lib. 37, 156 sowie Eutr. 3,22,2) – für eben diese jüngsten Vertragsbrüche hinzugefügt werden müsse.

Die starre, jedem Kompromiß abgeneigte Haltung beider Seiten führte zum Scheitern der "Gipfelgespräche"[462] zwischen den beiden erfolgreichsten

[462] In der modernen Forschung wird in der Regel die Historizität der persönlichen Zusammenkunft und Unterredung zwischen Scipio und Hannibal mehrheitlich bejaht (zB HUSS 1985, 416 Anm. 105), teilweise jedoch auch verneint (zB SEIBERT 1993b, 315 mit weiteren Literaturzitaten für und gegen die Historizität). Meines Erachtens ist eher von der Historizität der persönlichen Unterredung auszugehen, doch spielt diese Diskussion hier nur eine untergeordnete Rolle: Die neuen Verhandlungen zwischen den beiden Feldherren konnten auch über Gesandtschaften geführt worden sein, wenngleich sich seitens der Karthager eine persönliche Unterredung der beiden Feldherren geradezu angeboten hätte Tatsächlich war der

Feldherren des Zweiten Punischen Krieges. "*Ubi de pace non convenit, signa cecinere*", faßt Florus (1,22,59) den Ausgang der persönlichen Unterredung zwischen Hannibal und Scipio zusammen. Auch der letzte Versuch einer friedlichen Lösung war gescheitert. Scipio bereitete sich gemeinsam mit Massinissa, der inzwischen aus Westnumidien von seinem erfolgreichen Feldzug zurückgekehrt war, auf die Entscheidungsschlacht vor.

V.) DER FRIEDENSVERTRAG VON 202/201

1.) HANNIBALS NIEDERLAGE IN DER SCHLACHT VON ZAMA/NARAGARA (HERBST 202)

Die entscheidende Schlacht zwischen den beiden erfolgreichsten Feldherren des Zweiten Punischen Krieges fand im Herbst 202 bei Zama/Naragara statt.[463] Die von der antiken Historiographie unterschiedlich angegebenen Schlachtorte[464] liegen durchwegs tief im Landesinneren – etwa 130 Kilometer südwestlich von Karthago bzw. über 150 Kilometer westlich von Hadrumetum, wo Hannibal im Spätherbst 202 an Land gegangen war – und zwar etwa auf halbem Weg zwischen Karthago und der ungefähren Grenze zu Massinissas ostnumidischem Herrschaftsgebiet. Meines Erachtens spricht dies sehr für die Historizität von Appians Überlieferung, wonach Hannibal nach seiner Landung bei Hadrumetum im Spätherbst 203 in ostnumidische Städte teils mit Gewalt, teils friedlich gewann (App., Lib. 33, 141), während einige Historiker Hannibal erst kurz vor der Schlacht in Gewaltmärschen (*magnis itineribus*) in das ungefähre Gebiet dieser Schlacht eilen lassen (Pol. 15,5,3; Liv. 30,29,1f.).[465]

---

bis dato noch unbesiegte punische Feldherr die einzige und letzte Persönlichkeit des karthagischen Volkes, die den Römern noch Respekt einflößen konnte, und somit als einziger geeignet, bei Scipio die bei objektiver Betrachtung doch etwas vermessenen Forderungen der Karthager durchsetzen zu können.

[463] Sowohl das genaue Datum als auch der Ort der Schlacht sind umstritten und von der antiken Historiographie ungenau bzw. widersprüchlich überliefert. Vgl. näher SEIBERT 1993b, 308-316 (mit weiteren Literaturverweisen).

[464] Vgl. SEIBERT 1993b, 309-314

[465] Eine Zwischenposition nimmt Zonaras 9,13,10 ein, der überliefert, daß Hannibal erst nach dem (angeblichen) punischen Bruch des Waffenstillstandsvertrages in Massinissas Land eingefallen war und Vorbereitungen zum Kampf gegen die Römer getroffen hatte. Schließlich hätte Hannibal sogar Massinissa besiegt (Zon. 9,14,2), was jedoch nur im Sinne von "erfolgreich in Massinissas ostnumidischer Heimat gekämpft" interpretiert werden kann, da Massinissa zu dieser Zeit in Wirklichkeit einen Feldzug durch die westnumidischen Gebiete unternahm.

Versetzt man sich nämlich in die Lage der beiden Feldherren, so war für beide eine möglichst rasche Entscheidung von höchstem Interesse.[466] Scipio befand sich mit seiner Armee in unmittelbarer Nähe zur Stadt Karthago, sodaß nach der Aufkündigung des Waffenstillstandsvertrages eine Belagerung bzw. Erstürmung der Stadt drohte. Um dies zu unterbinden, war Hannibal gezwungen, sofort Richtung Karthago zu marschieren. Aus strategischer Sicht war es für ihn vordringlich, die Truppen Scipios möglichst rasch vor der Ankunft neuer Verstärkungen aus Italien zu besiegen und die Römer somit von afrikanischem Boden zu verdrängen.Umgekehrt wäre für Scipio eine Belagerung der Stadt höchstwahrscheinlich undurchführbar gewesen, solange Hannibal mit einer intakten Armee im karthagischen Hinterland stand und seinerseits die Römer bedrohte. Zudem mußte Scipio die baldige Ankunft des Konsuls Ti. Claudius Nero aus Rom und somit die Teilung zukünftigen Ruhmes befürchten.

Anhand dieser Überlegungen läßt sich ohne weiteres die Frage beantworten"wie es gerade an einem Ort weit im Landesinneren zur Schlacht kommen konnte"[467]. Wie erwähnt lag das (ungefähre) Gebiet der Entscheidungsschlacht etwa auf halbem Weg zwischen Karthago und dem ostnumidischen Reich Massinissas, infolgedessen genau zwischen den ursprünglichen Positionen der beiden Feldherren, da sich Hannibal laut Appian – wie oben erwähnt – im Reich Massinissas auf einem Eroberungsfeldzug befunden hatte. Folgt man jedoch Polybios bzw. Livius und läßt Hannibal direkt von Hadrumetum heranmarschieren, so ist nur äußerst schwer erklärbar, warum die beiden Feldherren mit ihrer Armee ausgerechnet in das Gebiet um Zama/Naragara zogen.

Zum Verlauf der Schlacht sei auf die einschlägige Literatur verwiesen.[468] "*Scipio victor recedit, paene ipso Hannibale capto, qui* (...) *evasit*", faßt Eutrop (3,23,1) den Ausgang zusammen.

Scipio zog nach der Plünderung des feindlichen Lagers zurück nach Utica, während Hannibal in der Begleitung einiger weniger Reiter über Umwege nach Karthago floh. Die letzten punischen Hoffnungen ruhten auf Vermina, dem Sohn des Syphax, da dieser in seiner väterlichen Heimat ein kleineres Heer *cum equitibus pluribus quam peditibus* (Liv. 30,36,7) aufgestellt hatte und nun Richtung Karthago zog.[469] Doch *Saturnalibus primis*[470] vernichtete Scipio *levi certamine*

---

[466] So zu Recht auch SEIBERT 1993a, 466: "Hannibal mußte unbedingt den Gegner besiegen, wollte er ein römisches Friedensdiktat vermeiden. Scipio stand ebenfalls unter Erfolgszwang."
[467] SEIBERT 1993b, 308
[468] SEIBERT 1993a, 467-470; SEIBERT 1993b,315f. (mit Literaturverweisen)
[469] Offenbar waren Massinissas Erfolge in den westnumidischen Gebieten doch nicht so erfolgreich, wie von der antiken Historiographie überliefert. Vermina konnte jedoch nur ein

auch diese letzte punische Hoffnung (Liv. 30,36,8). Die Karthager waren gezwungen, Scipio um Frieden zu bitten.

2.) KRIEG ODER FRIEDEN?

Nach Livius (30,36,9) kamen 30 karthagische Gesandte[471] in das römische Lager, wobei wir wohl davon ausgehen können, daß es sich bei ihnen ebenso wie ein Jahr zuvor um die "Präsidiale" (*sanctius consilium*)[472] des karthagischen Rates bzw. die dreißig angesehensten Ratsherren, gehandelt hat. Weinerlich und würdelos sollen sie ihr furchtbares Unglück beschworen, die Schuld an den jüngsten Vertragsbrüchen der karthagischen *plebs* in die Schuhe geschoben sowie die Römer unterwürfig um Erbarmen gebeten haben (Pol. 15,17,1f.; Liv. 30,36,9; App., Lib. 49,213-52,228).

Daß die Bitte um die Gewährung eines neuerlichen Waffenstillstands- bzw. Friedensvertrages auf die Karthager zurückging, liegt auf der Hand. Schenkt man jedoch der Angabe des Zonaras Glauben, so basierte sogar die inhaltliche Ausgestaltung des Friedensvertrages auf punischen Vorschlägen, die schließlich von Scipio akzeptiert worden seien (Zon. 9,14,11: καὶ ὁ Σκιπίων τοὺς λόγους σφῶν προσεδέξατο καὶ περὶ τῶν συνθηκῶν διειλέχθη αὐτοῖς.). Hingegen erweckt die Überlieferung der übrigen antiken Historiographie den Eindruck, der Vertragsinhalt sei allein von römischer Seite diktiert worden (Pol. 15,17,7[473]; Liv. 30,37,1f.; App., Lib. 53,233-54,234). Meines Erachtens lassen sich beide Positionen vereinbaren: Livius überliefert, daß im römischen Kriegsrat zunächst die Belagerung und endgültige Zerstörung Karthagos zur Diskussion gestanden sei,[474] doch hätte man angesichts des ungewissen Ausgangs bzw. der langen

---

unbedeutendes Heer aufstellen, das aufgrund der geringen Infanteriestärke denkbar ungeeignet für eine Schlacht gegen die römische Armee war (so auch SEIBERT 1993a, 472 Anm. 54 mit leichten Zweifeln an der Historizität dieser Schlacht).

[470] 17. Dezember 202

[471] Nach App., Lib. 49, 213 leiteten Hanno der Große (GEUS 1994, 116-118 s.v. Hanno (18)) und Hasdrubal Eriphos (GEUS 1994, 150 s.v. Hasdrubal (12)) die punische Delegation. Beide hatten nach Appian (Lib. 34,145) im Jahre 203 jene römische Gesandten , die Scipio nach dem punischen Bruch des Waffenstillstandes nach Karthago entsandt hatte, vor dem aufgebrachten punischen Pöbel in Sicherheit gebracht.

[472] Liv. 30,16,3 (Nach Livius hatte diese 30köpfige "Elite" innerhalb des 300 Ratsherren zählenden Senates generell *maxima ... ad ipsum senatum regendum vis*). Vgl. dazu HUSS 1985, 462f.

[473] Ταῦτα δ' εἰπὼν ἔλεγε (scil. Scipio) τὰ φιλάνθρωπα τὰ διδόμενα, καὶ πάλιν ἃ δέον ἦν ὑπομένειν αὐτούς.

[474] Nach Liv. 29,1,12f. hatte Scipio im Jahr 205 auf Sizilien vor allem jene römische Soldaten für seine Expeditionsarmee ausgewählt, die unter Marcellus gekämpft und bei der Belagerung

Dauer eines solchen gewaltigen Unternehmens entschlossen, mit den Karthagern Frieden zu schließen (Liv. 30,36,10f.). Erneut wird auf die Befürchtungen Scipios hingewiesen, er könnte durch einen Nachfolger abgelöst werden und müsse den Ruhm der Beendigung des Krieges (*finiti belli fama*) an diesen abtreten (Liv. 30,36.11). Ein römischer Diktatfriede mit unangemessenen Forderungen hätte jedoch unter Umständen die punische Ablehnung und eine zeitraubende Belagerung der Stadt Karthago zur Folge gehabt. Umgekehrt stand für die Karthager ihre nackte Existenz auf dem Spiel, doch konnten sie nur dann auf eine friedliche Lösung hoffen, wenn sie sich auf der Grundlage des alten (gescheiterten) Vertrages des Winters 203/202 zur Erfüllung weiterer, noch härterer Bedingungen bereit erklären würden. Daß die zusätzliche Verpflichtung zur Leistung von Schadenersatz für die gekaperte römische Versorgungsflotte alleine nicht ausreichen würde, lag auf der Hand, da die Karthager bereits vor der Schlacht von Zama/Naragara einen Friedensvertrag auf dieser Basis abschließen hätten können.

Somit mußte der neu abzuschließende Vertrag aus punischer Sicht weitergehende Verpflichtungen beinhalten, ohne jedoch der jetzt und in weiterer Zukunft stark geschwächten Stadt Karthago jegliche Lebensgrundlage zu entziehen. Tatsächlich zeigen – wie noch näher zu erörtern sein wird – sowohl der in weiterer Folge geschlossene Vertrag als auch die wirtschaftliche bzw. politische Entwicklung Karthagos in den kommenden Jahrzehnten, daß dieser Kompromiß erfolgreich erzielt werden konnte. Meines Erachtens wäre dies jedoch nicht ohne Verhandlungen möglich gewesen, in welche sowohl die Karthager als auch die Römer ihre Vorstellungen der Ausgestaltung der Zukunft Karthagos und der römisch-karthagischen Beziehungen einbringen konnten. Dafür spricht einerseits der dreimonatige Waffenstillstand, der in dieser Länge bei einem Diktatfrieden wohl nicht notwendig gewesen wäre, andererseits die Vertragsgenese vom Zeitpunkt des Abschlusses des Waffenstillstandsvertrages bis hin zum Abschluß des endgültigen Friedensvertrages.

Folglich ist zunächst der Überlieferung des Zonaras (9,14,11) Glauben zu schenken, wonach es Verhandlungen gab, in denen die von der karthagischen Delegation unterbreiteten Vorschläge von Scipio angenommen wurden. Nach außen hin trat der römische Feldherr jedoch als derjenige in Erscheinung, der durch sein neuerliches *exemplum* römischen Großmuts und römischer Geistesgröße Karthago vor der endgültigen Zerstörung bewahrt hatte, ein Bild, das von der antiken Historiographie (vgl. etwa Pol. 15,17) blind übernommen wurde. Dieses Zugeständnis an Scipio konnte den Karthagern egal sein (sofern es

---

von Syrakus Erfahrungen im Bereich der Poliorketik gesammelt hatten, da er die Belagerung bzw. Zerstörung Karthagos beabsichtigte (*Carthaginis iam excidium agitabat animo*).

ihnen überhaupt bewußt war); sie hatten ihren Friedensvertrag zu akzeptablen Bedingungen erhalten, während Scipio die *finiti belli fama* für sich reklamieren konnte.

3.) Zum römischen Vorwurf der punischen Verletzung religiösen Rechts

Aus völkerrechtsgeschichtlicher Sicht besonders wertvoll ist jener in der antiken Historiographie mehrfach überlieferte römische Vorwurf, die Karthager hätten durch den Bruch des Waffenstillstandsvertrages des Winters 203/202 bzw. aufgrund des von ihnen zu verantwortenden Scheitern des damaligen Friedensvertrages gegen religiöse Wertvorstellungen verstoßen.

So schreibt etwa Polybios, die Karthager "sollten es als unerwartetes Wunder ansehen, wenn man noch irgendwie Gnade übe, nachdem die Tyche ihnen wegen des Unrechts, das sie begangen hätten, Mitleid und Verzeihung versagt und sie in die Hände ihrer Feinde gegeben habe" (τοῦτο δεῖν νομίζειν δεινόν, ἀλλ' εἴ τι συγχωρηθήσεται φιλάνθρωπον, τοῦτο μᾶλλον ἡγεῖσθαι παράδοξον, ἐπείπερ ἡ τύχη παρελομένη τὸν ἔλεον αὐτῶν καὶ τὴν συγγνώμην διὰ τὴν σφετέραν ἀδικίαν ὑποχειρίους πεποίηκε τοῖς ἐχθροῖς, Pol. 15,7,5f.). Noch deutlicher fällt die Kritik bei Livius aus: Scipio weist die Karthager wegen ihrer Untreue eindringlich zurecht und ermahnt sie, "durch so viele Niederlagen belehrt, endlich zu glauben, daß es Götter gebe und daß ein Eid etwas bedeute" (*ut tot cladibus edocti tandem deos et ius iurandum esse crederent*, Liv. 30,37,1). Auch im römischen Senat soll nach Livius in weiterer Folge den Karthagern die Verletzung religiösen Rechts zur Last gelegt worden sein: Die um Frieden bittenden punischen Gesandten werden gefragt, bei welchen Göttern der neue Vertrag abgeschlossen werden solle, da sie ja die Schutzgötter des alten (gescheiterten) Abkommens hintergangen hätten, worauf die Karthager antworten, sie wollen den Vertrag erneut bei den Schutzgottheiten des alten Vertrages abschließen, da diese offensichtlich jeden Vertragsbruch so streng ahnden (Liv. 30,42,20f.).

Bei Appian findet sich zwar kein entsprechender römischer Vorwurf gegenüber den Karthagern, jedoch ebenfalls der Standpunkt, daß zwischenstaatlichen Beziehungen eine göttliche Rechtsordnung zugrundeliege und daß Verstöße gegen diese Rechtsordnung vom Schicksal bestraft werden. So verspricht die punische Gesandtschaft, daß die Karthager nicht mehr wortbrüchig werden würden, jetzt da sie wegen ihrer früheren Unvernunft Schuldgefühle haben und bestraft werden (Lib. 52,225); die Römer hingegen sollen Karthago, das von der Tyche mit Unglück heimgesucht worden sei, so behandeln, daß "das römische Verhalten vor den Augen der Götter fehlerfrei, vor denen der gesamten Menschheit aber lobenswert erscheint" (ἵνα καὶ πρὸς τοὺς θεοὺς ἀναμάρτητα ᾖ τὰ ὑμέτερα ὑμῖν καὶ πρὸς ἀνθρώπους ἀξιέπαινα πάντας, App., Lib. 51,224). Eine ähnliche Ansicht überliefert Appian auch anläßlich der im römischen Senat geführten Diskussion, ob man nun einen letzten, vernichtenden Schlag gegen die Karthager führen sollte, wobei einige Senatoren den Standpunkt vertreten, man müsse die Karthager unter Rücksichtnahme auf das bestehende Treueverhältnis gegebenüber den Göttern und unter Rücksichtnahme auf den guten Ruf der Römer bei den Menschen behandeln (App., Lib. 57, 248).

4.) Die Quellen zu den Konditionen des Waffenstillstandsvertrages bzw. des endgültigen Friedensvertrages von 202/201

Für den Friedensvertrag von 202/201 gilt dasselbe wie für den Vertrag von 241: Der Vertragstext wurde – ebenso wie die Texte der früheren römisch-punischen Verträge – schriftlich auf einer Bronzeplatte fixiert und im Aerarium der Aedilen auf dem Kapitol in der Nähe des Iuppitertempels deponiert (Pol. 3,26,1f.). Leider sind diese Originalfassungen der römisch-punischen Verträge – so auch die Originalfassung des Vertrages von 202/201 verlorengegangen, sodaß wir auf die antike literarische Überlieferung angewiesen sind.

In weiterer Folge werden die fünf ausführlichen literarischen Quellen zum endgültigen, den Zweiten Punischen Krieg beendenden römisch-karthagischen Friedensvertrag angeführt. Die unten in der Übersetzung kursiv geschriebenen und in geschwungene Klammern gesetzten Vertragsbestimmungen bei Polybios, Livius und Appian sind herauszulösen und dem Waffenstillstandsvertrag zuzurechnen. Sowohl dieser als auch der endgültige, den Zweiten Punischen Krieg beendende Friedensvertrag werden in weiterer Folge genau besprochen und kommentiert.

(A) Polybios 15,18,1-8

(1)Ἦν δὲ τὰ κεφάλαια[475] τῶν προτεινομένων ταῦτα. πόλεις ἔχειν κατὰ Λιβύην ἃς καὶ πρότερον εἶχον ἢ τὸν τελευταῖον πόλεμον ἐξενεγκεῖν Ῥωμαίοις, καὶ χώραν ἣν καὶ τὸ παλαιὸν εἶχον, κτήνη καὶ σώματα καὶ τὴν ἄλλην ὕπαρξιν, (2) ἀπὸ δὲ τῆς ἡμέρας ἐκείνης ἀσινεῖς

[475] Zu Recht schließt SCHMITT 1969, 307 aus diesem Wortlaut, daß Polybios nur ein "Résumé der Bedingungen" wiedergibt.

Καρχηδονίους ὑπάρχειν, ἔθεσι καὶ νόμοις χρῆσθαι τοῖς ἰδίοις, ἀφρουρήτους ὄντας. (3) ταῦτα μὲν οὖν ἦν τὰ φιλάνθρωπα, τὰ δ' ἐναντία τούτοις πάλιν τὰ κατὰ τὰς ἀνοχὰς ἀδικήματα γενόμενα πάντα Καρχηδονίους ἀποκαταστῆσαι 'Ρωμαίοις, τοὺς αἰχμαλώτους καὶ δραπέτας ἐκ παντὸς ἀποδοῦναι τοῦ χρόνου, τὰ μακρὰ πλοῖα παραδοῦναι πάντα πλὴν δέκα τριήρων, ὁμοίως καὶ πάντας τοὺς ἐλέφαντας. (4) πόλεμον μηδενὶ τῶν ἔξω τῆς Λιβύης ἐπιφέρειν καθόλου μηδὲ τῶν ἐν τῇ Λιβύῃ χωρὶς τῆς 'Ρωμαίων γνώμης· (5) οἰκίας καὶ χώραν καὶ πόλεις, καὶ εἴ τι ἕτερόν ἐστι Μασαννάσου τοῦ βασιλέως ἢ τῶν προγόνων ἐντὸς τῶν ἀποδειχθησομένων ὅρων αὐτοῖς πάντα ἀποδοῦναι Μασαννάσᾳ· (6) σιτομετρῆσαί τε τὴν δύναμιν τριμήνου καὶ μισθοδοτῆσαι μέχρι ἂν ἐκ 'Ρώμης ἀντιφωνηθῇ τι κατὰ τὰς συνθήκας· (7) ἐξενεγκεῖν ἀργυρίου τάλαντα μύρια Καρχηδονίους ἐν ἔτεσι πεντήκοντα, φέροντας καθ' ἕκαστον ἐνιαυτὸν Εὐβοϊκὰ τάλαντα διακόσια· (8) ὁμήρους δοῦναι πίστεως χάριν ἑκατὸν οὓς ἂν προγράψῃ τῶν νέων ὁ στρατηγὸς τῶν 'Ρωμαίων, μὴ νεωτέρους τετταρεσκαίδεκα ἐτῶν μηδὲ πρεσβυτέρους τριάκοντα.

(1) Die Hauptpunkte dieser Friedensbedingungen waren folgende: Sie dürften die Städte in Libyen behalten, die sie besessen hätten, ehe sie den Krieg gegen die Römer anfingen, und das Land, das sie von alters her hätten, das Vieh, die Sklaven und das sonstige Eigentum. (2) {*Von diesem Tage an sollten keine feindlichen Handlungen mehr gegen die Karthager geschehen*}; sie sollten nach ihren Gesetzen und Sitten leben dürfen und keine römische Besatzung aufzunehmen brauchen. (3) Dies waren die Vergünstigungen. Die Auflagen waren folgende: {*Für allen während des Waffenstillstands unter Bruch der Verträge den Römern zugefügten Schaden sollten sie Wiedergutmachung leisten*}, die Gefangenen, gleichgültig, wann sie den Karthagern in die Hände gefallen wären, ebenso die Überläufer zurückgeben, alle Kriegsschiffe mit Ausnahme von zehn Trieren ausliefern und ebenso die Elefanten. (4) Sie sollten gegen niemanden außerhalb Libyens Krieg beginnen, innerhalb Libyens nicht ohne römische Genehmigung; (5) die Häuser, das Land und die Städte und alles Eigentum innerhalb der ihnen zugewiesenen Grenzen, das Massinissa gehöre oder seinen Vorfahren gehört habe, diesem übergeben. (6) {*Sie sollten das römische Heer für drei Monate mit Proviant versorgen und ihm solange den Sold zahlen, bis eine Entscheidung über den Vertrag aus Rom eingetroffen sei*}. (7) Sie sollten zehntausend Talente Silber innerhalb von fünfzig Jahren zahlen, und zwar in jedem Jahr zweihundert euboeische Talente abliefern. (8) Als Bürgschaft sollten sie hundert Geiseln stellen, die der römische Feldherr aus der Jugend auswählen werde, nicht jünger als vierzehn und nicht älter als dreißig Jahre.

(B) Livius 30,37,1-6

(1) ... *condiciones pacis dictae, ut liberi legibus suis viverent; (2) quas urbes quosque agros quibusque finibus ante bellum tenuissent, tenerent, populandique finem eo die Romanus faceret;* (3) *perfugas fugitivosque et captivos omnes redderent Romanis, et naves rostratas praeter decem triremes traderent elephantosque, quos haberent domitos, neque domarent alios*; (4) *bellum neve in Africa neve extra Africam iniussu populi Romani gererent; Masinissae res redderent foedusque cum eo facerent*; (5) *frumentum*

stipendiumque auxiliis, donec ab Roma legati redissent, praestarent; decem milia talentum argenti discripta pensionibus aequis in annos quinquaginta solverent; (6) *obsides centum arbitratu Scipionis darent ne minores quattuordecim annis neu triginta maiores. Indutias ita se daturum, si per priores indutias naves onerariae captae quaeque fuissent in navibus, restituerentur; aliter nec indutias nec spem pacis ullam esse.*

(1) (...) Dann wurden ihnen die Friedensbedingungen genannt: (2) Sie sollten frei nach ihren eigenen Gesetzen leben; die Städte und das Gebiet mit den Grenzen, die sie vor dem Krieg gehabt hätten, sollten sie behalten, {*und die Römer würden an diesem Tag mit dem Verwüsten aufhören*}; (3) die Überläufer, die entlaufenen Sklaven und alle Kriegsgefangenen sollten sie den Römern zurückgeben und ihre Kriegsschiffe bis auf zehn Dreiruderer ausliefern sowie die gezähmten Elefanten, die sie hätten, und sie dürften keine anderen mehr zähmen; (4) Krieg führen dürften sie weder in Afrika noch außerhalb von Afrika ohne Zustimmung des römischen Volkes; Massinissa sollten sie sein Eigentum zurückgeben und einen Vertrag mit ihm schließen; (5) {*sie sollten Getreide und Sold für die Hilfstruppen zur Verfügung stellen, bis die Gesandten aus Rom zurückkämen*}; sie sollten 10000 Talente Silber zahlen, in gleiche Raten über 50 Jahre verteilt; (6) sie sollten hundert Geiseln nach dem Ermessen Scipios stellen, nicht jünger als 14 Jahre, nicht älter als 30. {*Einen Waffenstillstand werde er ihnen unter der Bedingung gewähren, daß die bei dem früheren Waffenstillstand gekaperten Transportschiffe und was auf den Schiffen gewesen sei, zurückgegeben werde*}; andernfalls gebe es weder einen Waffenstillstand noch Hoffnung auf Frieden.

(C) Appian, Lib. 54,234-238.259

(234) δίδομεν ὑμῖν τὴν εἰρήνην ἔτι καὶ νῦν, ὦ Καρχηδόνιοι, ἢν τάς τε ναῦς τὰς μακρὰς παραδιδῶτε Ῥωμαίοις χωρὶς δέκα μόνων καὶ τοὺς ἐλέφαντας, ὅσους ἔχετε, καὶ ὅσα ἡρπάσατε πρῴην ἢ τὴν τῶν ἀπολωλότων τιμήν, ἐμοῦ τὰ ἀμφίβολα κρίνοντος, καὶ αἰχμάλωτα πάντα καὶ αὐτομόλους καὶ ὅσους Ἀννίβας ἐξ Ἰταλίας ἤγαγεν. (235) ταῦτα μὲν ἐν τριάκοντα ἡμέραις, ἀφ' οὗ ἂν ἡ εἰρήνη κριθῇ· ἐν δ' ἑξήκοντα ἡμέραις Μάγωνα χρὴ Λιγύων ἀποστῆναι καὶ τὰς φρουρὰς ὑμᾶς ἐξαγαγεῖν ἐκ τῶν πόλεων, ὅσαι τῶν Φοινικίδων τάφρων ἐκτός εἰσι, καὶ ὅσα αὐτῶν ἔχετε ὅμηρα, ἀποδοῦναι καὶ ἐς Ῥώμην ἑκάστου ἔτους ἀναφέρειν Εὐβοϊκὰ τάλαντα διακόσια ἐπὶ πεντήκοντα ἐνιαυτούς. (236) καὶ μήτε ξενολογεῖν ἀπὸ Κελτῶν ἢ Λιγύων ἔτι μήτε Μασσανάσσῃ μηδὲ ἄλλῳ Ῥωμαίων φίλῳ πολεμεῖν μηδὲ στρατεύειν τινὰ Καρχηδονίων ἐπ' ἐκείνους ἀπό γε τοῦ κοινοῦ. τὴν δὲ πόλιν ὑμᾶς ἔχειν καὶ τὴν χώραν, ὅσην ἐντὸς τῶν Φοινικίδων τάφρων εἴχετε ἐμοῦ διαπλέοντος ἐς Λιβύην. (237) Ῥωμαίων τε εἶναι φίλους καὶ συμμάχους κατὰ γῆν καὶ κατὰ θάλασσαν, ἢν ἀρέσκῃ ταῦτα τῇ βουλῇ. ἀρεσάντων δέ, Ῥωμαίους ἀναχωρεῖν ἐκ Λιβύης πεντήκοντα καὶ ἑκατὸν ἡμέραις. (238) ἀνοχὰς δὲ ἢν ἐθέλητε λαβεῖν, ἔστε πρεσβεύσητε ἐς Ῥώμην, δώσετε μὲν ἡμῖν αὐτίκα ὅμηρα πεντήκοντα καὶ ἑκατὸν παῖδας, οὓς ἂν αὐτὸς ἐπιλέξωμαι, δώσετε δὲ ἐς δαπάνην τῇ στρατιᾷ τάλαντα ἄλλα χίλια καὶ ἀγοράν. καὶ γενομένων τῶν σπονδῶν ἀπολήψεσθε τὰ ὅμηρα.

(54, 234) Karthager, wir bieten Euch jetzt noch Frieden an, unter der Voraussetzung, daß Ihr den Römern Eure Kriegsschiffe bis auf zehn sowie sämtliche Elefanten, die ihr besitzt, {*und den jüngst an uns verübten Raub herausgebt bzw. im Falle des Verlustes den Wert ersetzt, wobei ich mir bei Unklarheiten die Entscheidung vorbehalte*}; ferner müßt Ihr alle Gefangenen und Überläufer ausliefern und was an Leuten Hannibal aus Italien herübergebracht hat. (235) Diese sämtlichen Forderungen sind binnen 30 Tagen nach Friedensschluß zu erfüllen. In 60 Tagen aber hat Mago Ligurien zu räumen und Ihr Eure Besatzungen aus allen Städten jenseits der Phoinikischen Gräben zurückzuziehen und den Bürgerschaften die Geiseln zurückzugeben. Ferner werdet Ihr an Rom den Betrag von 200 Euboiischen Talenten[476] im Jahr, und zwar 50 Jahre lang, bezahlen. (236) Ihr dürft auch keine Söldner mehr bei Kelten oder Ligurern anwerben und weder Massinissa noch sonst einen Freund der Römer bekriegen oder erlauben, daß irgendein Karthager mit Billigung des Volkes gegen sie zu Felde zieht. Ihr selbst könnt Eure Stadt und so viel Gebiet innerhalb der Phoinikischen Gräben behalten, wie Ihr zur Zeit meiner Überfahrt nach Afrika besaßet. (237) Ihr werdet Freunde und Bundesgenossen der Römer zu Wasser und zu Lande sein, wenn unser Senat damit einverstanden ist. In diesem Falle werden die Römer binnen 150 Tagen Afrika verlassen. (238) {*Wenn Ihr einen Waffenstillstand für die Zeit, bis Ihr Gesandte nach Rom schicken könnt, haben wollt, dann übergebt mir auf der Stelle als Geiseln 150 Eurer Kinder, die ich mir selbst aussuchen werde. Zum Unterhalt meines Heeres aber bekomme ich noch weitere 1000 Talente und überdies Lebensmittel. Ist dann der Friede abgeschlossen, sollt Ihr Eure Geiseln zurückhaben.*}

Anläßlich der römischen Senat geführten Diskussion, ob nach Hannibals Niederlage nun ein endgültiger, vernichtender Schlag gegen Karthago geführt werden solle, überliefert Appian unter anderem den Standpunkt einiger Senatoren, wonach die Römer bereits in den vergangenen Jahrhunderten und Jahrzehnten selbst gegenüber vertragsbrüchigen Völkern wie etwa gegenüber den Aequern, Volskern oder auch den Samniten Gnade geübt hätten (App., Lib. 58, 253-257). In weiterer Folge wiederholt Appian die Bestimmungen des aktuellen Vertrages (App., Lib. 59, 259):

---

[476] O.VEH, Appian von Alexandria. Römische Geschichte. Erster Teil: Die römische Reichsbildung, Stuttgart 1987-1989, 188 übersetzt: "ἑκάστου ἔτους ἀναφέρειν Εὐβοϊκὰ τάλαντα διακόσια ἐπὶ πεντήκοντα ἐνιαυτούς." mit "... den Betrag von **250** Euboiischen Talenten im Jahr, und zwar 50 Jahre lang". Dieselbe Übersetzung (nämlich **250** Talente pro Jahr) findet sich in der LOEB-Ausgabe (H.WHITE, Appian's Roman History, Vol. I, London 1982, 485). Betrachtet man jedoch den Originaltext genauer, so kann sich das (indeklinable) πεντήκοντα nur auf ἐνιαυτούς beziehen und ist gemeinsam mit der Präposition ἐπι mit "über einen Zeitraum von 50 Jahren" zu übersetzen. Da somit als einzige Zahlenangabe διακόσια (zweihundert) übrigbleibt, kann die Gesamtübersetzung nur lauten: "Jedes Jahr sind **200** Euboiische Talente zu entrichten und zwar über einen Zeitraum von 50 Jahren". Würde man die Zahlenangabe πεντήκοντα tatsächlich (unter Umgehung der Präposition ἐπὶ) auf die τάλαντα διακόσια beziehen und mit "250 Talente" übersetzen, so fehlt eine exakte Bestimmung, wie viele Jahre lang die Karthager diese Raten zu leisten hätten. Somit sind die Übersetzungen von WHITE und VEH hinsichtlich der 250 Talente als unrichtig zurückzuweisen bzw. auf 200 Talente abzuändern. Eine korrekte Übersetzung findet sich jedenfalls bei SCARDIGLI 1991, 306: "per 50 anni ogni anno **200** talenti euboici").

(App., Lib. 59,259) (...) ὧν νῆές τε πᾶσαι χωρὶς δέκα παραιροῦνται, καὶ τοὺς ἐλέφαντας, οἷς ἰσχύουσι, παραδιδόασι καὶ τάλαντα Εὐβοϊκὰ μύρια τελοῦσι καὶ πόλεων ἀπασῶν ἀφίστανται καὶ χώρας, ὅσης ἄρχουσιν ἐκτὸς τῶν Φοινικίδων τάφρων, καὶ στρατολογεῖν αὐτοῖς ἀπηγόρευται, καὶ ὅσα λιμώττοντες ἥρπασαν, ἀποδιδόασιν ἔτι λιμώττοντες, καὶ τῶν ἀμφιλόγων ἐστὶν αὐτοῖς Σκιπίων ὁ πολεμήσας κριτής.

(App., Lib. 59, 259) Es werden ihnen doch alle Schiffe bis auf zehn genommen, sie müssen ihre Elefanten, auf denen ihre Stärke beruht, ausliefern und 10.000 Euboiische Talente zahlen. Sie müssen sämtliche Städte und alles Land, über das sie außerhalb der Phoinikischen Gräben gebieten, abtreten und dürfen keine Soldaten mehr ausheben. {Und was sie uns in ihrem Hunger raubten, das erstatten sie, obschon die Hungersnot noch andauert, uns zurück, wobei in Zweifelsfällen Scipio, ihr alter Kriegsgegner, als Schiedsrichter waltet.}

(D) CASSIUS DIO 17,57,82

(Cass. Dio 17,57,82) ὅτι διεκηρυκεύσαντο οἱ Καρχηδόνιοι τῷ Σκιπίωνι. ἦν δὲ τὰ διωμολογημένα ὁμήρους τέ σφας δοῦναι, καὶ τοὺς αἰχμαλώτους τούς τε αὐτομόλους οὓς ἤτοι τῶν Ῥωμαίων ἢ τῶν συμμάχων σφῶν εἶχον ἀποδοῦναι, καὶ τοὺς ἐλέφαντας πάντας καὶ τὰς τριήρεις πλὴν δέκα παραδοῦναι, καὶ τὸ λοιπὸν μὴ κεκτῆσθαι μήτε ἐλέφαντας μήτε ναῦς, καὶ τῷ Μασινίσσᾳ πάντων ὧν εἶχον αὐτοῦ ἀποστῆναι καὶ ἐκείνῳ δοῦναι, τήν τε χώραν καὶ τὰς πόλεις τὰς ἐν τῇ ἐπικρατείᾳ αὐτοῦ οὔσας ἀφεῖναι, καὶ μήτε καταλόγους ποιεῖσθαι μήτε μισθοφόροις χρῆσθαι μήτε πόλεμον πρὸς μηδένα παρὰ τὴν τῶν Ῥωμαίων γνώμην ἀναιρεῖσθαι.

(frg. 57,82) Die Karthager eröffneten Friedensverhandlungen mit Scipio. Die Abmachungen aber hatten folgenden Inhalt: Die Besiegten sollten Geiseln stellen, ferner die Gefangenen und Überläufer, welche sie von den Römern oder ihren Bundesgenossen hätten, zurückgeben und sämtliche Elefanten und Trieren bis auf zehn ausliefern. Im übrigen sollten sie künftighin weder Elefanten noch Schiffe besitzen, sämtliche Besitzungen Massinissas, welche sie innehätten, räumen und ihm zurückgeben, dazu das Land und die in seinem Herrschaftsbereich gelegenen Städte überlassen. Außerdem durften sie keine Aushebungen veranstalten, keine Söldner anwerben und ohne Erlaubnis der Römer mit niemand Krieg führen.

(E) ZONARAS 9,14,11

(Zon. 9,14,11) ἦν δὲ τὰ ὡμολογημένα ὁμήρους τε παρὰ τῶν Καρχηδονίων καὶ τοὺς αἰχμαλώτους καὶ τοὺς αὐτομόλους δοθῆναι, καὶ πάντας μὲν τοὺς ἐλέφαντας, τὰς δὲ τριήρεις πλὴν δέκα παρασχεθῆναι, καὶ τοῦ λοιποῦ μήτε ἐλέφαντας μήτε ναῦς μακρὰς πλείους ἔχειν τῶν δέκα μήτε πόλεμον παρὰ τὴν τῶν Ῥωμαίων γνώμην πρὸς μηδένα ποιεῖσθαι, καί τινα ἕτερα.

Die Abmachungen hatten aber folgenden Inhalt: Geiseln sollten von den Karthagern gestellt und die Gefangenen und Überläufer zurüchgegeben werden, ferner sollten sie sämtliche Elefanten und Trieren bis auf zehn ausliefern und in Zukunft weder Elefanten noch mehr Kriegsschiffe bis auf zehn besitzen. Sie durften auch ohne Erlaubnis der Römer mit niemand Krieg führen. Dazu kamen noch einige andere Punkte.

5.) ABSCHLUSS EINES WAFFENSTILLSTANDSVERTRAGES (ENDE 202)[477]

Grundbedingung für den Abschluß eines Waffenstillstandsvertrages war nach Livius die Rückgabe der im Frühjahr 202 gekaperten Transportschiffe sowie der Schiffsladung: Bevor dies nicht geschehen sei, könne weder ein Waffenstillstandsvertrag noch ein Friedensvertrag abgeschlossen werden (*Indutias ita se daturum, si per priores indutias naves onerariae captae quaeque fuissent in navibus, restituerentur; aliter nec indutias nec spem pacis ullam esse*; Liv. 30,37,6). Dieselbe Bedingung – Rückgabe der Schiffsflotte und der Schiffsladung oder Schadenersatz, wenn eine Naturalrestitution nicht mehr möglich sein sollte – überliefern auch Polybios (15,18,3)[478] und Appian (Lib. 54, 234)[479], führen sie jedoch unter den Auflagen des Friedensvertrages an.

Auch die übrigen Waffenstillstandskonditionen werden von den antiken Historiographie mit den Bedingungen des eigentlichen Friedensvertrages vermengt, lassen sich jedoch relativ einfach "herauslösen"[480]:

- Sofortiges Einstellen der Kampfhandlungen bzw. Verwüstungen karthagischen Gebietes seitens der Römer (ἀπὸ δὲ τῆς ἡμέρας

[477] Die Datierung ergibt sich aus der letzten Schlacht des Zweiten Punischen Krieges zwischen Scipio und Vermina, der nach Hannibals Niederlage bei Zama/Naragara als letzte punische Hoffnung Richtung Karthago gezogen, jedoch von Scipio *Saturnalibus primis* (17. Dezember 202) geschlagen worden war (Liv. 30,36,8). Unrichtig daher SCHMITT 1969, 304 (Spätherbst 202).

[478] Pol. 15,18,3: Τὰ κατὰ τὰς ἀνοχὰς ἀδικήματα γενόμενα πάντα Καρχηδονίους ἀποκαταστῆσαι Ῥωμαίοις ... [Für allen während des Waffenstillstands unter Bruch der Verträge den Römern zugefügten Schaden sollten sie Wiedergutmachung leisten...].

[479] App., Lib. 54, 234: Δίδομεν ὑμῖν τὴν εἰρήνην ἔτι καὶ νῦν, ὦ Καρχηδόνιοι, ἢν (...) ὅσα ἡρπάσατε πρῴην ἢ τὴν τῶν ἀπολωλότων τιμήν, ἐμοῦ τὰ ἀμφίβολα κρίνοντος. [Karthager, wir bieten euch jetzt noch Frieden an, unter der Voraussetzung, daß ihr (...) den jüngst an uns verübten Raub herausgebt bzw. im Falle des Verlusts den Wert ersetzt, wobei ich mir bei Unklarheiten die Entscheidung vorbehalte.]. Daß dem römischen Feldherrn die Entscheidungskompetenz bei Streitigkeiten hinsichtlich der Höhe des Schadenersatzes oblag, wird von Livius (30,37,12) bestätigt.

[480] Vgl. auch ZIEGLER 1985, 47f.

ἐκείνης ἀσινεῖς Καρχηδονίους ὑπάρχειν, Pol. 15,18,2; bzw. *populandique finem eo die Romanus faceret*; Liv. 30,37,2)[481]

- Versorgung der römischen Armee [nach Livius: lediglich der Hilfstruppen][482] mit Getreide für den Zeitraum von drei Monaten bzw. Übernahme der Soldzahlungen an die römischen Soldaten [Livius: Hilfstruppen] für die Dauer der Friedensverhandlungen (σιτομετρῆσαί τε τὴν δύναμιν τριμήνου καὶ μισθοδοτῆσαι μέχρι ἂν ἐκ Ῥώμης ἀντιφωνηθῇ τι κατὰ τὰς συνθήκας, Pol. 15,18,6; bzw. *frumentum stipendiumque auxilis, donec ab Roma legati redissent, praestarent*; Liv. 30,37,5). Nach Appian verlangte Scipio 1000 Talente für den Sold seines Heeres sowie zusätzlich die Lieferung von Lebensmitteln (δώσετε δὲ ἐς δαπάνην τῇ στρατιᾷ τάλαντα ἄλλα χίλια καὶ ἀγοράν, App., Lib. 54, 238).[483]
- Stellung von 150 karthagischen Geiseln, die von Scipio ausgesucht werden, bis zum Abschluß des Friedensvertrages. Nach Abschluß des Friedensvertrages werden die Geiseln zurückgestellt. Diese Bedingung wird lediglich von Appian, jedoch ausdrücklich als Klausel des Waffenstillstandsvertrages überliefert (ἀνοχὰς δὲ ἣν ἐθέλητε λαβεῖν, ἔστε πρεσβεύσητε ἐς Ῥώμην, δώσετε μὲν ἡμῖν αὐτίκα ὅμηρα πεντήκοντα καὶ ἑκατὸν παῖδας, οὓς ἂν αὐτὸς ἐπιλέξωμαι (...) καὶ γενομένων τῶν σπονδῶν ἀπολήψεσθε τὰ ὅμηρα, App., Lib. 54,238).
- Die diplomatischen Beziehungen Karthagos werden für die Zeit des Waffenstillstands unter römische Aufsicht gestellt. Die Karthager dürfen in diesem Zeitraum Gesandte nur nach Rom schicken, während umgekehrt sämtliche auswärtigen Diplomaten, die nach Karthago kommen würden, dem römischen Feldherrn gemeldet werden müssen (Liv. 30,38,3:... *ne per indutiarum tempus alio usquam quam Romam mitterent legatos et, quicumque legati Carthaginem venissent, ne ante dimitterent eos, quam Romanum imperatorem, qui et quae petentes venissent, certiorem facerent*).

[481] SCHMITT 1969, 296f. (in Verbindung mit 305) zählt diese Bedingung zu den allgemeinen Bestimmungen des endgültigen Friedensvertrages, meines Erachtens zu Unrecht, da nicht die Beendigung des Krieges im allgemeinen, sondern ausdrücklich nur die Einstellung der Waffenhandlungen vereinbart wird.

[482] Mit Recht stellte WALBANK II-1967, 470 fest: "The limitation to auxiliaries in Livy is probably erroneous."

[483] Appian überliefert diese Bestimmung ausdrücklich als Bestandteil des Waffenstillstandsvertrages. Hinsichtlich der Lebensmittellieferung findet sich bei Appian noch ein weiteres Testimonium (App., Lib. 55,240).

Die Verpflegung bzw. Bezahlung des Soldes der gegnerischen Soldaten aufgrund der Bestimmung eines Waffenstillstandes entsprach den Gepflogenheiten des hellenistisch-römischen Völkerrechts.[484]

Die von Appian überlieferte Zahlung von 1000 Talenten (rund 26 Tonnen Silber) wurden in der Forschung als "eine selbst bei doppeltem Sold viel zu hohe Summe"[485] bezeichnet.

Nun betrug die normale Sollstärke einer römischen Legion 4000 Infanteristen und 200 Kavalleristen, wie dies von Polybios zweifach überliefert wird (so Pol. 2,24,13 und 3,107,10). Vor einem entscheidenden Kampf (ἐπὰν δέ τις ὁλοσχερεστέρα προφαίνηται χρεία) konnte diese Sollstärke jedoch um 1000 Fußsoldaten und 100 Reiter auf insgesamt 5000 Kavalleristen und 300 Infanteristen gesteigert werden (Pol. 3,107,11; vgl. auch 2,24,3). Nach Livius betrug die reguläre Sollstärke 4000 Infanteristen und 300 Kavalleristen.[486] Die für uns relevante Quellenangabe findet sich jedoch in Liv. 29,24,14: Scipios Legionen hatten zum Zeitpunkt der Überfahrt nach Afrika eine Iststärke von 6200 Infanteristen und 300 Kavalleristen (*...supplevitque ita eas legiones, ut singulae sena milia et ducenos pedites, trecenos haberent equites.*). Für die Soldberechnung bedeutet dies folgendes: Ausgehend von Polybios' Angabe, wonach ein römischer Infanterist täglich zwei Obolen (rund 1,45 Gramm Silber), ein Centurio das Doppelte (2,9g Silber) und die Reiter 1 Drachme (=6 Obolen; 4,36g Silber) erhält (Ὀψώνιον δ' οἱ μὲν πεζοὶ λαμβάνουσι τῆς ἡμέρας δύ' ὀβολούς, οἱ δὲ ταξίαρχοι διπλοῦν, οἱ δ' ἱππεῖς δραχμήν, Pol. 6,39,12) errechnet sich für eine der beiden Invasionslegionen mit 6200 Fußsoldaten und 300 Reitern ein Jahressoldbedarf von knapp über 3760 Kilo Silber (etwa 144 Talente Silber).[487]. Zwar ist die Gesamtstärke der

---

[484] Vgl. TÄUBLER 1913, 32-36

[485] SCHMITT 1969, 307

[486] Jedoch nicht 200 Reiter, wie dies SEIBERT 1993b, 360 Anm. 155 unter Berufung auf Liv. 21,17,3.8-9 wohl unrichtig angibt, da sich aus Liv. 21,17,3 (6 Legionen mit insgesamt 24000 Mann Infanterie und 1800 Mann Kavallerie) oder aus Liv. 21,17,5 eindeutig die Zahl von 300 Reitern ableiten läßt. Auf den ersten Blick könnte man zwar aus Liv. 22,36,3, wo von einer Verstärkung der Kavallerie um 100 Reiter auf 300 Reiter die Rede ist, ableiten, daß Livius doch von einer regulären Sollstärke von nur 200 Reiten ausging, doch referiert Livius im Abschnitt 22,36,1-5 über die Unzuverlässigkeit seiner Quellen hinsichtlich der Zahlenangaben, sodaß die Angabe der erhöhten Sollstärke von 5000 Infanteristen und 300 Kavalleristen höchstwahrscheinlich als direktes Zitat aus diesen Quellen (wohl aus Polybios) übernommen wurde.

[487] Für eine verstärkte Legion nach Polybios (5000 Fußsoldaten, 300 Reiter) würde sich ein Jahressoldbedarf von etwa 3130 Kilo Silber (etwa 120 Talente) ergeben, für eine reguläre Legion (4000 Fußsoldaten, 200 Reiter) schließlich etwa 2440 Kilo Silber (etwa 93 Talente). Einen ähnlichen Betrag errechnete FRANK I-1959, 77 ("we may estimate the average annual stipend per legion at about 500.000 denarii."; somit etwa 2 Tonnen Silber). Zwar zahlten die Römer dem einzelnen Soldaten die ihm zustehende Summe nicht zur Gänze aus, da sie zuvor die Kosten für die Kleidung, die Nahrung und zusätzliche Bewaffnung vom Gesamtsold abzogen (Pol. 6,39,15), doch ist zu erwarten, daß Scipio von den Karthagern eine uneingeschränkte Restitution des römischen Soldaufwands verlangte. Allgemein zum Sold der

Invasionsarmee Scipios bereits in der Antike umstritten gewesen, wie Livius bezeugt (Liv. 29,25,1-4), doch ist neben den 12400 römischen Infanteristen und den 600 römischen Reitern eine Auxiliararmee im zumindest gleichem Ausmaß – wie auch sonst in der römischen Republik üblich –zu erwarten. Die Auxiliarsoldaten der Republik wurden zwar prinzipiell von ihren Heimatgemeinden besoldet,[488] doch ist dies nur im Innenverhältnis zwischen Rom und den *socii* relevant. Selbstverständlich wird Scipio im Außenverhältnis zu Karthago im Namen der socii auch den Sold für die Auxiliareinheiten verlangt haben. Nimmt man an, daß die Auxiliarsoldaten etwa annähernd denselben Sold wie die Legionäre bezogen hatten, so würde dies bedeuten, daß der Finanzierungsbedarf für die gesamte römische Invasionsarmee insgesamt pro Jahr rund 580 Talente an Sold betragen hätte.[489]

Nun könnte man theoretisch aus der Dauer des Waffenstillstandes (drei Monate, Liv. 30,38,2) ableiten, daß die Karthager nur einen aliquoten Anteil des Jahressoldes – nämlich nur ein Viertel und somit knapp 150 Talente – zahlen mußten, sodaß man die von Appian überlieferte Zahlung von 1000 Talenten (rund 26 Tonnen Silber) tatsächlich auf den ersten Blick als "eine selbst bei doppeltem Sold viel zu hohe Summe"[490] oder als "in keinem Verhältnis"[491] bezeichnen könnte. Meines Erachtens ist es aber unzulässig, lediglich von einer aliquoten Zahlung (also nur für die drei Monate des Waffenstillstandes) auszugehen; vielmehr dürfte Scipio den gesamten Jahressold (jedoch in doppelter Höhe) für seine Armee verlangt haben. Dafür läßt sich in Analogie insbesondere eine Nachricht heranziehen, die uns Livius für das Jahr 205 aus Spanien überliefert (Liv. 29,3,5): Es sei mit den spanischen Völkern Friede geschlossen worden. Livius verwendet zwar den Begriff *pax* (*Hispaniae populis reddita pax*), doch entsprechen die Bestimmungen dieses angeblichen Friedens weitaus eher den typischen Bestimmungen eines Waffenstillstandes. So wurde von den Spaniern doppelter Sold für dieses Jahr, Getreide für sechs Monate sowie Kriegsmäntel und Bekleidung für das Heer verlangt (*stipendium eius anni duplex et frumentum sex mensum imperatum sagaque et togae exercitui*); zudem mußten die Spanier Geiseln stellen. Livius spricht also deutlich aus, daß die spanischen Völker den doppelten römischen Sold eines ganzen Jahres, hingegen das Getreide für lediglich ein halbes Jahr aufbringen mußten.[492]

---

römischen Soldaten zur Zeit der Punischen Krieges vgl. SEIBERT 1993b, 360f. (mit umfangreichen Literaturverweisen)

488 Vgl. J KROMAYER/G.VEITH, Kriegsführung der Griechen und Römer, München 1928 (HdA 4,3,2), 328f.

489 Auf ein ähnliches Ergebnis kommt TÄUBLER 1913, 69 Anm 6 (wenn auch mit einem anderen Rechengang): 150 Talente für drei Monate (und somit 600 Talente für ein Jahr).

490 SCHMITT 1969, 307

491 TÄUBLER 1913, 69

492 Auch zur Zeit der Samnitenrkriege wurde bei einem Waffenstillstand der gesamte Jahressold, nicht jedoch nur ein aliquoter Teil des Soldes verlangt: Vgl. etwa Liv. 8,2,4 (*exercitus Romanus deductus, annuo stipendio et trium mensum frumento accepto*) oder Liv. 8,36,11 (*pacti, ut singula vestimenta militibus et annuum stipendium darent*).

Daß nun auch die Karthager den doppelten Jahressold der Invasionsarmee Scipios (und nicht nur den Sold für drei Monate, in denen sie auch das Getreide für die römische Armee zu liefern hatten) aufbringen mußten, läßt sich aber vor allem aus organisatorischen Überlegungen ableiten: Der Waffenstillstand wurde etwa im Jänner 201 für die Dauer von drei Monaten abgeschlossen. In dieser Frist konnte jedoch in Rom im Senat und in den Tributkomitien zunächst nur die Frage geklärt werden, ob überhaupt eine friedliche Lösung mit den Karthagern angestrebt werden sollte. Für die eigentlichen und offiziellen Friedensverhandlungen konnte Scipio ebenfalls einige Wochen veranschlagen, ebenso für die offiziellen Beschwörungs- und Ratifizierungsakte in Rom und Karthago. Doch selbst der endgültige Abschluß des Friedensvertrages bedeutete für die römische Armee noch lange nicht das Ende des Krieges, wie die von Appian überlieferte Räumungsfrist von 150 Tagen zeigt (App., Lib. 54, 237). Alles in allem konnte Scipio somit zu Beginn des Jahres 201 durchaus damit rechnen, daß die letzten römischen Soldaten Afrika erst gegen Ende desselben Jahres verlassen haben würden, sodaß es absolut unerläßlich war, einen kompletten Jahressold für die römische Armee zu veranschlagen.[493]

Da die typische Waffenstillstandsklausel nicht die Zahlung des einfachen, sondern des doppelten Soldes vorsah, ergibt sich auf der Basis der weiter oben angestellten Rechnungen folgendes: Der Jahresbedarf der gesamten Invasionsarmee Scipios (2 verstärkte Legionen zu je 6200 Infanteristen und 300 Kavalleristen sowie die in etwa wohl gleich starken Truppenverbände der *socii*) betrug etwa 580 Talente, sodaß die Karthager bei doppeltem Sold ungefähr 1160 Talente aufzubringen hatten. Somit ist jedoch die von der Forschung als weit überhöht kritisierte Angabe des Appian von 1000 Talenten nicht nur erreicht, sondern sogar etwas überschritten. Infolgedessen kann jedoch festgestellt werden, daß die 1000 Talente Appians durchaus glaubwürdig sind.

Etwas versteckt überliefert Livius unter Berufung auf mehrere Quellen ("*sunt, qui ... tradant*"), daß sich Hannibal sofort nach der Niederlage zu König Antiochos abgesetzt hätte, sodaß die Karthager auf die Forderung Scipios nach der Auslieferung Hannibals geantwortet hätten, daß Hannibal nicht mehr in Afrika sei (Liv. 30,37,13). Nun ist diese Flucht jedoch ebenso unhistorisch wie das angebliche Ansinnen der Römer bezüglich einer Auslieferung Hannibals. Jedenfalls war Hannibal während der Friedensverhandlungen wieder in die Stadt

---

[493] Anderer Ansicht hingegen TÄUBLER 1913, 69 ("Aber 1000 Talente für eine dreimonatige Soldzahlung stehen in keinem Verhältnis zu dem Truppenbestande, auch dann nicht, wenn wir noch den Sold für die fünfmonatige Besatzungsfrist hinzurechnen.").

Karthago zurückgekehrt, sodaß Scipio seine Auslieferung spätestens jetzt verlangt hätte, wäre dies wirklich ein römisches Anliegen gewesen.[494]

Nach Livius (30,37,11f.) war hinsichtlich der Rückgabe der Versorgungsgüter, welche aus den gekaperten Versorgungsschiffen geplündert wurden, das größte Problem, daß nichts mehr außer den Schiffen selbst vorhanden war. Zudem wurden die punischen Nachforschungen von jenen blockiert, die mit Rückgabeforderungen der zuständigen karthagischen Behörden konfrontiert wurden. Es wurde daher beschlossen, die Schiffe selbst zurückzugeben und weitere Nachforschungen nach den Besatzungsmitgliedern anzustellen, bezüglich der Schiffsladung jedoch Schadenersatz zu leisten, wobei die Einschätzung der Höhe der Entschädigung Scipio überlassen wurde (Liv. 30,37,12: *Placuit naves reddi et homines utique inquiri; cetera, quae abessent, aestimanda Scipioni permitti atque ita pecunia luere Carthaginienses.*). Scipio beauftragte seine Quaestoren, den Wert jener Teile der Schiffsladung, die sich im Staatseigentum befanden, aufgrund der amtlichen Rechnungen und Inventarlisten zu ermitteln, während der Wert der privaten Fracht und des Privateigentums von den jeweiligen Schiffseigentümern angegeben wurde. Insgesamt belief sich der seitens der Römer bezifferte Schaden auf 25.000 Pfund (etwa 310 Talente) Silber (Liv. 30,38,1f.: *...quae publica in navibus fuerant, ex publicis descripta rationibus quaestores, quae privata, profiteri domini iussi; pro ea summa pecuniae viginti quinque milia pondo argenti praesentia exacta*). Erst nach der Zahlung dieses Betrages wurde der Waffenstillstandsvertrag auf die Dauer von drei Monaten abgeschlossen (Liv. 30,38,2).[495]

6.) Zum römischen Beschluss zugunsten einer friedlichen Lösung

Wie bereits oben unter Punkt 2.) einleitend erörtert wurde, ist das von der antiken Historiographie überlieferte und von der modernen Forschung größtenteils aufgenomme Bild eines von Scipio großzügig gewährten Diktatsfrieden sicher nicht richtig. Diese grundlegende Feststellung läßt sich auch anhand des Ablaufs der Ereignisse zwischen dem Abschluß des

[494] Eine ähnliche Überlegung findet sich bei SEIBERT 1993a, 478 ("Warum bestanden die Römer nicht auf der Auslieferung Hannibals, in dem sie und mancher Karthager den eigentlichen Schuldigen sahen? Eine solche Forderung hätte eine Solidarisierung der Kriegsbefürworter in Karthago auslösen und zur Fortsetzung des Krieges führen können, was Scipio unter allen Umständen vermeiden wollte. Sein Verzicht auf diese Forderung dürfte eher Nützlichkeitsbestrebungen als humaner Gesinnung entsprungen sein.")

[495] Aus der Lieferung von Getreide für drei Monate, wie dies Polybios überliefert (Pol. 15,18,6), läßt sich ebenfalls eine ursprüngliche Dauer des Waffenstillstandes von drei Monaten ableiten.

Waffenstillstandsvertrages und dem endgültigen Abschluß des Friedensvertrages im Sommer 201 untermauern.

Unmittelbar nach dem Abschluß des Waffenstillstandsvertrages schickten die Karthager eine Gesandtschaft nach Rom, begleitet von drei römischen Abgesandten Scipios (L. Veturius Philo, M. Marcius Ralla und Scipios Bruder L. Scipio). Die karthagischen und römischen Delegierten kamen unmittelbar vor der Wahl der neuen Konsuln für das Jahr 201 in Rom an, wobei Liv. 30,39,4f. berichtet, daß diese Wahlen ursprünglich aufgrund von Unwettern mehrmals verschoben werden mußten, sodaß der Staat nach dem Ausscheiden der alten Magistrate am 14. März ohne kurulische Beamte war. Somit ergibt sich als *terminus post quem* für das Eintreffen der karthagischen Gesandtschaft in Rom der 14. März des Jahres 201. Aufgrund der Abwesenheit der beiden Konsuln[496] des Jahres 202 wurden die Wahlen vom *dictator comitiorum habendorum causa,* C. Servilius Geminus, abgehalten.

Die drei von Scipio entsandten Delegierten berichteten vor einer Senatsversammlung im Tempel der Bellona – also *extra pomerium* (vgl. dazu oben Anm.295 – von den jüngsten grandiosen römischen Erfolgen in Afrika, worauf die Öffnung sämtlicher Heiligtümer Roms sowie ein dreitägiges Dankesfest beschlossen wurde. Den ebenfalls bei der Senatssitzung erschienenen Gesandten Karthagos (sowie auch den zufälligerweise gleichzeitig in Rom anwesenden Gesandten König Philipps V.) wurde mitgeteilt, daß die in Kürze zu wählenden neuen Konsuln für sie eine eigene Sitzung anberaumen werden würden (Liv. 30,4,4).

Nach den Konsulwahlen – gewählt wurden Cn. Cornelius Lentulus und P. Aelius Paetus – kam es zur Wiederholung der innenpolitischen Ereignisse des Winters 203/202. Lentulus forderte als Amtsbereich Afrika, da er erhoffte, den Krieg unter seinem Konsulat beenden zu können, worauf ihm die Volkstribunen Q. Minucius Thermus[497] und M'. Acilius Glabrio mitteilten, er "versuche etwas, was im Vorjahrschon der Konsul Tiberius Claudius vergeblich versucht habe" (*...tribuni plebis...rem priore anno nequiquam temptatam ab Tib. Claudio consule Cn. Cornelium temptare aiebant*; Liv. 30,40,9). Nach einigen Streitigkeiten und

---

[496] Tiberius Claudius Nero, der – wie auf S. 135-135 bereits näher erörtert wurde – nach dem überraschenden Scheitern des römisch-karthagischen Friedensvertrages von 203/202 mit einer Flotte nach Afrika aufgebrochen war, geriet unterwegs in heftige Unwetter und mußte schließlich auf Sardinien überwintern und im Jahr 201 als Privatmann ohne *imperium* nach Rom zurückkehren. Der zweite Konsul, M. Servilius Geminus, der in seinem Amtsbereich Etrurien stand, ernannte, *ne comitiorum causa ad urbem revocaretur* (Liv. 30,39,4), seinen Bruder C. Servilius Geminus zum *dictator comitiorum habendorum causa.*

[497] Q. Minucius Thermus hatte noch wenige Wochen zuvor in Afrika als Militärtribun Scipios gedient (vgl. App., Lib. 36, 153; App., Lib. 44, 186; Frontin, strat. 1,8,10).

Verhandlungen im Senat und vor den Tributkomitien (zu diesen Querelen näheres unten unter Seite 199-205) wurde schließlich beschlossen, dem Senat die Entscheidung zu überlassen (Liv. 30,40,11). In weiterer Folge entschloß sich der Senat zu folgender Lösung: Cornelius Lentulus erhielt die Flotte mit dem Auftrag, nach Sizilien zu fahren. Käme in weiterer Folge der Frieden mit Karthago nicht zustande, so solle der Konsul auf dem Meer Krieg führen, Scipio hingegen mit unveränderter Befehlsgewalt (*eodem quo adhuc iure imperii*) zu Lande. Wenn der Friede jedoch zustande käme und die Tributkomitien anordneten, daß Scipio den Frieden gewähren und die Heere zurück nach Rom führen solle [was schließlich auch geschah; Liv. 30,43,3f.], so dürfe Cornelius Lentulus nicht von Sizilien nach Afrika übersetzen (Liv. 30,40,12-16).

Des weiteren wurde das *imperium* Scipios für den Aufgabenbereich Afrika verlängert (Liv. 30,41,1). Zwar war bereits zu Beginn des Jahres 203 das *imperium* bis zum Ende der Kriegshandlungen – also ohne feste zeitliche Determinierung bzw. ohne zeitliche Höchstdauer – verlängert worden (*P.Scipioni non temporis, sed rei gerendae fine, donec debellatum in Africa foret, prorogatum imperium est;* Liv. 30,1,10), doch war der Senat im Frühjahr 201 offenbar der Ansicht, daß diese auflösende Bedingung nunmehr eingetreten und Scipios *imperium* somit erloschen war.

Schließlich wurden die beiden schon seit einigen Wochen wartenden Gesandtschaften im Senat angehört, zuerst die makedonische, schließlich die karthagische Delegation. Die punischen Gesandten, die die Schuld am Krieg dem Machtstreben Hannibals zuschoben, beeindruckten durch ihr Auftreten und ihre Argumentation zugunsten eines Friedenschlusses (Liv. 30,42,11-21) die römischen Senatoren, die schließlich beschlossen, einen Friedensvertrag mit Karthago abzuschließen (Liv. 30,43,1). Gegen diesen Beschluß erhob der neugewählte Konsul Lentulus, der als Amtsbereich die Flotte erhalten hatte, Einspruch, worauf die Volkstribunen Q. Minucius Thermus [vgl. unten Anm. 497] und M'. Acilius Glabrio[498] die Frage vor das Volk brachten, "ob es wolle und anordne, daß der Senat festsetze, mit den Karthagern solle Frieden geschlossen werden" (... *vellent iuberentne senatum decernere, ut cum Carthaginiensibus pax fieret*; Liv. 30,43,2). Weiters solle das Volk bestimmen, wer diesen Frieden gewähren und wer das Heer aus Afrika heimführen solle (*et quem eam pacem dare quemque ex Africa exercitum deportare iuberent*; Liv. 30,43,2).[499]

---

[498] Es handelt sich um diesselben beiden Volkstribunen, die sich bereits gegen die ersten Forderungen des neugewählten Konsuls Cn. Lentulus auf Zuweisung des Amtsbereiches Afrika vehement ausgesprochen hatten.

[499] Diese zweite Frage entsprach dem ersten Senatsbeschluß, wonach die Volkstribunen das Volk befragen sollten, ob der Konsul oder P. Scipio den Frieden gewähren und wer, wenn das siegreiche Heer aus Afrika heimgeführt werden müsse, es heimführen solle (Liv. 30,40,14).

Hinsichtlich der Frage, ob Friede geschlossen werden solle, stimmten alle Tribus mit "Ja" (*uti rogas*), hinsichtlich der Frage, wer den Friedensvertrag abschließen und das Heer nach Rom zurückführen solle, entschied sich das Volk für Scipio (*De pace "uti rogas" omnes tribus iusserunt; pacem dare P. Scipionem, eundem exercitum deportare*; Liv. 30,43,3). Nach dieser Befragung beschloß der Senat, daß Scipio unter Hinzuziehung eines zehnköpfigen senatorischen Konsiliums zu den Bedingungen, die ihm gut schienen, einen Friedensvertrag mit dem karthagischen Volk abschließen solle (*Ex hac rogatione senatus decrevit, ut P. Scipio ex decem legatorum sententia pacem cum populo Carthaginiensi, quibus legibus ei videretur, faceret*; Liv. 30,43,4). Auch Zonaras überliefert den Beschluß, wonach Scipio ein zehnköpfiges *consilium* beigegeben wurde, spricht aber hinsichtlich genau dieses Punktes irrtümlicherweise von einem Volksbeschluß (statt korrekt: Senatsbeschluß): "Das Volk aber stimmte einmütig für den Frieden und nahm die Bedingungen an; und es schickte zehn Männer, die zusammen mit Scipio die Einzelheiten festlegen sollten." (ὁ δὲ δῆμος τὴν εἰρήνην ὁμοθυμαδὸν ἐψηφίσατο, καὶ τὰς ὁμολογίας ἐδέξαντο, καὶ ἔπεμψαν δέκα ἄνδρας, ἵνα μετὰ τοῦ Σκιπίωνος ἅπαντα διοικήσωσι, Zon. 9,14,12).

Die Beiziehung eines zehnköpfigen Konsiliums an die Seite des entscheidenden Magistrats entsprach durchaus dem staatsrechtlichen Usus der römischen Republik Dies ist bereits für den römisch-karthagischen Friedensvertrag des Jahres 241 bezeugt, als das römische Volk den ursprünglichen, vom Konsul Lutatius Catulus ausgehandelten Vertrag verwarf und eine zehnköpfige Kommission nach Sizilien entsandte (Pol. 1,63,1), wobei hier KUNKEL/WITTMANN 1995, 303 – abgesehen von der falschen Datierung (242 statt richtig 241) – Recht zu geben ist, wonach die Kommission wohl nicht vom Volk, sondern vom Senat geschickt worden war. Auch beim gescheiterten römisch-karthagischen Friedensvertrag von 203/202 war eine zehnköpfige Senatskommission zur Beratung des kommandierenden Magistrats Scipio nach Afrika entsandt worden (App., Lib. 32,134).[500]

Zusammengefaßt läßt sich feststellen, daß die Beschlüsse der Tributkomitien sowie des Senates keineswegs die Ratifikation eines bereits von Scipio fertig ausgehandelten oder gar diktierten Vertrages beinhalten, sondern lediglich die Entscheidung darstellen, zunächst prinzipiell eine friedliche Lösung zu finden und Scipio mit den Vertragsverhandlungen zu beauftragen. Zur Unterstützung und Mitwirkung bei den Verhandlungen wurde Scipio ein

---

[500] Weitere Beispiele bei KUNKEL/WITTMANN 1995, 303f.; zusätzlich sei auf Liv. 37,55,4 hingewiesen: der Senat schickte im Jahr 189 *more maiorum* eine zehnköpfige Kommission nach Kleinasien).

zehnköpfiges senatorisches *consilium* beigegeben. Somit muß die Überlieferung der antiken Historiographie zurückgewiesen werden, wonach Scipio bereits unmittelbar nach dem Sieg über Hannibal bzw. nach dem (offenbar unbedeutenden) Erfolg gegen Vermina den Karthagern sämtliche Konditionen des zukünftigen Friedensvertrages festgelegt hätte.

Selbstverständlich war es bereits unmittelbar nach den angesprochenen Schlachten zu ersten Gesprächen zwischen Scipio und Karthago hinsichtlich einer zu erwartenden Ausgestaltung eines noch abzuschließenden Friedensvertrages gekommen. Und ebenso wenig ist wohl anzuzweifeln, daß Scipio in diesen Gesprächen seine Ansichten und Vorstellungen von den zukünftigen völkerrechtlichen Verpflichtungen Karthagos offen den punischen Delegierten mitgeteilt und die unverbindlichen (!) Rahmenbedingungen des noch im Detail auszuhandelnden Vertrages skizziert hatte. Sowohl Scipio als auch die karthagischen Gesandten mußten ihren jeweiligen Ratsgremien sowie der jeweiligen Volksversammlung eine Entscheidungsgrundlage bzw. "Verhandlungsbasis" für das weitere Vorgehen und für weitere Verhandlungen bieten. Keineswegs wurde jedoch bereits zu diesem Zeitpunkt ein ratifikationsreifer Vertragstext beschlossen. In diesem Sinne ist etwa der von Zonaras (9,14,12) überlieferte Satz "Das [scil. römische] Volk aber stimmte einmütig für den Frieden und nahm die Bedingungen an; und es schickte zehn Männer, die zusammen mit Scipio die Einzelheiten festlegen sollten." (ὁ δὲ δῆμος τὴν εἰρήνην ὁμοθυμαδὸν ἐψηφίσατο, καὶ τὰς ὁμολογίας ἐδέξαντο, καὶ ἔπεμψαν δέκα ἄνδρας, ἵνα μετὰ τοῦ Σκιπίωνος ἅπαντα διοικήσωσι, Zon. 9,14,12)" folgendermaßen zu interpretieren: 1.) Das römische Volk stimmt einer friedlichen Lösung auf der Basis der in Afrika unverbindlich festgelegten Rahmenbedingungen zu. 2.) Scipio wird beauftragt, gemeinsam mit einem zehnköpfigen *consilium* innerhalb dieser Rahmenbedingungen einen verbindlichen Vertragstext ausverhandeln [welcher jedoch noch von Senat und Volk ratifiziert werden muß].

Abschließend sei noch auf zwei weitere etwas versteckt überlieferte und in der modernen Forschung daher eher unbeachtet gebliebene Senatsbeschlüsse hingewiesen, die einen staats- wie völkerrechtlich besonders interessanten Inhalt dokumentieren (Liv. 30,43,5-8): Als die punischen Gesandten die Senatoren baten, in die Stadt gehen zu dürfen, um dort karthagische Kriegsgefangene, die sich *in publica custodia* (Liv. 30,43,5) befanden, zu besuchen, wurde dieser Wunsch vom Senat bewilligt. Diese Erlaubnis war vor allem deswegen höchst ungewöhnlich, da somit Vertretern eines offiziellen *hostis* gestattet wurde, während des aufrechten Kriegszustandes[501] das *pomerium* zu überqueren und die Stadt Rom zu betreten.[502]

[501] Vgl. die bei Aulus Gellius (1,25,4) überlieferte Definition "*Neque pax est indutiae – bellum enim manet, pugna cessat*" ["Der Waffenstillstand ist kein Frieden. Denn der Krieg bleibt, der Kampf ruht."].

[502] Es ist wohl anzunehmen, daß auch diese Senatssitzung, bei der zuvor Scipio mit dem Abschluß eines Friedensvertrages beauftragt worden war, im Tempel der Bellona – und somit

Nach dem Zusammentreffen mit den punischen Kriegsgefangenen baten die karthagischen Gesandten, der Senat möge ihnen den Freikauf einiger Gefangener genehmigen, worauf der Senat von den karthagischen Delegierten eine Liste mit zweihundert Namen anfertigen ließ und sodann beschloß, die von Scipio geschickten römischen Gesandten sollten diese zweihundert Gefangenen nach Afrika mitnehmen und Scipio mitteilen, er solle die Gefangenen nach erfolgreichem Abschluß des Vertrages ohne Lösegeld zurückgeben (... *senatus consultum factum est, ut legati Romani ducentos ex captivis, quos Carthaginienses vellent, ad P. Cornelium in Africam deportarent nuntiarentque ei, ut, si pax convenissent, sine pretio eos Carthaginiensibus redderet*; Liv. 30,43,8).

7.) Zum innenpolitischen Hintergrund der Vertragsverhandlungen

Nach den innenpolitischen Kontroversen in Rom während des Winters 203/202 mußte Scipio auch im Winter 202/201 damit rechnen, daß einer der beiden neu zu wählenden Konsuln (oder gar beide) die Forderung auf Übertragung des Aufgabenbereiches Afrika stellen würde, um so als kommandierender Magistrat den bislang schwersten Krieg der römischen Geschichte zu einem – im wahrsten Sinne des Wortes – triumphalen Ende zu bringen.

Wie in dieser Arbeit bereits ausführlich besprochen wurde, forderten die beiden Konsuln des Jahres 202, M. Servilius Geminus sowie Tib. Claudius Nero, unmittelbar nach ihrer Wahl im Winter 203/202 die Zuweisung der Provinz Afrika, wobei der Senat jedoch eine eindeutige Entscheidung scheute und die beiden Konsuln anwies, mit den Volkstribunen über eine Rogation hinsichtlich der Frage, wer in Afrika Krieg führen solle, zu verhandeln.[503] Obwohl sich das *concilium plebis* einstimmig für Scipio entschied (Liv. 30,27,3), beschloß der Senat dennoch die Auslosung der *provincia Africa*, wobei das Los auf Tib. Claudius Nero fiel. Allerdings wurde der Aufgabenbereich des Konsuls erheblich eingeschränkt: Claudius Nero sollte mit einer Flotte von 50 Fünfruderern, nach Afrika übersetzen und als Feldherr die gleiche Befehlsgewalt wie Scipio haben (..., *ut quinquaginta navium classem, omnes quinqueremes, in Africam traiceret parique imperio cum P.Scipione imperator*

---

extra pomerium (zur Lage dieses Tempels vgl. Anm. 295) – stattgefunden hat, wenngleich dies von Livius im Unterschied zur ersten Senatssitzung (vgl. Liv. 30,40,1), die noch unter dem *dictator* C. Servilius Geminus abgehalten wurde, nicht ausdrücklich überliefert wird.

[503] Aufgrund der Selbständigkeit des tribunizischen Rogationsrechtes mußten die Konsuln mit den Volkstribunen zunächst über die Frage verhandeln, ob überhaupt eine Rogation durchgeführt werden sollte (siehe auch Kunkel/Wittmann 1995, 618f.).

esset; Liv. 30,27,5). Des weiteren erfahren wir an anderer Stelle bei Livius, daß Claudius Nero zu Beginn des Amtsjahres 202 in Rom zurückgehalten wurde, da der Senat beschlossen hatte, daß die Entscheidung, zu welchen Bedingungen der Friedensvertrag gewährt werde, eher bei Scipio als beim Konsul Claudius Nero liegen solle (..."*patres de pace P. Scipionis potius arbitrium esse, quibus legibus daretur, quam consulis censuerant.*"; Liv. 30,38,7). Erst bei der Nachricht vom (angeblichen) punischen Bruch des Waffenstillstandes wurde Claudius Nero angewiesen, rasch mit der Flotte nach Afrika überzusetzen,[504] sodaß sich die Vermutung aufdrängt, daß die Zuteilung des Amtsbereiches Afrika an Claudius lediglich unter der Voraussetzung der Wiederaufnahme der Kriegshandlungen erfolgte.

Tatsächlich wiederholten sich ein Jahr später die Ereignisse: Cn. Cornelius Lentulus, soeben gemeinsam mit P. Aelius Paetus als neuer Konsul für das Jahr 201 gewählt, forderte vehement die Zuweisung des Aufgabenbereiches Afrika (Liv. 30,40,7f.). Die beiden Volkstribunen Q. Minucius Thermus und M'. Acilius Glabrio brachten vor, daß Cornelius Lentulus etwas probiere, was bereits der Konsul des Vorjahres vergeblich versucht habe, da damals sämtliche *tribus* sich für Scipio entschieden hätten. In weiterer Folge entschloß sich der Senat zu folgender Lösung:

> *... censuerunt, ut consules provincias inter se compararent sortirenturve, uter Italiam, uter classem navium quinquaginta haberet; cui classis obvenisset, in Siciliam navigaret; si pax cum Carthaginiensibus componi nequisset, in Africam traiceret; consul mari, Scipio eodem quo adhuc iure imperii terra rem gereret; si condiciones convenirent pacis, tribuni plebis populum rogarent, utrum consulem an P. Scipionem iuberent pacem dare, et quem, si deportandus exercitus victor ex Africa esset, deportare; si pacem per P. Scipionem dari atque ab eodem exercitum deportari iussissent, ne consul ex Sicilia in Africam traiceret. Alter consul, cui Italia evenisset, duas legiones a M. Sextio praetore acciperet.* (Liv. 30,40,12-16)
> Sie entschieden (...), die Konsuln sollten sich über die Aufgabenbereiche verständigen oder das Los entscheiden lassen, wer Italien und wer die Flotte von 50 Schiffen haben solle. Wer die Flotte erhalte, solle nach Sizilien fahren. Wenn man den Frieden mit den Karthagern nicht zustande bringen könne, solle er nach Afrika übersetzen; der Konsul solle auf dem Meer; Scipio auf dem Land in demselben Umfang seiner Befehlsgewalt wie bisher den Krieg führen. Wenn man sich auf Friedensbedingungen einige, sollten die Volkstribunen das Volk befragen, ob der Konsul oder P. Scipio den Frieden gewähren und wer, wenn das siegreiche Heer aus Afrika heimgeführt werden müsse, es heimführen solle; wenn sie anordneten,

---

[504] Als Claudius Nero endlich Rom verließ, geriet er in heftige Unwetter und mußte nach einer wahren Odyssee (zunächst Richtung Norden über Cosa und Populonium zur Insel Elba, anschließend nach Korsika und Sardinien) mit seiner schwer angeschlagenen Flotte den Hafen Carales im Süden anlaufen, wo er schließlich das restliche Amtsjahr aufgrund der Reparaturen untätig verbringen mußte. Zu Beginn des nächsten Jahres mußte er schließlich als Privatmann mit der Flotte nach Rom zurückkehren (Liv. 30,39,1-3). Zur Irrfahrt des Claudius Nero vgl. auch HUSS 1985, 415f.

daß P. Scipio den Frieden gewähre und das Heer heimführe, solle der Konsul nicht aus Sizilien nach Afrika übersetzen. Der andere Konsul, der Italien erhalte, solle die beiden Legionen von dem Praetor M. Sextius übernehmen.

Zu diesem Zeitpunkt der Senatsdebatte war somit noch prinzipiell die Frage offen, ob überhaupt ein Friede geschlossen werden würde, und daher auch die Möglichkeit einer Fortsetzung des Krieges gegeben. Für diesen Fall wurde jedoch die staatsrechtliche sowie die faktische Stellung des amtierenden Konsuls Cornelius Lentulus im Vergleich zur Stellung des prorogierten Magistrates Scipio deutlich zurechtgestutzt. Zunächst wurde ausdrücklich ausgesprochen, daß Scipio *eodem quo adhuc iure imperii* agieren durfte (Liv. 30,40,13). Dies bedeutete im Zusammenhang mit dem Senatsbeschluß des Vorjahres, wonach der damalige Konsul Tib. Claudius Nero dieselbe Amtsgewalt wie Scipio haben sollte (*...parique imperio cum P. Scipione imperator esset*; Liv. 30,27,5), daß Scipio nunmehr auch im Amtsjahr 201 dieselbe Amtsgewalt wie der neue amtierende Konsul hatte und diesem daher nicht nachgeordnet war. Ein weitaus empfindlicherer Rückschlag für die Ambitionen des neuen Konsuls war jedoch die Aufgabenaufteilung zwischen dem amtierenden und dem prorogierten Magistrat: Der Amtsbereich von Cornelius Lentulus war für den Fall einer Fortsetzung des Krieges auf die vor Afrika kreuzende Flotte beschränkt, während Scipio die durchwegs bedeutendere Kriegsführung zu Lande zugeordnet erhielt. Doch damit nicht genug: Cornelius Lentulus erhielt zwar 50 Kriegsschiffe (Liv. 30,40,12 iVm 30,41,6)[505], doch durfte Scipio 40 Kriegsschiffe behalten und somit über eine ähnlich starke Flotte verfügen. Den Höhepunkt der mehr oder weniger unverhohlenen Brüskierung des neu gewählten Konsuls seitens des Senats bildete jedoch der Beschluß, daß Scipio persönlich entscheiden dürfe, ob der bisherige Kommandant über die besagten 40 Schiffe, Cn. Octavius, auch weiterhin sein *imperium propraetore* behalten oder ob Laelius das Kommando über die Flotte übernehmen solle (Liv. 30,41,7).[506] Dies bedeutete, daß Cornelius Lentulus im Kriegsfall mit einem Flottenkommandanten von Scipios Gnaden kooperieren hätte müssen,[507] wenngleich er auch durch sein konsularisches *imperium* sowohl dem Propraetor Octavius, als auch Laelius übergeordnet gewesen wäre.

---

[505] Auch im Vorjahr hatte der damalige Konsul Claudius Nero 50 Kriegsschiffe erhalten (Liv. 30,27,5).

[506] Aus Liv. 30,44,12 läßt sich wohl ableiten, daß Scipio letztlich das *imperium propraetore* des Cn. Octavius verlängert und somit einen Akt gesetzt hat, der in der bisherigen Staatsrechtsgeschichte der römischen Republik einzigartig war.

[507] Des weiteren sei daran erinnert, daß Octavius Kommandant just jener Versorgungsflotte gewesen war, die vor Karthago in Seenot geriet, wobei die Lastsschiffe von den Karthagern gekapert wurden (Liv. 30,24,6-12). Mochte dies auch auf einen unglücklichen Zufall zurückzuführen sein, so bedeutete dies doch, daß Octavius sich zumindest dem Verdacht mangelnder nautischer Kompetenzen ausgesetzt hatte.

Doch noch war nicht entschieden, welche offizielle Haltung der Senat hinsichtlich der Frage nach Krieg oder Frieden einnehmen würde. Livius berichtet zunächst lediglich, daß die punische Gesandtschaft, die vor dem römischen Senat um Frieden gebeten hatte, durch ihr bittfertiges Auftreten die Senatoren erweicht hatte (*...flecti misericordia patres ...* ; Liv. 30,42,20). Ob es ursprünglich mehrere Standpunkte und Meinungen innerhalb des Senates gegeben hatte, läßt sich dem livianischen Bericht nicht entnehmen.[508] Lediglich ein erboster Zwischenruf eines über die Treulosigkeit der Karthager empörten Senators soll gefallen sein (Liv. 30,42,20f.). Schließlich wurde ein Beschluß zugunsten einer friedlichen Lösung gefaßt, wie sich aus Liv. 30,43,1 schließen läßt. Gegen diesen Beschluß interzedierte jedoch der Konsul Cornelius Lentulus, worauf die beiden Volkstribunen M'. Acilius [Glabrio] und Q. Minucius [Thermus] die Angelegenheit vor die Tributkomitien brachten, die schließlich (siehe dazu genauer oben Seite 196-197) einstimmig den Beschluß faßten, (1.) der Senat solle festsetzen, daß mit den Karthagern Friede geschlossen werde solle, (2.) Scipio solle den Vertrag abschließen sowie (3.) Scipio solle das Heer aus Afrika heimführen (Liv. 30,43,1-4).

Etwas anders die Überlieferung bei Appian (Lib. 57,247): Die Senatoren seien hinsichtlich der weiteren Vorgangsweise uneins gewesen, wobei die einen Härte, die anderen Mitleid zeigten ("οἱ σύμβουλοι δ' ἐστασίαζον, οἱ μὲν ἔτι σὺν ὀργῇ χαλεπαίνοντες τοῖς Καρχηδονίοις, οἱ δὲ ἐλεοῦντες αὐτοὺς ἤδη καὶ ἀξιοῦντες ἐν ταῖς ἀλλοτρίαις συμφοραῖς τὸ σφέτερον εὐπρεπῶς διατίθεσθαι."). In weiterer Folge habe ein Freund Scipios eine Rede zugunsten der Karthager gehalten (App., Lib. 57,247 –61,271), während Publius Cornelius Lentulus, ein Verwandter des neugewählten Konsuls (Κορνηλίου Λέντλου συγγενής), für die Zerstörung der Stadt, zumindest jedoch für die *deditio* Karthagos eintrat (App., Lib. 62,272-64,288). Nach der Debatte sei eine Abstimmung erfolgt, bei der eine Mehrheit der Senatoren für eine friedliche Lösung eingetreten sei (App., Lib. 65,289).

Auch Cassius Dio zeichnet ein – allerdings nur fragmentarisch erhaltenes – Bild, das die ursprünglichen Meinungsverschiedenheiten widerspiegelt: Zwar hätten viele Römer sowie der Konsul Cornelius Lentulus die Zerstörung Karthagos befürwortet (Cass. Dio 17,59), doch sei in der Volksversammlung ein einstimmiger (ὁμοθυμαδὸν) Beschluß zugunsten des Friedens gefaßt worden (Cass. Dio 17,57,83). Ähnlich Zonaras: Die Mitglieder des Senats seien hinsichtlich der weiteren Behandlung Karthagos zerstritten und uneins gewesen, doch habe das Volk einmütig für den Frieden gestimmt (Zon. 9,14,12).

---

[508] Ähnlich HOFFMANN 1960, 187

Teilweise wurde in der Literatur die Ansicht vertreten, daß die Senatsdebatte entweder nicht historisch sei, oder zumindest die Diskussionen anläßlich des Dritten Punischen Krieges wiedergebe.[509] Meines Erachtens läßt sich jedoch dieser Standpunkt bei einer näheren Analyse der innenpolitischen Verhältnisse in Rom aus mehreren Gründen nicht aufrechterhalten. Schon im Winter 203/202 gab es im römischen Senat eine rege – und unbestritten historische – Debatte über das Zustandekommen einer friedlichen Lösung (vgl. dazu oben S. 129-140), wobei zum damaligen Zeitpunkt eine Fortsetzung des Krieges noch nicht die unmittelbare Zerstörung Karthagos zur Folge haben konnte, da die Karthager noch über zwei beträchtliche Armeeverbände in Süditalien (Hannibal) und Ligurien (Mago) verfügten. Die unterschiedlichen Quellen und Testimonien zur innenpolitischen Lage Roms im Winter 203/202 bezeugen, wie ausführlich gezeigt wurde, eine aufgeheizte Stimmung innerhalb des Senates, wo vor allem die Person Scipios im Mittelpunkt der emotionsgeladenen Kontroversen stand. Zu Lebzeiten des Q. Fabius Maximus scheinen die Befürworter sowie Gegner der scipionischen Außenpolitik noch einander die Waage gehalten zu haben, während nach dem Tod des alten großen römischen Staatsmannes die scipionische "Fraktion" auch angesichts der außerordentlichen Erfolge Scipios doch deutlich Überhand gewann, wie man dies spätestens aufgrund der subtilen, doch deutlichen Maßregelung der Ambitionen des für das Jahr 201 gewählten Konsuls Cornelius Lentulus annehmen muß.

Dennoch scheint Scipio nach seinem Sieg über Hannibal hinsichtlich seiner innenpolitischen Position im Unklaren gewesen zu sein. Wie oben (S.182) gezeigt wurde, mußte er die Befürchtung hegen, in Afrika abgelöst zu werden, sodaß sein Nachfolger die *fama finiti belli* (Liv. 30,36,11) ernten würde. Tatsächlich war sein *imperium*, das ihm noch zu Beginn des Jahres 203 *non temporis, sed rei gerendae fine, donec debellatum in Africa foret* (Liv. 30,1,10) – also ohne feste zeitliche Determinierung – prorogiert worden war, mit dem Sieg über die letzten[510] regulären punischen Armeeeinheiten nunmehr abgelaufen, da sich die ausdrücklich ausgesprochene (und diesmal staatsrechtskonforme[511])

---

[509] Vgl. insbesondere HUSS 1985, 423 Anm. 165 ("Diodoros (XXVII 13-18) und Appianos (Lib. 57,246-65,291) berichten von einer Senatsdebatte, in der Lentulus die Zerstörung Karthagos (...) gefordert hat. Dies ist kaum historisch.") Weitere Literaturverweise bei SEIBERT 1993a, 476f. Anm. 6. Vgl. weiters HOFFMANN 1960, 188 Anm. 15 ("Während man früher meinte, diese Reden seien erst nachträglich unter dem Eindruck der Vorgänge von 150 konzipiert worden [...], ist man neuerdings geneigt, aus ihnen auch Rückschlüsse auf die Zeit um 200 zu ziehen [...]."). Vgl. schließlich SEIBERT 1993a, 477 Anm. 7 ("Daß der Gedanke einer völligen Besiegung damals erwogen wurde, halte ich für durchaus zutreffend.")

[510] Vgl. dazu insbesondere Liv. 30,40,2, wo ausdrücklich die Beendigung des Krieges hervorgehoben wird ("...*finemque tandem lugubri bello impositum*...").

[511] Zur Prorogation "*non temporis, sed rei gerendae fine, donec debellatum in Africa foret* (Liv. 30,1,10)" vgl. oben S. 105.

Prorogation von Scipios *imperium* zu Beginn des Amtsjahres 201 (Liv. 30,41,1) nur so erklären läßt. Doch selbst wenn Scipio Ende 202 davon ausging, daß sein *imperium* auch weiterhin bestand oder daß es ihm zumindest mit großer Wahrscheinlichkeit verlängert werden würde, so war zum damaligen Zeitpunkt noch immer die Gefahr gegeben, daß er als prorogierter Magistrat dem gewählten Magistrat gleichen Ranges nachgeordnet sein würde, wenn nicht vom Senat – so wie zu Beginn des Jahres 203 – explizit die Gleichrangigkeit des gewählten und des prorogierten Magistrates festgelegt werden würde. Solange diese innenpolitischen Probleme und Fragen ungeklärt waren, bestand die drohende Wahrscheinlichkeit, daß zumindest ein neugewählter Konsul Nordafrika als Amtsbereich für sich forden könnte (was bekanntlich schließlich auch geschah). Wie schon im Winter 203/202 war es aus Scipios Sicht daher vordringlich, möglichst rasch zu einer friedlichen Lösung mit Karthago zu kommen. Ob der römische Senat tatsächlich einen Beschluß zugunsten des Abschlusses eines Friedensvertrages fassen würde, war jedoch noch nicht absehbar. So verwundert es daher nicht – auch wenn dies nur von Appian überliefert wird –, daß Scipio seinen drei Vertrauensleuten, welche die punische Delegation nach Rom begleiteten, auftrug, dem römischen Senat mitzuteilen, er werde eigenmächtig einen Friedensvertrag abschließen, wenn es in Rom zu Verzögerungen käme (App., Lib. 56, 245; vgl. auch Lib. 60,262 und 64,288).

Im Unterschied zum Winter 203/202 ging es ein Jahr später um die nackte Existenz Karthagos, das über keine regulären Feldtruppen mehr verfügte. Die einzige Alternative zum Abschluß eines Friedensvertrages wäre logischerweise die Fortsetzung des Krieges sowie die unnmittelbar darauf folgende Belagerung gewesen. In diesem Fall wäre jedoch ein *point of no return* erreicht und der Krieg so lange fortgesetzt worden, bis die große Rivalin Roms um die Vorherrschaft im westlichen Mittelmeer endgültig in Trümmern gelegen wäre. Aus der Sicht von Cornelius Lentulus war es naturgemäß opportun, sofort nach seiner Wahl Afrika als Amtsbereich für sich zu reklamieren, um so am ehesten seine Chancen auf die *fama belli finiti* zu wahren. Diese Ambitionen wurden jedoch – wie erwähnt – vom Senat recht deutlich, wenn auf sehr subtile Weise zerschlagen, da Lentulus lediglich die Flotte erhielt. Spätestens jetzt, nachdem die Volkstribunen Glabrio und Thermus ihre Karten offen auf den Tisch gelegt hatten, indem sie sich im Senat hinter Scipios Politik gestellt und gegen die Bestrebungen von Lentulus opponiert hatten, mußte der neue Konsul wissen, daß jegliche Entscheidung, die in nächster Zukunft von den Tributkomitien gefällt werden würde, mit an Sicherheit grenzender Wahrscheinlichkeit ebenfalls zu seinen Ungunsten ausfallen würde. Betrachtet man nun aber den von Livius überlieferten

Senatsbeschluß[512] genauer, so bot er für Lentulus eigentlich nur noch eine geringe Chance, sich unter Umständen doch noch Meriten im Krieg gegen die Karthager zu erwerben: das Scheitern einer friedlichen Lösung. Nur in diesem Fall hatte er die Erlaubnis des Senates, mit seiner Flotte zumindest nach Afrika übersetzen zu können, sodaß er auf diese Weise wenigstens in der Nähe des Kriegsschauplatzes gelangen konnte, um dort die weiteren Ereignisse abzuwarten. Hingegen mußte aus Lentulus' Sicht bei erfolgreichen römisch-karthagischen Friedensverhandlungen auch die letzte Hoffnung verloren gewesen sein, da in diesem Fall damit zu rechnen war, daß das von den Volkstribunen befragte Volk beschließen würde, Scipio solle den Vertrag endgültig abschließen und das Heer nach Rom zurückzuführen [was schließlich ja auch geschah].

Zusammengefaßt läßt sich somit folgendes feststellen: Auch wenn Lentulus trotz seines konsularischen Ranges nur die Flotte vor der nordafrikanischen Küste und nicht Nordafrika selbst erhalten hatte, bestand seine letzte kleine Chance auf *fama finiti belli* darin, in Rom heftigst gegen eine friedliche Lösung zu opponieren. Das einzige Mittel, das ihm jedoch Gehör verschaffen konnte, war die Forderung nach der Zerstörung Karthagos. Die Zerstörung Karthagos (nach vorhergehender Belagerung) war gleichzeitig auch die einzige und letzte Konsequenz, die sich aus dem Scheitern einer friedlichen Lösung ergeben hätte. Aufgrund dieser Überlegungen müssen wir jedoch mit an Sicherheit grenzender Wahrscheinlichkeit davon ausgehen, daß in den Senatsdebatten zu Beginn des Amtsjahres 201 auch die Möglichkeit der endgültigen Zerstörung Karthagos diskutiert worden war, sodaß die insbesondere von Diodor und Appian überlieferten Diskussionen als historisch zu bestätigen sowie die Zweifel (vgl. oben Anm. 509) an der Historizität zurückzuweisen sind.

8.) Zum Abschluss des Friedensvertrages

Wie bereits unter Punkt (6) ausführlich besprochen wurde, entschieden die römischen Tributkomitien zugunsten des Friedens mit Karthago, worauf der Senat beschloß, daß Scipio unter Hinzuziehung eines zehnköpfigen senatorischen Konsiliums zu den Bedingungen, die ihm gut schienen, einen Friedensvertrag mit

[512] *... censuerunt, ut consules provincias inter se compararent sortirenturve, uter Italiam, uter classem navium quinquaginta haberet; cui classis obvenisset, in Siciliam navigaret; si pax cum Carthaginiensibus componi nequisset, in Africam traiceret; consul mari, Scipio eodem quo adhuc iure imperii terra rem gereret; si condiciones convenirent pacis, tribuni plebis populum rogarent, utrum consulem an P. Scipionem iuberent pacem dare, et quem, si deportandus exercitus victor ex Africa esset, deportare; si pacem per P. Scipionem dari atque ab eodem*

dem karthagischen Volk abschließen solle (*Ex hac rogatione senatus decrevit, ut P. Scipio ex decem legatorum sententia pacem cum populo Carthaginiensi, quibus legibus ei videretur, faceret*; Liv. 30,43,4).[513]

Nochmals sei an dieser Stelle darauf hingewiesen, daß die Beschlüsse der Tributkomitien sowie des Senates keineswegs die Ratifikation eines bereits von Scipio fertig ausgehandelten oder gar diktierten Vertrages beinhalten, sondern lediglich die Entscheidung darstellen, zunächst prinzipiell eine friedliche Lösung zu finden und Scipio mit den Vertragsverhandlungen zu beauftragen. Und ebenso muß noch einmal erwähnt werden daß es selbstverständlich bereits unmittelbar nach Hannibals sowie Verminas Niederlagen zu ersten Gesprächen zwischen Scipio und Karthago hinsichtlich einer zu erwartenden Ausgestaltung eines noch abzuschließenden Friedensvertrages gekommen war. Doch zum Zeitpunkt der Abreise der römischen und der punischen Delegationen sind lediglich die unverbindlichen Rahmenbedingungen des noch im Detail auszuhandelnden Vertrages skizziert gewesen.[514] Keineswegs lag bereits jetzt ein ratifikationsreifer Vertragstext vor.

Gerade die staatsrechtlich übliche Beigebung eines zehnköpfigen *consilium* ist hier nur dann begreiflich, wenn diese Kommissäre eine (mehr oder weniger) aktive Rolle bei der Mitgestaltung des endgültigen Vertrages gehabt hätten. An dieser Stelle muß daher die in der Forschung teilweise vertretene Meinung, wonach zum Zeitpunkt des Senats- bzw. des Volksbeschlusses bereits ein Präliminarvertrag existierte, in den das zehnköpfige consilium eingriff und ihn in einigen Punkten abänderte, zurückgewiesen werden:[515] Erstens hätte das *consilium* nicht alleine, sondern nur mit Scipio gemeinsam agieren können, und zweitens betont Livius, daß die einzelnen Bedingungen des zu schließenden Vertrages von Scipios Einwilligung abhängig waren (... *senatus decrevit, ut P. Scipio ex decem legatorum sententia pacem cum populo Carthaginiensi, quibus legibus ei videretur, faceret*; Liv. 30,43,13).

exercitum deportari iussissent, ne consul ex Sicilia in Africam traiceret. Alter consul, cui Italia evenisset, duas legiones a M. Sextio praetore acciperet. (Liv. 30,40,12-16)

[513] Auch Zonaras überliefert den Beschluß, wonach Scipio ein zehnköpfiges *consilium* beigegeben wurde, spricht aber hinsichtlich genau dieses Punktes irrtümlicherweise von einem Volksbeschluß (statt korrekt: Senatsbeschluß): "Das Volk aber stimmte einmütig für den Frieden und nahm die Bedingungen an; und es schickte zehn Männer, die zusammen mit Scipio die Einzelheiten festlegen sollten." (ὁ δὲ δῆμος τὴν εἰρήνην ὁμοθυμαδὸν ἐψηφίσατο, καὶ τὰς ὁμολογίας ἐδέξαντο, καὶ ἔπεμψαν δέκα ἄνδρας, ἵνα μετὰ τοῦ Σκιπίωνος ἅπαντα διοικήσωσι, Zon. 9,14,12).

[514] Völlig korrekt spricht SEIBERT 1993a, 476 daher von "...Bedingungen, wie sie Scipio *vorgeschlagen* hatte..." Ähnlich HUSS 1985, 422 (...*Vorschläge* des P. Scipio...)

[515] Vgl. SEIBERT 1993a, 478 Anm 12

Nachdem das zehnköpfige senatorische *consilium* – die Namen der einzelnen Mitglieder sind uns nicht überliefert worden – in Afrika eingetroffen war und die Beschlüsse des Senates und der Volksversammlung dem römischen Feldherrn überbracht hatte, begannen die offiziellen Verhandlungen – selbstverständlich auf Basis der unmittelbar nach Hannibals Niederlage aufgenommenen Gespräche. Das offizielle Verhandlungsergebnis mußte in Rom allerdings noch ratifiziert werden, wie sich aus Liv. 30,44,12 ableiten läßt,[516] sodaß die noch in Afrika erfolgte Beschwörung des Vertragstextes seitens der Fetialen lediglich als demonstrativer, nicht jedoch als konstitutiver Akt gewerten werden kann.

9.) Zu den einzelnen Konditionen des Friedensvertrages

Im Überblick ergeben sich aus den unter Punkt (4) wiedergegebenen Angaben der antiken Historiographie folgende Konditionen:

1. Die Karthager sollen Freunde und Bundesgenossen der Römer zu Wasser und zu Lande sein (App., Lib. 54, 237)
2. Innere Autonomie und Besatzungsfreiheit der Karthager (Pol. 15,18,2; Liv. 30,37,2)
3. Die Karthager behalten ihre Städte bzw. ihr Gebiet (auf afrikanischem Boden), das sie zu einem bestimmten Zeitpunkt innehatten (Pol. 15,18,1; Liv. 30,37,1; App., Lib. 54, 236)
4. Rückgabe der Besitzungen Massinissas (Pol. 15,18,5; Liv. 30,37,4; Cass. Dio 17,57,82)
5. Verpflichtung Karthagos, mit Massinissa einen Vertrag abzuschließen (Liv. 30,37,4)
6. Erhebliche Einschränkung der Möglichkeit einer punischen Kriegsführung (Pol. 15,18,4; Liv. 30,37,4; App., Lib. 54,236; Cass. Dio 17,57,82; Zon. 9,14,11)
7. Verbot der Söldnerwerbung (App., Lib. 54, 236; Cass. Dio 17,57,82) und der Durchführung von Aushebungen (Cass. Dio 17,57,82)
8. Auslieferung der punischen Kriegsflotte bis auf zehn Trieren (Pol. 15,18,3; Liv. 30,37,3; App., Lib. 54, 234; Cass. Dio 17,57,82; Zon. 9,14,11; nach Strabon 17,3,15 waren es hingegen 12 Trieren)

---

[516] Scipio ließ vor seiner Abreise aus Afrika bzw. vor der Räumung Afrikas durch die Römer eine punische Gesandtschaft nach Rom reisen, "damit die Entscheidungen, die er in Übereinstimmung mit den Ratschlägen der zehn Kommissare getroffen hatte, durch einen Beschluß des Senats und die Anordnung des Volkes bestätigt würden" (*ut, quae ab se ex decem legatorum sententia acta essent, ea patrum auctoritate populique iussu confirmarentur*; Liv. 30,44,12). TÄUBLER 1913, 108 erklärt diese Livius-Nachricht mit einer Trennung des Vertrages in "Grundvertrag" und "Spezialbestimmungen", wobei in Afrika der "Grundvertrag" von Scipio endgültig geschlossen und von den Fetialen beschworen worden sei, während in Rom nur noch die Spezialbestimmungen ratifiziert werden mußten (108 Anm. 3).

9. Auslieferung der punischen Kriegselefanten (Pol. 15,18,3; Liv. 30,37,3; App., Lib. 54,234; Cass. Dio 17,57,82; Zon. 9,14,11) bzw. Verbot, in weiterer Zukunft Kriegselefanten zu züchten (Liv. 30,37,3; Cass. Dio 17,57,82; Zon. 9,14,11)
10. Abzug des Mago aus Ligurien (App., Lib. 54, 235)
11. Zahlung einer Kriegskostenentschädigung in Höhe von 10.000 euböischen Talenten Silber in fünzig Raten zu je 200 Talenten (Pol. 15,18,7; Liv. 30,37,5; App., Lib. 54, 235 App., Lib. 59, 259)[517]
12. Stellung von Geiseln (Pol. 15,18,8; Liv. 30,37,6; Cass. Dio 17,57,82; Zon. 9,14,11)
13. Auslieferung der Gefangenen, Deserteure und flüchtigen Sklaven (Pol. 15,18,3; Liv. 30,37,3; App., Lib. 54, 234; Cass. Dio 17,57,82; Zon. 9,14,11)
14. Durchführungsbestimmungen (Fristen zur Erfüllung bestimmter Vertragspunkte) (App., Lib. 54, 235.237)

(A) ZUM VERTRAGSPUNKT "φιλία καὶ συμμαχία *(AMICITIA ET SOCIETAS)*"

Wurde nach dem Ersten Punischen Krieg im Vertrag von 241/237 lediglich φιλία zwischen Karthago und Rom vereinbart, so überliefert Appian – als einzige Quelle – für den Vertrag von 202/201 φιλία καὶ συμμαχία und zwar κατὰ γῆν καὶ κατὰ θάλασσαν zwischen den beiden Vertragspartnern.

Mit "φιλία" (*amicitia*) ist – vereinfacht ausgedrückt – die Wiederaufnahme der freundschaftlichen diplomatischen Beziehungen angesprochen. Zwar konnte das Verhältnis der *amicitia* prinzipiell auch vertragslos zustandekommen, doch wurde es in der römischen Republik – so wie hier - durchaus üblich, beim Abschluß von Allianzverträgen (*societas*) die *amicitia* gewissermaßen als Fundament der *societas* in den Bündnisvertrag aufzunehmen.[518]

Die wesentlichste Rechtsfolge der Klausel "φιλία καὶ συμμαχία" (*amicitia et societas*) ist die Verpflichtung zur Heeresfolge. Tatsächlich zeigen die Ereignisse der folgenden Jahrzehnte, daß die Karthager dieser Verpflichtung im

---

[517] Ein weiteres Testimonium für die Zahlung einer (Gesamt-)Kriegskostenentschädigung von 10.000 Talenten findet sich bei Plinius, nat. hist. 33,51, dessen Angabe von 800.000 Pfund, zahlbar in 50 Raten zu 16.000 Pfund, in einer Umrechnung den 10.000 Talenten des Polybios, Livius und Appian entspricht: *Equidem miror populum Romanum victis gentibus in tributo semper argentum imparasse, non aurum, sicut Carthagini cum Hannibale victae octigenta milia, XVI pondo annua in quinquaginta annos, nihil auri.* (In der Tat verwundert es mich, daß das römische Volk von besiegten Völkern als Tribut stets Silber, nicht Gold verlangte, wie etwa von dem mit Hannibal besiegten Karthago 800.000 Pfund, zu 16.000 Pfund jährlich auf 50 Jahre verteilt, davon nichts in Gold)

[518] Dies führte dazu, daß in der modernen Forschung teilweise die unrichtige Auffassung vertreten wurde, daß auch *amicitia* nur in Vertragsform geschlossen werden könne (TÄUBLER 1913, 47-62; CIMMA 1976, 27-32 und 83f.

umfangreichen Ausmaße nachkamen: Im Jahr 200 schickten sie für den Zweiten Makedonischen Krieg 200.000 Scheffel Getreide nach Rom, sowie 200.000 Scheffel Getreide zum römischen Heer nach Makedonien (Liv. 31,19,2: *Ducenta milia modium tritici Romam, ducenta ad exercitum in Macedoniam miserunt.*).[519] Im Jahr 191 boten die Karthager für den Krieg gegen König Antiochos eine unentgeltliche Lieferung von 500.000 Scheffel Weizen sowie 500.000 Scheffel Getreide an, wobei die Hälfte davon nach Rom geliefert werden sollte; überdies boten sie die unentgeltliche Ausrüstung einer Schiffsflotte an (Liv. 36,4,5-7). Die Römer akzeptierten die Getreidelieferung, jedoch nur gegen Bezahlung, wiesen aber das Anbot der Ausrüstung einer Schiffsflotte mit Ausnahme jener Schiffe, die aufgrund des Vertrages von 202/201 zu stellen waren, zurück (Liv. 36,4,9: ... *de classe Carthaginiensibus remissum, praeterquam si quid navium ex foedere deberent*). Noch im selben Jahr nahmen die Römer sechs punische Schiffe in ihren Flottenverband auf (Liv. 36,42,2), woraus THIEL den Schluß zog, die Karthager wären aufgrund des Vertrages von 201 verpflichtet gewesen, (exakt) sechs Schiffe zu stellen.[520] Für den Dritten Makedonischen Krieg stellten die Karthager im Jahr 171 zwei Fünfruderer (Liv. 42,56,6) und lieferten im Jahr 170 eine Million Scheffel Weizen und eine halbe Million Scheffel Gerste (Liv. 43,6,11).

Appian überliefert den Vertragspunkt "φιλία καὶ συμμαχία" unter der Bedingung "ἢν ἀρέσκῃ ταῦτα τῇ βουλῇ" (soferne der Senat zustimmt). Meines Erachtens erstreckt sich diese Ratifikationsklausel auf den gesamten Vertragsinhalt, nicht nur auf *amicitia et societas*. Dafür spricht erstens die Stellung dieses Vorbehaltes, der von Appian am Ende der einzelnen Vertragsbestimmungen angeführt wird,[521] und zweitens die Unwahrscheinlichkeit, daß Scipio lediglich eine einzige Vertragsbestimmung in Rom ratifizieren lassen wollte.

Im Vergleich zum Wortlaut der Freundschafts- und Bundesgenossenklauseln vergleichbarer Verträge[522] – zB der Vertrag mit

---

[519] Unrichtig, zumindest aber mißverständlich BRISCOE 1973, 108 ("a voluntary contribution, not one specified in the peace of 201"), da die Lieferung des Getreides aufgrund der im Vertrag von 202/201 festgelegten Bündnisverpflichtung Karthagos erfolgt ist.

[520] THIEL 1946, 269 (6 *naves tectae* which Carthage was bound ex foedere to furnish). Kritik an dieser Ansicht bei BRISCOE 1981, 225

[521] Auch in den zwei wichtigsten inschriftlich erhaltenen völkerrechtlichen Verträgen lateinischer Sprache aus der Zeit des zweiten vorchristlichen Jahrhunderts wird die Ratifikationsklausel "*dum populus senatusque romanus vellet*" am Ende der einzelnen Vertragsbestimmungen angeführt: (a) Dekret des L. Aemilius Paullus aus 191/190 v.Chr. (CIL II 5041 = ILLRP^2 514 = ILS 15 = FIRA I 51), (b) Dekret des L. Caesius aus 104 v.Chr. (AE 1984, 495; ausführlich behandelt von NÖRR 1989).

[522] Vgl. die Ausführungen von TÄUBLER 1913, 47-62

Antiochos (188 v.Chr.) oder mit Astypalaia (105 v.Chr.) – fehlt insbesondere das Element der Bestimmung, daß die Freundschaft und Bundesgenossenschaft εἰς τὸν ἅπαντα χρόνον, also ewig, gelten solle. Zudem fällt auf, daß Appian die Freundschafts- und Bundesgenossenklausel nur einseitig, nämlich auf Karthago bezogen, überliefert. Ob dies als minderes Versehen aufgrund des Textzusammenhanges – Appian läßt Scipio die Vertragsklauseln in direkter Rede, in der er nur auf die Pflichten der Karthager eingeht, aufzählen – geschehen ist oder den Tatsachen entsprach, läßt sich nicht mehr mit gänzlicher Bestimmtheit beantworten.[523]

(B) ZUM VERTRAGSPUNKT "INNERE AUTONOMIE UND BESATZUNGSFREIHEIT DER KARTHAGER"

Die Karthager "sollten nach ihren Gesetzen und Sitten leben dürfen und keine römische Besatzung aufzunehmen brauchen" (ἔθεσι καὶ νόμοις χρῆσθαι τοῖς ἰδίοις, ἀφρουρήτους ὄντας), schreibt Polybios (15,18,2).[524] Ähnlich Livius (30,37,2): *liberi legibus suis viverent.*[525] Ergänzend führt Appian an, daß die Römer nach erfolgter Ratifikation des Vertrages in Rom Afrika binnen 150 Tagen räumen würden (Lib. 54, 237).

Nach TÄUBLER konnte die von Polybios angeführte Bestimmung "ἔθεσι καὶ νόμοις χρῆσθαι τοῖς ἰδίοις, ἀφρουρήτους ὄντας" in dieser Form kein Bestandteil des Vertrages gewesen sein, da "das Selbstbestimmungsrecht des Vertragskontrahenten, wie eingeengt es immer im Einzelfalle sei, die Voraussetzung des Vertrags ist".[526] Mit anderen Worten: Ohne Selbstbestimmungsrecht der Karthager hätte es keinen Friedensvertrag geben können; wer nicht geschäftsfähig ist, kann sich auch nicht rechtsgeschäftlich verpflichten. Zwar ist TÄUBLER durchaus rechtzugeben, wonach das Selbstbestimmungsrecht des Vertragskontrahenten prinzipiell eine Voraussetzung des Vertrages ist, doch spricht meines Erachtens nichts dagegen, die Historizität der Selbstbestimmungsklausel in Form einer programmatischen bzw. deklarativen Einleitungsbestimmung zu bejahen.[527] Bespiele für Freiheitserklärungen, ob sie nun einseitig erfolgt sind oder bilateral in einem

---

[523] Nach TÄUBLER 1913, 48 kann jedoch lediglich ein "Überlieferungsfehler" Appians vorliegen.
[524] Vgl. dazu WALBANK II-1967, 467
[525] Vgl. auch Liv. 37,54,26: (...) *Carthago libera cum suis legibus est.*
[526] TÄUBLER 1913, 195. Nach DAHLHEIM 1968, 150 ist diese Bestimmung von den antiken Autoren hereingebracht worden, da sie "die Gewährung eines *foedus* als Gnadenakt" empfunden hätten.
[527] Vgl. auch SCARDIGLI 1991, 317f.

Vertrag vereinbart wurden, finden sich zahlreich in der griechisch-hellenistisch-römischen Völkerrechtsgeschichte.[528]

(C) ZUR "BESITZSTANDSGARANTIE"

Nach Polybios durften die Karthager die Städte in Libyen behalten, die sie besessen hätten, ehe sie den Krieg gegen die Römer anfingen, und das Land, das sie von alters her hätten, das Vieh, die Sklaven und das sonstige Eigentum (Pol 15,18,1: πόλεις ἔχειν κατὰ Λιβύην ἃς καὶ πρότερον εἶχον ἢ τὸν τελευταῖον πόλεμον ἐξενεγκεῖν' Ρωμαίοις, καὶ χώραν ἣν καὶ τὸ παλαιὸν εἶχον, κτήνη καὶ σώματα καὶ τὴν ἄλλην ὕπαρξιν). Ähnlich, jedoch im Detail verschieden berichtet Livius, daß die Karthager jene Städte und Gebiete, die sie zum Zeitpunkt des Kriegsausbruchs innegehabt hatten, behalten durften (*quas urbes quosque agros quibusque finibus ante bellum tenuissent, tenerent*; Liv. 30,37,1). Nach Appian behielten die Karthager innerhalb der Phoinikischen Gräben jene Städte und Gebiete, die sie zum Zeitpunkt der Überfahrt Scipios besessen hatten (τὴν δὲ πόλιν ὑμᾶς ἔχειν καὶ τὴν χώραν, ὅσην ἐντὸς τῶν Φοινικίδων τάφρων εἴχετε ἐμοῦ διαπλέοντος ἐς Λιβύην, App., Lib. 54, 236).

Auffällig ist zunächst bei Polybios die exakte Aufzählung jener Rechtsgüter, die im karthagischen Eigentum verbleiben. Während bei Livius und Appian lediglich von Städten und Gebieten die Rede ist, führt Polybios zusätzlich das Vieh, die Sklaven und "das sonstige Eigentum" (καὶ τὴν ἄλλην ὕπαρξιν) an. Dies entspricht gänzlich dem römischen Brauch, im Völkerrechtsverkehr bei eigentumsrechtlichen Bestimmungen eine ausführliche Aufzählung der betroffenen Rechtsgüter vorzunehmen (vgl. das bei Liv.1,38 überlieferte Deditionsformular: "... *Deditisne vos populumque Collatinum, urbem, agros, aquam, terminos, delubra, utensilia, divina humanaque omnia, in meam populique Romani dicionem?* ...). So sieht etwa das Dekret des L. Caesius (Bronzetafel von Alcántara) aus dem Jahr 104 v.Chr. vor, daß die bezwungenen *Seanaci* an Rom die Waffen, Geiseln, Kriegsgefangenen, Hengste und gefangenen Stuten an Rom ausliefern müßten ([*arma obsides*] *captivos equos equas quas cepisent* [*ut dederent*]), jedoch ihre Gebiete, Gebäude, ihre Rechtsordnung und "alles andere, was ihnen zum Zeitpunkt ihrer *deditio* gehörte und was noch existierte" aus der Hand des Imperiumsträgers zurückerhielten (*agros et aedificia leges cete*[*raque omnia*] *quae sua fuissent pridie quam se dedid*[*issent quaeque*]

[528] Vgl. nur die zahlreichen Beispiele bei GSCHNITZER 1966, 281-284 oder WALBANK II-1967, 467

extarent eis rediditi).[529] Ähnliches sah der Senatbeschluß über Thisbai (170 v.Chr.) vor, in dem die Rechtsverhältnisse hinsichtlich des Staatsgebietes, der Häfen, der Einkünfte aus den Häfen, des Berglandes, der politischen Ämter, der Priesterämter, der Einkünfte aus den Priesterämtern, des (Privat-)Landes, der Häuser und des Eigentums der Einwohner von Thisbai geregelt wurden.[530] Es liegt auf der Hand, daß die Ähnlichkeit der polybianischen Terminologie mit der tatsächlichen römischen Vertragsterminologie ein gewichtiges Argument für die Authentizität der polybianischen Überlieferung darstellt.[531]

Zweiter auffälliger Aspekt bei Polybios ist die unterschiedliche Bestimmung des rechtserheblichen Zeitpunkts, an den die Eigentumsverhältnisse hinsichtlich der Städte bzw. des Landes anknüpfen. Die Karthager durften jene Städte behalten, die sie zum Zeitpunkt des Kriegsausbruches besessen hatten, sowie auch jenes Gebiet, das "von alters her" ihnen gehörte. Die unterschiedliche Behandlung der punischen[532] Städte und des punischen Territoriums resultierte zum einen aus den Eroberungen Hannibals während des Kriegswinters 203/202 – die von Hannibal eroberten Städte mußten somit wieder aufgegeben werden, selbst wenn sie nicht zu Massinissas Herrschaftsgebiet zählten –, zum anderen aus den geographisch-topographischen Gegebenheiten. Je südlicher bzw. westlicher die Karthager in den Jahrzehnten vor Ausbruch des Zweiten Punischen Krieges auf afrikanischem Boden vorgedrungen waren, desto eher konzentrierte sich die karthagische Herrschaft auf die faktische Kontrolle der Städte (und somit der Handelsknotenpunkte), während das Hinterland dieser Städte in der Hand der nur schwer kontrollierbaren und überwachbaren numidischen Nomadenstämme blieb. Die strenge Unterscheidung zwischen punischen Städten und punischem Territorium bot der Sicht des Jahres 202/201 jedoch ebenfalls zwei unterschiedliche Perspektiven: einerseits konnten die Karthager ihre letzten Herrschaftsbastionen retten, andererseits bot die Bestimmung, wonach sie lediglich ihre ältesten Territorien behalten durften, für Massinissa die Möglichkeit bzw. sogar die Rechtsgrundlage, in weiterer Zukunft das Hinterland dieser Städte für sein Reich reklamieren zu können.

---

529 AE 1984, 495 (Z. 5-7). Vgl. auch NÖRR 1989 sowie die Erstpublikation R.LÓPEZ MELERO / J.SALAS MARTIN / J.L.SÁNCHEZ ABAL / S.GARCIA JIMÉNEZ, El bronce de Alcántara. Una deditio del 104 a.C., Gerion 2 (1984), 265-323

530 IG VII 2225, Syll.[3] 646, FIRA [2]I 32, HGIÜ Nr. 475, (Z.17-26)

531 Vgl. etwa GSCHNITZER 1966, 288 ("Der Mobilienbesitz wird in der für die Rechtssprache charakteristischen Weise aufgegliedert. (...) Wenn der Historiker frei formuliert hätte, würde er sich gewiß abstrakter ausgedrückt, ja den Mobilienbesitz vielleicht überhaupt übergangen haben.")

532 "Punisch" soll hier lediglich die politisch-militärische Zugehörigkeit zum punischen Imperium ausdrücken. 200 bis 250 Kilometer südwestlich Karthagos war die Bevölkerungsstruktur der Städte nur noch rudimentär libysch-phoinikisch.

Die livianische Version, wonach die Karthager sowohl jene Städte, als auch jene Gebiete behalten durften, die sie zum Zeitpunkt des Kriegsausbruchs besessen hätten, ist im Vergleich zu Polybios zu ungenau, da dem augusteischen Historiker wohl auch die Bedeutung der präzisen Unterscheidung zwischen den Städten und dem Land unbewußt war.

Eine eigenständige Überlieferungsversion bringt – einmal mehr – Appian, der die den Karthagern verbleibenden Städte und Territorien gleich zweifach abgrenzt. Zum einen überliefert auch er einen rechtserheblichen Zeitpunkt, nach dem sich die Eigentumsverhältnisse orientieren sollen – bei ihm ist es jedoch nicht der Kriegsausbruch, sondern der Zeitpunkt der Überfahrt Scipios nach Afrika – zum anderen berichtet Appian von einer geographischen Grenze, den "Phoinikischen Gräben" (nur innerhalb dieser Gräben gelegene punische Städte und Territorien können prinzipiell den Karthagern verbleiben, soferne sie auch zum Zeitpunkt der Überfahrt Scipios nach Afrika punisch waren). Diese Angabe ist insoferne problematisch, als die "φοινικίδες τάφροι" in der antiken Literatur nur zwei Mal bezeugt sind, sodaß ihre Existenz durchwegs in Frage gestellt werden kann.[533]

(D) ZUM VERTRAGSPUNKT "RÜCKGABE DER BESITZUNGEN MASSINISSAS"

Eng mit den territorialen Bestimmungen verwandt ist jene Bestimmung, wonach die Karthager verpflichtet waren, "die Häuser, das Land und die Städte und alles Eigentum innerhalb der ihnen noch zuzuweisenden Grenzen, das Massinissa gehöre oder seinen Vorfahren gehört habe, diesem übergeben" (οἰκίας καὶ χώραν καὶ πόλεις, καὶ εἴ τι ἕτερόν ἐστι Μασαννάσου τοῦ βασιλέως ἢ τῶν προγόνων ἐντὸς τῶν ἀποδειχθησομένων ὅρων αὐτοῖς πάντα ἀποδοῦναι Μασαννάσᾳ, Pol. 15,18,5). Neben Polybios überliefern – auch Livius (*Masinissae res redderent*; Liv. 30,37,4) und Cassius Dio (καὶ τῷ Μασινίσσᾳ πάντων ὧν εἶχον αὐτοῦ ἀποστῆναι καὶ ἐκείνῳ δοῦναι, τήν τε χώραν καὶ τὰς πόλεις τὰς ἐν τῇ ἐπικρατείᾳ αὐτοῦ οὔσας ἀφεῖναι, Cass. Dio. 17,57,82) diesen Vertragspunkt.

Als einziger berichtet jedoch Polybios von einer noch vorzunehmenden Grenzziehung zwischen der karthagischen Epikratie und den numidischen

---

[533] Eumachos von Neapel (FGrHist 178 F 2) sowie eben Appian (Lib. 54, 236). Vgl. dazu HUSS 1985, 469f, WALBANK II-1967, 466f. und 469f.; GSELL II-1918, 101-103; KAHRSTEDT 1913, 591 Anm. 1

Territorien Massinissas: ἐντὸς τῶν ἀποδειχθησομένων ὅρων αὐτοῖς (Pol. 15,18,5).[534] Ebenfalls als einziger spricht Polybios von einer Restitutionsverpflichtung hinsichtlich des Eigentums der Vorfahren Massinissas.

Die Klausel wurde schließlich zum Dreh- und Angelpunkt für die zahlreichen Streitigkeiten zwischen König Massinissa und den Karthagern in der ersten Hälfte des zweiten vorchristlichen Jahrhunderts (siehe unten Kapitel V.).

(E) Zum Vertragspunkt "Abschluss eines Vertrages mit Massinissa"

Dieser Vertragspunkt wird lediglich von Livius überliefert (Liv. 30,37,4: *foedusque cum eo facerent*) und vom Großteil der modernen Literatur bezweifelt.[535] Geht man jedoch von der unmittelbar zuvor besprochenen Klausel aus, wonach die Karthager sich verpflichtet hatten, Massinissas Eigentum zu restituieren, so scheint die Verpflichtung zum Abschluß eines Vertrages mit Massinissa auf jeden Fall nicht unsinnig.[536] So überliefert etwa Polybios ausdrücklich, daß alles Eigentum "innerhalb der ihnen [scil. den Karthagern] zuzuweisenden Grenzen" an Massissa zurückgegeben werden müsse. Dies bedeutet, daß den Römern zum Zeitpunkt des Vertragsabschlusses bewußt war, daß das zukünftige nachbarschaftliche Verhältnis zwischen Karthago und Massinissa zumindest einer exakten Grenzziehung bedurfte. Daher erscheint es nicht abwegig, daß die Römer auch den Abschluß eines Staatsvertrages zwischen den beiden Nachbarmächten zumindest beabsichtigten.

Höchst problematisch ist jedoch die Frage, ob es schließlich auch tatsächlich zum Abschluß eines eigenen Vertrages zwischen Massinissa und den Karthagern gekommen war. Appian berichtet, daß Massinissa nach dem Abzug der römischen Soldaten und Scipios Triumphzug in Rom den Karthagern große Gebiete abgenommen hätte, worauf sich die Karthager an die Römer mit der Bitte wandten, zwischen den Karthagern und Massinissa einen (vertraglichen)

---

[534] Vgl. WALBANK II-1967, 469 (... there seems no reason to reject this sinister clause.")

[535] Vgl. etwa WALBANK II-1967, 469f. ("Livy's reference to a treaty between Carthage and Masinissa is to be rejected:"), SCHMITT 1969, 306 ("Nach Livius hatte Karthago einen Vertrag mit Massinissa zu schließen; diese Bindung ist vertragsrechtlich wenig wahrscheinlich.") oder HUSS 1985, 422 Anm. 153 ("Die Karthager sind kaum zum Abschluß eines Bündnisvertrages mit Massinissa verpflichtet worden."). Anders jedoch RITTER 1987, 62 ("Daß Karthago 201 ein Vertrag mit Massinissa auferlegt wurde, hat trotz der schwachen Überlieferung und der sachlichen Problematik einiges für sich."). Nach SCARDIGLI 1991, 319 gilt für die Livius-Notiz: "difficilmente è attendibile".

[536] So zu Recht auch RITTER 1987, 62f

Ausgleich herzustellen (οἱ Καρχηδόνιοι 'Ρωμαίους παρεκάλουν σφίσι Μασσανάσσην συναλλάξαι, App., Lib. 67, 302). In weiterer Folge hätten die Römer eine Schiedskommission mit dem Auftrag entsandt, Massinissa möglichst zu begünstigen, worauf der numidische König das beanspruchte Land erhielt. Gleichzeitig sei zwischen ihm und den Karthagern ein Vertrag abgeschlossen worden, der etwa fünfzig Jahre lang gültig war (App., Lib. 67, 303). In dieser Zeit habe Karthago ununterbrochenen Frieden genossen; erst zum Zeitpunkt des römisch-keltiberischen Krieges (gemeint wohl der zweite römisch-keltiberische Krieg der Jahre 154/153)[537] hätten die Karthager die Abwesenheit Massinissas, der seine Hilfstruppen persönlich nach Spanien geführt hatte, genützt, um die Bewohner eines "umstrittenen Gebietes" teils zu töten, teils gegen die numidische Herrschaft aufzuhetzen (App., Lib. 68, 306f.).

Zu Recht stellte RITTER[538] fest, daß Appians Darstellung "bei einigen Härten ein leidlich geschlossenes Bild" ergibt und "nicht aus inneren Gründen verworfen werden kann", wenngleich die übrige antike Historiographie im Gegensatz zu Appian keinen Vertrag zwischen Massinissa und den Karthagern kennt und einige Grenzstreitigkeiten im Zeitraum zwischen dem Ende des Zweiten und dem Ausbruch des Dritten Punischen Krieges überliefert.

Diese Grenzstreitigkeiten werden ebenso wie der tatsächlich vorgenommene Vertragsabschluß zwischen Massinissa und Karthago an anderer Stelle (nochmals) erörtert. Momentan soll die zusammenfassende Feststellung genügen, daß die Verpflichtung zum Vertragsabschluß nur von Livius, der tatsächliche Vertragsabschluß zwischen Massinissa und den Karthagern nur von Appian überliefert wird, wobei ein solcher Vertragsabschluß nicht unwahrscheinlich und unsinnig erscheint.[539]

---

[537] Appian spricht lediglich vom Krieg zwischen den Römern und den Keltiberern, sodaß prinzipiell der Erste (181-179) und der Zweite Keltiberische Krieg (154-153) in Frage kommen, wobei sich der Großteil der Literatur für den zweiten römisch-keltiberischen Krieg entschieden hat: KAHRSTEDT 1913, 615 (Zweiter Krieg), ROSSETTI 1960, 346f. (Zweiter Krieg), SIMON 1962, 23f. (Zweiter Krieg), ASTIN 1967, 50 (Zweiter Krieg), HUSS 1985, 432 (Zweiter Krieg), RITTER 1987, 74f. (Zweiter Krieg). Lediglich WALSH 1965, 158 Anm 95 vertritt als zeitlichen Ansatz den Ersten Keltiberischen Krieg, da Massinissa, der persönlich mit Hilfstruppen den Römern zu Hilfe gekommen war, zum Zeitpunkt des Zweiten Keltiberischen Krieges zu alt (etwa 85 Jahre) gewesen wäre. Dem widerspricht jedoch die antike Überlieferung, wonach Massinissa bis zu seinem Tod im Alter von etwa 90 Jahren ein kräftiger Mann gewesen sei, der an Schlachten teilgenommen habe und ein Pferd ohne fremde Hilfe besteigen konnte (App., Lib. 71, 323 oder auch 106, 500).

[538] RITTER 1987, 64

[539] So bezweifelt zwar HUSS 1985, 422 Anm. 153 die von Livius überlieferte Verpflichtung Karthagos aus dem Friedensvertrag, mit Massinissa einen eigenen Vertrag abzuschließen, bejaht jedoch an anderer Stelle (426) die Historizität des von Appian überlieferten tatsächlichen Vertragsabschlusses. Ähnlich SCARDIGLI 1991, 319, wonach die Überlieferung des Livius "difficilmente è attendibile", während für Appian gilt: "forse è attendibile".

(F) ZUM VERTRAGSPUNKT "EINSCHRÄNKUNG DER MÖGLICHKEIT EINER PUNISCHEN KRIEGSFÜHRUNG"

Dieser Vertragspunkt wird sinngemäß von allen Quellen wiedergegeben, wenngleich sich diese in den Details teilweise erheblich unterscheiden. Nach Polybios sollten die Karthager "gegen niemanden außerhalb Libyens Krieg beginnen, innerhalb Libyens nicht ohne römische Genehmigung" (πόλεμον μηδενὶ τῶν ἔξω τῆς Λιβύης ἐπιφέρειν καθόλου μηδὲ τῶν ἐν τῇ Λιβύῃ χωρὶς τῆς Ῥωμαίων γνώμης, Pol. 15,18,4). Nach Livius dürfen die Karthager "weder in Afrika noch außerhalb von Afrika ohne Zustimmung des römischen Volkes Krieg führen" (*bellum neve in Africa neve extra Africam iniussu populi Romani gererent*; Liv. 30,37,4). Nach Appian sollen die Karthager "weder Massinissa noch sonst einen Freund der Römer bekriegen oder erlauben, daß irgendein Karthager mit Billigung des Volkes gegen sie zu Felde zieht" (μήτε Μασσανάσσῃ μηδὲ ἄλλῳ Ῥωμαίων φίλῳ πολεμεῖν μηδὲ στρατεύειν τινὰ Καρχηδονίων ἐπ' ἐκείνους ἀπό γε τοῦ κοινοῦ, Lib. 54, 236). Die Versionen des Cassius Dio bzw. des Zonaras folgen der livianischen Fassung: Die Karthager "dürfen ohne römische Erlaubnis mit niemandem Krieg führen" (μήτε πόλεμον πρὸς μηδένα παρὰ τὴν τῶν Ῥωμαίων γνώμην ἀναιρεῖσθαι., Cass. Dio 17,57,82 bzw. μήτε πόλεμον παρὰ τὴν τῶν Ῥωμαίων γνώμην πρὸς μηδένα ποιεῖσθαι, Zon. 9,14,11).

Somit bleiben letztlich drei Versionen über:

(1) Die Karthager dürfen innerhalb Libyens nur mit römischer Erlaubnis Krieg führen, außerhalb Libyens besteht absolutes Kriegsverbot (Polybios)

(2) Die Karthager dürfen – egal wo – nur mit römischer Erlaubnis Krieg führen (Livius, Cassius Dio, Zonaras).

(3) Die Karthager dürfen weder Massinissa noch einen sonstigen φίλος Roms bekriegen und dürfen auch nicht erlauben, daß irgendein Karthager gegen sie ins Feld zieht (Appian)

Meines Erachtens ist die dritte, von Appian wiedergegebene Version als Unterpunkt der Kriegsführungsklausel, jedoch zugleich als eigenständige Sonderbestimmung (Sicherheitsgarantie gegenüber den Bundesgenossen Roms) zu verstehen, wie sie auch der Friedensvertrag von 241/237 beinhaltet hatte (siehe oben S. 45-51). Dies zeigt sich vor allem im Rahmen des Grenzkonfliktes des Jahres 172:

> (Liv. 42,23,1-4:) *Carthaginienses querebantur praeter agrum, de quo ante legati ab Roma, qui in re praesenti cognoscerent, missi essent, amplius septuaginta oppida castellaque agri Carthaginiensis biennio proxumo*

Masinissam vi atque ermis possedisse: id illi, cui nihil pensi sit, facile esse. Carthaginienses foedere inligatos silere; prohiberi enim extra fines effere arma; quamquam sciant in suis finibus, si inde Numidas pellant, se gesturos bellum, illo haud ambiguo capite foederis deterreri, quo diserte vetentur cum sociis populi Romani bellum gerere.
Die Karthager beklagten sich darüber, daß Massinissa in den letzten beiden Jahren außer dem Gebiet, dessentwegen früher Gesandte von Rom geschickt worden waren, die die Sache an Ort und Stelle untersuchen sollten, mehr als 70 Städte und feste Plätze des karthagischen Gebietes mit Waffengewalt in Besitz genommen habe. Das sei für ihn leicht, da er sich aus nichts ein Gewissen mache. Die Karthager sähen schweigend zu, weil sie durch den Vertrag gebunden seien; denn es sei ihnen untersagt, mit den Waffen in der Hand die Grenzen ihres Gebietes zu überschreiten. Sie wüßten zwar, daß sie in ihrem eigenen Gebiet Krieg führen würden, wenn sie die Numider von dort vertrieben, aber sie würden durch jenen ganz eindeutigen Abschnitt des Vertrages abgeschreckt, durch den ihnen ausdrücklich verboten werde, mit Bundesgenossen des römischen Volkes Krieg zu führen.

Von besonderem Interesse sind hier die Ausführungen der Karthager zur Unterlassung einer militärischen Gegenwehr, da sie sich auf die Bestimmungen des Vertrages von 201 beziehen: Der erste Grund, warum die Karthager keine militärische Maßnahmen gegen Massinissa ergriffen, lag sinngemäß in jener Klausel des Vertrages von 201, in der die Zulässigkeit zukünftiger punischer Militäroperationen festgelegt wurde. Diese Bestimmung wird im Jahr 172 nur sinngemäß, nicht wörtlich zitiert: Es sei ihnen [scil. den Karthagern] untersagt, außerhalb der Grenzen Krieg zu führen (*prohiberi enim extra fines effere arma*; Liv. 42,23,3). Livius selbst gibt im 30.Buch diesen Vertragspunkt folgendes an: "*bellum neve in Africa neve extra Africam iniussu populi Romani gererent*" (Liv.30,37,3). Als zweiten Grund für die unterlassene militärische Gegenwehr gegen die Angriffe Massinissas führten die Karthager jene einschlägige Klausel des Vertrages von 201 an, wonach es strikt untersagt sei, mit Bundesgenossen des römischen Volkes Krieg zu führen (*illo haud ambiguo capite foederis deterreri, quo diserte vetentur cum sociis populi Romani bellum gerere*; Liv. 42,23,4). Diese Bestimmung sucht man in der livianischen Wiedergabe des Vertrages von 201 im 30. Buch vergebens; sie entspricht jedoch der Überlieferung Appians zu diesem Vertrag, wonach es den Karthagern untersagt war, "gegen Massinissa oder einen sonstigen Bundesgenossen Roms Krieg zu führen oder zu billigen, daß irgenein Karthager mit Erlaubnis des Volkes gegen diese Krieg führt" (App., Lib. 54,236).

Die zweite Quelle für die Koexistenz eines allgemeinen Kriegsführungsverbotes sowie eines speziellen Kriegsführungsverbotes findet sich in den *iustae causae* der römischen Kriegserklärung zu Beginn des Dritten Punischen Krieges: Die Römer beschlossen den Krieg unter anderem deswegen, weil die Karthager in kriegerischer Absicht über ihre Grenzen gezogen waren, *und* weil sie Massinissa, einen socius et amicus Roms angegriffen hatten (Liv.

per. 49,3: *placuit tamen, ... , quod exercitum extra fines duxisset, quod socio populi Romani et amico, Masinissae, arma intulissent,..., bellum his indici*).

Zusammengefaßt bedeutet dies: der Vertrag von 202/201 enthielt eine allgemeine Kriegsführungsklausel sowie zusätzlich eine spezielle Bestimmung über das Verbot, mit *socii* Roms Krieg zu führen. Diese spezielle Klausel wird von Appian (Lib. 54,236)[540] und Livius (42,23,4 sowie per. 49,3) überliefert.

Somit stellt sich nur noch die Frage, welche Formulierung die allgemeine Kriegsführungsklausel aufwies:

(1) Die Karthager dürfen innerhalb Libyens nur mit römischer Erlaubnis Krieg führen, außerhalb Libyens besteht absolutes Kriegsverbot (Polybios)

oder

(2) Die Karthager dürfen – egal wo – nur mit römischer Erlaubnis Krieg führen (Livius, Cassius Dio, Zonaras).

Ausgehend von den Ereignissen am Vorabend des Dritten Punischen Krieges läßt sich zunächst kein Anhaltspunkt für die Frage gewinnen, welche der beiden Versionen zu bevorzugen ist. Da die Karthager gegen Massinissa ohne römische Erlaubnis Krieg geführt hatten, ist dieser Krieg mit beiden Versionen der Kriegsführungsklausel kompatibel. Selbstverständlich verstieß die Kriegsführung auch gegen das Verbot, gegen einen *socius* Roms Krieg zu führen, eine spezielle Bestimmung welche aber – wie bereits gezeigt wurde – als selbständiger Unterpunkt des allgemeinen Kriegsführungsverbotes aufzufassen ist.

Von diesen beiden Versionen ist wohl der polybianischen der Vorzug zu geben, da Livius selbst – erneut anläßlich des punisch-numidischen Gebietsstreites von 172 – eine Interpretation der allgemeinen Kriegsführungsklausel wiedergibt, die seiner eigenen Überlieferung dieser Klausel zwar widerspricht, sich jedoch mit der polybianischen Klausel deckt: Die Karthager erklären vor dem römischen Senat, sie müßten durch den Vertrag schweigend den numidischen Übergriffen zusehen, da es ihnen verboten sei, mit den Waffen die Grenzen zu überschreiten. Sie wüßten zwar, daß sie innerhalb ihrer Grenzen Krieg führten, wenn sie die Numider vertreiben wollten, doch seien sie durch das Verbot der Kriegsführung gegen einen römischen *socius* abgeschreckt (Liv. 42,23,3f.: *Carthaginienses foedere inligatos silere; prohiberi enim extra fines effere arma; quamquam sciant in suis finibus, si inde Numidas pellant, se gesturos bellum, illo haud ambiguo capite foederis deterreri, quo diserte vetentur cum sociis populi Romani bellum gerere*). Livius unterscheidet somit eindeutig zwischen

[540] Vgl. auch App., Lib. 79, 368

einer Kriegsführung innerhalb und außerhalb der punischen Grenzen, wobei die Kriegsführung außerhalb der Grenzen verboten sei, die Kriegsführung innerhalb der Grenzen zumindest möglich ist (ob mit oder ohne römische Zustimmung, wird von Livius nicht angegeben). Auch anläßlich der römischen Kriegserklärung an Karthago zu Beginn des Dritten Punischen Krieges findet sich die Wendung "*exercitum extra fines duxisset*" (Liv. per. 49,3), sodaß bereits das Kriegsführen jenseits der Grenze Karthagos an sich als Verstoß gegen das allgemeine Kriegsführungsverbot aufgefaßt wurde.

Somit ist hinsichtlich der Formulierung des allgemeinen Kriegsführungsverbotes Polybios zu folgen, wonach die Karthager "gegen niemanden außerhalb Libyens Krieg beginnen sollten, innerhalb Libyens nicht ohne römische Genehmigung" (πόλεμον μηδενὶ τῶν ἔξω τῆς Λιβύης ἐπιφέρειν καθόλου μηδὲ τῶν ἐν τῇ Λιβύῃ χωρὶς τῆς Ῥωμαίων γνώμης, Pol. 15,18,4). Als "Libyen" ist jedoch die karthagische χώρα aufzufassen.

Zum Abschluß sind noch die Ereignisse in Ligurien kurz nach Beendigung des Zweiten Punischen Krieges zu erwähnen, als in Rom bekannt wurde, daß der Aufstand der einheimischen Stämme von einem punischen Offizier namens Hamilkar angeführt wurde (Liv. 31,10,1-7). Sofort erstatteten die Römer in Karthago Anzeige, daß ein punischer Bürger *contra foedus* Krieg führe und keltische bzw. ligurische Heere gegen das römische Volk zu den Waffen gerufen habe (Liv. 31,11,6: ... *bellum contra foedus facere, exercitus Gallorum Ligurumque excivisse ad arma contra populum Romanum*) und verlangten die Rückbeorderung und Auslieferung dieses Mannes. Bezieht man die Wendung *contra foedus* auf das von Appian überlieferte Verbot, wonach es nicht gestattet sei, zu billigen, daß ein Karthager gegen einen römischen *socius* ins Feld ziehe (μηδὲ στρατεύειν τινὰ Καρχηδονίων ἐπ' ἐκείνους ἀπό γε τοῦ κοινοῦ, App., Lib. 54, 236), so ist diese Klausel insofern zu erweitern, als davon auch das römische Volk erfaßt wird.

Zusammenfassend lassen sich somit folgende Kriegsführungsverbote rekonstruieren und unterscheiden:
(1) Prinzipielles Verbot, außerhalb der Grenzen Karthagos Krieg zu führen
(2) Verbot der Kriegsführung innerhalb der punischen Grenzen, es sei denn mit römischer Erlaubnis
(3) Verbot, gegen einen römischen *socius,* insbesondere gegen Massinissa, Krieg zu führen
(4) Verbot zu billigen, daß irgenein Karthager gegen das römische Volk oder gegen Massinissa oder einen anderen *socius* Krieg führt.

(G) ZUM VERTRAGSPUNKT "VERBOT DER SÖLDNERWERBUNG" BZW. "VERBOT DER DURCHFÜHRUNG VON AUSHEBUNGEN"

Nach Appian war es den Karthagern untersagt, Söldner bei den Kelten oder Ligurern anzuwerben (μήτε ξενολογεῖν ἀπὸ Κελτῶν ἢ Λιγύων, App., Lib. 54, 236), während Cassius Dio ein uneingeschränktes Söldnerwerbeverbot überliefert (μήτε μισθοφόροις χρῆσθαι, Cass. Dio 17,57,82). Zusätzlich bestand nach Cassius Dio auch das Verbot der Durchführung von Aushebungen (μήτε καταλόγους ποιεῖσθαι).

Auffällig am Verbot der Söldnerwerbung ist zunächst die Genese dieser Bestimmung zwischen dem Ur-Entwurf des (gescheiterten) Vertrages von 203/202 und dem endgültigen Friedensvertrag von 202/201. Der von Livius überlieferte Ur-Entwurf des Vertrages von 203/202 (Scipios Vertragsvorschlag) hatte noch kein – wie auch immer geartetes – Verbot der Söldnerwerbung beinhaltet, das schließlich doch noch in den Vertragstext des Vertrages von 203/202 aufgenommen wurde, wo es jedoch nur von Appian (Lib. 32,135) überliefert wird. Vergleicht man diese Bestimmung mit dem entsprechenden Passus des Vertrages von 202/201, wo – laut Appian – das Verbot der Söldnerwerbung auf das Gebiet der Ligurer und Kelten eingeschränkt wurde, so scheint auf den ersten Blick die vertragliche Position Karthagos im Vertrag von 203/202 – trotz der folgenden Niederlage in der Schlacht bei Zama – schlechter zu sein als jene im Vertrag von 202/201, da der erste Vertrag die Söldneranwerbung prinzipiell verbietet, während der zweite Vertrag dieses Verbot nur auf die Kelten und Ligurer einschränkt.

In der modernen Forschung wurden mehrere Erklärungsversuche für diese scheinbar grundlose Verbesserung der karthagischen Position unternommen: Seibert vermutete, daß das Verbot der Söldnerwerbung auch im Vertrag von 203/202 eingeschränkt war – nämlich auf das Gebiet der Ligurer – und daß dieses Verbot im Vertrag von 202/201 zusätzlich das Gebiet der Kelten umfaßte.[541] Nach Schmitt könnte Appian die beiden Verträge verwechselt haben,[542] eine Ansicht, die durch Cassius Dio gestützt wird, der innerhalb des Vertrages von 202/201 eben keine Einschränkung des Verbots der Söldnerwerbung überliefert (Cass. Dio 17,57,82). Huss äußerte hingegen die Vermutung, daß sich das Verbot im Vertrag von 202/201 vielleicht auf die Gebiete aller Völker bezog, die unter der Herrschaft der Römer standen.[543] Nachdem jedoch gerade die Gebiete der Kelten und Ligurer im Jahr 202/201 alles andere als unter römischer Herrschaft standen, scheint mir diese Ansicht

[541] SEIBERT 1993a, 455 Anm. 99. An anderer Stelle ist er jedoch der Ansicht, daß ein unbegrenztes Verbot im Vertrag von 202/201 "wahrscheinlicher sei" (SEIBERT 1993a, 474 Anm. 63).
[542] SCHMITT 1969, 303.
[543] HUSS 1985, 422 Anm. 158

nicht zutreffend zu sein. Unbeachtet blieb in der Forschung jedenfalls die Tatsache, daß die Römer im Vertrag von 202/201 – im Gegensatz zum Vertrag von 203/202 bereits *de iure* die Möglichkeit der Kriegsführung erheblich einschränkten (siehe dazu S. 216-219). Das Verbot der Söldnerwerbung von 202/201 konnte daher für die Karthager nur noch von sekundärer Bedeutung sein, während dasselbe Verbot ein Jahr zuvor einen beträchtlichen *de facto*-Eingriff in zukünftige punische Militäroperationen darstellte. Insofern war ein uneingeschränktes Verbot der Söldnerwerbung im Vertrag von 203/202 weitaus wichtiger als ein gleichlautender Passus im Vertrag von 202/201.

Meiner Ansicht nach erfolgte jedoch auch im Vertrag von 202/201 ein uneingeschränktes Verbot der Söldnerwerbung, wobei den Karthagern zusätzlich – gewissermaßen als Unterpunkt – ein ausdrückliches Verbot der Söldnerwerbung im Gebiet der Kelten und Ligurer auferlegt wurde, da dort zu diesem Zeitpunkt nach wie vor starke militärische Aktivitäten unter karthagischem Oberbefehl (Mago) stattfanden. Denkbar ist auch die Variante, wonach das Verbot der Söldnerwerbung im Gebiet der Kelten und Ligurer Bestandteil des nach der karthagischen Niederlage bei Zama (Naragara) geschlossenen Waffenstillstandsvertrages war und von Appian versehentlich als Bestandteil des endgültigen Friedensvertrages überliefert wurde.[544]

Das Söldnerverbot bildete gemeinsam mit den Bestimmungen bezüglich der Auslieferung der Kriegsflotte bzw. der Kriegselefanten eine wichtige Ergänzung zur Einschränkung potentieller karthagischer Kriegsunternehmen. Wie schon zuvor erwähnt, wurde dadurch die Möglichkeit einer zukünftigen karthagischen Kriegsführung *de facto* erschwert, während der eigentliche Vertragspunkt bezüglich der Einschränkung zukünftiger karthagischer Kriege – Verbot außerafrikanischer Kriege, Bindung eines innerafrikanischen Krieges an römische Zustimmung – einen erheblichen *de iure*-Eingriff darstellte.

Fraglich ist jedoch, ob das lediglich von Cassius Dio überlieferte Verbot der (zwangsweisen) Aushebung von Soldaten (μήτε καταλόγους ποιεῖσθαι) in diesem Zusammenhang historisch sein kann. Hätte neben dem Verbot der Söldnerwerbung auch ein Verbot der Aushebung von Soldaten existiert, so wäre eine karthagische Kriegsführung (in Afrika) selbst dann unmöglich gewesen, wenn das römische Volk seine Zustimmung erteilt hätte.

---

[544] Für diese Denkvariante spricht die Tatsache, daß Appian (Lib. 54, 234-238) innerhalb seiner Angaben zum endgültigen Friedensvertrag auch andere Bestandteile des Waffenstillstandsvertrages (zB Herausgabe der gekaperten römischen Flotte bzw. Leistung von Schadenersatz) überliefert.

(H) Zu den Vertragspunkten "Auslieferung der Flotte" bzw. "Auslieferung der Kriegselefanten"[545]

Die Verpflichtung zur Auslieferung der Flotte bis auf zehn Kriegsschiffe[546] bzw. der Kriegselefanten wird von allen Hauptquellen (Polybios, Livius, Appian, Cassius Dio, Zonaras) überliefert,[547] wobei Livius, Cassius Dio und Zonaras betonen, daß den Karthagern auch in weiterer Folge die Haltung von Kriegselefanten untersagt sein sollte. Eine analoge Bestimmung hinsichtlich der Kriegsschiffe, wonach auch nach ihrer Auslieferung bis auf zehn Schiffe die Stärke der Flotte auf zehn Kriegsschiffe beschränkt bleiben solle, wird jedoch nur von Cassius Dio (ohne Angabe der zukünftigen Flottenstärke) und Zonaras (ausdrückliche Beschränkung auch der zukünftigen Flotte auf zehn Trieren) überliefert.

Im Vergleich zu Scipios Vertragsvorschlag vom Herbst 203 (Reduktion der Kriegsflotte auf 20 Schiffe; Liv. 30,16,11) und dem gescheiterten Vertrag des Winters 203/202 (Reduktion auf 30 Kriegsschiffe; App., Lib. 32,135; Eutr. 3,21,3) bedeutete die Bestimmung des endgültigen Friedensvertrages von 202/201 eine nicht unerhebliche Verschlechterung der karthagischen Position. Auf die zweite (eher symbolische) Beschränkung der punischen Flotte – nämlich auf den Schiffstyp der Triere – wurde bereits hingewiesen (siehe zuvor Anm. 546).

Eine echte Neuerung gegenüber dem gescheiterten Vertrag von 203/202 stellt im Vertragstext von 202/201 die karthagische Verpflichtung zur Auslieferung der Kriegselefanten dar.[548] Wie bereits zuvor erwähnt, überliefern

---

[545] Zur geschichtlichen Entwicklung der Auslieferung von Flotte und Elefanten vgl. TÄUBLER 1913, 80f. sowie 429f

[546] Nach Polybios, Livius, Cassius Dio und Zonaras sollten den Karthagern 10 Trieren verbleiben (Appian verwendet keine nähere Schiffstypenbezeichnung, sondern spricht nur von 10 Kriegsschiffen). Da das Rückgrat der punischen Flotte zur Zeit der Punischen Kriege die größeren Penteren waren (vgl. HUSS 1985, 479), wurde mit der Beschränkung auf den Schiffstyp der Triere auch ein zweiter, wenngleich lediglich symbolischer Eingriff in die punische Flotte vorgenommen. Zur Schiffstypenverteilung innerhalb der punischen Flotte vgl. den Hinweis bei HUSS 1985, 479 auf die von Hannibal vorgenommene Detachierung eines punischen Flottenverbandes im Jahr 218 (50 Penteren, zwei Tetreren und fünf Trieren).

[547] Nach Strabon (17,3,15) wurde hingegen die Zahl der Schiffe mit 12 begrenzt.

[548] Lediglich Ps.-Plutarch, Apophth. Scip. 5 p 196 C überliefert als Vertragsbestimmung des Vertrages von 203/202 die Auslieferung der Kriegselefanten. Die Intention dieser Stelle ist jedoch nicht die detailgetreue Überlieferung der Vertragsbestimmungen, sondern die Aussage, daß die Karthager den Abschluß des Vertrages aufgrund der Rückkehr Hannibals – dieser befand sich in Wahrheit jedoch bereits zu Beginn der Vertragsverhandlungen wieder auf afrikanischem Boden – bereut hatten und von Scipio wegen dieser Haltung und vor allem der Rückbeorderung Hannibals angeblich mit einer Erhöhung der Kriegsentschädigung um gleich 5.000 Talente (Verdoppelung der ursprünglichen Summe) "bestraft" wurden. Nach SCHMITT

Livius, Cassius Dio und Zonaras die zusätzliche punische Verpflichtung, auch in weiterer Zukunft keine Elefanten zu halten.

Ebenso wie das Verbot der Söldneranwerbung sollte die punische Verpflichtung zur Auslieferung der Kriegsschiffe und Kriegselefanten den Karthagern zukünftige Expansionsbestrebungen oder gar Kriege erschweren, wenngleich die punische Flotte im Zweiten Punischen Krieg der römischen deutlich unterlegen gewesen war und eine weitaus geringere Bedeutung als im Ersten Punischen Krieg innegehabt hatte.[549] Auch der Einsatz der Kriegselefanten scheint – im Gegensatz zum Eindruck, den moderne Romane und Kinofilme erwecken wollen – eine eher untergeordnete Rolle gespielt zu haben.[550]

Folgt man der Intention der beiden Vertragsklauseln – eine *de facto*-Erschwerung zukünftiger punischer Expansionsbestrebungen bzw. Kriege –, so wird man die Bestimmung, wonach auch nach der Auslieferung der Kriegselefanten in weiterer Zukunft die Haltung von Kriegselefanten untersagt bleiben soll, in Analogie auf die Kriegsflotte erstrecken können und somit den ausdrücklichen Angaben des Cassius Dio bzw. Zonaras folgen, wonach auch nach der Auslieferung der Kriegsschiffe bis auf zehn Trieren die Stärke der Kriegsflotte auf zehn Trieren beschränkt bleiben soll. Tatsächlich findet sich schließlich bei Appian auch die Aussage eines Karthagers, der knapp vor Ausbruch des Dritten Punischen Krieges vor der römischen Heeresversammlung erklärt, daß die Karthager anläßlich des Friedensschlusses den Römern alle Schiffe übergeben hätten, ohne dafür neue zu bauen, und daß sie verzichtet hätten, Elefanten zu jagen und zu besitzen (App., Lib. 79,365: "τὰς ναῦς ὑμῖν παρεδώκαμεν καὶ ἄλλας οὐκ ἐπικτώμεθα καὶ θήρας καὶ κτήσεως ἐλεφάντων ἀπέστημεν").

1969, 303 und SEIBERT 1993a, 455 Anm. 98 liegt jedenfalls eine Verwechslung der beiden Verträge vor.

549 Vgl. dazu ausführlich THIEL 1946, 183-199

550 Vgl. J.SEIBERT, Der Einsatz der Kriegselefanten, Gymnasium 80 (1973), 348-362 [361: "Wir haben gesehen, daß die bedeutendsten Feldherrn dieser Zeit, Alexander der Große, Scipio der Ältere und Caesar die Tiere nicht einsetzten. Auch Hannibal ist ihnen zuzuordnen, denn die zwei Schlachten, in denen er Elefanten verwandte, zeigten, daß er einmal ihre richtige Verwendung gegen Pferde kannte, zum anderen sie nur sekundär in seine Pläne einbezog und bei ihrem Scheitern keineswegs aus seinem strategischen Konzept gebracht wurde."] sowie H.H.SCULLARD, The Elephant in the Greek and Roman World, London 1974 [169: "The Carthaginians were now forced to make peace and its terms included the clause that they must surrender all their elephants and agree not to train any in the future. Thus this weapon which they had wielded with varying success against the Romans since the time of the First Punic War was now snatched from their grasp."]

Die Schiffe, welche aufgrund der Vertragsklausel übergeben werden mußten, wurden von Scipio aufs hohe Meer geführt und demonstrativ in Sichtweite der Bevölkerung Karthagos angezündet (Liv. 30,43,12).

Im Jahr 191 boten die Karthager den Römern an, eine Flotte für den Krieg gegen König Antiochos und gegen die Ätoler auszurüsten (Liv. 36,4,7), was vom römischen Senat jedoch abgelehnt wurde: man verzichte auf eine karthagische Flotte, außer auf jene Schiffe, welche die wenn die Karthager aufgrund des Vertrages stellen müßten (Liv. 36,4,9: *de classe Carthaginiensibus remissum, praeterquam si quid navium ex foedere deberent.*). Noch im selben Jahr nahmen die Römer sechs punische Schiffe in ihren Flottenverband auf (Liv. 36,42,2), woraus THIEL den Schluß zog, die Karthager wären aufgrund des Vertrages von 201 verpflichtet gewesen, (exakt) sechs Schiffe zu stellen.[551] Für den Dritten Makedonischen Krieg stellten die Karthager im Jahr 171 zwei Fünfruderer (Liv. 42,56,6).

Von den Elefanten, welche die Karthager an Scipio übergaben (Liv. 30,43,11), wurden einige Massinissa überlassen, der Großteil jedoch nach Rom geführt (Cass. Dio 17,57,84: καὶ τῶν ἐλεφάντων οἱ μὲν πλείους ἐς τὴν' Ρώμην ἀπήχθησαν, οἱ δὲ λοιποὶ τῷ Μασινίσσᾳ ἐδωρήθησαν). Einige Elefanten wurden von den Römern schließlich im Jahr 199 im Zweiten Makedonischen Krieg verwendet (Pol. 18,25,5; Liv. 31,61,4).

(I) ZUM VERTRAGSPUNKT "ABZUG DES MAGO AUS LIGURIEN"

Dieser Vertragspunkt – Abzug des Mago aus Ligurien binnen 60 Tagen – wird lediglich von Appian (Lib. 54, 235) überliefert. Schon der von Livius überlieferte Vertrags-Entwurf für den (gescheiterten) Vertrag von 203/202 sah neben dem Abzug Hannibals aus Süditalien auch den Abzug Magos aus Ligurien ("*Gallia*") vor (Liv. 30,16,10), während der entsprechende Passus der endgültigen Vertragsausarbeitung (des gescheiterten Vertrages), welcher nur noch den Abzug Magos beinhaltete, da Hannibal in der Zwischenzeit bereits aus Bruttium nach Nordafrika zurückgekehrt war, ebenfalls nur von Appian überliefert wird (App., Lib. 32,135).

Nach Polybios hatte der punische Rat nach der Niederlage auf den Großen Feldern im Frühsommer 203 beschlossen, Hannibal gewissermaßen als letzte

[551] THIEL 1946, 269 (6 *naves tectae* which Carthage was bound ex foedere to furnish). Kritik an dieser Ansicht bei BRISCOE 1981, 225

Hoffnung aus Italien nach Afrika zurückzuholen (Pol. 14,9,8). Von einer Rückbeorderung Magos – Hannibals jüngster Bruder –, der sich seit 205 mit einem beträchtlichen Söldnerheer in einer Warteposition in Ligurien befand und eine Invasion Italiens vorbereitete,[552] wird bei Polybios jedoch nichts erwähnt. Hingegen überliefert Livius, daß auch Mago im Herbst 203 zurückbeordert wurde, jedoch auf der Rückfahrt nach Afrika an einer Verwundung, die er knapp zuvor in einer Schlacht gegen den Konsul C. Servilius erlitten hatte, gestorben sei (Liv. 30,19,2-5). Nach Cassius Dio (17,57,74) und Zonaras (9,13,8) verließen Hannibal und Mago gleichzeitig Italien, wobei nach Zonaras Mago von den Karthagern wieder zurück nach Italien geschickt wurde (9,13,10). Auch zwei Cornelius Nepos-Notizen sprechen dafür, daß Mago bis in das Jahr 193 am Leben geblieben und nicht auf der Rückreise nach Italien (Herbst 203) gestorben ist.[553] Zuletzt finden sich bei Appian gleich drei Belege dafür, daß sich Mago von 203/202 bis 201 in Ligurien aufhielt.[554]

Wir können somit den livianischen Bericht, wonach Mago im Herbst 203 auf der Rückfahrt nach Afrika an einer Verwundung gestorben sei, als unhistorisch zurückweisen.[555] Mago befand sich im Winter 202/201 heil in Ligurien und bereitete weiterhin seine Invasion Italiens vor,[556] während hingegen sein Bruder Hannibal Italien verlassen hatte, jedoch auf dem afrikanischen Kriegsschauplatz von Scipio geschlagen worden war.

Nach Appian hatte der Abzug des Mago innerhalb von 60 Tagen ab Vertragsschluß zu erfolgen, somit etwa im Frühjahr/Frühsommer 201. Folgt man der Angabe von Cornelius Nepos (Nep., Hann. 7,1-4), wonach Hannibal und Mago auch nach Abschluß des Friedensvertrages militärische Operationen in Nordafrika bis zum Konsulatsjahr des P. Sulpicius und des C. Aurelius (200 v.Chr.) durchführten, so läßt sich die Anwesenheit des Mago in Nordafrika

---

[552] Näheres zu Mago in den Kriegsjahren 205-203 bei SEIBERT 1993a, 418f., 427f. sowie 448f

[553] Nach Nep., Hann. 7,1-4 führten Hannibal und sein Bruder Mago auch nach dem Ende des Zweiten Punischen Krieges militärische Operationen in Nordafrika (vielleicht gegen Numider) durch, wurden jedoch vom karthagischen Rat, der vom römischen Senat unter Druck gesetzt worden war, zurückbeordert (200 v.Chr.). Schließlich sei Mago im Jahr 193 gestorben (Nep., Hann. 8,1f.).

[554] Im Friedensvertrag des Winters 203/202 wurde die Rückbeorderung Magos vereinbart (App., Lib. 32,135); im Herbst 202 erhielt Mago, der in Ligurien ein Söldnerheer aufstellte, den Befehl, entweder in Italien einzufallen oder mit seinen Söldnern nach Afrika zurückzukehren (App., Lib. 49,211); im Friedensvertrag des Winters 202/201 wurde erneut die Rückbeorderung Magos aus Ligurien und zwar binnen 60 Tagen vereinbart (App., Lib. 54, 235).

[555] Ein Großteil der Forschung folgt dennoch dem Bericht des Livius und datiert den Tod des Mago in das Jahr 203; vgl. HUSS 1985, 413 sowie SEIBERT 1993a, 448f. Anm. 63 ("Ob Mago auf der Rückreise seiner Verwundung erlegen ist oder heil in Afrika ankam, ist nicht mit Sicherheit zu entscheiden.")

[556] Fraglich ist jedoch, ob Mago wirklich zunächst nach Afrika zurückgekehrt und anschließend wieder nach Italien geschickt worden (so Zon. 9,13,10), oder ob er nicht die ganze Zeit über in Ligurien geblieben war.

zumindest für das Jahr 200, mit an Sicherheit grenzender Wahrscheinlichkeit jedoch bereits für das Jahr 201 nachweisen.

Die Karthager hatten also der Verpflichtung des Friedensvertrages Folge geleistet und Mago zurück nach Afrika beordert. Einige punische Söldner und Offiziere blieben jedoch im ligurischen Raum zurück und beteiligten sich an den oberitalischen Aufständen, die im Jahr 200 ausbrachen. So soll ein gewisser Hamilkar[557] im Jahr 200 einige keltische Stämme zu einem Aufstand gegen Rom angestachelt haben, sodaß Rom gezwungen war, eine Protestnote an Karthago mit der Aufforderung zu übermitteln, Hamilkar zurückzubeordern und an Rom auszuliefern, da dieser entgegen den Bestimmungen des Friedensvertrages Krieg gegen Rom führe (*bellum contra foedus facere, exercitus Gallorum Ligurumque excivisse ad arma contra populum Romanum*; Liv. 31,11,5f.).[558]

(J) ZUR ZAHLUNG DER KRIEGSKOSTENENTSCHÄDIGUNG

Nach Polybios (Pol. 15,18,7), Livius (Liv. 30,37,5) und Appian (Lib. 54, 235 sowie Lib. 59, 259) hatten die Karthager eine Kriegskostenentschädigung in Höhe von insgesamt 10.000 Talenten und zwar in 50 Jahresraten zu je 200

---

[557] Vgl. GEUS 1994, 62f. s.v. Hamilcar (14)

[558] Die Karthager gaben jedoch zur Antwort, lediglich die Verbannung des besagten Hamilkar aussprechen und die Konfiszierung seines Vermögens vornehmen zu können (Liv. 31,19,1: ... *de Hamilcare, Gallici exercitus duce, responsum a Carthaginiensibus est nihil ultra se facere posse, quam ut exilio eum multarent, bona eius publicarent*). Das weitere Schicksal des Hamilkar während der oberitalischen Aufstände wird von den Quellen widersprüchlich beschrieben. Nach Livius eroberten die rebellierenden keltischen Stämme Oberitaliens im Jahr 200 zunächst die römische Kolonie Placentia, das geplündert und zerstört wurde, bevor sie nach Cremona weiterzogen und mit der Belagerung dieser römischen *colonia* begannen (Liv. 31,10,1-5). Dem Praetor L. Furius Purpurio sei es jedoch gelungen, rechtzeitig vor Cremona einzutreffen und die marodierenden Kelten in einer offenen Feldschlacht zu besiegen (Liv. 31,21,1-17). In dieser Schlacht sei auch Hamilkar getötet worden (Liv. 31,21,18). Während Cassius Dio (18,58,6) lediglich den Sieg des Praetors L. Furius über die keltischen Stämme bezeugt, ohne etwas vom Tod oder Überleben des Hamilkar zu wissen, überliefert Zonaras ausdrücklich, daß Hamilkar im Jahr 199 trotz der Niederlage gegen L. Furius noch am Leben gewesen sei und gemeinsam mit den keltischen Stämmen den Praetor Cn. Baebius bezwungen und die *colonia* Placentia dem Erdboden gleichgemacht habe (Zon. 9,15,8). Erst im Jahr 197 sei Hamilkar vom römischen Konsul C. Cornelius Cethegus bezwungen worden (Zon. 9,16,8). Diese Ansicht muß auf (spät?)republikanisches Quellenmaterial zurückgehen, da sie auch dem frühkaiserzeitlichen Historiker Livius bekannt ist: Dieser berichtet nämlich anläßlich der Ereignisse in Oberitalien im Jahr 197, daß einige seiner Quellen (*quidam...auctores sunt*) die Gefangennahme des Hamilkar nach dem Erfolg des Konsuls Cornelius Cethegus überliefern (Liv. 32,30,11f.). Zudem sei Hamilkar nach Ansicht dieser Quellen auch beim Triumphzug des Konsuls in Rom vorgeführt worden (Liv. 33,23,5). Eine Lösung dieses Quellenwiderspruchs (Tod des Hamilkar 199 oder 197) kann nicht mit letzter Sicherheit erfolgen (vgl. HUSS 1985,

euboiischen Talenten zu entrichten. Ein etwas verstecktes Testimonium findet sich in der *naturalis historia* des älteren Plinius (nat. hist. 33,51).[559]

Im Vergleich zur Kriegskostenentschädigung des Vertrages von 241/237 (1000 euboiische Talente sofort, weitere 10 Jahresraten zu je 220 Talenten sowie weitere 1200 Talente aufgrund der ἐπισυνθήκη des Jahres 237, insgesamt also 4.400 Talente) und vor allem im Vergleich zu den entsprechenden Bestimmungen des gescheiterten Friedensvertrages von 203/202 (5.000 Talente)[560] hatten die Karthager somit eine empfindliche Erhöhung ihrer Reparationszahlungsverpflichtungen hinzunehmen.

Bereits die Höhe der im gescheiterten Friedensvertrag von 203/202 vereinbarten Kriegskostenentschädigung von 5.000 Talenten hatte für Unmut im karthagischen Rat gesorgt, wobei Hannibal einige Wochen nach dem Scheitern des Vertrages von 203/202 an Scipio appellierte, sich mit den territorialen Gewinnen zufriedenzugeben, auf die Zahlung einer Kriegsentschädigung zu verzichten und auf dieser Basis den gescheiterten Vertrag in Kraft zu setzen (App., Lib. 39, 163). Ein knappes Jahr später waren die karthagischen Aussichten, die nunmehr verdoppelte Kriegskostenentschädigung ohne gröbere finanzielle Anstrengungen begleichen zu können, jedoch noch trister, da durch die Bestimmungen des Vertrages hinsichtlich einer neuerlichen Kriegsführung nunmehr auch die (scheinbar) letzte Möglichkeit der Erschließung neuer Einnahmequellen – die Expansion ins afrikanische Landesinnere sowie entlang der afrikanischen Küsten – faktisch genommen, zumindest jedoch erheblich erschwert worden war.

Betrachtet man die antike Überlieferung hinsichtlich der Reparationszahlungen des Vertrages von 202/201, so fällt auf, daß im Unterschied zum Friedensvertrag von 241 scheinbar keine sofortige Einmalzahlung einer höheren Geldsumme auferlegt wurde. Damals hatten die Karthager unmittelbar nach Abschluß des Friedensvertrages eine Zahlung von 1000 Talenten zu leisten, während in weiterer Folge zehn Jahresraten zu je 220

---

426 Anm 6), doch scheinen mir die Quellen ganz allgemein die Rolle des Hamilkar bei den oberitalienischen Aufständen etwas zu übertreiben (zB Liv. 32,30,12: *...qui belli causa fuisset*).

[559] Plin., nat. hist. 33,51: *Equidem miror populum Romanum victis gentibus in tributo semper argentum imparasse, non aurum, sicut Carthagini cum Hannibale victae octigenta milia, XVI pondo annua in quinquaginta annos, nihil auri.* (In der Tat verwundert es mich, daß das römische Volk von besiegten Völkern als Tribut stets Silber, nicht Gold verlangte, wie etwa von dem mit Hannibal besiegten Karthago 800.000 Pfund, zu 16.000 Pfund jährlich auf 50 Jahre verteilt, davon nichts in Gold).

[560] Vgl. oben S. 158-160

Talenten zu zahlen waren.[561] Eine ähnliche Vorgangsweise läßt sich zwar meiner Meinung nach auch für den (gescheiterten) Vertrag des Jahres 203/202 (siehe dazu oben Seite 159), jedoch nicht mehr für den endgültigen Friedensvertrag des Jahres 202/201 nachweisen. Dies steht in einem auffälligen Widerspruch nicht nur zum Vertrag von 241, sondern auch zu anderen vergleichbaren Friedensverträgen, in denen der Kriegsgegner eine relativ hohe erste Tranche aufzubringen hatte, während die eigentlichen Reparationszahlungen über einige Jahre hinweg in nicht allzu hohen Raten geleistet wurden (zB Vertrag mit Philipp im Jahr 197 v.Chr., Vertrag mit Antiochos im Jahr 188 v.Chr.).[562]

TÄUBLER nahm an, daß die Angabe Appians (Lib. 54, 238), wonach Scipio von den Karthagern aufgrund des Waffenstillstandsvertrages 1000 Talente für den Unterhalt des Heeres erhalten hatte, weitaus zu hoch wäre und sie vielmehr eben als erhöhte erste Tranche zu werten ist.[563] Dem widerspricht jedoch meines Erachtens vor allem das geringe Verhältnis dieser 1000 Talente zur gesamten Reparationssumme (10.000 Talente). Die Karthager hätten in diesem Fall nur zehn Prozent der Gesamtsumme, statt – wie sonst üblich – zwanzig bis fünfzig Prozent zahlen müssen. Zudem sprechen einige Argumente für die Richtigkeit der Überlieferung Appians hinsichtlich der 1000 Talente (vgl. dazu oben S. 191-193).

Livius berichtet, daß die erste Rate erst im Jahr 199 (und nicht schon im Jahr 200) nach Rom gebracht wurde (Liv. 32,2,1 zum Jahr 199: *Carthaginienses eo anno argentum in stipendium impositum primum Romam advexerunt.*).

> Aus dieser Nachricht läßt sich im übrigen die – eigentlich selbstverständliche – karthagische Verpflichtung ableiten, die jeweiligen Raten nach Rom abliefern zu müssen. Die Zahlung der Kriegskostenentschädigung war somit eine Bringschuld der Karthager, welche das nicht unwesentliche Risiko des Transportweges nach Rom zu tragen hatten. Eine solche Verpflichtung wird von Appian für den Friedensvertrag von 241 überliefert (vgl. oben S. 43)

Als einzige Erklärung für diesen Aufschub ließe sich ins Treffen führen, daß Scipio vielleicht den Fehler des römisch-karthagischen Friedensschlusses nach dem Ersten Punischen Krieg vermeiden wollte, als vor allem die sofort zu entrichtende Tranche der Kriegskostenentschädigung in Höhe von 1000 Talenten zur Zahlungsunfähigkeit Karthagos geführt hatte. Da im Jahr 201 die finanziellen Aussichten Karthagos noch trüber waren als im Jahr 241, die Stadt von Hungersnöten und Versorgungsengpässen angeschlagen war und die Söldner im

[561] In der Zusatznote des Jahres 237 wurde den Karthagern die Zahlung weiterer 2.200 Talente – zahlbar wohl in weiteren zehn Raten in der alten Höhe von 220 Talenten – auferlegt.
[562] Weitere Beispiele bei TÄUBLER 1913, 69
[563] TÄUBLER 1913, 69f.

Heer des Hannibal auf ihren Sold warteten, hätte durch das Verschieben der Fälligkeit der ersten Rate um ein Jahr ein erneuter punischer Staatsnotstand wie im Jahr 241 vermieden werden können.

Dennoch kommen berechtigte Zweifel an Livius' Aussage auf, daß die erste Rate tatsächlich erst im Jahr 199 beglichen wurde.[564] Zunächst berichtet Livius selbst, daß die ersten Geldeinhebungen in Karthago bereits im Jahr 201 stattfanden, wobei den Karthagern zunächst das "erste Zusammentragen von Geld den nach dem langen Krieg erschöpften Karthagern schwierig erschien" (*...prima conlatio pecuniae diutino bello exhaustis difficilis videretur...*; Liv. 30,44,4) und schließlich eine "Abgabe aus Privatmitteln aufgebracht werden mußte" (*...tributum ex privato conferendum est...*; Liv. 30,44,10). Im Unterschied zu 241 waren jedoch nicht 1000 Talente, sondern nur noch 200 Talente – eben die erste reguläre Rate – aufzutreiben. Selbst wenn Scipio die finanzielle Leistungskraft der Karthager nach dem langen Krieg zunächst nicht überfordern wollte, scheint es auch aus anderen Gründen zweifelhaft, daß die erste Rate tatsächlich erst im Jahr 199 und nicht schon im Jahr 200 – also im auf den Friedensschluß folgenden Jahr – fällig war.[565]

Betrachtet man die livianische Überlieferung zu den Jahren 200 und 199 im allgemeinen, so fällt auf, daß Livius im 31. Buch zunächst ausführlich die Ereignisse in Griechenland vom Sommer 200 bis in den Herbst 199 hinein schildert (31,22,4-31,47,3), anschließend zu den Ereignissen in Rom, Italien und Spanien (31,47,4-31,50,11) des Jahres 200 zurückkehrt, das 32. Buch mit dem Amtsantritt der neuen Magistrate des Jahres 199 beginnt, sodann beiläufig von der Zahlung der ersten Rate durch eine punische Gesandtschaft berichtet (32,2,1-4), um schließlich wieder zu den Ereignissen in Griechenland zurückzukehren. Angesichts der geographischen und zeitlichen Sprünge innerhalb der Textkomposition würde ein Datierungsirrtum des Livius nicht verwundern. Leider ist Livius hinsichtlich der ersten Ratenzahlung unsere einzige Quelle, nicht jedoch hinsichtlich der mit dieser Zahlung verbundenen punischen Bitte um Verlegung der karthagischen Geiseln von Norba nach Signia und Ferentinum (Liv. 32,2,4). Eine ähnliche Bitte wird nämlich von Cornelius Nepos in seiner Hannibal-Biographie (7,2) überliefert: Nepos berichtet, daß die Karthager im Konsulatsjahr des P. Sulpicius und C.Aurelius – somit im Jahr 200 – dem römischen Volk für den Friedensschluß mit einem goldenen Kranz dankten und

---

[564] Zweifel auch bei BRISCOE 1973, 169 ("The first payment was presumably due in 200 and *eo annum primum* is either an error, or in fact the money arrived at the conclusion of 200, and the events here described occured at the beginning of 199.

[565] So auch BRISCOE 1973, 169: The first payment was presumably due in 200 and *eo anno primum* either an error, or in fact the money arrived at the conclusion of 200, and the events here described occured at the beginning of 199.

zugleich die Unterbringung der Geiseln in Fregellae sowie die Rückgabe der Kriegsgefangenen erbaten (*His enim magistratibus* [scil. P.Sulpicius und C.Aurelius] *legati Karthaginienses Romam venerunt, qui senatui populoque Romano gratias agerent, quod cum iis pacem fecissent, ob eamque rem corona aurea eos donarent simulque peterent, ut obsides eorum Fregellis essent captivique redderentur.*). Der römische Senat beschloß das Geschenk anzunehmen und die Geiseln am gewünschten Ort unterzubringen, jedoch die Kriegsgefangenen nicht zurückzugeben, da Hannibal und Mago nach wie vor an der Spitze der karthagischen Armee stünden (Corn. Nepos, Hann. 7,3).

Nach Livius (32,2,4) sollte auf Wunsch der Karthager eine Verlegung der Geiseln von Norba nach Signia und Ferentinum erfolgen, nach Cornelius Nepos auf Wunsch der Karthager eine Internierung der Geiseln in Fregellae. Beide Stellen scheinen auf den ersten Blick anzudeuten, daß die Internierung aller Geiseln in einer einzigen Stadt (Livius: Norba, Nepos: Fregellae) bzw. schließlich in zwei Städten (Signia und Ferentinum) erfolgte, doch war das Gegenteil der Fall: die punischen Geiseln waren auf mehrere Latinerstädte aufgeteilt, wie der livianische Bericht vom Aufstand punischer Sklaven und Kriegsgefangenen im Jahr 198 (Liv. 32,26,1-18) zeigt. Somit lassen sich die Berichte des Livius und des Cornelius Nepos durchaus vereinbaren, auch wenn unterschiedliche Städtenamen genannt werden, da der hier relevante Kern dieser Schilderungen der Wunsch der Karthager nach einer Internierung ihrer Geiseln in ganz bestimmten Orten ist.

Nun ist die punische Bitte nach Internierung ihrer Geiseln in bestimmten Orten nicht die einzige Parallele in den Schilderungen des Cornelius Nepos zum Jahr 200 und des Livius zum Jahr 199. Beide Autoren berichten, daß der römische Senat die punischen Ansuchen nicht vollständig bewilligte: In beiden Schilderungen genehmigt der Senat zwar die Internierung der Geiseln in den jeweils erwünschten Orten, verweigert jedoch laut Livius die Rückgabe einiger (bereits früher gestellter) Geiseln, nach Cornelius Nepos die Rückgabe der Kriegsgefangenen, wobei die Begründung des negativen Bescheids in ihrer völkerrechtlichen Intention wieder recht ähnlich ausfällt. Livius zufolge erwarteten die Römer ein "in fide permanere", gemäß Cornelius Nepos offenbar eine Abberufung des Hannibal und seines Bruders Mago von der Spitze der karthagischen Armee, eine Abberufung, die seitens der Karthager schließlich auch vorgenommen wurde (Corn. Nepos, Hann. 7,4).

Wie später noch zu zeigen sein wird (S.256-263), fehlt meines Erachtens in der livianischen Überlieferung vor jener Senatssitzung, in der etwa im Sommer des Jahres 200 beschlossen wurde, Gesandte nach zu den Karthagern, zu Massinissa und zu Vermina zu schicken (Liv. 31,11,1-12.15-18)[566], jene punische

[566] Offenbar beschloß der Senat zunächst nur Gesandte zu den Karthagern und zu Massinissa zu entsenden (Liv. 31,11,1-12). Als fast zeitgleich Gesandte des westnumidischen Fürsten Vermina

Gesandtschaft, die sich laut Appian (Lib., 67,302) über die unmittelbar nach Kriegsende erfolgten Gebietsannexionen Massinissas in Rom beschwerte. Livius deutet im Senatsauftrag an die drei zu Massinissa reisenden römischen Gesandten das an, was Appian ausdrücklich ausspricht. Nach Appian sollten die entsandten römischen Schiedsrichter Massinissa möglichst begünstigen: οἳ (scil.: die Römer) δ' ἔπεμπον διαλλακτάς, οἷς εἴρητο συμπράσσειν, ὅσα δύναιντο, Μασσανάσσῃ (App., Lib. 67,302). Bei Livius wird dies etwas subtiler ausgedrückt: Wenn Massinissa den römischen Gesandten mitteile, "daß er etwas nötig habe, um sein Königreich zu sichern und zu vergrößern, sollten sie ihm versprechen, daß ihm das römische Volk das aufgrund seiner Verdienste ausdrücklich garantieren werde" (*iussique polliceri, si quid ei ad firmandum augendumque regnum opus esse indicasset, enixe id populum Romanum merito eius praestaturum*; Liv. 31,11,12). Somit lassen sich die von Appian und von Livius überlieferten Senatsaufträge an die römische Delegation wohl gleichsetzen, wobei jedoch bei Livius der Anlaßfall für den Senatbeschluß, nämlich die Beschwerde einer punischen Delegation, ausgefallen ist.

Zusammengefaßt ergeben diese Überlegungen folgenden zeitlichen Ablauf: Nach Abzug der römischen Truppen aus Nordafrika besetzt Massinissa größere Gebiete karthagischen Territoriums (ca. zu Beginn des Jahres 200), es folgt eine punische Beschwerdegesandtschaft nach Rom mit der Bitte um Entsendung von Schiedsrichtern. Diese punische Delegation bringt gleichzeitig einen goldenen Kranz als Dankgeschenk für den Abschluß des Friedensvertrages sowie die erste Kriegsentschädigungsrate mit und bittet weiters um die Rückgabe der punischen Kriegsgefangenen sowie um die Verlegung der punischen Geiseln in bestimmte Orte. Die Römer nehmen das Geschenk an, leisten der Bitte nach Verlegung der Geiseln Folge, monieren jedoch den schlechten Silbergehalt der Kriegsentschädigungsrate und verweigern die Rückgabe der punischen Kriegsgefangenen bzw. (laut Livius) die Rückgabe bereits gestellter Geiseln (zu diesem Problem siehe sogleich S. 234-242). Umgekehrt schicken die Römer im Sommer 200 eine Gesandtschaft nach Nordafrika, um erstens den Verbleib Hannibals und Magos an der Spitze des römischen Heeres, zweitens die nicht vollzählige Auslieferung aller Überläufer und drittens die punische Beteiligung an den Aufständen in Ligurien zu rügen. Gleichzeitig wird diese Gesandtschaft

in Rom erschienen und um *amicitia* und *societas* sowie um die Ernennung Verminas zum *rex* baten (*petere, ut rex sociusque et amicus ab senatu appellaretur*; Liv. 31,11,14), bezog man die westnumidischen Angelegenheiten in den Auftrag an die römische Gesandtschaft ein, wenngleich Livius hier den Anschein erweckt, daß die drei Delegierten – C. Terentius Varro, Sp. Lucretius und Cn. Octavius – nur zu Vermina, nicht aber nach Karthago und zu Massinissa hätten reisen sollen. Aus Liv. 31,19,1-6 ergibt sich das Gegenteil: Ein und dieselbe Gesandtschaft (also Varro, Lucretius und Octavius) bereiste alle drei nordafrikanischen Staaten.

vom Senat angewiesen, im Grenzkonflikt zwischen Massinissa und Karthago möglichst den numidischen Herrscher zu bevorzugen.

Somit läßt sich abschließend festhalten, daß sich die These, wonach die erste Reparationsrate schon im Jahr 200 und nicht erst 199 beglichen wurde, durch eine Reihe gewichtiger Indizien stützen läßt. Es wäre jedenfalls auffällig, daß die Römer seitens der Karthager zwar ein penibles Einhalten des Friedensvertrages – man beachte vor allem die Getreidelieferungen nach Rom und nach Makedonien (zum römischen Heer) aufgrund der Allianzklausel – erwarteten, jedoch andererseits bei den Reparationsleistungen Milde walten lassen hätten.

Wie schon mehrfach erwähnt, sorgte die Zahlung der ersten Rate für erhebliche Mißstimmung in Rom: Nach Livius (Liv. 32,2,2) befanden die römischen Quaestoren das von den punischen Gesandtschaft nach Rom[567] gebrachte Silber für unrein, da bei einer Stichprobe gleich ein Viertel des vorgelegten Metalles abgeschmolzen werden konnte (*...probum non esse quaestores renuntiaverant experientibusque pars quarta decocta erat ...*).[568] Für die Differenz mußten die Karthager in Rom Kredite aufnehmen (*...pecunia Romae mutua sumpta intertrimentum argenti expleverunt*).

> Auf diesen Zwischenfall scheint eine Nachricht des Aulus Gellius zu passen, der die Ausführungen des Juristen Publius Alfenus Varus zu einer einschlägigen Bestimmung eines – leider nicht näher bezeichneten – Friedensvertrages zwischen Rom und Karthago erörtert (Aul. Gellius 7(6),5,1-10): Angeblich soll dieser Vertrag die Bestimmung enthalten haben, daß die Karthager verpflichtet waren, dem römischen Volk jedes Jahr ein bestimmtes Gewicht an Silber bestimmter Qualität ("*certum pondus argenti puri puti*") zu entrichten. Laut Gellius habe der Jurist die Bezeichnung "argentum purum putum" als "sehr reines Silber" (*valde purum argentum*) übersetzt, doch meint Gellius, daß nach seiner Ansicht das Wort "putum" von "putare" im Sinne von "alles Überflüssige und nicht zu einer Sache Gehörende entfernen" abzuleiten sei, sodaß der Ausdruck "*argentum purum putum*" mit "durch Auswaschung oder Entschlackung gereinigtes Silber, befreit von jeglichen fremden Zusatzstoffen, gereinigt und gesäubert aufgrund der Entfernung von Verunreinigungen" zu übersetzen sei (*exputatum excoctumque omnique aliena materia carens omnibus ex eo vitiis detractis emaculatum et candefactum*). Wie eingangs erwähnt, bezieht sich Aulus Gellius auf keinen konkreten römisch-

---

[567] Erfüllungsort für die Zahlung der jeweiligen Kriegsentschädigungsrate war Rom. Diese Zahlungsmodalität, welche das Risiko für den Transport des Silbers nach Rom den Karthagern übertrug, wird zwar für den römisch-karthagischen Friedensvertrag von 202/201 nicht ausdrücklich überliefert, entspricht jedoch den einschlägigen Bestimmungen der römisch-hellenistischen Friedensverträge aus der ersten Hälfte des zweiten vorchristlichen Jahrhunderts (vgl. zB die einschlägige Bestimmung des Ätolervertrages von 189; Pol. 21,32,9).

[568] Das heißt, daß das vorgelegte Metall zumindest zu 25 Prozent aus Schlacken oder sonstigen Verunreinigungen bestand.

karthagischen Vertrag, doch besteht aufgrund der von Livius überlieferten Episode über die Vorlage schlechten Silbers die berechtigte Vermutung, daß die Qualitätsbestimmung "*argentum purum putum*" Teil des römisch-karthagischen Friedensvertrages von 202/201 war.[569] SEIBERT[570] nahm an, daß es höchst unwahrscheinlich sei, daß die Karthager gleich bei der ersten Zahlung, wo sie mit Kontrollen rechnen mußten, verunreinigtes Silber vorgelegt hätten. Es sei vielmehr wahrscheinlich, daß "die Römer ihre Machtposition ausnutzten und solche Manipulationen von Anfang an ausschließen wollten". Auch diese Überlegung spricht für eine Zuordnung der "*argentum purum putum*"-Klausel zum Vertrag von 202/201.[571]

Wie später noch näher zu erörtern sein wird, gelang es Hannibal trotz der finanziellen Notlage der Karthager in den folgenden Jahren das Finanz- und Steuerwesen zu reformieren und die Korruption der karthagischen Verwaltung zu unterbinden. Welche Früchte diese Reformen trugen, zeigt das Angebot der Karthager im Jahr 191,[572] als die Bezahlung der gesamten restlichen Kriegskostenentschädigung offeriert wurde (Liv. 36,4,7: *...stipendium, quod pluribus pensionibus in multos annos deberent, praesens omne daturos*).[573] Die Antwort der Römer war kurz: "Vor der Fälligkeit wird kein Geld angenommen." (*de pecunia item responsum, nullam ante diem accepturos*; Liv. 36,4,9). Daher liefen die Reparationszahlungen bis in das Jahr 151 und somit beinahe bis unmittelbar vor Ausbruch des Dritten Punischen Krieges weiter.[574]

---

569 Jedenfalls bezieht auch SCHMITT 1969, 302 – allerdings ohne jegliche Erörterung – die Aulus Gellius-Stelle auf den Vertrag von 202/201. Im Friedensvertrag zwischen Rom und Antichos III. (188 v.Chr.; "Friede von Apameia") wurde jedenfalls eine ähnliche Qualitätsklausel vereinbart: Die Kriegsentschädigung betrug 12.000 attische Talente "reinen Silbers" (*argenti probi*; Liv. 38,38,13) bzw. "besten Silbers" (ἀργυρίου ἀρίστου τάλαντα μύρια δισχίλια, Pol. 21,43,19).

570 SEIBERT 1993a, 498 Anm. 12. Zweifel auch bei BENGTSON 1982, 148 Anm. 12

571 Sollte die "*argentum purum putum*"-Klausel tatsächlich Bestandteil des Vertrages von 202/201 gewesen sein, so könnte sie eventuell Ausfluß schlechter Erfahrungen aus der Zeit nach dem Ersten Punischen Krieg gewesen sein. So weisen punische Münzfunde aus der Zeit des unmittelbar an den Ersten Punischen Krieges anschließenden Libyschen Krieges eine erhebliche Qualitätsverschlechterung auf (vgl. oben Anm. 127 mit Literaturverweisen).

572 Von TÄUBLER 1913, 69 irrtümlich mit 187 v.Chr. angegeben.

573 Mit Recht stellte BRISCOE 1981, 225 fest: "It is a reasonable assumption that the Carthaginians hoped to tie themselves less closely to Rome by paying the whole amount in one sum, and in particular to secure the return of their hostages."

574 Nach SCHMITT 1969, 306 (s.v. Geiselstellung) endeten die Reparationsleistungen der Karthager im Jahr 152 (wohl aufgrund der Annahme, daß die erste Rate noch im Jahr 201 fällig war). Laut Livius (32,2,1) war die erste Rate erst im Jahr 199 zu begleichen, sodaß sich daraus als Ende der Zahlungspflichten das Jahr 150 ergeben würde. Wie jedoch auf S.228-232 erörtert wurde, ist anzunehmen, daß die Reparationszahlungen schon im Jahr 200 aufgenommen wurden und daher im Jahr 151 geendet hatten. Unrichtig daher auch MOSCOVICH 1974, 421 ("... the indemnity payments were completed in 152 B.C.").

(K) ZUM VERTRAGSPUNKT "STELLUNG VON GEISELN"

Nach Polybios (15,18,8) sollten die Karthager "als Bürgschaft hundert Geiseln stellen, die der römische Feldherr aus der Jugend auswählen werde, nicht jünger als vierzehn und nicht älter als dreißig Jahre" (ὁμήρους δοῦναι πίστεως χάριν ἑκατὸν οὓς ἂν προγράψῃ τῶν νέων ὁ στρατηγὸς τῶν Ῥωμαίων, μὴ νεωτέρους τετταρεσκαίδεκα ἐτῶν μηδὲ πρεσβυτέρους τριάκοντα). Livius (30,37,6) überliefert dieselbe Bestimmung (*obsides centum arbitratu Scipionis darent ne minores quattuordecim annis neu triginta maiores*). Lediglich die bloße punische Verpflichtung zur Stellung von Geiseln erwähnen Cassius Dio sowie sein Epitomator Zonaras (Cass. Dio 17,57,82; Zon. 9,14,11). Appian (Lib. 54, 238) nennt zwar ebenfalls eine Geiselstellungspflicht der Karthager (150 Jugendliche, die von Scipio ausgesucht werden), bezieht diese Bestimmung jedoch ausdrücklich auf den zuvor geschlossenen Waffenstillstandsvertrag.

Cornelius Nepos berichtet in seiner Hannibal-Biographie (7,2f.), daß im Jahr 200 eine karthagische Gesandtschaft im römischen Senat unter anderem die Unterbringung der punischen Geiseln in Fregellae (etwa 100 Kilometer südöstlich von Rom) erbat. Diesem Ansuchen sei durch Senatsbescheid Folge geleistet worden.

Ähnliches überliefert Livius (32,2,3f.) für das Jahr 199 (besser wohl bereits: 200):[575] Als eine punische Gesandtschaft die erste Rate der Kriegsentschädigung nach Rom brachte (siehe dazu oben S. 228), sei um die Freilassung sämtlicher Geiseln gebeten worden. Die Römer hätten in weiterer Folge hundert Geiseln freigelassen; hinsichtlich der übrigen[576] Geiseln sei eine Rückgabe in Aussicht gestellt worden, wenn sich die Karthager auch weiterhin an die Bestimmungen des Vertrages halten würden (*Petentibus deinde, ut, si iam videretur senatui, obsides sibi redderentur, centum redditi obsides; de ceteris, si in fide permanerent, spes facta*). Daraufhin hätte die punische Gesandtschaft um eine Verlegung der in Italien verbleibenden (vgl. dazu nochmals unten Anm. 576) Geiseln von Norba in eine andere Stadt gebeten, da jene sich dort nicht wohl gefühlt hätten; tatsächlich seien die restlichen Geiseln schließlich nach Signia und Ferentinum verlegt worden (*Petentibus iisdem, qui non reddebantur obsides, ut ab Norba, ubi parum*

575 Wie jedoch oben auf den Seiten 228-232 gezeigt wurde, ist diese Nachricht höchstwahrscheinlich von 199 auf das Jahr 200 zurückzudatieren.

576 Auf den ersten Blick mutet es seltsam an, daß nach der Rückgabe von hundert Geiseln noch weitere punische Geiseln in Italien verblieben sind, da die Karthager aufgrund der Bestimmungen des Friedensvertrages von 202/201 ja nur hundert Geiseln zu stellen hatten. Zu diesem Problem siehe jedoch sogleich auf S.236-242.

commode essent, alio traducerentur, concessum, ut Signiam et Ferentinum transirent).[577]

Zu einem schwerwiegenden Zwischenfall kam es laut Livius (32,26,1-18) im folgenden Jahr (198):[578] In der Stadt Setia (im Gebiet der Volkser; heute: Sezze) seien einige punische Geiseln stationiert gewesen, welche als Kinder angesehener Männer (*liberi principum*) über eine größere Anzahl an Sklaven verfügten. Zusätzlich befand sich in Setia eine Anzahl punischer Kriegsgefangener, die von der einheimischen Bevölkerung gekauft worden waren. Diese versklavten Kriegsgefangenen hätten im Jahr 198 zunächst im Gebiet von Setia, schließlich auch im Gebiet von Norba und Cerceii einen Sklavenaufstand angezettelt, der zwar durch das rasche und energische Eingreifen des *praetor urbanus* L. Cornelius Merula[579] eingedämmt werden konnte, aber für erhebliche Unruhe in Rom gesorgt hatte.[580] Der Stadtpraetor habe daher unter anderem die *triumviri carceris lautumiarum*[581] aufgefordert, die Wachsamkeit zu verschärfen, sowie einen Erlaß an die Latinerstädte übermittelt, wonach die Geiseln unter Hausarrest gestellt werden sollen, ohne Gelegenheit, an die Öffentlichkeit zu gelangen (*obsides in privato servarentur neque in publicum proeundi facultas daretur*; Liv. 32,26,17f.). Außerdem sollten die Latiner alle Kriegsgefangenen mit zumindest 10 Pfund schweren Fußfessen im jeweiligen öffentlichen Gefängnis ("und nur dort") internieren (*captivi ne minus decem pondo*

[577] Aus der Schilderung des Aufstandes der punischen Kriegsgefangenen im Jahr 198 (Liv. 32,26,1-18) ergibt sich jedoch erstens die Annahme, daß wohl auch ursprünglich nicht alle Kriegsgefangenen in Norba interniert, sondern auf eine größere Anzahl an (Klein-)Städten verteilt worden waren (vgl. insbesondere den Brief des *praetor urbanus* an die Latinerstädte; Liv. 32,26,17f.), sowie zweitens die Vermutung, daß sich auch noch im Jahr 198 einige Geiseln in Norba befunden haben, da der Sklavenaufstand dieses Jahres auch die punischen Sklaven in Norba erfaßt hatte (Liv. 32,26,7). Eine Verteilung der punischen Sklaven auf mehrere Städte wird auch von Zon. 9,16,6 überliefert.

[578] Zu diesen Ereignissen vgl. ausführlich CAPOZZA 1966, 103-120; TOYNBEE 1965, 251, 308, 318f.

[579] Livius gibt irrtümlich den Namen L. Cornelius Lentulus an (Liv. 32,26,8; so auch Zon. 9,16,6). Aus Liv. 32,7,13 und Liv. 32,8,5 ergibt sich jedoch, daß der Stadtpraetor des Jahres 199 L. Cornelius Merula war. So auch BRISCOE 1973, 217

[580] Die aufständischen Sklaven waren immerhin bis Praeneste gekommen (Liv. 32,26,15). Nach Liv., per. 32 war das Ziel des Aufstandes die Befreiung der punischen Geiseln (*coniuratio servorum facta de solvendis Carthaginiensium obsidibus*), was jedoch kaum vorstellbar ist. Nach Zon. 9,16,6 ging der Aufstand des Jahres 198 gemeinsam von den punischen Geiseln, deren Sklaven sowie den versklavten Kriegsgefangenen aus.

[581] Gemeint sind die *tresviri capitales*, welche die Aufsicht über das Staatsgefängnis führten sowie den Vollzug der Todesstrafe beaufsichtigten (vgl. dazu KUNKEL/WITTMANN 1995, 533-536). Zur Frage der Lokalisierung des *carcer lautumiarum* vgl. E.M.STEINBY, Lexicon topographicum urbis Romae, Vol. III, Roma 1996, 186f. s.v. *lautumiae*. Aus D 4,6,9 (Callistratus) ergibt sich, daß die im *carcer lautumiarum* festgehaltenen Gefangenen keine Fußfesseln hatten.

compedibus vincti in nulla alia quam in carceris publici custodia essent; Liv. 32,26,18).[582]

Im Jahr 181 wurden den Karthagern erneut hundert Geiseln zurückgegeben (*Carthaginiensibus eodem anno centum obsides redditi*...; Liv. 40,34,14), wobei diese römische Handlungsweise vielleicht im Zusammenhang mit im Jahr 182 ausgebrochenen Grenzstreitigkeiten zwischen Massinissa und Karthago zu betrachten ist.[583]

Spätestens jetzt stellt sich jedoch die Frage, welche Geiseln wann zurückgegben wurden. Die Karthager mußten aufgrund der Bestimmungen des Friedensvertrages von 202/201 insgesamt 100 Geiseln stellen, hatten jedoch wie bereits erwähnt – im Jahr 200 (nach Livius: im Jahr 199) hundert Geiseln – allerdings ausdrücklich nicht alle, da einige Geiseln weiterhin in Italien blieben – zurückerhalten. Auf den ersten Blick erscheint es daher unmöglich, daß die Römer im Jahr 181 weitere hundert Geiseln zurückgeben konnten, da man ja ansonsten von zumindest zweihundert Geiseln ausgehen müßte.

Betrachtet man die livianische Überlieferung hinsichtlich der Rückgabe der Geiseln im Jahr 200 (Liv. 32,2,3f.)[584] genauer, so lassen sich vier Punkte feststellen:

(1) die punische Bitte um Rückstellung von Geiseln (ohne Angabe der Zahl),
(2) die tatsächliche Rückgabe von 100 punischen Geiseln seitens der Römer,
(3) die römische Mitteilung, hinsichtlich der übrigen Geiseln (*de ceteris*) bestehe Hoffnung, wenn sich die Karthager weiterhin (völker-) rechtskonform (*si in fide permanerent*) verhielten,

---

[582] Ob diese Maßnahme ausnahmslos alle punischen Kriegsgefangenen betraf oder nur jene, die sich noch in der öffentlichen Hand befanden und noch nicht an Private verkauft worden waren, läßt sich nicht mit letzter Sicherheit entscheiden. BRISCOE 1973, 218 vermutet, daß die an Privatleute verkauften Kriegsgefangenen nicht inhaftiert wurden.

[583] Massinissa hatte im Jahr 182 ein Stück Land besetzt, das sein Vater Gaia früher von den Karthagern erobert, in weiterer Folge jedoch an Syphax verloren hatte. Dieser hatte den Landstrich schließlich wieder den Karthagern geschenkt. Eine römische Schiedsgesandtschaft traf keine Entscheidung, sondern brachte die Angelegenheit vor den römischen Senat (Liv. 40,17,1-6), dessen Entscheidung (40,34,14) von Livius allerdings höchst unklar überliefert wird: Das römische Volk habe den Karthagern 100 Geiseln zurückgegeben und ihnen Frieden gewährt und zwar im eigenen Namen wie im Namen Massinissas, der mit einer bewaffneten Schutztruppe das umstrittene Gebiet besetzt hielt (*Carthaginiensibus eodem anno centum obsides redditi pacemque iis populus Romanus non ab se tantum, sed ab rege etiam Massinissam praestitit, qui cum praesidio armato agrum, qui in controversia erat, obtinebat.*). RITTER 1987, 68f. nimmt an, daß Massinissa das Land verlassen mußte, während BADIAN 1958, 128 und HUSS 1985, 429 eine Senatsentscheidung zugunsten Massinissas vermuten. Zum Streit der Jahre 182/181 vgl. unten S. 283-286.

[584] Wie bereits mehrfach erwähnt, ist diese livianische Schilderung mit an Sicherheit grenzender Wahrscheinlichkeit vom Jahr 199 auf das Jahr 200 zurückzudatieren (siehe S.228-232).

(4) die Verlegung der nicht zurückgegebenen Geiseln von Norba nach Signia und Ferentinum auf punische Bitte hin, da sich die Geiseln bisher in Norba angeblich nicht wohl gefühlt hätten.

Aufgrund von Punkt (3) kann wohl geschlossen werden, daß die Karthager ursprünglich alle Geiseln zurückforderten, auch wenn dies von Livius nicht ausdrücklich überliefert wird. Somit ließe sich die Verlegung der Geiseln von Norba nach Signia und Ferentinum auf punische Bitte hin als römisches Entgegenkommen bzw. als Ausgleich für die nicht alle Geiseln umfassende Rückgabe von hundert Karthagern deuten.

Es wäre zwar durchaus denkbar, daß die Karthager ursprünglich um die Rückgabe lediglich einiger weniger Geiseln gebeten und keine genaue Anzahl genannt hatten. In diesem Fall wäre es jedoch unwahrscheinlich gewesen, daß die Römer – noch dazu unmittelbar nach dem Zwischenfall mit dem verunreinigten Silber – freiwillig von sich aus erklärt hätten, es bestünde die Möglichkeit der Rückgabe aller Geiseln. Doch selbst wenn dies geschehen wäre, wäre es diesfalls höchst undiplomatisch gewesen, die Römer mit einer denkbar unpassend begründeten Bitte um Verlegung der restlichen Geiseln zu verärgern. Somit kommt nur folgender Ablauf der Ereignisse in Betracht: (1) punische Bitte um Rückstellung aller Geiseln, (2) Rückgabe von hundert, aber eben nicht aller Geiseln, (3) punische Bitte um Verlegung der restlichen Geiseln, (4) römische Entsprechung dieser Bitte.

Nun stellt sich jedoch die Frage, mit welcher Begründung die Karthager ihre Bitte um Rückstellung aller Geiseln vorgetragen hatten. Schließlich hatten sie erst vor zwei Jahren mit Rom den Friedensvertrag abgeschlossen und gleich bei der Zahlung der ersten Rate der Kriegskostenentschädigung verunreinigtes Silber vorgelegt. Angesichts der Tatsache, daß noch weitere 49 Jahresraten fällig waren, wäre selbst eine bittfertig vorgetragene Anfrage um Rückstellung aller punischen Geiseln geradezu absurd gewesen. Doch nicht nur das punische Gesuch, sondern auch die römische Antwort ist bei genauer Betrachtung eher unverständlich. Nach der Zahlung mit verunreinigtem Silber kann wohl kaum von einem bisher *fides*-gemäßen Verhalten der Karthager gesprochen werden, sodaß ein "*in fide permanere*" höchst unverständlich erscheint.[585] Auch das "*spes facta*" läßt Fragen offen: Es läßt sich doch nur als Hoffnung auf baldige Rückgabe der Geiseln interpretieren, was jedenfalls angesichts der noch 49 offenen Jahresraten auch nicht zu erwarten gewesen wäre.

Somit liegt eine Reihe an Nachrichten vor, welche mit den Bestimmungen des Friedensvertrages von 202/201 inkompatibel erscheinen: (1) die Anzahl der

[585] Die Zahlung mit verunreinigtem Silber war zudem nicht das einzige verdachtserregende Moment, da im selben Jahr (199) in Ligurien einige karthagische Offiziere aus den Heeres des Mago Aufstände keltischer Stämme mitorganisierten und unterstützten.

Geiseln (über 100), (2) selbstbewußtes Auftreten der Karthager, die gleich bei der – noch dazu nicht vertragskonformen – Zahlung der ersten Rate um die Rückgabe aller Geiseln ansuchen, (3) angeblich bisher *fides*-gemäßes Verhalten der Karthager, obwohl soeben mit verunreinigtem Silber die erste Rate beglichen wurde, (4) "*spes facta*" auf baldige Rückgabe der restlichen Geiseln seitens der Römer, obwohl "*in fide permanere*" zumindest von der Zahlung von noch 49 Jahresraten abhängig war.

Da sich die Rückgabe der Geiseln – und wir müssen von einer "echten" Rückstellung der Geiseln ausgehen, da eine *mutatio obsidum* von gleich 100 Geiseln (oder noch mehr bzw. allen Geiseln) angesichts des erst zwei Jahre alten Vertrages nicht anzunehmen ist[586] – nun offenbar nicht auf den Friedensvertrag von 202/201 bezieht, bliebt aus meiner Sicht nur noch eine Deutungsmöglichkeit: es müssen jene von Appian (Lib. 54,238) erwähnten 150 Geiseln sein, die von den Karthagern anläßlich des Abschlusses des Waffenstillstandsvertrages im Winter 202/201 zu stellen waren und von denen Appian ausdrücklich überliefert, daß sie bei Abschluß des eigentlichen Friedensvertrages wieder an die Karthager zurückgestellt werden sollten ("καὶ γενομένων τῶν σπονδῶν ἀπολήψεσθε τὰ ὅμηρα").

Zieht man diese Interpretation heran, so erklären sich zunächst drei mit den Bestimmungen des Vertrages von 202/201 inkompatible Nachrichten praktisch von selbst:

(1) Anzahl der Geiseln: Da die Karthager im Waffenstillstandsvertrag 150 Geiseln zu stellen hatten, verbleiben nach der Rückstellung von 100 Geiseln 50 Geiseln in Italien. Diese Anzahl reicht aus, um das von den Römern seitens der Karthager offensichtlich erwartete "*in fide permanere*" abzusichern.

(2) Selbstbewußtes Auftreten der Karthager: Da die Karthager aufgrund der Bestimmungen des Waffenstillstandsvertrages Anspruch auf Rückstellung aller Geiseln hatten, verwundert das scheinbar viel zu früh gestellte karthagische Ansuchen auf Rückgabe aller Geiseln nicht mehr.

(3) "*spes facta*": Die Hoffnung der Karthager auf die (baldige) Rückgabe der restlichen 50 Geiseln ist umso leichter erklärbar, als das "*in fide permanere*" nun nicht mehr von der Erfüllung der Bestimmungen des Friedensvertrages und somit auch nicht von der Zahlung der 49 offenen Jahresraten abhängig war.

---

[586] Zu beachten ist in diesem Zusammenhang die Tatsache, daß sich Scipio die persönliche Auswahl der punischen Geiseln ausbedungen hatte. Wären gleich zwei Jahre später alle oder fast alle Geiseln ausgewechselt worden, so wäre diese Auswahl, die zweifelsohne unter Berücksichtigung zahlreicher innen- wie außenpolitischer Faktoren erfolgte, nunmehr sinnlos geworden.

Probleme bereitet nur noch die Deutung des "*in fide permanere*". Dieser (etwas sperrig übersetzt:) "Verbleib in einer *fides*-gemäßen Verhaltensweise" war offenbar nur über eine kürzere Zeitspanne notwendig, da ansonsten die "*spes facta*" auf (baldige) Rückgabe der restlichen Geiseln nur schwer zu erklären wäre. Auch wenn es evident ist, daß die Römer ein "*in fide permanere*" seitens der Karthager ganz offenkundig erwartet hatten, so stellt sich doch zunächst die Frage, warum diese Erwartung überhaupt notwendig war, da doch die Bestimmungen des Waffenstillstandsvertrages doch schon längst erfüllt worden sein mußten.[587] Hinsichtlich der Bestimmungen des eigentlichen Friedensvertrages konnten die Römer jedoch bereits über jene hundert Geiseln verfügen, welche die Karthager spätestens gemeinsam mit der ersten Entschädigungsrate im Jahr 200 (siehe dazu oben Seite 228) nach Rom gebracht hatten und die wohl in ausreichender Weise für ein *in fide permanere* der Karthager garantieren konnten, selbst wenn die Römer Zweifel an einem völkerrechtskonformen Verhalten der Karthager hegten (zB aufgrund der schlechten Silberqualität der ersten Reparationsrate, aufgrund der angeblich nicht vollständigen Rückgabe der Überläufer oder aufgrund der Beteiligung punischer Söldner und Offiziere an den keltischen Aufständen in Ligurien). Sofern man Rom aufgrund der unvollständigen und daher (waffenstillstands-) vertragswidrigen Geiselrückgabe keinen Vertragsbruch unterstellen will – auch wenn dieses römische Verhalten durchaus denkbar wäre –, muß eine andere Lösungsmöglichkeit gefunden werden, die ein nicht allzu langes "*in fide permanere*" der Karthager bedingt, die "Hoffnung auf (baldige) Rückgabe" der restlichen Geiseln zuläßt und auch einen geeigneten Rechtfertigungsgrund für die Zurückhaltung von immerhin 50 Geiseln darstellt. Meines Erachtens bietet sich hier fast idealerweise der Zwischenfall bei der Zahlung der ersten Kriegsentschädigungsrate an: Wie bereits weiter oben (S. 232-233) besprochen, monierten die Römer die schlechte Qualität des Silbers, mit dem diese erste Rate bezahlt werden sollte. Das Silber soll angeblich zu einem Viertel verunreinigt gewesen sein, sodaß die Karthager gezwungen waren "das aufgrund des Abschmelzens fehlende Silber durch in Rom aufgenommene Kredite zu ersetzen" (*pecunia Romae mutua sumpta intertrimentum argenti expleverunt*; Liv. 32,2,2). Da als Rate 200 Talente Silber fällig waren, mußten die Karthager somit Kredite in Höhe von immerhin 50 Talenten Silber (also mehr als 1,3 Tonnen Silber) aufnehmen. Daß der Kredit bei Privatleuten aufgenommen wurden, versteht sich von selbst, da es absurd gewesen wäre, wenn die *res publica* einerseits auf der sofortigen Zahlung der offenen 50 Talente beharrt hätte, diese Summe dann

---

[587] Die antike Historiographie überliefert hinsichtlich des Waffenstillstandsvertrages jedenfalls keine Bestimmung, die erst nach längerer Zeit zu erfüllen gewesen wäre. Zudem wäre eine solche Bestimmung für einen Waffenstillstandsvertrag eigentlich wesensfremd gewesen.

andererseits selbst zur Verfügung gestellt hätte.[588] Durch die Kreditaufnahme bei Privaten wurde ein neues Rechtsverhältnis, nämlich zwischen Karthago und den privaten römischen Kreditgebern, begründet, das jedoch unbesichert war, da die aufgrund des Friedensvertrages gestellten 100 punischen Geiseln nur für das Rechtsverhältnis zwischen Karthago und der römischen *res publica* relevant waren.

Naturgemäß verwundert es nicht, hätten die privaten Geldgeber auf einer Sicherheitsleistung für die kreditierten 50 Talente seitens der karthagischen Delegation bestanden und Rücksprache mit den zuständigen römischen Magistraten gehalten. Hier bot sich nun eine kurzfristige Lösung mit Hilfe der 150 Geiseln an, deren Freilassung von derselben punischen Delegation zu Recht gefordert worden war. Ein Großteil der Geiseln – nämlich 100 – wurde den Karthagern zurückgegeben, während die übrigen 50 Geiseln in Italien verbleiben mußten, wobei hinsichtlich einer baldigen Rückgabe "*spes facta, si in fide permanerent* [*Carthaginienses*]". Mit anderen Worten: Bei einer raschen Rückzahlung des Kredites – und somit bei *fides*-gemäßem Verhalten – konnten die Karthager mit einer baldigen Rückstellung der restlichen 50 Geiseln rechnen. Zudem kamen die Römer den Karthagern insofern entgegen, als deren Bitte um Verlegung der 50 Geiseln in andere Städte Folge geleistet wurde.

Als letztes Argument gegen die These, daß die hundert zurückgestellten punischen Geiseln die Geiseln des Waffenstillstandsvertrages und nicht des Friedensvertrages waren, muß nun der Einwand entkräftet werden, warum die Rückgabe so spät erfolgte, da die aufgrund des Waffenstillstandsvertrages zu stellenden Geiseln nach Zustandekommen des Friedensvertrages wieder zurückzugeben waren (App., Lib. 54,238: καὶ γενομένων τῶν σπονδῶν ἀπολήψεσθε τὰ ὅμηρα). Diese verspätete Rückgabe läßt sich jedoch relativ einfach begründen, da meines Erachtens mit großer Wahrscheinlichkeit anzunehmen ist, daß die ersten aufgrund des eigentlichen Friedensvertrages zu stellenden Geiseln nicht schon im Jahr 201 nach Italien kamen, sondern erst im Jahr 200 mit eben jener punischer Gesandtschaft, die gleichzeitig die erste Kriegsentschädigungsrate nach Rom brachte.[589] Diese Annahme läßt sich zunächst mit einer organisatorischen Überlegung stützen: Nach Abschluß des Waffenstillstandsvertrages erhielt Scipio von den Karthagern 150 Geiseln, die er

---

[588] Auch SEIBERT 1993a, 498 geht davon aus, daß die punischen Gesandten "auf dem römischen Kapitalmarkt" die notwendigen Kredite aufgenommen hatten. Vgl. auch BRISCOE 1973, 169 ("no doubt, the Carthaginians were compelled to do this [scil *mutua sumpta*] rather than return to Carthage to collect the deficit – greatly to the advantage of Roman financiers.")

[589] Auch wenn Livius die Zahlung der ersten Reparationsrate auf das Jahr 199 datiert (Liv. 32,2,1-4), so ist seine Schilderung der Ereignisse höchstwahrscheinlich auf das Jahr 200 zurückzudatieren (vgl. dazu oben Seite 228-232).

mit an Sicherheit grenzender Wahrscheinlichkeit mit einer der zahlreichen Gesandtschaften nach Rom transferieren ließ, um einerseits dem Senat die punische Verhandlungsbereitschaft vor Augen zu führen, andererseits die potentiellen Gefahren (Spionage, Befreiungsaktion, etc.) und organisatorischen Probleme einer Unterbringung im römischen Lager zu unterbinden und um zuletzt den sicheren römischen Gewahrsam hinsichtlich der Geiseln sicherzustellen.[590] Als wenige Monate später der Friedensvertrag abgeschlossen wurde, hatten die Karthager diesmal lediglich 100 Geiseln zu stellen, welche so wie zuvor von Scipio persönlich ausgesucht wurden. Da jedoch die 150 "alten" Geiseln erst einige wenige Monate in römischer Obhut waren, besteht durchaus die Möglichkeit, daß vereinbart wurde, die "alten" 150 Geiseln vorläufig weiterhin in Italien zu belassen und die "neuen" 100 Geiseln erst anläßlich der Zahlung der ersten Kriegsentschädigungsrate nach Rom zu bringen. Dies hatte aus der Sicht der Römer zwei Vorteile, nämlich gerade in der kritischen Anlaufphase des Friedensvertrages einerseits über einige Geiseln mehr (150 statt 100), andererseits wohl auch über die "wertvolleren" Geiseln zu verfügen.

Ein Vergleich mit anderen römischen Waffenstillstandsverträgen zeigt, daß gerade in diesen Verträgen bewußt hochrangige Geiseln des jeweiligen Kriegsgegners ausgesucht wurden. So verlangte Titus Quinctius Flamininus anläßlich des viermonatigen Waffenstillstandes (197 v.Chr.) von König Philipp V. dessen Sohn und einige seiner Freunde als Geiseln (Pol. 18,39,5). Kurz darauf mußte der spartanische Tyrann Nabis im Waffenstillstandsvertrag des Jahres 195 v.Chr. seinen eigenen Sohn sowie vier weitere Geiseln stellen (Liv. 34,35,11). Ein ähnliches Bild bietet die römische Vorgangsweise knapp vor Ausbruch der Kampfhandlungen des Dritten Punischen Krieges (149 v.Chr.): der römische Senat forderte dreihundert Söhne der Mitglieder des punischen Senates (Pol. 36,4,6).

Nimmt man an, daß diese 50 Geiseln im nächsten Jahr (198) wieder ausgelöst wurden,[591] so befanden sich ab dem Jahr 197 nur noch jene 100 punischen Geiseln in Italien, die aufgrund des Friedensvertrages von 202/201 zu stellen gewesen waren, aber erst ab dem Jahr 200 in Italien interniert waren. Nun wurden im Jahr 181 – wie bereits oben erwähnt – den Karthagern neuerlich exakt 100 Geiseln zurückgegeben (... *centum obsides redditi*...; Liv. 40,34,14), sodaß sich danach eigentlich keine Geiseln mehr in Italien befinden hätten können. Wir

[590] Als die Römer kurz vor Ausbruch des Dritten Punischen Krieges 300 vornehme Kinder als Geiseln erhielten, wurden diese zunächst nach Sizilien zu den dort stationierten Konsuln gebracht, die sie dann jedoch weiter nach Rom schickten (App., Lib. 76,354-77,359). Vgl. dazu unten S. 304-305.

[591] Interessanterweise hatten die Römer in den Friedensvertrag von Apameia (188 v.Chr.) die Bestimmung aufgenommen, daß Antiochos III. verpflichtet war, bei unzureichender Zahlung einer einzelnen Kriegsentschädigungsrate die Differenz im nächsten Jahr zu begleichen (ἐὰν δέ τι διαφωνήσῃ τῶν ἀποδιδομένων χρημάτων, τῷ ἐχομένῳ ἔτει ἀποδότωσαν. Pol. 21,43,23)

erfahren jedoch zum Jahr 168, daß der numidische Prinz Masgaba im Namen seines Vaters Massinissa den Austausch einer bestimmten Geisel forderte (Liv. 45,14,5). Es sollte Hanno, ein Sohn des Hamilkar,[592] an Stelle einer anderen, unbekannten Person nach Italien kommen, ein Ansuchen, das vom römischen Senat strikt zurückgewiesen wurde: Der Senat bestimme die Geiseln nicht nach der Meinung des Massinissa (*Petenti Masgabae, ut Hanno, Hamilcaris filius, obses in locum <...> exigeretur, responsum est haud aequm videri senatum a Carthaginiensibus obsides arbitrio Masinissae exigere*; Liv. 45,14,5).

Man muß also davon ausgehen, daß sich zumindest noch im Jahr 168 punische Geiseln in Italien befunden hatten. Zwar ist dies die letzte Nachricht von der Existenz punischer Geiseln, doch besteht wohl kein Zweifel, daß die Karthager wenigstens bis zum Ende ihrer Zahlungspflichten (im Jahr 150 v.Chr.) Geiseln zu stellen hatten.[593] Wie läßt sich daher für das Jahr 181 die Rückgabe (*reddere*) von 100 (und somit aller) Geiseln verstehen, wenn sich im Jahr 168 noch punische Geiseln in Italien befunden hatten?

Eine Verständnishilfe bieten hier vor allem die in derselben zeitlichen Periode abgeschlossenen Friedensverträge zwischen Rom und den hellenistischen Mächten. So sah der Friedensvertrag mit den Ätolern (189 v.Chr.) folgende Bestimmung vor: "Die Ätoler sollen dem Feldherren vierzig Geiseln stellen, nicht jünger als zwölf und nicht älter als vierzig Jahre, auf sechs Jahre,[594] nach Wahl der Römer, wobei der Stratege, der Reiterführer, der Staatsschreiber und alle, die schon einmal als Geiseln in Rom waren, ausgeschlossen sein sollen. Auch die Geiseln sollen sie in Rom abliefern. Wenn einer von den Geiseln stirbt, sollen sie einen Ersatzmann stellen." (Δότωσαν Αἰτωλοὶ ὁμήρους τῷ στρατηγῷ τετταράκοντα, μὴ νεωτέρους ἐτῶν δώδεκα μηδὲ πρεσβυτέρους τετταράκοντα, εἰς ἔτη ἕξ, οὓς ἂν Ῥωμαῖοι προκρίνωσιν, χωρὶς στρατηγοῦ καὶ ἱππάρχου καὶ δημοσίου γραμματέως καὶ τῶν ὡμηρευκότων ἐν Ῥώμῃ. καὶ τὰ ὅμηρα καθιστάτωσαν εἰς Ῥώμην· ἐὰν δέ τις ἀποθάνῃ τῶν ὁμήρων,

592 Vgl. GEUS 1994, 64 s.v. Hamilcar (15)

593 Vgl. SCHMITT 1969, 306: "Karthagische Geiseln werden zuletzt i.J. 168 erwähnt. Vermutlich mußten sie aber bis zum Ende der Ratenzahlung (d.i., wenn keine Unterbrechung eintrat, bis 152 v.Chr.) gestellt werden.". Anmerkung: Da die erste von fünzig Raten im Jahr 200 bezahlt wurde (siehe dazu die Erörterungen auf den Seiten 228-232), war die letzte Rate erst im Jahr 151 und nicht 152 fällig. Nach Liv. 32,2,1 wurde die erste Rate überhaupt erst im Jahr 199 beglichen (*Carthaginienses eo anno argentum in stipendium impositum primum Romam advexerunt*), sodaß die letzte Rate – folgt man Livius – erst im Jahr 150 und nicht 152 fällig war. Unrichtig daher auch MOSCOVICH 1974, 421 ("... the indemnity payments were completed in 152 B.C.").

594 Die sechs Jahre erklären sich aufgrund der Dauer der Zahlungspflicht der Ätoler, die sechs Jahre lang jährlich 50 Talente zu bezahlen hatten (Pol. 21,32,9; Liv. 38,9,9).

ἄλλον ἀντικαθιστάτωσαν, Pol. 21,32,10f.).[595] Als zweites Vergleichsbeispiel dient der beinahe zeitgleich abgeschlossene Friedensvertrag von Apameia zwischen Rom und Antiochos III. (188 v.Chr.) mit folgender Geiselklausel: "Geiseln soll Antiochos zwanzig stellen und sie alle drei Jahre gegen andere austauschen, nicht jünger als achtzehn und nicht älter als fünfundvierzig[596] Jahre." (ὁμήρους δὲ εἴκοσι διδότω 'Αντίοχος, δι' ἐτῶν τριῶν ἄλλους ἀνταποστέλλων, μὴ νεωτέρους ἐτῶν ὀκτωκαίδεκα μηδὲ πρεσβυτέρους τετταράκοντα πέντε, Pol. 21,43,22).[597]

Man sieht, daß sowohl der Vertrag mit den Ätolern als auch der Vertrag mit Antiochos III. eine nähere Determinierung der Geiselstellungspflicht vornahmen, wobei der Vertrag mit Antiochos eine regelmäßige *mutatio obsidum* im zeitlichen Abstand von drei Jahren festlegte.[598] Die Intention sowohl der *mutatio obsidum* als auch der Altersgrenzen bzw. sonstigen Bestimmungen liegt auf der Hand: Der jeweilige ehemalige Kriegsgegner sollte keinesfalls solche Geiseln stellen, die entweder aufgrund ihres zu jungen bzw. zu hohen Alters oder aufgrund ihrer zu langen Abwesenheit aufgrund der Stationierung in Italien keine genügend enge Bindung (mehr) zu ihrer Heimat und ihren Familien aufwiesen.

Lassen sich nun die Geiselbestimmungen der Verträge mit den Ätolern und Antiochos auf den römisch-karthagischen Friedensvertrag von 201 übertragen? Hier sei zunächst festgehalten, daß die antike Historiographie zwar die Festlegung einer Altersgrenze (nicht jünger als 14, nicht älter als 30 Jahre) überliefert, aber ansonsten keine nähere Determinierung der Geiselstellungspflicht kennt. Insbesondere wird eine *mutatio obsidum* nicht erwähnt.

Im nächsten Schritt ist zu überprüfen, ob sich ein regelmäßiges Auswechseln der Geiseln seitens der Karthager nicht doch nachweisen läßt. Als

---

595 Vgl. auch die Fassung bei Liv. 38,11,6f.: "Die Völkerschaft der Ätoler soll den Römern 40 Geiseln nach dem Ermessen des Konsuls stellen, nicht jünger als 12 Jahre und nicht älter als 40; Geisel soll nicht sein der Stratege, der Hipparch, der Staatsschreiber noch einer, der schon früher bei den Römern Geisel war." (*Obsides quadraginta arbitratu consulis Romanis dato ne minores duodecim annorum neu maiores quadraginta; obses ne esto praetor, praefectus equitum, scriba publicus neu quis, qui ante obses fuit apud Romanos.*)

596 In der Polybios-Übersetzung von Drexler [H.DREXLER, Polybios.Geschichte, Zürich/Stuttgart 1963 (Bd.II), 1050] irrtümlich mit 40 Jahren übersetzt.

597 Vgl. Liv. 38,38,15: *Obsides Romanis viginti dato et triennio mutato, ne minores octonum denum annorum neu maiores quinum quadragenum.*

598 Für Vertrag mit den Ätolern wird eine *mutatio obsidum* zwar nicht ausdrücklich überliefert, doch ergibt sie sich – wie schon TÄUBLER 1913, 71 korrekt feststellte – aus dem Sinnzusammenhang, da die Geiseln einerseits dem Feldherrn übergeben, andererseits in Rom abgeliefert werden mußten. Außerdem war es untersagt, daß jemand noch einmal als Geisel fungieren durfte, was voraussetzt, daß zumindest ein Austausch der Geiseln fixiert worden war.

erstes zu überprüfendes Datum für einen solchen regelmäßigen Austausch bietet sich zumindest theoretisch die bereits weiter oben näher erörterte Rückgabe von 100 Geiseln im Jahr 200 an, was bedeutet hätte, daß ein Austausch jährlich erfolgt wäre. Nun wurde zwar bereits weiter oben gezeigt, daß diese Rückgabe der 100 Geiseln höchstwahrscheinlich eben keine *mutatio obsidum* war, sondern eine echte Rückgabe (*reddere*) eines Großteils jener 150 Geiseln, welche die Karthager aufgrund des Waffenstillstandsvertrages zu stellen hatten, doch sprechen noch weitere Argumente gegen die Annahme einer 100 Geiseln umfassenden *mutatio obsidum* im Jahr 200. Zuerst fällt der geringe zeitliche Abstand – ein einziges Jahr – zum Zeitpunkt des Vertragsabschlusses auf. Der Austausch der Geiseln wäre somit nicht nur in noch kürzeren Zeitintervallen erfolgt, als dies im Vertrag mit Antiochos (alle drei Jahre) vorgesehen war, sondern hätte vor allem auch einen weitaus höheren Anteil der karthagischen Familien betroffen, da die Karthager ja nicht nur 20 (Antiochos) bzw. 40 (Ätoler) Geiseln, sondern gleich 100 zu stellen und auch auszuwechseln hatten. Rechnet man diese Zahlen auf eine rein fiktive (und rechnerisch geeignete) Vertragslaufzeit von 24 Jahren hoch, welche in etwa dem Zeitraum einer Generation entsprechen, so bedeutet dies in absoluten Zahlen: Sowohl Antiochos als auch die Ätoler hätten fiktiv in diesen 24 Jahren insgesamt 160 Geiseln gestellt, die Karthager jedoch gleich 2400.[599] Da wir als selbstverständliche Voraussetzung annehmen müssen, daß die zu stellenden Geiseln Angehörige der jeweiligen Oberschicht ihrer Heimat waren, bedeutet dies, daß ein erheblich höherer Prozentsatz einer Generation der karthagischen Oberschicht[600] betroffen gewesen wäre als in den beiden anderen Staaten.[601] Als weiteres Argument gegen eine *mutatio obsidum* im Jahre 200 läßt sich schließlich der Gesamteindruck dieser Episode ins Treffen führen: Die Karthager erhalten von den ursprünglich 150 Geiseln hundert zurück, während die Römer fünfzig Geiseln in Italien zurückbehalten, gleichzeitig aber die baldige Rückgabe auch dieser Geiseln ankündigen, sofern die Karthager *in fide permanerent*, und weiters zugleich einige punische Geiseln von einer Stadt in zwei andere verlegen, da sich die Karthager dort nicht wohlfühlen. Da jedoch der Austausch der Geiseln im Interesse der Römer gelegen und eine Verlegung der Geiseln auf punischen Wunsch nicht notwendig gewesen wäre, da man ja gerade diese hätte austauschen können, ergibt sich die Annahme, daß die Rückgabe der 100 Geiseln nicht aufgrund einer *mutatio obsidum* geschah, sondern – wie schon weiter oben gezeigt wurde – eben aufgrund jener Bestimmung des Waffenstillstandsvertrages

---

[599] Ein ähnliches Zahlenspiel findet sich bei MOSCOVICH 1974, 420f.

[600] Vgl. dazu App., Lib. 79, 365.

[601] Grundlage dieses Zahlenspiels ist weiters die Annahme, daß 1200 verschiedene Geiseln gestellt werden hätten müssen, wenn die wiederholte Geiselschaft ein und derselben Person untersagt war (analog zur Bestimmung des Ätolervertrages). Vgl. dazu vor allem MOSCOVICH 1974, 420f.

des Winters 202/201, wonach die Römer die punischen Geiseln nach Zustandekommen des Friedensvertrages wieder zurückzustellen hatten.[602]

Das zweite auf eine *mutatio obsidum* zu überprüfende Datum ist das Jahr 181, in dem den Karthagern – wie bereits oben erwähnt – erneut exakt 100 (und somit alle) Geiseln zurückgegeben wurden (*... centum obsides redditi ...*; Liv. 40,34,14). Dies hieße, daß sich auf italischem Boden keine punischen Geiseln mehr befinden hätten dürfen, wenn statt diesen hundert Karthagern keine neue Geiseln nach Rom gebracht worden wären. Da jedoch der numidische Prinz Masgaba im Namen seines Vaters Massinissa im Jahr 168 den Austausch einer bestimmten Geisel forderte (Liv. 45,14,5), muß man davon ausgehen, daß sich zumindest noch im Jahr 168 punische Geiseln in Italien befunden hatten. Laut Livius teilte der Senat dem numidischen Staatsgast mit, daß die Auswahl der Geiseln nicht im Ermessen Massinissas stehe (*Petenti Masgabae, ut Hanno, Hamilcaris filius, obses in locum <...> exigeretur, responsum est haud aequm videri senatum a Carthaginiensibus obsides arbitrio Masinissae exigere*; Liv. 45,14,5).

Diese Episode bedeutet wiederum, daß man eine regelmäßige *mutatio obsidum* annehmen muß, wenn man nicht davon ausgeht, daß die Römer statt den ursprünglich hundert nur noch eine Handvoll besonders wichtiger Geiseln behalten hatten.

Höchst problematisch ist jedoch die Frage nach der Frequenz dieser Auswechslungen der Geiseln, da außer dem Jahr 181 kein weiterer Austausch oder "Rückgabe" (*reddere*) von Geiseln bekannt ist. Soferne die antiken Aussagen zum Aufstand der punischen Sklaven im Jahre 198 richtig sind, so waren die punischen Geiseln entweder selbst daran beteiligt (Zon. 9,16,6) oder sollten sie von ihren eigenen Sklaven bzw. den als Sklaven arbeitenden punischen Kriegsgefangenen befreit werden (so Liv., per. 32: *coniuratio servorum facta de solvendis Carthaginiensium obsidibus*). Eine gewaltsame Befreiung ist jedoch umso unwahrscheinlicher und widersinniger, je öfter eine *mutatio obsidum* vorgenommen wurde. Die punischen Geiseln, welche sich im Jahr 198 bereits drei Jahre lang in Italien befunden hatten, mußten offenbar mit einem längeren Aufenthalt auf italischem Boden rechnen.

---

[602] Als drittes Argument gegen eine *mutatio obsidum* im Jahr 200 (und somit gegen einen Austausch der Geiseln alle zwei Jahre), ist der punische Sklavenaufstand des Jahres 198 heranzuziehen. Nach Liv., per. 32 war das Ziel dieses Aufstandes die Befreiung der punischen Geiseln (*coniuratio servorum facta de solvendis Carthaginiensium obsidibus*), was jedoch kaum vorstellbar ist. Nach Zon. 9,16,6 ging der Aufstand des Jahres 198 gemeinsam von den punischen Geiseln, deren Sklaven sowie den versklavten Kriegsgefangenen aus. Eine Beteiligung der punischen Geiseln oder ihre gewaltsame Befreiung wäre jedoch höchst widersinnig und unverständlich gewesen, wenn sie bereits einige Monate später aufgrund der nächsten (jährlichen) *mutatio obsdum* ohne Gewalt freigekommen wären.

Wenn die *mutatio obsidum* regelmäßig und in gleichbleibenden zeitlichen Abständen vorgenommen wurde und wenn im Jahr 181 (somit nach 20 Jahren) tatsächlich ein Geiselaustausch vorgenommen wurde, so kommen aus rein mathematischen Gründen[603] zunächst nur folgende Austauschfrequenzen in Frage: jährlich, alle zwei Jahre, alle fünf Jahre sowie alle zehn Jahre. Eine jährliche oder alle zwei Jahre erfolgende *mutatio obsidum* ist jedoch – wie bereits weiter oben gezeigt wurde – schon aus organisatorischen Gründen höchst unwahrscheinlich. Eine jährliche oder alle zwei Jahre erfolgende *mutatio obsidum* ist weiters im Zusammenhang mit dem punischen Sklavenaufstand des Jahres 198 eher unwahrscheinlich, da für die punischen Geiseln eine baldige Rückkehr in ihre Heimat absehbar und daher die von den Aufständischen beabsichtigte gewaltsame Befreiung der Geiseln wohl widersinnig gewesen wäre.

Somit kommen als Austauschfrequenzen nur noch die Zeiträume von fünf sowie von zehn Jahren in Frage. Zieht man die weiter oben zitierte Geiselklausel aus dem Vertrag mit Antiochos (20 Geiseln – und zwar im Alter zwischen 18 und 45 Jahren – werden im zeitlichen Abstand von drei Jahre ausgewechselt) als Vergleich heran, so scheint hinsichtlich des römisch-karthagischen Friedensvertrages eine Auswechslungsfrequenz von zehn Jahren etwas wahrscheinlicher: Dies ergibt sich erstens aufgrund der Gesamtzahl der betroffenen Geiseln, da Antiochos in neun Jahren insgesamt 60 Geiseln gestellt hatte, die Römer hingegen in einem Zeitraum von zehn Jahren entweder 100 Geiseln oder – sofern der Austausch alle fünf Jahre stattgefunden hätte – 200 Geiseln. Somit steht die Gesamtzahl der von den Karthagern zu stellenden Geiseln eigentlich nur bei einer *mutatio obsidum* im zeitlichen Abstand von zehn Jahren in einer angemessenen Relation zur Gesamtzahl der von Antiochos in einem vergleichbaren Zeitraum zu stellenden Geiseln. Das zweite Argument für eine *mutatio obsidum* im zeitlichen Abstand von zehn (und nicht fünf) Jahren ist schließlich das Höchstalter der von den Karthager zu stellenden Geiseln, da diese nicht älter als 30 Jahre sein durften (Pol. 15,18,8; Liv. 30,37,6), während der Vertrag mit den Ätolern ein Höchstalter von 40 Jahren vorsah (wobei die Geiseln sechs Jahre in Italien bleiben mußten) und der Vertrag mit Antiochos ein Höchstalter von immerhin 45 Jahren (wobei die Geiseln drei Jahre in Italien interniert waren). Dies bedeutet, daß die ältesten punischen Geiseln bei einem Austausch alle fünf Jahre nach dem Ablauf dieses Zeitraums nur etwa 35 Jahre

---

[603] Da die Dauer der Geiselstellungspflicht mit an Sicherheit grenzender Wahrscheinlichkeit an die Dauer der Kriegskostenrückzahlungen (50 Jahre) gebunden war, so muß die Frequenz der Wechsel zunächst ein Teiler von 50 sein. Da weiters im Jahr 200 erstmals Geiseln gestellt werden mußten und ein Austausch von Geiseln sich zumindest für das Jahr 181 nachweisen läßt (bei einer Inklusivzählung der Jahre somit nach insgesamt 20 Jahren), muß die Frequenz der regelmäßigen Geiselwechsel außerdem ein Teiler von 20 sein.

alt waren, bei einem Austausch alle zehn Jahre hingegen 40 Jahre, was einerseits genau dem Höchstalter der Geiselns des Antiochos-Vertrages entsprach, andererseits weitaus näher zum Alter der ältesten Italien verlassenden Geiseln des Ätoler-Vertrages (46 Jahre) und des Antiochos-Vertrages (48 Jahre) lag.

Zusammengefaßt soll nochmals festgestellt werden, daß man sich bei den Untersuchungen zu einer möglichen regelmäßigen *mutatio obsidum* aufgrund des römisch-karthagischen Friedensvertrages auf historisch ungesichertem Boden befindet und auf eine Reihe von Vermutungen und Indizien angewiesen ist. Eine regelmäßige *mutatio obsidum* wird von der antiken Historiographie nicht überliefert, ist jedoch mit an Sicherheit grenzender Wahrscheinlichkeit anzunehmen. Weitaus weniger gesichert (wenngleich nicht unwahrscheinlich) ist allerdings die These, daß der Austausch der Geiseln im zeitlichen Abstand von zehn Jahren stattfand, wobei wir eine einzige Nachricht zu einem tatsächlich vorgenommenen Austausch haben, nämlich Liv. 40,34,14 zum Jahr 181, wobei selbst hier eine verwirrende Terminologie zu finden ist (*...centum obsides redditi...*), die auf den ersten Blick eher eine völlig Rückgabe (*reddere*) als einen Austausch vermuten läßt. Endgültig auf dem Boden der Spekulation befindet man sich, wenn man – wie MOSCOVICH[604] – hinter dem im Jahr 191 erfolgten punischen Angebot, die gesamte offene Reparationszahlung (immerhin 8000 Talente) auf einmal zu bezahlen, das karthagische Motiv vermutet, keine Geiseln mehr stellen zu müssen. Es sei jedoch festgestellt, daß zumindest das Jahr 191 vorzüglich zu den weiter oben vorgenommenen Überlegungen passen würde, da aufgrund der These, die Geiseln wären alle zehn Jahre ausgewechselt worden, als nächste Zeitpunkt für die Stellung von hundert neuen Geiseln das folgende Jahr 190 anzunehmen ist. Hätten die Karthager also im Jahr 190 die gesamte offene Kriegsentschädigung beglichen, so wäre ihnen höchstwahrscheinlich die Stellung dieser hundert neuen Geiseln erspart geblieben.

Hinsichtlich der Lebensumstände und Herkunft der punischen Geiseln lassen sich mehrere Feststellungen treffen: der Großteil der Geiseln wurde auf verschiedene Städte in Latium (die Quellen nennen zumindest folgende Städte: Norba, Signia, Ferentinum[605], Setia und Fregellae) aufgeteilt.[606] Einige Geiseln befanden sich auch in Rom, wie sich dies aus Liv. 32,26,17 indirekt ableiten läßt. Schenkt man einer etymologischen Notiz des Varro (ling. Lat. 5,159) Glauben, so wurden die in Rom untergebrachten Geiseln in einem Viertel namens *vicus Africus* auf dem Esquilin untergebracht (*Esquilis vicus Africus, quod ibi obsides ex Africa bello Punico dicuntur custoditi*).[607] Die Geiseln durften über (punische) Sklaven verfügen, da sie hoher Abstammung waren (Liv. 32,26,5: *Cum iis ut principum liberis magna vis servorum erat*), und sich frei in der Öffentlichkeit

---

[604] MOSCOVICH 1974, 425

[605] Nicht Ferentum, wie von ELBERN 1990, 111 Anm. 94 irrtümlich angeführt.

[606] Vgl. BRISCOE 1973, 170

[607] Gegen PALMER 1997, wonach *Afri* im vicus Africus Handel trieben, wendet sich mit Recht K.GEUS, Gnomon 72 (2000), 135-137

bewegen.[608] Bezüglich der Abstammung läßt sich ein weiterer, in der Forschung bislang unbeachteter Hinweis ins Treffen führen: (Spätestens) seit dem Jahr 196 brachten die Opponenten der Barkiden mehrere schriftliche Beschwerden gegen Hannibal in Rom ein und zwar *quisque hospitibus suis*, wie dies Livius überliefert (Liv. 33,45,6: *Adversae Hannibali factionis homines principibus Romanis, hospitibus quisque suis, identidem scribebant* ...). Meines Erachtens kann es sich nur um jene Geiseln handeln, die – wie zuvor geschildert – aufgrund des im Winter 202/201 abgeschlossenen Waffenstillstandsvertrages nach Rom gekommen waren, bereits im Jahr 200 wieder nach Afrika zurückkehren durften und einige Jahre später bei ihren *hospites* schriftliche Anzeigen gegen Hannibal vorbrachten.[609] Jedenfalls verwundert es nicht, daß die Barkidenpartei, welche nach dem Ende des Zweiten Punischen Krieges weiterhin an der Macht war, dafür sorgte, daß vor allem die Familienangehörigen ihrer Opponenten als Geiseln nach Rom gehen mußten.

(L) Zum Vertragspunkt "Auslieferung der Gefangenen, Deserteure und flüchtigen Sklaven"

Nach Polybios (15,18,3) sollten die Karthager "die Gefangenen, gleichgültig, wann sie den Karthagern in die Hände gefallen wären, ebenso die Überläufer zurückgeben" (τοὺς αἰχμαλώτους καὶ δραπέτας ἐκ παντὸς ἀποδοῦναι τοῦ χρόνου). Eine ähnliche Überlieferung findet sich bei

- Livius (30,37,3): Die Karthager sollten den Römern die Überläufer, die entlaufenen Sklaven und die Kriegsgefangenen übergeben ("*perfugas fugitivosque et captivos omnes redderent Romanis*")
- Appian (Lib. 54, 234): Auslieferung der Gefangenen und der Überläufer sowie jener Personen, die Hannibal aus Italien [scil.: zurück nach Afrika] mitbrachte. (καὶ αἰχμάλωτα πάντα καὶ αὐτομόλους καὶ ὅσους Ἀννίβας ἐξ Ἰταλίας ἤγαγεν)
- Cassius Dio (17,57,82): Rückgabe der Gefangenen und Überläufer, die die Karthager von den Römern oder ihren Bundesgenossen hätten (τοὺς αἰχμαλώτους τούς τε αὐτομόλους οὓς ἤτοι τῶν Ῥωμαίων ἢ τῶν συμμάχων σφῶν εἶχον ἀποδοῦναι) und
- Zonaras (9,14,11): Rückgabe der Sklaven und Überläufer (τοὺς αἰχμαλώτους καὶ τοὺς αὐτομόλους δοθῆναι)

---

[608] Dies läßt indirekt sich aus der Anweisung des Stadtprätors L. Cornelius Merula während des Sklavenaufstandess ableiten, wonach die Geiseln unter Hausarrest gestellt werden sollen und ihnen keine Möglichkeit gegeben werden soll, sich in der Öffentlichkeit zu bewegen (Liv. 32,26,18: *et circa nomen Latinum a praetore litterae missae, ut et obsides in privato servarentur neque in publicum prodeundi facultas daretur*). Vgl. auch Elbern 1990, 110

[609] Eine andere Ansicht vertritt Briscoe 1973, 337 ("The pro-Roman faction had obviously established personal contacts at Rome.")

Nach Appian (Lib. 54, 235) mußte dieser Vertragspunkt innerhalb von 30 Tagen erfüllt werden. Erfaßt waren jedenfalls die römischen Überläufer, entflohenen Sklaven und die römischen Kriegsgefangenen. Eine interessante Erweiterung der Auslieferungsklausel bietet Appian, der ausdrücklich neben der Überstellung der Gefangenen und Überläufer auch die Auslieferung jener Personen, die Hannibal aus Italien zurück nach Afrika brachte, als Vertragspunkt festhält (App., Lib. 54,234).

Livius berichtet, daß die Karthager nach dem Abschluß des Friedensvertrages die Kriegsschiffe, Elefanten, Überläufer, entlaufenen Sklaven und insgesamt 4.000 Gefangene (unter ihnen auch der Senator Q. Terentius Culleo) den Römern übergeben hätten (Liv. 30,43,11: *Naves longas, elephantos, perfugas, fugitivos, captivorum quattuor milia tradiderunt, inter quos Q. Terentius Culleo senator fuit.*). Hinsichtlich der Überläufer und entflohenen Sklaven berichtet Livius weiters, daß man mit den Überläufern weitaus härter verfuhr als mit den Sklaven: Die Latiner wurden geköpft, die Römer gekreuzigt (Liv. 30,43,13: *De perfugis gravius quam de fugitivis consultum, nominis Latini qui erant, securi percussi, Romani in crucem sublati.*).[610]

Noch im Jahr 200 beschwerte sich jedoch der Senat mittels einer nach Afrika entsandten Delegation, daß nicht alle Überläufer übergeben worden wären und daß ein großer Teil sich offen in Karthago umhertreiben solle, und verlangte daher die Aufspürung und Festnahme dieser Leute (Liv. 31,11,7: *Simul nuntiare iussi perfugas sibi non omnes redditos esse ac magnam partem eorum palam Carthagini observari dici; quos comprehendi conquirique debere...*). Die Karthager entgegneten auf diese Beschwerde, daß sie sämtliche Überläufer und entflohenen Sklaven, die sie aufspüren hätten können, an die Römer übergeben hätten (Liv. 31,19,2).

Die von Livius in 30,43,11 genannten 4000 kriegsgefangenen Römer waren jedoch nicht die einzigen, die den Krieg als Kriegsgefangene überlebt hatten. Als Titus Quinctius Flamininus im Jahr 194 Griechenland räumte, bat er um die Freilassung aller Römer, die in Griechenland in Sklaverei waren, da es nicht ehrenvoll sei, wenn in einem befreiten Land die Befreier als Sklaven arbeiten müßten (Liv. 34,50,3). Livius berichtet, daß es in Griechenland eine gewaltige Anzahl von Kriegsgefangenen aus dem Zweiten Punischen Krieg gab, welche

---

[610] Vgl. auch Val. Max. 2,7,12. Die Todesstrafe für Deserteure wird – bei einer Desertion während der Schlacht – auch von D 49,16,3,3 *(Qui in acie prior fugam fecit, spectantibus militibus propter exemplum)* bezeugt. Ein umfangreicher Strafenkatalog für Deserteure findet sich in D 49,16,5 (darunter auch die Todesstrafe: D 49,16,5,2-3). Eine in der Republik übliche Bestrafung war auch die körperliche Züchtigung mit anschließendem Verkauf in die Sklaverei (Liv. 40,41,1; Liv. per. 55,2; Frontin, strat. 4,1,20).

Hannibal nach Griechenland verkauft hatte, da sie von ihren Landsleuten nicht freigekauft wurden (Liv. 34,50,5: *Ingens numerus erat bello Punico captorum, quos Hannibal, cum ab suis non redimerentur, venum dederat.*). Alleine die Achäer hätten – und hier beruft sich Livius auf Polybios als Gewährsmann – den Eigentümern der römischen Sklaven pro Kopf 500 Denare[611], insgesamt 100 Talente, gezahlt, woraus sich laut der (etwas ungenauen) livianischen Berechnung eine Gesamtzahl der kriegsgefangenen Römer von 1.200 nur für den Raum Achaia ergibt (Liv. 34,50,6).[612]

Die Quellen überliefern zwar übereinstimmend die Pflicht zur Auslieferung der Gefangenen, Deserteure und Überläufer seitens der Karthager, nicht jedoch seitens der Römer. Bei Livius findet sich die Episode, daß während der Friedensverhandlungen im Frühjahr/Sommer 201 jene punische Delegation, die in Rom um Frieden bat, dort auch die karthagischen Kriegsgefangenen besucht und um deren Freikauf gebeten hätte, worauf der römische Senat beschloß, insgesamt zweihundert, von den Karthagern ausgewählte Gefangene zu Scipio zu schicken. Wenn der Friede zustande gekommen sei, sollten die Gefangenen ohne Lösegeld zurückgegeben werden (Liv. 30,43,5-8).

Hinsichtlich der kriegsgefangenen Karthager berichtet Cornelius Nepos beiläufig in seiner Hannibal-Biografie, daß die punische Gesandtschaft, die im Jahr 200 nach Rom kam, vom römischen Senat die Rückgabe der punischen Kriegsgefangenen forderte (Corn. Nepos, Hann. 7,2: ... *legati Karthaginienses ... peterent, ut ... captivique redderentur*), ein Ansuchen, das vom Senat abgelehnt wurde, da die Karthager noch immer Hannibal und Mago an der Spitze ihrer Armee gehabt hätten. Wie schon die Erörterung der Vertragspunkte "Zahlung einer Kriegskostenentschädigung" bzw. "Geiselstellung" ergeben hat, betrachteten die Römer mißtrauisch das punische Verhalten in der unmittelbar auf den Friedensschluß folgenden Zeit und konnten auch durch die Verweigerung der Rückgabe der kriegsgefangenen Karthager Druck auf die karthagische Staatsführung ausüben. Zwar könnte man aufgrund der punischen Forderung nach Freilassung der kriegsgefangenen Karthager eigentlich vermuten, daß der römisch-punische Friedensvertrag eine entsprechende Klausel beinhaltete, da ein unberechtigt vorgetragenes Anbringen seitens der Karthager gerade in dieser von Mißtrauen geschwängerten Zeit kontraproduktiv gewesen

---

[611] Dies entsprach durchaus dem durchschnittlichen Marktwert eines Sklaven zur Zeit der römischen Republik. Vgl. H.KLOFT, Die Wirtschaft der griechisch-römischen Welt, Darmstadt 1992, 167 (300-500 Denare).

[612] Rechnet man den Denar zu 3,98g Silber, so waren für jeden Sklaven 1,99 Kilo Silber zu entrichten, sodaß man für 100 Talente (2619,6 Kilo Silber) insgesamt 1316 Sklaven freikaufen konnte. Korrekt wird die livianischen Rechnung jedoch dann, wenn man (allerdings irrigerweise) einen Denar mit einer Drachme (4,36g Silber) gleichsetzt und so auf 1201 freigekaufte Kriegsgefangene kommt.

wäre, doch läßt sich bei Livius sowie bei Zonaras ein Indiz finden, das gegen die Existenz einer römischen Verpflichtung zur Freilassung der punischen Kriegsgefangenen spricht: Am Aufstand der punischen Geiseln und deren Diener beteiligten sich laut Livius auch jene karthagischen Kriegsgefangenen, die von Rom aus der römischen Kriegsbeute verkauft worden waren (Liv. 32,25,6; vgl. auch Zonaras 9,18,6: οἱ δ' ὅμηροι τῶν Καρχηδονίων οἵ τε δοῦλοι οἱ μετ' αὐτῶν καὶ οἵ τισι πεπραμένοι αἰχμάλωτοι, κατασχεῖν τὰς πόλεις ἐν αἷς ἕκαστοι τὰς διατριβὰς ἐποιοῦντο τολμήσαντες, καὶ πολλοὺς τῶν ἐπιχωρίων φονεύσαντες, καθῃρέθησαν ὑπὸ Κορνηλίου Λεντούλου στρατηγοῦ πρὶν μεῖζόν τι ἐξεργάσασθαί.) Zumindest im Jahr 198 gab es also weiterhin karthagische Kriegsgefangene.

(M) Zu den Durchführungsbestimmungen des Vertrages

Lediglich bei Appian (Lib. 54,234-235.237) werden Fristen überliefert, innerhalb derer die einzelnen Vertragsbestimmungen erfüllt werden mußten. So hatten die Karthager

- binnen 30 Tagen nach Abschluß des Friedensvertrages die Elefanten und Kriegsschiffe im vereinbarten Ausmaß, sowie die kriegsgefangenen Römer und die Überläufer [sowie die entflohenen Sklaven] auszuliefern

und

- binnen 60 Tagen nach Abschluß des Friedensvertrages das Heer des Mago zurückzubeordern und Ligurien zu räumen sowie die Städte jenseits der Phoinikischen Gräben in Afrika zu räumen und diesen Städten die Geiseln zurückzugeben.

Umgekehrt sicherten die Römer zu, binnen 150 Tagen nach Abschluß des Friedensvertrages Afrika zu verlassen. Durch diese lange Frist konnte sichergestellt werden, daß die Römer die Erfüllung der zuerst wahrzunehmenden Friedensbestimmungen noch an Ort und Stelle überwachen konnten bzw. daß überhaupt aufgrund der anhaltenden römischen Präsenz massiver Druck auf die punischen Behörden ausgeübt wurde.[613]

[613] Ähnlich TÄUBLER 1913, 73 ("Die längere Okkupationsfrist der römischen Truppen muß also in den politischen Verhältnissen, in der Befürchtung eines Rückschlags, ihren Grund gehabt haben.")

VI.) DAS VÖLKERRECHTLICHE VERHÄLTNIS ZWISCHEN ROM UND KARTHAGO BIS ZUM AUSBRUCH DES DRITTEN PUNISCHEN KRIEGES

In diesem Abschnitt soll vor allem das römisch-punisch-numidische "Dreiecksverhältnis" in völkerrechtlicher Hinsicht zwischen dem Ende des Zweiten und dem Beginn des Dritten Punischen Krieges behandelt werden. Jene Ereignisse, die zwar in diesen historischen Zeitrahmen fallen, jedoch direkt auf den römisch-punischen Friedensvertrag zurückzuführen sind, sind bereits systematisch im vorhergehenden Abschnitt anläßlich der Analyse der einzelnen Vertragspunkte behandelt worden (zB der Geiselaufstand des Jahres 198 oder das punische Anbot zur vorzeitigen Rückzahlung der gesamten offenen Reparationszahlungen im Jahr 191)

1.) Zu den Ereignissen unmittelbar nach Vertragsabschluss

Nach Abschluß des Vertrages übergaben die Karthager Scipio die Kriegsschiffe, Elefanten, Überläufer, entlaufenen Sklaven und insgesamt 4.000 Kriegsgefangene (Liv. 30,43,10-13). Die Schiffe[614] wurden auf offenem Meer angezündet, die Elefanten zum Teil Massinissa übergeben, zum größten Teil aber der römischen Armee einverleibt (Cass. Dio, 17,57,84)[615]. Die latinischen Deserteure wurden geköpft, die römischen gekreuzigt (Liv. 30,43,13).

Somit hatten die Karthager ihre ersten Verpflichtungen, die sie nach Appian (Lib. 54,235) binnen 30 Tagen wahrzunehmen hatten, erfüllt. Die Erfüllung des nächsten Vertragspunktes – Räumung Liguriens durch Mago sowie Räumung der nordafrikanischen Städte jenseits der Phoinikischen Gräben binnen 60 Tagen (App., Lib. 54,235) – wird von der antiken Historiographie nicht bestätigt, wenngleich wir bei Cornelius Nepos erfahren, daß Mago gemeinsam mit seinem Bruder Hannibal bis in das Konsulatsjahr des P. Sulpicius und C. Aurelius (somit bis in das Jahr 200) an der Spitze des punischen Heeres in Nordafrika stand (Corn. Nep., Hann. 7,1-3), sich also nicht mehr in Ligurien aufhielt.

---

[614] Livius berichtet, daß einige seiner Quellen die Zahl von 500 Kriegsschiffen überliefern (*Quingentas fuisse omnis generis, quae remis agerentur, quidam tradunt*; Liv. 30,43,12). Diese Zahl ist sicher zu hoch gegriffen, da sich die Römer in den letzten Jahren des Krieges mit etwa 100-120 Kriegsschiffen, die in den Gewässern zwischen Afrika, Sizilien und Sardinien kreuzten, begnügt hatten und gerade in einer Epoche, in der dem ungefährdeten Truppen- und Hilfsgüternachschub größte Bedeutung zukam, wohl kaum ein Risiko eingegangen wären.

[615] Nach Liv. 31,36,4 kämpften im Jahr 199 "erbeutete" (*capti*) Elefanten im Krieg gegen Philipp

Vor der Räumung Afrikas seitens der Römer – nach App., Lib. 54, 237 hatte die Räumung binnen 150 Tagen zu erfolgen – berief Scipio eine Heersversammlung ein, in der er Massinissa mit der Stadt Cirta sowie den übrigen Städte und Länder, die vom Königreich des Syphax in die Gewalt des römischen Volkes gekommen waren, beschenkte.[616] Anschließend befahl er dem Propraetor Cn. Octavius, seine (aus 40 Schiffen bestehende)[617] Kriegsflotte zum Konsul Cn. Cornelius Lentulus zu führen (Liv. 30,44,12), sowie den punischen Gesandten, in Rom die Ratifizierung des von ihm unter Mitwirkung der zehnköpfigen senatorischen Kommission ausgehandelten und durch die Fetialen beschworenen Vertragstextes beim Senat und beim Volk zu erwirken (*...iussit legatos Carthaginiensium Romam proficisci, ut, quae ab se ex decem legatorum sententia acta essent, ea patrum auctoritate populique iussu confirmarentur*; Liv. 30,44,12).

Diese letzte Anordnung ist aus völkerrechtsgeschichtlicher Sicht von höchster Bedeutung: Obwohl der Vertrag bereits von den Fetialen beschworen worden war, ließ Scipio den Vertragstext dennoch vom römischen Senat und Volk ratifizieren. Die Mitwirkung des Priesterkollegiums war somit nur noch demonstrativer, nicht mehr konstitutiver Natur.

2.) Zum Abschluss eines Vertrages zwischen Massinissa und Karthago

Unmittelbar nach Abschluß des römisch-karthagischen Vertrages kam es jedoch zum ersten größeren Konflikt zwischen Massinissa und den Karthagern. Der numidische König "nahm aus Groll gegen die Karthager und gestützt auf die Freundschaft der Römer den erstgenannten sogleich einen großen Teil ihres Landes mit der Behauptung ab, es habe ihm selbst einmal gehört." (App., Lib. 67, 302). Appian berichtet weiters, daß sich die Karthager an Rom mit der Bitte um Herstellung eines Ausgleichs gewandt hätten, doch sei Massinissa von den

[616] Schon im Herbst 203 (nach der Schlacht auf den großen Feldern) hatte Scipio Massinissa in feierlicher Form zunächst als "*rex*" tituliert sowie ihn mit den väterlichen (ostnumidischen) Gebieten, die als Kriegsbeute (*praeda populi Romani*) in die Gewalt des römischen Volkes gekommen waren, beschenkt (Liv. 30,15,11-14). Der Senat hatte diesen Beschluß ebenso feierlich bestätigt, Massinissa mit einer zweifachen kompletten militärischen Ausstattung eines Konsuls beschenkt (Liv. 30,17,12-14) und ihn durch die "betonte Zweizahl [scil. der Geschenke des Senats] als Inhaber der ungeteilten konsularischen Gewalt apostrophiert" (RITTER 1987, 52). Im Gegensatz zu dieser Schenkung des Jahres 203 überliefert die antike Historiographie für die Schenkung des Jahres 201 keine ausdrückliche Bestätigung des Senates, wenngleich man mit RITTER 1987, 53f. aus der Gratulation des Senates und den damit verbundenen Geschenken (Liv. 31,11,8-12) das senatorische Einverständnis ableiten kann.

[617] Liv. 30,41,7

entsandten Schiedsrichtern begünstigt worden, sodaß er das umstrittene Land erhalten habe. Es sei schließlich ein Vertrag zwischen ihm und den Karthagern zustandegekommen, welcher fünfzig Jahre lang gehalten hätte, wobei die Karthager in dieser Periode einen enormen wirtschaftlichen und machtpolitischen Aufschwung genommen hätten (App., Lib. 67, 302f.). Es handelt sich um die einzige Überlieferung hinsichtlich eines tatsächlich abgeschlossenen punisch-numidischen Vertrages, dessen Abschluß laut Livius den Karthagern vom römisch-karthagischen Friedensvertrag vorgeschrieben wurde (Liv. 30,37,4: *foedusque cum eo facerent*) – eine Bestimmung, die vom Großteil der modernen Literatur bezweifelt wurde.[618] Wie schon oben (S. 214-216) erörtert wurde, ist meines Erachtens weder die Verpflichtung zum Vertragsabschluß noch der tatsächliche Vertragsabschluß zu bezweifeln:

Hinsichtlich der Verpflichtung zum Vertragsabschluß sei nochmals auf die wohl unbestrittene Überlieferung des Vertragspunktes "Restitution von Massinissas Eigentum seitens der Karthager" (vgl. oben S.213-214) verwiesen. So überliefert etwa Polybios ausdrücklich, daß alles Eigentum "innerhalb der ihnen [scil. den Karthagern] zuzuweisenden Grenzen" an Massissa zurückgegeben werden müsse. Dies bedeutet, daß den Römern zum Zeitpunkt des Vertragsabschlusses bewußt war, daß das zukünftige nachbarschaftliche Verhältnis zwischen Karthago und Massinissa durch eine Grenzziehung geregelt werden mußte. Daher erscheint es nicht abwegig[619], daß die Römer zum Zeitpunkt des Abschlusses des römisch-punischen Vertrages den Abschluß eines weiteren Staatsvertrages zwischen den beiden Nachbarmächten zumindest beabsichtigten.

Geht man von der Historizität dieses Vertrages aus, so drängt sich als nächstes die Frage nach dem Inhalt auf, wobei jedoch lediglich Vermutungen angestellt werden können, da Appian lediglich die Tatsache des Vertragsabschlusses überliefert, ohne nähere inhaltliche Angaben zu machen. An erster Stelle muß die Annahme stehen, daß der Vertrag eben keine Grenzziehung vornahm, obwohl der Vertrag laut Appian anläßlich der ersten punisch-numidischen Grenzstreitigkeiten zustandegekommen war. Diese auf den ersten Blick verwunderlich erscheinende These begründet sich jedoch auf dem wichtigsten Argument *gegen* die Historizität eines punisch-numidischen

---

[618] Vgl. etwa WALBANK II-1967, 469f. ("Livy's reference to a treaty between Carthage and Masinissa is to be rejected:"), SCHMITT 1969, 306 ("Nach Livius hatte Karthago einen Vertrag mit Massinissa zu schließen; diese Bindung ist vertragsrechtlich wenig wahrscheinlich.") oder HUSS 1985, 422 Anm. 153 ("Die Karthager sind kaum zum Abschluß eines Bündnisvertrages mit Massinissa verpflichtet worden."). Anders jedoch RITTER 1987, 62 ("Daß Karthago 201 ein Vertrag mit Massinissa auferlegt wurde, hat trotz der schwachen Überlieferung und der sachlichen Problematik einiges für sich.")

[619] So zu Recht auch RITTER 1987, 62f

Vertrages: Zu Recht wurde nämlich stets ins Treffen geführt, daß sich trotz der zahlreichen Grenzstreitigkeiten des Zeitraumes 200-150 v.Chr. keine der beiden Vertragsparteien auf den punisch-numidischen Vertrag beruft.[620] Wenn also der punisch-numidische Vertrag tatsächlich historisch ist, so dürfte er keine Grenzziehung im grundsätzlichen Sinne vorgenommen haben, da es im gegenteiligen Fall in der Tat seltsam anmutet, daß die Karthager ihre Ansprüche nicht auf diesen Vertrag begründeten, sondern sich im Gegenteil nachweislich auf den römisch-karthagischen Friedensvertrag von 201 beriefen (vgl. etwa den Grenzstreit von 193: Liv. 34,62,9: *Carthaginienses iure finium causam tutabantur, quod intra eos terminos esset, quibus P. Scipio victor agrum, qui iuris esset Carthaginiensium, finisset,...*).

Wenn aber im punisch-numidischen Vertrag keine grundsätzliche Grenzziehung vorgenommen wurde, welchen Inhalt hatte er dann aufzuweisen? Den wichtigsten Lösungsansatz bietet hier die Aussage Appians, der Vertrag sei anläßlich der ersten punisch-numidischen Grenzsstreitigkeiten und nach dem Schiedsrichterspruch einer römischen Delegation zustandegekommen. Offensichtlich bezog sich der laut Appian abgeschlossene punisch-numidische Vertrag nur auf jene Städte, die von Massinissa besetzt worden waren und die Anlaßfall des römischen Einschreitens waren. Somit wurde zwar hinsichtlich dieser besetzten Städte eine "*res iudicata*", eine rechtskräftig entschiedene Sache, geschaffen, nicht jedoch hinsichtlich der übrigen Städte, die im punisch-numidischen Grenzbereich lagen, sodaß weiterhin eine grundsätzliche Grenzziehung fehlte. Hier drängt sich die Vermutung auf, daß die typische römische Vertragsterminologie, die angesichts der Anwesenheit der römischen Schiedsrichterdelegation mit Sicherheit Aufnahme in den punisch-numidischen Vertragstext gefunden hatte, zusätzlich für Verwirrung und Rechtsunsicherheit sorgte, wenn die Abtretung der umstrittenen Städte seitens der Karthager wie üblich (und wie bereits im römisch-punischen Vertrag festgelegt) mit der Klausel "Die Karthager müssen ... räumen." umschrieben wurde. Mit anderen Worten: Der punisch-numidische Vertrag regelte wohl in derselben Terminologie wie der römisch-punische Vertrag von 201 eine punische Räumungsverpflichtung, ohne jedoch zugleich festzulegen, welche Städte oder welches Landgebiet hingegen definitiv punisch bleiben sollen.

---

[620] So meinte etwa RITTER, der zwar von der Historizität der punischen Verpflichtung zum Abschluß eines punisch-numidischen Vertrages ausging, jedoch den tatsächlichen Abschluß eines solchen Vertrages bezweifelte: "In den zahlreichen und ausführlichen Berichten über die Streitigkeiten beruft sich nie jemand auf einen numidisch-karthagischen Vertrag" (RITTER 1987, 63). Vgl. auch TÄUBLER 1913, 199: "Entscheidend war für ihn [scil. NISSEN 1870] erstens die allgemeine Erwägung, daß bei einer festen Grenzbestimmung die unaufhörlichen Grenzstreitigkeiten zwischen Massinissa und den Karthagern nicht möglich gewesen wären,....".

Somit blieb der einzige Vertrag, der wenigstens eine konkrete geographisch nachvollziehbare Linie – die punischen Gräben – nannte, der römisch-punische Friedensvertrag des Jahres 201.

3.) Die Ereignisse des Frühjahres 200

Terminus post quem für den Ausbruch des soeben besprochenen ersten punisch-numidischen Grenzkonfliktes bzw. für den Abschluß des punisch-numidischen Vertrages ist wohl der Abzug der römischen Truppen aus Afrika im Herbst 201. Solange die Römer mit Scipio über einen außerordentlich orts- und sachkundigen Magistrat auf nordafrikanischem Boden verfügten, ist es unwahrscheinlich, daß sie eine eigene Schiedskommission nach Afrika zur Regelung des punisch-numidischen Grenzstreites entsandt hätten.

Daß dieser Grenzkonflikt jedoch noch in das Jahr 200 (und zwar zu einem sehr frühen Zeitpunkt dieses Jahres) datiert werden muß,[621] läßt sich aus der Hannibal-Biographie des Cornelius Nepos ableiten, wonach Hannibal bis in das Konsulatsjahr des P. Sulpicius und des C. Aurelius in Nordafrika Krieg geführt hätte (Corn. Nepos, Hann. 7,1). Der römische Historiker verwendet zwar die mehrdeutige Phrase "*rem gerere*", die oft, jedoch nicht immer mit "Krieg führen" gleichgesetzt werden kann, doch kann auch aufgrund des Textzusammenhangs kein Zweifel bestehen, daß Nepos zumindest von einer aktiven, wenn nicht sogar agressiven Kommandoführung Hannibals ausgeht. Allerdings scheint es angebracht, den Begriff "Krieg führen" eher zu vermeiden, da er fälschlicherweise einen Krieg gegen Massinissa, den einzigen potentiellen Gegner Karthagos im Falle eines Krieges in Nordafrika, andeutet. Ein solcher Krieg wäre jedoch – vgl. dazu oben S. 216-219 – gleich zweifach von der römisch-punischen Vertragsbestimmung hinsichtlich der Einschränkung zukünftiger karthagischer Kriegsführung erfaßt und untersagt worden, da er einerseits ohne Zustimmung des römischen Volkes, andererseits gegen einen römischen *socius* geführt worden wäre. Somit bleibt als einziger Bereich einer punischen "Kriegsführung" oder (eben besser) eines "aktiven Heereskommandos" Hannibals die Niederschlagung von Aufständen im eigenen punischen Territorium sowie der Schutz der punischen Grenzen bzw. des punischen Kernlandes vor einer größeren numidischen Invasion. Hinsichtlich der bereits von Massinissa besetzten Städte und Ländereien mußten die Karthager jedoch von einem Gegenschlag absehen, wollten sie keinen offenen Krieg gegen den numidischen König und somit eine Verletzung ihrer Verpflichtungen aus dem römisch-karthagischen Vertrag riskieren. Die punischen Truppen unter

---

[621] Auch HUSS 1985, 426 datiert den ersten punisch-numidischen Grenzkonflikt in das Jahr 200.

Hannibal und Mago konnten lediglich versuchen, ein weiteres Vordringen Massinissas zu unterbinden und offene Revolten in den vorläufig punisch gebliebenen Grenzstädten niederzuwerfen.

Eine Lösung hinsichtlich der bereits von Massinissa okkupieren Städte und Landgebiete konnte daher aus punischer Sicht nur auf diplomatischem Wege mittels römischem Schiedsspruch erhofft werden, wie dies auch von Appian (App., Lib. 67,302) bestätigt wird: Die Karthager wandten sich "an die Römer mit der Bitte, zwischen ihnen und Massinissa einen Ausgleich herzustellen." Diese punische Gesandtschaft, deren Ankunft in Rom, wie noch zu zeigen sein wird, etwa in den April 200 datiert werden muß, ist meines Erachtens ident mit jener Gesandtschaft, die laut Cornelius Nepos unter den Konsuln P. Sulpicius und C. Aurelius – also während des Jahres 200 – nach Rom gekommen war, um sich für den Abschluß des römisch-punischen Friedensvertrages durch die Überreichung eines goldenen Kranzes zu bedanken und um zugleich die Unterbringung der punischen Geiseln in Fregellae sowie die Rückgabe der punischen Kriegsgefangenen zu erbitten (Corn. Nepos, Hann. 7,2: "... *legati Karthaginienses Romam venerunt, qui senatui populoque Romano gratias agerent, quod cum iis pacem fecissent, ob eamque rem corona aurea eos donarent simulque peterent, ut obsides eorum Fregellis essent captivique redderentur.*).

Für diese Gleichsetzung der beiden punischen Gesandtschaften und somit für einen möglichst frühen Datierungsansatz der Nepos-Gesandtschaft innerhalb des Jahres 200 gibt es vor allem zwei gewichtige Indizien: Zunächst scheint die Übergabe eines Geschenkes zwecks Danksagung für den Abschluß des römisch-punischen Friedensvertrages nur anläßlich der ersten punischen Gesandtschaft, die nach Abschluß dieses Vertrages nach Rom kam, sinnvoll. Und zweitens spricht auch der übrige Textzusammenhang für eine frühe Datierung der Nepos-Gesandtschaft: Laut Nepos wurde nämlich die Bitte um Freilassung der Kriegsgefangenen mit dem Argument verwehrt, da nach wie vor Hannibal und sein Bruder Mago an der Spitze der punischen Armee stünden, worauf Hannibal und Mago nach Karthago zurückbeordert wurden (*hoc responso Karthaginienses cognito Hannibalem domum et Magonem revocarunt*). Diese Rückbeorderung bedingt jedoch ein bis zu diesem Zeitpunkt aufrechtes *rem gerere* der beiden Feldherren (vgl. Corn. Nepos, Hann. 7,1), was wiederum nur bis zum Schiedsspruch der von den Karthagern angeforderten römischen Schiedsdelegation (App., Lib. 67, 302) denkbar ist. Die punische Delegation, die laut Nepos während des Jahres 200 nach Rom reiste, muß also auf einen sehr frühen Zeitpunkt des Jahres 200 (etwa April 200) datiert werden.

Darüber hinaus findet sich bei Livius ein nicht unerhebliches Indiz, das die Überlieferung Appians bestätigt, wonach die nach Afrika entsandte römische

Schiedsrichterdelegation vom Senat angewiesen wurde, Massinissa im punisch-numidischen Grenzkonflikt möglichst zu bevorzugen, wenngleich Livius weder einen punisch-numidischen Grenzkonflikt noch eine punische Beschwerdegesandtschaft nach Rom ausdrücklich erwähnt. Er überliefert jedoch den Senatsauftrag an die römische Delegation, die im Sommer 200 nach Nordafrika nach Karthago, zu Massinissa und zu Vermina reiste: Wenn Massinissa den Gesandten mitteile, "daß er etwas nötig habe, um sein Königreich zu sichern und zu vergrößern, sollten sie ihm versprechen, daß ihm das römische Volk das aufgrund seiner Verdienste nachdrücklich garantieren werde" (*iussique polliceri, si quid ei ad firmandum augendumque regnum opus esse indicasset, enixe id populum Romanum merito eius praestaturum*; Liv. 31,11,12). Etwas deutlicher wird dies bei Appian ausgedrückt: Die Gesandten sollten Massinissa im Grenzkonflikt möglichst bevorzugen: οἳ [scil.: die Römer] δ᾽ ἔπεμπον διαλλακτάς, οἷς εἴρητο συμπράσσειν, ὅσα δύναιντο, Μασσανάσσῃ, App., Lib. 67,302). Wenn der livianische Wortlaut des Senatsauftrages nun tatsächlich als Auftrag an die römischen Gesandten, in einem punisch-numidischen Grenzstreit zugunsten Massinissas Partei zu ergreifen, zu interpretieren ist, so fehlt bei Livius der Anlaßfall für diesen Senatsbeschluß bzw. Senatsauftrag, nämlich der nur von Appian überlieferte Grenzkonflikt und die aus diesem Grund nach Rom gereiste punische Beschwerdegesandtschaft, die um die Entsendung einer römischen Schiedsrichterdelegation bat.

Als Zwischenergebnis läßt sich somit festhalten: Appian überliefert für einen Zeitpunkt, der unmittelbar auf das Kriegsende und den Abzug der römischen Truppen aus Nordafrika (Herbst 201) folgt, einen punisch-numidischen Grenzkonflikt sowie eine punische Beschwerdegesandtschaft nach Rom (etwa Frühjahr 200) sowie die Entsendung einer römischen Schiedsrichterdelegation mit der Anweisung, Massinissa zu bevorzugen (App., Lib. 67,302). Cornelius Nepos überliefert zwar keinen Grenzkonflikt, jedoch zu einem frühen Zeitpunkt des Jahres 200 die Entsendung einer punischen Gesandtschaft, die sich mit einem goldenen Kranz für den Abschluß des römisch-karthagischen Friedensvertrages bedanken sowie die Rückgabe der punischen Kriegsgefangenen und die Verlegung bestimmter Geiseln in bestimmte Orte erbitten sollte. Weiters überliefert Nepos, daß der Senat das Geschenk annahm und die Geiseln verlegen ließ, jedoch die Rückgabe der punischen Kriegsgefangenen verweigerte, da Hannibal und Mago weiterhin an der Spitze der karthagischen Armee stünden (Corn. Nepos, Hann. 7,2f.). Von einer nach Afrika reisenden römischen Delegation erwähnt Nepos nichts. Livius hingegen scheint von einer nach Rom reisenden punischen Delegation nichts zu wissen, berichtet aber von einer nach Afrika reisenden römischen Gesandtschaft, welche die Anweisung hatte, bei Massinissa eine Garantie hinsichtlich der Sicherung und Vergrößerung seines Reiches abzugeben (Liv. 31,11,12).[622]

Verkompliziert wird die Rekonstruktion des Ablaufs der historischen Ereignisse schließlich durch die livianische Nachricht, daß zu Beginn des Jahres 199 eine punische Delegation in Rom erschien, um einerseits die erste Kriegsentschädigungsrate auszuzahlen und um andererseits die Verlegung einiger punischer Geiseln zu erbitten, nachdem der ursprünglichen punischen Forderung nach der Rückgabe aller Geiseln nicht zur Gänze entsprochen und ein Teil der Geiseln in Italien behalten wurde (Liv. 32,2,1-4). Da der livianische Bericht hinsichtlich der punischen Bitte nach Verlegung der Geiseln größtenteils der Schilderung des Cornelius Nepos zum Jahr 200 entspricht und da viele Argumente für die Annahme sprechen, daß die erste Kriegsentschädigungsrate nicht erst im Jahr 199 sondern bereits im Jahr 200 fällig war, ist meines Erachtens die livianische Gesandtschaft der Karthager des Jahres 199 um ein Jahr zurückzudatieren und mit der Nepos-Gesandtschaft der Karthager im Jahr 200 gleichzusetzen (vgl. auch ausführlich oben S. 229-230).

Zusammengefaßt bedeutet dies folgenden Ablauf der Ereignisse zwischen dem Abzug der römischen Truppen aus Nordafrika und der Reise der römischen Delegation nach Afrika: Es bricht ein Grenzkonflikt zwischen Massinissa und den Karthagern aus (etwa im März/April 200), nachdem Massinissa einige ehemals karthagische Städte und Landstriche besetzt hatte. Die Karthager versuchen, ein weiteres agressives Vorgehen Massinissas durch die Entsendung ihrer Armee in die Grenzregionen zu unterbinden, bitten jedoch, da sie an einem militärischen Gegenschlag durch die einschlägigen Bestimmungen des römisch-karthagischen Friedensvertrages gehindert sind, in Rom um Hilfe. Die nach Rom reisende punische Delegation überreicht nicht nur einen goldenen Kranz als Dankesgeschenk für den Abschluß des römisch-karthagischen Friedensvertrages, sondern zahlt auch die erste Kriegsentschädigungsrate in Höhe von 200 Talenten aus. Gleichzeitig werden die ersten hundert punischen Geiseln gestellt und jene hundertfünfzig Geiseln, die die Karthager nach dem Waffenstillstandsvertrag den Römern übergeben hatten, zurückgefordert (zu dieser These vgl. ausführlich oben S. 234-242). Zudem wird die Freilassung der punischen Kriegsgefangenen erbeten.

Dies war die Situation aus karthagischer Sicht im Frühjahr 200. Die römischen Interessen hatten sich jedoch zu diesem Zeitpunkt völlig verlagert:

[622] Die tatsächliche Reise der römischen Gesandtschaft nach Karthago, zu Massinissa und zu Vermina wird von Livius in 31,19,1-6 geschildert.

Nach dem Amtsantritt[623] der beiden neugewählten Konsuln des Jahres 200 – P. Sulpicius Galba und C. Aurelius Cotta – hatte Galba, dem Makedonien als Amtsbereich zugelost worden war, den Antrag bei den Centuriatskomitien gestellt, sie mögen König Philipp von Makedonien den Krieg erklären. Dieser Antrag wurde bei der ersten Abstimmung vom kriegsmüden römischen Volk beinahe einstimmig abgelehnt und ging erst nach einem flammenden Appell des Konsuls in der zweiten Abstimmung durch. Während der Kriegsvorbereitungen erhielten die Römer jedoch – *nihil minus eo tempore timentibus* (Liv. 31,10,1) – alarmierende Nachrichten aus Norditalien: Mehrere keltische Stämme hatten unter der Führung eines punischen Offiziers namens Hamilkar, der aus dem Heer des Hasdrubal bzw. des Mago zurückgeblieben war, die römische *colonia* Placentia erobert und geplündert sowie mit der Belagerung Cremonas begonnen (Liv. 31,10,2-7; Cass. Dio 18,58,5; Zon. 9,15,8).

Dies war die Situation aus römischer Sicht, als die punische Delegation im Frühjahr 200 in Rom eintraf, um erstens die Entsendung einer römischen Schiedsrichtergesandtschaft aufgrund des punisch-numidischen Grenzkonfliktes zu erbitten, zweitens die erste Kriegsentschädigungsrate auszuzahlen und ein Dankesgeschenk für den Abschluß des römisch-karthagischen Friedensvertrages im Vorjahr zu überreichen, drittens die punischen Kriegsgefangenen freizugeben sowie viertens die 150 Geiseln zurückzuverlangen, die aufgrund des Waffenstillstandvertrages (202/201) gestellt worden waren. Gleichzeitig wurden erstmals jene 100 Geiseln nach Rom gebracht, die aufgrund der Bestimmungen des endgültigen Friedensvertrages gestellt werden mußten.[624]

Das Geschenk – ein goldener Kranz – wurde dankend angenommen (*munus eorum gratum acceptumque esse*; Corn. Nepos, Hann. 7,3). Hingegen wurde das zu einem Viertel verunreinigte Silber der Kriegsentschädigung beanstandet, sodaß die karthagische Delegation bei privaten römischen Financiers Kredite in der Höhe des Fehlbetrages aufnehmen mußte (Liv. 32,2,2; vgl. dazu näher oben S. 232). Die Bitte nach Herausgabe der Kriegsgefangenen wurde abgelehnt, zudem wurden nicht alle 150 Geiseln, sondern nur 100 zurückgegeben. Hinsichtlich jener 50 Geiseln, die noch in Italien verbleiben mußten, wurde jedoch der punischen Bitte nach Verlegung in andere Städte Folge geleistet.[625] Außer der

[623] Von Livius ausdrücklich mit dem 15. März (*idibus Martiis, quo die tum consulatus inibatur*; Liv. 31,5,2) angegeben.

[624] Zu den hier in kurzer Form zusammengefaßten Thesen hinsichtlich der Geiselstellung siehe oben S. 234-248.

[625] Nach Cornelius Nepos (Hannibal 7,2f.) wurden die Geiseln in die volskische Stadt Fregellae (etwa 100 km südöstlich von Rom) verlegt. Nach Livius (32,2,4) wurden sie von Norba nach Signia und Ferentinum gebracht. Aus der Schilderung des Aufstandes der punischen Kriegsgefangenen im Jahr 198 (Liv. 32,26,1-18) ergibt sich erstens die Annahme, daß wohl auch ursprünglich nicht alle Kriegsgefangenen in Norba interniert, sondern auf eine größere

schlechten Silberqualität beanstandeten die Römer den Verbleib Hannibals und Magos an der Spitze der punischen Armee in Nordafrika (Corn. Nepos, Hann. 7,3), die Beteiligung eines punischen Offiziers namens Hamilkar an den Aufständen in Norditalien sowie die nicht vollständige Rückgabe der Überläufer, die sich angeblich in großer Anzahl offen in Karthago herumtrieben (Liv. 31,11,5-7).[626] Die letzten beiden Beschwerdepunkte (inklusive der Forderung nach der Auslieferung Hamilkars) sollten laut Livius durch eine römische Gesandtschaft offiziell in Karthago vorgebracht werden.

Dieselbe Gesandtschaft sollte anschließend zu Massinissa weiterreisen und ihn zur Erweiterung seines väterlichen Reiches um den blühendsten Teil des Syphax-Reiches (*parte florentissima Syphacis finium adiecta*; Liv. 31,11,8) beglückwünschen. Zudem solle er aufgefordert werden, Hilfstruppen für den Krieg gegen Philipp zu entsenden, ein Krieg, der aufgrund der Unterstützung Philipps zugunsten Karthagos während des Zweiten Punischen Krieges notwendig geworden sei.[627] Die römischen Gesandten sollten dem numidischen Herrscher eine Reihe prachtvoller Geschenke[628] übermitteln und ihm bei Bedarf zusichern, daß ihm das römische Volk alles garantiere, was für die Absicherung und Vergrößerung seines Reiches notwendig sei (*iussique polliceri, si quid ei ad firmandum augendumque regnum opus esse indicasset, enixe id populum Romanum merito eius praestaturum*; Liv. 31,11,12).

Wie bereits erwähnt, läßt sich dies als Indiz für die Historizität des von Appian überlieferten punisch-numidischen Gebietsstreites und für die Beauftragung dieser römischen Gesandtschaft mit der Lösung dieses Grenzkonfliktes werten. Der punisch-numidische Grenzstreit selbst wird zwar

---

Anzahl an (Klein-)Städten verteilt worden waren (vgl. insbesondere den Brief des *praetor urbanus* an die Latinerstädte; Liv. 32,26,17f.), sowie zweitens die Vermutung, daß sich auch noch im Jahr 198 einige Geiseln in Norba befunden haben, da der Sklavenaufstand dieses Jahres auch die punischen Sklaven in Norba erfaßt hatte (Liv. 32,26,7). Eine Verteilung der punischen Sklaven auf mehrere Städte läßt sich sich auch aus Zon. 9,16,6 ableiten.

626 Der Beschwerdepunkt hinsichtlich der angeblich nicht vollständig ausgelieferten Überläufer ist meines Erachtens nach als reine Farce zu betrachten. Zumindest die Behauptung, ein großer Teil (*magna pars*) laufe offen durch die Straßen Karthagos (Liv. 31,11,7), ist kaum glaubwürdig, da es nur schwerlich nachvollziehbar wäre, daß die Karthager eine große Anzahl an Überläufern vor Scipio hätten verstecken können. Daß die Auslieferung der Überläufer an die Römer noch während der Anwesenheit Scipios erfolgte, wird von Livius bestätigt (Liv. 30,43,11). Scipo ließ die latinischen Überläufer mit dem Beil köpfen, die römischen Überläufer hingegen ans Kreuz schlagen (Liv. 30,43,13). Insgesamt läßt sich die römische Behauptung, es wären nicht alle Überläufer ausgeliefert worden, als einfache und kaum überprüfbare Möglichkeit, ein rechtswidriges Verhalten der Karthager vorwerfen zu können, qualifizieren.

627 Zu Recht meint RITTER 1987, 59, es handle sich um "eine auf Massinissa zugeschnittene Begründung des Krieges gegen Philipp".

628 Liv. 31,11,11: Gold- und Silbergefäße, eine Purpurtoga, eine *tunica palmata*, eine *toga praetexta*, ein Elfenbeinstab sowie eine *sella curulis*. Vgl. dazu BRISCOE 1973, 85.

von Livius nicht überliefert, doch ist dies nicht die einzige Lücke im Zusammenhang mit den römisch-punischen und den punisch-numidischen Beziehungen unmittelbar nach dem Abschluß des römisch-punischen Friedensvertrages:

> Die offenkundigste Lücke zeigt sich im Senatsauftrag an die nach Nordafrika reisenden römischen Gesandten: Nach Livius sollte lediglich bei Massinissa die Forderung nach einer Unterstützung für den Krieg gegen Philipp (in Form der Stellung von Hilfstruppen) vorgetragen werden (Liv. 31,11,9f), während eine analoge Forderung an die Karthager trotz der (seit 201) aufrechten *societas* nicht erwähnt wird. Daß die römischen Gesandten sehr wohl den Auftrag hatten, auch von den Karthagern eine angemessene Unterstützung einzufordern, wird jedoch von Livius selbst an anderer Stelle indirekt bestätigt: Nach dem Erscheinen der römischen Gesandten in Karthago beschließen die Punier, 200.000 Scheffel Weizen nach Rom und weitere 200.000 Scheffel Weizen zum römischen Heer nach Makedonien zu entsenden (Liv. 31,19,2).
> Die zweite Lücke läßt sich meines Erachtens aus Livius 30,44,11f. ableiten: Scipio beschenkte Massinissa offiziell vor der Heeresversammlung mit jenen westnumidischen Gebieten, die aus der Hand des Syphax in die *potestas* des römischen Volkes gekommen waren. Außerdem befahl Scipio den Karthagern, eine Gesandtschaft nach Rom zu schicken, um die Ratifikation jenes Vertragstextes einzuholen, den Scipio gemeinsam mit der zehnköpfigen senatorischen Delegation angefertigt hatte. In weiterer Folge erwähnt Livius jedoch weder eine punische Gesandtschaft nach Rom noch eine römische Ratifikation des Vertrages, obwohl es eine solche Ratifikation selbstverständlich gegeben haben mußte. Ebenso wird verschwiegen, ob Massinissa wie bereits im Jahr 203 anläßlich der Beschenkung mit den väterlichen ostnumidischen Gebieten sowie der Königsproklamation seitens Scipios eine Gesandtschaft nach Rom schickte, um auch die jüngsten Maßnahmen Scipios durch einen Senatsbeschluß bestätigen zu lassen.[629]
> Die dritte Lücke sehe ich darin, daß die von Valerius Maximus ohne nähere Datierung überlieferte *lex*, wonach Massinissa eine aus der Befehlsgewalt des römischen Volkes losgelöste Freiheit zuerkannt wurde (... *legem ferri iussit* [scil. der römische Senat], *qua Masinissae ab imperio populi Romani solutam libertatem tribueret*; Val.Max. 7,2,6), in das Jahr 200 datiert werden muß (dazu sogleich genauer)[630] und somit ebenfalls in der livianischen Überlieferung zu

[629] Nach der Schlacht auf den Großen Feldern und dem Sieg über Syphax (203) hatte Massinissa aus der Hand Scipios den Königstitel, römische Triumphalinsignien sowie das väterliche (ostnumidische) Königreich (Liv. 30,15,11-14 bzw. 30,17,8) erhalten. Der numidische Herrscher zögerte damals nicht, die magistratischen Verfügungen Scipios umgehend durch den Senat bestätigen lassen: *Petere, ut regium nomen ceteraque Scipionis beneficia et munera senatus decreto confirmaret* (Liv. 30,17,10). Mit Recht stellt RITTER 1987, 53f fest, daß hinsichtlich der Beschenkung Massinissas mit dem westnumidischen Reich des Syphax (201) eine entsprechende senatorische Bestätigung dieser zweiten Schenkung bei Livius fehlt. Es sei die Bestätigung entweder aufgrund der "Materialgruppierung gerade an der Dekadengrenze untergegangen" oder indirekt in der vom Senat im Jahr 200 beschlossenen Gratulation (Liv. 31,11,8-12) enthalten. Beides setzt allerdings voraus, daß Massinissa eine entsprechende Gesandtschaft an den Senat abgeschickt hatte, von der bei Livius ebensowenig berichtet wird.

[630] Die Datierung der von Valerius Maximus überlieferten lex in das Jahr 200 wurde bereits von RITTER 1987, 54f. mit guten Argumenten angenommen. DAHLHEIM 1968, 230f. nahm zwar

den römisch-punischen und römisch-numidischen Beziehungen in der Zeit unmittelbar nach Friedensschluß fehlt.

Angesichts der unzureichenden livianischen Überlieferung zu den unmittelbar auf den Friedensvertrag folgenden Ereignissen läßt sich somit die Feststellung treffen, daß die bei Appian überlieferten punisch-numidischen Grenzstreitigkeiten, obwohl sie von Livius nicht erwähnt werden, wohl als historisch zu werten sind. Ein letzter Rest dieses Konfliktes sowie der anschließenden punischen Bitte um Entsendung einer Schiedsrichterdelegation scheint sich bei Livius – wie bereits mehrfach erwähnt – im senatorischen Auftrag an die römische Gesandtschaft, Massinissa jegliche Unterstützung des römischen Volkes für den Fall der Absicherung oder Vergrößerung des neuen großnumidischen Reiches zuzusichern (Liv. 31,11,12), erhalten zu haben. Es läßt sich infolgedessen mit an Sicherheit grenzender Wahrscheinlichkeit feststellen, daß die von Livius überlieferte römische Gesandtschaft nach Nordafrika auch die Schiedsrichterfunktion im lediglich von Appian überlieferten punisch-numidischen Grenzstreit zu übernehmen hatte.

Wie zuvor bereits angeschnitten wurde, begnügte sich der Senat gegenüber Massinissa nicht nur mit der Übergabe von Geschenken oder mit einer begünstigenden Entscheidung im Rahmen des punisch-numidischen Grenzkonfliktes. Es wurde vielmehr das offizielle Völkerrechtsverhältnis zwischen Rom und Massinissa ausdrücklich geregelt.

> Während der Kämpfe gegen Syphax und gegen Karthago war dem numidischen Fürsten seitens der Römer bzw. seitens Scipio seine untergeordnete Rolle noch nachhaltig vor Augen geführt worden. Zunächst wurde ihm jegliches Beuterecht abgesprochen: Syphax sei unter dem Oberbefehl des römischen Volkes besiegt und gefangengenommen worden; daher sei er selbst, seine Frau, sein Königreich, sein Territorium, seine Städte und die Einwohner, schließlich alles,was dem Syphax gehörte, Beute des römischen Volkes (*Syphax populi Romani auspiciis victus captusque est. Itaque ipse, coniunx, regnum, ager, oppida, homines, qui incolunt, quidquid denique Syphacis fuit, praeda populi Romani est.* Liv. 30,14,9). Mit den militärischen Operationen gegen den flüchtigen Syphax nach der Schlacht auf den Großen Feldern beauftragte Scipio nicht Massinissa, sondern Laelius (App., Lib. 26,105). Der gefangengenommene Syphax wurde nicht an Massinissa sondern an Laelius übergeben (Liv. 30,12,2 entgegen App., Lib. 26,107f. und 106,499). Massinissa mußte Sophoniba, die Frau des Syphax, die er selbst in einer Blitzaktion ehelichte, wieder herausgeben.[631] Zudem mußte er die Übergabe der Überläufer

keine ausdrückliche Datierung in das Jahr 200 vor, ging aber von einem unmittelbaren Konnex zwischen den römischen Schenkungen an Massinissa und der von Valerius Maximus überlieferten *lex* aus.

[631] Zu Sophoniba und ihrem tragischen Schicksal vgl. Liv.. 30,12,11-22 sowie 30,13,12-15,8, weiters Appian, Lib. 27,111-28,121, Diodor (27,6-8), Cassius Dio (17,57,51) oder Zonaras (9,11,2 sowie 9,13,3-6).

aus seinem Stamm, die im Heer des Syphax gekämpft hatten, erst offiziell bei Laelius beantragen (App., Lib. 26,109). Die erniedrigende Behandlung Massinissas seitens der Römer gipfelte in der abgerungenen Erklärung des Numiders, er werde sich in Zukunft der Befehlsgewalt des Feldherrn unterwerfen (*se in potestate futurum imperatoris dixisset*; Liv. 30,15,1). Unmittelbar darauf änderte sich jedoch zunächst die Haltung Scipios, der Massinissa im Spätsommer 203 vor der Heeresversammlung als *rex* titulierte und ihn mit reichen, an die römischen Triumphinsignien erinnernden Geschenken bedachte (Liv. 30,15,11-14). Darüber hinaus erhielt Massinissa von Scipio als *donum* das väterliche (ostnumidische) Königreich, das im Jahre 205 unter die Herrschaft des Syphax gelangt war (Liv. 30,17,8). Die eigenmächtige scipionische Königsproklamation und Investitur wurde umgehend vom Senat auf Massinissas Bitte hin bestätigt (Liv. 30,17,9-14).
Doch auch Massinissas Eroberungszug durch das westnumidische Reich des (bereits gefangengenommenen) Syphax während des römisch-punischen Waffenstillstandsvertrages (203/202) galt aus römischer Sicht – nicht zuletzt aufgrund der militärischen Beteiligung der Römer (vgl. Pol. 15,4,4) – als römisches Unternehmen, sodaß die Römer das nunmehr zum Großteil eroberte westnumidische Reich des Syphax ebenfalls als römische Kriegsbeute betrachteten. Nach dem Abschluß des endgültigen römisch-punischen Friedensvertrag (201) beschenkte Scipio Massinissa auch mit diesen zusätzlichen Ländereien (*...ceteris urbibus agrisque, quae ex regno Syphacis in populi Romani potestatem venissent, adiectis donavit*; Liv. 30,44,11).

Daß Livius keine erneute senatorische Bestätigung dieser zweiten Schenkung überliefert, wurde bereits zuvor angesprochen. Dies besagt jedoch insoferne wenig, als er gleichzeitig auch die von Scipio erwünschte (Liv. 30,40,12) und selbstverständlich auch erfolgte Ratifikation des endgültigen römisch-punischen Vertragstextes verschweigt.

Zu Recht meinte RITTER, daß diese Bestätigung entweder in der livianischen Überlieferung aufgrund der "Materialgruppierung gerade an der Dekadengrenze untergegangen" oder indirekt in der vom Senat im Jahr 200 beschlossenen Gratulation (Liv. 31,11,8-12) enthalten sei.[632] Noch deutlicher zeigt sich jedoch meines Erachtens diese Bestätigung in jener Valerius-Maximus-Notiz (7,2,6), nach welcher der Senat ein Gesetz einbringen ließ, auf dessen Grundlage Massinissa eine von der Herrschaftsgewalt des römischen Volkes losgelöste Freiheit zuerkannt erhielt: ... *legem ferri iussit* [scil. der römische Senat], *qua Masinissae ab imperio populi Romani solutam libertatem tribueret.* Zwar fehlt eine exakte Datierung dieses Gesetzes, doch ist es wohl in die Zeit unmittelbar nach Abschluß des römisch-karthagischen Friedensvertrages zu datieren, zumal die Aufwertung der völkerrechtlichen Stellung Massinissas ausdrücklich im Zusammenhang mit seinen Verdiensten im Punischen Krieg ("*promptissima et fidelissima eius opera adversus Karthaginienses*") erfolgte. Ein zweites zeitliches Indiz ergibt sich aus der Aussage, der Senat hätte vor dem Gesetzeserlaß

[632] RITTER 1987, 53f.

wahrgenommen, daß Massinissa sein Reich vergrößern wollte. Da diese Begierde Massinissas spätestens anläßlich des ersten punisch-numidischen Grenzkonfliktes - somit im Frühjahr 200 - offenkundig war, läßt sich das von Valerius Maximus überlieferte Gesetz mit gutem Grund in den Sommer 200 zu den Senatsbeschlüssen hinsichtlich der nach Nordafrika zu schickenden römischen Gesandtschaft datieren.

Juristisch von der Hand zu weisen, ist jedoch die Aussage Ritters, wonach "mit einer solchen *lex* keine volle Souveränität geschaffen wurde", was "von der Einseitigkeit des Aktes" abzuleiten sei, "der wie jede *lex* (und wie die verliehene) libertas) durch eine andere einseitig rückgängig gemacht beziehungsweise aufgehoben werden konnte". Natürlich konnte jede *lex* durch ein anderes Gesetz teilweise oder zur Gänze aufgehoben werden – sei es auf ausdrückliche Weise, sei es auf indirektem Wege durch Erlassen eines gegenteiligen Gesetzestextes (*ubi duae contrariae leges sunt, semper antiquae obrogat nova*; Liv. 9,34,7)[633] – doch kann die Wirksamkeit einer *lex* stets nur das römische Volk im rein innerrömischen Rechtsbereich betreffen. Nach außen hin jedoch – also im Rechtsbereich *iure gentium* – erwarb Massinissa *bona fide* eine Rechtsposition (*ius*), die keineswegs einseitig durch das römische Volk beeinträchtigt oder aufgehoben werden kann.[634]

Die Regelung der völkerrechtlichen Beziehungen zwischen Rom und Massinissa sowie die Lösung des numidisch-karthagischen Grenzkonfliktes waren jedoch nicht die einzigen nordafrikanischen Problempunkte, die im Sommer 200 im römischen Senat diskutiert wurden. Wohl etwas unerwartet[635] erschienen in Rom Gesandte des westnumidischen Fürsten Vermina, Sohn des Syphax und punischer Verbündeter in der Endphase des Zweiten Punischen Krieges. Sie baten den Senat um *amicitia* und *societas* sowie um die Bestätigung des Königstitels Verminas (Liv. 31,11,14: *petere, ut rex sociusque et amicus ab senatu appellaretur*). Auch Massinissa sei zunächst Feind der Römer gewesen und schließlich zum Freund geworden. Den Gesandten wurde jedoch geantwortet,

---

[633] Zur Abrogation einer *lex* vgl. BLEICKEN 1975, 231f. 243. 345f.

[634] Vgl. die Kritik, welche Cicero, de domo sua ad pontifices 30,79 am Entzug des Bürgerrechts der Einwohner von Vol(a)terra durch eine sullanische *lex* übt. Allgemein zum Verhältnis zwischen *ius*-Rechtspositionen und einer (neuen) *lex* vgl. insbesondere WIEACKER 1988, 282-287.

[635] Nach der Niederlage Hannibals gegen Scipio in der Schlacht von Zama/Naragarra war Vermina, der Sohn des Syphax, den Karthagern mit einer nicht unbeträchtlichen Streitmacht zu Hilfe geeilt, wurde jedoch von Scipio *levi certamine* (die letzte Schlacht des Zweiten Punischen Krieges!) *saturnalibus primis* (somit am 17. Dezember 202) geschlagen und mußte sich nach Westnumidien zurückziehen (Liv. 30,36,7-8). Dies ist die letzte Nachricht zu Vermina bis zum Eintreffen seiner Gesandtschaft in Rom (Frühsommer/Sommer 200). Jedenfalls läßt sich in der antiken Historiographie kein Anhaltspunkt für die Aufnahme diplomatischer Kontakte seitens Rom zu Vermina nach der Schlacht im Dezember 201 finden.

daß Verminas Vater Syphax vom *socius et amicus* grundlos zum römischen Feind geworden sei und daß auch Vermina selbst die Römer zum Krieg gereizt habe. Daher müsse Vermina die Römer zunächst um Frieden bitten, bevor er als *rex, socius et amicus* tituliert werden könne. Im übrigen könne eine solche Ehre jedoch nur dann erwiesen werden, wenn man sich gegenüber dem römischen Volk große Verdienste erworben habe (Liv. 31,11,15-17).

Der Senat beschloß, eine römische Gesandtschaft zu Vermina zu entsenden, um ihm die Friedensbedingungen zu überbringen, sofern er dem römischen Volk hierin ein *arbitrium liberum* einräume, die Festlegung der Vertragspunkte also dem römischen Volk überlasse; wenn er bezüglich der Vertragsbestimmungen etwas hinzufügen, streichen oder ändern wolle, solle er sich erneut an den Senat wenden (Liv. 31,11,17: *Legatos Romanos in Africa fore, quibus mandaturum senatum, ut Verminae pacis dent leges liberum arbitrium eius populo Romano permittenti; si quid ad eas addi, demi mutarive vellet, rursus ab senatu ei postulandum fore*). Als römische Abgesandte nach Nordafrika wurden C. Terentius Varro (cos. 216), der Sp. Lucretius (*praetor* 205) und Cn. Octavius (*praetor* 205) bestimmt. Der engere Textzusammenhang läßt zunächst den Eindruck erwecken, daß diese Gesandten nur zu Vermina gereist wären. Aus der sogleich zu besprechenden livianischen Schilderung der Reise selbst (Liv. 31,19,1-6) ergibt sich jedoch der Nachweis, daß diese Gesandtschaft sämtliche Nordafrika betreffenden Senatsaufträge wahrnahm und nach Karthago, zu Massinissa und zu Vermina reiste.

4.) Die Reise der römischen Gesandtschaft nach Nordafrika (Sommer 200)

Zunächst sprachen die römischen Gesandten in Karthago vor, wo sie gemäß ihrem Senatsauftrag erstens die Beteiligung des Karthagers Hamilkar an den norditalienischen Aufständen beanstandeten und seine Auslieferung begehrten (vgl. Liv. 31,11,5f.), zweitens die vollständige Auslieferung aller Überläufer forderten (vgl. Liv. 31,11,7) und drittens den Verbleib Hannibals und Magos an der Spitze der punischen Armee in Nordafrika kritisierten (Corn. Nepos, Hann. 7,3). Zudem wurden die Karthager an ihre Pflichten aus der im Friedensvertrag begründeten *societas* erinnert und zu Hilfsleistungen für die bevorstehenden Kriegshandlungen gegen Philipp auifgefordert.[636]

[636] Nach Livius sollte lediglich bei Massinissa die Forderung nach einer Unterstützung für den Krieg gegen Philipp (in Form der Stellung von Hilfstruppen) vorgetragen werden (Liv. 31,11,9f), während eine analoge Forderung an die Karthager trotz der (seit 201) aufrechten *societas* nicht erwähnt wird. Daß die römischen Gesandten sehr wohl den Auftrag hatten, auch von den Karthagern eine angemessene Unterstützung einzufordern, wird jedoch von Livius selbst an anderer Stelle indirekt bestätigt: Nach dem Erscheinen der römischen Gesandten in

Die Karthager lieferten umgehend 400.000 modii Getreide (jeweils 200.000 nach Italien sowie zum römischen Heer nach Makedonien; Liv. 31,19,2),[637] beorderten Hannibal und Mago nach Karthago zurück (Corn. Nepos, Hannibal 7,4) und erteilten hinsichtlich Hamilkar sowie der angeblich[638] unvollständigen Auslieferung der Überläufer folgende Auskunft (Liv. 31,19,1f.): Gegen Hamilkar hätten sie keine andere Handhabe als die Aussprache seiner Verbannung und die Einziehung seines Vermögens (*... nihil ultra se facere posse, quam ut exilio eum multarent, bona eius publicarent*).[639] Die Überläufer und entflohenen Sklaven, deren man durch Nachforschungen habhaft werden konnte, seien bereits zurückgegeben worden; diesbezüglich solle eine eigene punische Gesandtschaft vor dem römischen Senat Rechenschaft ablegen (*perfugas et fugitivos, quos inquirendo vestigare potuerint, reddidisse et de ea re missuros legatos Romam, qui senatui satisfacerent*).

Karthago beschließen die Punier, 200.000 Scheffel Weizen nach Rom und weitere 200.000 Scheffel Weizen zum römischen Heer nach Makedonien zu entsenden (Liv. 31,19,2).

637 Ob die Karthager auch Truppen für den Krieg gegen Philipp stellten, läßt sich aus der eher unbestimmt gehaltenen Bemerkung Appians, wonach die Karthager an römischer Seite gegen drei Könige gekämpft hätten (App., Lib. 83, 388) nicht ableiten.

638 Zur Glaubwürdigkeit dieser Behauptung vgl. oben Anm. 626.

639 Das weitere Schicksal des Hamilkar während der oberitalischen Aufstände wird von den Quellen widersprüchlich beschrieben. Nach Livius eroberten die rebellierenden keltischen Stämme Oberitaliens im Jahr 200 zunächst die römische Kolonie Placentia, das geplündert und zerstört wurde, bevor sie nach Cremona weiterzogen und mit der Belagerung dieser römischen *colonia* begannen (Liv. 31,10,1-5; Oros. 4,20,4). Dem Praetor L. Furius Purpurio sei es jedoch gelungen, rechtzeitig vor Cremona einzutreffen und die marodierenden Kelten in einer offenen Feldschlacht zu besiegen (Liv. 31,21,1-17). In dieser Schlacht sei auch Hamilkar getötet worden (Liv. 31,21,18). Während Cassius Dio (18,58,6) lediglich den Sieg des Praetors L. Furius über die keltischen Stämme bezeugt, ohne etwas vom Tod oder Überleben des Hamilkar zu wissen, überliefert Zonaras ausdrücklich, daß Hamilkar im Jahr 199 trotz der Niederlage gegen L. Furius noch am Leben gewesen sei und gemeinsam mit den keltischen Stämmen den Praetor Cn. Baebius bezwungen und die *colonia* Placentia dem Erdboden gleichgemacht habe (Zon. 9,15,8). Erst im Jahr 197 sei Hamilkar vom römischen Konsul C. Cornelius Cethegus bezwungen worden (Zon. 9,16,8). Diese Ansicht muß auf (spät?)republikanisches Quellenmaterial zurückgehen, da sie auch dem frühkaiserzeitlichen Historiker Livius bekannt ist: Dieser berichtet nämlich anläßlich der Ereignisse in Oberitalien im Jahr 197, daß einige seiner Quellen (*quidam...auctores sunt*) die Gefangennahme des Hamilkar nach dem Erfolg des Konsuls Cornelius Cethegus überliefern (Liv. 32,30,11f.). Zudem sei Hamilkar nach Ansicht dieser Quellen auch beim Triumphzug des Konsuls in Rom vorgeführt worden (Liv. 33,23,5). Eine Lösung dieses Quellenwiderspruchs (Tod des Hamilkar 199 oder 197) kann nicht mit letzter Sicherheit erfolgen (vgl. HUSS 1985, 426 Anm 6), doch scheinen mir die Quellen ganz allgemein die Rolle des Hamilkar bei den oberitalienischen Aufständen etwas zu übertreiben (zB Liv. 32,30,12: *...qui belli causa fuisset*). Ein interessanter Lösungsansatz hinsichtlich der widersprüchlichen Todesdatierung findet sich bei TOYNBEE 1965, 269 Anm 9: "Perhaps, Hamilcar himself had spread the report that he had been killed in 200 B.C. His motive would have been to save the Carthaginian government from having to acceed to the Roman demand for his recall."

Da die römische Gesandtschaft – wie bereits gezeigt wurde – auch im von Appian überlieferten Grenzkonflikt zwischen Karthago und Massinissa zu entscheiden hatte, wurde wohl auch der punische Standpunkt in dieser Angelegenheit gehört, bevor die Gesandten zu Massinissa weiterreisten.

Nach der Ankunft bei Massinissa sprach die Gesandtschaft die Glückwünsche des römischen Volkes zur Erweiterung seines väterlichen Reiches um den blühendsten Teil des Syphax-Reiches (vgl. Liv. 31,11,8) aus und stellte die Forderung nach der Entsendung von Hilfstruppen für den Krieg gegen Philipp (vgl. Liv. 31,11,9f.). Abschließend wurden die prachtvollen römischen Geschenke[640] übergeben. Das Anbot Massinissas, für den Krieg in Makedonien 2.000 numidische Reiter bereitzustellen, wurde nur zur Hälfte von den Römern wahrgenommen (Liv. 31,19,3). Zusätzlich lieferte Massinissa im selben Ausmaß wie die Karthager 400.000 *modii* Getreide (Liv. 31,19,4) nach Italien und Makedonien.[641]

Spätestens jetzt muß der von Appian (Lib. 67, 302f.) überlieferte römische Schiedsspruch im punisch-numidischen Grenzstreit gefaßt worden sein. In Anlehnung an den Senatsauftrag, Massinissa bei Bedarf zusichern, daß ihm das römische Volk alles garantiere, was für die Absicherung und Vergrößerung seines Reiches notwendig sei (*iussique polliceri, si quid ei ad firmandum augendumque regnum opus esse indicasset, enixe id populum Romanum merito eius praestaturum*; Liv. 31,11,12), entschieden die römischen Gesandten zugunsten Massinissas, sodaß der numidische König das von ihm beanspruchte Gebiet abtrennen und seinem Reich einverleiben konnte (App., Lib. 67,303: οὕτω μὲν τὴν γῆν ἀπετέμετο Καρχηδονίων ὁ Μασσανάσσης). Der laut Appian anschließend zwischen Massinissa und den Karthagern abgeschlossene Vertrag wurde bereits zuvor (oben S. 253-256) besprochen.

Nach dem Aufenthalt am (ost)numidischen Königshof reisten die römischen Gesandten zu ihrer dritten und letzten Station weiter: zu Vermina (Liv. 31,19,5f.). Wie bereits oben (Seite 265) erwähnt, waren im Frühjahr 200 Gesandte des Vermina in Rom erschienen, denen mitgeteilt wurde, daß der Senat eine römische Gesandtschaft mit der Festlegung der Bedingungen beauftragen werde, sofern er dem römischen Volk die freie (und somit alleinige) Entscheidungsgewalt hinsichtlich der Friedensbedingungen überlasse (*Legatos Romanos in Africa fore, quibus mandaturum senatum, ut Verminae pacis dent leges liberum arbitrium eius populo Romano permittenti*; Liv. 31,11,17) Der

---

[640] Liv. 31,11,11: Gold- und Silbergefäße, eine Purpurtoga, eine *tunica palmata*, eine *toga praetexta*, ein Elfenbeinstab sowie eine *sella curulis*.

[641] Im Sommer des Jahres 198 schickte Massinissa weitere 200 Reiter, zehn Elefanten sowie 200.000 *modii* Weizen nach Griechenland (Liv. 32,27,2).

(west)numidische Fürst eilte der nunmehr erschienenen römischen Delegation gleich an der Grenze seines Reiches entgegen und erklärte sein Einverständnis, wonach die Friedensbedingungen von den römischen Delegierten festgelegt werden sollten (Liv. 31,19,5 iVm 31,11,17). Ihm sei jeder Friede mit dem römischen Volk gut und recht (... *omnem pacem bonam iustamque fore sibi cum populo Romano*; Liv. 31,19,6). Nach dem Erhalt der Friedensbedingungen wurde Vermina aufgefordert, den Vertrag in Rom ratifizieren zu lassen.[642]

RITTER sah in diesen Ereignissen die Aufgabe der Selbständigkeit Verminas verbunden mit einer etwas abgeschwächten Form der Dedition.[643] Er bezog das "*eius*" aus der livianischen Wendung "*Legatos Romanos in Africa fore, quibus mandaturum senatum, ut Verminae pacis dent leges liberum arbitrium eius populo Romano permittenti*; Liv. 31,11,17) auf Vermina und übersetzte "*liberum arbitrium eius populo Romano permittenti*" mit "dem römischen Volk die freie Verfügung über sich überlassen".

Diese Textinterpretation RITTERS ist jedoch ebenso wie seine These von einer (abgeschwächten) Dedition Verminas sowohl aus sprachlichen als auch aus historischen Gründen zurückzuweisen. Zunächst zeigt die nähere Betrachtung des livianischen Sprachgebrauchs, daß sich "*eius*" nicht auf Vermina, sondern nur auf "*pax*" beziehen kann, sodaß diese Stelle mit der Wendung "dem römischen Volk die freie (und somit alleinige) Entscheidungsgewalt hinsichtlich des Friedens (bzw. der Friedens-bedingungen) überlassen" übersetzt werden muß.[644]

> Als Vergleichsstellen seien beispielsweise Liv. 30,14,10; 32,37,5; 37,1,5; 37,1,6; 37,49,4; 42,30,6 angeführt. In 30,14,10 drückt Livius die personenbezogene Entscheidungsgewalt – in diesem Fall die Entscheidungsgewalt über Sophoniba – nicht mit einem genetivus objectivus, sondern mit Hilfe der Präposition "*de*" (*de ea*) oder "*in*" aus (*senatus populique Romani de ea* [scil. Sophoniba] *iudicium atque arbitrium esse*). Vgl. auch Liv. 37,1,5 sowie 37,1,6: Den Ätolern wird der Vorschlag unterbreitet, dem Senat die freie Entscheidungsgewalt über ihr Schicksal zu überlassen (... *senatui liberum arbitrium de se permitterent* ...), doch auf die Frage, in welchen Punkten sie dem Senat die freie Verfügungsgewalt über sich überlassen sollten (... *quarum rerum in se arbitrium senatui permitterent*...), erhalten die ätolischen Gesandten keine Antwort. Vgl. schließlich Liv. 37,49,4: Die

---

[642] Die tatsächliche Ratifikation wird von Livius nicht mehr überliefert, wie auch Vermina selbst in der antiken Historiographie nicht mehr erwähnt wird. Die Nachricht bei Zonaras (9,13,7), wonach die Römer die Herrschaft des Vermina über das (west)numidische Königsreich seines Vaters Syphax anerkannt hätten, steht zwar in einem fragwürdigen Textzusammenhang (vgl. die berechtigte Kritik bei RITTER 1987, 57 Anm 120), erscheint mir aber als Konsequenz der römischen Aufforderung, den festgelegten Vertragstext in Rom ratifizieren zu lassen, durchaus glaubwürdig.

[643] RITTER 1987, 56-58.

[644] RITTER (1987, 57f.) räumt selbst ein, daß der Bezug von *eius* auf *pax* statt auf Vermina "sprachlich gewiß glatter" sei.

ätolischen Gesandten werden gefragt, ob sie die freie Entscheidungsgewalt über sich dem römischen Volk überließen (*Interrogati ab uno senatore, permitterentne arbitrium de se populo Romano,...*). Hingegen stellt Livius die Entscheidungsgewalt über sachbezogene Inhalte in den genetivus objectivus, etwa in 32,37,5: T. Quinctius Flamininus wird die freie Entscheidungsgewalt über Krieg und Frieden übertragen (*Quinctio liberum arbitrium pacis ac belli permissum*).

Auch aus historischen bzw. aus juristischen Gründen ist der Ansicht RITTERS nicht Folge zu leisten. Bereits die Analyse Ritters hinsichtlich der Möglichkeit Verminas, ein Einspruchsrecht bezüglich des *liberum arbitrium* der Legaten auszuüben, scheitert an der Tatsache, daß ein solches Einspruchsrecht von Livius gar nicht erwähnt wird. Die römischen Senatoren weisen im Frühjahr 200 die Gesandtschaft Verminas lediglich auf das Faktum hin, daß der numidische Fürst sich bei Änderungswünschen wieder an den Senat wenden müsse (Liv. 31,11,17). Der Wortlaut "*si quid ad eas addi, demi mutarive vellet*" entspricht hier meines Erachtens zur Gänze der völkerrechtlichen Vertragsterminologie, wie sie etwa deutlich im römischen Vertrag mit Kibyra[645] oder mit Astypalaia[646] zutage tritt.[647] Dies scheint auch RITTER bewußt zu sein, wenngleich er mit lediglich einem Satz darauf eingeht.[648]

Geht man jedoch davon aus, daß die Klausel "*si quid ad eas addi, demi mutarive vellet*" tatsächlich Bestandteil des fertigen (allerdings noch zu ratifizierenden) Vertragstextes war, so kann darin kein "Einspruchsrecht" des numidischen Fürsten hinsichtlich der Vertragsbedingungen gelegen haben, da der Vertragstext als solcher eben bereits festgelegt worden war, nämlich einseitig von der römischen Delegation. Für eine nachträgliche Änderung des ratifizierten Vertrages bestand allerdings die Möglichkeit, eine solche durch eine Gesandtschaft zum römischen Senat zu fordern (*... rursus ab senatu ei postulandum fore*; Liv. 31,11,17). Daß eine solche Änderung jedoch einvernehmlich zwischen Senat und Vermina vereinbart werden mußte, ist gleichwohl eine juristische Selbstverständlichkeit, sodaß auch ein nachträgliches (einseitig auszuübendes) "Einspruchsrecht" Verminas niemals gegeben war.

Auch historische Überlegungen sollten an dieser Stelle einbezogen werden. Meines Erachtens ist es angesichts der außenpolitisch höchst angespannten Situation mit zwei unmittelbar bevorstehenden Waffengängen in Oberitalien und in Griechenland sowie dem schwelenden punisch-(ost)numidischen

---

645 OGIS 762; HGIÜ 477; TÄUBLER 1913, 55
646 SGDI 3463; IG XII 3,173 + IG Suppl. P.278; HGIÜ 493; TÄUBLER 1913, 56
647 Zur Änderung von Friedensvertragsklauseln vgl. ZIEGLER 1989, 61
648 RITTER 1987, 58: "Die Wendung *si quid ad eas addi, demi mutarique vellet* (Liv. 31,11,17) erinnert an das *foedus*-Formular."

Grenzkonflikt doch sehr unwahrscheinlich, eine römische Forderung nach der Dedition Verminas anzunehmen. Die Verweigerung einer westnumidischen *deditio* hätte zwar den offiziellen Kriegszustand zwischen Vermina und Rom prolongiert, wobei eine militärische Intervention der Römer in Westnumidien zumindest im Jahr 200 wohl kaum durchführbar gewesen wäre. Die vom Senat getroffene Entscheidung, mit Vermina zwar einen Friedensvertrag abzuschließen, ohne ihm – aufgrund der einseitigen Befugnisse der römischen Delegation – allzu große Zugeständnisse zu gewähren, zeugt von einer umsichtigen römischen Vorgangsweise. Dasselbe gilt für die römische Zusicherung, unter Umständen bilaterale Nachverhandlungen des Vertrages durchzuführen. Ergebnis der römischen Gesandtschaft zu Vermina war jedenfalls die Festlegung eines Vertragstextes, dem der westnumidische Fürst zustimmte und der nur noch in Rom ratifiziert werden mußte (vgl. oben Anm.642).

Nach der Rückkehr der römischen Gesandtschaft von Nordafrika nach Rom trafen im Herbst des Jahres 200 schließlich die von den Karthagern und Massinissa zugesicherten Getreidelieferungen in Italien ein. Livius berichtet, daß eine derart große Menge Getreide aus Afrika geliefert worden sei, sodaß es für zwei As pro Scheffel an das Volk verteilt werden konnte (*Annona quoque eo anno pervilis fuit; frumenti vim magnam ex Africa advectam aediles curules ... binis aeris in modios populo diviserunt*; Liv. 31,50,1).

5.) Die römische Gesandtschaft nach Karthago des Jahres 195

Noch im Jahr 200 wurde Hannibal in Karthago zum Sufeten, *summus magistratus*[649] der Karthager, gewählt.

Hinsichtlich der Datierung halte ich mich an die eindeutige Cornelius Nepos-Überlieferung, wonach Hannibal nach seiner Absetzung als Stratege und nach seiner Rückkehr nach Karthago "*rex factus est, postquam praetor fuerat, anno secundo et vicesimo*" (Corn. Nepos, Hann. 7,4).[650] Unter der hier angesprochenen Praetur hat man die Bekleidung des Strategenamtes (in den Jahren 221-200) zu verstehen, wie eine Analyse des Terminus "*praetor*" bei Cornelius Nepos zeigt.[651] Mit diesem Begriff bezeichnet Nepos nämlich durchwegs die (obersten) Kommandanten einer Militäreinheit oder Armee, unabhängig von der dahinter stehenden staatsrechtlichen Position des

[649] Vgl. Liv. 28,37,2:"*sufetes* (...), *qui summus Poenis est magistratus*"

[650] Nach Zon. 9,14,13 wurde Hannibal "nicht lange danach" (scil. nach dem römisch-karthagischen Friedensschluß 201 sowie nach einem gewonnenen Prozeß wegen verschiedener politisch motivierter Vorwürfe) das höchste Amt in Karthago übertragen (οὐ μὴν καὶ ἑάλω, ἀλλὰ καὶ τὴν μεγίστην τῶν Καρχηδονίων ἀρχὴν οὐκ εἰς μακρὰν ἐπετράπη).

[651] Hingegen verwendet Livius den Terminus "*praetor*" für den Sufetat Hannibals (Liv. 33.46,3: *praetor factus Hanniba*l).

jeweiligen Kommandanten (Milt. 4,4 u. 6,3; Them. 2,1; Arist. 2,1; Alkib. 5,3f. u. 8,1; Thras. 4,4; Konon 1,1; Tim. 3,2; Ep. 7,3f.).[652] Lediglich die aus Rom stammenden und von Nepos als *praetor* bezeichneten Personen waren auch tatsächlich Prätoren im staatsrechtlichen Sinne (Hann. 4,3; Cato 1,4; Att. 6,4 u. 11,2). Die oben angeführte Passage ist also eindeutig zu übersetzen mit: "[Hannibal] wurde im 22. Jahr, nachdem er oberster Feldherr geworden war, zum Sufeten gewählt." Da Hannibal im Jahr 221 Stratege des punischen Heeres in Spanien geworden war, muß die Wahl Hannibals zum Sufeten im Jahr 200 stattgefunden haben. Dies korreliert mit der weiter oben (siehe S.267) näher erörterten Abberufung Hannibals als Stratege im Frühjahr/Sommer 200 nahezu perfekt, sodaß wir davon auszugehen haben, daß Hannibal unmittelbar nach seiner von Rom geforderten Absetzung als oberster Heeresführer zum Sufeten gewählt wurde und dieses Amt spätestens 199 angetreten haben muß.
Die beiden in der Forschung vertretenen Datierungsansätze[653] (Hannibal war Sufet nur in einem Jahr, entweder 197 oder 196) unterliegen offenbar dem Denkfehler, aufgrund der Angabe des Nepos, es seien in Karthago jährlich zwei Sufeten (*reges*) gewählt worden (*Karthagine quotannis annui bini reges creabantur*; Corn. Nepos, Hann. 7,4) dem punischen Sufetat ein Iterationsverbot zu unterstellen. Die einschlägigen wissenschaftlichen Artikel beschäftigen sich lediglich mit der Datierung der Flucht Hannibals zu Antiochos (196 nach Corn. Nepos, Hann. 7,6 sowie App., Syr. 4,15; hingegen 195 nach Livius 33,46f.) und datieren den – ihrer Ansicht nach einzigen – Sufetat Hannibals je nach Ansicht in das Jahr davor (also 197 oder 196).
Die bescheidene Quellenlage zum punischen Sufetat[654] liefert jedoch kein einziges Indiz für ein Iterationsverbot; es spricht also nichts gegen eine wiederholte Wiederwahl Hannibals. Wie oft Hannibal nach 199 zum Sufeten gewählt worden war, läßt sich nicht mit letzter Bestimmtheit sagen, wenngleich insbesondere die tiefgreifenden Verwaltungsreformen sowie die anspruchsvolle Aufgabe der Beseitigung der Korruption innerhalb der punischen Finanzverwaltung für eine unmittelbare Iteration des Sufetats in den Jahren 199 bis 196 sprechen. Der letzte vollständig absolvierte Sufetat Hannibals dürfte in das Jahr 196 zu datieren sein; hier widersprechen sich sowohl die antike wie die moderne Literatur.[655] Meines Erachtens bekleidete Hannibal auch noch im Jahr 195, dem Jahr seiner Flucht den Sufetat. Dafür scheint nicht nur die

---

[652] Unrichtig daher meines Erachtens HUSS 1983, 33f. Anm 49: "(...) Aus den genannten Gründen halte ich es nach wie vor richtig, im *rex* Hnbᶜl den βασιλεύς-στρατηγός und im *praetor* Hnbᶜl den Sufeten zu sehen." Ebenso unrichtig meines Erachtens GEUS 1994, 90: "(...) kann mit dem Amt des rex nur die Strategie, mit dem des praetor nur der (gewöhnliche) Sufetat gemeint sein."

[653] Vgl. zuletzt SEIBERT 1993a, 499f Anm 17 (mit zahlreichen Literaturverweisen)

[654] Allgemein zum punischen Sufetat: HUSS 1983 und HUSS 1985, 458-461

[655] Zu den Argumenten zugunsten des – m.E. zutreffenden – Datierungsansatzes des letzten Sufetats Hannibals in das Jahr 196 sowie der Datierung seiner Flucht in das Jahr 195 vgl. BRISCOE 1973, 335. Meines Erachtens ist das entscheidende Argument für den Datierungsansatz in das Jahr 196 die Teilnahme des M. Claudius Marcellus an der römischen Gesandtschaft nach Karthago (Liv. 33,47,7; Iust. 31,2,1). Marcellus war im Jahr 196 Konsul gewesen und hatte in Oberitalien gegen die *Boii* und *Insubres* (Liv. 33,36,4-37,12) gekämpft. Es ist daher mit an Sicherheit grenzender Wahrscheinlichkeit ausgeschlossen, daß er in seinem Konsulatsjahr mit einer römischen Gesandtschaft nach Karthago gereist wäre (so auch SEIBERT 1993a, 499f Anm 17). Die römische Gesandtschaft nach Karthago sowie die Flucht Hannibals zu Antiochos sind somit – Livius folgend – in das Jahr 195 zu datieren.

Bezeichnung "*princeps civitatis*" (Liv. 33,48,10),[656] sondern vielmehr folgende inhaltliche Überlegung zu sprechen: Das Eintreffen der römischen Gesandtschaft in Karthago und Hannibals Flucht fallen in den Hochsommer (*media aestas forte erat*; Liv. 33,48,5) des Jahres 195. Zuvor hatten sich die Römer erst nach wiederholten denunzierenden Anzeigen der Barkidengegner und gegen den anhaltenden Widerstand des Scipio Africanus entschlossen, eine Gesandtschaft nach Karthago zu entsenden, sodaß wir davon ausgehen können, daß die Barkidengegner bis kurz vor dem entsprechenden römischen Senatsbeschluß, der etwa in das Frühjahr 195 datiert werden muß, ihre Anzeigen an ihre römischen Gastfreunde übermittelt hatten. Zu diesem Zeitpunkt – Frühjahr 195 – müssen jedoch bereits die neuen punischen Sufeten des Jahres 195 ihr Amt angetreten haben oder zumindest bereits gewählt worden sein. Meines Erachtens erscheint es eher unwahrscheinlich, daß die Barkidengegner selbst dann Hannibal in Rom verleumdet hätten, wenn er gar nicht zu einem der Sufeten des Jahres 195 gewählt worden wäre und somit nicht weiterhin die Möglichkeit gehabt hätte, Reformtätigkeiten durchzuführen und Maßnahmen gegen die verfilzten und verkrusteten aristokratischen Machtstrukturen zu ergreifen. Und auch seitens der Römer, die sich zunächst während Hannibals Sufetat mehrheitlich gegen eine Einmischung in innerkarthagische Angelegenheiten entschieden hatten, ist es kaum anzunehmen, daß sie nach Hannibals Amtsende plötzlich doch noch seine Auslieferung verlangt hätten.

Nach seiner Wahl zum Sufeten führte Hannibal tiefgreifende staatsrechtliche Reformen durch. Vor allem im Bereich der punischen Finanzverwaltung war eine umfassende Neuordnung und Umstrukturierung notwendig geworden,[657] da die durchaus hohen Hafen- und Stadtzölle teilweise durch mangelnde Sorgfalt der Finanzbeamten,[658] teilweise durch Korruption nicht dem Staatshaushalt zugute kamen, sodaß eine Einhebung einer direkten Steuer von der punischen Bevölkerung beschlossen werden mußte, um vor allem die jährlichen Kriegsentschädigungsraten (200 Talente pro Jahr) weiterhin pünktlich nach Rom liefern zu können. Hannibal gelang es jedoch, durch eine genaue Revision des Zollwesens die unterschlagenen Beträge wieder dem Staatshaushalt zuzuführen, sodaß die bereits beschlossene Besteuerung der

[656] Dagegen BRISCOE 1973, 340: "The phrase ist not an indication that Hannibal was still sufete." Vgl. auch HUSS 1985, 427 Anm. 15: "Princeps civitatis ist hier nicht Titel."

[657] Nach SEIBERT 1993a, 501f. dürfe man nicht – so wie in der modernen Literatur üblich – von tiefgreifenden Reformen oder "gravierenden Verfassungseingriffen" sprechen; Hannibals Maßnahmen seien "viel bescheidener und weniger radikal" gewesen. Meines Erachtens ist auch diese Auffassung zu extrem. Einerseits ist es nicht vorstellbar, daß sich Hannibal im Bereich der Finanzverwaltung nur damit begnügt hätte, von den Finanzbeamten die unterschlagenen Staatseinkünfte zurückzufordern, ohne jedoch gleichzeitig auch Strukturmaßnahmen (zB Abänderung von Kompetenzen, Installation von neuen Kontrollbehörden, etc.) zu ergreifen. Andererseits sind auch seine Maßnahmen im Bereich des punischen Staatsgerichtshof (Aufhebung der lebenslangen Amtszeit der Richter, Einführung der Annuität, Verbot der unmittelbaren Iteration) wohl kaum als "bescheiden" oder "wenig radikal" zu bezeichnen.

[658] Vgl. allgemein zur punischen Finanzverwaltung HUSS 1985, 465

punischen Bevölkerung wieder aufgehoben werden konnte (Liv. 33,46,8-47,2; Corn. Nepos, Hann. 7,5).[659]

Das zweite Ziel der Reformbestrebungen Hannibals war der große Staatsgerichtshof der Hundert bzw. Hundertundvier, der sich im Rahmen seiner Tätigkeit mehr und mehr von den Grundsätzen der Rechtsstaatlichkeit entfernt hatte.[660] Hier führte Hannibal eine Beschränkung der bisher lebenslangen richterlichen Amtszeit auf ein Jahr sowie ein Verbot einer unmittelbaren Iteration zweier Amtszeiten ein (Liv. 33,45,6f.).

Hannibals umfassende Maßnahmen steigerten zwar seine Beliebtheit beim einfachen Volk, führten jedoch teilweise zu Haß und Ablehnung innerhalb der punischen Oberschicht. Wiederholt schrieben Karthager, die Hannibal feindlich gesinnt waren, Briefe an ihre römischen Gastfreunde[661] mit der Behauptung, Hannibal plane gemeinsam mit Antiochos einen Krieg gegen Rom (Liv. 33,45,6-8). Trotz des anhaltenden Widerstandes des Scipio Africanus, der sich gegen eine nähere Untersuchung der offenkundig parteipolitisch motivierten Anklage und gegen eine römische Einmischung in die innerstaatlichen Angelegenheiten der Karthager aussprach, beschlossen die Römer schließlich etwa im Frühjahr des Jahres 195 die Entsendung von drei Gesandten: [662] Cn. Servilius Caepio (cos.203), M. Claudius Marcellus (cos. 196) und Q. Terentius Culleo[663].

---

[659] Parallel zur Reformierung der Finanzverwaltung setzte Hannibal Maßnahmen im Bereich der Landwirtschaft (Aur. Victor, De Caes. 37,2-3).

[660] Vgl. Liv. 33,46,3: "*neque enim civilter nimiis opibus utebantur*" oder Liv. 33,46,5: "(...) *prae quorum* [scil. die Richter des Gerichtshofes] *superbia atque opibus nec leges quicquam essent nec magistratus.*"

[661] Es ist durchaus denkbar, daß es sich bei den punischen Anklägern zumindest teilweise um jene Personen handelte, die im Rahmen des Waffenstillstandsvertrages von 202/201 als Geiseln nach Italien gekommen waren, dort jedoch so zuvorkommend behandelt worden waren, daß sie nach ihrer Rückkehr im Jahr 200 (dazu vgl.oben S. 234) mit ihren "Gastgebern" im Rahmen eines "*hospitium*" verbunden geblieben sind. Anders BRISCOE 1973, 337: "The pro-Roman fraction had obviously established personal contacts at Rome."

[662] Livius (33,46f.) datiert die römische Gesandtschaft in das Jahr 195, während Cornelius Nepos (Hann. 7,6) und Appian (Syr. 4,15) eine Datierung in das Jahr 196 vornehmen. Wie bereits erwähnt (vgl. oben Anm. 655) war M. Claudius Marcellus Konsul des Jahres 196 gewesen. In diesem Jahr wäre seine Teilnahme an der Gesandtschaft nach Karthago mit an Sicherheit grenzender Wahrscheinlichkeit nicht möglich gewesen, sodaß hinsichtlich der Datierung der Gesandtschaft Livius zu folgen ist. Der Senatsbeschluß muß etwa in das Frühjahr 195 datiert werden, da die drei Gesandten im Hochsommer in Nordafrika eintrafen (*media aestas forte erat*; Liv. 33,48,5).

[663] Q. Terentius Culleo erlebte das Ende des Zweiten Punischen Krieges in punischer Kriegsgefangenschaft (Liv. 30,43,11) und folgte in Scipios Triumphzug mit dem *pilleus* auf dem Kopf, dem Symbol der Freigelassenen (Liv. 30,45,5). Mit Recht stellte BRISCOE 1973, 339 fest: "Culleo's years of captivity in Carthage may have made him seem e particulary appropriate choice." Vgl. auch SCHLAG 1968, 116f.

Etwa im Hochsommer des Jahres 195 – *media aestas forte erat* (Liv. 33,48,5) – kamen die römischen Gesandten in Nordafrika an. Sie gaben auf Rat der Gegner Hannibals vor, zur Schlichtung von Streitigkeiten zwischen Massinissa und Karthago gekommen zu sein, was allgemein Glauben fand (Liv. 33,47,7-9).[664] Laut Livius habe sich Hannibal jedoch nicht täuschen lassen; es sei ihm vielmehr bewußt gewesen, daß die Römer es auf ihn abgesehen hatten.

Die Angabe, der Friede sei den Karthagern nur unter der Voraussetzung gewährt worden, daß der Krieg gegen Hannibal anhalte (*ita pacem Carthaginiensibus datam esse, ut inexpiabile bellum adversus se unum maneret*; Liv. 33,47,9), ist in diesem Zusammenhang völlig von der Hand zu weisen. Abgesehen von der Frage, warum die Auslieferung nicht sofort anläßlich des Friedensschlusses gefordert worden ist, steht dieser Aussage die Tatsache entgegen, daß Hannibal ohne jeglichen offiziellen römischen Protest den punischen Sufetat bekleiden konnte. Selbst die im Jahr 200 seitens der Römer erhobene Forderung nach der Absetzung Hannibals als Stratege war nicht mit einer Forderung nach seiner Auslieferung verbunden. Hingegen läßt sich aus der livianischen Angabe, Hannibal habe schon vor der Ankunft der römischen Gesandtschaft alles zur Flucht vorbereitet (*praeparatis iam ante omnibus ad fugam*; Liv. 33,47,10),[665] wohl ableiten, daß er bereits über den Nachrichtenverkehr zwischen seinen Gegnern und Rom informiert gewesen war und aus dem Erscheinen der römischen Gesandtschaft die richtigen Schlüsse gezogen hatte.

Über Nacht floh Hannibal zunächst zu seinem Palast, der am Meer zwischen Acylla und Thapsos lag, und setzte von dort mit einem fahrbereiten Schiff zur Insel Kerkina über, um anschließend nach Tyros weiterzusegeln (Liv. 33,47,10-48,8). Nach einer weiteren Zwischenstation in Antiochia traf er schließlich in Ephesos mit König Antiochos zusammen (Liv. 33,49,5-7).

In Karthago beschuldigten inzwischen die römischen Gesandten Hannibal der Kriegshetzerei. Er habe den makedonischen König zum Krieg gegen Rom aufgefordert und stehe im Briefkontakt mit König Antiochos und den Ätolern (Liv. 33,49,1f.). Die Karthager wurden aufgefordert, den Römern nachzuweisen, von Hannibals Aktivitäten weder gewußt noch sie beschlossen zu haben. Die Karthager gaben zur Antwort, sie würden alles machen, was den Römern recht wäre.

Wie bereits im Sommer 200 – damals gegen den punischen Offizier Hamilkar (Liv. 31,19,1) – kam es zu einem staatsrechtlichen Schauprozeß gegen

---

[664] Völlig übertrieben ist die Nachricht, wonach Servilius geschickt worden sei, um Hannibal ermorden zu lassen (Iust. 31,2,1: *ut ... interficeret*).

[665] Nach Iust. 31,2,4 hatte er ausreichend Geld mitgenommen (*erat et grandis in eo agro pecunia praeparata*).

Hannibal *in absentia*. Die Karthager erklärten die offizielle Verbannung Hannibals, rissen sein Wohnhaus nieder und konfiszierten sein Vermögen (*...bona eius publicarunt, domum a fundamentis disiecerunt, ipsum exulem iudicarunt.* Corn. Nepos, Hann. 7,7).[666]

6.) Die römische Gesandtschaft des Jahres 193

Im Herbst 194 [667] schickte Hannibal einen Vertrauten namens Ariston in seine alte Heimatstadt (Liv. 34,61,1-16; App., Syr. 8,30), um dort die Möglichkeit einer punischen Unterstützung für den Fall einer römisch-seleukidischen Auseinandersetzung zu sondieren.[668] Ariston nahm in Karthago Kontakt mit den führenden Politikern der Barkidenfamilie auf, was jedoch der punischen Öffentlichkeit nicht verborgen blieb. Er wurde zur Aufklärung der näheren Umstände seines Aufenthaltes vor den karthagischen Senat geladen, wo er freilich jeglichen Verdacht der Beteiligung an einer Verschwörung von sich wies. Die Anträge, ihn nach Rom bringen zu lassen (Liv. 34,61,8) oder ihn als Spion festzunehmen (Liv. 34,61,12), fanden keine Mehrheit.[669] Unbehelligt konnte Ariston per Schiff zurück in den Osten fliehen, jedoch nicht ohne zuvor ein schriftliches Geständnis zu hinterlassen, er habe sehr wohl den Auftrag gehabt, im staatlichen Interesse gelegene Kontakte zu den Senatsmitgliedern herzustellen (Liv. 31,61,15; App., Syr. 8,32). Diese Nachricht sorgte neben einer sehr nachlässig geführten Untersuchung dieses Vorwurfes für Unruhe im Volk, dem die heimlichen Aktivitäten zumindest eines Teiles des Senates höchst

---

[666] Vgl. auch Liv. 34,61,6 ("*exilio Hannibalis*"), 35,42,8 ("*exulem...esse*"), 38,50,7 ("... *victa Carthago victum Hannibalem in exilium expulisset*) oder 38,54,10 ("*exilio Hannibalis* ")

[667] So HUSS 1985, 427 ohne nähere Begründung. Die Datierung ergibt sich allerdings aus der punischen "Selbstanzeige" (SEIBERT 1993a, 509), welche ihrerseits in das Frühjahr des Jahres 193 zu datieren ist und sich daher wohl auf Ereignisse des Jahres 194 bezieht.

[668] Zweifel an dieser Absicht bei HUSS 1985, 427f. Aus Liv. 34,60,1 ergibt sich jedoch, daß die Karthager Rom über die Kriegsvorbereitungen des Antiochos und die Mithilfe Hannibals unterrichteten. Dies konnte ihnen nur dann bekannt gewesen sein, wenn Hannibal tatsächlich versucht hatte, durch seinen Mittelsmann Ariston Karthago auf die seleukidische Seite zu ziehen.

[669] Dem widerspricht Livius an anderer Stelle (Liv. 34,61,7): Die Römer warfen den Karthagern vor, Ariston trotz des Beschlusses, ihn zu verhaften und nach Rom zu schicken, ebensowenig wie sein Schiff bewacht zu haben (*Maxime ea suspicio crimen urgebat, quod, quem comprensum Romam mitti placuisset, nec ipsum nec navem eius custodissent.*). Meines Erachtens kann es einen solchen Beschluß jedoch nicht gegeben haben, da Ariston im Senat anwesend war, diesen als (offenbar) freier Mann verließ und sogar unbeobachtet an einem öffentlichen Platz schriftliche Nachrichten hinterlassen konnte. Beides wäre bei einem Beschluß auf Internierung wohl kaum möglich gewesen. Unter Umständen kann der römische Vorwurf – nachlässige Umsetzung eines Senatsbeschlusses – auf einen punisch-lateinischen Übersetzungsfehler zurückgehen, da es zwar einen entsprechenden Antrag auf Festnahme des Ariston gegeben hat, nicht jedoch eine Mehrheit für diesen Antrag.

suspekt waren (*senatu propter indicium eiusdem Aristonis populo suspecto*; Liv. 31,62,1; vgl. auch App., Syr. 8,33).

Massinissa nutzte diese innenpolitische Krise aus, um die punischen Gebiete (*Emporia*) an der Kleinen Syrte zu besetzen, wo nun einige Städte – darunter auch Leptis Magna – ihre Abgaben an den numidischen Herrscher entrichten mußten (Liv. 34,62,1-5). Umgehend beschlossen die Karthager, eine Gesandtschaft nach Rom zu schicken, um sich einerseits über das rechtswidrige Vorgehen Massinissas zu beschweren und um andererseits "Selbstanzeige"[670] im Fall Ariston zu erstatten (Liv. 34,61,16) bzw. Rom über die Kriegsabsichten des Antiochos zu unterrichten, welcher mittels Hannibal Karthago auf seine Seite ziehen wolle (Liv. 34,60,1). Auch Massinissa entsandte seinerseits Legaten nach Rom, um die verdächtigen Ereignisse bei den Karthagern zur Anzeige zu bringen sowie um Verhandlungen hinsichtlich der Abgabepflicht der jüngst besetzten punischen Städte an der Kleinen Syrte aufzunehmen.

In Rom begründeten die punischen Gesandten ihren Anspruch auf die von Massinissa besetzten Städte mit dem *ius finium* (Liv. 34,61,8-10): Das umstrittene Gebiet befinde sich innerhalb der von Scipio gezogenen Grenzen (*... intra eos terminos esset, quibus P. Scipio victor agrum, qui iuris esset Carthaginiensium, finisset ...*). Zudem habe Massinissa einst bei der Verfolgung eines geflohenen numidischen Adeligen namens Aphthir die Karthager um Erlaubnis gebeten, das umstrittene Gebiet durchqueren zu dürfen, und somit die karthagische Hoheit über die Emporia anerkannt.

Die numidischen Gesandten bestritten zunächst die punische Aussage bezüglich der Lage des gegenständlichen Gebietes innerhalb der von Scipio gezogenen Grenze. Anschließend bezichtigten sie die Karthager, sich in der vergangenen Jahrhunderten sämtliche über das eigentliche Stadtgebiet der Bursa hinausgehenden Gebiete durch Gewalt und Unrecht – *vi atque iniuria* (Liv. 34,62,12) – angeignet zu haben, da ihnen seinerzeit lediglich die Gründung einer Stadt auf einer Fläche, die mit der in Streifen geschnittenen Haut eines Rindes umspannt werden konnte,[671] *precario* gestattet wurde. Hinsichtlich des umstrittenen Gebietes brachten die Numider vor, daß die Karthager nicht einmal den Besitz über längere Zeit hinweg nachweisen könnten (*neque eum, de quo agatur, probare eos posse non modo semper, ex quo ceperint, sed ne diu quidem possedisse*; Liv. 34,62,13), da es mal in der Hand der Karthager, mal in der Hand der Numider war, je nach militärischer Überlegenheit. Abschließend forderten die numidischen Gesandten die Römer zur Anerkennung des Rechts des

[670] SEIBERT 1993a, 509
[671] Zu dieser Gründungssage vgl. auch Verg., Aen. 1,367f. und Iust. 18,5,9.

Stärkeren auf: die Römer mögen nicht verhindern, daß der jeweils Stärkere das Land innehabe (Liv. 34,62,14).[672]

In der numidischen Argumentationslinie finden sich verschiedene interessante Anklänge an die römische Privatrechtsordnung: Zunächst wurde vorgetragen, daß jeglicher punischer Landbesitz, der über das eigentliche Stadtterritorium (welches zudem auch nur *precario* den Karthagern überlassen wurde) hinausreiche, *vi atque iniuria* erworben wurde. Nach Ansicht der Numider war daher der gesamte punische Landbesitz – und somit auch der Besitz des umstrittenen Gebietes – eine *possessio vitiosa* der Karthager.[673] Darüber hinaus legten die numidischen Gesandten dar, daß es mehrfach zum Besitzverlust gekommen sei, womit angedeutet wurde, daß ein unter Umständen zu prüfender Eigentumserwerb durch Ersitzung (in Analogie zur römischen Privatrechtsordnung) auch an der mangelnden Ersitzungsdauer scheitern würde.

Die Römer beschlossen, eine Gesandtschaft nach Nordafrika zu schicken, um vor Ort die Ansprüche der beiden Streitparteien zu überprüfen und eine Entscheidung herbeizuführen. Als Gesandte wurden P. Scipio Africanus, C. Cornelius Cethegus (cos. 197, Zensor 194) und M. Minucius Rufus (cos. 197) beauftragt (Liv. 34,62,16).

Über die Tätigkeit dieser Gesandtschaft in Nordafrika berichtet Livius lediglich, daß die drei Gesandten alles inspizierten und sich die Standpunkte anhörten, jedoch keine Sachentscheidung zugunsten einer der beiden Streitparteien vornahmen, sondern alles in Schwebe ließen (... *omnia suspensa neutro inclinatis sententiis reliquere*; Liv. 34,62,16). Verwundert stellt Livius fest, daß eigentlich aufgrund der Sachkenntnis und Autorität Scipios eine klare Entscheidung zu erwarten gewesen wäre, wenngleich der römische Historiker zugleich erkennt, daß der Fortbestand der punisch-numidischen Zwistigkeiten offenbar im römischen Interesse lag (*...videtur tempori aptum fuisse integro certamine eos relinqui*; Liv. 34,62,17).

Ähnlich lautet die Überlieferung bei Zonaras (9,18,12): Scipo sei als Schiedsrichter nach Nordafrika entsandt worden, habe jedoch den Grenzstreit unentschieden gelassen, um nicht eine der beiden Streitparteien vor den Kopf zu stoßen.

---

672 Mit Recht verweist BRISCOE 1981, 145 auf die juristische Terminologie, die von Livius verwendet wird.

673 Daß bereits zur Zeit der punischen Kriege im prätorischen Interdiktenverfahren der Besitzschutz nur hinsichtlich jener Sachen, die *nec vi, nec clam nec precario* von der anderen Streitpartei erworben wurden, bestand, wird in einer Terenz-Stelle angedeutet: *Hance tu mihi vel vi vel clam vel precario fac tradas* (Ter., Eun. 2,3,27).

In der modernen Literatur wurden an der Historizität des Grenzstreites von 193 teilweise Zweifel geäußert:[674] Ausgangspunkt ist hier vor allem das Problem, daß Polybios (Pol. 31,21,1-8) für das Jahr 161 einen numidisch-punischen Grenzstreit überliefert, sich jedoch hier teilweise mit der livianischen Erzählung zum Gebietsstreit von 193 überschneidet: Massinissa habe das offene Landgebiet der punischen Emporia in einem Blitzangriff besetzt, sei jedoch an der Eroberung der sich erbittert verteidigenden Städte gescheitert. Mehrfach hätten die beiden Streitparteien Gesandte nach Rom geschickt, doch sei Massinissa stets von den Römern begünstigt worden sei, wobei die entsandten Schiedsrichter weniger rechtliche Maßstäbe als vielmehr das römische Interesse berücksichtigten (Pol. 31,21,6). Dies (scil. das Bestehen eines punischen Rechtsanspruches) könne aus jener "nicht allzu lange zurückliegenden" (χρόνοις οὐ πολλοῖς ἀνώτερον) Episode abgeleitet werden, als Massinissa einen Rebellen namens Aphther verfolgt und die Karthager um die Erlaubnis gebeten habe, das nunmehr umstrittene Gebiet durchqueren zu dürfen, was ihm jedoch verwehrt worden sei. Trotz dieses Rechtsanspruches seien die Karthager durch die abschlägigen römischen Bescheide gezwungen worden, nicht nur die Städte und das Land abzutreten, sondern darüber hinaus fünfhundert Talente Schadenersatz für den entgangenen Gewinn Massinissas in jenem Zeitraum, in dem der Rechtsstreit bestand, zu zahlen (Οὐ μὴν ἀλλὰ τέλος εἰς τοῦτο συνεκλείσθησαν οἱ Καρχηδόνιοι διὰ τῶν ἀποφάσεων κατὰ τοὺς νῦν λεγομένους καιροὺς ὥστε μὴ μόνον τὰς πόλεις καὶ τὴν χώραν ἀποβαλεῖν, ἀλλὰ καὶ πεντακόσια τάλαντα προσθεῖναι τῆς καρπείας τῶν χρόνων, ἐξ οὗ συνέβη γενέσθαι τὴν ἀμφισβήτησιν, Pol. 31,21,8).

Die zusätzliche punische Zahlungspflicht im Ausmaß von 500 Talenten entspricht dem römischen *restituere*-Prinzip im Zivilprozeß, demzufolge der obsiegende Kläger hinsichtlich des entgangenen Gewinns so zu stellen ist, als hätte er den ihm zugesprochenen Streitgegenstand bereits zu Beginn des Prozesses – mit der *litis contestatio* – von seinem Gegner erhalten.[675]

Auf den ersten Blick scheinen tatsächlich "wesentliche Elemente"[676] der livianischen Erzählung des Gebietsstreites von 193 in der polybianischen Schilderung vorzukommen und somit die Bedenken der modernen Forschung zuzutreffen. Doch in welchem Ausmaß trifft dies tatsächlich zu? Nach Livius verwüstete Massinissa das Küstengebiet der Emporia und zwang einige Städte,

---

[674] Vgl. vor allem HUSS 1985, 428 Anm. 23: "Die Gesandten waren kaum mit der Regelung von Grenzstreitigkeiten befaßt." sowie 431 Anm. 47 (mit zahlreichen Literatur-Verweisen): "Der Bericht Liv. 34,61,16-62,18 (193) ist ... größtenteils in die Zeit des Berichts Polyb. 31,21 (wahrscheinlich 162/161) hinabzudatieren." So auch BRISCOE 1981, 144 ("Livy presumably conflated an annalist with Polybios")
[675] Vgl. dazu KASER/HACKL 1996, 297
[676] RITTER 1987, 73

ihm Abgaben zu leisten. Nach Polybios hingegen gelang es Massinissa lediglich, das Landgebiet zu besetzen, während die Städte sich erfolgreich gegen Massinissa zur Wehr setzen konnten. Nach Livius kamen je eine einzige punische bzw. numidische Gesandtschaft nach Rom, nach Polybios hingegen geschah dies "häufig" (πολλάκις). Nach Livius sollte die numidische Gesandtschaft auch die Ereignisse in Karthago rund um Hannibals Vertrauten Ariston beim römischen Senat zur Anzeige bringen, während hingegen Polybios diesen Aspekt verschweigt. Livius überliefert eine einzige römische Schiedgesandtschaft und führt die Namen der (durchaus prominenten) römischen Schiedsrichter an, Polybios hingegen nicht (trotz der angeblichen Entsendung Scipios), wobei bei ihm der Eindruck entsteht, daß nicht nur die beiden Streitparteien, sondern auch die Römer mehrere Delegationen entsandten.[677] Polybios überliefert weiters die Verurteilung Karthagos zum Ersatz jenes Gewinnes, den Massinissa seit Beginn der Streitigkeiten hätte ziehen können; bei Livius vermißt man dieses Urteil. Somit bleiben eigentlich nur zwei Punkte, in denen sich Livius und Polybios überschneiden:[678] einerseits die Übereinstimmung bezüglich des betroffenen Landstriches, die punischen Emporia an der Kleinen Syrte, andererseits bezüglich der Aphther-Episode, die für beide Historiker als ausreichender Nachweis der punischen Rechtsansprüche auf das umstrittene Gebiet dient.

Problematisch ist vor allem die Ungenauigkeit des Polybios in zeitlicher Hinsicht: Sein Exkurs zu den *res Africae* ist zwar prinzipiell in das Jahr 161 (drittes Jahr der 154. Olympiade) datiert, doch soll der Beschluß Massinissas, die punischen Emporia zu erobern, schon "ein wenig früher" (οὐ πολλοῖς ἀνώτερον χρόνοις, Pol. 31,21,2) gefallen sein. Und nochmals "ein wenig früher" datiert Polybios die Aphther-Episode. Um jedoch sowohl die polybianische Schilderung der Ereignisse des Jahres 161 als auch den livianischen Gebietsstreit des Jahres 193 vereinbaren und somit beide als historisch erachten zu können, müßte die Aphther-Episode gleich um mehr als drei Jahrzehnte zurückdatiert werden: Dies führt dazu, daß die genannte Episode den Karthagern sowohl im Rechtsstreit des Jahres 193 als auch im Rechtsstreit des Jahres 161 als Beweis für ihre Ansprüche auf die Emporia zur Verfügung stehen konnte. Genau diese Überlegung stieß

---

[677] Der von Polybios verwendete Plural "die Schiedsrichter" paßt theoretisch auf eine einzige römische Schiedsgesandtschaft (mit drei Schiedsrichtern), könnte sich jedoch genauso auf mehrere römische Schiedsgesandtschaften beziehen. Angesichts des exakten polybianischen Wortlautes ("Häufig" kamen Gesandte der Streitparteien nach Rom, "immer" geschah es, daß die Schiedsrichter im römischen Interesse entschieden: ... πρεσβευτῶν <u>πολλάκις</u> ἐληλυθότων διὰ ταῦτα παρ' ἑκατέρων, <u>αἰεὶ</u> συνέβαινε ... , Pol. 31,21,5f.), ist jedoch wohl die Variante zu bevorzugen, daß Polybios von mehreren römischen Schiedsgesandtschaften (und nicht einer einzigen) ausgeht.

[678] Vgl. auch ROSSETTI 1960, 340 ("si nota ... che si riscontrano pochi elementi comuni, che la soluzione della controversia è assolutamente diversa nei due autori.")

jedoch in der modernen Forschung teilweise auf heftigen Widerstand: "Polybios und Livius hier vereinbaren zu wollen, ist unmöglich. Der Streit von 193 wurde zwar damals nicht entschieden, aber die Formulierungen des Polybios erlauben bei aller Unbestimmtheit keine Erstreckung der Auseinandersetzungen über drei Jahrzehnte."[679]

Meines Erachtens lassen sich der livianische Bericht zum Gebietsstreit des Jahres 193 und der polybianische Bericht zum Gebietsstreit des Jahres 161 entgegen dieser angeführten Kritik sehr wohl vereinbaren – und zwar in der Weise, daß wir zwischen zumindest zwei verschiedenen (allerdings dasselbe Gebiet betreffenden) Streitigkeiten unterscheiden müssen.[680] Diese These hat zwei Voraussetzungen, deren Bestehen zunächst überprüft werden muß: Erstens muß Massinissa den Rechtsstreit des Jahres 193 um die Emporia zumindest teilweise verloren haben; nur dann ist ein neuerlicher Zugriff des numidischen Königs auf die punischen Städte an der Kleinen Syrte im Jahr 161 überhaupt denkmöglich. Und zweitens muß die Aphther-Episode noch vor dem Jahr 193 stattgefunden haben, sodaß sie sowohl im Jahr 193 als auch im Jahr 161 den Karthagern als Argument zugunsten ihrer Ansprüchen dienen konnte.

Die erste Voraussetzung – das (zumindest teilweise) Scheitern der Bestrebungen Massinissas, die punischen Emporia bereits im Jahr 193 seinem Reich einzuverleiben – läßt sich sogar recht einfach belegen: Zunächst war es laut Livius dem numidischen König lediglich *ex quadam parte* gelungen, Zweifel hinsichtlich der Frage, ob das umstrittene Gebiet unter punischer oder numidischer Oberhoheit stünde, hervorzurufen (Liv. 34,61,4). Daraus läßt sich der Umkehrschluß ziehen, daß solche Zweifel hinsichtlich des anderen Teils der punischen Emporia nicht bestanden, dieser Gebietsteil also auch über das Jahr 193 hinaus unter punischer Oberhoheit stand. Für die zweite Voraussetzung – Datierung de Aphther-Episode in eine Zeit vor 193 – spricht zunächst die Überlegung, daß die Existenz eines numidischen Rebellen in einer Zeit knapp nach dem Beginn von Massinissas Herrschaft über jene großnumidischen Gebiete, die zuvor unter der Herrschaft des Syphax gestanden waren,

[679] RITTER 1987, 73. Vgl. auch HUSS 1985, 431 Anm. 47: "Der Bericht Liv. 34,61,16-62,18 (193) ist ... größtenteils in die Zeit des Berichts Polyb. 31,21 (wahrscheinlich 162/161) hinabzudatieren." Oder HOFFMANN 1960, 326 ("Aber die hier geschilderten Vorfälle gehören, wie wir aus Polybios (XXXI 21) erkennen, in Wirklichkeit in das Jahr 161 und sind von der Annalistik um etwa 30 Jahre hinaufdatiert worden.")

[680] Auch nach BADIAN 1958, 295 ("The simplest solution is perhaps to suppose that the dispute of 193 gave Masinissa Lepcis and the coast as far as some point east of the Lesser Syrtis, while that of the sixties concerned the territory round the Gulf.") und CAMPS 1960, 193 lassen sich die beiden Grenzstreitigkeiten vereinbaren. Hingegen ist es wohl unmöglich (und in diesem Punkt schließe ich mich dem Großteil der modernen Forschung an), entweder den livianischen Bericht

wahrscheinlicher ist als nach vier Jahrzehnten erfolgreicher Regierung und Wohlstand. Dazu scheint es ebenso wahrscheinlicher, daß Massinissa die punische Erlaubnis zur Verfolgung des Aphther knapp nach dem Ende des Zweiten Punischen Krieges eingeholt hatte. Daß dies – folgt man den (zeitlich ungenauen) polybianischen Angaben – zu einem Zeitpunkt (ca. 165 v.Chr.) der Fall gewesen sein soll, als Massinissa bereits mehrfach die punischen Grenzen in Eroberungs- oder zumindest Plünderungsabsicht überschritten hatte, muß in Zweifel gezogen werden.

Somit läßt sich auf der Basis der spärlichen antiken Angaben zusammenfassend folgender zeitlicher Ablauf der Streitigkeiten rund um die Emporia zeichnen: Knapp nach dem Ende des Zweiten Punischen Krieges flüchtete ein numidischer Rebell namens Aphther nach Osten in die Gegend der Kleinen Syrte. Massinissa ersuchte Karthago um die Erlaubnis, durch die punischen Gebiete ("Emporia") an der Kleinen Syrte ziehen zu dürfen, was jedoch seitens der Karthager verweigert wurde. Im Jahr 193 fiel Massinissa in die Gebiete der Emporia ein, wobei er – nimmt man Livius beim Wort (Liv. 34,62,1-5) – eher Zerstörungs-[681] und Plünderungsabsichten (bzw. die Absicht, von den punischen Städten Abgaben einzuheben) als Besetzungspläne verfolgte. Teilweise gelang es dem numidischen König, Zweifel an der punischen Oberhoheit hervorzurufen. Karthago und Massinissa baten in Rom um die diplomatische Lösung dieser Streitigkeiten, wobei der numidische König zugleich die Gelegenheit nützte, verdächtige Vorgänge in der punischen Hauptstadt beim römischen Senat zur Anzeige zu bringen. Die Karthager beriefen sich vor allem auf die Aphther-Episode als Beweis ihrer Oberhoheit über die Emporia. Rom entsandte eine prominent besetzte dreiköpfige Schiedsdelegation, welche jedoch trotz umfassender Recherchen keine Entscheidung fällte. Ein Teil der Emporia verblieb jedoch in punischer Hand; es besteht sogar die Möglichkeit, daß das gesamte Gebiet weiterhin punisch war, jedoch zum Teil dem numidischen König tributpflichtig war. Etwa drei Jahrzehnte später fiel Massinissa erneut in das Gebiet der Emporia ein, wobei es ihm diesmal vor allem mißlang, die Städte, welche erbitterten Widerstand leisteten, zu besetzen. Mehrfach erschienen punische und numidische Abgesandte vor dem Senat, um ihre Rechte zu behaupten, wobei jedesmal die Numider von den Schiedsrichtern bevorzugt wurden. Zwar beriefen sich die Karthager erneut auf die (mittlerweile mehr als drei Jahrzehnte alte) Aphther-Episode als Beweis ihrer Ansprüche auf die Oberhoheit über das umstrittene

von 193 auf 161 zu verschieben oder den polybianischen Bericht von 161 auf 193 zurückzudatieren.

[681] Vgl. Liv. 34,62,2 ("... *agrum maritimum eorum ... depopulatus est* ...). Es erscheint mir höchst zweifelhaft, daß Massinissa für den Fall einer Eroberungsabsicht dieses Küstengebiet verwüstet hätte.

Gebiet, doch mußten sie letztlich nicht nur die Städte und Landgebiete der Emporia räumen, sondern Massinissa auch jenen entgangenen Gewinn ersetzen, den er seit dem Beginn der jüngsten Streitigkeiten aus den Emporia hätte ziehen können.

7.) DIE AUSLIEFERUNG DER RÖMISCHEN BÜRGER L. MINUCIUS MYRTILUS UND L. MANLIUS AN KARTHAGO (188 V.CHR.)

Nach Livius wurden im Jahr 188 die beiden römischen Bürger L. Terentius Myrtilus und L. Manlius, denen die Mißhandlung punischer Gesandter vorgeworfen wurde, auf Anordnung des *praetor urbanus* M. Claudius Marcellus durch die Fetialen an die punische Delegation ausgeliefert und nach Karthago gebracht (Liv. 38,42,7; epit. Oxyrh. Z.21-23). Diese Episode wird auch von Valerius Maximus (6,3,3) und Cassius Dio (19,61) überliefert, wenngleich Valerius Maximus eine in sich widersprüchliche Datierung (Konsuldatierung des Jahres 187, jedoch Nennung des M. Claudius Marcellus, der im Jahr 188 Stadtprätor war) vornimmt und Dio keine Namen nennt – es seien νεανίσκοι τινὲς gewesen. Lediglich bei Dio findet sich ein knapper Hinweis auf den weiteren Verlauf der Ereignisse: Den Römern sei in Karthago nichts getan, sondern vielmehr die Freiheit geschenkt worden.

Aus welchem Anlaß sich die punischen Gesandten in Rom aufhielten, wird nicht überliefert. Zu vermuten ist, daß es sich um eine punische Gratulationsgesandtschaft anläßlich der jüngsten römischen Erfolge im hellenistischen Osten handelte. Denkbar ist aber auch eine punische Gesandtschaft, die die jährlich zu zahlende Geldsumme nach Rom brachte.

8.) DER PUNISCH-NUMIDISCHE GEBIETSSTREIT DER JAHRE 182-181

Im Jahr 182 [682] besetzte Massinissa ein karthagisches Landgebiet mit einer bewegten Vergangenheit. Zunächst soll König Gaia, Massinissas Vater, das Gebiet von den Karthagern erobert haben, anschließend vertrieb jedoch der westnumidische König Syphax seinen ostnumidischen Rivalen, um das umstrittene Gebiet zu Ehren seines Schwiegervaters Hasdrubal wieder den Karthagern zu schenken (Liv. 40,17,1-3). Nach punischer Ansicht handelte es

[682] Es handelt sich um das auf das Todesjahr des Scipio Africanus folgende Jahr. Dies mag ein Zufall sein, hatte jedoch für Massinissa den Vorteil, daß etwa zwei Jahrzehnte nach dem Ende des Zweiten Punischen Krieges wohl der beste römische Experte für die nordafrikanischen Angelegenheiten gestorben war, sodaß seine Gebietsansprüche nur noch schwer überprüfbar waren.

sich um ein Gebiet ihrer Vorfahren, nach Auffassung des Massinissa handelte es sich um ein Teil des Reiches seines Vaters, welches er *iure gentium* innehabe, wobei er "aufgrund des Rechtstitels und aufgrund der Tatsache seines Besitzes die bessere Rechtsposition habe" (*et causa et possessione superiorem esse*; Liv. 40,17,4).

Die Geschichte zum bisherigen Schicksal des umstrittenen Gebietes läßt sich meines Erachtens als numidische Erfindung entlarven, da sie einerseits mehrere historische Schwächen birgt, andererseits einer ähnlichen juristischen Argumentationslinie entspricht, welche die numidischen Gesandten im letzten Gebietsstreit des Jahres 193 vertreten hatten. Zunächst scheint es kaum glaubhaft, daß Massinissas Vater Gaia Landgebiete der Karthager erobert haben soll, da wir in den Quellen mehrere Indizien dafür finden, daß der numidische Stamm der Massyler spätestens seit dem Ersten Punischen Krieg eng mit Karthago verbunden war.[683] Weiters erscheint es zweifelhaft, daß der westnumidische König Syphax über das ostnumidische Territorium hinweg Gebiete an der numidisch-punischen Grenze besetzt haben soll. Und schließlich ist auch die angebliche Schenkung des Syphax an seinen Schwiegervater Hasdrubal in Frage zu stellen: Da die Hochzeit zwischen Syphax und Sophoniba etwa in das Jahr 205 oder 204 zu datieren ist, müßte die Schenkung ausgerechnet in jener letzten Kriegsphase erfolgt sein, in der eigentlich die Karthager, deren Perspektiven gegen Rom nicht mehr die besten waren, ihren letzten wichtigen Verbündeten durch territoriale Zugeständnisse für sich einnehmen hätten müssen (und nicht umgekehrt Syphax die Karthager).

Die Intention dieser meines Erachtens historisch unzutreffenden Behauptungen ist klar und entspringt zwei wichtigen juristischen Überlegungen:

Erstens: Gerade der Bezug auf Massinissas Vater Gaia ist abgestimmt auf die römisch-punische Vertragsklausel von 201, wonach – gemäß der polybianischen Überlieferung – die Karthager verpflichtet waren, "die Häuser, das Land und die Städte und alles Eigentum innerhalb der ihnen noch

---

683 Während der Afrika-Invasion des Regulus im Ersten Punischen Krieg (im Jahr 256) kämpften die Massyler gemeinsam mit Karthago gegen die römischen Truppen (siehe dazu oben Anm. 116), während die übrigen numidischen Stämme gegen Karthago rebellierten und dabei "mehr Schaden anrichteten als die Römer" (Pol. 1,31,2). Im auf den Ersten Punischen Krieg folgenden Libyschen Krieg führte der numidische Fürst Naravas, der "in Tradition seiner Vorfahren schon immer im Lager Karthagos stand" (Pol. 1,78,1), eine entscheidende Wendung zugunsten der Karthager herbei. Ein epigraphisches Zeugnis scheint Naravas als Bruder Gaias (und somit Onkel Massinissas) zu identifizieren (vgl. dazu CAMPS 1960, 266f., BERTHIER 1981, 34 , HUSS 1985, 260 Anm. 65 und HUSS 1989, 190. BARCELÓ 1998, 13f. bzw. 29 sowie GEUS 1994, 267 (=Stammtafel II) nehmen das Verwandtschaftsverhältnis ohne nähere Erörterung als gegeben an.). Nach Liv. 29,29,12 hatte Oezalles, ein anderer Brudes des Gaia, eine Tochter des Hamilkar geheiratet. Das dritte Indiz für die guten Kontakte der Massyler nach Karthago ist die Nachricht, daß ausgerechnet Massinissa als Kind in Karthago aufwuchs und erzogen wurde (App., Lib. 10,37; 37,155f. sowie 79,368) und später mit Sophoniba, einer Tochter Hasrdrubals, verlobt wurde (App., Ib. 7,37 sowie Lib. 2,10; Zon 9,11,1 und Diod. 27,7).

zuzuweisenden Grenzen, das Massinissa gehöre oder seinen Vorfahren gehört habe, diesem übergeben" (οἰκίας καὶ χώραν καὶ πόλεις, καὶ εἴ τι ἕτερόν ἐστι Μασαννάσου τοῦ βασιλέως ἢ τῶν προγόνων ἐντὸς τῶν ἀποδειχθησομένων ὅρων αὐτοῖς πάντα ἀποδοῦναι Μασαννάσᾳ, Pol. 15,18,5). Da sich nach den numidischen Angaben die Besitzkette am umstrittenen Gebiet auf Gaia (und somit einen direkten Vorfahren Massinissas) zurückführen lassen soll, müßte dieses Gebiet bei konsequenter vertragskonformer Vorgangsweise zugunsten Massinissas geräumt werden.

Zweitens: Ähnlich wie beim Gebietsstreit des Jahres 193 erwecken die numidischen Ausführungen den Eindruck, es handle sich um ein Gebiet mit bewegter Vergangenheit hinsichtlich der völkerrechtlichen Oberhoheit, sodaß keineswegs langer oder gar immerwährender ungestörter Besitz der Karthager vorliege. Dies entspricht dem numidischen Argument des damaligen Gebietsstreites, wonach die Karthager damals *neque eum, de quo agatur, probare eos posse non modo semper, ex quo ceperint, sed ne diu quidem possedisse.* (Liv. 34,62,13). Zudem wird ebenso wie im Jahr 193 die Tatsache des aufrechten numidischen Besitzes betont und damit das Argument des völkerrechtlichen Speererwerbs bzw. wiederholt.

Die entsandten römischen Schiedsrichter änderten nichts am Besitzstand und verwiesen den unentschiedenen Rechtsstreit zur weiteren Behandlung an den römischen Senat zurück (*Legati possessionis ius non mutarunt, causam integram Romam ad senatum reiecerunt*; Liv. 40,17,6). Massinissa sollte also solange im Besitz des umstrittenen Gebietes bleiben dürfen, bis der Senat eine endgültige Entscheidung in diesem Rechtsstreit gefällt haben würde. An anderer Stelle – für das Jahr 181 – überliefert Livius lediglich das Ende, nicht jedoch das Ergebnis dieses Rechtsstreits: Die Römer gewährten den Karthagern im eigenen Namen sowie im Namen Massinissas Frieden (... *pacemque iis populus Romanus non ab se tantum, sed ab rege etiam Massinissa praestitit*,... Liv. 40,34,14) und gaben ihnen zudem 100 Geiseln zurück. Ob nun Massinissa das umstrittene Gebiet behielt oder räumen mußte, läßt sich dieser Aussage nicht entnehmen. Beide Varianten wurden in der Literatur angenommen oder für möglich gehalten.[684] Hinsichtlich des Begriffes "*pax*" ist Ritter zu folgen, wonach darunter der "tatsächliche Friedenszustand" zu verstehen ist.[685] Die Geiselrückstellung erfolgte unabhängig vom punisch-numidischen Rechtsstreit und beruht auf den römisch-punischen Vertragsbestimmungen von 201 (regelmäßige *mutatio obsidum*), kann also nicht als ungeschicktes römisches Kompensationsgeschäft im Sinne eines Ausgleiches

[684] Vgl. RITTER 1987, 68f. (mit weiteren Literaturverweisen)

für den punischen Verlust des umstrittenen Gebietes angesehen werden. Meines Erachtens läßt sich aus zwei Indizien ableiten, daß Massinissa die umstrittenen Gebiete wieder räumen mußte: An erster Stelle fällt die livianische Wendung auf, wonach die Römer den Karthagern nicht nur im eigenen Namen, sondern auch im Namen Massinissas Rechtsfrieden gewährten. Interpretiert man das "*praestare*" als "verschaffen" oder sogar "garantieren", so stellt sich die Frage, warum nicht Massinissa selbst für den Rechtsfrieden eingestanden ist. Dies ließe sich wohl nur dann erklären, wenn er mit dem Ergebnis des Verfahrens vor dem römischen Senat nicht einverstanden gewesen wäre (und das umstrittene Gebiet hätte räumen müssen). Als zweites Indiz läßt sich mit RITTER[686] die livianische Überlieferung zum nächsten Gebietsstreit, nämlich jenen des Jahres 172, ins Treffen führen, wonach Massinissa außer dem Gebiet, dessentwegen früher Gesandte von Rom geschickt worden waren, die die Sache an Ort und Stelle entscheiden sollten, weitere 70 punische Städte in den letzten beiden Jahren mit Waffengewalt besetzt hatte (... *praeter agrum, de quo ante legati ab Roma, qui in re praesenti cognoscerent, missi essent, amplius septuaginta oppida castellaque agri Carthaginiensis biennio proxumo Masinissam vi atque armis possedisse*; Liv. 42,23,2). Identifiziert man diesen *ager*, dessentwegen früher römische Gesandte gekommen waren, mit dem umstrittenen Gebiet der Jahre 182/181, so setzt dies die Räumung dieses Landstreifens durch Massinissa im Jahr 181 voraus, da ja sonst eine Neubesetzung im Jahre 172 denkunmöglich wäre.

9.) DIE RÖMISCHE GESANDTSCHAFT NACH NORDAFRIKA DES JAHRES 174

Im Jahr 174 reiste eine römische Gesandtschaft zunächst zu Massinissa und danach nach Karthago (Liv. 41,22,1). Leider ist im 41. Buch des Livius der Bericht über den Jahreswechsel 175/174 nur fragmentarisch erhalten, sodaß wir über den Anlaß dieser Gesandtschaft nur Mutmaßungen anstellen können. In 41,22,1f. schildert Livius, daß die römischen Gesandten beim numidischen König gehört hätten, die Karthager stünden mit König Perseus in Verhandlungen und hätten eine nächtliche Senatssitzung mit Gesandten des makedonischen Königs abgehalten. Beides sei von den Karthagern in Abrede gestellt worden, jedoch mit unzureichender Standhaftigkeit.[687]

---

[685] RITTER 1987, 68; vgl. auch ZIEGLER 1989, 46 ("In den Quellen wird zwar der Friedensvertrag häufig mit *pax* umschrieben, aber das Wort bezeichnet tatsächlich in erster Linie den Friedenszustand und nicht die Form, in der dieser erreicht wird.")

[686] RITTER 1987, 69

[687] Zur Glaubwürdigkeit der römischen Vorwürfe vgl. etwa HUSS 1985, 429 ("allem Anschein nach handelte es sich um eine Tatsache")

Ob die Entsendung der römischen Delegation nach Afrika auf eine numidische Anzeige zurückgeht – schon anläßlich des Gebietsstreits des Jahres 193 hatte Massinissa die Römer über die Kontakte zwischen Karthago und Antiochos informiert – oder ob die Römer andere Quellen hatten, wissen wir aufgrund der lückenhaften livianischen Überlieferung nicht. Die Kürze, in der Livius über das Ergebnis der römischen Gesandtschaft spricht, sowie der Textaufbau dieser Stelle unterstützen jedoch die Annahme, daß in den verlorenen Textstellen bereits etwas über den Anlaß der Gesandtschaft gestanden haben muß: In 41,22,1 läßt Livius die römische Gesandtschaft nach ihrer Rückkehr zunächst berichten, daß sie über "das, was in Karthago geschehen sei" (*quae Carthagine acta essent*) weitaus mehr beim numidischen König in Erfahrung bringen konnten als in Karthago. Erst im nächsten Satz konkretisiert Livius den Inhalt des "*quae Carthagine acta essent*": die Ankunft makedonischer Boten, das Abhalten einer nächtlichen Senatssitzung in Karthago und die Entsendung von punischen Boten zu Perseus. Der römische Historiker verwendet hierbei zweimal den Ausdruck "*affirmare*", das erste Mal im Zusammenhang mit der Aussage der römischen Gesandten nach ihrer Rückkehr, das zweite Mal im Zusammenhang mit der Aussage Massinissas über die Ereignisse in Karthago. Legt man dem Vokabel "*affirmare*" die Bedeutung "bekräftigen" bzw. sogar "bestätigen" zugrunde, so muß es bereits bei der Abreise der römischen Gesandten nach Afrika entsprechende "Gerüchte" oder eine Anzeige gegeben haben, deren Wahrheitsgehalt nunmehr "bekräftigt" oder "bestätigt" worden war.

Nach dem Bericht der römischen Gesandten über das Bestehen der punisch-makedonischen Kontakte beschloß der Senat, auch nach Makedonien drei weitere Gesandte zu schicken (Liv. 41,22,3). Diese sollen jedoch unter fadenscheinigen Vorwänden am makedonischen Königshof abgewimmelt worden sein (Liv. 42,2,1f.).

10.) DER PUNISCH-NUMIDISCHE GEBIETSSTREIT DER JAHRES 172

Zu Beginn des Jahres 172 erschienen in Rom eine punische sowie eine numidische Gesandtschaft, letztere angeführt von Prinz Gulussa, einem Sohn des Massinissa.

> (Liv. 42,23,1-4:) *Carthaginienses querebantur praeter agrum, de quo ante legati ab Roma, qui in re praesenti cognoscerent, missi essent, amplius septuaginta oppida castellaque agri Carthaginiensis biennio proxumo Masinissam vi atque ermis possedisse: id illi, cui nihil pensi sit, facile esse. Carthaginienses foedere inligatos silere; prohiberi enim extra fines effere arma; quamquam sciant in suis finibus, si inde Numidas pellant, se gesturos*

bellum, illo haud ambiguo capite foederis deterreri, quo diserte vetentur cum sociis populi Romani bellum gerere.
Die Karthager beklagten sich darüber, daß Massinissa in den letzten beiden Jahren außer dem Gebiet, dessentwegen früher Gesandte von Rom geschickt worden waren, die die Sache an Ort und Stelle untersuchen sollten, mehr als 70 Städte und feste Plätze des karthagischen Gebietes mit Waffengewalt in Besitz genommen habe. Das sei für ihn leicht, da er sich aus nichts ein Gewissen mache. Die Karthager sähen schweigend zu, weil sie durch den Vertrag gebunden seien; denn es sei ihnen untersagt, mit den Waffen in der Hand die Grenzen ihres Gebietes zu überschreiten. Sie wüßten zwar, daß sie in ihrem eigenen Gebiet Krieg führen würden, wenn sie die Numider von dort vertrieben, aber sie würden durch jenen ganz eindeutigen Abschnitt des Vertrages abgeschreckt, durch den ihnen ausdrücklich verboten werde, mit Bundesgenossen des römischen Volkes Krieg zu führen.

Die Karthager schlugen schließlich drei Lösungsvarianten vor: Entweder solle ein gerechter und objektiver Schiedsspruch gefällt werden, oder es solle ihnen gestattet werden, sich in einem frommen und gerechten Krieg (*pio iustoque bello*) gegen Massinissa zur Wehr zu setzen, oder es möge ein für allemal festgesetzt werden, in welchem Umfang Massinissa punisches Land als Geschenk erhalten solle (Liv. 42,23,6-10).

Massinissa soll also in den letzten beiden Jahren (*biennio proxumo*)[688] "außer dem Gebiet, dessentwegen früher Gesandte von Rom geschickt worden waren" noch weitere siebzig punische Städte und Orte mit Waffengewalt in Besitz genommen haben. Offenbar war jener *ager*, "dessentwegen früher Gesandte von Rom geschickt worden waren", seitens der Römer den Karthagern zugesprochen und von Massinissa geräumt worden, da sonst eine erneute Besetzung durch den numidischen König nicht denkbar wäre.[689]

Von besonderem Interesse sind die Ausführungen der Karthager zur Unterlassung einer militärischen Gegenwehr, da sie sich auf die Bestimmungen des Vertrages von 201 beziehen: Der erste Grund, warum die Karthager keine militärische Maßnahmen gegen Massinissa ergriffen, lag sinngemäß in jener Klausel des Vertrages von 201, in der die Zulässigkeit zukünftiger punischer Militäroperationen festgelegt wurde. Diese Bestimmung wird im Jahr 172 nur sinngemäß, nicht wörtlich zitiert: Es sei ihnen [scil. den Karthagern] untersagt, außerhalb der Grenzen Krieg zu führen (*prohiberi enim extra fines effere arma*; Liv. 42,23,3). Livius selbst hatte im 30.Buch diesen Vertragspunkt folgendermaßen wiedergegeben: "*bellum neve in Africa neve extra Africam iniussu populi Romani gererent*" (Liv.30,37,3; siehe auch oben S. 216-219 zur übrigen antiken, insbesondere zur polybianischen Überlieferung).

[688] Nach dieser Datierung ist der Beginn dieser neuen Streitigkeiten in die Zeit unmittelbar nach dem Erscheinen der römischen Gesandtschaft in Nordafrika im Jahr 174 anzusetzen. Unrichtig daher RITTER 1987, 69 ("172 hatten die Grenzstreitigkeiten erneut begonnen").
[689] Vgl. auch RITTER 1987, 69

Als zweiten Grund für die unterlassene militärische Gegenwehr gegen die Angriffe Massinissas führten die Karthager jene einschlägige Klausel des Vertrages von 201 an, wonach es strikt untersagt sei, mit Bundesgenossen des römischen Volkes Krieg zu führen (*illo haud ambiguo capite foederis deterreri, quo diserte vetentur cum sociis populi Romani bellum gerere*; Liv. 42,23,4). Diese Bestimmung sucht man in der livianischen Wiedergabe des Vertrages von 201 im 30. Buch vergebens; sie entspricht jedoch der Überlieferung Appians zu diesem Vertrag, wonach es den Karthagern untersagt war, "gegen Massinissa oder einen sonstigen Bundesgenossen Roms Krieg zu führen oder zu billigen, daß irgendein Karthager mit Erlaubnis des Volkes gegen diese Krieg führt" (App., Lib. 54,236).

Das unterwürfige Verhalten der Karthager, die unter Tränen vortrugen, sie würden lieber unfrei unter römischer Herrschaft leben als in Freiheit die Willkür Massinissas ertragen müssen (Liv. 42,23,7-10), brachte die römischen Senatoren gegen Massinissa auf: Sie verlangten vom numidischen König eine sofortige Stellungnahme (Liv. 42,24,5f.), nachdem sein Sohn Gulussa im Senat erklärt hatte, er sei lediglich deswegen nach Rom geschickt worden, um die Senatoren zu bitten, den punischen Anschuldigungen keinen Glauben zu schicken (Liv. 42,24,1-4). Der römische Senat ließ Massinissa ausrichten, daß keine neuen Grenzen festgesetzt, sondern die alten bewahrt werden sollten, sodaß jeder das Land besitze, das ihm gehöre (*agrum, qua cuiusque sit, possideri velle, nec novos statuere fines, sed veteres observare in animo habere*; Liv. 42,24,8). Die Römer hätten den besiegten Karthagern nicht ihre Stadt und ihr Land gelassen, um ihnen im Frieden das durch Unrecht zu entreißen, was sie ihnen nach Kriegsrecht nicht genommen hatten (*Carthaginiensibus victis se et urbem et agros concessisse, non ut in pace eriperent per iniuriam, qua iure belli non ademissent*; Liv. 42,24,9).

Ob Massinissa der römischen Aufforderung zur Stellungnahme nachgekommen ist, wird von Livius verschwiegen, ebenso die Frage, ob das umstrittene Gebiet geräumt wurde oder nicht. Der Hinweis des Livius auf die Pläne des numidischen Königs am Vorabend des Dritten Makedonischen Krieges – angeblich plante Massinissa bei einer römischen Niederlage die vollständige Besetzung des karthagischen Reiches, während er für den Fall eines römischen Sieges nichts unternehmen wollte, da "die Römer ein gewaltsames Vorgehen gegen die Karthager nicht dulden würden" (*non enim passuoros Romanos vim Carthaginiensibus adferri*; Liv. 42,29,9)[690] – hilft zwar nur wenig weiter, deutet jedoch meines Erachtens eher auf eine Lösung des Gebietsstreits von 172 zugunsten der Karthager.

[690] Zu dieser Haltung vgl. HOFFMANN 1960, 327

11.) Der punisch-numidische Gebietsstreit des Jahres 161

Wie bereits weiter oben anläßlich des Gebietsstreites des Jahres 193 ausführlich berichtet wurde, überliefert Polybios (31,21,1-8) für das Jahr 161 einen punisch-numidischen Konflikt, welcher einige Parallelen zum livianischen Bericht[691] zum Jahr 193 aufzuweisen scheint. Massinissa habe das offene Landgebiet der punischen Emporia in einem Blitzangriff besetzt, sei jedoch an der Eroberung der sich erbittert verteidigenden Städte gescheitert. Mehrfach hätten die beiden Streitparteien Gesandte nach Rom geschickt, doch sei Massinissa stets von den Römern begünstigt worden, wobei die entsandten Schiedsrichter weniger rechtliche Maßstäbe als vielmehr das römische Interesse berücksichtigten (Pol. 31,21,6). Dies (scil. das Bestehen eines punischen Rechtsanspruches) könne aus jener "nicht allzu lange zurückliegenden" (χρόνοις οὐ πολλοῖς ἀνώτερον) Episode abgeleitet werden, als Massinissa einen Rebellen namens Aphther verfolgt und die Karthager um die Erlaubnis gebeten habe, das nunmehr umstrittene Gebiet durchqueren zu dürfen, was ihm jedoch verwehrt worden sei. Trotz dieses Rechtsanspruches seien die Karthager durch die abschlägigen römischen Bescheide gezwungen worden, nicht nur die Städte und das Land abzutreten, sondern darüber hinaus fünfhundert Talente Schadenersatz für den entgangenen Gewinn Massinissas in jenem Zeitraum, in dem der Rechtsstreit bestand, zu zahlen (Οὐ μὴν ἀλλὰ τέλος εἰς τοῦτο συνεκλείσθησαν οἱ Καρχηδόνιοι διὰ τῶν ἀποφάσεων κατὰ τοὺς νῦν λεγομένους καιροὺς ὥστε μὴ μόνον τὰς πόλεις καὶ τὴν χώραν ἀποβαλεῖν, ἀλλὰ καὶ πεντακόσια τάλαντα προσθεῖναι τῆς καρπείας τῶν χρόνων, ἐξ οὗ συνέβη γενέσθαι τὴν ἀμφισβήτησιν, Pol. 31,21,8).

Daß meines Erachtens die livianische sowie die polybianische Schilderung strikt auseinanderzuhalten sind und daß daher zwischen zwei eigenständigen Gebietskonflikten – einer im Jahr 193, einer im Jahr 161 – zu unterscheiden ist, wurde bereits weiter oben anläßlich des Gebietsstreits von 193 ausführlich erörtert.

Abschließend soll jedoch ein Faktum betont werden, daß in der modernen Literatur bislang unbeachtet blieb: Nach dem römischen Schiedsspruch des Jahres 200 (App., Lib. 67,303) findet sich erst wieder für das Jahr 161 mit Pol. 31,21,8 ein ausdrücklicher Beleg für einen gegenüber den Karthagern negativen Schiedsspruch in einem Gebietsstreit. In den vorhergegangenen Konflikten zwischen 200 und 161 hatten die Römer es entweder unterlassen, eine Entscheidung zu fällen (so die antike Tradition), oder Massinissa diskret

[691] Liv. 34,62,1-18

aufgefordert, sich aus den besetzten Gebieten wieder zurückzuziehen, was zumindest nach dem Gebietsstreit des Jahres 174 der Fall gewesen sein muß.

12.) Der punisch-numidische Konflikt des Jahres 154/153

Schon bald nach 161 und dem von Polybios überlieferten Gebietsstreit dürfte der nächste Konflikt ausgebrochen worden sein, von dem jedoch nur eine äußerst knappe Notiz in der *periocha* von Livius' 47. Buch überliefert ist: Etwa um das Jahr 157 (vgl. dazu Anm 696) herum wurden vom Senat Schiedsrichter entsandt, welche einen Gebietsstreit zwischen Massinissa und Karthago entscheiden sollten (*Missi a senatu, qui inter Masinissam et Carthaginienses de agro iudicarent.* Liv. per. 47,8). Näheres ist jedoch nicht bekannt.

Hauptquelle für die Ereignisse im letzten Jahrzehnt vor Ausbruch des Dritten Punischen Krieges ist Appians Libyke. Nach seinem Bericht über den römisch-punischen Friedensschluß des Jahres 201 faßt Appian zunächst die Ereignisse der folgenden viereinhalb Jahrzehnte summarisch zusammen: Im Jahr 200 habe Massinissa – gestützt auf die Begünstigung durch römische Schiedsrichter – große punische Landgebiete besetzt und mit den Karthagern einen Vertrag abgeschlossen, welcher etwa 50 Jahre galt und den Karthagern in diesem Zeitraum Frieden und Prosperität sicherte (App., Lib. 67,303). Es seien in Karthago drei Parteien entstanden – eine prorömische, eine (national-) demokratische sowie eine pronumidische –, wobei die (National-) Demokraten zum Zeitpunkt eines römisch-keltiberischen Krieges die Abwesenheit Massinissas, der zur Unterstützung der Römer und seines auf römischer Seite kämpfenden Sohnes nach Spanien gereist war, nutzten, um numidische Nomaden in einem umstrittenen Landgebiet anzugreifen und die restliche Bevölkerung gegen die Numider aufzuhetzen (App., Lib. 68,304-307).

Durch die summarische Darstellung Appians, der in einigen wenigen Sätzen den Zeitraum zwischen dem römisch-punischen Friedensschluß von 201 und der römischen Gesandtschaft nach Nordafrika unter Cato im Jahre 153 abdeckt, kommen für diesen Konflikt zwei Datierungen, die an die Angabe des römisch-iberischen Krieges anknüpfen, in Betracht: Der Erste (181-179) sowie der Zweite (154/153) Keltiberische Krieg. Der Großteil der modernen Literatur[692] hat sich für den Zweiten Keltiberischen Krieg und somit für eine Datierung des von Appian geschilderten punisch-numidischen Konfliktes auf etwa 154/153 entschieden. Tatsächlich sprechen mehrere Indizien zugunsten dieser Annahme: Appian erwähnt in der Iberike (Ib. 46,189) die Entsendung von 300 numidischen Reitern und 10 Elefanten durch Massinissa während des Zweiten Keltiberischen Krieges, der von Polybios als "Krieg wie Feuer" (πύρινος

---

[692] KAHRSTEDT 1913, 615 (Zweiter Keltiberischer Krieg), ROSSETTI 1960, 346f. (Zweiter Krieg), SIMON 1962, 23f. (Zweiter Krieg), WALSH 1965, 158 Anm. 95 (Erster Krieg), ASTIN 1967, 50 (Zweiter Krieg), DAHLHEIM 1977, 95 Anm 75 (Zweiter Krieg), HUSS 1985, 432 (Zweiter Krieg), RITTER 1987, 74f. (Zweiter Krieg)

πόλεμος) bezeichnet wurde und von mehreren römischen Niederlagen geprägt war, welche zu einer allgemeinen Kriegsscheu in Rom führten (Pol. 35,4,3). Daß daher Massinissa persönlich mit einem weiteren Hilfskontingent nach Spanien zur Unterstützung seines bereits vor Ort kämpfenden Sohnes reiste, erscheint diesbezüglich äußerst plausibel.[693] Doch nicht nur Massinissas Abwesenheit, sondern auch die offenkundige, von Polybios im 35.Buch beschriebene innen- wie außenpolitische Schwäche der Römer ist mit dem erstmals aggessiven Vorgehen der Karthager gegen die Numider in Zusammenhang zu bringen.[694]

Aus Appian (Lib. 68,308) läßt sich schließen, daß dem punischen Überfall auf numidische Siedler Okkupationen Massinissas vorausgegangen waren (ἐβεβαίωσαν οἵδε τῷ Μασσανάσσῃ, ὅσα προειλήφει).[695] Vermutlich handelte es sich um jenes Landgebiet, dessentwegen etwa um das Jahr 157 ein Streit ausgebrochen war, sodaß eine römische Gesandtschaft zur Streitschlichtung nach Nordafrika entsandt wurde (Liv. per. 47,8).[696] Im Unterschied zu früher, als sich die Karthager auf die Verteidigung ihrer Landgebiete und Städte beschränkt hatten, setzten sie sich diesmal mit agressiven Mitteln zur Wehr, wenngleich der Überfall auf die Nomaden im umstrittenen Gebiet (ἐπιθέσθαι τοῖς Μασσανάσσου σκηνουμένοις ἐν ἀμφιλόγῳ γῇ) noch nicht als Krieg gegen Massinissa und somit als Verstoß gegen das Kriegsführungsverbot des römisch-punischen Friedensvertrages von 201 zu werten ist.[697] Auch die auf den Überfall folgenden "kriegerischen Handlungen" zwischen den Karthagern und Massinissa (ἄλλα τε πολλὰ αὐτοῖς ἔργα πολέμων ἐς ἀλλήλους γίγνεται) können im Vergleich zu den späteren Ereignissen (152/152) höchstens als Repressalien im modernen Sinne, also also als prinzipiell völkerrechtswidrige Maßnahmen zur Abwehr eines anderen völkerrechtswidrigen Verhaltens des Gegners, bezeichnet werden.

---

[693] Die Zweifel von WALSH 1965, 158 Anm. 95, welcher auf das hohe Alter Massinissas zum Zeitpunkt des Zweiten Keltiberischen Krieges hinweist und daher den punisch-numidischen Konflikt während des Ersten Keltiberischen Krieges annimmt, werden von der antiken Historiographie entkräftet: zB Appian (Lib. 71,323): "Denn obschon ein Greis von 88 Jahren, war er noch ein tüchtiger Reiter, konnte ein ungesatteltes Pferd, wie es bei den Numidern Sitte ist, besteigen und die Aufgaben eines Feldherrn und Kriegers erfüllen."

[694] Vgl. auch DAHLHEIM 1977, 95 Anm 75 ("Die schweren gegen die Lusitaner erlittenen Schlappen, die Entsendung eines konsularischen Heeres nach Keltiberien und die Verlegung des Amtsantrittes der Konsuln auf den ersten Januar müssen in Karthago sehr schnell bekanntgeworden sein und die radikalen Elemente in der Stadt in ihrem Entschluß bestärkt haben, nun mit Massinissa abrechnen zu können.")

[695] Eher zweifelnd RITTER 1987, 75

[696] Dieselbe Datierung nimmt auch HUSS 1985, 432 vor. In der *periocha* von Livius' 47.Buch werden zwei verschiedene römische Schiedsgesandtschaften nach Nordafrika erwähnt, von denen die erste nach dem Textzusammenhang in die Zeit nach 158, jedoch vor 156, und die zweite in die Zeit nach dem 1.1.153 zu datieren ist.

[697] Vgl. HARRIS 1989, 149 ("Carthalo ... organized some attacks, which, however, seem to have stopped short of regular warfare.")

Eine Eskalation des Konflikts verhinderte eine römische Gesandtschaft, welche die Feindseligkeiten umgehend beenden ließ und die beiden Streitparteien zur Einhaltung des Friedenszustandes zwang (App., Lib. 68,307f.). Hinsichtlich des umstrittenen Gebietes gab sie keinerlei Erklärungen oder gar einen Schiedsspruch ab, was unter Umständen auch gar nicht ihr Auftrag gewesen war. Nach Livius (per. 47,15) war die (nach dem 1.1.153 entsandte; vgl. dazu Anm 696) römische Gesandtschaft lediglich *ad disceptandum inter Carthaginienses et Masinissam* nach Nordafrika gekommen, während die kurz zuvor erwähnte römische Gesandtschaft um das Jahr 157 herum ausdrücklich einen Gebietsstreit zu lösen hatte (*de agro iudicarent*; Liv.per. 47,8).

Nach ihrer Rückkehr vermeldeten die römischen Gesandten, sie hätten in Karthago eine große Menge an Baumaterialien für den Schiffsbau entdeckt (*nuntiaverunt vim navalis materiae se Carthagine deprehendisse*; Liv. per. 47,16).[698]

13.) Der punisch-numidische Konflikt des Jahres 153/152

Kaum war eine drohende Eskalation der Feindseligkeiten durch die römische Gesandtschaft verhindert worden, besetzte Massinissa etwa gegen Ende des Jahres 153 die "Großen Felder" im Bagradas-Tal sowie das "Gebiet der fünfzig Städte" namens Tyska (App., Lib. 68,309).

Die Lokalisierung des "Gebietes der fünfzig Städte" erfolgte in der Literatur durchwegs kontroversiell.[699] Genannt wurden das an der Mittelmeerküste liegende Thabraca, das weiter südöstlich im Landesinneren gelegene Thugga sowie das südlich des Bagradas-Tales gelegene Maktar. Für Thabraca spricht besonders der kaiserzeitliche Name jenes Flusses, der in Süd-Nord-Richtung verläuft und bei Thabraca im Mittelmeer mündet: *Tusca* (Plin.; nat. hist. 5,22, wo zudem von *Numidiae finis* die Rede ist). Für die Gegend von Maktar sprechen eine auf dem Forum von Maktar gefundene lateinische Inschrift traianischer Zeit, die *civitates LXIIII Pagi Thuscae* anführt, sowie eine 25

---

[698] Diese Meldung ist im Zusammenhang mit der einschlägigen Bestimmung des römisch-punischen Friedensvertrages von 201 zu sehen, wonach den Karthagern nur noch 10 Kriegsschiffe erlaubt waren (so auch Liv. per. 48,6: *contra foedus ... navales materias haberent*). Vgl. dazu kritisch HUSS 1985, 432 Anm 57. Es ist jedoch zu beachten, daß die Karthager während des unverhofft über sie hereingebrochenen Dritten Punischen Krieges in der Lage waren, fünfzig Trieren zu bauen (App., Lib. 121,575f.). Strabo (17,3,15) betont ausdrücklich, daß es sich um einen alten Holzvorrat handelte (ὕλη γὰρ ἦν ἀποκειμένη παλαιά).

[699] KAHRSTEDT 1913, 615; GSELL III-1918, 321; CAMPS 1960, 194; ROSSETTI 1960, 347 Anm. 42; R.-ALFÖLDI 1979, 54 Anm. 48; FENTRESS 1979, 48; HARRIS 1989, 150; G.CHARLES-PICARD, Die Territorialverwaltung Karthagos, in: W.HUSS (Hg.), Karthago, Darmstadt 1992, 291-298

Kilometer nördlich von Maktar gefundene Inschrift die 'PṢT TŠK'T (Gebiete von Tiškat) nennt, welche von der Forschung mit Appians Tyska (App., Lib. 68, 309) gleichgesetzt wurden.[700]

Einmal mehr erhoben die Karthager Beschwerde in Rom, wo man beschloß, eine Gesandtschaft, der auch der über achtzigjährige M. Porcius Cato angehörte, nach Nordafrika zu entsenden (App., Lib. 69,310; Plut., Cato 26,2). Nach Appian (Lib. 68, 310) sei solange mit der Entsendung der Gesandtschaft gezögert worden, bis die Römer glaubten, den Interessen der Karthager sei genügend schwerer Schaden zugefügt worden. Dies ist insofern kaum glaubhaft, als die Verzögerung höchstens einige Monate betragen hat.

Eine exakte Rekonstruktion der chronologischen Abfolge der zahlreichen römischen Gesandtschaften knapp vor Ausbruch des Dritten Punischen Krieges bereitet angesichts der knappen Quellenlage einige Schwierigkeiten. Das chronologische Grundgerüst bieten die antiken periochae des (jeweils verlorengegangenen) 47., 48. und 49. Buches des livianischen Geschichtswerkes: Das erste Eckdatum bietet Liv. per. 47,13 mit der Feststellung, daß die römischen Konsuln des Jahres 153 erstmals mit 1. Jänner ihr Amt angetreten hatten. Unmittelbar darauf (per. 47,15f.) folgt die Notiz von jener römischen Schiedsgesandtschaft, die zwischen Karthago und Massinissa zu vermitteln hatte (nämlich im oben geschilderten Konflikt von 154/153) und schließlich in Rom Meldung über punische Rüstungstätigkeiten im Flottenwesen erstattete. Die periocha des 48. Buches beginnt mit dem am Endes des Amtsjahres stehenden *lustrum* der Zensoren[701] des Jahres 153, sodaß die folgenden Ereignisse bereits in das Jahr 152 fallen müssen. In per. 48,4f. folgt die Senatsdiskussion hinsichtlich des weiteren Vorgehens gegen Karthago, hauptsächlich aufgrund der Meldung, daß sich in Karthago ein großes Heer unter der Führung eines gewissen Arcobarzanes, einem Enkel des Syphax, befinde. Der Senat beschloß daraufhin auf Betreiben des Scipio Nasica, eine Inspektionsgesandtschaft nach Karthago zu entsenden, wo den Karthagern der Bruch des Vertrages von 201 vorgeworden wurde und zugleich versucht wurde, zwischen Massinissa und Karthago Frieden zu stiften (per. 48,6f.), wobei sich Massinissa aus dem umstrittenen Gebiet zurückzog. Etwa gegen Ende des Jahres 152 zeigte Gulussa, ein Sohn Massinissas, die Fortführung der punischen Rüstungsbestrebungen an, worauf erneut auf Betreiben des Scipio Nasica eine Inspektionsgesandtschaft nach Nordafrika entsandt wurde (per. 48,14f.). Nach dem Amtsantritt der Konsuln des Jahres 151 bestätigte die zurückgekehrte Gesandtschaft in Rom die punischen Rüstungen (per. 48,23f.), worauf beschlossen wurde, für den Fall einer Abrüstung von einer Kriegserklärung gegen Karthago Abstand zu nehmen, andernfalls jedoch durch die Konsuln des nächsten Jahres (150) den Krieg erklären zu lassen (per. 48,24). Die Karthager hingegen griffen Massinissa an und wurden von ihm besiegt (per. 48,26). Die *periocha* des 49. Buches

[700] G.CHARLES-PICARD, Die Territorialverwaltung Karthagos, in: W.HUSS (Hg.), Karthago, Darmstadt 1992, 291-298
[701] M. Valerius Messala und C. Cassius Longinus

beschäftigt sich schließlich mit dem Ausbruch des Dritten Punischen Krieges im Jahre 149.
In dieses chronologische Grundgerüst muß nun die restliche antike Überlieferung eingefügt werden. Der Bericht Appians von der Besetzung der Großen Felder und des "50-Städte-Landes" durch Massinissa (diese Ereignisse fehlen in der *periocha* des 48.livianischen Buches) ist auf das Ende des Jahres 153, knapp nach dem Ende des letzten Konflikts von 154/153 zu datieren. Nach Appian (Lib. 69,310) wurde eine Schiedsgesandtschaft, der Cato angehörte (so auch Plut.; Cato 26,2), nach Afrika entsandt, wobei diese Gesandtschaft die Meldung von Arcobarzanes' Existenz (per. 48,4) zu Beginn des Jahres 152 nach Rom gebracht haben dürfte. Ebenso wie bei Appian beginnt nun auch bei Livius die Agitation Catos gegen Karthago. Die restliche Darstellung Appians, der seinerseits die beiden von Scipio Nasica initiierten römischen Gesandtschaften ausläßt, fällt bereits in das Jahr 151 und bildet die Vorgeschichte zum punisch-numidischen Krieg des Jahres 151.
Zuletzt ist die einzige von Zonaras erwähnte Gesandtschaft (Zon. 9,26), der Scipio Nasica angehörte, in die chronologische Abfolge einzufügen. Nach Zonaras sollte diese Gesandtschaft den punischen Rüstungen ein Ende bereiten und die punischen Verletzungen des Vertrages von 201 monieren; hinsichtlich des punisch-numidischen Konfliktes sei es den Römern gelungen, Massinissa zum Abzug aus einem bestimmten Gebiet zu veranlassen. Diese Darstellung des Zonaras ist meines Erachtens mit der ersten livianischen Inspektionsgesandtschaft des Jahres 152 (per. 48,6) gleichzusetzen, welche ebenfalls die punischen Vertragsverletzungen moniert und Massinissa bewogen hatte, ein bestimmtes Gebiet zu räumen.

Wie bereits erwähnt, soll der Schiedsgesandtschaft, die etwa gegen Ende des Jahres 153 oder zu einem sehr frühen Zeitpunkt des Jahres 152 nach Nordafrika abgeschickt wurde, auch der über achtzigjährige M. Porcius Cato angehört haben (App., Lib. 69,310; Plut., Cato 26,2). Die Gesandtschaft begab sich zum umstrittenen Gebiet und forderte die beiden Streitparteien auf, "ihr alles zu überlassen" (οἳ εἰς τὴν ἀμφίλογον γῆν ἀφικόμενοι ἠξίουν σφίσιν ἀμφοτέρους περὶ ἁπάντων ἐπιτρέπειν, App., Lib. 69,310).

RITTER deutete die Aufforderung "περὶ ἁπάντων ἐπιτρέπειν" als Aufforderung zur Dedition, da "ἐπιτρέπειν" ein "üblicher Fachausdruck für Dedition" sei.[702] Für die Richtigkeit dieser "extremen, radikalen Forderung" spreche, daß "das Deditionsverlangen nicht wie später nur an die Karthager, sondern auch an Massinissa gerichtet wird (...)."[703]

Dieser Ansicht ist zu widersprechen. Der Terminus "ἐπιτρέπειν" (bzw. ἐπιτροπή) wird zwar manchmal – etwa von Polybios (hierin ist RITTER rechtzugeben) – zur Bezeichnung der römischen *deditio* herangezogen, doch

---

[702] RITTER 1987, 75f.
[703] RITTER 1987, 76

charakterisiert er vor allem jenen aus dem hellenistischen Völkerrecht stammenden konstituierenden Akt, mit welchem die beiden Streitparteien in einem schiedsgerichtlichen Verfahren dem Schiedsrichter oder den Schiedsrichtern die Kompetenz zur Streitschlichtung übertrugen und die Erklärung abgaben, sich seinem oder ihrem Urteil zu unterwerfen und den Schiedsspruch anzuerkennen.[704]

Belege für diese Wortbedeutung des Terminus' "ἐπιτρέπειν" finden sich in inschriftlich erhaltenen Schiedssprüchen ebenso wie in der antiken Historiographie. So heißt es etwa im Schiedsspruch zwischen Hermione und Epidauros: "Folgendermaßen entschieden und vermittelten die milesischen Richter, mit dem Mandat von beiden Seiten ausgestattet ("λαβόντες παρ' ἑκα[τ]έρων τὴν ἐπ[ιτρ]όπην") (...)"[705]
Vgl. weiters Thuk. 7,18,3 "Seit aber die Athener..., sooft auch die Meinungen über die Auslegung des Vertrages auseinandergingen, sich einem Schiedsgericht, wie es Sparta vorschlug, nicht stellen wollten" (ἐπειδὴ δὲ οἱ Ἀθηναῖοι ... ὁσάκις περί του διαφοραὶ γένοιντο τῶν κατὰ τὰς σπονδὰς ἀμφισβητουμένων, ἐς δίκας προκαλουμένων τῶν Λακεδαιμονίων οὐκ ἤθελον ἐπιτρέπειν).

Auch der Textzusammenhang bei Appian bevorzugt die Bedeutung "den Rechtsstreit vor das Schiedsgericht zu bringen" anstelle von RITTERS Vorschlag "sich dedieren". Die römische Gesandtschaft begibt sich nämlich vor ihrer Forderung, περὶ ἁπάντων ἐπιτρέπειν, zum umstrittenen Gebiet ("οἳ εἰς τὴν ἀμφίλογον γῆν ἀφικόμενοι"). Wäre eine Dedition wohl eher direkt im punischen Senat verlangt worden, so entspricht der vorgenommene Lokalaugenschein dem völkerrechtlichen Usus der antiken Schiedsgerichtsbarkeit , vor der Fällung eines Schiedsspruches das umstrittene Gebiet abzugehen.[706] Auch die von Appian überlieferte punische Reaktion auf die römische Forderung "περὶ ἁπάντων ἐπιτρέπειν" – nämlich erstens Argwohn aufgrund des Wissens,daß die Römer früher keine gerechte Urteile gefällt hätten (οἱ Καρχηδόνιοι δ' ὑπώπτευον, ἐπεὶ καὶ τοὺς πρότερον ᾔδεσαν οὐκ εὖ

[704] Diese Erklärung, sich einem Schiedsgericht zu unterwerfen, ist auch dem modernen Völkerrecht bekannt und wird hier "Kompromiß", "compromis" oder "kompromissarische Klausel" genannt. Vgl. etwa NEUHOLD/HUMMER/SCHREUER I-1997, 341 ("Durch die kompromissarische Klausel in einem Vertrag begründen die Parteien die Kompetenz eines Streitentscheidungsorgans für alle künftigen Streitfälle über Anwendung und Auslegung (nur) dieses Vertrages. Durch den Inhalt des Vertrages ist der Streitgegenstand abgegrenzt. Unbekannt sind hingegen den Vertragspartnern ihre ... Erfolgaussichten."); vgl. weiters K.OELLERS-FRAHM, Compromis, Encyclopedia of Public International Law I (1992), 712-714 ("It is an agreement between two or more States with a view to submitting an existing dispute to the jurisdiction of an arbitrator, an arbitral tribunal or an international court.")
[705] Beispiel und Übersetzung nach HARTER-UIBOPUU 1998, 72ff. (Nr.10, Z.2). Vgl. auch Z. 31 des Schiedsspruches zwischen Sparta und Megalopolis (Syll.^{3} 665 = IvO 47 =HARTER-UIBOPUU 1998, 80ff., Nr. 11).

δικάσαντας) und zweitens die Erklärung, der mit Scipio Friedensvertrag von 201 bedürfe keiner gerichtlichen Erörterung oder einer Revision, nur Vertragsverletzungen seien zu monieren (ἔφασαν οὖν τὰς συνθήκας τὰς ἐπὶ Σκιπίωνος οὐδὲν χρῄζειν δικῶν οὐδὲ διορθώσεως, ὅσα μὴ ἐξ αὐτῶν παραβαίνεται μόνα) – paßt weniger auf RITTERS Annahme einer Aufforderung zu *deditio*, als vielmehr zur Aufforderung, die ganze Angelegenheit einem Schiedsgericht zu übertragen.[707]

Nach Appian weigerte sich die römische Gesandtschaft, ein Verfahren durchzuführen, das nur einen Punkt betroffen hätte, und kehrte nach einer ausführlichen Inspektion der punischen Territorien sowie der Hauptstadt selbst wieder nach Rom zurück (App., Lib. 69,312). Cato soll die Zerstörung Karthagos verlangt haben, worauf im römischen Senat der geheime Beschluß gefaßt worden sei, gegen Karthago Krieg zu führen und nur noch eine geeignete *iusta causa* für die Kriegserklärung abzuwarten (App., Lib. 69, 314 sowie 74,343).

Dieser "geheime Beschluß" wirkt bereits im Textzusammenhang bei Appian nicht sehr glaubwürdig, da die danach einsetzenden Agitationen Catos mit der Forderung nach Zerstörung Karthagos (App., Lib. 69,315) unnötig und unverständlich gewesen wären, wenn bereits ein solcher Beschluß gefaßt worden wäre. Insbesondere zeigen jedoch die Bemühungen des Scipio Nasica um eine friedliche Lösung, daß es noch eine Zeitlang eine Senatsmehrheit zugunsten Karthagos gegeben haben muß.

Trotz der Brandreden des Cato, der den Karthagern vorwarf, in ihrem Reich ein Heer scheinbar gegen Massinissa, tatsächlich aber gegen Rom aufgestellt zu haben (*exercitum specie contra Massinissam, re contra Romanos accitum in finibus haberent*; Liv. per. 48,4) – angeblich soll das Heer von einem Enkel des Syphax namens Arcobarzanes[708] kommandiert worden sein – setzte sich die von Scipio Nasica vertretene Meinung durch, erneut eine Gesandtschaft nach Karthago zu schicken (per. 48,5). Die Gesandtschaft hatte zwei Aufgaben: einerseits sollten die angeblichen punischen Vertragsverletzungen – nach Livius (per. 48,6) die Aufstellung eines Heeres sowie der Besitz von Holz für den Bau von Schiffen (*contra foedus et exercitum et navales materias haberent*), nach Zonaras (9,26,1) die

[706] Vgl. HARTER-UIBOPUU 1998, 19 (va. Anm. 10)
[707] So beispielsweise auch HEFTNER 1997, 407
[708] Zu diesem auffälligen Namen vgl. H.RITTER, Iranische Tradition in Numidien, Chiron 8 (1978), 313-317; HARRIS 1979, 235 ("And 'Arcobarzanes', a Numidian ... probably never existed."), HUSS 1985, 433 Anm. 67 ("Wie Arcobarzanes zu seinem iranischen Namen gekommen ist, ist schleierhaft.") oder HARRIS 1989, 149 ("probably fictious").

Anwerbung von Bundesgenossen und ebenfalls der Bau einer Flotte –[709] vor dem punischen Senat zur Sprache gebracht werden, andererseits sollte ein neuerlicher Vermittlungsversuch zwischen Karthago und Massinissa unternommen werden. Der Senat übertrug der Schiedsgesandtschaft, welcher diesmal Scipio Nasica angehörte (Zon. 9,26,1) die Kompetenz, über den Rechtsstreit zwischen den beiden Streitparteien zu entscheiden (Liv., per. 48,7).[710] Doch obwohl Massinissa bewegt werden konnte, sich aus dem umstrittenen Gebiet zurückzuziehen (Liv., per. 48,6; Zon. 9,26,2), scheiterte die Friedensmission erneut. Gegen Ende des Jahres 152 traf in Rom Gulussa, der Sohn Massinissas, ein und überbrachte die Anzeige, wonach in Karthago Aushebungen vorgenommen, eine Flotte gebaut und zweifelsohne ein Krieg vorbereitet werde (*nuntiavit Carthagine dilectus agi, classem comparari et haud dubie bellum strui*; Liv., per. 48,14). Gegen Catos Aufforderung zur sofortigen Kriegserklärung setzte sich unter Führung Scipio Nasicas erneut die besonnene Senatsmehrheit durch, welche beschließen ließ, zehn Gesandte zu Nachforschungen nach Afrika zu senden (Liv., per. 48,15).[711]

Zu Beginn des Jahres 151 bestätigte die zurückgekehrte Gesandtschaft die Nachrichten aus Nordafrika: man habe in Karthago ein Heer und eine Flotte gefunden (per. 48,23), worauf Cato und andere Senatoren die sofortige Invasion Afrikas forderten. Dennoch setzte sich ein letztes Mal Scipio Nasica durch; nach seiner Ansicht sei keine *iusta causa belli* gegeben. Es wurde daher beschlossen, von einem Krieg Abstand zu nehmen, wenn die Karthager ihre Flotte in Brand setzen und ihr Heer entlassen würden (*placuit, ut bello abstinerent, si Carthaginienses classem exussissent et exercitum dimisissent*; Liv. per. 48,24). Andernfalls sollten die Konsuln des nächsten Jahres (150) den Krieg gegen Karthago zur Disposition stellen (*si minus, proximi consules de bello Punico referrent*).

Zu der von Scipio Nasica geforderten punischen Abrüstung kam es jedoch nicht mehr. Die von der römischen Gesandtschaft gesichteten punischen Truppen hatten sich bereits Richtung Numidien in Bewegung gesetzt.

---

[709] Diese beiden Tatbestände – Aufstellung eines Heeres und Besitz von Bauholz für den Bau von Kriegsschiffen – stellten für sich alleine noch keine Verletzung des Vertrages von 201 dar (vgl. auch unten Anm. 730).

[710] Vgl. HARTER-UIBOPUU 1998, 169-171 mit Literaturverweisen hinsichtlich der Analogie zum römischen Zivilprozeßrecht (Zweiteilung des Verfahrens in ein Verfahren *in iure* vor dem Praetor, dessen Rolle hier vom Senat übernommen wird, und in ein Verfahren *apud iudicem*, an dessen Stelle die Schiedsgesandtschaft tritt).

[711] Nach HUSS ist diese zweite von Livius überlieferte Gesandtschaft des Jahres 152 als Dublette zu werten (HUSS 1985, 433 Anm 69). Vgl. auch SCHLEUSSNER 1978, 94f.

14.) Der punisch-numidische Krieg des Jahres 151

Noch im Jahr 152[712] vertrieb die (national-)demokratische Partei der Karthager die vierzig führenden Politiker der pronumidischen Partei aus der Stadt (App., Lib. 70,316). Die Ausgewiesenen nahmen Zuflucht bei Massinissa und forderten ihn zur Kriegserklärung an Karthago auf. Der numidische König schickte jedoch zwei seiner Söhne, Gulussa und Micipsa, nach Karthago, um die Wiederaufnahme der vertriebenen Politiker zu fordern. Die Karthager verweigerten der numidischen Delegation jedoch den Zutritt zur Stadt und überfielen Gulussa auf dem Rückweg.[713]

Massinissa begann nun mit der Belagerung der Stadt Horoskopa[714], welche er "gegen den Friedensvertrag"[715] (παρὰ τὰς συνθήκας) in seine Gewalt bringen wollte (App., Lib. 70,319). Die einsetzenden punischen Rüstungsmaßnahmen ließ er durch seinen Sohn Gulussa nach Rom vermelden (Liv. per. 48,14f.). Im Frühjahr des Jahres 151 [716]– nachdem eine römische Gesandtschaft, welche mit Gulussa und punischen Gesandten nach Rom zurückgekehrt war, in Rom die numidische Anzeige der punischen Rüstungen bestätigt hatte (Liv. per. 48,23f.) – zog die karthagische Armee schließlich ins Feld.

Nach einigen kleineren Gefechten kam es schließlich zur entscheidenden Schlacht, deren Augenzeuge der zufällig anwesende P. Cornelius Scipio wurde, welcher als Militärtribun in Spanien unter Konsul L. Licinius Lucullus diente und den Auftrag hatte, von Massinissa Elefanten für den spanischen

[712] Die folgenden Ereignisse sind meines Erachtens knapp vor der zweiten römischen Gesandtschaft des Jahres 152 (Liv. per. 48, 14f.) anzusetzen. Anders Huss 1985, 434 (im Jahr 151).

[713] Bei diesem Überfall soll ein Teil der Eskorte des Prinzen ums Leben gekommen sein, während sich Gulussa selbst retten konnte (App., Lib. 70, 318). Diese Attacke findet meines Erachtens aus zwei Gründen wenig Glaubwürdigkeit: Erstens verwundert es zunächst, daß – selbst wenn man getrennte Rückwege voraussetzt – nur Gulussa, nicht aber der zweite nach Karthago geschickte numidische Prinz, Micipsa, angegriffen wurde. Und zweitens wird den Karthagern seitens der Römer nur vorgeworfen, sie hätten Gulussa nicht in die Stadt gelassen (Liv. per. 49,3: *Gulussam ... in oppidum non recepissent*), von einem Überfall ist nicht die Rede, obwohl laut Livus der Vorfall als einer der Kriegsgründe der Römer für ihren Krieg gegen Karthago gedient haben soll. Offenbar sollte der behauptete Überfall Gulussa als Rechtfertigung für seinen Überfall auf die punische Armee dienen, welche nach ihrer Niederlage gegen Massinissa im Jahr 151 unbewaffnet abziehen mußte und von Gulussa auf deren Rückmarsch fast vollständig aufgerieben wurde (App., Lib. 73,336f.). Auch Ritter 1987, 79 vertrat die Möglichkeit, daß "ein Vorfall, der mehr nur eine persönliche Brüskierung des numidischen Prinzen war, in diplomatischer Gefälligkeit aufgebauscht wurde".

[714] Die Stadt selbst und ihre Lage sind unbekannt Vgl. auch Camps 1960, 194. Walsh 1965, 159 lokalisierte Horoskopa in der Nähe von Vaga.

[715] Gemeint kann nur eine Verletzung des (nur von Appian überlieferten, vgl. dazu oben S. 253-256) punisch-numidischen Friedensvertrages von 200 sein.

[716] Anders Huss 1985, 434 (im Jahr 150).

Kriegsschauplatz anzufordern (App., Lib. 71,322).[717] Nach einer μάχη μεγάλη (Pol. 36,16,12), in der sich keine der beiden Parteien entscheidend durchsetzen konnte, wenngleich sich Massinissas Heer offenbar als leicht überlegen erwies (App., Lib. 72,328), brachte Scipio die Gegner an den Verhandlungstisch. Die Karthager erklärten sich zwar zur Zahlung von 1000 Talenten Kriegsentschädigung bereit – 200 sofort, weitere 800 in Raten –, verweigerten jedoch die Auslieferung der Überläufer (App., Lib. 72,329), sodaß die Friedensgespräche abgebrochen wurden. Die punische Armee zog sich in ihr Lager zurück und wartete das Erscheinen einer angekündigten römischen Gesandtschaft ab, welche laut Appian den Auftrag hatte, bei einer drohenden numidischen Niederlage vermittelnd einzugreifen, bei einem bevorstehenden numidischen Erfolg jedoch Massinissa anzutreiben (App., Lib. 72,331).[718]

Nachschubprobleme und eine schwere im Lager ausgebrochene Seuche zwangen die Karthager, auf Massinissas Forderungen einzugehen. Sie verpflichteten sich zur Auslieferung der Überläufer, zur Zahlung von 5000 Talenten in 50 Jahresraten und zur Wiederaufnahme der ausgewiesenen Politiker der pronumidischen Partei (App., Lib. 73,335). Obwohl Massinissa umgekehrt den freien Abzug der überlebenden punischen Soldaten gestattete – allerdings nur mit einem Untergewand bekleidet und durch die Reihen der numidischen Soldaten hindurch –, wurden die "Elendsgestalten"[719] von Gulussa auf ihrem Rückmarsch überfallen und fast zur Gänze niedergemetzelt (App., Lib. 73.336f.).

In Karthago versuchte man der zu erwartenden[720] römischen Kriegserklärung zuvorzukommen und verurteilte die führenden Politiker der (national-)demokratischen Partei zum Tode, darunter auch den General des Krieges gegen Massinissa sowie jenen Truppenkommandanten, der den Überfall auf die numidischen Siedler im Jahre 154/153 zu verantworten hatte. Zugleich wurde eine Gesandtschaft nach Rom geschickt, um die Schuld an den

---

[717] Nach Val. Max. 5,2,ext.4 nahm Scipio "*bonam magnamque partem Numidici exercitus*" nach Spanien mit. Vgl. auch SIMON 1962, 48f.
[718] Dieser Auftrag wird von GSELL III-1918, 325 Anm 1 meines Erachtens zu Unrecht bezweifelt. Ein punischer Sieg bzw. eine Niederlage Massinissas hätte die römische Ausgangslage zu Beginn des Dritten Punischen Krieges deutlich erschwert. Ein rechtzeitiges Eingreifen der römischen Gesandten, die sicher auch – hier ist Gsell zu folgen – die punische Verletzung des Vertrages von 201 festzustellen hatten, sollte verhindern, daß bei einer drohenden Niederlage der wichtigste *socius* Roms entscheidend geschwächt worden wäre oder daß die Karthager über noch größere Ressourcen in Nordafrika verfügt hätten.
[719] HUSS 1985, 435
[720] Vgl. ALBERT 1980, 53: "Bemerkenswert ist allerdings, daß die Römer erst dann von ihrem Recht Gebrauch machten, als das Ergebnis der entscheidenden Schlacht zwischen Karthagern und Numidern schon vorlag und es schon recht klar vor Augen stand, daß die Karthager ziemlich am Ende waren."

Ereignissen Massinissa und den verurteilten punischen Politikern zuzuschieben (App., Lib. 74, 341f.).[721]

15.) DIE RÖMISCHE KRIEGSERKLÄRUNG AN KARTHAGO

Die punischen Gesandtschaften, die im Jahr 150 in Rom vorsprachen, um eine Möglichkeit zu finden, die drohende Kriegserklärung Roms zu verhindern, wurden mit unbestimmten Aussagen und Antworten abgefertigt. Von den Karthagern wurde "ausreichende Wiedergutmachung" gegenüber Rom verlangt (οἱ δὲ οὕτως ἔφασαν τῷ ῥήματι· εἰ τὸ ἱκανὸν ποιήσετε ῾Ρωμαίοις.), ohne daß das Wörtchen "ausreichend" (ἱκανὸν) definiert oder die Art der Wiedergutmachung bestimmt wurde (App., Lib. 74,344-346).[722]

Die unbestimmten ("sibyllinischen"[723]) römischen Auskünfte sorgten für Verwirrung in Karthago, wo man lange überlegte, wie man sich gegenüber Rom verhalten sollte und dem drohenden Schicksal entrinnen könnte (Pol. 36,3,1). Zu Beginn des Jahres 149 erreichte die Karthager die nächste Hiobsbotschaft: In Rom sei überraschend eine Abordnung der Stadt Utica, der zweitgrößten Stadt im punischen Territorium und der alten Rivalin Karthagos, erschienen und hätte die Dedition Uticas erklärt (πρέσβεις ἐς ῾Ρώμην ἔπεμψεν, οἳ τὴν ᾿Ιτύκην ῾Ρωμαίοις ἐπέτρεπον, App., Lib. 75,348; vgl. auch Pol. 36,3,1 sowie Liv. per. 49,4: *Uticenses legati Romam venerunt se suaque omnia dedentes*). Laut Polybios sei zuvor auch in Karthago die Überlegung einer *deditio* diskutiert worden, nach der Nachricht von der Dedition Uticas aber wieder fallengelassen worden, da eine Dedition Karthagos nun nicht mehr besonderen Eindruck hervorrufen würde. Stattdessen sei eine punische Delegation mit umfassender Vollmacht nach Rom geschickt worden, um "mit Rücksicht auf die Umstände zu tun, was ihnen im Interesse der Stadt zu liegen scheine" (δόντες ἐντολὴν βλέποντας πρὸς τὰ παρόντα πράττειν τὸ δοκοῦν συμφέρειν τῇ πατρίδι, Pol. 36,3,7 vgl. auch App., Lib. 76,354). Polybios nennt fünf punische Gesandte mit Namen und erweckt beim Leser den Eindruck, es habe sich um eine fünfköpfige Gesandtschaft gehandelt (Pol. 36,3,8). Hingegen spricht Livius von dreißig punischen Gesandten (per. 49,7), was vermuten läßt, daß die Karthager einmal mehr[724] die dreißigköpfige "Präsidiale" ihres Senates, das *sanctius consilium*[725], entsandten.

---

[721] Vgl. auch Diod. 32,3

[722] Ähnlich Diod. 32,1

[723] So zu Recht HUSS 1985, 439

[724] Eine dreißigköpfige Gesandtschaft hatten die Karthager bereits 203/202 zu Beginn der (schließlich gescheiterten) ersten Friedensverhandlungen (siehe dazu oben S. 111) sowie zu

In Rom hatte jedoch bereits zu Beginn des Jahres 149 – knapp vor Eintreffen der Gesandtschaft aus Utica, sofern man der in Liv. per. 49,1-3 skizzierten Chronologie folgt – eine Senatsdiskussion über das weitere Schicksal Karthagos stattgefunden. Ein letztes Mal wiederholten M. Porcius Cato und P. Cornelius Scipio Nasica ihre konträren Standpunkte: Cato riet zum Krieg und zur Zerstörung Karthagos, Scipio Nasica riet davon ab (Liv. per. 49,2).[726] Die Senatsmehrheit folgte diesmal jedoch Cato und beschloß den Krieg gegen Karthago aus vier Gründen: (1) die Karthager hätten gegen die Vertragsbestimmungen Schiffe, (2) sie hätten mit einem Heer die Grenze überschritten, (3) sie hätten gegen Massinissa, einen Bundesgenossen und Freund Roms, Krieg geführt, (4) sie hätten dessen Sohn Gulussa, der römische Gesandte begleitete, nicht in die Stadt gelassen (*placuit tamen, quod contra foedus naves haberent, quod exercitum extra fines duxissent, quod socio populi Romani et amico, Masinissae, arma intulissent, quod filium eius Gulussam, qui cum legatis Romanis erat, in oppidum non recepissent, bellum his indici*; Liv. per. 49,3). Nach Polybios (36,2,1-4) sei gerade vor dieser Kriegserklärung wegen des Eindrucks auf die Weltöffentlichkeit (περὶ τῆς τῶν ἐκτὸς διαλήψεως) besonderer Wert auf geeignete *iustae causae belli* gelegt worden, wobei man untereinander dermaßen in Streit geriet, daß beinahe von einem Krieg Abstand genommen worden wäre (Pol. 36,2,4).

Die erste sowie die dritte *causa belli* entsprechen einschlägigen, von der antiken Historiographie überlieferten Vertragspunkten des Friedensvertrages von 201. Die Karthager wurden damals verpflichtet, ihre Flotte bis auf zehn Kriegsschiffe auszuliefern,[727] und durften (unter anderem) nicht gegen einen römischen *socius* Krieg führen (App., Lib. 54,236[728]; Liv. 42,23,4). Die zweite *causa belli* betrifft die Verletzung des allgemeinen Kriegsführungsverbotes, welches – wie oben S. 216-219 bereits herausgearbeitet wurde – folgende

---

Beginn der Friedensverhandlungen nach Hannibals Niederlage bei Zama (siehe dazu oben S. 181) zu Scipio geschickt.

[725] An anderer Stelle (Liv. 30,16,3) meint Livius, diese 30köpfige "Elite" innerhalb des 300 Ratsherren zählenden Senates hätte generell *maxima ... ad ipsum senatum regendum vis* gehabt. Vgl. dazu HUSS 1985, 462f.

[726] Gegen diese Überlieferung HUSS 1985, 438, der (allerdings ohne Argumente) annimmt, Scipio Nasica hätte nach der eindeutigen punischen Verletzung des Vertrages von 201 aufgrund des Angriffs auf Massinissa seine bisherigen Bedenken für gegenstandslos gehalten und der Kriegserklärung zugestimmt.

[727] Pol. 15,18,3; Strabon 17,3,15; Liv. 30,37,3; App., Lib. 54, 234; Cass. Dio 17,57,82; Zon. 9,14,11. Nach Polybios, Livius, Cassius Dio und Zonaras sollten den Karthagern 10 Trieren verbleiben (Appian verwendet keine nähere Schiffstypenbezeichnung, sondern spricht nur von 10 Kriegsschiffen), nach Strabon waren es 12 Schiffe.

[728] Vgl. auch App., Lib. 79, 368 sowie Diod. 32,1,1 ("Οτι Καρχηδόνιοι πολεμήσαντες πρὸς Μασανάσσην ἔδοξαν καταλελυκέναι τὰς πρὸς Ῥωμαίους συνθήκας).

Formulierung hatte: "Die Karthager dürfen außerhalb ihrer Grenzen keinen Krieg führen, innerhalb ihrer Grenzen lediglich mit römischer Erlaubnis."

Die vierte von Livius angegebene *causa belli* bereitet die größten Schwierigkeiten. Wie bereits weiter oben berichtet (S. 299), hatten die Karthager Gulussa den Zutritt in die Stadt verweigert, nachdem sie die führenden Politiker der pronumidischen Partei aus Karthago ausgewiesen hatten und Gulussa im Auftrag seines Vaters die Wiederaufnahme dieser Vertriebenen in die Stadt verlangen wollte. Die römischen Gesandten, die laut Livius (per. 49,3: ... *Gulussam, qui cum legatis Romanis erat*) gemeinsam mit Gulussa vor den Toren Karthagos erschienen waren, scheinen jedoch in die Stadt aufgenommen worden zu sein; jedenfalls wird im Kriegsbeschluß nichts Gegenteiliges referiert. Auch die angebliche (und meines Erachtens erfundene, vgl. oben Anm. 713) Attacke der Karthager auf Gulussa und seine Begleiter, als sie sich wieder auf der Rückreise befanden, wird nicht zur *causa belli* erhoben. Eine sehr ansprechende Lösung findet sich bei RITTER[729], der das monierte karthagische Verhalten aus römischer Sicht "als Fehlen jeglicher Verhandlungsbereitschaft" interpretierte und zudem die Möglichkeit in Betracht zog, daß die persönliche Brüskierung des Prinzen seitens der Römer "in diplomatischer Gefälligkeit aufgebauscht wurde".

Die antike Historiographie überliefert zudem anläßlich der Schilderung der letzten drei, vier Jahre vor Ausbruch des Dritten Punischen Krieges – also für jene Zeit, in der die punisch-numidischen Streitigkeiten eskalierten und die Römer zunehmend eine Kriegserklärung an Karthago ins Auge faßten – einige römische Vorwürfe punischer Vertragsverletzungen, die zwar Vorstufen der ersten drei *causae belli* bilden, ohne aber tatsächlich den Tatbestand einer Verletzung des Vertrages von 201 zu erfüllen. Insbesondere findet sich der Vorwurf, wonach die Karthager Holz zum Bau von Schiffen horteten und ein Heer rekrutierten.[730]

Am treffendsten faßt jedoch die Aussage des frühkaiserzeitlichen Historikers Velleius Paterculus die Ereignisse rund um die römische Kriegserklärung zusammen: "Um die gleiche Zeit beschloß der Senat Karthago

---

[729] RITTER 1987, 78f.

[730] zB bei Liv. per.47,15 (Holz zum Bau von Schiffen entdeckt), Liv. per. 48,4 (Entdeckung eines riesigen numidischen Heeres unter der Führung des Arcobarzanes), Liv. per. 48,6 (Vorwurf, Karthager hätten gegen den Vertrag ein Heer als auch Holz zum Bauen von Schiffen), Liv. per. 48,14 (*Dilectus* in Karthago sowie Bau einer Flotte); Liv. per, 48,23f (Römische Gesandtschaft entdeckt Heer und Flotte, wobei Scipio Nasica das Vorliegen einer *iusta causa belli* ausdrücklich verneint); Zon. 9,26,1 (Anwerbung von Bundesgenossen und Ausrüstung einer Flotte in Vorbereitung auf den Krieg gegen die Numider), Florus 1,31,3 (*contra foederis legem* Aushebung eines Heeres und Bau einer Flotte)

zu zerstören, und zwar nicht weil glaubwürdige Argumente dafür beigebracht wurden, sondern eher weil die Römer geneigt waen, alles zu glauben, was ihnen über die Karthager zugetragen wurde" (*Et sub idem tempus, magis quia volebant Romani, quidquid de Carthaginiensibus diceretur, credere, quam quia credenda adferebantur, statuit senatus Carthaginem excidere.* Vell. Pat. 1,12,2).

Nach dem Kriegsbeschluß beauftragte der Senat die beiden Konsuln des Jahres 149, M.'Manilius und L. Marcius Censorinus, mit der völligen Zerstörung Karthagos (App., Lib. 75, 349). Die Konsuln zogen mit dem Heer und der Flotte zunächst nach Lilybaion, um von dort nach Utica überzusetzen. Doch bevor die römische Streitmacht Sizilien verlassen und in Nordafrika landen konnte, traf in Rom jene – weiter oben kurz erwähnte – punische Gesandtschaft ein, welche mit umfassender Vollmacht nach Rom geschickt worden war, um "mit Rücksicht auf die Umstände zu tun, was ihnen im Interesse der Stadt zu liegen scheine" (δόντες ἐντολὴν βλέποντας πρὸς τὰ παρόντα πράττειν τὸ δοκοῦν συμφέρειν τῇ πατρίδι, Pol. 36,3,7 vgl. auch App., Lib. 76,354). Als die Karthager erfuhren, daß die Konsuln bereits ins Feld gezogen waren, erklärten sie umgehend die Dedition Karthagos (ἔδωκαν τὴν ἐπιτροπὴν περὶ αὑτῶν, Pol. 36,3,9).[731]

Im Senat wurde die neue Situation diskutiert, wobei Cato den bereits gefaßten Kriegsbeschluß verteidigte, für eine Fortsetzung des Krieges plädierte und das Übersetzen der römischen Armee nach Afrika forderte, während Scipio Nasica für eine friedliche Lösung eintrat (Zon. 9,26,4). Der Senat fällte offenbar eine Kompromißentscheidung: Prinzipiell entschied man sich für eine friedliche Lösung, gleichzeitig wurde jedoch den Konsuln aufgetragen, weiterhin die Invasion Afrikas vorzubereiten.[732] Zudem wurde der Beschluß gefaßt, daß die Stadt Karthago zerstört und nach freier Wahl ihrer Einwohner, jedoch zumindest 10 Meilen[733] vom Meer entfernt im Binnenland wiedererrichtet werden sollte.[734]

Den punischen Gesandten wurde mitgeteilt, daß der Senat beschlossen habe, ihnen ihre Freiheit und ihre Gesetze zu lassen, ferner das ganze Land sowie

---

[731] Vgl. auch Liv. per. 49,7: *Legati triginta Romam venerunt, per quos se Carthaginienses dedebant.* Vgl. auch Diod. 32,6 sowie Zon. 9,26,3.

[732] Polybios (36,4) und Zonaras (9,26,4) überliefern ausschließlich den Beschluß zugunsten einer friedlichen Lösung, während Livius (per. 49,8) einzig den Beschluß auf Fortsetzung des Krieges wiedergibt. Lediglich bei Appian finden sich beide Aspekte (Lib. 76, 355): Der Beschluß zugunsten der friedlichen Lösung wäre für die Öffentlichkeit bestimmt gewesen, während die Konsuln die geheime Anweisung erhielten, mit der Vorbereitung des Krieges fortzufahren.

[733] Livius (per. 49,9) gibt 10 Meilen (etwa 14,8 Kilometer) an, Diodor (32,6,3), Appian (Lib. 81,378) und Zonaras (9,26,6) 80 Stadien (etwa 14,2 Kilometer).

[734] Dieser Teil des Senatsbeschlusses wird lediglich von Livius (per. 49,9: *ex auctoritate patrum*) und Appian (Lib. 81,378: τὸ λοιπὸν τῆς συγκλήτου κέλευσμα) an anderer Stelle wiedergegeben. Zonaras (9,26) unterläßt den Hinweis auf den Senatsbeschluß.

privates wie staatliches Eigentum (βεβουλευμένων δίδωσιν αὐτοῖς ἡ σύγκλητος τήν τ' ἐλευθερίαν καὶ τοὺς νόμους, ἔτι δὲ τὴν χώραν ἅπασαν καὶ τὴν τῶν ἄλλων ὑπαρ χόντων κτῆσιν καὶ κοινῇ καὶ κατ' ἰδίαν, Pol. 36,4,4)[735], jedoch nur unter der Bedingung, daß die Karthager innerhalb von dreißig Tagen dreihundert Geiseln – und zwar Söhne von Senats- und Regierungsmitgliedern – nach Lilybaion schickten und den Anordnungen der beiden Konsuln Folge leisteten (τεύξονται τούτων, ἐὰν τριακοσίους ὁμήρους εἰς τὸ Λιλύβαιον ἐκπέμψωσιν ἐν τριάκονθ' ἡμέραις τοὺς υἱοὺς τῶν ἐκ τῆς συγκλήτου καὶ τῆς γερουσίας καὶ τοῖς ὑπὸ τῶν ὑπάτων παραγγελλομένοις πειθαρχήσωσιν, Pol. 36,4,6).[736]

Die Karthager sandten unverzüglich[737] die geforderten dreihundert Geiseln zu den römischen Konsuln nach Lilybaion, von wo diese weiter nach Rom gebracht wurden und inhaftiert wurden (Pol. 36,5,6-9; vgl. auch App., Lib. 77,356-359 sowie Zon. 9,26).[738] Die Konsuln teilten den Karthagern mit, daß sie nach Utica übersetzen und dort die weiteren Anordnungen hinsichtlich der Beendigung des Krieges geben würden (App., Lib. 77,359).

Das römische Heer setzte nach Nordafrika über und bezog bei Utica ihr Lager, wo umgehend eine punische Delegation erschien, um die Anweisungen der römischen Konsuln entgegenzunehmen. Die Karthager betonten, daß der Senat ihnen die Freiheit und Autonomie sowie den momentanen Besitzstand garantiert hätte, sofern sie rechtzeitig Geiseln stellen würden, was auch geschehen sei (App., Lib. 79, 370). Der eine der beiden Konsuln, L. Marcius Censorinus, betonte, daß dieser Senatsbeschluß auch unter der Bedingung erfolgt sei, daß die Anordnungen der Konsuln befolgt würden.[739] Zugleich gab Censorinus die erste Anweisung, daß alle Waffen und sämtliches Kriegsgerät der

---

[735] Vgl. auch Diod. 32,6,1 (ἡ δὲ σύγκλητος δεξαμένη τὴν παράδοσιν τῆς χώρας ἔδωκεν ἀπόκρισιν, ἐπεὶ καλῶς βουλεύονται Καρχηδόνιοι, δίδωσιν αὐτοῖς ἡ σύγκλητος νόμους, χώραν, ἱερά, τάφους, ἐλευθερίαν, ὕπαρξιν, οὐδαμοῦ προστιθεῖσα πόλιν τὴν Καρχηδόνα, παρακρύπτουσα δὲ τὴν ταύτης ἀναίρεσιν.)

[736] Ähnlich Diodor 32,6,1 (τεύξεσθαι δὲ τούτων τῶν φιλανθρωπιῶν, ἐὰν ὁμήρους δῶσι τριακοσίους υἱοὺς τῶν συγκλητικῶν καὶ πείθωνται τοῖς ὑπὸ τῶν ὑπάτων παραγγελλομένοις) sowie App., Lib. 76, 354 (οἷς ἡ σύγκλητος εἶπεν, ἐὰν τοῖς ὑπάτοις ἔτι οὖσιν ἐν Σικελίᾳ, τριάκοντα ἡμερῶν τῶνδε, οἱ Καρχηδόνιοι τριακοσίους τοὺς ἐνδοξοτάτους σφῶν παῖδας ἐς ὁμηρείαν παράσχωσι καὶ τἆλλα κατακούσωσιν αὐτῶν, ἕξειν Καρχηδόνα ἐλευθέραν τε καὶ αὐτόνομον καὶ γῆν, ὅσην ἔχουσιν ἐν Λιβύῃ)

[737] Nach App., Lib. 79,370 wurde die 30tägige Frist nicht zur Gänze ausgeschöpft.

[738] Nach dem Ende des Dritten Punischen Krieges wurden die Geiseln auf verschiedene Orte Italiens aufgeteilt, wo sie "ihr restliches Leben in ehrenvoller Haft verbrachten" (ἐν φρουραῖς ἀδέσμοις κατεβίωσαν, Zon. 9,30).

[739] So App. Lib. 79, 372 im Sinne von Pol. 36,4,6.

Karthager ausgeliefert werden sollte.[740] Die Karthager gehorchten und übergaben die Bewaffnung für 200.000 Soldaten sowie 2.000 Katapulte (Pol. 36,6,7; Diod. 32,6,2; App. Lib. 80, 375).

Als die beiden Konsuln die Karthager ihrer letzten Verteidigungsmöglichkeit beraubt sahen, nannten sie schließlich die letzte römische Bedingung für das Zustandekommen einer friedlichen Lösung: Sie befahlen den Karthagern unter Berufung auf einen entsprechenden Senatsbeschluß (*ex auctoritate patrum*)[741], ihre Stadt niederzureißen und nach freier Wahl[742] im Binnenland, jedoch zumindest 10 Meilen (bzw. 80 Stadien)[743] vom Meer entfernt eine neue Stadt zu gründen (Diod. 32,6,3; Liv. per. 49,9; App. Lib. 81,378; Zon. 9,26).[744]

16.) ... *INDIGNITATE REI AD BELLANDUM CARTHAGINIENSES COMPULERUNT* (LIV. PER. 49,9)

Auf diese letzte römische Anweisung reagierten die dreißig[745] punischen Gesandten, die im römischen Lager erschienen waren, mit Empörung und rasendem Wut. Doch alle Verweise auf die Zusicherungen des römischen Senates

[740] Pol. 36,6,5; Diod. 32,6,2; Liv. per. 49,9; App., Lib. 80,373; Zon. 9,26,5

[741] Liv. per. 49,9. Auch Appian (Lib. 81,378: τὸ λοιπὸν τῆς συγκλήτου κέλευσμα) weist – im Gegensatz zu Zonaras (9,26) – auf den ursprünglichen Senatsbeschluß hin. Vgl. auch App., Lib. 86, 404 sowie Lib. 90, 423.

[742] App., Lib. 89,422

[743] Livius (per. 49,9) gibt 10 Meilen (etwa 14,8 Kilometer) an, Diodor (32,6,3), Appian (Lib. 81,378) und Zonaras (9,26) 80 Stadien (etwa 14,2 Kilometer). Eher unbeachtet ist bislang der wichtige Hinweis von HOFFMANN 1966, 230 geblieben, wonach sich die 80 Stadien mit der von Platon (Nomoi 4,704b) wiedergegebenen Empfehlung deckt, eine neu zu gründende Kolonie 80 Stadien vom Meer entfernt anzulegen (vgl. dazu Cic., de rep. 2,4,7): "Σχεδόν, ὦ ξένε, ἀπέχει θαλάττης γε ἡ πόλις, ἧς πέρι τὰ νυνδὴ λεχθέντα ἡμῖν, εἰς τινας ὀγδοήκοντα σταδίους." Kritisch HUSS 1985, 442 Anm 45 ("Die römischen Politiker scheinen bei der Erhebung dieser Forderungen kaum von platonischen Überlegungen (leg. IV 704b-705b) beeinflußt gewesen sein." Meines Erachtens ist jedoch HOFFMANN 1966, 230 rechtzugeben, wonach diese Übereinstimmung "schwerlich" ein Zufall ist.

[744] Mit Recht stellte DAHLHEIM 1968, 18 fest: "Formalrechtlich war gegen dieses Vorgehen keine Kritik möglich, wie uns Polybius bestätigt, da jeder römischer Befehl nach vollzogener Dedition gerechtfertigt war (Pol. 36,9,12f.)." Vgl. auch DAHLHEIM 1968, 67 ("Die Rechtswirkung der Dedition besteht in der Übergabe der absoluten Verfügungsgewalt über den Dedierten auf den Sieger."). So auch bereits HEUSS 1933, 63 ("Allerdings war mit der Dedition keine Garantie verbunden, daß dem Dedierten wirklich eine schonende Behandlung zuteil wurde, denn der rechtswirkende Akt enthielt nur den Übergang der Herrschaft, und der Gebrauch der Herrschaftsgewalt war dem Belieben des Siegers anheimgegeben."). Vgl. aber auch NÖRR 1989, 87-92, wonach wenigstens das Leben "und in der Regel auch die Freiheit" der Dedierten grundsätzlich garantiert war, wenngleich die Grenzen zwischen dem noch Erlaubten und dem bereits Verbotenen unscharf seien.

[745] Nach Diod. 32,6,3 (vgl. dazu oben Anm. 724 und Anm. 725)

und alle flehentlichen Bitten[746] der Karthager nutzten nichts. Die Konsuln betonten ein letztes Mal, daß die Zerstörung Karthagos vom Senat beschlossen worden sei: Es habe keinen Sinn, immer wieder die Anordnungen des Senates zu wiederholen; dieser Beschluß sei gefällt worden und müßte nun umgesetzt werden (περὶ μὲν ὧν ἡ σύγκλητος προσέταξεν, τί δεῖ πολλάκις λέγειν; προσέταξε γάρ, καὶ χρὴ γενέσθαι, App., Lib. 86, 404). Im übrigen seien nicht einmal sie, die Konsuln, in der Lage, den bereits gefällten Beschluß aufzuheben (οὐδὲ ἀναθέσθαι δυνάμεθα τὰ ἤδη κεκελευσμένα γενέσθαι).[747] Zudem wurde erneut auf den exakten Wortlaut des Senatsbeschlusses verwiesen: Nur wenn die Karthager den Weisungen der Konsuln nachkämen, dürften sie ihre Autonomie bewahren (αὐτόνομον ἐάσειν Καρχηδόνα, εἰ πείθοιτο ἡμῖν, App., Lib. 89,422). Und die Autonomie sei seitens der Konsuln dann gewährt, wenn die Umsiedlung an einen Ort nach freier Wahl vollzogen sei (χωρίον δὲ ὑμῖν δίδομεν, ὃ θέλετε, ἐπιλέξασθαι καὶ μετελθοῦσιν αὐτονόμοις εἶναι).

Die punischen Gesandten wurden angewiesen, die letzte römische Anordnung in Karthago mitzuteilen, wobei L. Marcius Censorinus mit zwanzig Penteren in Sichtweite der Stadt vorrückte, um dieser römischen Verfügung Nachdruck zu verleihen (App., Lib. 90,426).

In Karthago eskalierten die Ereignisse nach der Bekanntgabe der römischen Forderung, die Stadt niederzureißen und die Bewohner umzusiedeln. "Die einen stürzten sich auf die Gesandten, als wären diese schuld an allem Unglück, andere auf die in Karthago zurückgebliebenen Italiker, um an ihnen ihre Wut auszulassen, noch andere eilten an die Tore der Stadt" (Pol. 36,7,4f.).[748] Noch am selben Tag erklärte der punische Senat den Krieg (ἡ δὲ βουλὴ πολεμεῖν μὲν ἐψηφίσατο αὐτῆς ἡμέρας. App., Lib. 93,439) "aufgrund der Ungeheuerlichkeit der Zumutung" (*indignitate rei*; Liv. per. 49,9).

Wohl eher um Zeit zu gewinnen als mit der Aussicht auf Erfolg baten die Karthager die Konsuln um die Gewährung eines dreißigtägigen

---

[746] Die Ereignisse im Lager der Römer wurden von Appian stark ausgeschmückt überliefert (App., Lib. 81,378-90,425).

[747] Diese Aussage entspricht durchaus der Staatsordnung der römischen Republik. Zum Verhältnis zwischen Senat und Magistraten vgl. KUNKEL/WITTMANN 1995, 242-246, insbesondere 244: "Tatsächlich hat der Senat in allen Perioden der Republik, über die wir eine einigermaßen verläßliche Überlieferung besitzen, ein *Weisungsrecht* gegenüber den Magistraten der Gesamtgemeinde (...) ausgeübt und sind seine Anordnungen in aller Regel auch befolgt und damit als verpflichtend anerkannt worden." Vgl. auch DAHLHEIM 1977, 285: "Die Bindung des Magistrats an den Willen des Senats war so von der historischen Entstehung wie von der Funktion der Magistratur her ein konstitutives Element der römischen Verfassungswirklichkeit."

[748] Auch hier findet sich bei Appian ein stark ausgeschmücktes Bild der Ereignisse (App., Lib. 91,427-92,438).

Waffenstillstandes; man wolle eine Gesandtschaft nach Rom schicken, eine Bitte, die jedoch abgelehnt wurde (App., Lib. 93,440).[749] Trotzdem war es den Karthagern in der kurzen Zeit dank enormer Kraftanstrengungen gelungen, neue Waffen und neues Kriegsgerät zu produzieren. Als die beiden römischen Konsuln schließlich mit ihren Truppen auf die vermeintlich wehrlose Stadt vorrückten, mußten sie – überrascht von der feindlichen Waffenstärke und Entschlossenheit – nach kurzem Kampf wieder den Rückzug antreten. Aus dem scheinbar leichten Spiel wurde ein dreijähriger, blutig und erbarmungslos geführter Krieg, der im Jahr 146 mit der endgültigen Zerstörung Karthagos endete.[750]

17.) EPILOG: POLYBIOS UND DIE *DEDITIO* KARTHAGOS AUS GRIECHISCHER SICHT

Als zu Beginn des Jahres 149 in Rom der Krieg gegen Karthago beschlossen wurde, hielt sich Polybios in seiner Heimat auf der Peloponnesischen Halbinsel auf und wurde mittels eines offiziellen Schreibens des Konsuls M.' Manilius aufgefordert, nach Lilybaion zu reisen, "da er im Dienst des römischen Staates gebraucht würde" (ὡς χρείας οὔσης αὐτοῦ δημοσίων ἕνεκεν πραγμάτων), wie Polybios selbst bezeugt (Pol. 36,11,1). Der achäische Historiker brach umgehend Richtung Sizilien auf, hörte jedoch auf Kerkyra die Nachricht, die Karthager hätten bereits alle Geiseln übergeben und seien gänzlich bereit, den Römern zu gehorchen, sodaß er im Glauben, der Krieg sei beendet, wieder auf die Peloponnesische Halbinsel zurückkehrte (Pol. 36,11,2-4).

Hatte sich Polybios, der über eineinhalb Jahrzehnte in Rom verbracht hatte und noch einige Jahre vor Ausbruch des Dritten Punischen Krieges die catonische Forderung nach der Zerstörung Karthagos erstmals gehört haben mußte, in den römischen Absichten getäuscht? Doch nicht nur er, sondern beispielsweise auch Massinissa, treuer *socius* Roms während eines halben Jahrhunderts, wurde von der römischen Invasion Afrikas völlig überrascht. Verärgert über die Unterlassung jeder Information und über die drohende Unterwerfung Karthagos durch die Römer – ein Ziel, dessen Verwirklichung er selbst anstreben wollte und das nun nach Ausbruch der römisch-punischen Feindseligkeiten in weite Ferne rückte – verweigerte der numidische König in seiner ersten Reaktion die Stellung von Hilfstruppen (App., Lib. 94,444f.).

---

[749] HUSS 1985, 443 Anm 54 bezweifelt – meines Erachtens zu Unrecht – zwar die Historizität dieser Bitte um Waffenstillstand, meint jedoch – hier wohl zu Recht –, daß der punische Wunsch für den Fall seiner Historizität als Versuch der Zeitgewinnung zu werten ist.
[750] Zum Verlauf des Dritten Punischen Krieges vgl. HUSS 1985, 443-457.

In Griechenland wurde das römische Vorgehen gegenüber Karthago aus machtpolitischer wie völkerrechtlicher Sicht ausführlich diskutiert. Den Römern war dies offenbar bereits vor ihrer Kriegserklärung an Karthago bewußt, da sie sich besondere Sorgen um den Eindruck der Weltöffentlichkeit machten (περὶ τῆς τῶν ἐκτὸς διαλήψεως) und deswegen beinahe von einem Krieg gegen Karthago Abstand genommen hätten (Pol. 36,2,4). Polybios überliefert in einem eigenen Kapitel die wichtigsten Standpunkte und Anschauungen der griechischen Welt zum Dritten Punischen Krieg (Pol. 36,9):[751]

Die erste Meinung billigte das Verhalten der Römer aus machtpolitischer Sicht. Es sei klug und verständig gewesen, der ständigen Bedrohung ein Ende zu machen und jene Stadt, die unter Umständen zur Gefahr hätte werden können, zu vernichten und somit die römische Herrschaft zu sichern. Dies zeuge von politischer Vernunft und Weitblick.[752]

Die zweite Meinung sah ein Abweichen der Römer von ihren alten Grundsätzen. Die Römer hätten sich zunehmend der Herrschsucht Athens und Spartas angenähert und befänden sich nun auf derselben Stufe.[753] Ohne daß man ein unverzeihliches Unrecht erlitten hätte, sei man hart und erbarmungslos mit den Karthagern verfahren, obwohl diese auf alles eingegangen seien und jedem römischen Befehl gehorchen wollten (Pol. 36,9,5-8).[754]

Die dritte Meinung zeichnete zwar ein prinzipiell gutes Bild der Römer, welche ihre Kriege eigentlich ritterlich und ohne Hinterlist führen würden, kritisierte jedoch das römische Verhalten zu Beginn dieses Dritten Punischen

---

[751] Die Standpunkte wurden von mir in Anlehnung an die deutsche Übersetzung von H. Drexler zusammengefaßt. In den folgenden Fußnoten findet man den ungekürzten griechischen Originaltext des Polybios.

[752] Pol. 36,9,3f.: ἔνιοι μὲν γὰρ συγκατήνουν τοῖς Ῥωμαίοις, φάσκοντες αὐτοὺς φρονίμως καὶ πραγματικῶς βουλεύσασθαι περὶ τῆς δυναστείας· τὸ γὰρ τὸν ἐπικρεμάμενον φόβον καὶ τὴν πολλάκις μὲν ἠμφισβητηκυῖαν πρὸς αὐτοὺς πόλιν ὑπὲρ τῆς ἡγεμονίας, ἔτι δὲ καὶ νῦν δυναμένην ἀμφισβητῆσαι σὺν καιρῷ, ταύτην ἐπανελομένους βεβαιῶσαι τῇ σφετέρᾳ πατρίδι τὴν ἀρχὴν νοῦν ἐχόντων εἶναι καὶ μακρὰν βλεπόντων ἀνθρώπων.

[753] Vgl. dazu WALBANK III-1979, 665f.

[754] Pol. 36,9,5-8:"Ενιοι δὲ τούτοις ἀντέλεγον, φάσκοντες οὐ ταύτην ἔχοντας αὐ) τοὺς τὴν προαίρεσιν κατεκτῆσθαι τὴν ἡγεμονίαν καὶ κατὰ μικρὸν εἰς τὴν Ἀθηναίων καὶ Λακεδαιμονίων ἐκτρέπεσθαι φιλαρχίαν καὶ βραδύτερον μὲν ἐκείνων ὁρμᾶν, ἥξειν δ' ἐπὶ ταὐτὸ τέλος ἐκ τῶν προφαινομένων. πρότερον μὲν γὰρ πᾶσι πεπολεμηκέναι μέχρι τοῦ κρατῆσαι καὶ συγχωρῆσαι τοὺς ἀντιταξαμένους ὅτι δεῖ πείθεσθαι σφίσι καὶ ποιεῖν τὸ παραγγελλόμενον· νῦν δὲ προοίμιον μὲν ἐκτεθεῖσθαι τῆς ἰδίας προαιρέσεως τὰ κατὰ Περσέα, βαστάσαντας ἐκ ῥιζῶν τὴν Μακεδόνων βασιλείαν, τετελειωκέναι δὲ κατὰ τὸ παρὸν διὰ τῆς περὶ Καρχηδονίων διαλήψεως· μηδενὸς γὰρ ἀνηκέστου γεγονότος ἐξ ἐκείνων, ἀνηκέστως καὶ βαρέως βεβουλεῦσθαι περὶ αὐτῶν, πᾶν ἀναδεχομένων καὶ πᾶν ὑπομενόντων ποιήσειν τὸ προσταττόμενον.

Krieges: In trügerischer Weise hätten die Römer Schritt für Schritt durch ein Angebot falsche Hoffnungen geweckt und die wahren Absichten wohlweislich verborgen. Dies sei das Intrigenspiel eines Despoten und stehe in krassem Widerspruch zu den Grundsätzen eines zivilisierten Staates, wie die Römer es seien. So sehe eine Politik des Verrats und der Skupellosigkeit aus (Pol. 36,9,9-11).[755]

Die vierte Meinung betonte die völkerrechtliche Konsequenz der karthagischen *deditio*. Der Vorwurf, die Römer hätten in trügerischer Weise nur Schritt für Schritt ihre wahren Absichten enthüllt, träfe nur dann zu, wenn es keine *deditio* der Karthager gegeben hätte. Da aber Karthager den Römern die freie Entscheidung überlassen hätten, über sie nach Gutdünken zu beschließen, und da die Römer gemäß dieser Vollmacht eben das beschlossen hatten, was ihnen richtig erschien und was sie wollten, könne das römische Handeln nicht mit Frevel (ἀσέβημα) oder Vertragsbruch (παρασπόνδημα) gleichgesetzt werden. Nach der Meinung einiger sei nicht einmal Unrecht (ἀδίκημα) gegeben.

Polybios definiert die Verwirklichung dieser drei Tatbestände folgendermaßen (Pol. 36,9,15)[756]: Frevel (ἀσέβημα) sei ein Vergehen gegen die Götter, die Eltern und die Toten, Vertragsbruch (παρασπόνδημα) sei der Bruch beschworener oder schriftlicher Verträge. Unrecht (ἀδίκημα) sei ein Verstoß gegen Gesetz und Sitte.

Die Römer hätten nun keinen einzigen dieser drei Tatbestände erfüllt. Sie hätten sich weder an den Göttern, Eltern oder Toten vergangen noch Eide und Verträge gebrochen, vielmehr umgekehrt den Karthagern Vertragsbrucht zum Vorwurf gemacht. Sie hätten auch keinen Verstoß gegen Gesetz und Sitte oder – für sich alleine betrachtet – gegen die *bona fides* begangen. Denn da ihnen von den Karthagern freiwillig das Recht eingeräumt worden sei, nach freiem Ermessen mit den Karthagern zu machen, was sie wollten, und da die Karthager den entsprechenden Befehlen nicht nachkommen wollten, sei es notwendig

[755] Pol. 36,9,9-11: Ἕτεροι δὲ καθόλου μὲν πολιτικὸν εἶναι τὸ Ῥωμαϊκὸν ἔθνος ἔφασαν καὶ τοῦτ' ἴδιον εἶναι καὶ ἐπὶ τούτῳ σεμνύνεσθαι τοὺς Ῥωμαίους, ἐπὶ τῷ καὶ τοὺς πολέμους ἁπλῶς καὶ γενναίως πολεμεῖν, μὴ νυκτεριναῖς ἐπιθέσεσι χρωμένους μηδ' ἐνέδραις, πᾶν δὲ τὸ δι' ἀπάτης καὶ δόλου γινόμενον ἀποδοκιμάζοντας, μόνους δὲ τοὺς ἐκ προδήλου καὶ κατὰ πρόσωπον κινδύνους ὑπολαμβάνοντας αὑτοῖς καθήκειν. νῦν δὲ πάντα περὶ τοὺς Καρχηδονίους δι' ἀπάτης καὶ δόλου κεχειρικέναι, κατὰ βραχὺ τὸ μὲν προτείνοντας, τὸ δ' ἐπικρυπτομένους, ἕως οὗ παρείλαντο πάσας τὰς ἐλπίδας τοῦ βοηθεῖν αὐτοῖς τοὺς συμμάχους. τοῦτο δὲ μοναρχικῆς πραγματοποιίας οἰκεῖον εἶναι μᾶλλον ἢ πολιτικῆς καὶ Ῥωμαϊκῆς αἱρέσεως καὶ προσεοικὸς ἀσεβήματι καὶ παρασπονδήματι κατὰ τὸν ὀρθὸν λόγον.

[756] Vgl. dazu WALBANK III-1979, 667 ("These words are used, both in Polybios and in contemporary inscriptions, without the precision which Polybios would here attribute to them.")

geworden, daß die Römer gegen die Karthager mit Gewalt vorgingen (Pol. 36,9,12-17).[757]

Welche der vier von Polybios wiedergegebenen Meinungen von ihm selbst geteilt wurde, wurde teilweise in der Literatur diskutiert,[758] wenngleich sich aus dem Text selbst keine Hinweise ergeben.[759] Er referiert "eine zeitgenössische Diskussion über das Für und Wider der römischen Politik. Es bleibt dabei offen, von welcher Seite welche Argumente vertreten werden, und es kann zumindest nicht ausgeschlossen werden, daß nicht nur im griechischen Osten, sondern auch in Rom selbst entsprechend kontrovers diskutiert wurde."[760]

---

[757] Pol. 36,9,12-17: ἦσαν δέ τινες οἱ καὶ τούτοις ἀντιλέγοντες. εἰ μὲν γὰρ πρὶν ἢ δοῦναι τοὺς Καρχηδονίους τὴν ἐπιτροπὴν αὑτῶν οὕτως ἐχείριζον τὰ πράγματα, κατὰ βραχὺ τὰ μὲν προτείνοντες, τὰ δὲ παραγυμνοῦντες, εἰκότως ἂν αὐτοὺς ἐνόχους φαίνεσθαι τοῖς ἐγκαλουμένοις εἰ δὲ δόντων αὑτῶν τῶν Καρχηδονίων τὴν ἐπιτροπὴν ὥστε βουλεύεσθαι Ῥωμαίους ὅ, τι ποτὲ φαίνοιτο περὶ αὐτῶν, οὕτω κατὰ τὴν ἐξουσίαν, ὥς ποτε δοκοῖ σφίσι, τὸ κριθὲν ἐπέταττον καὶ παρήγγελλον, οὐκέτι τὸ γινόμενον ἀσεβήματι παραπλήσιον εἶναι καὶ μὴν οὐδὲ παρασπονδήματι μικροῦ δεῖν· ἔνιοι δ' ἔφασαν οὐκ ἀδικήματι τὸ παράπαν τριῶν γὰρ οὐσῶν διαφορῶν, εἰς ἃς τὸ πᾶν ἔγκλημα φύσει καταντᾶν, εἰς οὐδεμίαν ἐμπίπτειν τούτων τὸ γινόμενον ὑπὸ Ῥωμαίων· ἀσέβημα μὲν γὰρ εἶναι τὸ περὶ τοὺς θεοὺς καὶ τοὺς γονεῖς καὶ τοὺς τεθνεῶτας ἁμαρτάνειν, παρασπόνδημα δὲ τὸ παρὰ τὰς ἐνόρκους καὶ τὰς ἐγγράπτους ὁμολογίας πραττόμενον, ἀδίκημα δὲ τὸ παρὰ τοὺς νόμους καὶ τοὺς ἐθισμοὺς ἐπιτελούμενον ὧν οὐδὲν κατὰ τὸ παρὸν ἐνόχους εἶναι Ῥωμαίους· οὐ γὰρ εἰς τοὺς θεοὺς οὐδ' εἰς τοὺς γονεῖς οὐδ' εἰς τοὺς τεθνεῶτας ἐξαμαρτάνειν, οὐδὲ μὴν ὅρκους οὐδὲ συνθήκας παραβαίνειν, τὸ δ' ἐναντίον αὐτοὺς ἐγκαλεῖν τοῖς Καρχηδονίοις ὅτι παραβεβήκασι. καὶ μὴν οὐδὲ νόμους οὐδ' ἐθισμοὺς οὐδὲ τὴν κατ' ἰδίαν πίστιν ἀθετεῖν· λαβόντας γὰρ τὴν ἐπιτροπὴν παρ' ἑκόντων ὃ βούλοιντο πράττειν, οὐ πειθαρχούντων τοῖς παραγγελλομένοις, οὕτως αὐτοῖς προσάγειν τὴν ἀνάγκην.

[758] Vgl. HEUCKE 1998, 90-97

[759] Vgl. WALBANK III-1979, 663 ("The views are presented as those of Greeks. This enables Polybios to state them without openly committing himself to one or the other."). Vgl. aber WALBANK III-1979, 664 ("Polybios arranges the arguments chiastically, so that those favouring Rome begin and end the debate; and the space allotted to the four views (in the Teubner text) is pro-Roman (9.3-4): 8 lines; anti-Roman (9.5-8): 15 lines; anti-Roman (9.9-11): 15 lines; pro-Roman (9.12-17): 28 lines. This suggests a clear weighting in favour of the pro-Roman view.")

[760] HEUCKE 1998. 96

Kolibri 360 GmbH
Ferdinand-Jühlke-Straße 7
99095 Erfurt, Deutschland
produktsicherheit@kolibri360.de